Entscheidungen

des

Reichsgerichts.

Herausgegeben

von

den Mitgliedern des Gerichtshofes
und der Reichsanwaltschaft.

Entscheidungen in Zivilsachen.

166. Band.

Berlin 1941

Walter de Gruyter & Co.

vormals G. J. Göschen'sche Verlagshandlung - J. Guttentag, Verlagsbuchhandlung - Georg Reimer - Karl J. Trübner - Veit & Comp.

Entscheidungen

des

Reichsgerichts

in

Zivilsachen.

---

166. Band.

Berlin 1941

Walter de Gruyter & Co.

vormals G. J. Göschen'sche Verlagshandlung – J. Guttentag, Verlagsbuchhandlung – Georg Reimer – Karl J. Trübner – Veit & Comp.

Archiv-Nr. 28 03 41

Printed in Germany

Druck von Metzger & Wittig in Leipzig

Inhalt.

I. Bürgerliches Recht.

1. Allgemeines.

2. Schuldverhältnisse.

a) Allgemeines.

b) **Einzelne Schuldverhältnisse.**

α) Verträge und vertragsähnliche Verhältnisse.

β) Bereicherung. Unerlaubte Handlung.

b) Verwandtschaft. Vormundschaft.

c) **Handelsgeschäfte.**

---

d) **See- und Binnenschiffahrtsrecht.**

---

e) **Wechsel- und Scheckrecht.**

7. Landesrechtliche Verhältnisse.

II. Gerichtliches Verfahren.

1. Rechtsweg.

2. Streitiges Verfahren.

a) In erster Instanz.

4. Schiedsrichterliches Verfahren.

—————

5. Freiwillige Gerichtsbarkeit.

III. Öffentliches Recht.

Entscheidungen des österreichischen Obersten Gerichtshofes sind mit folgenden Abkürzungen angeführt:

Slg. = Sammlung von civilrechtlichen Entscheidungen des k. k. Obersten Gerichtshofes.

OGE. = Entscheidungen des k. k. Obersten Gerichtshofes in Civil- und Justizverwaltungssachen, veröffentlicht von diesem Gerichtshofe.

SZ. = Entscheidungen des österreichischen Obersten Gerichtshofes in Zivil- und Justizverwaltungssachen, veröffentlicht von seinen Mitgliedern.

1. 1. Nach welchen Gesichtspunkten ist zu beurteilen, ob das Verhalten eines „Beamten", durch das ein Dritter verletzt wird, Ausübung öffentlicher Gewalt im Sinne der Vorschriften über die Haftung der öffentlichrechtlichen Körperschaften ist?

2. Kann die Anspruchsvoraussetzung des § 839 Abs. 1 Satz 2 BGB. mit der Begründung als erfüllt angenommen werden, daß die Auslegung der gesetzlichen Vorschriften, die für die Frage der anderweitigen Ersatzmöglichkeit maßgebend sind, dem Verletzten erhebliche Schwierigkeiten biete?

WeimVerf. Art. 131. BGB. §§ 831, 839.

III. Zivilsenat. Urt. v. 10. Januar 1941 i. S. Deutsche Reichspost (Bekl.) w. B. (Kl.). III 34/40.

I. Landgericht Ravensburg.
II. Oberlandesgericht Stuttgart.

Der Erblasser der jetzigen Kläger, im folgenden kurz „der Kläger" genannt, war evangelischer Stadtpfarrer in R. Er wollte am Abend des 25. Januar 1938 mit seinem Fahrrade nach dem Nachbarort W. fahren, um als zuständiger Seelsorger einen Krankenbesuch zu machen. Es war völlig dunkel und sehr neblig. Dadurch verfehlte der Kläger die Abzweigung von der Reichsstraße, die er zunächst zu benutzen hatte, nach W. und fuhr auf der Reichsstraße weiter. Er stieg dann vom Fahrrad und schob es. Hierbei wurde er von einem der Beklagten gehörenden Personenkraftwagen angefahren. Mit diesem kehrten die technischen Angestellten der Beklagten K. und R., die in Angelegenheiten der Rundfunkentstörung an den Bodensee gefahren waren, nach teilweiser Erledigung ihrer Dienstgeschäfte auf der Reichsstraße nach R., ihrem Wohnsitz und Dienstort, zurück. Der Wagen wurde von K. gesteuert. Dieser hatte seit dem 9. Oktober 1937 einen Führerschein. Der

Kläger, der am 31. März 1872 geboren ist, wurde schwer verletzt. Er war vom 25. Januar 1938 bis zum 13. März 1938 im Krankenhaus in R. Mit dem 1. September 1938 wurde er in den Ruhestand versetzt. Auch seine Kleider und seine Brille trugen Schäden davon.

Der Kläger verlangt von der Beklagten Schadensersatz. Er beantragt, sie zu verurteilen, an ihn 4936,76 RM. nebst Zinsen zu zahlen, sowie festzustellen, daß sie ihm allen weiteren Schaden zu ersetzen habe, der ihm aus dem Unfall vom 25. Januar 1938 bereits entstanden sei oder noch entstehe. Zur Ausfüllung des Betrages seines Zahlungsbegehrens macht der Kläger folgende Ansätze geltend: Schmerzensgeld, Heil- und Kurkosten, die vor seiner Versetzung in den Ruhestand aufgewendet worden sind, soweit seine Krankenversicherung sie nicht ersetzt hat, Kosten zweier Badekuren in den Jahren 1938 und 1939, Sachschaden (Kleidung und Brille) und Verdienstentgang, nämlich den Unterschied seines Gehalts und seines Ruhegeldes für die Zeit vom 1. September 1938 bis zum 1. September 1939, sowie weitere von ihm eingebüßte Einkünfte, nämlich Vergütung für Religionsunterricht an der Mädchenoberschule in R. und Funktionszulage für den religiösen Dienst an der Heilanstalt W. in der Zeit vom 25. Januar 1938 bis Ende September 1939. Der Kläger, der die Ansprüche sowohl auf die Eigenschaft der Beklagten als Halterin des Kraftwagens nach § 7 KFG., als auch auf § 831 BGB., vor allem aber auf § 839 BGB. in Verb. mit Art. 131 WeimVerf. stützt, legt dar, daß K. den Unfall durch Fahrlässigkeit verursacht habe.

Die Beklagte bestreitet sämtliche Ansprüche dem Grunde nach, den Schmerzensgeldanspruch auch der Höhe nach. Sie bekämpft ihre Herleitung aus § 839 BGB. in Verb. mit Art. 131 WeimVerf. Es sei zwar richtig, daß die Errichtung und der Betrieb von Fernmeldeanlagen, zu denen der Rundfunk gehöre, Betätigung des Fernmeldehoheitsrechtes sei. Dies Hoheitsrecht habe aber nicht die Gewährleistung der öffentlichen Sicherheit von Verkehrswegen und den Schutz Dritter gegen Beschädigungen zum Gegenstand. Ein Schaden, den der Führer eines Postkraftwagens auf einer öffentlichen Verkehrsstraße anrichte, werde nicht in Ausübung, sondern nur gelegentlich der Betätigung eines Hoheitsrechtes verursacht. Die Beklagte stellt ferner ein Verschulden ihres Fahrers in Abrede. Sie mißt dem Kläger die alleinige Schuld an dem Unfall bei. Sie erbietet sich auch, den ihr nach § 831 BGB. offenstehenden Entlastungsbeweis zu erbringen. Sie überwache ihre Fahrer, die erst nach einer strengen Fahrprüfung verwendet würden, ständig. So sei es auch mit K. gehalten worden. Er habe die Prüfung bestanden, sich nie etwas zuschulden kommen lassen und sei als ruhiger, zuverlässiger und gewandter Fahrer bekannt gewesen. Der Anspruch des Klägers werde ferner durch die Vorschrift des § 124 DBG. ausgeschlossen, wonach sich ein Beamter wegen eines Dienstunfalls an seinen Dienstherrn halten müsse und gegen eine öffentliche Verwaltung weitergehende Ansprüche auf Grund allgemeiner gesetzlicher Vorschriften nur bei Herbeiführung des Unfalls durch eine vorsätzliche unerlaubte Handlung eines Bediensteten dieser Verwaltung erheben könne. Schließlich habe der Kläger nach der Verordnung des Württembergischen Kultministeriums vom 4. Oktober 1933 (RegBl. S. 402) Ansprüche an das Land Württemberg auf Ersatz der Heilungskosten. Das stehe dem Klagebegehren, wenigstens zum Teil, nach § 839 Abs. 1 Satz 2 BGB. entgegen.

Das Landgericht hat dem Klageantrag entsprochen. Die Berufung der Beklagten ist zurückgewiesen worden. Die Revision hatte keinen Erfolg.

Gründe:

(Nach Erörterungen über das Verhältnis der beiden Klagegründe des § 7 KFG. und des Art. 131 WeimVerf. fährt das Urteil fort:) Aus diesen Zusammenhängen folgt, daß die Unterschiede der beiden Klagegründe nach Voraussetzungen und Folgen nur dann von neuem ins Auge gefaßt werden müßten, wenn sich herausstellen sollte, daß das Ergebnis des Berufungsgerichts, nach dem die Beklagte nach § 839 BGB. in Verb. mit Art. 131 WeimVerf. haftet, nicht aufrechterhalten werden könnte. Wie sich das verhält, muß also zunächst geprüft werden.

Vorauszuschicken ist dem noch, daß das angefochtene Urteil im Rahmen seiner Erörterungen über die Klagegrundlage der unerlaubten Handlung auch untersucht hat, ob die Haftung der Beklagten aus § 831 BGB. herzuleiten ist. Es verneint das mit der Begründung, daß zwar die Voraussetzungen des Satzes 1 dieser Bestimmung, nämlich die Bestellung eines anderen (des K.) zu einer Verrichtung und der Zusammenhang zwischen ihrer Ausführung und der widerrechtlichen Schadenszufügung, gegeben seien, daß hingegen die Beklagte den ihr in Abs. 1 Satz 2 der Bestimmung nachgelassenen Entlastungsbeweis der Beobachtung der erforderlichen Sorgfalt bei der Auswahl und Leitung des K. und bei der Überwachung des Gerätes (des Kraftwagens) geführt habe. Dabei hat das Berufungsgericht aber übersehen oder jedenfalls nicht ausgesprochen, daß, sofern infolge der öffentlich-rechtlichen Betätigung eines Beamten die Haftung einer öffentlich-rechtlichen Körperschaft aus Amtspflichtverletzung Platz greift, also die Voraussetzungen des Art. 131 WeimVerf. erfüllt sind, daneben für die Anwendung der allgemeinen Vorschriften des bürgerlichen Rechts, auch des § 831 BGB., kein Raum ist, da diese durch die Regelungen des Art. 131 WeimVerf., des Reichshaftungsgesetzes vom 22. Mai 1910 und der einschlägigen Landesgesetze ausgeschlossen werden.

Der Tatbestand des § 839 Abs. 1 Satz 1 BGB. unterscheidet sich von den allgemeinen Vorschriften über unerlaubte Handlungen dadurch, daß er die Verletzung einer Amtspflicht voraussetzt, die dem „Beamten" dem Verletzten gegenüber oblag. Fiel dieses eine Amtspflicht verletzende Verhalten des Beamten in den Umfang ihm übertragener Ausübung öffentlicher Gewalt, so haftet nach Art. 131 WeimVerf. an seiner Stelle die öffentliche Körperschaft, der er angehört. Für die Entscheidung des gegenwärtigen Falles ist daher wesentlich, ob die Handlung, durch die der Kläger verletzt worden ist, nämlich die Führung des Kraftwagens durch K., dem Willen der Verwaltung der Beklagten entsprach und ob sie ferner dem Gebiete der Ausübung öffentlicher Gewalt angehörte. Jenes ist unstreitig. Gegen die an zweiter Stelle bezeichnete Annahme wehrt sich die Beklagte.

Das Berufungsgericht geht für die Prüfung dieses Punktes davon aus, daß das Dienstgeschäft, wegen dessen K. und sein Begleiter unterwegs waren, nämlich die Vornahme von Rundfunkentstörungen, in den Bereich hoheitlicher Verwaltung der Beklagten falle, hält das aber nicht für schlechthin entscheidend, sondern prüft weiter, ob die Rückfahrt des K. von dieser Verrichtung noch Bestandteil dieser staatshoheitlichen Betätigung war. Es führt dazu unter Hinweis auf ein Urteil des Senats (RGZ. Bd. 160 S. 193) aus: Zwar habe es dem K. und seinem Begleiter freigestanden, wie sie dahin kommen wollten, wo sie ihre Entstörungsarbeit vorzunehmen hatten. Sie hätten dazu den Dienstkraftwagen benutzen dürfen; ein Zwang dazu habe aber nicht bestanden. Bei der Rückfahrt sei dies jedoch anders gewesen. Denn für diese habe jedenfalls K. den Kraftwagen benutzen müssen, weil er ihn nicht habe zurücklassen dürfen. Es sei daher gerechtfertigt, die Rückfahrt von einem Dienstgeschäft im Kraftwagen als einen Bestandteil dieses einheitlichen Dienstgeschäfts anzusehen und, wenn das Dienstgeschäft in Ausübung öffentlicher Gewalt vorgenommen worden sei, auch die Rückfahrt als Ausübung der öffentlichen Gewalt zu betrachten, zwar nicht für sich allein, aber als Bestandteil des Dienstgeschäfts.

Die Revision will es nicht als richtig anerkennen, daß der Führer eines Kraftfahrzeuges der Reichspost, der schuldhaft einen Verkehrsunfall verursacht, stets dann eine Amtspflicht gegenüber einem Dritten verletze, wenn die ihm gestellte Aufgabe, die den Anlaß zu der Fahrt gab, in den Bereich der hoheitlichen Betätigung der Deutschen Reichspost gehöre. Es sei daher abwegig, zwar nicht die Hinfahrt des K. als Ausübung öffentlicher Gewalt anzusehen, jedoch die Rückfahrt, und dies mit der Begründung, daß er auf dieser zu der Benutzung des Dienstkraftwagens, den er bei der Hinfahrt nicht notwendig zu benutzen brauchte, deshalb gezwungen gewesen sei, weil er ihn nicht unterwegs habe stehen lassen dürfen. Nach einer natürlichen Auffassung des Geschehensverlaufes handele es sich gerade nicht um eine einheitliche Betätigung des K., sondern erstens um die Hin- und Rückfahrt zu dem Ort, an dem die Störung zu beseitigen war, und zweitens um die in Ausübung eines hoheitlichen Rechtes vorgenommene Dienstverrichtung der Rundfunkentstörung. Warum dabei die Teilnahme des K. am allgemeinen Straßenverkehr mit einem Fahrzeuge der Deutschen Reichspost eine andere rechtliche Beurteilung erfahren sollte als die Fahrt irgendeines Privatmannes, dem im Straßenverkehr dieselben Rechte zuständen wie dem Fahrer der Deutschen Reichspost, sei nicht einzusehen.

Diese Einwendungen sind nach Lage der Sache nicht begründet. Wenn in einem Rechtsstreit geltend gemacht wird, daß ein bestimmtes Verhalten einer Person Ausübung öffentlicher Gewalt gewesen sei, und daraus die Haftung der öffentlichen Körperschaft, für welche die Person tätig geworden ist, auf Grund von Art. 131 WeimVerf. in Verb. mit § 839 BGB. hergeleitet wird, so sind bei der Prüfung zwei Fragen auseinanderzuhalten: die, ob die eigentliche Zielsetzung, in deren Sinne die Person tätig wurde, dem Gebiete der hoheitlichen Betätigung der Staatsgewalt angehört; im Falle der Bejahung ferner die, ob zwischen dieser Zielsetzung und der schädigenden Handlung ein solcher Zusammenhang besteht, daß die letztere ebenfalls noch als dem Bereiche der hoheitlichen Betätigung angehörend angesehen werden muß.

Völlig unzweifelhaft ist die zuletzt genannte Voraussetzung dann gegeben, wenn die schädigende Handlung selbst die unmittelbare Verwirklichung des hoheitlichen Zieles erstrebte. Beispiele dafür sind die Verfügung, die der Grundbuchrichter auf einen Antrag auf Vornahme einer Eintragung im Grundbuch erläßt, taktische Bewegungen von Truppenteilen, aber auch Fahrten, die Angehörige kraftfahrender Truppenteile auf öffentlichen Verkehrswegen nach dienstlichem Befehl zum Zwecke der Übung ausführen, schließlich die Fahrten, mit denen die Reichspost ihre hoheitlichen Aufgaben der Beförderung von Briefen und Paketen erfüllt (RGZ. Bd. 158 S. 83, Bd. 164 S. 273). Aus der Mehrzahl dieser Beispiele ergibt sich zugleich ein weiteres: Es ist unmöglich, dem von der Revision in solchem Zusammenhange hervorgehobenen Umstande rechtliche Bedeutung beizumessen, daß die schädigende Handlung gerade eine Betätigung der Teilnahme am öffentlichen Verkehr war. Überhaupt mag allgemein darauf hingewiesen werden, daß in einer großen Zahl von Fällen zweifelloser Betätigung öffentlicher Gewalt das Äußere des Vorganges selbst von Handlungen, wie sie auch im bürgerlichen Verkehr stattfinden, nicht zu unterscheiden ist. Ein Beispiel hierfür bildet der Gebrauch oder das (unvorsichtige) Umgehen mit Schußwaffen einerseits durch Privatpersonen, etwa zu Jagdzwecken oder zur Selbstverteidigung, anderseits durch Soldaten oder Polizeibeamte im Dienste.

Demgegenüber liegt es näher, die Abgrenzung der Betätigung öffentlicher Gewalt so vorzunehmen, daß nur die unmittelbar der Erfüllung des staatshoheitlichen Zweckes dienenden Handlungen in diesen Bereich fallen. Von solcher Betrachtungsweise hat sich der Senat indessen in ständiger Rechtsprechung aus guten Gründen ferngehalten. Sie würde dazu führen, Vorgänge, die nach gesundem Volksempfinden und zumal nach der Auffassung der am öffentlichen Verkehr Beteiligten als einheitlich oder gleichartig angesehen werden, für die rechtliche Wertung auseinanderzureißen oder verschieden zu behandeln. Es geht beispielsweise nicht an, in der Kraftwagenfahrt eines Polizeibeamten, der einen schon fliehenden Missetäter mittels dieser Fahrt verfolgt, Betätigung der Staatshoheit zu sehen, solche hingegen zu verneinen, wenn die Fahrt dazu dient, den Beamten an einen Ort zu bringen, an dem er einen nicht auf der Flucht befindlichen Missetäter festzunehmen hat.

Offensichtlich verlangen diejenigen rechtspolitischen Gesichtspunkte, die dazu geführt haben, die Haftung der öffentlichen Körperschaften für Fehlgriffe, die in Ausübung öffentlicher Gewalt begangen werden, aus der allgemeinen Ordnung des Rechts der unerlaubten Handlungen herauszuheben und einer Sonderregelung zu unterstellen, in diesen beiden Fällen, daß der Staat an Stelle des Polizeibeamten eintritt, wenn dieser auf der Fahrt einen Dritten widerrechtlich und schuldhaft verletzt hat. Die beiden Ziele des Gesetzgebers, dem einzelnen Volksgenossen gegenüber die volle, das heißt nicht nach den Grundsätzen des bürgerlichen Rechtsverkehrs beschränkte, Verantwortung für jeden zu übernehmen, der im Zuge der eigentlichen staatlichen Betätigung in dessen Rechtskreis widerrechtlich und schuldhaft eingreift, und ferner, den „Beamten" dem unmittelbaren Angriff des Verletzten zu entheben, würden völlig unzureichend erfüllt werden, wenn die dadurch veranlaßte Sonderregelung auf diejenigen Einzelhandlungen von Beamten beschränkt würde, die nur unmittelbar die Verwirklichung eines staatshoheitlichen Zwecks zum Gegenstande haben. Der Sinn der Sonderregelung ist vielmehr ein anderer. Sie ist nicht auf die Eigenart der verletzenden Einzelhandlung abgestellt, sondern geht von der Maßgeblichkeit derjenigen staatlichen Wirksamkeit aus, die zum Unterschiede von solchen Betätigungen öffentlicher Körperschaften, die dem allgemeinen Rechts- und Wirtschaftsverkehr angehören, dem Staat als solchem eigentümlich ist. Sie verlangt demgemäß als Kennzeichen für die rechtliche Einordnung der einzelnen Handlung die Klarstellung, ob diese dem einen oder dem anderen dieser beiden großen Gebiete zuzurechnen ist.

Dies wird noch durch folgende Erwägung verdeutlicht, die sich nur beispielsweise auf dem Ablauf des gegenwärtigen Falles aufbauen möge: Würde die unfallverursachende Kraftfahrt nicht von einem Angestellten, sondern von einem Beamten der Reichspost ausgeführt worden sein — eine Abweichung, die nach der allgemein angenommenen Auslegung des Art. 131 WeimVerf. für die Anwendung dieser Bestimmung ohne Bedeutung ist —, so würde, da diese schädigende Handlung des Beamten jedenfalls nicht dem bürgerlichrechtlichen Betätigungskreise der Reichspost angehörte, sondern in ihr hoheitsrechtliches Aufgabengebiet fiele, nach der hier zurückgewiesenen engen Auffassung der Beamte zwar ebenfalls nach § 839 BGB., die Reichspost dagegen überhaupt nicht haften, da die oben dargelegte Voraussetzung der Anwendung des § 831 BGB., die Bestellung des Verrichtungsgehilfen in dem bürgerlichrechtlichen Geschäftskreise der Körperschaft, nicht zuträfe. Inmitten der beiden Gruppen von Normen, die einerseits durch die Bestimmungen der §§ 89, 31 und § 831 BGB. (Haftung für bürgerlichrechtliche Betätigung), anderseits durch Art. 131 WeimVerf. (Haftung für Ausübung öffentlicher Gewalt) dargestellt werden, würde sich also ein Bereich ergeben, innerhalb dessen die öffentlichrechtliche Körperschaft für die dienstliche Betätigung ihres Beamten überhaupt nicht haftete. Das würde offensichtlich mit der Absicht des Gesetzgebers unvereinbar sein. Dieser wollte dadurch, daß er den genannten Bestimmungen des bürgerlichen Rechts die Vorschriften über die Haftung der öffentlichrechtlichen Körperschaften für Handlungen hinzufügte, die in Ausübung öffentlicher Gewalt begangen werden, das Ziel verwirklichen, daß die öffentlichrechtlichen Körperschaften, wenn auch der Natur der Sache gemäß nach verschiedenen Grundsätzen, so doch für alle Handlungen einzutreten haben, die von ihren Beamten im Rahmen ihrer bestimmungsmäßigen Betätigung begangen werden (RGZ. Bd. 158 S. 83 [95]). Insbesondere im gegenwärtigen Falle können somit daraus, daß die Beklagte sich gegen ihre Inanspruchnahme nach § 831 BGB. nicht wehren will, irgendwelche Schlüsse nicht gezogen werden. Maßgebend kann vielmehr nur sein, ob die schädigende Handlung in einer solchen Beziehung zu der unmittelbaren Verwirklichung des staatshoheitlichen Zieles steht, daß sie mit dieser als ein einheitlicher Lebensvorgang angesehen wird.

Ob das zutrifft, kann nur auf Grund der Lage des einzelnen Falles entschieden werden. Wesentlich ist dabei, ob ein genügend enger äußerer und innerer Zusammenhang zwischen der schädigenden Handlung und der staatshoheitlichen Betätigung besteht. Der äußere Zusammenhang kann zumal gerade durch die besondere Gestaltung unterbrochen sein, welche die öffentliche Körperschaft dem betreffenden Gebiet ihrer Betätigung allgemein erkennbar gegeben hat. Das ist der Fall, wenn sich die Körperschaft, was ihr freisteht, obschon zum Zwecke der Erreichung öffentlichrechtlicher Ziele, mit einem bestimmten Geschäft oder einem abgegrenzten Geschäftskreis auf den Boden des bürgerlichen Geschäftsverkehrs begeben hat (Beispiele in RGZ. Bd. 155 S. 257 [273] und Bd. 162 S. 129 [162]; vgl. auch RGZ. Bd. 158 S. 83 [89]). Unter ähnlichen Gesichtspunkten ist es ferner begründet, wenn die Haftung der öffentlichrechtlichen Körperschaft für die Verkehrssicherheit in ihren Gebäuden vom Reichsgericht in ständiger Rechtsprechung dem bürgerlichrechtlichen Verkehrskreise der Körperschaften zugerechnet worden ist. Die innere Beziehung fehlt, wenn die schädigende Handlung nur in einer äußeren, zeitlichen oder gelegenheitsmäßigen, Beziehung zu der Ausübung der staatshoheitlichen Handlung steht. Beispiele derartiger Gestaltungen bieten die Urteile des Senats, die RGZ. Bd. 156 S. 401 und Bd. 161 S. 145 mitgeteilt worden sind.

Bei Fahrten, die auf öffentlichen Straßen zum Zwecke der Betätigung öffentlicher Gewalt von Beamten unternommen werden, ergeben für die hier zu treffende Unterscheidung offensichtlich die Begriffe der „Dienstreise" im Sinne der Vorschriften über die Erstattung von Aufwendungen der Beamten oder der Unfallfürsorgegesetzgebung nichts, da sie durch völlig andere rechtliche Zwecke bestimmt sind. Unabhängig davon sind für die hier zu erstrebende Klarstellung zunächst die Fälle auszuscheiden, in denen die öffentliche Körperschaft sich in keiner Weise darum kümmert, wie der Beamte an den Ort der Betätigung gelangt, ihm also überläßt, entweder eigene oder öffentliche Verkehrsmittel zu benutzen. In diesen Fällen liegt der Beginn der dienstlichen Betätigung zeitlich erst nach dem Eintreffen an Ort und Stelle, so daß die Reise noch dem bürgerlichen Lebenskreise des Beamten angehört. Demgegenüber mag es bei Dienstfahrten, die mit Fahrzeugen der öffentlichen Körperschaft unternommen werden, nach dem zuvor Gesagten nicht schlechterdings undenkbar sein, daß die öffentliche Körperschaft von den eigentlichen Betätigungen ihrer hoheitlichen Gewalt die dazu nötigen Beförderungsfahrten äußerlich erkennbar abtrennt und sie zu einem nach bürgerlichrechtlicher Art ausgestalteten Sonderunternehmen zusammenfaßt. Sofern aber keine solche eigenartige Gestaltung besteht, wird jedenfalls in aller Regel bei einer Kraftwagenfahrt, die ein Beamter in einem ihm von der öffentlichen Körperschaft zur Verfügung gestellten Wagen zum Zwecke hoheitlicher Betätigung unternimmt, der erforderliche äußere und innere Zusammenhang mit dieser anzunehmen sein. Nur diese Auffassung wird der Bedeutung der immer mehr gesteigerten Ausstattung der öffentlichen Dienststellen mit Kraftfahrzeugen gerecht, deren Zweck kein anderer ist als die leichtere und bessere Erfüllung der staatshoheitlichen Aufgaben der Körperschaften. Der erkennende Senat hat demgemäß bereits in zahlreichen derartigen Fällen dienstliche

Fahrten dem Kreis öffentlicher Gewaltausübung zugewiesen. Hierzu mag auf die Entscheidungen RGZ. Bd. 125 S. 98, betreffend die Beförderung von Polizeimannschaften zum Übungsschießen, Bd. 155 S. 186, betreffend die Beförderung eines Polizeioffiziers zu einer dienstlichen Besprechung, Bd. 160 S. 193, betreffend die Fahrt eines Sturmbannarztes zu einem Krankenbesuch bei einem verletzten SA-Mann, Bd. 161 S. 145, betreffend die Beförderung eines Wehrmachtoffiziers vom und zum Dienste, Bd. 162 S. 308, betreffend Soldaten, die mit einem Pferdefuhrwerk Stroh abholten, und das Urteil III 13/40 vom 6. September 1940 (DR. Ausg. A 1940 S. 2254 Nr. 26 und SeuffArch. Bd. 94 Nr. 71), betreffend die Beförderung eines Wehrmachtbeamten zwecks Vornahme von Maßnahmen für die Versorgung der Truppe, verwiesen werden. Dafür, die in diesen Entscheidungen entwickelten Grundsätze nicht auf die Fahrten der Reichspost zu übertragen, fehlt jeder innere Grund.

Mit Recht hat hiernach das angefochtene Urteil angenommen, daß die Kraftwagenfahrt des K., durch die der Kläger verletzt wurde, Ausübung öffentlicher Gewalt der Beklagten war. Das Berufungsgericht geht dabei davon aus, daß zuvörderst der Zweck, dem die Fahrt diente, die Rundfunkentstörung, zum Bereiche der hoheitlichen Aufgaben der Reichspost gehört. Das trifft zu, denn die Arbeit, die auszuführen war, diente unmittelbar der Verwirklichung des Rechts des Reiches, Funkanlagen zu betreiben; dies Recht ist als Ausfluß der Reichshoheit in § 1 des Gesetzes über Fernmeldeanlagen in der Fassung vom 14. Januar 1928 (RGBl. I S. 8) näher bestimmt und wird (neben dem Reichswehrminister, jetzt Reichskriegsminister) durch den Reichspostminister ausgeübt. Die Revision erhebt in dieser Hinsicht auch keine Einwendung. Mit jenem Zweck aber stand die Kraftwagenfahrt in so engem Zusammenhange, daß sie nach der dargelegten Auffassung des Lebens als Bestandteil der staatshoheitlichen Betätigung anzusehen ist. Denn die Fahrt wurde nach den Feststellungen des Berufungsgerichts in einem Kraftwagen ausgeführt, der den Angestellten von der Beklagten gerade zur Ermöglichung der Ausführung der Diensthandlungen zur Verfügung gestellt worden war; K., der ihn führte, erfüllte damit einen ihm zu eben dem staatshoheitlichen Zwecke gegebenen dienstlichen Auftrag. Ohne wesentliche Bedeutung ist dabei, daß nach der Annahme des Berufungsgerichts eine Nötigung für die Beamten, sich des Kraftwagens zu bedienen, um an den Ort ihrer Tätigkeit zu gelangen, nicht bestand, daß ihnen vielmehr von der Dienstbehörde freigestellt war, ob sie dazu den Kraftwagen benutzen oder sich anderer Beförderungsmittel bedienen wollten. Durch eine derartige Regelung, die sicherlich in einer sehr großen Zahl ähnlicher Fälle besteht, wird der Zusammenhang zwischen der Kraftwagenfahrt und dem Dienstgeschäft im eigentlichen Sinne nicht derartig gelockert, daß jene diesem gegenüber in dem hier erörterten Sinn als selbständiger Vorgang anzusehen wäre, der einer gesonderten rechtlichen Behandlung unterliegen könnte. Das Ergebnis, zu dem das Berufungsgericht insoweit gelangt ist, wird also durch diese Erwägungen gerechtfertigt, ohne daß noch hätte untersucht zu werden brauchen, ob nicht, was jedenfalls im Bereiche des Denkbaren liegt, schon auf der Fahrt selbst Handlungen vorzunehmen waren, die unmittelbar der Ausübung des gedachten Rechts des Reiches dienten. Ferner kann hier unerörtert bleiben, ob wirklich, wie die Revision meint, das angefochtene Urteil dahin zu verstehen ist, daß nur die Rückfahrt Bestandteil der hoheitlichen Betätigung gewesen sei, und auch diese nur aus dem Grunde, weil K. den Dienstkraftwagen an dem Ziele der Fahrt nicht habe stehen lassen dürfen, nachdem er ihn zuvor dorthin gebracht hatte, eine Ansicht, die freilich nicht gebilligt werden könnte, weil allerdings die bloße Eigenschaft eines Fahrzeuges als eines Dienstwagens dessen Ortsveränderung noch nicht zu einer staatshoheitlichen Betätigung macht.

Durch die Ausübung der hoheitlichen Befugnisse wurde K. im Bereiche dieser Betätigung „Beamter" im Sinne des Art. 131 WeimVerf., mag er auch im Innenverhältnis zu der Beklagten nur auf Grund bürgerlichrechtlichen Dienstvertrages angestellt gewesen sein. Das entspricht der schon erwähnten allgemein anerkannten Auslegung dieser Bestimmung. Auch im übrigen hat das Berufungsgericht das Vorliegen ihrer Merkmale festgestellt War die Kraftwagenfahrt Teil der staatshoheitlichen Betätigung, so bestand für K. auch aus diesem Grunde jedem Verkehrsteilnehmer gegenüber die Pflicht, sich so zu verhalten, daß dieser nicht zu Schaden kam. Diese Pflicht hat K. nach der Würdigung, die das Berufungsgericht den Hergängen hat zuteil werden lassen, verletzt und dadurch den Schaden verursacht.

Die Revision begehrt insoweit lediglich die rechtliche Nachprüfung der Annahme eines Verschuldens des K. (Es wird dargelegt, daß die ein solches bejahenden, ein Verschulden des Klägers verneinenden

Ausführungen des Berufungsgerichts rechtsirrtumsfrei sind. Dann wird fortgefahren:)

Nach § 839 Abs. 1 Satz 2 BGB. kann aber der Beamte, dem, wie hier dem K., lediglich Fahrlässigkeit zur Last fällt, nur dann in Anspruch genommen werden, wenn der Verletzte nicht auf andere Weise Ersatz zu erlangen vermag. Hierzu stellt das Berufungsgericht fest, daß ein Anspruch des Klägers auf ganzen oder teilweisen Ausgleich der Unfallfolgen gegen die Evangelische Kirche in Württemberg nicht bestehe. Der Unfall sei zwar ein „Dienstunfall" im Sinne des Deutschen Beamtengesetzes. Aber dies Gesetz finde, jedenfalls soweit es die Folgen von Dienstunfällen regele, auf Geistliche keine Anwendung. Es ermächtige nur (in § 174 Satz 2) die öffentlichrechtlichen Religionsgesellschaften, dem Deutschen Beamtengesetz entsprechende Vorschriften zu erlassen. Das habe aber die Evangelische Kirche in Württemberg nicht getan. Diese Ausführungen sind, soweit sie die Tragweite der Bestimmungen des Deutschen Beamtengesetzes darlegen, zutreffend. Soweit sie sich dagegen auf den Rechtszustand innerhalb der Evangelischen Kirche in Württemberg beziehen, betreffen sie Normen, deren Geltungsbereich nicht über den Bezirk des Berufungsgerichts hinausgeht; auf ihre Verletzung kann die Revision nach § 549 ZPO. nicht gestützt werden.

Die Beklagte macht aber geltend, im Lande Württemberg bestehe eine rechtliche Verpflichtung des Staates zur Fürsorge für Geistliche, die durch Dienstunfall geschädigt worden seien; sie beruft sich auf die Verordnung des Kultministeriums vom 4. Oktober 1933. Der Kläger erklärt dazu, daß das Ministerium diese Verordnung nicht mehr als verbindlich anerkenne und daß er auf Grund ihrer keine Leistungen erhalte. Da die Bestimmungen der Verordnung und die in ihnen für anwendbar erklärten Vorschriften des Württembergischen Gesetzes, betreffend die Unfallfürsorge für Beamte, vom 23. Dezember 1902 (RegBl. S. 589) — Art. 1 bis 9 und Art. 17 Abs. 1 und 2 — nur Ruhegeld, Ersatz der Kosten von Heilverfahren und Hinterbliebenenfürsorge (die im vorliegenden Rechtsstreit keine Rolle spielt) vorsehen, da der Kläger ferner ein Ruhegeld erhalten hat, das den Betrag von 66⅔ v. H. des Diensteinkommens, welches das Unfallfürsorgegesetz für den Fall der Dienstunfähigkeit als Ruhegeld vorsieht, überstieg, so kommen von vornherein Ansprüche nach den gedachten Bestimmungen gegen das Land Württemberg nur in Betracht, soweit es sich um die

Ansätze für die Heilung einschließlich derjenigen der beiden Badekuren handelt. Nur mit diesen hat sich daher das Berufungsgericht unter dem Gesichtspunkte des § 839 Abs. 1 Satz 2 BGB. befaßt. Es stellt als Inhalt der landesrechtlichen Vorschriften fest, daß nach § 3 Abs. 1 der Verordnung auch der Anspruch auf Ersatz der Kosten des Heilverfahrens nur für die nach dem Ausscheiden des Geistlichen aus dem Dienst erwachsenen Heilkosten bestehe. Nach dieser für das Revisionsgericht bindenden Auslegung kann also der Einwand anderweitiger Ersatzmöglichkeit nur betreffen: 1. von den Posten, aus denen der Zahlungsanspruch errechnet worden ist, die Ansätze für die beiden Badekuren, 2. von den Posten, mit denen etwa noch die nur allgemein festgestellte Verpflichtung zum Ersatz allen weiteren Schadens ausgefüllt werden wird, diejenigen, die Heilverfahren betreffen.

Das angefochtene Urteil erörtert auf diesem Boden die Angabe des Klägers, daß die Geistlichen, jedenfalls nach dem vom Kultministerium eingenommenen Standpunkt, aus der Verordnung vom 4. Oktober 1933 kein Recht herleiten könnten. Es kommt zu dem Ergebnis, daß es „mindestens sehr zweifelhaft sei, ob der Kläger für die nach seinem Ausscheiden aus dem Dienst entstandenen und noch entstehenden Kurkosten vom Staat, jetzt dem Lande Württemberg Ersatz verlangen könne". Daraus folgert es, daß auch für die hier in Rede stehenden Schadensteile die Anspruchsvoraussetzung des § 839 Abs. 1 Satz 2 BGB. als erfüllt angesehen werden müsse. Das Reichsgericht habe ausgesprochen — das Urteil verweist dafür auf die RGZ. Bd. 154 S. 291 und RGZ. Bd. 158 S. 277 veröffentlichten Entscheidungen —, daß der Beschädigte nicht auf einen weitläufigen und im Ergebnis unsicheren Weg verwiesen werden dürfe und daß die in § 839 Abs. 1 Satz 2 BGB. vorgeschriebene Inanspruchnahme einer anderweitigen Ersatzmöglichkeit der Schadensminderungspflicht nach § 254 Abs. 2 BGB. zu vergleichen sei. Von diesem Gesichtspunkt aus könne vom Kläger billigerweise nicht verlangt werden, die Meinungsverschiedenheit zwischen dem Württembergischen Kultministerium und dem Württembergischen Evangelischen Oberkirchenrat über die Fortgeltung der Verordnung vom 4. Oktober 1933, die richtigerweise im Verwaltungsweg auszutragen wäre, auf seine Kosten im ordentlichen Rechtswege zum Austrag zu bringen, da das Ergebnis und vielleicht auch die Durchführung einer gerichtlichen Entscheidung sehr zweifelhaft sei, überdies aber die Zulässigkeit des Rechtswegs für Ansprüche des Geschädigten aus der Verordnung vom 4. Oktober 1933 keineswegs sicher sei.

Diese Ausführungen, um deren Nachprüfung die Revision ebenfalls bittet, ergeben die Erfüllung der Anspruchsvoraussetzung des § 839 Abs. 1 Satz 2 BGB. nicht. Die angeführten höchstrichterlichen Entscheidungen betrafen völlig anders geartete Sachverhalte. Die Schwierigkeiten, welche die Beurteilung des Bestehens der Ansprüche gegen das Land Württemberg bietet, liegen allein auf dem Gebiete der Auslegung von gesetzlichen Vorschriften. Sie können aus diesem Grunde keine Hindernisse bilden, deren Überwindung dem Kläger nicht zuzumuten wäre. Das Berufungsgericht hatte also zu untersuchen, ob dem Kläger nach dem insoweit anzuwendenden Landesrecht ein gerichtlich verfolgbarer Anspruch gegen das Land Württemberg auf die in Rede stehenden Beträge zustand. Darüber mußte der Zusammenhang der in Betracht kommenden Vorschriften eine eindeutige Entscheidung liefern. Fiel sie bejahend aus, so war damit klargestellt, daß Weiterungen in der Durchsetzung des Anspruchs, deren Inkaufnahme dem Kläger nicht zugemutet werden konnte, nicht zu besorgen waren.

Demnach müßte das angefochtene Urteil in diesen Teilen aufgehoben und die Sache insoweit an das Berufungsgericht zur abschließenden Beurteilung des von der Beklagten behaupteten Rechts des Klägers gegen das Land Württemberg zurückverwiesen werden, wenn diese Anspruchsteile nicht unter dem rechtlichen Gesichtspunkte des Schadensersatzes aus § 7 KFG. begründet wären ... (Es wird ausgeführt, daß das der Fall ist.)

---

2. 1. Unter welchen Umständen liegt ein Handeln zu Zwecken des Wettbewerbs vor, wenn in einer Fachzeitschrift zu einer zwei Gewerbezweige berührenden Streitfrage von einer dem einen Gewerbezweige nahestehenden Person zugunsten dieses Gewerbezweiges Stellung genommen wird?

2. Zur Frage der persönlichen und vergleichenden Werbung.

UnlWG. § 1.

II. Zivilsenat. Urt. v. 16. Januar 1941 i. S. D. u. a. (Bekl.) w. Reichsverband Deutscher Fahrrad- und Fahrradteile-Grossisten e. V. u. a. (Kl.). II 51/40.

I. Landgericht Berlin.
II. Kammergericht daselbst.

Der Erstbeklagte ist der Schriftleiter, die Zweitbeklagte die Verlegerin der Zeitschrift „Radmarkt und Reichsmechaniker", die sich als Fachblatt für den Fahrradhandel, Handwerk und Industrie bezeichnet und Fachorgan der Reichsfachgruppe Fahrräder-Motorfahrräder im Reichsinnungsverbande des Mechanikerhandwerks ist. Der Drittbeklagte ist Direktor der D.-Fahrradwerke und Vorsitzender des Vereins der Fahrradindustriellen (VDFV.). In den Nummern 2485 und 2490 der genannten Zeitschrift vom 7. Januar und 11. Februar 1939 sind unter den Überschriften „Zur Markenradfrage" und „Nochmals zur Markenradfrage" vom Drittbeklagten verfaßte Aufsätze erschienen, in denen erörtert wird, ob Großhändler Fahrräder, die sie aus Bestandteilen fremder Herkunft zusammenstellen, als Markenräder bezeichnen dürfen. In der zuletzt genannten Nummer der Zeitschrift findet sich weiter ein Bild, auf dem ein Kapitän drei lächelnden Eskimos offenbar ein Fahrrad zum Kauf anbietet. Daneben steht unter der Überschrift „Das Spezialrad" der als Antwort der Eskimos anzusehende Satz: „Nee, Käpt'n, wir haben den „Radmarkt" gelesen, wir kaufen lieber Markenräder".

Die Kläger, und zwar die Kläger zu 2 und 3 als Fahrradgroßhändler, die selbst Fahrräder aus von dritter Seite bezogenen Einzelteilen zusammenstellen und als „Spezialräder" in den Handel bringen, beanstanden den Inhalt der Veröffentlichungen in den in ihren Klageanträgen hervorgehobenen Punkten als unrichtig und wettbewerbswidrig. Sie machen geltend, die Beklagten zu 1 und 2 seien für den Inhalt der Veröffentlichungen mitverantwortlich und ebenso wie der Drittbeklagte den Klägern zu 2 und 3 schadensersatzpflichtig. Der Erstkläger sei als Verein zur Förderung gewerblicher Belange im Rahmen des § 13 UnlWG. klageberechtigt. Die Kläger haben beantragt:

1. den Drittbeklagten bei Strafandrohung zur Unterlassung der Behauptung, insbesondere bei Veröffentlichungen in Zeitschriften, zu verurteilen,

a) das Spezialrad des Großhandels sei gegenüber dem Spezialrade der Fabriken und besonders der sog. Markenfabriken von minderer Güte,

b) der Großhandel dürfe auch mit seinen stofflich guten Rädern die Bezeichnung „Markenrad" nicht in Anspruch nehmen, weil er die für die Anwendung des Begriffs „Markenrad" notwendigen Voraussetzungen und Verpflichtungen, nämlich gleichbleibende gute Beschaffenheit bei Selbstherstellung der wichtigsten Teile, feste Kleinhandelspreise, soziale Einrichtungen und Fürsorge in den Betrieben, opferbereite Beteiligung an den Gemeinschaftsaufgaben, wie technische Entwicklung, Normung, Radsport, Radwegebau, Repräsentationsausstellungen und vieles andere, nicht gewährleisten und auch nicht erfüllen könne,

c) die Markenradindustrie dürfe sich — im Gegensatze zum Großhandel — als der volkswirtschaftlich und sozialpolitisch wertvollere Teil fühlen;

2. den Beklagten zu 1 und 2 bei Strafandrohung zu untersagen, in der Zeitschrift „Radmarkt und Reichsmechaniker" Aufsätze zu veröffentlichen und zu verbreiten, die nach Nr. 1 unzulässig sind;

3. den Beklagten zu 1 und 2 bei Strafandrohung zu verbieten, durch Veröffentlichung und Verbreitung von Bildern der in der Nummer 2490 der Zeitschrift „Radmarkt und Reichsmechaniker" vom 11. Februar 1939 wiedergegebenen Art den Eindruck zu erwecken, als ob es sich bei dem vom Fahrrad- und Fahrradteile-Großhandel hergestellten sog. „Spezialrad" um ein minderwertiges Erzeugnis handele, dessen Ankauf der Verbraucher lieber ablehnen sollte;

4. festzustellen, daß die drei Beklagten als Gesamtschuldner verpflichtet seien, den Klägern zu 2 und 3 den Schaden zu ersetzen, der ihnen durch die Veröffentlichung und Verbreitung der beiden Aufsätze entstanden sei und noch entstehe, und daß die Beklagten zu 1 und 2 außerdem als Gesamtschuldner verpflichtet seien, den Klägern zu 2 und 3 den Schaden zu ersetzen, der ihnen durch die Veröffentlichung und Verbreitung des Bildes in der Nr. 2490 der genannten Zeitschrift entstanden sei und noch entstehe;

5. den Klägern die Befugnis zur Veröffentlichung der Formel des Urteils in drei im Antrage näher bezeichneten Zeitungen zuzuerkennen.

Die Kläger haben hierzu bemerkt, daß die Anträge 1, 2 und 3 namens des Erstklägers, der Antrag 4 namens der Kläger zu 2 und 3 und der Antrag 5 im Namen sämtlicher Kläger gestellt würden.

Die Beklagten haben um Klageabweisung gebeten und entgegnet: Der „Radmarkt" habe seit Jahren seine Aufgabe darin gesehen, den Gütegedanken in der deutschen Fahrradwirtschaft zu fördern und den Vertrieb minderwertiger und deshalb teurer Ware zu bekämpfen. Er habe damit die Belange sämtlicher Unternehmungen der in Betracht kommenden Wirtschaftskreise wahrgenommen und sich keineswegs in den Dienst einzelner Unternehmen gestellt. Unter dem Gesichtspunkt einer Betonung des Gütegedankens habe er auch seit einer Reihe von Jahren wiederholt die Frage des Markenradbegriffs behandelt, und im Rahmen dieser rein sachlichen Stellungnahme sei es zu den von den Klägern beanstandeten Aufsätzen des Drittbeklagten gekommen. Anlaß hierzu habe ein Urteil der Strafkammer in B. gegeben, das sich mit jenem Begriffe zu befassen gehabt habe. Nachdem in einer früheren Nummer des „Radmarktes" auf dieses Urteil kurz hingewiesen und eine ausführlichere Äußerung dazu in Aussicht gestellt worden sei, habe sich der Erstbeklagte an verschiedene Fachleute, darunter auch an den Drittbeklagten, mit der Bitte gewandt, ihm aufklärende Aufsätze zur Verfügung zu stellen. Die auf diese Weise zustande gekommene Äußerung des Drittbeklagten stelle eine rein fachwissenschaftliche Veröffentlichung dar, mit welcher der „Radmarkt" lediglich einer ihm als Fachzeitschrift obliegenden Aufgabe nachgekommen sei und gegen die schon deshalb aus wettbewerblichen Gesichtspunkten nicht vorgegangen werden könne. Unter den aus Teilen fremder Herkunft zusammengestellten Spezialrädern befänden sich sehr viele minderwertige Räder. Der Kampf der beteiligten Kreise gelte vor allem der Unterdrückung solcher Schundware. Die Kläger zu 2 und 3 hätten in Anspruch genommen, ihre ebenfalls aus fremden Teilen zusammengestellten „konfektionierten" Räder als Markenräder, also unter derselben Bezeichnung vertreiben zu dürfen, wie sie den Rädern der Fahrradfabriken bisher allein zugekommen sei. Die Beklagten hätten lediglich in Wahrung berechtigter Interessen gehandelt, wenn sie sich hiergegen zur Wehr gesetzt hätten. Soweit die beanstandeten Aufsätze Werturteile enthielten, wie es insbesondere der Fall sei, wenn es darin heiße, die Markenradfabriken dürften sich im Gegensatze zum Großhandel als der volkswirtschaftlich und sozialpolitisch wertvollere Teil fühlen, könne dagegen mit einer Klage der vorliegenden Art überhaupt nicht angegangen werden. Außerdem handele es sich um einen Vergleich zweier Systeme, der zulässig sei, wenn er sich frei von persönlichen, ehrverletzenden Angriffen und von bewußt oder grob fahrlässig aufgestellten wahrheitswidrigen Behauptungen halte. Solche Behauptungen seien in den beanstandeten Aufsätzen nicht enthalten. Auch das mit dem Klageantrage 3 angegriffene Bild sei aus diesem Grunde nicht zu beanstanden. Es besage nichts über irgendwelche schlechten Eigenschaften der Spezialräder und habe lediglich den Zweck, für das Markenrad zu werben.

Das Landgericht hat die Beklagten im wesentlichen antragsgemäß verurteilt, das Kammergericht ihre Berufung hiergegen — unter Streichung der Worte „im Gegensatze zum Großhandel" im Urteilsausspruch zu 1 c — zurückgewiesen. Die Revision der Beklagten führte zur Aufhebung des angefochtenen Urteils und zur Abweisung der Klage wegen des Unterlassungsanspruchs gegen den Drittbeklagten unter Nr. 1 a des Klageantrags und in einem dementsprechenden Umfang auch wegen des Unterlassungsanspruchs gegen die Beklagten zu 1 und 2 unter Nr. 2, des Feststellungsanspruchs unter Nr. 4 sowie des Anspruchs auf Zuerkennung der Veröffentlichungsbefugnis unter Nr. 5. Im übrigen blieb sie erfolglos.

Gründe:

1. Das Berufungsgericht würdigt das mit der Klage beanstandete Verhalten der Beklagten ausschließlich unter dem Gesichtspunkt eines Verstoßes gegen § 1 UnlWG. und prüft deshalb in erster Reihe, ob die Beklagten zu Zwecken des Wettbewerbs gehandelt haben. Es bejaht dies für den Drittbeklagten mit der Erwägung, dieser könne sich nicht darauf berufen, daß die von ihm verfaßten und der Öffentlichkeit unterbreiteten Aufsätze lediglich als fachliche oder fachwissenschaftliche Arbeiten anzusehen seien, durch die zum Wohle der Allgemeinheit der Gütegedanke im Fahrradfache habe gefördert werden sollen. Der Drittbeklagte sei kein freier, außerhalb des Wirtschaftslebens stehender Forscher, dessen Meinungsäußerung einer wettbewerblichen Bedeutung entbehre. Er stehe vielmehr als Direktor einer bedeutenden Fahrradfabrik und Vorsitzender des Vereins der Fahrradindustriellen in dem Wettbewerbsstreite zwischen

Großhandel und Fahrradindustrie, wenn auch sicherlich aus Überzeugung, völlig auf seiten der Industrie und teile ihre Auffassung über den Begriff „Markenrad". Wende er sich mit Aufsätzen hierüber an die Öffentlichkeit, so werde er selbstverständlich die Belange der Partei wahrnehmen, deren Anschauungen er vertrete, und versuchen, den Leser von dem Rechte dieser Partei zu überzeugen. Damit greife er aber selbst in den Wettbewerbskampf der ihm nahestehenden Partei ein und handele zu Zwecken des Wettbewerbs. Hieran ändere nichts, daß der erste seiner beiden Aufsätze in die Form einer geschichtlichen Darstellung gekleidet sei. Auch wenn es dem Drittbeklagten in erster Reihe darum zu tun gewesen sein sollte, den Leser rein sachlich über die geschichtliche Entwicklung des Begriffes „Markenrad" aufzuklären und damit zum Wohle der Allgemeinheit dem Gedanken der Gütesteigerung zu dienen, lasse der Inhalt der Aufsätze auf jeden Fall eine starke Parteinahme zugunsten der Fahrradindustrie selbst erkennen. Er ergebe, daß sich der Beklagte nicht nur als Verteidiger des Markenradbegriffs, sondern besonders auch der Markenradfabriken fühle, und daß für ihn die Absicht, deren Absatz zu fördern, also ein Wettbewerbszweck, mindestens mitbestimmend gewesen sei, als er die beanstandeten Aufsätze veröffentlicht habe.

Auch bei dem Erstbeklagten erachtet das Berufungsgericht ein Handeln zu Zwecken des Wettbewerbs für gegeben. Ihm sei, so führt es aus, der zwischen dem Großhandel und der Markenradindustrie entbrannte schwere Kampf um den Begriff des Markenrades unstreitig bekannt gewesen. Wenn er in dieser Kampfzeit in der von ihm geleiteten Zeitschrift Aufsätze gebracht habe, die der Reinheit des Markenradbegriffs dienen sollten, so habe er sich an dem Wettbewerbskampf, und zwar auf seiten der Markenradindustrie, beteiligt. Seine Ansicht, der Standpunkt der Industrie sei der richtige, und eine Durchsetzung des Markenradbegriffes in ihrem Sinne diene der Gütesteigerung und damit dem Wohle der Allgemeinheit, hindere nicht, daß er durch die Veröffentlichung der Aufsätze in erster Reihe bewußt die Belange der Markenradindustrie gefördert habe. Einen Rückschluß auf diese seine Einstellung lasse insbesondere auch das von ihm ohne Zutun des Drittbeklagten oder der Markenradindustrie veröffentlichte Bild in der Nr. 2490 der Zeitschrift zu. Dieses habe, da in dieser Nummer ebenso wie in früheren mehrfach von dem Gegensatze zwischen den Spezialrädern des Großhandels und den

Markenrädern der Industrie die Rede gewesen sei, vom Beschauer nur dahin aufgefaßt werden können, daß unter den Spezialrädern, die durch das Bild eindeutig als minderwertig gekennzeichnet seien, die Spezialräder des Großhandels zu verstehen seien. Das Bild sei also erkennbar gegen diese gerichtet gewesen. Seine Veröffentlichung beweise die Absicht des Erstbeklagten, die Markenräder der Industrie gegenüber den Spezialrädern des Großhandels als überlegen hinzustellen.

Die Revision bekämpft diese Auffassung des Berufungsgerichts mit sachlichrechtlichen Angriffen und mit Verfahrensrügen aus §§ 139, 286 ZPO. Sie macht geltend, der erste, hauptsächlich ins Gewicht fallende Aufsatz des Drittbeklagten sei als eine von drei dieselbe Frage nach ihren verschiedenen Seiten behandelnden Arbeiten nicht in einer Zeitschrift erschienen, die einer der im Streit liegenden Parteien — Markenradindustrie und Großhandel — angehört habe oder dienstbar gewesen sei, sondern in einem von beiden völlig unabhängigen Fachorgan einer Fachgruppe des deutschen Handwerks, nämlich des Reichsinnungsverbandes des Mechanikerhandwerks (RDM.). Er sei — wie die beiden anderen — nicht auf Verlangen des Drittbeklagten, sondern auf den wiederholten dringenden Wunsch des Schriftleiters dieses Fachorgans, des Erstbeklagten, veröffentlicht worden, der aus einem bestimmten Anlaß, dem B.er Urteil, dem über den Streit um die Bezeichnung „Markenrad" bereits laufend unterrichteten Fach-Leserkreise eine gründliche, zusammenfassende Aufklärung über die Entwicklung und den Stand dieses Streites aus der Feder berufener Fachmänner habe geben wollen. Der Drittbeklagte habe sich erst nach Überwindung eines anfänglichen Widerstandes seiner Fachgruppe, des Vereins der Fahrradindustriellen, bereit gefunden, seinen Aufsatz dem „Radmarkte" zur Verfügung zu stellen. Hiernach sei der Zweck auch der Veröffentlichung des Drittbeklagten überhaupt nicht aus dessen Person, sondern jedenfalls in erster Reihe aus den Zielen der Zeitschrift selbst abzuleiten, wie sie deren Schriftleiter in seinem Vorspruch zu den drei von ihm veranlaßten Aufsätzen ausdrücklich klargestellt habe, einem Zwecke, der mit dem Wettbewerb der beiden beteiligten Erwerbsgruppen nichts zu tun gehabt habe. Der „Radmarkt" und damit der Erstbeklagte hätten auch nicht für eigene Zwecke, sondern lediglich als Organ und im Auftrage des RDM. gehandelt. Der Erstbeklagte habe sich bei Beginn seiner Tätigkeit von diesem über die besondere Ausrichtung des Fahrradfaches und insbesondere über die vom RDM. betriebene Erziehung zur Förderung des handwerklichen Gütebegriffs unterrichten lassen und die Weisung erhalten, in der Zeitschrift in diesem Sinne zu wirken. Er habe sich deshalb auch, als ihm eine Besprechung des B.er Urteils erforderlich erschienen sei, mit dem RDM. in Verbindung gesetzt und sich mit ihm über die Art der Veröffentlichung, insbesondere über die Mitwirkung seines Justitiars, und die Mitveröffentlichung eines von dritter Seite stammenden Aufsatzes über die geschichtliche Entwicklung des Markenradbegriffs verständigt. Nachdem man sich zunächst zu einer Zurückstellung der für November 1938 geplanten Veröffentlichung entschlossen hätte, habe der RDM. im Dezember von sich aus eine alsbaldige Veröffentlichung gewünscht. Die Schriftleitung habe daraufhin die Nummer gemäß den im November getroffenen Abreden weiter vorbereitet. Die Revision will aus dem bestimmenden Einfluß, den der RDM. hiernach auf die Veröffentlichung genommen habe, folgern, daß diese nicht zum Zwecke des Wettbewerbs geschehen sein könne, sondern lediglich der Förderung der besonderen Aufgaben gedient habe, zu deren Erfüllung der RDM. berufen sei. Wie dieser aus dem gleichen Grunde durch seinen Strafantrag das B.er Urteil herbeigeführt und sich im Strafverfahren als Nebenkläger betätigt habe, habe auch die von ihm betriebene Erörterung und Auswertung des Urteils durch erschöpfende Unterrichtung der Innungsmitglieder mit Hilfe des Verbandsorgans diesem Zwecke dienen sollen. Dabei habe die ihm obliegende Verpflichtung, die wirtschaftlichen Belange seiner Mitglieder zu fördern, naturgemäß auch eine Förderung des Wettbewerbs des von ihm vertretenen Wirtschaftszweigs zur Folge haben müssen, soweit dieser mit Angehörigen anderer Wirtschaftszweige im Wettbewerb stehe. Das bedeute jedoch nicht, daß deshalb seiner Betätigung und insbesondere seinem Streben nach Verbreitung hochwertiger Ware ein Wettbewerbszweck unterstellt werden könne.

Hierüber hinaus leitet die Revision aus dem von ihr behaupteten bestimmenden Einflusse des RDM. auf Zeitpunkt und Inhalt der Veröffentlichung auch Bedenken gegen die Zulässigkeit des Rechtsweges her, soweit die Beklagten auf Unterlassung in Anspruch genommen werden. Sie ist mit dem Hinweis auf den öffentlichrechtlichen Aufgabenbereich der Organisationen der gewerblichen Wirtschaft der Meinung, die Art und Weise, in der sich eine solche Organisation der

Erfüllung ihrer Pflichten widme, unterliege allein ihrer Entschließung und der ihr vorgesetzten Stellen, letzten Endes des Reichswirtschaftsministers, entziehe sich aber jeder Einwirkung durch das Gericht. Dieses könne ihr weder die Unterlassung bestimmter Maßnahmen vorschreiben, noch die Vornahme bestimmter Handlungen gebieten. Dieser insbesondere vom erkennenden Senat in RGZ. Bd. 158 S. 257 und Bd. 162 S. 182 ausgesprochene Grundsatz gelte nach der zuletzt erwähnten Entscheidung auch für Reichsinnungsverbände. Soweit ein solcher die ihm kraft öffentlichen Rechts übertragenen Aufgaben wahrnehme, sei eine Nachprüfung seiner Maßnahmen im Rechtsweg ausgeschlossen. Wenn dies in dem der damaligen Entscheidung zugrunde liegenden Falle für die Absendung eines Rundschreibens ausgesprochen worden sei, mit dem die Bezirksgruppe eines Reichsinnungsverbandes vor einer Fachfirma gewarnt habe, sei der jetzt in Rede stehende Sachverhalt, bei dem sich ein Reichsinnungsverband zur Unterrichtung seiner Mitglieder eines zu ihm in besonderen Beziehungen stehenden Fachorgans bedient habe, ebenso zu beurteilen. Die nach seinen Wünschen gestaltete und schließlich auf sein Drängen vorgenommene Veröffentlichung habe eine Fortsetzung und Ergänzung des Vorgehens gebildet, mit dem er das B.er Urteil erwirkt habe, und diese Maßnahme zum Nutzen der Innungsmitglieder weiter ausgewertet. Dabei seien die Beklagten zu 1 und 2 von vornherein kraft vertraglicher Verpflichtung gegenüber dem RDM. tätig geworden, um die Aufgaben zu erfüllen, die sich dieser zur Erziehung seiner Mitglieder und zur Förderung des handwerklichen Gütebegriffs gesetzt habe. Ihre Tätigkeit auf diesem öffentlichrechtlichen Gebiet unterliege deshalb ebenfalls nur den Weisungen der öffentlichrechtlichen Organisation, aber nicht der Beurteilung durch die ordentlichen Gerichte. Das gleiche gelte für den Drittbeklagten. Mit der an ihn wiederholt ergangenen dringenden Bitte des Erstbeklagten um Abfassung des Aufsatzes sei auch seine Tätigkeit der Erfüllung der öffentlichrechtlichen Aufgaben dienstbar gemacht worden, um die es sich bei der ganzen Veröffentlichung des „Radmarktes" gehandelt habe. Habe der Erstbeklagte selbst den Aufsatz verfassen, ihn, wozu er jederzeit befugt gewesen sei, ohne Nennung des Verfassers veröffentlichen oder, wie geschehen, den Verfasser angeben können, so sei dies alles ohne Bedeutung für die Würdigung der Tatsache, daß die Veröffentlichung vom Willen des

RDM. getragen gewesen sei und eine Maßnahme des RDM. zur Betreuung seiner Mitglieder im Rahmen seines öffentlichrechtlichen Aufgabengebietes dargestellt habe.

Die Bedenken der Revision gegen die Zulässigkeit des Rechtsweges sind nicht begründet. In den von ihr erwähnten Entscheidungen hat der erkennende Senat allerdings ausgesprochen, daß der Aufgabenkreis der Gliederungen des staatlich organisierten Wirtschaftsaufbaus im wesentlichen auf öffentlichrechtlichem Gebiete liege, soweit er die fachliche Betreuung ihrer Mitglieder umfaßt, und daß deshalb Maßnahmen, die solche Gliederungen zur Erfüllung ihrer öffentlichrechtlichen Aufgaben ergreifen, einer Nachprüfung durch die ordentlichen Gerichte im Zuge von Ansprüchen auf Unterlassung, Widerruf, Berichtigung u. dgl. entzogen sind. Das gilt jedoch nur für eine Betätigung, die erkennbar von den genannten Wirtschaftsorganisationen selbst ausgeht und in den Bereich der ihnen verliehenen öffentlichrechtlichen Machtbefugnis fällt. Die auf der Übertragung hoheitlicher Rechte beruhende Unangreifbarkeit ihrer Entschließungen durch Richterspruch erstreckt sich nicht auf Kundgebungen Dritter, mögen diese auch sachlich geeignet sein, die Organisation in der Erfüllung ihrer Aufgaben zu unterstützen, oder auf einer von ihr ausgehenden Anregung beruhen. Insoweit fehlt es an der auf staatlichem Auftrag beruhenden pflichtmäßigen Wahrnehmung obrigkeitlicher Gewalt, die es allein rechtfertigt, den gegen ihre Betätigung gerichteten Ansprüchen den ordentlichen Rechtsweg zu verschließen. Die Beklagten können daher nicht in Anspruch nehmen, schon deshalb vor einer richterlichen Nachprüfung ihres Verhaltens bewahrt zu bleiben, weil die Zeitschrift, in der die beanstandeten Aufsätze erschienen sind, Verbandsorgan des RDM. ist und dieser aus Anlaß des von ihm herbeigeführten B.er Urteils eine Stellungnahme zu der Frage des Markenradbegriffes wünschte. Die Beklagten behaupten nicht, daß der RDM. über das bloße Verlangen hinaus, diese Frage in einer besonderen Nummer der Zeitschrift zu behandeln, den Inhalt der Aufsätze vorgeschrieben oder von ihm auch nur vorher Kenntnis genommen, ihn insbesondere in den jetzt beanstandeten Teilen gebilligt habe. Aber selbst wenn dies der Fall gewesen wäre, könnte keine Rede davon sein, daß schon deshalb die Veröffentlichung eine Maßnahme des RDM. darstelle, die sich wegen ihrer öffentlichrechtlichen Natur einer richterlichen Nachprüfung entziehe. Daß der „Radmarkt“

Fachorgan der Reichsfachgruppe Fahrräder, Motorfahrräder im Reichsinnungsverbande des Mechanikerhandwerks ist, besagt nicht, daß sein Inhalt im ganzen als amtliche Kundgebung jener Gruppe anzusehen wäre. Diese bedient sich des Blattes zur Veröffentlichung der von ihr ausgehenden Verlautbarungen in der Weise, daß sie diese an besonderer Stelle als „Verbands-Mitteilungen" einrücken läßt. Bei den beanstandeten Aufsätzen tritt in keiner Weise in die Erscheinung, daß die Fachgruppe sie veranlaßt habe oder sich ihren Inhalt zu eigen mache und hinter ihm stehe. Wie aus dem Vorwort in Nr. 2485 hervorgeht, handelt es sich um private Veröffentlichungen, mit denen die Schriftleitung ihre Leser über die geschichtliche und rechtliche Bedeutung des den Gegenstand des B.er Strafverfahrens bildenden Begriffs des Markenrades und die für die Zukunft anzustrebende Ordnung auf diesem Gebiet unterrichten wollte. Soweit sie sich hierbei — sei es auf Grund ausdrücklicher Anweisung, sei es aus allgemeinen, durch die Beziehungen der Zeitschrift zur Gruppe begründeten Erwägungen — durch Rücksichten leiten ließ, die sich aus deren besonderem Aufgabenkreis ergaben, ändert dies nichts daran, daß sie nicht namens der Gruppe, sondern in Ausübung eigener beruflicher Tätigkeit gehandelt hat, die nicht nach den für jene geltenden Grundsätzen zu werten ist. Kann sich sonach der Erstbeklagte gegen eine richterliche Nachprüfung seines Verhaltens nicht schon deshalb verwahren, weil es den Wünschen des RDM. entsprochen und im Bereiche der von diesem zu erfüllenden öffentlichrechtlichen Aufgaben gelegen habe, so gilt dies erst recht für den Drittbeklagten, der sich hierfür mangels eigener unmittelbarer Beeinflussung durch den RDM. lediglich darauf berufen könnte, daß er vom Erstbeklagten um die Abfassung und Einreichung des Aufsatzes gebeten worden sei. Das Berufungsgericht hatte bei dieser Sachlage keine Veranlassung, dem Vorbringen der Beklagten über die Beteiligung des RDM. an der Veröffentlichung der Aufsätze weiter nachzugehen und auf eine Ergänzung ihres Vortrags hinzuwirken. Die von der Revision in diesem Zusammenhang erhobene Rüge aus § 139 ZPO. ist unbegründet.

Der Revision kann auch nicht beigetreten werden, wenn sie glaubt, durch die von ihr behauptete Einflußnahme des RDM. auf die beanstandeten Veröffentlichungen sei ausgeschlossen, daß diesen ein Wettbewerbszweck zugrunde liege. Die Aufsätze dienten Wettbewerbszwecken, wenn sie sachlich geeignet waren, die geschäftliche Entwicklung der Markenradindustrie auf Kosten des Großhandels zu fördern, und wenn ihre Veröffentlichung in der Absicht solcher Förderung geschah. Dabei war nicht erforderlich, daß diese Absicht den alleinigen Beweggrund für die Veröffentlichung bildete. Es genügte nach der ständigen Rechtsprechung des Senats, daß sich die Beklagten auch nur nebenher von dem Wunsche leiten ließen, durch ihr Vorgehen der Verbreitung des Markenrades gegenüber den Spezialrädern des Großhandels zu dienen, der Gedanke geschäftlicher Förderung der Markenradindustrie also nicht gänzlich außerhalb der Ziele lag, deren Verwirklichung sie erstrebten. Das Berufungsgericht nimmt dies bei dem Drittbeklagten schon um deswillen an, weil er infolge seiner engen beruflichen Verbundenheit mit der Markenradindustrie — als Leiter einer bedeutenden Fahrradfabrik und Vorsitzender des Vereins der Fahrradindustriellen — naturgemäß deren Auffassung über den Begriff des Markenrades teile und in dem Streit hierüber auf seiten der Fahrradindustrie stehe. Dadurch allein wäre freilich, wie es nicht verkennt, noch nicht ausgeschlossen, daß er sich, wenn er sich in für die Öffentlichkeit bestimmten Aufsätzen über die Bedeutung jenes Begriffs äußerte, auf eine sachliche Erörterung beschränkte und jede Stellungnahme vermied, die als Empfehlung des Markenrades selbst vor dem diese Bezeichnung nicht verdienenden Spezialrade des Großhandels hätte gedeutet werden können. Das Berufungsgericht gelangt aber zu dem Ergebnis, daß der Drittbeklagte in seinen Aufsätzen diese Grenze nicht eingehalten habe, vielmehr in einer Weise auch für die Markenradindustrie selbst eingetreten sei, daß die Absicht, ihren Absatz gegenüber dem des Großhandels zu fördern, nicht bezweifelt werden könne. Es verweist auf Stellen in den Aufsätzen des Drittbeklagten, in denen er die Markenradindustrie selbst nach ihrer Leistung und wirtschaftlichen und sozialen Bedeutung als dem Großhandel überlegen hinstelle, diesem also eine wettbewerblich mindere Rolle zuweise. Dieser im wesentlichen auf tatrichterlicher Feststellung beruhenden Ansicht des Berufungsgerichts kann aus Rechtsgründen nicht entgegengetreten werden. Die Aufsätze des Drittbeklagten ergeben in der Tat, daß mit ihnen in den Kampf der beteiligten Gewerbezweige um den Begriff des Markenrades eingegriffen und der Standpunkt der Markenradfabriken verteidigt werden sollte. Der Streit um jenen Begriff ist aber mit den wirtschaftlichen Belangen der beteiligten Fahrradhersteller so eng verknüpft, daß die Meinungsäußerung eines Vertreters der einen Interessentengruppe von der Bedeutung des Drittbeklagten gar nicht anders gewertet werden kann als ein Mittel, der Auffassung dieser Gruppe weitere Anerkennung zu verschaffen und damit dem Absatz ihrer Erzeugnisse die Wege zu ebnen. Das gilt insbesondere, wenn sich, wie hier, die Äußerung an die Leser einer Zeitschrift richtet, die auf den Absatz von Fahrrädern angewiesen sind und in deren Belieben es steht, ob sie den Rädern der Markenradindustrie oder denen des Großhandels den Vorzug geben wollen. Die Erörterung des Begriffes Markenrad muß hiernach, wenn sie sich auf die betriebswirtschaftlichen Verhältnisse der beteiligten Gewerbezweige erstreckt und die des einen, der Markenradindustrie, als besser bezeichnet, notwendig dazu führen, die Leser einer stärkeren Berücksichtigung der von dieser stammenden Erzeugnisse geneigt zu machen und damit den anderen Teil geschäftlich zu beeinträchtigen. Der Drittbeklagte ist sich dessen offenbar auch bewußt gewesen. Denn wenn er am Schlusse seines ersten Aufsatzes erklärt, er habe dem Großhandel bittere Wahrheiten sagen müssen, es sei dessen Sache, wie er seine wirtschaftliche Aufgabe künftig gestalte, dauerhaft und erfolgreich könne diese Zukunft aber nur sein, wenn er sich auf die alte Wahrheit einstelle: Leben und leben lassen, so ergibt sich hieraus mit aller Deutlichkeit, daß er die Bedeutung seiner Ausführungen für den Großhandel keineswegs verkannt, vielmehr damit gerechnet hat, dieser werde, wenn die in dem Aufsatze vertretene Auffassung durchdringe, seine bisherige Stellung im Wettbewerb nicht aufrechterhalten können.

Auch hier ist das Vorbringen der Revision, der Zweck der Veröffentlichung sei in erster Reihe aus den Zielen der Zeitschrift selbst abzuleiten und durch deren Stellung zum RDM. bestimmt gewesen, nicht geeignet, die Aufsätze des Drittbeklagten ihrer wettbewerblichen Bedeutung zu entkleiden. Dieser mag, wie die Revision geltend macht, nicht von sich aus den Plan gefaßt und verfolgt haben, sich an die Öffentlichkeit zu wenden, sondern hierzu erst durch die Aufforderung des Erstbeklagten veranlaßt worden sein. Er mag auch mit den Aufsätzen zugleich das Ziel verfolgt haben, den Gütegedanken im Fahrradfache zu fördern und damit der Allgemeinheit zu nützen. Das alles vermag jedoch nichts daran zu ändern, daß er sich bei seiner Stellungnahme unverkennbar auch von Erwägungen hat leiten lassen, die seiner engen Verbundenheit mit der Fahrradindustrie entsprangen und ihn bewogen, durch Hervorhebung ihrer Überlegenheit gegenüber dem Großhandel ihre wettbewerbliche Stellung zu stärken. Die von der Revision hervorgehobenen besonderen Umstände des Falles — die Einflußnahme des RDM. auf die Veröffentlichung der Aufsätze in Fortsetzung der von ihm bereits im B.er Strafverfahren ergriffenen Maßnahmen, die Aufforderung des Erstbeklagten zur Abfassung der Aufsätze und deren Erscheinen im Fachorgan des RDM. — genügten, wie der Inhalt der Aufsätze ergibt, nicht, um den Drittbeklagten von einer seiner einseitigen Einstellung entsprechenden Behandlung der Streitfrage und ihrer Beantwortung unter Voranstellung der Belange der Fahrradindustrie abzuhalten. Er hat die sich ihm bietende, wenn auch von ihm nicht herbeigeführte Gelegenheit ergriffen, um sich für die ihm nahestehende Industrie einzusetzen. Da dies gegenüber Kreisen geschah, die vor allem als Abnehmer von Fahrrädern in Betracht kamen, konnte der Zweck seines Vorgehens, zum mindesten nebenher, nicht anderer als wettbewerblicher Art sein. Dazu bedurfte es entgegen der Ansicht der Revision auch keines ausdrücklichen Hinweises auf seine Stellung im Vorstande der D.-Werke und des VDFI. Abgesehen davon, daß im drittletzten Absatze des ersten Aufsatzes auf die Beziehungen des Verfassers zu einem Werke der Fahrradindustrie hingewiesen, die Kenntnis eines großen Teils der Leser davon, um welches Werk es sich dabei handele, wohl auch ohne weiteres vorausgesetzt wird, ergab sich die wettbewerbliche Bedeutung der Ausführungen schon aus ihrem Inhalt. Dieser hätte selbst dann eindeutig zugunsten der Fahrradindustrie gesprochen, wenn die Aufsätze ohne den Namen des Verfassers veröffentlicht worden wären. Daß der Drittbeklagte wettbewerbliche Zwecke wenigstens mitverfolgt hat, kann endlich auch nicht durch den Hinweis der Revision darauf widerlegt werden, das B.er Urteil sei auch in anderen Zeitschriften, so in der FKZ., dem Organ des Erstklägers, und der Zeitschrift „Der deutsche Radfahrer", in einem mit der Auffassung des Drittbeklagten übereinstimmenden Sinne besprochen worden. Hieraus kann gegen die Annahme, der Drittbeklagte habe zu Wettbewerbszwecken gehandelt, schon deshalb nichts hergeleitet werden, weil eine von anderer Seite ausgehende Stellungnahme zu dem Streit über den Markenradbegriff die Umstände, die dem Verhalten des Drittbeklagten wettbewerbliche Bedeutung verliehen, nämlich seine engen Beziehungen zur Markenradindustrie und sein klares Eintreten für diese, in keiner Weise berührte. Das Berufungsgericht brauchte hierauf nicht noch besonders einzugehen.

Auch beim Erstbeklagten hat das Berufungsgericht eine Verfolgung wettbewerblicher Zwecke mit Recht bejaht. War dieser, wie es feststellt und wie es nach Lage der Sache nicht anders sein kann, darüber unterrichtet, daß zwischen Fahrradindustrie und Großhandel tiefgehende Meinungsverschiedenheiten über den Begriff des Markenrades bestanden, die nicht nur theoretischer Natur waren, sondern erhebliche wirtschaftliche Bedeutung für die beteiligten Gewerbezweige besaßen, so konnte ihm nicht entgehen, daß die Ausführungen des Drittbeklagten mit ihrem entschiedenen Eintreten für die Auffassung und Belange der Fahrradindustrie geeignet und bestimmt waren, diese im Wettbewerbe gegenüber dem Großhandel in Vorteil zu setzen. Brachte er die Aufsätze gleichwohl zum Abdruck, so machte er sich die Absichten des Drittbeklagten zu eigen und betätigte sich damit selbst in einer Weise, die der Fahrradindustrie wettbewerblich zustatten kam. Es ist rechtlich nicht zu beanstanden, wenn das Berufungsgericht schon hieraus folgert, daß auch er durch die Veröffentlichung bewußt den Belangen der Fahrradfabriken habe dienen wollen. Auch der Erstbeklagte kann sich nicht darauf berufen, daß er sich lediglich für den Gedanken einer Gütesteigerung im Fahrradfache habe einsetzen und zum Nutzen der Allgemeinheit im Sinne der vom RDM. vertretenen Ziele habe wirken wollen, überdies durch die ausdrücklichen Wünsche des RDM. gebunden gewesen sei. Derartige Erwägungen und Rücksichten mögen bei ihm wesentlich mitgesprochen haben und — entsprechend der Stellung seiner Zeitschrift zum RDM. — für sein Handeln in stärkerem Maße bestimmend gewesen sein, als es beim Drittbeklagten der Fall war. Sie konnten jedoch angesichts des Inhalts der Aufsätze nicht so weit gehen, daß er sich ihrer wettbewerblichen Bedeutung für die Fahrradindustrie nicht hätte bewußt werden müssen. Er wäre in der Lage gewesen, die Aufsätze wegen ihrer einseitigen Stellungnahme für die Markenradindustrie zurückzuweisen oder auf eine Beseitigung oder Milderung der darin enthaltenen Betonung ihrer Überlegenheit über den Großhandel hinzuwirken. Sah er hiervon ab, so brachte er zum Ausdruck, daß er die Meinung des Drittbeklagten teile und sein Vorgehen billige. Damit bekannte auch er sich zu dem wettbewerblichen Zwecke, dem dieser nachging. Soweit noch Zweifel hierüber bestehen könnten, verweist das Berufungsgericht mit Recht auf die Abbildung in Nr. 2490 der Zeitschrift, die der Erstbeklagte, wie es feststellt, unabhängig vom Drittbeklagten oder der Markenradindustrie veröffentlicht hat. Wenn es aus der darin klar zutage tretenden Absicht, die Markenräder der Fahrradindustrie als den Spezialrädern des Großhandels überlegen hinzustellen, einen Schluß auf die Einstellung des Erstbeklagten gegenüber letzterem zieht und seine Annahme, der Erstbeklagte habe auch bei der Wiedergabe der Aufsätze des Drittbeklagten wettbewerbliche Zwecke verfolgt, bestätigt findet, so vermag die Revision gegen diese im wesentlichen auf tatsächlichem Gebiete liegende Erwägung nichts Stichhaltiges vorzubringen. Das Bild mit dem ihm beigefügten Text kann schon für sich allein nur dahin verstanden werden, daß selbst in den entlegensten und kulturfernsten Gegenden dem Markenrade der Vorzug vor einem Spezialrade gegeben werde. Es besagt nicht, daß hiermit nur ein Spezialrad minderer Güte gemeint sei, sondern trifft die Spezialräder ohne Ausnahme. Auch der Hinweis auf den Inhalt des „Radmarktes", auf dem jene Auffassung beruhe, ist nicht geeignet, den verallgemeinernden Sinn des Bildes einzuengen. Gerade wenn, wie die Revision hervorhebt, in früheren Nummern des „Radmarktes" ausgeführt worden war, daß die Fahrradindustrie die von ihr früher gleichfalls geübte Herstellung von Spezialrädern inzwischen wieder aufgegeben habe und nur noch Markenräder baue, mußte der Beschauer des Bildes, der dies gelesen hatte, die dem Bilde beigefügte Bemerkung auf die allein noch in den Verkehr gelangenden Spezialräder des Großhandels, und zwar auf diese ganz allgemein, beziehen. Das Berufungsgericht konnte deshalb aus der in der Veröffentlichung des Bildes zutage tretenden Absicht des Erstbeklagten, die Spezialräder des Großhandels gegenüber den angeblich wertvolleren Markenrädern der Fahrradindustrie herabzusetzen, einen Wettbewerbszweck auch für die von ihm veranlaßte Veröffentlichung der beanstandeten Aufsätze folgern.

Der Erstbeklagte kann endlich auch nicht in Anspruch nehmen, daß er schon deswegen nicht zu Zwecken des Wettbewerbs gehandelt haben könne, weil die Bedeutung seiner Veröffentlichungen durch ihr Erscheinen in einem Fachblatte, das sich pflichtgemäß für die gesetzlich begründeten Belange seiner Fachgruppe einsetze und damit das Wohl der Allgemeinheit wahrnehme, eindeutig bestimmt sei. Wie das

Berufungsgericht mit Recht ausführt, nimmt auch ein Fachblatt lediglich wegen dieser seiner Eigenschaft keine Sonderstellung im wettbewerblichen Verkehr ein. Es kann wie jeder andere fremden Wettbewerb fördern, wenn es in seinen Veröffentlichungen für einen bestimmten Gewerbekreis zum Nachteil der Mitbewerber Partei ergreift. Daß sich der Erstbeklagte hiervon nicht schon um deswillen für entlastet halten kann, weil er geglaubt und beabsichtigt hat, mit seinem Vorgehen in Übereinstimmung mit den Wünschen der Fachgruppe gemeinnützigen Zielen zu dienen, ist oben ausgeführt worden. Das Berufungsgericht geht mit Recht davon aus, daß er sich zum mindesten neben diesen Zwecken, ebenso wie der Drittbeklagte, bewußt auch für die Belange eines bestimmten Industriezweigs, der Fahrradfabriken, hat einsetzen und ihnen zu einem geschäftlichen Vorsprung gegenüber dem Großhandel hat verhelfen wollen. Was die Revision hiergegen vorbringt, vermag diese Annahme nicht zu entkräften.

2. Das Berufungsgericht hält ebenso wie das Landgericht die vom Erstkläger in den Klageanträgen 1a bis c geltend gemachten Unterlassungsansprüche unter dem Gesichtspunkt einer persönlichen und vergleichenden Werbung im Sinne des § 1 UnlWG. für begründet. Es geht von dem in der Rechtsprechung anerkannten Grundsatz aus, daß die Heranziehung persönlicher Eigenschaften und Verhältnisse eines Mitbewerbers zur Förderung des eigenen Absatzes oder eine Vergleichung der eigenen Ware oder Leistung mit der des Wettbewerbers zum Zwecke der Anpreisung der ersten auf Kosten der als minderwertig hingestellten fremden Ware oder Leistung den Anschauungen des anständigen Geschäftsverkehrs zuwiderläuft. Eine solche Werbung bedient sich wettbewerbsfremder Mittel, indem sie dem Urteil, das sich die Allgemeinheit auf Grund eigener Prüfung und Erfahrung über die Güte des Angebots bilden soll, dadurch vorgreift, daß sie durch absprechende Bewertung des Mitbewerbers oder seiner Leistung die einseitige Auffassung des Werbenden als maßgeblich hinstellt und so den Umworbenen in seiner Entschließung zum Nachteil des Mitbewerbers beeinflußt. Dabei kommt es nicht auf die Wahrheit der aufgestellten Behauptungen an. Die Gründe, die eine persönliche oder vergleichende Werbung als unzulässig und sittenwidrig im Sinne des § 1 UnlWG. erscheinen lassen, entfallen auch dann nicht, wenn sich der Werbende auf die Richtigkeit seiner Angaben berufen kann. Das Berufungsgericht läßt deshalb dahingestellt, ob die Behauptungen

der Beklagten, durch die sich die Kläger beeinträchtigt fühlen, zutreffen.

a) Das mit dem Klageantrag 1a geforderte Verbot der Behauptung, das Spezialrad des Großhandels sei gegenüber dem Spezialrade der Markenfabriken von minderer Güte, leitet der Erstkläger aus dem vorletzten Satze des Abs. 5 des beanstandeten Aufsatzes in Nr. 2485 des „Radmarktes" her. Er ist also der Meinung, dort werde ein Vergleich zwischen den Spezialrädern des Großhandels und denen der Markenradfabriken in der Weise gezogen, daß die ersten ganz allgemein als gegenüber den zweiten von geringerer Güte hingestellt würden. Denn nur wenn dies der Sinn des erwähnten Satzes wäre, wäre ein Verbot des verlangten Inhalts begründet. Es wäre nicht gerechtfertigt, wenn der angeführten Stelle des Aufsatzes oder seinem sonstigen Inhalte nur eine absprechende Beurteilung der Spezialräder des Großhandels in anderer Hinsicht, so im allgemeinen oder gegenüber den Markenrädern der Fahrradindustrie, zu entnehmen wäre. Der Revision ist zuzugeben, daß die Ausführungen des Berufungsgerichts eine klare Feststellung, inwiefern in dem Aufsatz ein Vergleich des behaupteten Inhalts gezogen werde, vermissen lassen. Das Berufungsgericht verweist auf verschiedene Stellen des Aufsatzes, in denen von der Beschaffenheit der Spezialräder des Großhandels die Rede sei, und ist der Meinung, diese würden damit dem Sinne nach als minderwertig bezeichnet. Das trifft aber nicht das, worauf sich das Unterlassungsbegehren richtet. Es fehlt an der Feststellung, daß die Minderwertigkeit im Verhältnis zu den Spezialrädern der Fahrradindustrie behauptet werde. Das Unterlassungsbegehren kann nicht dahin ausgelegt werden, daß der Erstkläger damit jede abfällige Beurteilung der Spezialräder des Großhandels bekämpfen wolle. Er wendet sich lediglich gegen ihre Vergleichung mit den Spezialrädern der Fahrradindustrie, und es steht völlig dahin, ob er einem Vergleich auch dann entgegentreten würde oder entgegengetreten wäre, wenn er sich etwa auf deren Markenräder bezöge. Einem solchen Verlangen könnte jedenfalls nicht in der Weise stattgegeben werden, daß den Beklagten eine Behauptung des mit dem Klageantrag 1a beanstandeten Inhalts untersagt würde. Der vom Erstkläger zur Begründung seines Unterlassungsbegehrens angeführte Satz ergibt nichts dafür, daß damit den Spezialrädern der Fahrradindustrie schlechthin eine in der Güte liegende Überlegenheit über die

Spezialräder des Großhandels beigelegt werden solle. Der Sinn des Satzes ergibt sich aus dem Zusammenhang. Im Rahmen der Darstellung, welche die geschichtliche Entwicklung des Markenradbegriffs schildert, wird ausgeführt, daß mancher Einzelhändler, besonders in der Zeit des wirtschaftlichen Niederganges, dazu übergegangen sei, die billigeren Spezialräder des Großhandels zu bevorzugen, weil er durch ihren Absatz auch bei minderer Güte einen höheren Gewinn habe erzielen können als beim Verkaufe der teureren Spezialräder der Fabriken, die auch bei diesen auf Güte hätten halten müssen, je mehr sie als ihre Hersteller im Verbraucherkreise schließlich doch bekannt geworden seien. Damit wird behauptet, der Einzelhandel sei der besseren Gewinnmöglichkeiten wegen aus der Zahl der nach Preis und damit selbstverständlich auch nach Güte abgestuften Spezialräder mehr und mehr auf billigere und damit minderwertigere Erzeugnisse des Großhandels zugekommen und habe die teureren und besseren Spezialräder der Fahrradindustrie hintangesetzt. Darin liegt keineswegs eine abfällige Beurteilung der Spezialräder des Großhandels in dem Sinne, daß sie den Spezialrädern der Fahrradfabriken an Güte schlechthin nachstünden, wie es der Fall sein müßte, wenn der Klageantrag 1a begründet sein sollte. Es wird kein Vergleich in diesem Sinne zwischen den Spezialrädern des Großhandels und denen der Fahrradindustrie gezogen, sondern lediglich an die von den Parteien nicht bezweifelte, wohl auch kaum bestreitbare Tatsache angeknüpft, daß es dem durch derartige Rücksichten nicht gebundenen Großhandel möglich gewesen sei, billigere und darum minderwertigere Spezialräder herzustellen als die Fahrradfabriken, die zur Wahrung des Rufes ihrer Markenräder auch insoweit eine bestimmte Gütegrenze nicht hätten unterschreiten können. Das bedeutet etwas völlig anderes, als was der Erstkläger dem behandelten Satz entnimmt. Auch aus dem übrigen Inhalt des Aufsatzes kann nicht gefolgert werden, daß ein Vergleich der behaupteten Art gezogen werde. Soweit darin von einer minderen Güte der Spezialräder des Großhandels die Rede ist, bezieht sich das immer nur auf das Verhältnis zu den Markenrädern der Fahrradindustrie, deren Überlegenheit betont wird. Für eine andere Auffassung bliebe auch schon deshalb kein Raum, weil an anderer Stelle des Aufsatzes darauf hingewiesen wird, daß, sofern eine Fahrradfabrik auch Spezialräder hergestellt habe, sie hiervon immer sehr bald wieder abgegangen sei, weil sie den Herstellungs- und Einkaufsmaßregeln des Großhandels nicht habe folgen können oder wollen. Schon danach kann der Leser kaum auf den Gedanken kommen, der Hinweis auf die mindere Güte der Spezialräder des Großhandels gelte gegenüber den nach der weiteren Darstellung des Aufsatzes nicht mehr im Handel befindlichen und deshalb für den Verkehr bedeutungslosen Spezialrädern der Fahrradfabriken. Zieht man weiter in Betracht, daß sich die Ausführungen des Aufsatzes an Fachkreise richten, denen die Verhältnisse im Fahrradgewerbe und der zwischen Industrie und Großhandel bestehende Wettbewerbskampf nicht fremd sind, so entfällt vollends die Möglichkeit, daß die Veröffentlichung von einem überhaupt noch beachtlichen Teile derer, an die sie sich richtete, in dem vom Erstkläger behaupteten Sinne hätte verstanden werden können.

Daraus ergibt sich, daß der Vorwurf, der Drittbeklagte habe in der mit dem Klageantrag 1a beanstandeten Weise gegen die Grundsätze des lauteren Wettbewerbs verstoßen, in den hierfür angeführten Unterlagen keine Stütze findet. Das hat, ohne daß es eines Eingehens auf das weitere Vorbringen der Revision hierzu bedarf, zur Folge, daß seine insoweit ausgesprochene Verurteilung zur Unterlassung nicht aufrechterhalten werden kann. Das Revisionsgericht ist, da der Sachverhalt keiner weiteren Klärung bedarf, in der Lage, gemäß § 565 Abs. 3 Nr. 1 ZPO. in der Sache selbst zu entscheiden. Die Klage war deshalb in diesem Umfang abzuweisen. Die Abweisung hatte sich zugleich auf die Ansprüche unter 2, 4 und 5 des Klageantrags zu erstrecken, soweit sie auf dem mit dem Klageantrag 1a beanstandeten Sachverhalt beruhen.

b) Die Tatbestände, die den Gegenstand der Klageanträge 1b und 1c bilden, sind, wie das Berufungsgericht zutreffend feststellt, in den Absätzen 8 und 9 des ersten der beiden Aufsätze verwirklicht. Dort heißt es, der Großhandel sei nicht in der Lage, die mit dem Begriffe „Markenrad" nun einmal überlieferungsgemäß in Verbindung stehenden Verpflichtungen zu erfüllen: gleichbleibende gute Beschaffenheit bei Selbstherstellung der wichtigsten Teile, feste Verkaufspreise, soziale Einrichtungen und Fürsorge in den Betrieben, opferbereite Beteiligung an den Gemeinschaftsaufgaben, wie technische Entwicklung, Normung, Radsport, Radwegebau, Repräsentations-Ausstellungen und vieles andere, und es wird weiter gesagt, die Markenradindustrie fühle sich auch volkswirtschaftlich und sozialpolitisch als der wertvollere Teil (nämlich, wie aus dem Zusammenhange hervorgeht, gegenüber den Spezialräder herstellenden Betrieben). Das Berufungsgericht erblickt auch hierin ohne Rücksicht darauf, ob die aufgestellten Behauptungen wahr seien, eine unzulässige vergleichende Werbung. Es versagt den Beklagten die Befugnis, sich zur Rechtfertigung ihres Verhaltens auf das Vorliegen eines statthaften Systemvergleichs oder den Gesichtspunkt gebotener Abwehr zu berufen.

Die Revision macht demgegenüber geltend, das Berufungsgericht verkenne die rechtliche Bedeutung der Grundsätze, nach denen eine persönliche oder vergleichende Werbung jedenfalls dann erlaubt sei, wenn sie im Rahmen eines Systemvergleichs oder zur Abwehr eines rechtswidrigen Angriffs stattfinde. Dem Drittbeklagten habe, so führt sie aus, nicht verwehrt werden können, sich gegen den vom Großhandel geübten Gebrauch der Bezeichnung „Markenrad" für die von ihm zusammengebauten Spezialräder zu wenden, da bei diesen die Voraussetzungen, deren es nach der Auffassung des Verkehrs für den Begriff des Markenrades bedürfe, nicht erfüllt seien. Dem Mißbrauch habe nicht anders entgegengetreten werden können als durch den Hinweis darauf, daß der Großhandel die Anforderungen technischer, wirtschaftlicher und sozialer Art, deren Vorhandensein allein die Bezeichnung Markenrad rechtfertige, weder gewährleiste noch gewährleisten könne. Darin liege kein Vergleich der Spezialräder des Großhandels mit den Markenrädern der Industrie, sondern lediglich eine Prüfung, inwieweit ein Spezialrad an Hand der Merkmale des Begriffes „Markenrad" diesem Begriff untergeordnet werden könne, insbesondere nach der Richtung, daß der Großhandel, der die wichtigsten Teile der von ihm zusammengebauten Fahrräder nicht selbst herstelle, sondern zusammenkaufe und über keine Einrichtungen für physikalische Werkstoffprüfungen verfüge, nicht, wie die Industrie, für eine stets gleichbleibende gute Beschaffenheit einstehen könne, was nach der Verkehrsauffassung für Markenräder erforderlich sei. Wenn der Drittbeklagte weiter dargelegt habe, daß die Markenradindustrie nach ihrem System der Preisbildung des Kleinhandels für die Einhaltung gerechter und fester Preise gesorgt habe und sorge, was vom Großhandel nicht sichergestellt werde, so handele es sich dabei, wenn überhaupt um einen Vergleich und nicht nur um die Unterstellung eines Tatbestands unter einen Verkehrsbegriff, höchstens um einen Systemvergleich, den das Berufungsgericht zu Unrecht ablehne. Zu diesem Vorbringen der Revision ist folgendes zu bemerken:

Soweit in der Rechtsprechung ein an sich wettbewerbsfremder Hinweis auf die Person oder Leistung eines Mitbewerbers zugelassen worden ist, wenn er geeignet und bestimmt ist, einen von diesem ausgehenden Angriff abzuwehren, sind einem hierauf gegründeten Einwand insofern enge Grenzen gesetzt, als die als Abwehrmaßnahme bezeichnete Handlung auf jeden Fall notwendig gewesen sein muß, um vom Angreifer hingenommen werden zu müssen. Stehen dem Angegriffenen Mittel und Wege zur Verfügung, um sich auf andere Weise in einem seinen berechtigten Belangen entsprechenden Maße gegen Beeinträchtigungen zu schützen, so ist der Einwand der Abwehr nicht begründet. Er versagt deshalb, wenn der Verletzte imstande ist, die Hilfe des Gerichts oder anderer Stellen in Anspruch zu nehmen, bei denen er sein Recht suchen kann. Ebensowenig greift er durch, soweit die Abwehrhandlung über das Maß des sachlich Notwendigen hinausgeht und offensichtlich eine durch den Verteidigungszweck nicht gebotene wettbewerbswidrige Beeinträchtigung des Angreifers zur Folge hat. Geht man hiervon aus, so ist dem Berufungsgericht beizutreten, wenn es dem Abwehreinwande des Drittbeklagten schon deshalb kein Gehör schenkt, weil, wie es feststellt, der Streit um den Markenradbegriff bereits durch das B.er Urteil zugunsten der Markenradindustrie geklärt war und hiergegen gerichtete Äußerungen der Gegenseite, die einer Zurückweisung oder Widerlegung bedurft hätten, seither nicht ergangen waren. Hielten es die Beklagten für erforderlich, das Ergebnis des B.er Strafverfahrens den Lesern des „Radmarktes" noch besonders zur Kenntnis zu bringen, so hätte es genügt, die Gründe wiederzugeben, auf denen jene Entscheidung beruhte, und darzulegen, daß und weshalb man sie für zutreffend halte. Es war aber nicht nötig, darüber hinaus zu behaupten, der Großhandel sei außerstande, die für den Begriff des Markenrades wesentlichen Voraussetzungen zu erfüllen, und erfülle sie auch nicht. Hierin lag eine wettbewerbliche Herabsetzung des Großhandels, zu der nach dem Erlaß des B.er Urteils kein Anlaß mehr bestand. Wenn die Revision meint, dieses Urteil habe die Markenradfrage noch keineswegs abschließend geklärt, wie sich schon daraus ergebe, daß ein anderer bereits anhängiger, dieselbe Frage betreffender Rechtsstreit habe weitergeführt werden müssen, so ist dem entgegenzuhalten, daß hier keine neue Angriffsmaßnahme des Großhandels in Betracht kam, die eine alsbaldige Zurückweisung erfordert hätte, und daß überdies die in diesem bereits anhängigen Rechtsstreit zu erwartende Entscheidung für die Fahrradindustrie ebenfalls eine Lösung des Streites erwarten ließ, die eine besondere Erörterung der Frage in der Öffentlichkeit entbehrlich machte. Da der Drittbeklagte diese andere Klage als Vorsitzender des VDFJ. selbst erhoben und damit seiner Pflicht zur Wahrung der Belange der Fahrradindustrie bereits Genüge getan hatte, läßt sich die Notwendigkeit seines Vorgehens entgegen der Ansicht der Revision auch nicht mit dem Hinweise darauf begründen, daß er hierzu besonders persönlich berufen gewesen sei.

Dazu kommt, daß die Veröffentlichung in den mit den Klageanträgen 1b und c beanstandeten Stellen auch der Sache nach die Grenzen überschritt, die mit einer zulässigen Abwehr vereinbar waren. Wenn darin dem Großhandel die Fähigkeit abgesprochen wurde, in seinen sozialen Einrichtungen, der Fürsorge in den Betrieben und an opferbereiter Beteiligung an den Gemeinschaftsaufgaben den Verpflichtungen zu genügen, die mit dem Begriffe „Markenrad" in Verbindung ständen, und wenn für die Markenradindustrie deshalb in Anspruch genommen wurde, sich wirtschaftlich und sozialpolitisch als der wertvollere Teil fühlen zu dürfen, so wurden damit Gesichtspunkte herangezogen, die, selbst wenn sie im einzelnen Falle zutrafen, mit einer sachlichen Verteidigung gegen eine mißbräuchliche Verwendung der Bezeichnung Markenrad durch den Großhandel nichts zu tun hatten. Sie entsprachen weder den Vorstellungen, die der Verkehr üblicherweise mit dem Begriffe des Markenrades verbindet, so daß sie zur Aufklärung und Richtigstellung nicht erwähnt zu werden brauchten, noch boten sie die Möglichkeit, sie auf ihre Richtigkeit, zum mindesten in der behaupteten Verallgemeinerung, nachzuprüfen. Soweit sie ein bloßes Werturteil enthielten, waren sie ohnehin nicht geeignet, die Unrechtmäßigkeit der Verwendung der Bezeichnung Markenrad durch den Großhandel darzutun. Wenn diesem fehlende soziale Fürsorge, Mangel an Opferbereitschaft bei der Erfüllung der Gemeinschaftsaufgaben sowie wirtschaftliche und sozialpolitische Minderwertigkeit gegenüber der Fahrradindustrie nachgesagt wurde, so bedeutete dies, wie das Berufungsgericht mit Recht hervorhebt, in der Tat eine unsachliche, auf persönliche Verunglimpfung des Gegners hinauslaufende Kampfesweise, die mit dem Einwande gebotener Abwehr nicht gerechtfertigt werden kann.

Am Mangel der Sachlichkeit scheitert auch die Berufung der Beklagten auf die Zulässigkeit eines Systemvergleichs. Es mag dahinstehen, ob sich mit diesem Gesichtspunkt die Zulässigkeit einer persönlichen oder vergleichenden Werbung überhaupt in dem von der Revision angenommenen Umfange rechtfertigen läßt, wenn es sich, wie hier, nicht um eine rein wissenschaftliche, sondern zugleich um eine wettbewerbliche Behandlung von Fragen handelt, die, obschon keinen bestimmten Mitbewerber, so doch einen im Wettbewerbe stehenden Gewerbezweig und seine Erzeugnisse berühren, oder ob es in Fällen solcher Art für die Zulässigkeit eines Vergleichs nicht vielmehr lediglich darauf ankommt, ob es der vergleichenden Heranziehung bedurfte, um einen sonst nicht darstellbaren Vorzug der eigenen Ware oder Leistung in einer durch den Werbezweck gebotenen Weise anschaulich zu machen (vgl. MuW. 1940 S. 132, 152). Soweit die Beklagten mit ihren Ausführungen die Unterschiede zwischen den nach ihrer Meinung für die Betriebs- und Absatzverhältnisse der Markenradindustrie wesentlichen Voraussetzungen und den die Bezeichnung Markenrad ausschließenden Verhältnissen des Großhandels darlegen wollten, wäre ein Vergleich jedenfalls nur dann erlaubt gewesen, wenn sie sich auf eine Hervorhebung der Merkmale beschränkt hätten, ohne die sich die Verschiedenheit jener Verhältnisse nicht verdeutlichen ließ. Das ist nach dem vorher Ausgeführten nicht der Fall. Die herabsetzenden und zum Teil eines tatsächlichen, auf seine Richtigkeit nachprüfbaren Inhalts überhaupt ermangelnden Behauptungen waren für die Veranschaulichung dessen, was nach der Auffassung der Fahrradindustrie im Gegensatze zu der des Großhandels den Begriff des Markenrades ausmache, entbehrlich und deshalb unzulässig.

Die Revision macht gegenüber der hiernach zu Recht ausgesprochenen Verurteilung des Drittbeklagten zur Unterlassung der mit den Klageanträgen 1b und c beanstandeten Behauptungen noch geltend, ein Verbot des dem Antrag 1b entsprechenden Inhalts könne, wenn es nach dem Wortlaute der Urteilsformel veröffentlicht werde, nur dahin verstanden werden, daß dem Beklagten eine unrichtige Behauptung untersagt werde; der Leser des „Radmarktes" müsse also irrtümlich annehmen, der Großhandel habe bewiesen, daß er alle Voraussetzungen für einen rechtmäßigen Gebrauch der Bezeichnung

Markenrad erfülle, und dürfe deshalb seine Spezialräder so nennen. Das Berufungsgericht habe deshalb mindestens zum Ausdruck bringen müssen, daß sich das Verbot auf eine Äußerung des angegebenen Inhalts im Rahmen einer unzulässigen Vergleichung der Spezialräder des Großhandels mit den Markenrädern der Markenradindustrie beschränke. Die Revision läßt hierbei außer acht: Schon die in der Urteilsformel enthaltene Hervorhebung, daß den Beklagten die Aufstellung der Behauptung zu Wettbewerbszwecken untersagt werde, kann keinen Zweifel darüber aufkommen lassen, daß der Grund des Verbots nicht in der Unrichtigkeit der Behauptung, sondern in ihrer Wettbewerbswidrigkeit liegt, die auch gegeben sein kann, wenn die Behauptung zutrifft. Die Bedenken der Revision sind deshalb nicht begründet.

3. Daß auch der Erstbeklagte den durch die Aufsätze verwirklichten Wettbewerbsverstoß ebenso wie der Drittbeklagte zu vertreten habe, folgert das Berufungsgericht daraus, daß er, wie es feststellt, die wettbewerbliche Bedeutung der Aufsätze erkannt und durch ihre Veröffentlichung zu Zwecken des Wettbewerbs in den Kampf zwischen Markenradindustrie und Großhandel zugunsten der ersten eingegriffen habe. Es erachtet damit die Erfordernisse einer haftungbegründenden Mittäterschaft für gegeben. Wenn die Revision dem entgegenhält, das Berufungsgericht lasse es an einer ausreichenden Begründung hierfür fehlen und begnüge sich mit einer von ihm selbst abgelehnten rein sachlichen Beurteilung der Mittäterschaft, so folgt schon aus den Ausführungen oben unter 1, daß dieser Vorwurf unbegründet ist. War auch für den Erstbeklagten die Verfolgung wettbewerblicher Ziele zum mindesten mitbestimmend für die Veröffentlichung der Aufsätze, so ergibt sich daraus ohne weiteres, daß ihn die Verantwortung für deren Inhalt in demselben Maße trifft wie den Drittbeklagten. Was die Revision hierzu vorbringt, ist bereits oben beschieden worden. Dort ist auch ausgeführt, welche Bedeutung dem in der Nummer 2490 des „Radmarktes" veröffentlichten Bilde zukommt. Es stellt unzweifelhaft eine nach § 1 UnlWG. unzulässige wettbewerbliche Herabsetzung der Spezialräder des Großhandels dar. Auch insoweit begegnet das gegen den Erstbeklagten ausgesprochene Unterlassungsgebot keinen Bedenken. Im Rahmen der diesen treffenden Unterlassungspflicht haftet, wie das Berufungsgericht unter Verweisung auf § 13 Abs. 3 UnlWG. mit Recht ausführt, auch die Zweitbeklagte.

4. Der Feststellung des Berufungsgerichts, daß die Beklagten verpflichtet sind, den Klägern zu 2 und 3 den durch ihr wettbewerbswidriges Verhalten entstandenen und noch entstehenden Schaden zu ersetzen, hält die Revision entgegen, für einen Schaden der Kläger, der auch nach der Ansicht des Berufungsgerichts nur in den Aufwendungen bestehen könne, deren es bedürfe, um im Publikum den durch die beanstandeten Handlungen hervorgerufenen Eindruck der Minderwertigkeit ihrer Spezialräder zu beseitigen, bleibe kein Raum, wenn, wie es der Fall sei, ihr guter Ruf schon durch die Veröffentlichung des Urteils wiederhergestellt werde. Die Revision verkennt hierbei — und auch dem Berufungsgericht kann insoweit nicht gefolgt werden —, daß nach der Lebenserfahrung jede wettbewerbliche Beeinträchtigung durch unzulässige persönliche oder vergleichende Werbung die Entstehung eines Schadens durch Minderung des Umsatzes ohne weiteres wahrscheinlich macht, mag der Betroffene auch in der Regel außerstande sein, ihn ziffernmäßig nachzuweisen. Diese Beweisschwierigkeit, zu deren Überwindung § 287 ZPO. eine brauchbare Handhabe bietet, kann nicht dazu führen, dem Verletzten von vornherein einen Anspruch auf Feststellung zu versagen. Die dazu erforderliche Wahrscheinlichkeit ist schon durch die allgemeine, in dem Zweck und der erfahrungsgemäßen Wirkung jeder Werbung begründete Lage gegeben. Deshalb kann dahingestellt bleiben, ob das Vorbringen der Revision geeignet sein könnte, die Ansicht des Berufungsgerichts zu widerlegen, daß der zu ersetzende Schaden nur in Aufwendungen zur Wiederherstellung des guten Rufes des Verletzten bestehen könne.

Eine Schadenshaftung auch der Zweitbeklagten leitet das Berufungsgericht daraus her, daß nach ihrem eigenen Vortrage die Leitung des Verlags stets einen Gesamtüberblick über die Haltung und Absichten der Schriftleiter besitze und daß die Zeitschrift regelmäßig durch den Direktionssekretär im Auftrage der Direktion durchgesehen werde. Das Berufungsgericht schließt hieraus, der Verlagsleitung könne nicht entgangen sein, daß die Schriftleitung in den zwischen dem Großhandel und den Markenradfabriken entbrannten Kampf um den Begriff „Markenrad" eingegriffen und zugunsten der Fabriken Stellung genommen habe. Da sie dagegen nichts unternommen habe, sei davon auszugehen, daß der Verlag mit der Haltung und Einstellung seines Schriftleiters einverstanden gewesen sei. Das Berufungsgericht stellt damit in rechtsirrtumsfreier, tatrichterlicher Würdigung fest, daß die Zweitbeklagte von dem beanstandeten Inhalte der beiden Hefte vor ihrem Erscheinen Kenntnis erlangt und ihn gebilligt habe. Die Revision zieht dies ohne Grund in Zweifel.

Gegen die Zuerkennung der Veröffentlichungsbefugnis ist rechtlich nichts einzuwenden. Die Revision erhebt insoweit auch keine Angriffe.

---

3. 1. Ist die Einwirkung auf einen fremden Willen durch Drohung, sofern das angedrohte Verhalten erlaubt war, widerrechtlich, wenn der Drohende damit lediglich einen Vorteil erzielt, der eine billige Entschädigung für die Aufgabe von Rechten zugunsten des Leistenden darstellt?

2. Unter welchen Voraussetzungen kann der Verpflichtete die Zahlung einer als unabänderlich vereinbarten Unterhaltsrente ablehnen?

BGB. §§ 123, 242.

IV. Zivilsenat. Urt. v. 25. Januar 1941 i. S. geschiedener Ehemann G. (Bekl.) w. geschiedene Ehefrau G. (Kl.). IV 281/40.

I. Amtsgericht Dresden.
II. Oberlandesgericht daselbst.

Die Parteien waren seit dem Jahre 1906 miteinander verheiratet. Ihre kinderlos gebliebene Ehe ist auf die Klage der Ehefrau durch ein am 20. Oktober 1931 rechtskräftig gewordenes Urteil aus Schuld des Beklagten geschieden worden. Bereits im Jahre 1926 hatte der Beklagte eine Scheidungsklage erhoben, war aber damit 1928 abgewiesen worden. Anschließend war es ihm indessen gelungen, als Bürger der Stadt Riga bei dem dortigen lettischen Gericht ein Urteil auf Scheidung der Ehe zu erreichen, das ohne Beteiligung der Klägerin erging und von ihr deshalb nicht anerkannt wurde. Auf dieses Urteil hin war der Beklagte eine neue Ehe eingegangen, aus der vor Oktober 1931 2 Kinder hervorgegangen waren. Ende Oktober 1931 schlossen die Parteien ein Abkommen über ihre wirtschaftliche Auseinandersetzung nach Maßgabe eines Schreibens des Beklagten an die Klägerin vom 26. Oktober 1931, in dem der Beklagte unter der Bedingung, daß die Klägerin damit wegen aller Ansprüche auf Unterhalt und Vermögensauseinandersetzung abgefunden sei, unter anderen folgende Leistungen übernahm: 1. Zahlung einer monatlichen Rente von 100 RM. an die Mutter der Klägerin, 2. Zahlung einer monatlichen Rente von 500 RM., „die nicht erhöht und nicht gekürzt werden darf", an die Klägerin auf Lebenszeit; die Rente sollte sich um 25 RM. monatlich beim Tode der Mutter der Klägerin erhöhen und um monatlich 100 RM. ermäßigen, wenn die Klägerin wieder heirate oder ihren Unterhalt in der bisherigen Art aus anderen Einnahmequellen zu decken in der Lage sei; nach dem Tode des Beklagten sollte sie durch seine Erben in Höhe von 50 RM. monatlich ohne Rücksicht auf eine Wiederheirat weitergezahlt werden, 3. Übereignung von Goldpfandbriefen im Nennwerte von 20000 RM., 4. Zahlung von 25000 RM., 5. kostenfreie Verwaltung einer der Klägerin gehörigen Hälfte eines Grundstücks und Freistellung der Klägerin von etwaigen Verlusten aus der Verwaltung, 6. Beschaffung und Ausstattung einer Wohnung in B. für die Klägerin gegen deren Verpflichtung, ihren Wohnsitz nicht in D. zu nehmen.

Die Klägerin nimmt den Beklagten auf Zahlung der ihr versprochenen Rente von 500 RM. in Anspruch, und zwar von Rückständen in Höhe von 1900 RM. für die Zeit vom 15. Juli 1936 bis zum 14. September 1939 und der laufenden Rente vom 15. September 1939 ab. Der Beklagte ist seinem Anerkenntnis gemäß durch Teilurteil zur Zahlung einer monatlichen Unterhaltsrente in Höhe von 150 RM. für die Zeit vom 15. September 1939 bis zum 30. Juni 1942 und von 100 RM. seit dem 1. Juli 1942 verurteilt worden; im übrigen hat er beantragt, die Klage abzuweisen. Er hält die Unterhaltsvereinbarung wegen Sittenwidrigkeit für nichtig, hat sie ferner wegen Drohung angefochten und schließlich geltend gemacht, die Geschäftsgrundlage dafür sei weggefallen, da sich seine wirtschaftlichen Verhältnisse seitdem grundlegend verändert hätten; er hat außerdem mit Gegenforderungen aufgerechnet. Das Amtsgericht hat den Beklagten zur Zahlung von 156,97 RM. verurteilt und der Klägerin über das Teilanerkenntnisurteil hinaus für die Zeit vom 15. September 1939 bis zum 14. Januar 1941 eine weitere monatliche Unterhaltungsrente von 100 RM., vom 15. Januar 1941 bis zum 30. Juni 1942 von 50 RM. und seit dem 1. Juli

1942 von 100 RM. zugesprochen, im übrigen aber die Klage abgewiesen. Gegen dieses Urteil haben beide Parteien Berufung eingelegt, die Klägerin mit dem Antrage, den Beklagten zur Zahlung von 242,72 RM. zu verurteilen und die Unterhaltsrente, abgesehen von dem anerkannten Betrage, bis zum 30. Juni 1942 auf 350 RM., vom 1. Juli 1942 ab auf 400 RM. monatlich zu bemessen, der Beklagte unter Wiederholung des Antrages auf Klageabweisung. Im Laufe des Berufungsverfahrens hat sich bei dem Beklagten die Zahl der Kinder durch die Geburt von Zwillingen auf vier erhöht. Das Oberlandesgericht hat die Berufung des Beklagten zurückgewiesen, auf die Berufung der Klägerin den Beklagten zur Zahlung von 242,72 RM. und über das Teilanerkenntnisurteil hinaus zur Entrichtung einer monatlichen Unterhaltsrente von wechselnder Höhe für die Zeit vom 15. September 1939 bis Ende Juni 1942 und von monatlich 175 RM. für die fernere Zeit verurteilt, im übrigen aber auch die Berufung der Klägerin zurückgewiesen. Hiergegen haben beide Parteien Revision eingelegt, mit der sie ihre früheren Anträge weiter verfolgen. Nur die Revision der Klägerin hatte Erfolg und führte zur Aufhebung und Zurückverweisung.

Gründe:

Hinsichtlich der vom Beklagten geltend gemachten Nichtigkeit der Unterhaltsvereinbarung geht das Berufungsgericht zutreffend davon aus, daß gemäß § 80 EheG., dessen Grundsätze auch für die Gültigkeit der vor dem Inkrafttreten des Ehegesetzes abgeschlossenen Unterhaltsverträge maßgebend seien (RGZ. Bd. 159 S. 157), hier die Nichtigkeit nur daraus hergeleitet werden könne, daß das Abkommen vom Oktober 1931 nach seinem Inhalt oder den sonstigen Umständen den guten Sitten widerspreche (§ 138 BGB.). Das sei zu verneinen. Insbesondere liege kein grobes Mißverhältnis zwischen der Höhe der Zuwendungen des Beklagten und seinen Vermögens- und Einkommensverhältnissen vor. Bei der Prüfung dieser Frage komme es nicht darauf an, was die Klägerin auf Grund der gesetzlichen Unterhaltspflicht des Beklagten als alleinschuldig geschiedenen Mannes hätte beanspruchen können; maßgebend sei vielmehr, in welcher Höhe die Klägerin anständiger- und billigerweise geldliche Sicherstellung dafür habe verlangen dürfen, daß sie ihre wirtschaftlich gesicherte Stellung als verheiratete, wenn auch getrennt lebende Frau des gut verdienenden Beklagten zugunsten der neuen Ehe des Beklagten aufgegeben habe (RG. a. a. O.). Offensichtlich habe auch der Beklagte mit der Unwirksamkeit der Rigaer Scheidung und dem Weiterbestehen seiner Ehe mit der Klägerin gerechnet; Scheidungsgründe hätten ihm aber nicht zur Seite gestanden. Sein Jahreseinkommen habe sich im Jahre 1931 auf 38360 RM. belaufen und sei auch noch in den folgenden Jahren sehr hoch gewesen. Selbst wenn sein Vermögen gemäß seiner Angabe 83000 RM. nicht überstiegen habe, könnten danach unter den vorerwähnten Gesichtspunkten die von ihm übernommenen Leistungen, insbesondere die unabänderliche Unterhaltsrente von 500 RM., die bei einer Wiederverheiratung der Klägerin in Höhe von 400 RM. weiterzuzahlen gewesen sei, die Rente von 100 RM. an die Mutter der Klägerin, die Erhöhung der Rente der Klägerin um 25 RM. beim Tode der Mutter und die Kapitalleistungen an sie, nicht als sittenwidrig angesehen werden. Rechtliche Bedenken bestehen hiergegen nicht; Revisionsangriffe werden auch insoweit nicht erhoben.

Der Berufungsrichter prüft weiter, ob der Vertrag deshalb nach § 138 BGB. nichtig oder wegen widerrechtlicher Drohung anfechtbar sei, weil die Klägerin einen unzulässigen Druck auf den Beklagten ausgeübt habe. Er würdigt dabei die Behauptung des Beklagten, daß sowohl die Klägerin selbst wie ihr damaliger Vertreter, der Rechtsanwalt Dr. P., ihm während der Vertragsverhandlungen wiederholt, um ihn zum Abschluß des Vertrages zu veranlassen, die Rücknahme der Scheidungsklage, die Erhebung der Ehenichtigkeitsklage und eine Strafanzeige wegen Doppelehe angedroht hätten, an der Hand einer Reihe von Briefen dieser Personen an den Beklagten und seinen Prozeßvertreter aus der Zeit von Oktober 1930 bis August 1931 und meint, es ergebe sich daraus, daß der Beklagte bei den Vertragsverhandlungen stark unter Druck gesetzt worden sei. Insbesondere könne nicht zweifelhaft sein, daß mit dem in den Briefen der Klägerin in Aussicht gestellten gerichtlichen Verfahren die Erhebung nicht einer Unterhaltsklage, wie die Klägerin jetzt glauben machen wolle, sondern der Ehenichtigkeitsklage gemeint sei. Doch könne es offen bleiben, ob schließlich das gekennzeichnete Verhalten der Klägerin und ihres Vertreters bei dem Entschluß des Beklagten, einen Vertrag dieses Inhalts abzuschließen, mitgewirkt und inwieweit es sich auf die einzelnen Teile des Vertrages ausgewirkt habe. Wie bereits dargelegt, gehe das vom Beklagten in dem Vertrage

Gewährte nicht über das Maß dessen hinaus, was die Klägerin anständiger- und billigerweise als Sicherstellung dafür habe verlangen können, daß sie ihre wirtschaftlich gesicherte Stellung als Frau des gut verdienenden Beklagten zu seinen Gunsten aufgegeben habe. Es sei nicht sittenwidrig, wenn sie, um eine solche wirtschaftliche Auseinandersetzung mit dem Beklagten zu erreichen, die Erhebung der Ehenichtigkeitsklage und die Rücknahme ihrer Scheidungsklage angekündigt habe. Bei dieser Sachlage könne dahingestellt bleiben, ob noch mündlich entsprechende Äußerungen gefallen seien und die Erstattung einer Strafanzeige wegen Doppelehe angedeutet oder angekündigt worden sei. Es handele sich dabei um erlaubte Mittel zur Erreichung eines erlaubten Zweckes. Deshalb fehle es auch, wenn das Verhalten der Klägerin als Drohung im Sinne von § 123 BGB. anzusehen sei, an dem Merkmal der Widerrechtlichkeit, so daß unerörtert bleiben könne, ob die Anfechtungsfrist gewahrt sein würde.

Diese Auffassung wird von der Revision des Beklagten angegriffen, soweit die Anfechtung des Vertrages wegen Drohung für unbegründet erklärt worden ist. Der Angriff kann jedoch keinen Erfolg haben. Die Anfechtung setzt nach § 123 BGB. voraus, daß der Beklagte zum Abschluß des Vertrages widerrechtlich durch Drohung bestimmt worden ist. Widerrechtlich kann die Beeinflussung fremden Willens durch Drohung entweder auf Grund des angewandten Mittels sein — wenn das angedrohte Verhalten unerlaubt war — oder auf Grund des verfolgten Zweckes — wenn der Drohende sich eine Leistung verschaffen wollte, die ihm nicht zustand. Daß hier das In-Aussicht-Stellen einer Zurücknahme der Scheidungsklage, der Erhebung einer Klage auf Nichtigkeit der neuen Ehe des Beklagten und einer Strafanzeige gegen ihn wegen Doppelehe an sich als Mittel zur Einwirkung auf den Beklagten erlaubt waren, zieht auch die Revision nicht in Zweifel. Dagegen rügt sie, daß der Berufungsrichter die Widerrechtlichkeit des Verhaltens der Klägerin auch im Hinblick auf den von ihr verfolgten Zweck verneint habe, weil die im Vertrag übernommenen Leistungen des Beklagten sich im Rahmen dessen hielten, was sie als Entschädigung für die Aufgabe ihrer Stellung als Ehefrau anständiger- und billigerweise habe fordern dürfen. Die Revision geht — gestützt auf die bisherige Rechtsprechung (RG. in JW. 1905 S. 134 Nr. 6; HRR. 1930 Nr. 1595, 1933 Nr. 1828; RAG. in WarnRspr. 1933 Nr. 59) — davon aus, daß die Willensbeeinflussung durch Drohung stets dann widerrechtlich sein und die Anfechtung nach § 123 BGB. begründen müsse, wenn der Drohende dadurch Vorteile erlange, auf die er keinen Rechtsanspruch habe, und meint, hier habe die Klägerin in mehrfacher Beziehung Zusagen des Beklagten erhalten, die sich aus ihrem gesetzlichen Unterhaltsanspruche nicht herleiten ließen, insbesondere die Fortzahlung der Rente auch bei Wiederverheiratung, die Rentenleistung an ihre Mutter, die Kapitalzuwendungen, die Verschaffung und Ausstattung einer Wohnung in B., die kostenlose und verlustfreie Verwaltung der Grundstückshälfte und schließlich die Unabänderlichkeitsklausel. Dieser Standpunkt wird jedoch der Sachlage im gegebenen Falle nicht gerecht. Zunächst handelte es sich bei dem Vertrage vom Oktober 1931 nicht nur um eine Unterhaltsregelung, sondern gleichzeitig um eine Vermögensauseinandersetzung zwischen den Parteien aus Anlaß der Scheidung. Zur Begründung eines Rechtsanspruchs der Klägerin auf die Vertragsleistungen sind also nicht nur die Vorschriften über die Unterhaltspflicht des als allein schuldig geschiedenen Mannes gegenüber der Frau heranzuziehen, sondern auch die Vorschriften über die sonstige wirtschaftliche Auseinandersetzung der Eheleute nach der Auflösung der Ehe (z. B. §§ 1421flg., 1471flg. BGB.). Ferner können auch die Leistungen des Beklagten, auf die ein Recht der Klägerin nicht ohne weiteres ersichtlich ist — wie die Rente zugunsten der Mutter der Klägerin — als Verwirklichung von Ansprüchen der Klägerin erscheinen, wenn sie nur einen angemessenen Ausgleich für den Verzicht der Klägerin auf eine ihr nach den wirtschaftlichen Verhältnissen des Beklagten an sich zustehende höhere Unterhaltsrente oder auf weitergehende Auseinandersetzungsansprüche darstellen. Ausreichende Feststellungen des Berufungsgerichts in dieser Richtung fehlen allerdings bisher. Schließlich ist aber zu berücksichtigen, daß in einem Falle wie dem vorliegenden die vom Beklagten übernommenen Verpflichtungen, auch soweit sie etwa über den Rahmen des gesetzlich geschuldeten Unterhalts und der gesetzlichen Auseinandersetzungspflicht hinausgehen, eine billige Entschädigung der Klägerin dafür bilden, daß sie sich für den Beklagten und auf sein Drängen entschlossen hatte, die Ehe mit ihm von sich aus durch Erhebung und Durchführung einer Scheidungsklage zur Lösung zu bringen und damit zugleich ihre gesicherte Stellung als Ehefrau aufzugeben. Daß diese Entschädigung der Klägerin für das von ihr gebrachte Opfer sich bei Berücksichtigung der gesamten Verhältnisse in den Grenzen der Billigkeit und Angemessenheit hielt, hat das Berufungsgericht ausdrücklich und bedenkenfrei festgestellt. Wenn die Klägerin sich aber der erwähnten — an sich erlaubten — Drohungen nur bediente, um eine vermögensrechtliche Auseinandersetzung mit dem Beklagten auf dieser Grundlage zu erzielen, so kann ein solches Verhalten nicht um des verfolgten Zweckes willen als widerrechtlich angesehen werden und die Anfechtung wegen Drohung begründen. Das würde mit der heutigen Rechtsanschauung nicht im Einklange stehen. Vielmehr muß eine Leistung, die dem Drohenden aus Billigkeitsgründen zukommt und nur eine billige Entschädigung für die Aufgabe von Rechten zugunsten des Leistenden darstellt, insoweit ebenso behandelt werden wie eine solche, auf die ein Rechtsanspruch besteht. Hiernach hat das Berufungsgericht die Berechtigung der vom Beklagten geltend gemachten Anfechtung ohne Rechtsirrtum verneint.

Verfehlt ist auch die weitere Revisionsrüge des Beklagten, sein Vorbringen rechtfertige die Anwendung von § 823 Abs. 2, § 249 BGB. in Verb. mit § 253 StGB. gegen die Klägerin mit der Wirkung, daß sie sich so behandeln lassen müsse, als sei der Vertrag vom Oktober 1931 nicht geschlossen worden. Eine solche rechtliche Folgerung würde die Erfüllung des vollen sachlichen und persönlichen Tatbestandes der Erpressung durch die Klägerin voraussetzen, insbesondere — im Gegensatz zu dem Anfechtungstatbestande des § 123 BGB. — ihr Bewußtsein von der Rechtswidrigkeit der erstrebten Vermögensvorteile. Davon kann aber hier nach den Feststellungen des Berufungsgerichts keine Rede sein.

Von der Gültigkeit der Unterhaltsvereinbarung ausgehend, untersucht das Berufungsgericht weiter, ob der Beklagte mit Rücksicht auf Treu und Glauben und nach den Grundsätzen über den Wegfall der Geschäftsgrundlage die Zahlung eines Teils der Rente verweigern könne, und bejaht diese Frage für die Zeit vom 15. Januar 1940 ab mit folgender Begründung. Das im Jahre 1931 von dem Beklagten versteuerte Roheinkommen von 38360 RM. sei nach Schwankungen in der Zwischenzeit im Jahre 1938 auf 30020 RM. und im Jahre 1939 auf 23445 RM. gesunken. Sein steuerbares Reinvermögen habe nach dem vorläufigen Vermögensteuerbescheide vom 5. Juni 1940 244454 RM. betragen. Davon gehöre aber ein Teil seinen Familienangehörigen. Ein anderer Teil stehe ihm nur als befreitem Vorerben nach seiner 1934 verstorbenen Mutter zu, während seine Kinder Nacherben seien; insoweit sei die Erbschaftssteuer nach einem Nachlaßwerte von 126579,87 RM. berechnet worden. Ferner habe der Beklagte in Ergänzung seiner Vermögensteuererklärung 1940 den Wert seines Schmuckes auf 9220 RM. angegeben. Die Klägerin besitze nach ihrer Vermögensteuererklärung von 1940 einen Halbanteil an einem Grundstück, dessen Einheitswert 32000 RM. betrage und aus dem sie nach ihrer Angabe jährlich 471 RM., nach Angabe des Beklagten 700 RM. ziehe, ein Holzfällerhaus in B. ohne Ertrag, 800 RM. $4^1/_2$prozentige Goldpfandbriefe und 2000 Dollar 5prozentige Bonds, bei denen zwischen den Parteien streitig sei, ob sie einen Ertrag abwürfen. Die starke Einkommenverringerung des Beklagten bis zum Jahre 1939 berechtige diesen, auch wenn damit beim Vertragschluß nicht gerechnet worden sei, noch nicht, die Zahlung der Rente ganz oder zum Teil zu verweigern. Eine Erschütterung der Vertragsgrundlage könne nur dann in Betracht kommen, wenn ersichtlich schwerwiegende Gründe nach Treu und Glauben ausnahmsweise ein Abgehen von dem Grundsatze der Vertragstreue rechtfertigten. Das sei für 1939 nicht anzuerkennen, auch wenn gemäß der Darlegung des Beklagten von seinem Einkommen noch 2400 RM. Pensionsvereinsbeträge abzuziehen und erhebliche Steuern zu zahlen seien. Es sei auch nicht dargetan, daß sich das Einkommen des Beklagten im Jahre 1940 fühlbar ändern werde. Wenn der Beklagte den Wegfall einiger Einnahmeposten von insgesamt 3168,92 RM. behaupte, so bestehe doch die Möglichkeit eines Ausgleichs durch andere Einnahmen. Dagegen bedeute die Geburt von Zwillingen durch die Ehefrau des Beklagten am 3. März 1940 eine grundlegende Änderung der der Unterhaltsvereinbarung zugrunde liegenden Verhältnisse. Die Bezahlung der vollen Rente durch den Beklagten würde nunmehr zu dem ganz unbilligen Ergebnis führen, daß von seinem Einkommen der Klägerin für ihre alleinigen Bedürfnisse 6000 RM. zuflössen, während für die erheblich größeren Bedürfnisse seiner jetzt sechsköpfigen Familie nicht annähernd die entsprechenden Beträge zur Verfügung ständen, auch wenn die Steuerermäßigung infolge der Geburt der Zwillinge berücksichtigt werde. Bei dieser Sachlage erforderten Treu und Glauben, den Beklagten nicht mehr voll an die Unabänderlichkeitsklausel zu binden, sondern den Vertrag den jetzt bestehenden Verhältnissen anzupassen, und zwar vom 15. Januar 1940 ab, da erfahrungsgemäß bereits vor der Geburt eines Kindes ein größerer Kostenaufwand entstehe. Bei der Frage, ob und inwieweit der Beklagte zur Bestreitung der Unterhaltsrente sein Vermögen angreifen müsse, sei zu berücksichtigen, daß er bereits über 60 Jahre alt sei und 4 unmündige Kinder habe; er dürfe deshalb das Vermögen nach Möglichkeit für die Kinder erhalten, wobei sich Feststellungen erübrigten, welcher Teil des von ihm versteuerten Vermögens ihm selbst und welcher seinen Familienangehörigen gehöre. Was die Erträge der Klägerin aus ihrem Vermögen anlange, so komme es nur auf ihren ungefähren durchschnittlichen Wert an; in diesem Sinne seien einige hundert Reichsmark aus dem Grundstück und die Zinsen aus den Goldpfandbriefen anzusetzen. Ob die amerikanischen Bonds Zinsen brächten, sei belanglos, ebenso, daß die Klägerin Nachzahlungen auf die Unterhaltsrente zu erwarten habe. Daß sie sich weitere Einkünfte durch Vermietung des Hauses in B. verschaffe, könne nicht von ihr verlangt werden. Andererseits dürfe sich der Beklagte nicht darauf berufen, daß er Verwandten ohne gesetzliche Verpflichtung Unterstützungen zukommen lasse. Die Höhe der Rente richte sich im übrigen nicht nach dem Maße des gesetzlichen Unterhaltsanspruchs der Klägerin, sondern sei im Rahmen des Unterhaltsvertrages unter Beachtung der Unabänderlichkeitsklausel zu bestimmen. Danach sei für die Zeit vom 15. Januar 1940 bis zum 14. Januar 1941 eine Rente von monatlich 325 RM. und vom 15. Januar 1941 ab, da die Bezüge des Beklagten vom D.er Pensionsverein 1941 um 4000 RM. sinken würden, von monatlich 275 RM. angemessen.

Diese Beurteilung, gegen die sich die Revisionen beider Parteien wenden, hält der rechtlichen Nachprüfung nicht stand.

Wenn es in dem für den Inhalt der Vereinbarung der Parteien maßgebenden Schreiben des Beklagten an die Klägerin vom 26. Oktober 1931 heißt: „Ich gewähre, solange ich lebe, Dir auf Deine Lebenszeit eine . . . monatliche Rente von 500 RM., die nicht erhöht und nicht gekürzt werden darf", so handelt es sich nicht um eine bloße vertragliche Festlegung des der Klägerin vom Beklagten auf Grund des Scheidungsurteils gesetzlich geschuldeten Unterhaltes, sondern um die Begründung einer selbständigen Leistungspflicht des Beklagten, deren Inhalt die Zahlung gleichbleibender Geldbeträge ohne Rücksicht auf eine Änderung der Verhältnisse und das Fortbestehen eines Unterhaltsbedürfnisses war, die also begrifflich einem Leibrentenvertrag entsprach (RGZ. Bd. 150 S. 391). Während sonst bei Unterhaltsvereinbarungen geschiedener Eheleute der Einwand einer wesentlichen Änderung der Verhältnisse regelmäßig stillschweigend zugelassen ist (RGZ. Bd. 145 S. 119, Bd. 164 S. 366), haben die Beteiligten hier diesen Einwand vertraglich ausgeschlossen. Indessen untersteht — was die Revision der Klägerin übersieht — auch ein solcher Vertrag dem allgemeinen, die ganze Rechtsordnung beherrschenden Grundsatze (§ 242 BGB.), daß niemand sein Recht gegen Treu und Glauben geltend machen darf und ihm anderenfalls der Einwand unzulässiger Rechtsausübung entgegengesetzt werden kann (RG. in JW. 1935 S. 2619 Nr. 3; RGZ. Bd. 163 S. 91). An diesen Einwand sind allerdings in einem Falle, wo die Parteien durch die Vereinbarung einer unabänderlichen Rente die Berufung auf eine Änderung der Verhältnisse ausgeschlossen haben, strenge Anforderungen zu stellen. Er ist nach der Rechtsprechung des erkennenden Senats nur dann begründet, wenn die Weitererfüllung des Vertrages das eigene wirtschaftliche Dasein des Schuldners gefährden würde. Wenn dieser alle verfügbaren Mittel bereits zu seinem eigenen Unterhalt und dem seiner nächsten auf ihn angewiesenen Angehörigen benötigt, würde es allerdings Treu und Glauben zuwiderlaufen und zu einem untragbaren Ergebnis führen, wollte man ihn gleichwohl zur uneingeschränkten Weiterzahlung der übernommenen Rente für verpflichtet erklären und ihn lediglich auf die Inanspruchnahme der gesetzlichen Pfändungsbeschränkungen verweisen (RG. in JW. 1935 S. 2619 Nr. 3, 1939 S. 345 Nr. 12; RGZ. Bd. 163 S. 91). Der Schuldner kann also auch bei einem vertraglichen Ausschluß des Einwandes einer wesentlichen Veränderung der Verhältnisse so viel Schonung beanspruchen, daß ihm die eigene Lebensmöglichkeit erhalten bleibt. Darüber hinaus ist ihm aber die Berufung auf die inzwischen eingetretene Verschiebung der Vertragsgrundlage versagt.

Diesen Grundsätzen wird die Begründung des Berufungsgerichts für die von ihm vorgenommene Herabsetzung der Rente nicht gerecht Insbesondere ist zu beanstanden, daß der Vorderrichter die auch von ihm geforderten schwerwiegenden Gründe für ein ausnahmsweise zulässiges Abgehen von dem Grundsatze der Vertragstreue aus der vergleichenden Gegenüberstellung der Einkommens- und Vermögensverhältnisse des Beklagten und der Klägerin und der daraufhin getroffenen Feststellung entnimmt, daß der sechsköpfigen Familie des Beklagten bei einer Weiterzahlung der vollen Rente an die Klägerin nicht annähernd die entsprechenden Beträge für ihre wesentlich größeren Bedürfnisse zur Verfügung stehen würden wie jener. Für die Frage, ob dem Beklagten trotz der Unabänderlichkeitsklausel nach Treu und Glauben eine Ermäßigung der übernommenen Rentenpflicht zugebilligt werden kann, bedarf es nach dem oben Dargelegten in erster Reihe einer Prüfung der wirtschaftlichen Lage des Beklagten in der Richtung, ob und inwieweit die Erfüllung der Rentenpflicht seine und seiner Familie Daseinsgrundlagen gefährden würde. Soweit dies der Fall ist, muß sich die Klägerin eine Herabsetzung ihrer Rente gefallen lassen. Dabei ist außer dem Einkommen auch das verfügbare Vermögen des Beklagten in Betracht zu ziehen. Eine Notwendigkeit, dieses Vermögen dem Beklagten und seinen Erben auf Kosten des Rentenanspruchs der Klägerin ungeschmälert zu erhalten, ist grundsätzlich nicht anzuerkennen. Etwas anderes könnte nur insoweit gelten, als das Vermögen etwa in Ermangelung ausreichenden Einkommens in absehbarer Zeit zur Lebenshaltung des Beklagten und seiner Familie sowie zur Erziehung der Kinder benötigt werden wird. Die wirtschaftlichen Verhältnisse der Klägerin sind nur insofern zu berücksichtigen, als es sich darum handelt, bis zu welchem Grade dem Beklagten und seiner Familie billigerweise Einschränkungen in der bisherigen Lebenshaltung zuzumuten sind. Das erforderliche Maß solcher Einschränkungen wird wesentlich geringer angenommen werden können, wenn die Klägerin ihren notwendigen Lebensaufwand zum erheblichen Teil aus eigenen Mitteln decken kann, als wenn sie mangels sonstiger verfügbarer Mittel der ganzen Rente dringend bedarf, um ihre etwa durch Kränklichkeit noch gesteigerten Lebensbedürfnisse zu bestreiten. Keinesfalls würde es der Billigkeit entsprechen, wollte man dem Beklagten Einschränkungen bis zur Grenze des sogenannten Existenzminimums auferlegen oder sonst seine Lebenshaltung unverhältnismäßig herabdrücken, nur um die Rente der Klägerin auf der vereinbarten — den früheren Verhältnissen der Parteien entsprechenden — Höhe zu halten.

Schon der bisher festgestellte Sachverhalt ergibt bei Berücksichtigung dieser Gesichtspunkte, daß der vom Beklagten mit seiner Revision erstrebte völlige Wegfall der Rente über den anerkannten Betrag hinaus oder auch nur eine weitere Ermäßigung nicht in Frage kommt. Die Revision des Beklagten ist daher, ohne daß noch auf ihre einzelnen Angriffe eingegangen zu werden braucht, als unbegründet zurückzuweisen. Auf die Revision der Klägerin dagegen ist das Berufungsurteil, soweit darin die Klage abgewiesen worden ist, aufzuheben und die Sache zur erneuten Erörterung an das Berufungsgericht zurückzuverweisen. Dieses wird den Sachverhalt nach Maßgabe der vorstehend entwickelten Grundsätze neu zu prüfen, ihn gegebenenfalls weiter aufzuklären und danach festzustellen haben, für welche Zeit und in welcher Höhe eine Ermäßigung der streitigen Rente geboten erscheint.

4. Können die Gesellschafter einer Gesellschaft mit beschränkter Haftung, wenn diese auf Grund rechtsungültiger Vereinbarungen im Innenverhältnis durch besondere gesellschaftliche Einlagen tatsächlich auf eine erweiterte Grundlage gestellt worden ist und sich unter Benutzung dieser Einlagen wirtschaftlich betätigt hat, das von ihnen auf solche Weise Eingebrachte schlechthin zurückfordern?

BGB. §§ 730flg.

II. Zivilsenat. Urt. v. 13. Januar 1941 i. S. Knopffabrik H. GmbH. (Kl.) w. Qu. (Bekl.). II 88/40.

I. Landgericht Essen.
II. Oberlandesgericht Hamm.

Die Klägerin, die in Bo. die Herstellung und den Vertrieb von Knöpfen aller Art betreibt, ist eine Gesellschaft mit beschränkter Haftung mit einem Stammkapital von 20000 RM. Ihr alleiniger Gesellschafter und Geschäftsführer war im Jahre 1938 der Fabrikant G. in A. (Holland). Dieser schloß nach einer vorhergehenden schriftlichen, aber noch lückenhaften Vereinbarung mit dem Beklagten vom 30. November 1938 mit diesem und dem Kaufmann Hei. am 11. Dezember 1938 einen Vertrag, teils mündlich, teils schriftlich. Hei. überließ danach der Klägerin die Firma Ha. & L. in Be., die er für etwa 16000 RM. aus nichtarischem Besitz erworben hatte; die Klägerin übernahm dagegen die Bezahlung des von Hei. noch nicht gezahlten Kaufpreises. Die Firma Ha. & L. sollte zunächst als Zweigniederlassung der Klägerin fortgeführt werden. Für später war beabsichtigt, den Betrieb der Klägerin in Bo. stillzulegen und den gesamten Fabrikbetrieb und Verkauf nur noch von Be. aus zu bewirken. Um für diese Zwecke das Unternehmen auf eine breitere Grundlage zu stellen, sollten sich der Beklagte und Hei. daran als Gesellschafter beteiligen. Jeder der drei Gesellschafter sollte einen Wert von 50000 RM. einbringen, und zwar der Beklagte durch Zahlung des Betrags in bar; Hei. durch Einbringung eines Knopflagers im Einkaufswerte von über 50000 RM., wobei der überschießende Rechnungsbetrag von der Klägerin käuflich übernommen werden sollte; G. in erster Reihe durch Einbringung des Betriebsvermögens der Klägerin ohne Außenstände und Zahlungsverpflichtungen. Dieses Betriebsvermögen, das in einer von G. vorgelegten Aufstellung mit rund 27000 RM. bewertet war, sollte gemäß dem Verlangen G.s mit 20000 RM. angerechnet werden. Ferner verpflichtete er sich zunächst, weitere 30000 RM. in bar einzubringen. Da dies jedoch auf Schwierigkeiten stieß, wurde später vereinbart, daß er statt dessen für 30000 RM. aus Holland einzuführende Ware einbringen sollte. Wie die hiernach geplante Erhöhung des Betriebskapitals rechtlich gestaltet werden sollte, ob eine regelrechte Kapitalerhöhung stattfinden oder nur Darlehen an die Gesellschaft gegeben werden sollten, wurde späterer Vereinbarung vorbehalten, da der Beklagte, der von Beruf Steuerberater ist, erst noch ermitteln sollte, was steuerlich vorteilhafter sei. Im Innenverhältnis sollten auf alle Fälle Gewinn und Verlust zu je $^1/_3$ geteilt werden. Einstweilen sollte G. je $^1/_3$ seines Geschäftsanteils, also je 6650 RM., an den Beklagten und an Hei. abtreten. Da jedoch Hei. nicht öffentlich als Gesellschafter der Klägerin in die Erscheinung zu treten wünschte, sollte sein Anteil ebenfalls an den Beklagten, wenn auch nur zu treuen Händen, abgetreten werden. G. und der Beklagte sollten zu Geschäftsführern der Klägerin mit der Maßgabe bestellt werden, daß jeder von ihnen Einzelvertretungsmacht erhalte.

In Ausführung dieser Vereinbarungen trat G. in notarischer Urkunde vom 11. Dezember 1938 einen Teilbetrag seiner Stammeinlage von 13300 RM. an den Beklagten ab; in der Abtretungsurkunde heißt es, der Gegenwert der Abtretung, der 13300 RM. betrage, werde durch Verrechnung beglichen. Ferner wurde im Handelsregister eingetragen, daß G. und der Beklagte zu Geschäftsführern der Klägerin mit Einzelvertretungsmacht bestellt seien. Auch die Zweigniederlassung in Be. wurde demnächst als solche im Handelsregister vermerkt.

Auf wiederholtes Drängen von Hei. zahlte der Beklagte im Januar 1939 25000 RM. bei einer Bank in W. für die Klägerin ein. Hei. übersandte der Klägerin Waren im Rechnungsbetrage von 82419 RM., die in Höhe von 50000 RM. zur Tilgung seiner Einlage dienen, im übrigen von der Klägerin käuflich übernommen werden sollten. G. stellte vereinbarungsgemäß das Betriebsvermögen der Klägerin (ohne Außenstände und Verbindlichkeiten) zur Verfügung, unterließ aber eine Zahlung oder Lieferung auf seine weitere Einlage von 30000 RM. Während er nach Amerika verreist war, kamen sowohl dem Beklagten als auch Hei. Bedenken wegen der Durchführbarkeit des Vertrages, da beide an dem Willen und der Fähigkeit G.s zweifelten, den Vertrag zu erfüllen, Hei. auch die Zahlungsfähigkeit des Beklagten und dieser den Wert der von Hei. eingebrachten Knöpfe in Zweifel zogen. Sie verhandelten deshalb in Abwesenheit G.s über eine stille Abwicklung der Klägerin durch Verkauf der Firma Ha. & L., konnten sich aber hierüber nicht einigen. Obwohl der Beklagte noch unter dem 11. Mai 1939 dem Hei. mitgeteilt hatte, die in Aussicht genommenen Maßnahmen seien nicht möglich ohne eine ordnungsmäßig einberufene Gesellschafterversammlung, verkaufte er dann nach einem vergeblichen Versuch, eine solche einzuberufen, von sich aus in seiner Eigenschaft als Geschäftsführer der Klägerin die gesamten Maschinen und den größten Teil des Warenvorrats der Firma Ha. & L. für rund 31000 RM. an die Firma P. & K. in Be. Von diesem Erlöse verwendete er 25000 RM. zur Rückzahlung seiner Einlage an sich selbst, den Rest von rund 6000 RM. zur Begleichung verschiedener Zahlungsverpflichtungen der Klägerin. Durch Schreiben vom 26. Mai 1939 teilte der Beklagte dem Hei. und G. den Verkauf der Maschinen usw. mit; zugleich beanstandete er Hei. gegenüber das von diesem eingebrachte Knopflager und stellte es ihm zur Verfügung, da es unsortiert und lediglich „Ramsch" sei. Hei. ließ daraufhin die noch vorhandene Ware abholen, widersprach aber ebenso wie G., der inzwischen aus Amerika zurückgekehrt war, dem Verkaufe der Maschinen usw. der Firma Ha. & L. Nunmehr berief G. eine Gesellschafterversammlung zum 6. Juni 1939. In dieser trat zunächst der Beklagte auf Verlangen von Hei. an diesen den ihm nur treuhänderisch überlassenen Geschäftsanteil der Klägerin in Höhe von 6650 RM. in notarischer Form ab. Sodann beriefen G. und Hei. den Beklagten „aus wichtigem Grunde" als Geschäftsführer ab. Eine demnächst im Auftrage von Hei. vorgenommene Prüfung der Zwischenbilanz der Zweigniederlassung der Klägerin in Be. zum 15. Juli 1939 ergab einen bei dieser eingetretenen Verlust von 20495,53 RM. Während Hei. sich mit G. dahin einigte, daß er gegen Zahlung von 7000 RM. aus allen Verpflichtungen ausschied, und dann seinen Geschäftsanteil an einen Dritten verkaufte, scheiterten die Vergleichsverhandlungen zwischen G. und dem Beklagten. Die Klägerin verlangt nunmehr vom Beklagten die Rückerstattung der 25000 RM. nebst 5 v. H. Zinsen seit dem 1. Juni 1939. Sie vertritt den Standpunkt, der Beklagte habe als ihr Geschäftsführer diesen Betrag unterschlagen.

Der Beklagte hat sich gegen den Vorwurf einer Unterschlagung verwahrt und folgendes eingewendet: Sowohl G. als auch Hei. hätten ihn über den Wert ihrer Sacheinlagen arglistig getäuscht. Deshalb habe er mit Schreiben vom 14. Juni 1939 den Gesellschaftsvertrag wegen arglistiger Täuschung angefochten. Außerdem sei er auch berechtigt gewesen, von dem Gesellschaftsvertrage zurückzutreten, da weder G. noch Hei. den übernommenen Verpflichtungen nachgekommen seien und infolge der langen Abwesenheit G.s, über dessen Verbleib die Mitgesellschafter nicht unterrichtet gewesen seien, unhaltbare Zustände bei der Klägerin geherrscht hätten. Im übrigen sei der zwischen G., Hei. und ihm geschlossene Vertrag über die Beteiligung an der Klägerin überhaupt nichtig, da er nicht gemäß der Vorschrift des § 3 Abs. 2 GmbHG. gerichtlich oder notarisch beurkundet worden sei. Aus allen diesen Gründen habe er einen Anspruch auf Rückerstattung seiner Einlage gehabt; als Geschäftsführer der Klägerin sei er auch berechtigt gewesen, die Maschinen und Vorräte der Firma Ha. & L. zu verkaufen und die Einlage an sich zurückzuzahlen. Da die Klägerin nur noch von seinem Gelde gelebt und der Verlust seiner Einlage gedroht habe, sei die größte Eile nötig gewesen. Ein Versuch, vorher eine Gesellschafterversammlung einzuberufen, sei an der Abwesenheit G.s gescheitert.

Die Klägerin hat in Abrede gestellt, daß der Beklagte berechtigt gewesen sei, den Vertrag wegen arglistiger Täuschung anzufechten oder von ihm zurückzutreten. Den etwaigen Formmangel des ursprünglichen Vertrages sieht sie als durch die notarische Beurkundung der Abtretung der Geschäftsanteile an den Beklagten geheilt an. Im Berufungsverfahren hat die Klägerin zur Gültigkeit des Vertrages noch geltend gemacht: Durch ihn hätten G., der Beklagte und Hei. nur eine Gesellschaft bürgerlichen Rechts gegründet und in deren Rahmen Verpflichtungen lediglich untereinander übernommen, ohne der Klägerin einen Anspruch auf Erfüllung einzuräumen; in Ausführung dieses formlos gültigen Vertrages habe der Beklagte den Betrag von 25000 RM. als unkündbares Darlehen an die Klägerin gezahlt.

Die beiden Vordergerichte haben die Klage abgewiesen. Sie haben sich der Auffassung des Beklagten angeschlossen, daß der Gesellschaftsvertrag vom 11. Dezember 1938, durch den sich die drei Gesellschafter zu bestimmten Leistungen an die Klägerin verpflichtet hätten, gemäß § 3 Abs. 2, § 53 GmbHG. wegen Formmangels nichtig und der Beklagte deshalb gemäß § 181 BGB. befugt gewesen sei, die Verpflichtung der Klägerin, seine Einlage an ihn zurückzuzahlen, durch Leistung an sich selbst zu erfüllen. Die Revision der Klägerin führte zur Verurteilung des Beklagten nach dem Klageantrage.

Gründe:

Das Berufungsgericht lehnt zunächst die von der Klägerin im Berufungsverfahren neu vorgetragene Auffassung ab, ihr habe der Betrag von 25000 RM. auf Grund eines zwischen ihr und dem Beklagten zustande gekommenen Darlehnsvertrages zugestanden. Es stellt fest, daß diese Rechtsauffassung mit dem Ergebnis der Beweisaufnahme unvereinbar sei. Hierzu führt es aus: Nach den vorliegenden Vertragsurkunden und nach der Aussage des Zeugen Hei. hätten sich die drei Gesellschafter zum Zwecke der Verstärkung der Betriebsmittel der GmbH. in einem einheitlichen Vertrage zu gleichen Einlagen verpflichtet. Diese Abrede über die gleichen Einlagen im Werte von je 50000 RM. gebe zugleich das Maß für die Beteiligung der Gesellschafter am Verlust und Gewinn der Gesellschaft; sie könne daher nicht als selbständiger Nebenvertrag rein schuldrechtlicher Art angesehen werden, den die Gesellschafter der GmbH. unter sich geschlossen hätten, ohne der Klägerin unmittelbar ein Recht auf Erfüllung einräumen zu wollen. Hieraus folgert das Berufungsgericht, daß die Vertragschließenden damit in ihrer Eigenschaft als Gesellschafter der

GmbH. (der Klägerin) besondere Verpflichtungen gegenüber der Gesellschaft übernommen hätten, wie sie gemäß § 3 Abs. 2 in Verbindung mit § 53 Abs. 1 GmbHG. nur durch Abänderung des Gesellschaftsvertrages, also gemäß § 53 Abs. 2 GmbHG. nur in gerichtlicher oder notarischer Form hätten eingegangen werden können. Da diese Form nicht gewahrt und das Abkommen deshalb nichtig sei, habe der Beklagte die 25000 RM. ohne Rechtsgrund geleistet, und er sei in seiner Eigenschaft als Geschäftsführer der Klägerin gemäß § 181 BGB. befugt gewesen, die dieser obliegende Rückzahlung an sich selbst zu bewirken. Das Berufungsgericht fügt noch hinzu, daß auch eine Heilung des Formmangels durch die notarische Abtretung von rund $^2/_3$ der Geschäftsanteile des G. an den Beklagten nicht in Betracht komme, da es sich nicht um die Verletzung der Form des § 15 Abs. 4, sondern der des § 53 Abs. 2 GmbHG. handele.

Die Annahme des Berufungsgerichts, daß die Vertragsabrede der Gesellschafter wegen Formmangels, sei es gemäß § 3 Abs. 2, sei es gemäß § 53 Abs. 1 und 2 GmbHG., nichtig sei, weil dadurch den Gesellschaftern der GmbH. Verpflichtungen gegenüber der Gesellschaft auferlegt worden seien, ist rechtlich nicht zu beanstanden. Die Nichtigkeit ergibt sich auch schon aus dem Inhalt der getroffenen Vereinbarungen. Hierzu ist folgendes zu sagen: Die Vertragschließenden sind, wenn man zunächst von der in notarischer Form vorgenommenen Abtretung des Geschäftsanteils von 13300 RM. an den Beklagten absieht, bei der von ihnen am 11. Dezember 1938 getroffenen Regelung offensichtlich davon ausgegangen, daß G. über das in der Rechtsform der GmbH. geführte Unternehmen, dessen sämtliche Geschäftsanteile ihm allein gehörten, in gleicher Weise wie über eine Einzelfirma verfügen könne. Nur so ist es zu erklären, daß vereinbart wurde, ein jeder der künftigen drei Gesellschafter solle in das auf eine breitere Grundlage zu stellende Unternehmen 50000 RM. einbringen und die Einlage des bisherigen Alleininhabers G. solle in Höhe von 20000 RM. darin bestehen, daß er das Betriebsvermögen der Klägerin (Maschinen, Vorräte, Büroeinrichtung usw.) unter Ausschluß der Außenstände und Zahlungsverpflichtungen einbringe. Dies wäre nur möglich gewesen, wenn es sich um ein Einzelunternehmen des G. gehandelt hätte; nur aus einem solchen hätte er ohne weiteres die Außenstände und Zahlungsverpflichtungen, die ihn betrafen, herausnehmen können, wenn er andere Personen als Mitinhaber — sei es als persönlich haftende Gesellschafter, sei es als Kommanditisten — in sein Geschäft aufnahm (vgl. § 28 HGB.). In diesem Falle wäre der bisherige Alleininhaber — wenn auch unter dem aus § 28 Abs. 2 HGB. ersichtlichen Vorbehalt zum Schutze gutgläubiger Dritter — für die im bisherigen Betriebe des Unternehmens entstandenen Verbindlichkeiten allein haftbar geblieben und ständen auch die Außenstände nicht der neuen Gesellschaft zu. Da aber das Unternehmen in der Rechtsform der GmbH., wenn auch als Einmanngesellschaft, bestand, war G. nicht befugt, über die Außenstände dieser GmbH. zu seinen Gunsten zu verfügen (vgl. § 181 BGB.), und ihr verblieb auch auf alle Fälle die Haftung für ihre bisherigen Verbindlichkeiten. G. hätte nur die Verpflichtung zur Befreiung der GmbH. von ihren Verbindlichkeiten übernehmen können. Die Beteiligten scheinen geglaubt zu haben, das von ihnen neu begründete Gesellschaftsverhältnis in irgendeiner Weise in den Rahmen der bereits bestehenden GmbH. hineinpressen zu können, haben sich aber dabei über die möglichen rechtlichen Wege hierzu nicht ausreichend Rechenschaft abgelegt; sie wollten dies, wie es im Abkommen vom 11. Dezember 1938 heißt, „besonderen Vereinbarungen überlassen"; zu solchen ist es aber überhaupt nicht mehr gekommen. Das, was sie wirtschaftlich gewollt haben, wäre erst nach Umwandlung der bisherigen Einmanngesellschaft mit beschränkter Haftung in ein Einzelunternehmen durchführbar gewesen, sei es in der Form einer offenen Handelsgesellschaft, sei es in der Form einer neu errichteten Gesellschaft mit beschränkter Haftung mit einem Stammkapital von 150000 RM. Schon der Gedanke, es möglicherweise bei einem Stammkapital der GmbH. von nur 20000 RM. zu lassen und das darüber hinaus benötigte Kapital von 130000 RM. dieser GmbH. durch Darlehen zur Verfügung zu stellen, hätte sich nur unter Mißbrauch dieser Rechtsform verwirklichen lassen, weil die eigene Kapitalgrundlage der GmbH. für deren Aufgabe von vornherein unzureichend gewesen wäre (vgl. RGUrt. II 70/37 vom 16. November 1937, DJ. 1938 S. 601 mit Anm. = JW. 1938 S. 862 Nr. 16). In Verkennung der rechtlichen Möglichkeiten zur Erreichung des beabsichtigten wirtschaftlichen Erfolges haben die drei Beteiligten dann ihrem Ziele dadurch näherkommen zu können geglaubt, daß G. rund $^2/_3$ seiner Geschäftsanteile von 20000 RM., nämlich 13300 RM., an den Beklagten abtrat, wovon dieser die Hälfte als Treuhänder für Hei. erwerben sollte. Wenn es dabei in der notarischen Abtretungsurkunde heißt, der Gegenwert dieser Abtretung werde „durch Verrechnung beglichen", so ist wieder nicht ersichtlich, wie die Beteiligten sich diese „Verrechnung" gedacht haben; denn tatsächlich sollte G. überhaupt keinen Gegenwert erhalten, sondern alles, was die drei Gesellschafter als Einlagen leisteten, sollte der GmbH. zufließen, und G. selbst übernahm eine solche Einlage, abgesehen von den anderweit aufzubringenden 30000 RM., in Höhe von 20000 RM. in der Weise, daß er der GmbH. ihr eigenes Betriebsvermögen ohne Außenstände und Zahlungsverpflichtungen zur Verfügung stellte. Auf diese Weise wurde also die Gesellschaft, wenn auch unter schiefen Gedankengängen, auf eine völlig neue geldliche Grundlage gestellt, so daß geradezu der Eindruck eines neuen, von der GmbH. unabhängigen Gesellschaftsverhältnisses erweckt wird, das neben die bisherige GmbH. treten sollte. Gleichwohl ist aber für die Annahme, daß die drei Beteiligten neben der bestehenbleibenden GmbH. eine besondere Gesellschaft bürgerlichen Rechts oder auch, da es sich um den Betrieb eines Handelsgewerbes handelte, eine besondere offene Handelsgesellschaft hätten errichten wollen, deshalb kein Raum, weil, wie das Berufungsgericht ohne Rechtsirrtum feststellt, nach dem Willen der Beteiligten ihre Einlagen unmittelbar der GmbH. zufließen und nur für diese Rechte begründet werden sollten. Die Vertragschließenden haben somit zweifach dem Vertrag einen inhaltlich fehlerhaften und rechtlich unmöglichen Inhalt gegeben: Sie haben erstens die Einmanngesellschaft mit beschränkter Haftung einem Einzelunternehmen gleichgestellt und über deren Vermögenswerte (Aktiven und Passiven) verfügt, als wenn sie ein solches wäre, und zweitens die Rechtsform der bisherigen GmbH. als Deckmantel für ihr Gesellschaftsunternehmen benutzt, das durch Abschluß eines besonderen Gesellschaftsvertrages auf eine völlig neue gesellschaftliche, insbesondere auch geldliche Grundlage gestellt werden sollte. Da diese Art der Rechtsgestaltung inhaltlich unmöglich ist und auch durch Umdeutung nicht, zum mindesten nicht ohne Änderung des Gesellschaftsvertrages der GmbH. in gehöriger Form, durchführbar gemacht werden kann, ist schon aus diesem Grunde der Vertrag nichtig.

Jedoch sind die Folgerungen, die das Berufungsgericht aus der Nichtigkeit der gesellschaftlichen Vereinbarung vom 11. Dezember 1938 zieht, rechtlich verfehlt. Denn das Gesellschaftsverhältnis ist auf der erweiterten geldlichen Grundlage insofern tatsächlich ins Leben getreten, als jedenfalls der Beklagte seine Einlage in Höhe von 25000 RM. (also zur Hälfte) bar geleistet und auch Hei. das zum Rechnungswerte von 50000 RM. als Einlage bestimmte Knopflager eingebracht hat und als außerdem das Unternehmen auf dieser Grundlage, also unter Benutzung dieser Einlagen, sich wirtschaftlich betätigt hat, insbesondere durch den Betrieb der infolge davon übernommenen und in eine Zweigniederlassung der Klägerin in Be. umgewandelten Firma Ha. & L.; hierbei ist sogar, wie der Prüfungsbericht der Treuhandgesellschaft ergibt, ein Verlust von rund 20500 RM. eingetreten. Wenn auch hierbei nach außen nur die alte Gesellschaft in die Erscheinung getreten ist, so hat sie sich doch mit Mitteln betätigt, die sie auf Grund der zwischen den Gesellschaftern in rechtlich ungültiger Weise getroffenen besonderen gesellschaftlichen Vereinbarungen erlangt hatte. Dadurch war zwischen den Gesellschaftern in Ansehung der tatsächlich gemachten Einlagen ein gesellschaftliches Innenverhältnis begründet worden, das sich in der angegebenen Weise ausgewirkt hat. Ist aber der nichtige Gesellschaftsvertrag auch nur im Innenverhältnis auf diese Weise bereits umfänglich vollzogen worden, dann ist dadurch jedenfalls tatsächlich ein Gemeinschaftsverhältnis unter den Gesellschaftern entstanden, das auf ihre gegenseitigen Beziehungen nicht ohne Wirkung geblieben sein kann. Auch die Lösung eines solchen nur tatsächlichen Gesellschaftsverhältnisses (einer sogenannten de facto-Gesellschaft) kann in aller Regel nur im Wege der Auseinandersetzung herbeigeführt werden mit der Folge, daß der einzelne Gesellschafter nicht schlechthin das von ihm Eingebrachte zurückfordern, sondern nur den sich für ihn aus der Auseinandersetzung ergebenden Überschuß verlangen kann (vgl. RG. in JW. 1935 S. 2617 Nr. 1; vgl. auch die Entscheidung des erkennenden Senats II 44/40 vom 13. November 1940 in RGZ. Bd. 165 S. 193). So liegt es auf alle Fälle auch hier, da durchaus ungeklärt ist, inwieweit die Einlage des Beklagten durch den eingetretenen Verlust verbraucht ist.

Das haben die Vordergerichte verkannt. Aus den angegebenen Gründen ist die Auffassung, daß der Beklagte infolge Nichtigkeit der gesellschaftlichen Vereinbarung vom 11. Dezember 1938 ohne weiteres befugt gewesen sei, seine Einlage zurückzuverlangen und deshalb in seiner Eigenschaft als Geschäftsführer der Klägerin gemäß § 181 BGB.

den Betrag an sich abzuführen, rechtlich nicht haltbar. Ehe nicht die Auseinandersetzung durchgeführt war, stand dem Beklagten kein fälliger Anspruch auf Rückzahlung auch nur eines Teils seiner Einlage zu, so daß die Voraussetzungen des § 181 BGB. für die Zulässigkeit einer Leistung an sich selbst nicht vorlagen. Hierzu kommt noch folgendes: Die Abtretung der GmbH.-Anteile und die Bestellung des Beklagten zum Geschäftsführer waren zwar nach außen unbedingt und wirksam. Im Innenverhältnis waren sie aber abhängig von dem Zustandekommen der erweiterten Gesellschaft in rechtswirksamer Form. Mit dem Rücktritt des Beklagten von dem neuen Gesellschaftsverhältnis fiel im Innenverhältnis seine Bestellung zum Geschäftsführer der alten GmbH. Er konnte nicht gleichzeitig zurücktreten und von seiner Machtstellung als gesetzlicher Vertreter der GmbH. Gebrauch machen. Daher ist auch aus diesem Grunde § 181 BGB. hier unanwendbar.

Da die nach den vorstehenden Ausführungen zunächst erforderliche Auseinandersetzung auch jetzt noch aussteht, ist der Beklagte schon aus diesem Grunde zunächst zur Rückzahlung des vollen Betrages an die Klägerin verpflichtet, so daß es nicht darauf ankommt, ob er sich durch die Selbstbefriedigung einer vorsätzlich begangenen unerlaubten Handlung schuldig gemacht hat und ob deshalb eine Aufrechnung mit seiner Forderung auf Auszahlung seines Auseinandersetzungsguthabens gemäß § 393 BGB. unzulässig wäre. Im übrigen ergibt auch das unstreitige Schreiben des Beklagten an Hei. vom 11. Mai 1939, daß er sich, wenn auch wohl in der Annahme der Gültigkeit der gesellschaftlichen Vereinbarung vom 11. Dezember 1938, bewußt war, nicht eigenmächtig vorgehen zu dürfen, sondern zunächst die Abwicklung des vermeintlichen Gesellschaftsverhältnisses durch entsprechende Gesellschafterbeschlüsse herbeiführen zu müssen. Wenn er sich gleichwohl später darüber hinweggesetzt hat, so beruht dies nach seinen eigenen Äußerungen nur darauf, daß er sonst das von ihm in die Gesellschaft hineingesteckte Kapital als gefährdet ansah. Dies gab ihm aber kein Recht zur Selbsthilfe unter Mißbrauch seiner Stellung als Geschäftsführer der Klägerin in der Weise, wie er gehandelt hat. Vielmehr hätte er sein Ziel, seinen Anspruch sicherzustellen, höchstens im Wege des dinglichen Arrestes oder der einstweiligen Verfügung erreichen können, wenn eine gütliche Vereinbarung hierüber nicht möglich war.

Es könnte noch in Betracht kommen, ob der Anspruch nicht auch schon aus §§ 30, 31, 43 Abs. 3 GmbHG. gerechtfertigt ist, da die neuen Einschüsse offenbar dazu dienen sollten, das alte, verloren gegangene Gesellschaftskapital wiederherzustellen, und da auch der Beklagte selbst behauptet hat, daß die Gesellschaft im Jahre 1937 nahezu bankerott gewesen sei. Jedoch erübrigt es sich, hierauf näher einzugehen, zumal da die Klage auf diesen Klagegrund nicht ausdrücklich gestützt und er auch sonst nicht weiter erörtert worden ist.

---

5. Zur Frage des ursächlichen Zusammenhangs zwischen der Anstiftung zu verbotswidrigem Schießen und der tödlichen Verletzung durch einen wider Willen des Schießenden sich lösenden Schuß.

BGB. § 823 Abs. 2. StGB. § 367 Nr. 8.

VI. Zivilsenat. Urt. v. 11. Februar 1941 i. S. Frau H. u. a. (Kl.) w. A. (Bekl.). VI 125/40.

I. Landgericht Lüneburg.
II. Oberlandesgericht Celle.

Der Beklagte betreibt in D. an öffentlicher Straße eine Gärtnerei, die an sein Wohnhaus angrenzt. Am 18. Oktober 1938 war der Polizeiassistent a. D. Z. bei ihm zu Besuch. Da Z. im Besitz einer Pistole war, forderte ihn der Beklagte auf, in einen Krähenschwarm hineinzuschießen, der dem Hause gegenüber jenseits der Straße auf dem Acker des Beklagten saß. Z. holte darauf seine Pistole aus dem Hause und schoß von der Eingangspforte an der Straße aus zweimal über die Straße hinweg. Die Krähen flogen nach links auf. Um noch einmal auf sie zu schießen, machte Z. einige Schritte in der gleichen Richtung. Dabei stolperte er über die Torstange und schlug mit der Hand auf den Torflügel, so daß sich die ungesicherte Pistole entlud. Der Schuß traf den Arbeiter H., der auf der Straße stand und sich mit dem Beklagten und dessen Frau über die Pforte weg unterhielt, tödlich ins Herz. Z. ist wegen fahrlässiger Tötung sowie wegen Vergehens gegen §§ 14, 26 des Waffengesetzes vom 18. März 1938 in Tateinheit mit Übertretung des § 367 Nr. 8 StGB. zu drei

Monaten Gefängnis verurteilt worden. Das Reichsgericht hat seine Revision verworfen und insbesondere gebilligt, daß die Strafkammer Tatmehrheit zwischen der fahrlässigen Tötung einerseits, dem Vergehen gegen das Waffengesetz in Tateinheit mit der Übertretung andererseits angenommen hat. Auf die Schadensersatzklage der Kläger (der Witwe und des Sohnes des verstorbenen H.) ist Z. rechtskräftig verurteilt worden. Jetzt verlangen die Kläger vom Beklagten, weil dieser den Z. zum Schießen aufgefordert habe, gleichfalls Schadensersatz und klagen auf Zahlung von 1667,83 RM., auf Befreiung von der Forderung der Gemeinde wegen Erstattung von 237,57 RM. Beerdigungskosten und auf Feststellung weiterer Schadensersatzpflicht. Der Beklagte bestreitet jede Verpflichtung.

Das Landgericht hat den Zahlungs- und den Befreiungsanspruch dem Grunde nach für gerechtfertigt erklärt und die beantragte Feststellung getroffen. Auf die Berufung des Beklagten hat das Oberlandesgericht die Klage abgewiesen. Die Revision der Kläger führte zur Aufhebung und Zurückverweisung.

Gründe:

Eine Haftung des Beklagten aus § 823 Abs. 1 BGB. hat das Berufungsgericht mit rechtlich einwandfreier Begründung abgelehnt, ohne dabei, wie die Revision meint, das Tatbestandserfordernis, daß die Möglichkeit eines Schadens voraussehbar sein muß, zu überspannen. Auch wenn der Beklagte wußte, daß „das Schußfeld" eine öffentliche Straße war, so konnte er doch unter den gegebenen Umständen mit Rücksicht auf Persönlichkeit und Fähigkeiten des Z. der Auffassung sein, daß durch das Schießen kein Unheil angerichtet werden würde. Und daß er diese Auffassung hatte, nimmt das Berufungsgericht in tatsächlicher Würdigung an, die einem Angriff im Revisionsverfahren entzogen ist.

Zur Frage der Haftung aus § 823 Abs. 2 BGB. stellt das Berufungsgericht fest, der Beklagte habe den Z. angestiftet, die Pistole aus dem Hause zu holen und damit zu schießen, also § 367 Nr. 8 StGB. dadurch zu übertreten, daß er an dem „von Menschen besuchten Ort" ohne polizeiliche Erlaubnis mit einer Schußwaffe schoß. Durch diese Anstiftung hat der Beklagte gegen ein den Schutz eines anderen bezweckendes Gesetz verstoßen. Gleichwohl verneint der Berufungsrichter eine Schadensersatzpflicht des Beklagten nach § 823 Abs. 2

BGB., weil Z. den dritten, tödlichen Schuß nicht mehr, wie die beiden ersten Schüsse, vorsätzlich abgegeben, der Schuß sich vielmehr gegen seinen Willen infolge des Aufschlagens der Hand auf die Pforte gelöst habe, so daß ein ursächlicher Zusammenhang zwischen den beiden ersten Schüssen und dem dritten Schusse nicht mehr bestehe. Wenn dieser sich auch bei Vorbereitung eines weiteren Verstoßes gegen das Schutzgesetz gelöst habe, so enthalte er selbst einen solchen Verstoß doch ebensowenig, wie wenn noch gar kein anderer Schuß vorausgegangen sein würde. Daß Z. erst nach dem zweiten Schuß gestolpert sei, müsse als reiner Zufall angesehen werden und sei keine Folge der beiden ersten Schüsse gewesen.

Der Revision ist zuzugeben, daß diese Beurteilung von Rechtsirrtum beherrscht ist. Hat der Beklagte den Z. zum Schießen auf die Krähen aufgefordert und ihm dabei alles weitere überlassen, so lag darin die Aufforderung, alles zu tun, was zum Vertreiben der Vögel erforderlich erschien, unter Umständen also mehrmals zu schießen, und damit die Anstiftung zu einer erforderlichenfalls fortgesetzten Übertretung des § 367 Nr. 8 StGB. Diese Übertretung war zwar schon mit der Abgabe des ersten Schusses „begrifflich vollendet“, aber, da sich der erste Schuß im Rahmen der fortgesetzten Handlung nur als unselbständige Einzelhandlung darstellt, „noch nicht tatsächlich beendet“ (vgl. für diese Unterscheidung RGSt. Bd. 59 S. 361); sie war dies auch noch nicht mit der Abgabe des zweiten Schusses. Denn Z. betätigte sich auch nach diesem mit dem Willen, einen dritten Schuß abzugeben, in der bisherigen Weise weiter; und wenn der Beklagte dieses vorsätzliche verbotswidrige Schießen wollte, so hat er, worauf die Revision zutreffend hinweist, auch alle Schritte und Betätigungen gewollt, die dem Schießenden zur Durchführung seines Vorsatzes erforderlich erscheinen würden, wozu namentlich auch das Aufsuchen eines geeigneten Schießplatzes gehörte. Geht man hiervon aus, so kann keine Rede davon sein, daß durch die Selbstauslösung des Schusses der ursächliche Zusammenhang zwischen der Anstiftung und der tödlichen Verletzung H.s unterbrochen worden wäre; vielmehr steht diese noch unmittelbar im Zusammenhange mit dem Verstoße gegen § 367 Nr. 8 StGB. und damit auch mit der vom Beklagten begangenen Anstiftung. Dem steht nicht entgegen, daß strafrechtlich, wie das Urteil des Reichsgerichts gegen Z. ergibt, die Übertretung des § 367 Nr. 8 StGB. gegenüber der fahrlässigen Tötung eine selbständige strafbare Handlung darstellt. Denn das besagt nicht, daß die Übertretung beendet war, ehe der dritte Schuß sich löste. Die Annahme zweier selbständiger Handlungen beruht vielmehr nur darauf, daß es strafrechtlich für beide Taten „an dem einheitlichen leitenden Willen" fehlte, „der die Zusammenfassung zu einer natürlichen Einheit als berechtigt erscheinen ließe" (RGSt. Bd. 59 S. 361). Dieser strafrechtliche Gesichtspunkt hat für die Haftung aus § 823 Abs. 2 BGB. keine Bedeutung. Für diese ist nur der auf die Anstiftung zurückzuführende, noch nicht beendete vorsätzliche Verstoß gegen das Schutzgesetz Voraussetzung. Was sich daraus entwickelte, fällt dem Beklagten im Rahmen des ursächlichen Zusammenhangs zur Last.

Ein anderes Ergebnis wäre möglich, wenn der Beklagte, wie er behauptet und — seiner Beweislast entsprechend — unter Beweis stellt, den Z. nach dem ersten (oder zweiten) Schuß aufgefordert hätte, nicht weiter zu schießen. Er will gesagt haben, nun sei es genug, und Z. soll darauf erwidert haben, er wolle noch einen hinterher geben. Hat der Beklagte in solcher Weise ernsthaft und so, daß er annehmen konnte, Z. habe ihn verstanden, seinen Auftrag zum Schießen widerrufen, so kann er für das, was sich nach diesem Widerruf abgespielt hat, nicht mehr wegen seiner — nun allerdings beendeten — Anstiftung haftbar gemacht werden. Daß ein Zusammenhang zwischen dieser und der tödlichen Verletzung H.s auch in einem solchen Falle, wie die Kläger annehmen, noch fortbestände, weil erfahrungsgemäß „der Schießende, dessen Eifer, zu schießen, einmal entfacht sei, trotz der Abmahnung nicht davon ablasse", kann nicht anerkannt werden. Das Berufungsgericht hat in der hier bezeichneten Richtung noch keine Feststellungen getroffen. Es wird dies unter Beachtung der Beweislast des Beklagten zunächst nachholen müssen. Je nach dem Beweisergebnis wird die Berufung gegen das Urteil des Landgerichts zurückzuweisen oder die Klage wiederum abzuweisen sein.

6. Wie ist eine Sondervergütung zu beurteilen, die sich die für das Unternehmen maßgebenden, laut Gesellschaftsvertrag bezugsberechtigten Kommanditisten einer zur gemeinsamen Beschaffung von Waren gegründeten Kommanditgesellschaft für ihren Warenbezug bewilligen, wenn die Sondervergütung das Hervortreten von Jahresgewinn verhüten soll, aber einen Verlustabschluß zur Folge hat? Kann die Gesellschaft von den Kommanditisten in Höhe des Verlustes die anteilige Rückzahlung der Sondervergütungen als zu Unrecht vorweggenommener Gewinne verlangen?

HGB. §§ 163flg.

II. Zivilsenat. Urt. v. 14. Dezember 1940 i. S. Sperrholzfabrik Fritz Be. KG. (Kl.) w. J. & B. (Bekl.). II 68/40.

I. Landgericht Paderborn.
II. Oberlandesgericht Hamm.

Aus Anlaß der Drosselung der Einfuhr von Sperrholz vereinigten sich im Jahre 1936 fünf Sperrholz-Einfuhr-Firmen (nachstehend A, B, C, D und E genannt), darunter die Beklagte A., zur Errichtung und zum Betrieb einer Fabrik zur Herstellung von Buchensperrholz in Br. Zu diesem Zwecke gründeten sie am 14. Mai 1936 als sog. Hausgesellschaft, d. h. zum Erwerb eines Fabrikgrundstücks in Br., zur Errichtung und Einrichtung einer Sperrholzfabrik auf diesem Grundstück und zur Nutzung dieses Betriebes durch Verpachtung, die Sperrholzwerk Br. GmbH. in Br. mit einem Stammkapital von 102000 RM., wovon die Firmen A, B, C und D je 1/6 mit 17000 RM. und die Firma E 1/3 mit 34000 RM. übernahmen. Außerdem gründeten sie am 21. März 1936 als sog. Fabrikationsgesellschaft, d. h. zum Betriebe dieser Fabrik, gemeinsam mit dem Kaufmann Fritz Be. als persönlich haftendem Gesellschafter die Sperrholzfabrik Fritz Be., Kommanditgesellschaft in Br. (die Klägerin). An diesem Unternehmen beteiligten sich die fünf Firmen als Kommanditisten, und zwar die Firmen A, B, C und D mit einer Einlage von je 8000 RM. (1/6), die Firma E mit einer solchen von 16000 RM. (1/3), während Fritz Be. nur seine Fachkenntnisse und seine Dienste zur Verfügung stellen sollte (§ 3 des Gesellschaftsvertrags). Nach § 2 hat jeder Kommanditist entsprechend seinem Geschäftsanteil Anspruch auf die Erzeugung. Nach § 6 wird die Gesellschaft durch den persönlich haftenden Gesellschafter Fritz Be.

oder durch zwei Prokuristen gemeinschaftlich vertreten. Nach § 12 werden die den Kommanditisten zu berechnenden Preise und die Zahlungsbedingungen von der Gesellschafterversammlung bestimmt, und zwar durch einstimmigen Beschluß. Eine Reihe einzeln aufgeführter wichtiger Geschäftshandlungen ist in § 13 der Beschlußfassung der Gesellschafterversammlung in der Weise unterworfen, daß die einfache Mehrheit entscheidet, wobei auf je 1000 RM. Kapitalanteil eine Stimme entfällt und dem Gesellschafter Fritz Be. 8 Stimmen zustehen. Über die Beteiligung der Gesellschafter am Gewinn und Verlust ist im Gesellschaftsvertrage nichts gesagt. Mit Fritz Be. schlossen die fünf Firmen laut Bestätigungsschreiben vom 21. März 1936 einen besonderen Vertrag, auf Grund dessen ihm dafür, daß er der Klägerin als persönlich haftender Gesellschafter seine Dienste zur Verfügung stellte, ein festes Gehalt mit einigen Nebenleistungen zugesagt wurde.

Wie vorgesehen, verpachtete die GmbH. durch Vertrag vom 3. Mai 1937 die von ihr errichtete Sperrholzfabrik an die Klägerin; der Pachtzins betrug im Jahre 1937 66500 RM., im Jahre 1938 78000 RM. Die Kommanditisten haben ihre Einlagen voll eingezahlt, und zwar zunächst im Jahre 1936 die Hälfte und dann im Jahre 1938 den Rest. Am 14. Dezember 1936 begann die Klägerin mit der Sperrholzherstellung. Gemäß § 12 des Gesellschaftsvertrages der Klägerin war durch Beschluß der Gesellschafterversammlung vom 11. September 1936 als Übernahmepreis für die Ware der Listenpreis Nr. 6 LH der Buchenfachschaft, abzüglich 20 v. H. Rabatt, festgesetzt worden. Dieser Rabatt, über dessen Bedeutung die Parteien im übrigen streiten, war als Sondervergütung gedacht, weil beabsichtigt war, daß den Kommanditisten die Ware zu Gestehungskosten zukommen und die Klägerin keinen Gewinn ausweisen sollte; und zwar geschah dies — wie wenigstens die Klägerin behauptet hat — aus steuerlichen Gründen, nach der Behauptung der Beklagten aber vornehmlich deshalb, weil die Kommanditisten nicht mehr Kapital in die Kommanditgesellschaft hineinstecken und ihren eigenen Betrieben entziehen wollten, als unbedingt nötig war. Die Mittel für die Holzeinkäufe der Klägerin beschafften die Kommanditisten anteilig teils durch Darlehen, teils durch Bürgschaft bei der kreditgebenden Bank. Nachdem schon die Bilanz für 1936 (vor Beginn der Herstellung) einen Verlust ergeben hatte, der von den Kommanditisten gedeckt worden war, wiesen auch die Jahresabschlüsse der Klägerin für 1937 und 1938 erhebliche Verluste aus, die auf den hohen Rabattsätzen beruhten. Diese Verluste wurden durch Zubußen gedeckt, welche die Gesellschafterversammlung einstimmig beschloß. Durch Beschluß der Gesellschafter vom 6. Mai 1938 wurde der Rabatt für die Folgezeit auf 15 v. H. ermäßigt. Der Jahresabschluß für 1938 wies gleichwohl einen Verlust in Höhe von 154 739,64 RM. aus, dem Rabattgewährungen in Höhe von 214 640,22 RM. gegenüberstanden; in Höhe von 22 164,95 RM. beruhte dieser Verlust auf Rückstellungen, welche die Klägerin in Erwartung von Nachforderungen an Umsatz- und Gewerbesteuer für erforderlich hielt. Über die Deckung dieses Verlustes konnten sich die Gesellschafter nicht einigen. Während Fritz Be. und die Firma E die Ansicht vertraten, auch für das Jahr 1938 sei der Verlust von den Kommanditisten abzudecken, und die Firma E auch bereits ihren Anteil mit 51 579,98 RM. gezahlt hatte, weigerten sich die übrigen Kommanditisten, die zugleich wegen verschiedener Vorwürfe gegen den geschäftsführenden Gesellschafter Be. dessen Ausschaltung betrieben, den Verlust anteilig abzudecken. Mit Schreiben vom 31. März 1939 forderte deshalb die Klägerin neben den übrigen Kommanditisten auch die Beklagte auf, den auf ihren Anteil errechneten Betrag von 25 789,94 RM. zu zahlen; von diesem Betrage brachte sie jedoch den aus einem Darlehnskonto herrührenden Betrag von 10 000 RM. in Abzug. Wegen der Zahlungsweigerung der Beklagten hat sie Klage erhoben auf Zahlung von 15 789,94 RM. nebst 5 v. H. Zinsen seit dem 1. April 1939.

Zur Begründung des Anspruchs hat die Klägerin geltend gemacht: Die Rabatte von 20, später 15 v. H. seien lediglich vorweggenommene Gewinne gewesen, die auf einer Schätzung beruht hätten. Da aber die geschätzten Gewinne nicht erreicht worden seien, müßten die Kommanditisten sowohl aus dem Gesichtspunkt ungerechtfertigter Bereicherung als auch auf Grund des Vertrages die gewährten Rabatte, soweit sie den anteiligen Gewinn überstiegen, zurückzahlen. Im Berufungsverfahren hat die Klägerin auf Befragen noch erklärt, daß sie mit der Klage nicht etwa die Deckung des Verlustes unabhängig von den Rabattvergütungen, sondern lediglich die anteilige Zurückzahlung der Rabatte als vorweggenommener Gewinne verlange.

Die Beklagte hat ausgeführt: Die Holzgeschäfte der Kommanditisten mit der Klägerin seien reine Kaufverträge. Der Holzpreis einschließlich des Rabattes sei auf Vorschlag des geschäftsführenden Gesellschafters festgesetzt worden. Die Kommanditisten hätten ein Abnahmerecht, aber keine Abnahmepflicht. Auch aus den sonstigen Bestimmungen des Gesellschaftsvertrags und aus den späteren Beschlüssen ergebe sich, daß ein fester Preis unabhängig davon vereinbart sei, ob ein entsprechender Gewinn erzielt werde.

Das Landgericht hat sich der Auffassung der Klägerin angeschlossen und die Beklagte nach dem Klageantrage verurteilt. Das Berufungsgericht hat die Klage abgewiesen. Die Revision der Klägerin führte zur Wiederherstellung des landgerichtlichen Urteils.

Gründe:

1. Der Jahresabschluß der Klägerin für das Jahr 1938, dessen Ordnungsmäßigkeit die Beklagte nicht mehr bestritten hat, weist einen Verlust von 154739,64 RM. aus und somit, nach Abzug der Kommanditeinlagen mit 48000 RM. und der Rückstellungen mit 22164,95 RM., eine Überschuldung der Klägerin in Höhe von rund 80000 RM. Wenn man zunächst unterstellt, daß es sich hierbei um einen echten Verlust, d. h. nicht nur um einen durch vorhergehende Gewinnausschüttungen verringerten Gewinn handelt, so ergibt sich hieraus folgendes: Die Beklagte ist, da dem persönlich haftenden Gesellschafter Be. kein Kapitalanteil zusteht und er, wie zwischen den Parteien unstreitig ist, an etwaigen Verlusten des Unternehmens im Innenverhältnis nicht teilhaben sollte, an dem Verlust in Höhe ihres Kapitalanteils, d. h. zu $^1/_6$, also in Höhe von 25789,94 RM. beteiligt. Dies hat zur Folge, daß sich das Kapitalkonto der Beklagten, das infolge Deckung der bisherigen Verluste noch ihrer Kapitaleinlage von 8000 RM. gleichkam, um ihren Verlustanteil verringert hat und somit passiv geworden ist. Einen Teil hiervon im Betrage von 10000 RM. hat die Klägerin bereits durch Verrechnung mit dem Darlehnskonto der Beklagten gedeckt, wobei dahingestellt bleiben kann, ob sie hierzu berechtigt war. Im vorliegenden Rechtsstreit handelt es sich nur noch um die Deckung des Restbetrages von 15789,94 RM. Die Beteiligung am Verlust äußert aber ihre Wirkung im Innenverhältnis in dem Sinne, daß gegebenenfalls Nachschüsse zu leisten sind, grundsätzlich erst bei Auflösung der Gesellschaft (§ 735 BGB.). Solange die Gesellschaft besteht, sind die Gesellschafter zu Nachschüssen, insbesondere zur Auffüllung ihres durch Verlust verminderten Kapitalanteils, nur ver-

pflichtet, wenn dies im Gesellschaftsvertrage bestimmt ist, mag es auch beim Fehlen einer ausdrücklichen Bestimmung nur aus der besonderen Eigenart des Gesellschaftsverhältnisses zu entnehmen sein, oder wenn eine entsprechende besondere Vereinbarung der Gesellschafter untereinander zustande gekommen ist.

Die Klägerin hat aber, wie das Berufungsgericht auf Grund ihrer Erklärung annimmt, ihren Klageanspruch nicht auf eine derartige Bestimmung des Gesellschaftsvertrags oder eine besondere Vereinbarung der Gesellschafter, mit anderen Worten auf eine vertragliche Verpflichtung zur „Deckung des Verlustes unabhängig von den Rabattvergütungen" gestützt, sondern lediglich die anteilige Zurückzahlung der Rabatte als vorweggenommener Gewinne verlangt. Danach hat sie also den Standpunkt vertreten, daß der bilanzmäßig ausgewiesene Verlust von 154 739,64 RM. kein echter Verlust sei, daß die Kommanditisten vielmehr mit den Rabatten in Höhe von insgesamt 214 640,22 RM. den geschätzten Jahresgewinn vorweggenommen, mit anderen Worten Vorschüsse auf den erhofften Jahresgewinn entnommen hätten, die sie nunmehr in Höhe des nur scheinbaren Verlustes zurückerstatten müßten, sei es aus dem Rechtsgrunde der ungerechtfertigten Bereicherung, sei es auf Grund vertraglicher Verpflichtung. Insoweit ist der Klageanspruch auch schlüssig, vorausgesetzt, daß es sich nach dem von der Klägerin dargelegten Sachverhalt bei den Rabatten wirklich um Vorschüsse gehandelt hat, die den Kommanditisten unter Vorbehalt der Anrechnung auf den erwarteten Jahresgewinn gewährt worden sind. Das Berufungsgericht verneint jedoch, daß dies der Fall gewesen sei.

2. Die Revision macht in erster Reihe geltend, die Erklärung der Klägerin könne nur dahin verstanden werden, daß sie zunächst den Klageantrag schon aus dem Gesichtspunkte der Rückforderung des ohne Rechtsgrund mit den Rabatten ausgezahlten Gewinnes für begründet halte und mit dieser rechtlichen Begründung die Klage verfolge. Aus ihrer Erklärung gehe aber nicht hervor, daß sie den Betrag mit einer anderen rechtlichen Begründung nicht zuerkannt haben wolle. Die den Anspruch begründenden Tatsachen seien mit der Klageschrift und den weiteren vorgetragenen Schriftsätzen vorgebracht. Die Rechtsanwendung auf diesen Sachverhalt sei Sache des Gerichts. Eine unrichtige rechtliche Beurteilung durch die Klägerin stehe dem nicht entgegen.

Dieser Revisionsangriff ist nicht begründet. Wie die Ausführungen zu 1 ergeben, ist der Klagegrund nicht nur rechtlich, sondern auch tatsächlich ein anderer, je nachdem, ob der Anspruch auf eine vertragliche Nachschußpflicht der Gesellschafter wegen eines echten Verlustes der Gesellschaft oder auf die vertragliche oder außervertragliche Verpflichtung zur Rückzahlung eines überzogenen Gewinnes gestützt wird. Schon die Jahresbilanz hätte in den beiden Fällen durchaus verschieden ausfallen müssen. Sie hätte, wenn es sich nur um Vorschüsse auf den Gewinn gehandelt hätte, diesen in irgendeiner Weise als solchen ausweisen und sodann dartun müssen, inwiefern über ihn bereits verfügt worden sei und inwieweit der Aufwendung hierfür ein Rückforderungsanspruch gegenüberstehe. Darin, daß dies in der Bilanz in keiner Weise zum Ausdruck kommt, würde also eine Bilanzverschleierung liegen. Die beiden in Betracht kommenden Klagegründe sind somit in tatsächlicher und rechtlicher Hinsicht überhaupt nicht miteinander vereinbar, sondern hätten in einer Klage nur in der Weise geltend gemacht werden können, daß der eine den Hauptanspruch, der andere den Hilfsanspruch bildete. In dieser Weise ist die Klägerin aber nicht vorgegangen. Sie hat im Gegenteil auf Befragen erklärt, daß sie lediglich die anteilmäßige Zurückzahlung der Rabatte als vorweggenommener Gewinne verlange. Damit hat sie eindeutig zum Ausdruck gebracht, daß sie ihren Anspruch nur auf den zweiten der beiden in Betracht kommenden Klagegründe stützen wolle." Anders konnte ihre Erklärung gar nicht verstanden werden.

3. Die Auffassung der Klägerin, die Rabatte von 20, später 15 v. H. seien vorweggenommene Gewinne, welche die Kommanditisten insoweit erstatten müßten, als sie den ihnen nach dem Jahresergebnis zustehenden Gewinn übersteigen, lehnt das Berufungsgericht mit folgender Begründung ab: Bei der Holzentnahme der Kommanditisten handele es sich zwar nicht um echte, jedenfalls nicht um reine Kaufverträge, wie die Beklagte meine, sondern um ein auf dem Gesellschaftsverhältnis beruhendes Recht. Wenn auch die von den Gesellschaftern einstimmig zu beschließende Festsetzung der Preise unter Einbeziehung der Rabatte auf einer Schätzung des erhofften Gewinnes beruhe, so sei doch diese Schätzung nur ein Bestandteil der Preisberechnung gewesen. Daß die Rabatte nicht als voraussichtlicher Gewinn vergütet würden unter der Voraussetzung, daß ein Gewinn in der entsprechenden Höhe erzielt werde, ergebe der Gesellschafts-

vertrag in Verbindung mit den einstimmig gefaßten Beschlüssen der Gesellschafterversammlung. Nach § 12 des Gesellschaftsvertrags würden die den Kommanditisten zu berechnenden Preise und die Zahlungsbedingungen von der Gesellschafterversammlung bestimmt. Der Vertrag ergebe keinen Anhalt für eine Beschränkung im Sinne der Behauptung der Klägerin. Auch die einstimmig gefaßten Beschlüsse der Gesellschafterversammlung ließen die übereinstimmende Auffassung sämtlicher Gesellschafter erkennen, daß die Rabatte vorbehaltlos und endgültig hätten vergütet werden sollen und nicht nur unter der Voraussetzung eines entsprechenden Gewinnes. Die zur Deckung des Geldbedarfs der Gesellschaft gefaßten Beschlüsse seien auch nicht etwa mit der Verpflichtung zur Rückzahlung von Vergütungen begründet worden. Trotz ihrer Kenntnis, daß die Rabattvergütungen (möglicherweise) erhebliche Verluste zur Folge haben würden, hätten die Gesellschafter sie aufrechterhalten und den voraussichtlichen oder entstandenen Verlust auf andere Weise gedeckt oder zu decken versucht. Deshalb komme weder eine ungerechtfertigte Bereicherung noch ein vertraglicher Anspruch auf Rückzahlung der Rabatte, soweit sie einen Verlust der Gesellschaft herbeigeführt hätten, in Betracht.

Diese Entscheidung des Berufungsgerichts ist rechtlich nicht haltbar. Das Berufungsgericht prüft den Klageanspruch in erster Reihe aus dem Gesichtspunkte der ungerechtfertigten Bereicherung, nämlich in der Richtung, ob der mit der Leistung nach dem Inhalte des Rechtsgeschäfts bezweckte Erfolg nicht eingetreten ist (§ 812 Abs. 1 Satz 2 BGB.), ob also die Absicht, den Kommanditisten einen etwaigen Gewinn im voraus auf dem Wege der Rabattgewährung zugute kommen zu lassen, nicht nur Beweggrund, sondern darüber hinaus derart vertragliche Voraussetzung für die Rabattgewährung gewesen ist, daß diese in Höhe eines späteren, den erhofften Gewinn nicht erreichenden Abschlusses als ungerechtfertigt anzusehen wäre. Richtiger wäre es gewesen, zunächst zu prüfen, ob nicht den Umständen nach überhaupt ein Vertragsanspruch auf Nachzahlung des geforderten Rabattbetrages gegeben ist. Denn der Anspruch aus ungerechtfertigter Bereicherung kommt grundsätzlich erst in Ermangelung eines Erfüllungsanspruchs aus Vertrag in Betracht (vgl. RG. in JW. 1933 S. 1251 Nr. 10).

Die hiernach an erster Stelle vorzunehmende Untersuchung, ob der Klägerin ein Vertragsanspruch auf Zahlung überzogenen Gewinns zusteht, führt, im Gegensatze zur Auffassung des Berufungsgerichts, zur Bejahung dieser Frage. Wie das Berufungsgericht zutreffend feststellt, beruht das Holzabnahmerecht der Kommanditisten auf dem Gesellschaftsverhältnis, wenn auch die einzelnen Holzabnahmeverträge als solche nach den Grundsätzen des Kaufs zu beurteilen sind. Die Preise, welche die Kommanditisten für das bei der Klägerin bezogene Holz zu zahlen haben, werden nach § 12 des Gesellschaftsvertrags von der Gesellschafterversammlung bestimmt. Der die Geschäfte der Klägerin führende persönlich haftende Gesellschafter Be., der tatsächlich im wesentlichen die Stellung eines Angestellten der Kommanditisten hat, war an diese Preisfestsetzung gebunden, wenigstens soweit sie kaufmännisch zu verantworten war. Deshalb ist auch bei den einzelnen Verträgen, wenigstens in Ermangelung einer abweichenden besonderen Vereinbarung, der durch Gesellschafterbeschluß festgesetzte Preis grundsätzlich ohne weiteres maßgebend und kommt es lediglich darauf an, welche Bedeutung die in den Gesellschafterbeschlüssen vom 11. September und 14. Dezember 1936 vorgenommene Preisfestsetzung hatte. Hierdurch wurde als Übernahmepreis ein bestimmter Listenpreis zugrunde gelegt und außerdem bestimmt, daß den Kommanditisten hierauf 20 v. H. Rabatt gewährt werden solle. Dieser Rabatt, um welchen der an sich zu zahlende Grundpreis somit gekürzt wurde, stellte also ein besonderes gesellschaftliches Entnahmerecht der Kommanditisten dar, das unstreitig auf das Bestreben zurückzuführen ist, ihnen das Holz zu den Gestehungskosten zukommen und der Klägerin nicht erst Gewinne aus Mitteln der Kommanditisten zufließen zu lassen. Wenn die Rabattgewährung, die danach im Grunde die Vorwegnahme von Gewinnen bezweckte, nach dem Willen der Gesellschafter so gemeint gewesen wäre, daß sie, wie es das Berufungsgericht annimmt, vorbehaltlos und endgültig sein sollte ohne Rücksicht auf den demnächstigen Jahresabschluß, so wäre ein derartiges Geschäftsgebaren der Gesellschaft mit einer anständigen und sauberen Geschäftsführung einer Kommanditgesellschaft überhaupt nicht vereinbar, wäre also der dahingehende Beschluß der Gesellschafterversammlung nach § 138 BGB. nichtig. Dies gilt im vorliegenden Fall um so mehr, als die Klägerin von vornherein nur mit ganz geringem Kapital ausgestattet war, das den ihr zugedachten Aufgaben in keiner Weise entsprach; denn schon die jährlich von ihr zu zahlende Pacht ging weit über das ihr zustehende Kapital hinaus, und auch sonst war die Klägerin darauf angewiesen, mit erheblichem Fremdkapital zu arbeiten. Hierzu kommt, daß die Kommanditisten in Wirklichkeit in der Geschäftsführung die Herren des Unternehmens waren, da der eigentliche Geschäftsführer, der persönlich haftende Gesellschafter Be., dessen Einlage nur in der Leistung von Diensten besteht, weitgehend von ihnen abhängig war (vgl. insbesondere auch § 13 des Gesellschaftsvertrags) und das Unternehmen ohne ihre laufenden Unterstützungen in Form von Darlehen und Bürgschaften überhaupt nicht hätte aufrechterhalten werden können. Dies alles verpflichtete die Gesellschafter zu einer besonders vorsichtigen und sauberen Geschäftsgebarung, so daß sie den Preis für die von den Kommanditisten abzunehmende Ware nicht in einer Weise festsetzen durften, die das Unternehmen der naheliegenden Gefahr einer Überschuldung aussetzte. Dieser Gefahr mußten sich die Gesellschafter, als sie die Beschlüsse faßten, von vornherein bewußt sein und waren sie sich, wie das Berufungsgericht feststellt, tatsächlich auch bewußt. Unter diesen Umständen können diese Gesellschafterbeschlüsse bei sinngemäßer und der Sachlage entsprechender Auslegung nach Treu und Glauben nur dahin verstanden werden, daß die die Ware der Klägerin abnehmenden Kommanditisten zwar 20 v. H. des eigentlichen Kaufpreises zunächst zurückhalten durften, daß sie aber insoweit zur Nachzahlung des Restes verpflichtet blieben, als die Beibehaltung des Rabattes bei dem nach den Grundsätzen ordnungsmäßiger Bilanzierung aufgemachten Jahresabschluß zu einem Verlust führen würde. Tatsächlich waren sich die Kommanditisten nach dem ungünstigen Abschluß des ersten Geschäftsjahres 1937 dieser Verpflichtung offenbar auch noch bewußt und haben deshalb für die alsbaldige Deckung des infolge der Rabattgewährungen eingetretenen „Verlustes" gesorgt. Auch im Jahre 1939 waren sie, wie die Erklärung der Kommanditisten vom 18. Januar 1939 ergibt, grundsätzlich zunächst noch bereit, für den auf dieselbe Ursache zurückzuführenden „Verlust" des Jahres 1938 aufzukommen; wenn es damals infolge des Widerspruchs der Firma E nicht zu einem entsprechenden einstimmigen Beschlusse kam, so beruhte dieser Widerspruch nicht etwa darauf, daß jene sich der Erkenntnis dieser Notwendigkeit verschloß, sondern lediglich darauf, daß sie infolge der ungesunden Verhältnisse der Kommanditgesellschaft eine völlige Neuregelung der Geldbeschaffungsgrundlage verlangte. Unter diesen Umständen muß die Auslegung des Berufungsgerichts, die Rabatte seien vorbehaltlos und endgültig gewährt, unabhängig von der Erzielung eines entsprechenden Jahresgewinns, als geradezu unmöglich angesehen werden; denn es erscheint ausgeschlossen und ist jedenfalls kein ausreichender Anhaltspunkt für die Annahme gegeben, daß die Gesellschafter etwas gewollt haben, was mit dem gesunden Volksempfinden und einer anständigen Geschäftsgebarung unvereinbar wäre. Die gegenteilige Auslegung der den Kaufpreis mit Rabattgewährung für die Kommanditisten festsetzenden Gesellschafterbeschlüsse hat zur Folge, daß der auf Nachzahlung des Kaufpreisrestes in Höhe des Verlustanteils der Beklagten für 1938 gerichtete Klageanspruch als Vertragsanspruch begründet ist, so daß es auf den hilfsweise geltend gemachten Klagegrund der ungerechtfertigten Bereicherung nicht mehr ankommt.

Dies führt zur Aufhebung des Berufungsurteils. Eine Zurückverweisung der Sache an das Berufungsgericht erübrigt sich jedoch, da auf Grund des feststehenden Sachverhaltes sogleich abschließend dahin erkannt werden kann (§ 565 Abs. 3 Nr. 1 ZPO.), daß die Berufung der Beklagten gegen das landgerichtliche Urteil zurückgewiesen wird.

---

7. 1. Wie ist der Streitwert eines Anspruchs auf Feststellung der Verpflichtung zum Schadensersatz zu berechnen, wenn es sich um die Zahlung einer unter §§ 843, 844 BGB. fallenden Geldrente handelt?

2. Muß der Führer eines schweren Kraftwagens auf einer geraden, übersichtlichen Fernverkehrsstraße innerhalb einer bebauten Ortschaft die Geschwindigkeit unter das sonst zulässige Maß vermindern, weil dort immer einmal ein Hindernis auftreten kann? Ist er verpflichtet, vor einer geringen Abweichung vom rechten Rande der Fahrbahn den Winker zu zeigen oder in den Rückspiegel zu sehen?

ZPO. §§ 3, 9. GKG. § 10 Abs. 3. KFG. § 7 Abs. 2. BGB. §§ 276, 839. WeimVerf. Art. 131. Straßenverkehrs-Ordnung vom 13. November 1937 (RGBl. I S. 1179) — StVO. — §§ 1, 9, 11.

VI. Zivilsenat. Urt. v. 28. Januar 1941 i. S. Deutsche Reichspost (Bekl.) w. S. (Kl.). VI 92/40.

I. Landgericht Flensburg.
II. Oberlandesgericht Kiel.

Am 5. Juli 1938 fuhr der Kläger auf seinem Kleinkraftrad in H. auf der Reichsstraße Nr. 201 hinter einem zweisitzigen Kraftrade. Nachdem dieses einen von H. geführten Kraftomnibus der Beklagten überholt hatte, versuchte auch der Kläger, den Omnibus zu überholen, stürzte aber dabei mit seinem Rad und erlitt erhebliche Verletzungen. Die Straße liegt an der Unfallstelle noch in der geschlossenen Ortschaft. Die geteerte Fahrbahn ist gleichbleibend 4,20 m breit. Rechts und links von ihr laufen nichtabgesetzte Fußwege. Der Kläger hat die Beklagte auf Schadensersatz in Anspruch genommen. Er behauptet, H. sei auf Hupenzeichen der Krafträder zunächst an den rechten Rand der Teerbahn herangefahren, so daß das erste Kraftrad Platz zum Überholen gehabt habe. Als er, der Kläger, in der Überholung begriffen gewesen sei, habe H. plötzlich, ohne ein Zeichen gegeben zu haben, ganz nach links gelenkt, ihn infolgedessen mit dem Wagen gestreift und dadurch zu Fall gebracht.

Die Vordergerichte haben ein Verschulden des H. und mitwirkendes Verschulden des Klägers angenommen und den Schaden geteilt. Die Revision der Beklagten führte zur völligen Abweisung der Klage.

Gründe:

I. Das Berufungsgericht hat dem Kläger zwei Drittel des vollen Erwerbsverlustes bis zum 30. April 1940 zugebilligt, weil er nicht in der Lage gewesen sei, seine infolge des Unfalls beschränkte Arbeitsfähigkeit tatsächlich auszuwerten. Auch wenn danach mit einer gewissen Erwerbstätigkeit des Klägers gerechnet werden kann, ist doch noch auf Jahre hinaus, wahrscheinlich sogar dauernd, eine auf den Unfall zurückzuführende Erwerbsminderung anzunehmen. Da der Kläger ohne den Unfall in dem letzten Jahre vor dem 30. April 1940 rund 3000 RM., also monatlich rund 250 RM. verdient hätte, kann für die Bemessung des Streitwertes die dauernde Erwerbsminderung auf durchschnittlich 100 RM. im Monat angenommen werden. Da hier der Klageantrag nicht auf Zahlung von monatlich 100 RM., sondern nur auf Feststellung der Verpflichtung zum Ersatz eines so hoch zu schätzenden Schadens geht, erscheint es gerechtfertigt, den Wert der zuerkannten zwei Drittel des Feststellungsanspruchs nicht wie im Falle eines Zahlungsantrages nach § 9 ZPO. auf den $12^1/_2$fachen, sondern in Ausübung freien Ermessens nach § 3 ZPO. nur auf den 10fachen Jahresbetrag festzusetzen, d. i. auf $^2/_3$ von 12000 = 8000 RM. Danach setzt sich der Streitwert der Revision zusammen aus den dem Kläger zuerkannten Beträgen von 2815,06 und 548,50 RM. sowie dem Werte der Feststellung mit 8000 RM., erreicht also die Revisionssumme von mehr als 10000 RM., so daß die Revision nicht nur nach § 547 Nr. 2 ZPO. wegen der Verurteilung aus Amtspflichtverletzung, sondern auch insoweit zulässig ist, als die Verurteilung auf § 7 Abs. 1 KFG. beruht.

Daß der Senat in einem den Streitwert für die Gebührenberechnung festsetzenden Beschlusse die Feststellung nur mit 4000 RM. bewertet hat, beruht auf der Erwägung, daß der Streitwert für einen dauernden Zahlungsanspruch von monatlich 100 RM. nach § 10 Abs. 3 GKG. für die Gebührenberechnung nur auf den 5fachen Betrag des einjährigen Bezuges zu berechnen wäre und es dem Sinne des Gesetzes widersprechen würde, der Gebührenberechnung bei einem bloßen Feststellungsanspruche mehr als den beim Zahlungsanspruch maßgebenden 5fachen Jahresbetrag zugrunde zu legen.

II. Das Berufungsgericht verneint, daß die Beklagte den ihr nach § 7 Abs. 2 KFG. offenstehenden Entlastungsbeweis erbracht habe, und nimmt sogar als erwiesen an, daß der Kraftwagenführer H. den Unfall durch Verletzung der im Verkehr erforderlichen Sorgfalt im Sinne des § 276 BGB. verschuldet habe (§ 839 BGB., Art. 131 WeimVerf.).

1. Es führt aus, die Geschwindigkeit des Wagens habe nicht weniger als 45 km/Std. betragen und sei damit zu hoch gewesen. Denn der Augenschein habe gelehrt, daß es gefährlich sei, mit dem Kraftomnibus in der Unfallsgegend eine solche Geschwindigkeit zu entfalten, falls das eine Bankett von einem Fußgänger benutzt und das andere in gleicher Höhe zu einem erheblichen Teile durch ein Fahrzeug versperrt werde. Sobald nämlich irgendein Hindernis auftrete, womit auf einer sehr verkehrsreichen Straße in einer bebauten Gegend in gewissem Umfange stets zu rechnen sei, bleibe für einen breiten Kraftomnibus kein hinreichender Raum zum Ausweichen, so

daß der Fahrer darauf angewiesen sei, den Wagen abzubremsen. Ein rechtzeitiges genügendes Abbremsen eines so schweren Kraftwagens sei bei der genannten Geschwindigkeit jedoch schwierig. Wenn H. mit dem sehr breiten Wagen auf der engen Straße zwischen der Fußgängerin zur rechten und einer Milchkarre und den bei dieser stehenden zwei Personen zur linken Seite mit solcher Geschwindigkeit durchgefahren sei, so habe er die nach § 7 Abs. 2 KFG. gebotene erhöhte Sorgfalt nicht gewahrt.

Das Berufungsgericht verkennt nicht, daß die Straßenverkehrsordnung in der zur Zeit des Unfalls geltenden Fassung keine bestimmte Höchstgeschwindigkeit für Kraftfahrzeuge vorschrieb und daß deshalb H. nur verpflichtet war, die Geschwindigkeit in den durch die §§ 1 und 9 Abs. 1 Satz 1 StVO. in der Fassung vom 13. November 1937 gezogenen Grenzen zu halten. Es überspannt aber die Anforderungen, die an den Kraftwagenführer gestellt werden konnten, wenn es meint, bei der festgestellten Verkehrslage sei eine Geschwindigkeit von 45 km/Std. so gefährlich gewesen, daß H. die nach § 7 Abs. 2 KFG. gebotene Sorgfalt verletzt habe. Die Reichsstraße Nr. 201 ist eine Fernverkehrsstraße, die für den schnellen Kraftwagenverkehr bestimmt ist und nach beiden Richtungen mehrere hundert Meter weit gerade verläuft. Daß sie nicht übersichtlich gewesen wäre, ist weder festgestellt, noch auch nur behauptet worden. Daß auf dem rechten Fußweg eine Fußgängerin in derselben Richtung ging und auf dem linken Fußweg in etwa gleicher Höhe zwei Personen mit einer Milchkarre standen, beeinträchtigte für H. weder die Sicht, noch behinderte es ihn irgendwie im Fahren auf der geteerten Fahrbahn. Es ist nicht festgestellt und nicht einmal behauptet worden, daß zur Zeit des Unfalls auch nur seitlich der Fahrbahn irgendeine Gefahrenquelle — etwa eine Schar spielender Kinder oder dergleichen — gewesen wäre, die den H. genötigt hätte, sich auf die Möglichkeit, den Wagen auf kurze Entfernung zum Stehen bringen zu müssen, vorzubereiten und deshalb seine Geschwindigkeit herabzusetzen. Daß auf einer verkehrsreichen Straße in der bebauten Ortschaft immer einmal ein Hindernis, das zu schnellem Halten nötigt, auftreten kann, rechtfertigt es nicht, und insbesondere nicht auf einer Fernverkehrsstraße, von dem Kraftfahrer eine solche Beschränkung der Geschwindigkeit zu fordern, daß er jederzeit auf kurze Entfernung rechtzeitig halten kann. Im vorliegenden Falle konnte solche Anforderung um so weniger gestellt werden, als zur Zeit des Unfalls kein starker Verkehr auf der Straße herrschte, die Fahrbahn vor dem Kraftwagen vielmehr völlig frei war bis auf das andere Kraftrad, das ihn gerade überholt hatte und schneller als er fuhr, ihn also nicht behindern konnte.

Da hiernach die Geschwindigkeit des Postomnibus nicht zu hoch gewesen ist, kann unerörtert bleiben, ob nicht auch, wie die Revision geltend macht, die nach der Ansicht des Berufungsgerichts zu große Geschwindigkeit des Postwagens für den Sturz des Klägers deshalb nicht ursächlich gewesen ist, weil die streifende Berührung zwischen dem Kläger und dem langsamer als dieser fahrenden Kraftwagen um so gefährlicher geworden wäre, je größer der Unterschied zwischen den Geschwindigkeiten beider Fahrzeuge gewesen, d. h. je langsamer der Postwagen gefahren wäre.

2. Das Berufungsgericht erkennt an, daß H. nicht hart am Straßenrand an der Fußgängerin habe vorbeifahren dürfen, sondern ihr habe ausweichen müssen, daß deshalb sein Ausweichen an sich nicht zu beanstanden sei, und daß er auch nicht plötzlich scharf abgebogen, sondern — was an sich sachgemäß gewesen sei — in flachem, langgestrecktem Bogen um die Frau herumgefahren sei. Es meint aber, er sei dabei zu weit nach links gefahren; denn die festgestellte Spur ergebe, daß der Wagen mit dem linken Hinterrad bis auf 0,85 m an den linken Rand der Teerbahn herangekommen sei und damit tatsächlich die Straße gesperrt habe. Darin sieht das Berufungsgericht ein Verschulden.

Demgegenüber beruft sich die Revision mit Recht auf die vom Berufungsgericht festgestellten Maße, bei denen (wie näher ausgeführt wird) der Wagen sich nur bis auf 0,90 oder 0,95 m von dem rechten Rande der Fahrbahn entfernt haben kann. Dieser Abstand von 0,90 oder 0,95 m vom rechten Rande bedeutete kein unnötig weites Hinüberfahren nach links. Denn er ging nicht über das Mindestmaß von etwa 1 m Abstand hinaus, den ein vorsichtiger Kraftfahrer einhält, wenn er an einem neben dem rechten Rande der Fahrbahn mit ihm in gleicher Richtung gehenden Fußgänger vorbeifährt. Da im vorliegenden Falle vor dem Kraftwagen auf der Fahrbahn kein Hindernis war, hätte H. sogar gegen die gebotene Sorgfalt verstoßen, wenn er der auf dem Fußweg an der Kante nach dem Fahrdamm zu gehenden Fußgängerin weniger weit ausgewichen wäre. Wenn H.

daher, um dem ersten Kraftrade die Überholung zu ermöglichen, ganz rechts herangefahren war, hat er mit einem sich bloß 0,90 oder 0,95 m vom Rande entfernenden flachen Bogen um die Fußgängerin herum nur jede nach den Umständen gebotene Sorgfalt beobachtet.

3. Diese geringe Abweichung von der eben vorher eingehaltenen Richtung hart am rechten Rande der Fahrbahn brauchte H. nicht, wie das Berufungsgericht meint, anderen Verkehrsteilnehmern anzuzeigen. Die Unmöglichkeit, längere Zeit hindurch genau dieselbe Richtung einzuhalten, schließt es von vornherein aus, den § 11 StVO. dahin auszulegen, daß vor jedem noch so geringen Abweichen ein Richtungszeichen gegeben werden müßte. Daß das nicht der Sinn des § 11 ist, ergibt auch die dazu erlassene Durchführungsanweisung, in der es heißt: „Gegen das kurze Abwinken beim Anfahren nach einem Halten sowie bei geringem Abweichen von der bisherigen Fahrtrichtung, z. B. vor einem Überholen, ist nichts einzuwenden, falls ... Vorgeschrieben ist das Abwinken lediglich zum Anzeigen einer beabsichtigten Änderung der Fahrtrichtung.“ Im vorliegenden Falle handelt es sich bei dem Vorbeifahren an der Fußgängerin nicht einmal um ein Überholen im Sinne des § 11 StVO., da die Fußgängerin nach der Feststellung des Berufungsgerichts nicht auf der Fahrbahn, sondern auf dem daneben liegenden Fußwege gegangen ist. Das geringe Abweichen nach links führte nur einen ausreichenden Abstand vom Rande der Fahrbahn herbei, wie er nach § 1 StVO. geboten war, um eine Gefährdung der Fußgängerin zu vermeiden; und mit der Einnahme dieses Abstandes mußte, wie das Berufungsgericht bei der Erörterung des mitwirkenden Verschuldens des Klägers zu dessen Lasten mit Recht annimmt, jeder andere Verkehrsteilnehmer ohne weiteres rechnen, sobald das erste Kraftrad die Überholung beendet hatte und deshalb für den Führer des Kraftwagens die Notwendigkeit, scharf rechts zu fahren, aufgehört hatte. Auch die äußerste Sorgfalt gebot deshalb dem Führer des Kraftwagens nicht, den nicht über 0,90 oder 0,95 m Abstand vom Straßenrande hinausgehenden flachen Bogen durch Herausstellen des Winkers anzuzeigen.

4. Es bedeutet endlich auch eine Überspannung der an den Kraftfahrer zu stellenden Anforderungen, wenn das Berufungsgericht meint, H. hätte sich vorher durch einen Blick in den Rückspiegel vergewissern müssen, ob die Straße hinter ihm frei sei. In der Durchführungsanweisung zu § 11 StVO. heißt es allerdings im Zusammen-

hange mit den oben mitgeteilten Sätzen: „Sorgfältig handelt dabei ein Fahrzeugführer, wenn er sich vor dem Anfahren oder Überholen durch Blick auf die Fahrbahn — vor allem auch nach rückwärts — oder in den Rückspiegel davon überzeugt, daß seine Absicht ohne Gefahr für andere, insbesondere für nachfolgende Verkehrsteilnehmer, ausgeführt werden kann." Doch im vorliegenden Falle handelt es sich, wie schon unter 3 ausgeführt, nicht um ein Überholen im Sinne des § 11 StVO. Abgesehen davon aber durfte sich H. bei der damaligen Verkehrslage darauf verlassen, daß ein ihm etwa folgender Verkehrsteilnehmer eine Überholungsabsicht rechtzeitig durch vernehmliche, nötigenfalls wiederholte Warnungszeichen anzeigen werde. In einem Augenblick, in dem er nach Beendigung der Überholung durch das erste Kraftrad nicht mehr hart am rechten Rande zu fahren brauchte und genötigt war, die Fußgängerin rechts und die beiden anderen Personen links an der Milchkarre zu beobachten und nach beiden Seiten einen angemessenen Abstand einzuhalten, um keinen dieser Leute zu gefährden, brauchte er sich nicht auf die Möglichkeit einzustellen, daß gerade bei seiner Durchfahrt zwischen den genannten drei Personen ein hinter ihm kommender Verkehrsteilnehmer den — vom Berufungsgericht mit Recht dem Kläger als Verschulden angerechneten — Versuch machen werde, ihn seinerseits zu überholen. Denn selbst wenn er vor der Vorbeifahrt an der Fußgängerin ein Hupenzeichen des Klägers gehört haben würde, hätte er die Vorbeifahrt in gehörigem Abstande nicht zu unterlassen brauchen, sondern hätte sich darauf verlassen dürfen, daß der hinter ihm Kommende mit der Überholung warte, bis er ihm durch erneutes Heranfahren nach rechts zu erkennen geben werde, daß er bereit sei, sich überholen zu lassen; er hätte auch auf ein Hupenzeichen des Klägers hin weder mit Rücksicht auf diesen weiter hart am Rande der Fahrbahn zu fahren brauchen und die damit verbundene Gefährdung der Fußgängerin in Kauf nehmen müssen, noch die Pflicht gehabt, etwa seinen Wagen anzuhalten, um dem Kläger zu ersparen, daß er mit dem Überholen wartete, bis der Postwagen an der Fußgängerin vorbeigefahren war.

Danach hat der Fahrer des Kraftwagens der Beklagten den Unfall weder durch Fahrlässigkeit im Sinne des § 276 BGB. verursacht, noch es in irgendeiner Weise an der nach den Umständen des Falles gebotenen Sorgfalt (§ 7 Abs. 2 KFG.) fehlen lassen. Damit entfällt die Grundlage für jeglichen Anspruch des Klägers gegen die Beklagte, sei es aus Amtspflichtverletzung, sei es aus Gefährdungshaftung, so daß der Kläger, ohne daß es noch einer Stellungnahme zu der Frage seines eigenen Verschuldens bedurfte, mit seiner Klage abgewiesen werden mußte.

---

8. 1. Ist nach österreichischem Kraftfahrrecht eine Erfolgshaftung des Fahrschülers zu verneinen?

2. Hat nach allgemeinen Grundsätzen der Fahrschüler unrichtiges Verhalten insofern zu vertreten, als es nicht auf den Stand seiner Ausbildung zurückzuführen ist?

Öst. Gesetz vom 9. August 1908 über die Haftung für Schäden aus dem Betriebe von Kraftfahrzeugen (Öst.RGBl. Nr. 162) — KHG. — § 3. Gesetz über den Verkehr mit Kraftfahrzeugen vom 3. Mai 1909 (RGBl. S. 437) — KFG. — § 3.

VIII. Zivilsenat. Beschl. v. 29. Januar 1941 i. S. Th. (Kl.) w. U. u. K. (Bekl.). VIII 146/40.

I. Landgericht Klagenfurt.
II. Oberlandesgericht Graz.

Am 4. April 1939 um 7 Uhr früh fuhr der Kläger auf seinem Motorrad auf der Straße bei St. M. Hier kam es zu einem Zusammenstoße des Motorrades mit einem Kraftwagen, der vom Erstbeklagten als Fahrlehrer geführt und vom Zweitbeklagten als Fahrschüler gelenkt wurde. Hierbei wurde der Kläger verletzt. Der Kläger hat Schadensersatzansprüche gegen beide Beklagte erhoben.

Beide Vordergerichte haben die Klage gegen den Zweitbeklagten abgewiesen, da der Fahrschüler nur hafte, wenn er gegen oder über die Anordnungen des Lehrers hinaus sich betätigt habe. Die Revision des Klägers führte zur Aufhebung und Zurückverweisung aus folgenden

Gründen:

Die rechtliche Beurteilung der aufgeworfenen Frage hat sich nach den Vorschriften des österreichischen Kraftfahrzeughaftpflichtgesetzes vom 9. August 1908 zu richten, das auf den hier vorliegenden Schadensfall vom 4. April 1939 noch anzuwenden ist (Art. VI der

Verordnung vom 23. März 1940 — RGBl. I S. 537 —), weil das deutsche Gesetz über den Verkehr mit Kraftfahrzeugen vom 3. Mai 1909 im Land Österreich erst am 1. April 1940 in Geltung getreten ist. Das österreichische Gesetz bestimmt in § 3, daß die Ansprüche, welche haftpflichtige Personen gegeneinander aus einem und demselben schadenbringenden Ereignis ableiten, nach dem allgemeinen bürgerlichen Recht zu beurteilen sind. Das österreichische Gesetz enthält keine dem § 3 Abs. 2 KFG. ähnliche Bestimmung, wonach bei Übungs- und Prüfungsfahrten der befugte Begleiter (Lehrer) als Führer des Kraftfahrzeuges anzusehen ist. Nach österreichischem Rechte wäre aber, auch abgesehen vom Ausnahmefalle des § 3 KHG., die strenge Haftung des Gesetzes für den Fahrschüler mangels einer besonderen Bestimmung nur dann zu bejahen, wenn er im Sinne des § 1 KHG. als Lenker anzusehen wäre. Lenker ist nach der ständigen Rechtsprechung derjenige, der das Fahrzeug tatsächlich, also auch unter eigener Verantwortung, lenkt. Hieraus ergibt sich die Folgerung, daß der Fahrschüler nicht Lenker des Kraftwagens ist, solange er unter Aufsicht des Fahrlehrers und nach dessen Weisungen handelt, also gewissermaßen, wie das Berufungsgericht sagt, dessen verlängerter Arm ist. Er hört allerdings auf, dies zu sein, wenn er bewußt gegen die Anordnungen des Fahrlehrers verstößt, aber auch, wenn er die Vorsicht außer acht läßt, die einzuhalten jedermann verpflichtet ist (§ 1297 ABGB.). Denn keine gesetzliche Bestimmung enthält für den Fahrschüler eine Ausnahmebestimmung etwa in der Art, daß er überhaupt nicht, auch nicht nach allgemeinen Verschuldensgrundsätzen, hafte. Haftet nach solchen doch sogar jeder Teilnehmer am Straßenverkehr, auch wenn er nicht jene Schulung durchgemacht hat, die der Fahrschüler in der Regel schon bei der ersten Ausfahrt besitzt.

Das österreichische Gesetz führt somit zu demselben rechtlichen Ergebnis, das § 3 KFG. ergibt, also zur Befreiung des Fahrschülers von der strengen Haftung des Kraftfahrzeughaftungsgesetzes unter Aufrechterhaltung seiner Haftung nach allgemeinem bürgerlichen Rechte. Weder der Zweck noch der Wortlaut der Bestimmungen des Schadensersatzrechtes lassen jedoch die Auslegung zu, daß auch Pflichten von dem Fahrschüler genommen werden sollten, die jeder Mensch mit durchschnittlichen Fähigkeiten zu beachten hat.

Die Schwierigkeit der Entscheidung, ob im einzelnen Falle der Fahrschüler nach allgemeinen Verschuldensgrundsätzen allein oder mit dem Fahrlehrer haftpflichtig wird, liegt aber nicht so sehr auf rechtlichem, als vielmehr auf tatsächlichem Gebiet, also in der Feststellung, ob der Fahrschüler, wiewohl er einen Verstoß nach § 1297 ABGB. — keineswegs nach § 1299 ABGB. — grundsätzlich zu vertreten hat, doch deshalb von der Verantwortung frei ist, weil die pflichtmäßige Anwendung der Sorgfalt an dem noch vorhandenen Mangel an Wissen und technischen Kenntnissen scheiterte.

Somit ist es Sache des Klägers, der einen verschuldeten Schaden behauptet, zu beweisen, daß der Fahrschüler ihn dadurch verursacht hat, daß er die Vorsicht verletzt hat, die von jedermann erwartet werden mußte. Dem Berufungsgerichte kann also darin beigepflichtet werden, daß es ein Verschulden des beklagten Fahrschülers nicht unter allen Umständen ausschließt, nicht aber auch darin, daß es ihn anscheinend durch den Fahrlehrer in einer Weise für gedeckt hält, welche der Vorschrift des § 1297 ABGB. zuwiderläuft. Der Revision ist daher zuzustimmen, wenn sie meint, daß der Fahrschüler keine Ausnahmestellung einnimmt; sie geht aber zu weit, wenn sie ein Verschulden ohne weiteres darin erblickt, daß der Fahrschüler nicht genug rechts gefahren ist. Die Durchsetzung der Erkenntnis, weiter nach rechts fahren zu müssen, erforderte Maßnahmen technischer Art, nämlich Betätigung des Lenkrades, die, obzwar durchaus einfach, dennoch durch entschuldbare Hemmungen des Fahrschülers beeinflußt sein konnte. Je nach dem Fortschritte seiner Ausbildung, über deren Stand gar nichts festgestellt ist, mag die Beurteilung, ob und wie er die Lenkung betätigen sollte, um nach rechts zu fahren, im gegebenen Falle doch nicht ganz einfach gewesen sein, insbesondere etwa deshalb, weil die Befürchtung, in dieser Richtung infolge noch mangelnder Geschicklichkeit des Guten zu viel zu tun, die Durchführung der etwa richtig gefaßten Einsicht behindern konnte. Wird doch der Schüler zu Beginn seiner Ausbildung und je nach Fähigkeit auch später noch das Bestreben haben, sich in der Mitte der Fahrbahn zu halten und so den ihm gefährlich erscheinenden Gräben auszuweichen. Dem Schüler wird also als Verschulden nach § 1297 ABGB. nur anzurechnen sein, wenn er die richtige Maßnahme unterlassen hat, obwohl er nach dem Stande seiner Ausbildung zu ihr ohne weiteres schon befähigt war, und zwar ohne eine geistige Hemmung, die durch die begründete Befürchtung hervorgerufen war, die erforderliche Maßnahme nicht richtig ausführen zu können. Es kommt also grundsätzlich darauf an, zu beurteilen, ob ein sachlich unrichtiges Verhalten des Schülers durch den ihm nicht zuzurechnenden Mangel an Fähigkeiten (§ 1297 ABGB.) entschuldbar ist.

In dieser Richtung können die fehlenden Feststellungen im Revisionsverfahren nicht nachgeholt werden; der Revision ist deshalb stattzugeben und die Sache an das Erstgericht zurückzuverweisen.

Dieses wird auch zu beurteilen haben, ob der Kläger seiner Beweispflicht Genüge getan hat, wenn er ein sachlich unrichtiges Verhalten des Zweitbeklagten bewiesen hat, und ob diesen dann die Last des Gegenbeweises in der Richtung trifft, daß sein Ausbildungsstand ihm richtiges Fahren noch nicht erlaubte.

---

9. Wie verhalten sich höhere Gewalt und das Verschulden eines Dritten als Gründe für den Wegfall der Haftung nach österreichischem Kraftfahrzeugrecht zueinander?

Öst. Gesetz über die Haftung für Schäden aus dem Betriebe von Kraftfahrzeugen vom 9. August 1908 (Öst.RGBl. Nr. 162) — KHG. — §§ 1 bis 4.

VIII. Zivilsenat. Beschl. v. 29. Januar 1941 i. S. K. (Bekl.) w. H. (Kl.). VIII 101/40.

I. Kreisgericht Neutitschein.
II. Obergericht Brünn.

Das von B. gelenkte Kraftrad fuhr am 18. August 1934 durch die S.-Straße in M. in Richtung auf die Straßenbiegung, die rechtwinklig um das Gebäude der Bezirksbehörde weiterführt. Zu dieser Zeit galt in M. die Linksfahrordnung. Vor dem Kraftrade wurden Pferde scheu. B. lenkte deshalb von seiner linken Straßenseite auf die rechte Straßenseite und fuhr so an den Pferden vorbei. Dabei war er ungefähr 26 m von der Straßenbiegung entfernt. Er fuhr auf seiner rechten Straßenseite weiter. Aus der entgegengesetzten Richtung kam um die Straßenbiegung der Kraftwagen des Beklagten, der eine Geschwindigkeit von 20 Stundenkilometern hatte und mehrmals hupte, bevor er die Biegung nahm. Als der Beklagte um die Biegung fuhr, sah er 8 m vor sich den Kraftradfahrer; er bremste, das Kraftrad suchte seine linke Straßenseite zu gewinnen, streifte aber beim Vorüberfahren den Kraftwagen. Hierbei wurde der auf dem Kraftrade hinter dem Lenker sitzende Kläger am Bein verletzt.

Seine Schadensersatzklage wurde in den beiden ersten Rechtsgängen dem Grunde nach für berechtigt erklärt. Die Revision des Beklagten führte zur Aufhebung des Berufungsurteils und zur Zurückverweisung.

Gründe:

Da der Kläger unentgeltlich befördert worden ist, haftet ihm der Kraftradfahrer nicht nach § 4 KHG., sondern nach den Bestimmungen des Allgemeinen Bürgerlichen Gesetzbuches; der Kraftradfahrer haftet ihm gegenüber nicht ohne Verschulden. Da der Unfall des Klägers also nicht durch den Zusammenstoß zweier haftpflichtiger Fahrzeuge herbeigeführt worden ist, findet § 3 Abs. 4 KHG. keine Anwendung. Der Beklagte haftet ihm zwar nach § 1 KHG., kann sich aber darauf berufen, daß den Kraftradfahrer das Verschulden an dem Unfall trifft (vgl. SZ. Bd. XV S. 184, Bd. XVI S. 182).

Der Beklagte hat auch eingewendet, daß den Kraftradfahrer V. das Alleinverschulden treffe. Dieser ist vom Strafgericht wegen Übertretung gegen die Sicherheit des Lebens nach § 335 StG. verurteilt worden, weil er durch zu große Geschwindigkeit, unrichtiges Vorfahren und zu langes Verweilen auf der unrichtigen Straßenseite den Zusammenstoß verursacht habe. Der Kläger hat behauptet, daß der Beklagte infolge zu großer Geschwindigkeit in der Biegung auf seine rechte Straßenseite hinausgetragen worden und deshalb, weil er nicht auf seiner linken Seite fuhr, mit dem Kraftrade des V., das dieser nach dem Vorbeifahren an den Pferden wieder auf seine linke (des Beklagten rechte) Straßenseite gelenkt habe, zusammengestoßen sei.

Das Berufungsgericht läßt zwar erkennen, daß es die Darstellung des Klägers nicht für richtig hält, nimmt aber keine abschließende Stellung zu der Frage, ob der Beklagte seine linke Straßenseite eingehalten hat. Es erklärt, daß der Beklagte nicht habe verläßlich beweisen können, daß er auf seiner linken Straßenseite gefahren sei. Nach Ansicht des Berufungsgerichts hat der Beklagte daher nicht den Beweis erbracht, daß der Zusammenstoß durch das Alleinverschulden des V. verursacht worden sei; es liege daher kein Haftbefreiungsgrund vor, weshalb V. und der Beklagte dem Kläger als Gesamtschuldner hafteten. Das Berufungsgericht nimmt ferner zwar als erwiesen an, daß „der Zusammenstoß der Fahrzeuge gleich hinter der rechtwinkligen Kurve" stattfand, daß der Beklagte bloß eine Geschwindigkeit von 20 km hatte, auf 5 Schritte anhalten konnte und daß bei dem Anhalten des Wagens eine Bremsspur von 1 m entstand; es sieht aber ein Verschulden des Beklagten als gegeben an, weil er das Kraftrad auf 8 m Entfernung gesehen und trotzdem sein Fahrzeug nicht so angehalten habe, daß ein Zusammenstoß vermieden wurde.

Der erste Haftbefreiungsgrund des § 2 KHG. liegt vor, wenn der Unfall von einem Dritten verschuldet worden ist. Ergibt das Beweisverfahren, daß nicht bloß das Verhalten eines Dritten, sondern auch das Verhalten des Kraftwagenlenkers den Schaden verursacht hat, so liegt nicht Alleinverschulden des Dritten und daher keine Haftbefreiung vor. Dabei ist es wegen der Haftung des Wagenlenkers bis zu höherer Gewalt (dritter Haftbefreiungsgrund) gleichgültig, ob sein mitursächliches Verhalten ihm als Verschulden zugerechnet werden kann oder nicht. Voraussetzung für seine Haftung ist aber, daß er den Unfall mitverursacht hat. Das Berufungsgericht scheint der Ansicht zu sein, daß eine solche Mitverursachung nicht bewiesen sein müsse, um die Haftbefreiung auszuschließen, daß es vielmehr genüge, wenn die Möglichkeit eines solchen mitverursachenden Verhaltens bestehen bleibe. Es sieht eine Haftbefreiung erst dann als gegeben an, wenn der beklagte Lenker die Unmöglichkeit eines mitverursachenden Verhaltens beweist. Damit legt das Berufungsgericht dem Beklagten eine Beweispflicht auf, die er nie erfüllen kann. Denn die Möglichkeit eines mitursächlichen Verhaltens des Lenkers oder einer mitursächlichen Beschaffenheit des Wagens wird mit Sicherheit — „verläßlich" — kaum jemals ausgeschlossen werden können. Diese Auffassung würde die gesetzliche Bestimmung über die Haftbefreiung wertlos machen; sie entspricht nicht dem neuzeitlichen Kraftfahrverkehr.

Die Haftung des Beklagten kann daher nicht darauf gestützt werden, er habe den Beweis nicht verläßlich erbracht, daß die Möglichkeit seines mitverursachenden Verhaltens ausgeschlossen sei. Da das Berufungsgericht die Beweisergebnisse nicht zu Feststellungen verwendet, sondern die Frage unentschieden gelassen hat, welcher Unfallshergang anzunehmen ist, so ist die Rechtssache nicht spruchreif. Auch wenn § 2 KHG. im Sinne des Berufungsgerichts auszulegen wäre, hätte das Berufungsgericht alle angebotenen Beweise durchführen müssen, um Klarheit zu gewinnen. Dies hat es nicht getan. Sein Verfahren war deshalb mangelhaft. . . .

---

10. Ist im Streitverfahren in Ehesachen nach österreichischem Verfahrensrecht die Zurückziehung der Klage im zweiten Rechtsgange zulässig?

Durchführungsverordnung zum Ehegesetz vom 27. Juli 1938 (RGBl. I S. 923) § 76. Öst. ZPO. § 237.

IV. Zivilsenat. Urt. v. 29. Januar 1941 i. S. Ehemann S. (Kl.) gegen Ehefrau S. (Bekl.). IV 301/40.

I. Landgericht Linz (Donau).
II. Oberlandesgericht daselbst.

Die Frage wurde bejaht aus folgenden, auch den Sachverhalt ergebenden

Gründen:

Auf die Klage des Mannes hat das Gericht des ersten Rechtsganges die Ehe aus beiderseitigem, auf seiten des Mannes jedoch überwiegendem Verschulden geschieden. Gegen das Urteil hat der Kläger Berufung eingelegt mit dem Antrage, das Überwiegen des Verschuldens der Beklagten festzustellen. Vor der — von den Parteien unbesucht gelassenen — Berufungsverhandlung haben die Parteien erklärt, einander verziehen zu haben und wieder als Ehegatten leben zu wollen, und beantragt, das Urteil abzuändern und das Scheidungsbegehren abzuweisen oder das Urteil aufzuheben und die Rechtssache an das erste Gericht zurückzuverweisen. Das Berufungsgericht hat es bei der Scheidung belassen und der Berufung dahin stattgegeben, daß der Ausspruch über das Überwiegen der Schuld des Klägers entfalle. Es begründet dies damit, daß das neue Vorbringen über die Versöhnung der Ehegatten nur im Rahmen der sich auf die Schuldfrage beschränkenden Anfechtung des ersten Urteils beachtet werden könne, so daß die rechtskräftig gewordene Scheidung der Ehe aus dem Verschulden beider Ehegatten bestehen bleiben müsse. Dagegen richtet sich die Revision beider Ehegatten mit dem Ziel, aus dem Revisionsgrunde der unrichtigen rechtlichen Beurteilung der Rechtssache das

Urteil dahin abzuändern, daß das Scheidungsbegehren abgewiesen werde.

Das Berufungsgericht geht davon aus, daß vom ersten Gericht die Ehe rechtskräftig geschieden worden sei; in das Berufungsverfahren sei nur die Frage des Verschuldens erwachsen. Dem entgegen hat das Reichsgericht wiederholt, besonders in den Entscheidungen IV B 33/39 vom 18. September 1939 (RGZ. Bd. 161 S. 222) und IV B 39/40 vom 17. Oktober 1940 (RGZ. Bd. 165 S. 62), aus dem auch für den Bereich des österreichischen Rechts anzunehmenden Grundsatze der Einheitlichkeit des Erkenntnisses in Ehesachen gefolgert, daß über Klage und Widerklage auf Scheidung oder Aufhebung einerseits und über die Frage des Verschuldens, also auch des überwiegenden Verschuldens, andererseits einheitlich, d. h. auf Grund eines Verfahrens und in einem Urteil erkannt werden müsse. Das sachliche Ergebnis des Rechtsstreits läßt darüber nur ein einheitliches Urteil zu, das nur im ganzen der Rechtskraft fähig ist. Ein Teilurteil über die Scheidung, losgelöst von der Verschuldensfrage, ist nicht zulässig. Wenn also ein Rechtsmittel auch nur einen Teil des den Rechtsstreit in einem Rechtsgang erledigenden Urteils ergreift, so wird damit die Rechtskraft des ganzen Urteils gehemmt. Die vom Rechtsmittel nicht erfaßten Teile des Urteils bleiben ebenfalls nicht bestehen, wenn sie auch insofern Bedeutung behalten, als sie für die höheren Gerichte und im Falle der Aufhebung des Urteils auch für das untere Gericht eine Bindung ergeben, so daß das später ergehende Urteil die Partei, welche kein Rechtsmittel eingelegt hatte, nicht besser stellen darf als das ursprüngliche Urteil.

Ist aber sowohl der Ausspruch über die Scheidung wie der über das beiderseitige Verschulden noch nicht durch die Rechtskraft gedeckt, so können die Parteien auch noch mit Wirkung im Rahmen ihrer verfahrensrechtlichen Befugnisse über ihre Anträge und ihr Begehren verfügen. Der Kläger hat im Berufungsverfahren vor der Berufungsverhandlung die Abweisung seines Scheidungsbegehrens beantragt. Er hat damit erklärt, seine Klage unter Verzicht auf den Anspruch zurückzuziehen, worüber, da die Beklagte damit einverstanden war, nach ihrem Antrage mit Verzichtsurteil zu erkennen war. Das österreichische Recht kennt allerdings entsprechend dem Aufbau des Berufungsverfahrens grundsätzlich keine Klageänderung im zweiten Rechtsgange, so daß es zweifelhaft sein kann, ob eine Klagerückziehung in diesem Stande der Sache zulässig ist (§§ 235, 237, 483 Öst. ZPO.). In Ehesachen hat jedoch § 76 Abs. 1 DurchfVO. vom 27. Juli 1938 das Berufungsverfahren wesentlich anders gestaltet, indem er die Vorschrift des § 614 RZPO. übernommen hat. Wenn auch der Wortlaut des § 76 Abs. 1 sich entsprechend dem des angeführten § 614 darauf beschränkt, daß bis zum Schlusse der mündlichen Verhandlung andere als die in der Klage vorgebrachten Klagegründe geltend gemacht werden können, so hat doch damit ersichtlich der Grundsatz der Unabänderlichkeit der Klage im Rechtsmittelverfahren allgemein durchbrochen werden sollen. Ist aber die Unabänderlichkeit damit beseitigt, so kann folgerichtig auch kein Hindernis bestehen, eine Rückziehung der Klage auch noch im zweiten Rechtsgang als zulässig und beachtlich anzunehmen.

Bei Berücksichtigung des Antrages der Beklagten auf Abweisung des Klagebegehrens infolge Verzichts ergibt sich, daß die Abänderung in diesem Sinne begründet (§ 394 Öst. ZPO.), der Revision daher stattzugeben ist.

---

11. Ist ein Grundstücksveräußerungsvertrag in vollem Umfange nichtig oder bleibt er mit verändertem Preise gültig, wenn die Preisbehörde dahin entschieden hat, daß der vereinbarte Preis volkswirtschaftlich nicht gerechtfertigt sei, und wenn sie gleichzeitig einen geringeren Preis angegeben hat, zu dem die Veräußerung genehmigt werden solle?

BGB. § 134. Gesetz zur Durchführung des Vierjahresplanes (Preisbildungsgesetz) vom 29. Oktober 1936 (RGBl. I S. 927) — PBG. —. Verordnung über das Verbot von Preiserhöhungen (Preisstopverordnung) vom 26. November 1936 (RGBl. I S. 955).

V. Zivilsenat. Urt. v. 30. Januar 1941 i. S. Br. (Kl.) w. Be. (Bekl.). V 99/40.

I. Landgericht Essen.
II. Oberlandesgericht Hamm.

Die Beklagte verkaufte dem Kläger ihre in E. gelegene Hausbesitzung in notarisch beurkundetem Vertrage vom 31. März 1939 zum

Preise von 22000 RM. Das Haus wurde dem Kläger gegen eine Anzahlung von 7000 RM. übergeben; er ließ Instandsetzungsarbeiten ausführen. Der Oberbürgermeister der Stadt E. als Preisbehörde versagte die Genehmigung zur Veräußerung des Grundstücks zum Kaufpreise von 22000 RM. Er fügte hinzu: „Bei einer etwaigen Veräußerung des in Frage stehenden Grundstücks zum Preise von 10000 RM. gilt der Kaufpreis als genehmigt." Der Verbandspräsident des Siedlungsverbandes Ruhrkohlenbezirk wies die Beschwerde der Beklagten gegen die Versagung der Genehmigung zurück. Er änderte aber den Bescheid dahin, „daß bei einer etwaigen Veräußerung des bezeichneten Grundstücks zum Preise von 13000 RM. der Kaufpreis als genehmigt gelten soll".

Der Kläger meint: Durch die Entscheidung der Preisbehörde sei der Kaufpreis auf 13000 RM. herabgesetzt worden; mit dieser Änderung sei der Kaufvertrag vom 31. März 1939 wirksam. Es entspreche dem Willen der Vertragschließenden, den von der Preisbehörde für angemessen erachteten Preis als Kaufgeld einzusetzen. Demgemäß begehrt der Kläger die Verurteilung der Beklagten, darin einzuwilligen, daß der Kaufpreis auf 13000 RM. ermäßigt werde. Hilfsweise beantragt er Feststellung, daß der Kaufvertrag zum Preise von 13000 RM. zustande gekommen sei. Für den Fall aber, daß der Kaufvertrag nicht gültig sein sollte, hält der Kläger die Beklagte zur Erstattung seiner Aufwendungen auf das Grundstück für verpflichtet. Deswegen begehrt er bei Abweisung seiner anderen Anträge Verurteilung der Beklagten zur Zahlung von 12592,88 RM. Die Beklagte meint, der Kaufvertrag sei infolge der Versagung der Genehmigung durch die Preisbehörde völlig unwirksam geworden. Sie habe sich nicht verpflichtet, zu einem ihr unbekannten Preise zu verkaufen. Weiter bestreitet sie, in dem geltend gemachten Umfange zum Ersatz der Aufwendungen des Klägers verpflichtet zu sein.

Das Landgericht hat die Beklagte verurteilt, darin einzuwilligen, daß der Kaufpreis auf 13000 RM. ermäßigt werde. Das Oberlandesgericht hat durch Teilurteil den Klageantrag auf Einwilligung in die Ermäßigung des Kaufpreises auf 13000 RM. und den Hilfsantrag auf Feststellung, daß der Vertrag zu 13000 RM. zustande gekommen sei, abgewiesen. Die Entscheidung über das Begehren auf Erstattung von Aufwendungen hat es vorbehalten.

Die Revision des Klägers blieb ohne Erfolg.

Gründe:

Das Berufungsgericht verwirft zunächst die vom Kläger vertretene Meinung, daß ein unter der Herrschaft der Preisstopverordnung geschlossener Vertrag nach übereinstimmender Vertragserklärung der Beteiligten von vornherein den Inhalt habe, er solle zu dem von der Preisbehörde zu bestimmenden Preise gelten, daß das auch hier der erklärte Wille der Vertragsteile gewesen sei, was sich daraus ergebe, daß die Verkäuferin die Anzahlung von 7000 RM. angenommen und verbraucht habe. Das Oberlandesgericht verkennt nicht, daß ein Kaufvertrag im Einzelfall einen solchen Inhalt haben kann. Es verneint aber, daß derartiges mit Rücksicht auf die Preisstopverordnung allgemein anzunehmen sei und daß in diesem besonderen Fall ein solcher Vertragsinhalt vorliege. Die Revision kommt hierauf nicht zurück. Der Standpunkt des Berufungsgerichts ergibt sich ohne weiteres als richtig. Die Preisstopverordnung läßt die Vertragserklärung als solche unberührt. Die Wirkung der Verordnung tritt trotz dieser und zwingend über sie hinaus ein, wobei aber zu prüfen bleibt, welches die Wirkung ist (Herabsetzung des Preises oder völlige Vernichtung?). Hier war im Vertrag ein Preis von 22000 RM. fest vereinbart worden. Von der Möglichkeit einer Herabsetzung durch die Preisbehörde und einer von vornherein erklärten Annahme einer solchen durch die Vertragsteile ist nirgends die Rede.

In der Frage, welche Wirkung der Entscheidung der Preisbehörde nach Inhalt des Gesetzes zukommt, nimmt das Berufungsgericht bei Grundstücksverkäufen als Folge einer Genehmigungsverweigerung zu einem bestimmten Preise Nichtigkeit des Vertrages im vollen Umfang an. Es erwägt: Die Sachlage sei hier anders als bei Verkäufen beweglicher Waren, bei denen das Eingreifen der Preisbehörde nicht zur Zurückhaltung führen dürfe. Aus amtlichen Äußerungen des Preiskommissars ergebe sich, daß im Grundstücksverkehr eine Preisbeanstandung nach dem Willen der Behörde regelmäßig zur völligen Vernichtung des Vertrages führen solle. Demgemäß sei auch hier die Genehmigung zum Grundstücksverkauf im vollen Umfange versagt und den Parteien der Abschluß eines neuen Vertrags zum Preise von 13000 RM. freigestellt worden.

Dagegen wendet sich die Revision unter Berufung auf die Entscheidung des Reichsgerichts II 185/38 vom 29. März 1939 (DR. Ausg. A 1939 S. 1633 Nr. 1), in der beim Verkauf einer beweglichen

Sache angenommen worden sei, daß ein Verstoß gegen das Verbot der Preiserhöhung keine Nichtigkeit des Vertrages zur Folge habe, und in der kein Unterschied für den Verkauf eines Grundstücks gemacht werde. Auch in einer Entscheidung des Reichsgerichts VII 240/39 vom 4. Juni 1940 (DR. Ausg. A 1940 S. 1528 Nr. 23), die einen Pachtvertrag über ein Grundstück betreffe, sei allgemein ausgesprochen worden, daß Verträge, die gegen die Preisstopverordnung verstießen, nicht nichtig, sondern zum zulässigen Preise gültig seien. Dies sei auch die überwiegende Meinung im Schrifttum. Die Äußerungen des Preiskommissars seien lediglich Anweisungen an die Preisüberwachungsstellen. So sei der Vertrag als zu dem von der Preisbehörde gebilligten Preise von 13000 RM. abgeschlossen anzusehen. Notfalls hätte das Berufungsgericht den zulässigen Preis ermitteln müssen.

Der Standpunkt des Berufungsgerichts ist jedoch zu billigen. Die Preisbehörde hatte den Kaufvertrag auf Grund des Preisbildungsgesetzes vom 29. Oktober 1936 und der Preisstopverordnung vom 26. November 1936 in Verbindung mit der Anordnung des Reichskommissars für die Preisbildung vom 6. Oktober 1937 (Scheuermann Preisbildung und Preisüberwachung bei Grundstücken S. 23; Kiefersauer Grundstücksverkehrsrecht, 2. Aufl., S. 50) und dem Runderlaß Nr. 155/37 des Reichskommissars vom 6. Oktober 1937 (JW. 1937 S. 2757; Scheuermann S. 24; Kiefersauer S. 52) daraufhin zu prüfen, ob der vereinbarte Kaufpreis von 22000 RM. als „volkswirtschaftlich gerechtfertigt" im Sinne des § 2 PBG. angesehen werden konnte. Die Prüfungsbehörde kam zur Verneinung und erklärte infolgedessen, daß sie ihre Genehmigung zur Veräußerung des Grundstücks zum Kaufpreise von 22000 RM. versage. Es handelte sich um einen Fall, in dem nach dem Wohnsiedlungsgesetz vom 22. September 1933 (RGBl. I S. 659) eine Genehmigung zur Veräußerung erforderlich war (vgl. dazu Erlaß des Preiskommissars vom 16. März 1938 [Scheuermann S. 35; JW. 1938 S. 1084]). Dem Versagungsbescheide wurde hinzugesetzt, daß bei einer etwaigen Veräußerung zu 13000 RM. dieser Kaufpreis als genehmigt gelten solle. Mit der Versagung der Genehmigung (an deren Stelle bei einem nichtgenehmigungspflichtigen Geschäft die Durchführung des Kaufvertrags zu diesem Preise zu verbieten gewesen wäre), wurde der zu 22000 RM. abgeschlossene Kauf als Rechtsgeschäft herausgestellt, das gegen ein gesetzliches Verbot verstieß. Dies Verbot ist enthalten in § 1 Preisstopverordnung in der durch den Runderlaß vom 6. Oktober 1937 für Grundstücke gebotenen Rechtsanwendung (vgl. § 6 PVG. und bei Kiefersauer Bem. 3 zu § 3 PVG.). Für Rechtsgeschäfte, die gegen ein gesetzliches Verbot verstoßen, schreibt § 134 BGB. Nichtigkeit im ganzen vor, „wenn sich nicht aus dem Gesetz ein anderes ergibt".

Das Reichsgericht hat in ständiger Rechtsprechung angenommen, daß bei Überschreitung der auf Grund des Gesetzes, betreffend Höchstpreise, vom 4. August 1914 (RGBl. S. 339, 516) festgesetzten Preisgrenze die Nichtigkeit des § 134 BGB. nicht Platz greife, sondern der Kaufpreis auf das zulässige Maß herabzusetzen sei (RGZ. Bd. 88 S. 250, Bd. 89 S. 196, Bd. 98 S. 293). Dieses Gesetz sah die Festsetzung von Höchstpreisen vor „für Gegenstände des täglichen Bedarfs, insbesondere für Nahrungs- und Futtermittel aller Art, sowie für rohe Naturerzeugnisse, Heiz- und Leuchtstoffe". Die Folgerung der Preisherabsetzung (unter Vermeidung der Nichtigkeit) wurde aus dem Zwecke des Gesetzes gezogen, daß die verfügbaren Vorräte gegen Preise, die sich in den gesetzten Grenzen hielten, in den Verkehr kommen sollten, daß also die Verteilung der nötigen Nahrungsmittel nicht gehemmt, sondern gefördert werden sollte. In Anknüpfung an diese Rechtsprechung hat das Reichsgericht in einem der Verordnung über Preisbildung für ausländische Waren vom 15. Juli 1937 (RGBl. I S. 881) unterliegenden Fall, in dem es sich um den Verkauf eines Kraftwagens handelte, angenommen, daß nach dem Zwecke dieser Verordnung, den Geschäftsverkehr in regelmäßigen, von Preisveränderungen nicht beunruhigten Bahnen zu halten, eine Überschreitung des nach ihr nur zulässigen, volkswirtschaftlich gerechtfertigten Preises nicht die Nichtigkeit des ganzen Geschäfts, sondern die Herabsetzung des vereinbarten Preises auf den richtigen Betrag zur Folge habe; dies abgesehen von einem Fall, in dem vorsätzlicher Verstoß beider Teile gegen die Verordnung Nichtigkeit des Geschäfts aus § 138 BGB. ergebe (Urteil II 185/38 vom 29. März 1939 in DR. Ausg. A 1939 S. 1633 Nr. 1). Gleiche Erwägungen stellt dieses Urteil für Geschäfte mit Überschreitung der nach der Preisstopverordnung vom 26. November 1936 zulässigen Preise an. In einem die Vereinbarung eines Pachtzinses für Ausnutzung eines Bimssteinvorkommens betreffenden Urteil des Reichsgerichts VII 240/39 vom 4. Juni 1940 (DR. Ausg. A 1940 S. 1528 Nr. 23) wird als feststehend der Satz aufgestellt, daß ein Verstoß gegen die Preisstopverordnung nicht ohne weiteres die Nichtigkeit des Rechtsgeschäfts zur Folge hat, sondern daß das Geschäft als zu den zulässigen Bedingungen abgeschlossen gilt. Dahin geht jetzt auch — soweit ersichtlich einhellig — die Meinung des Schrifttums, falls es sich um Waren handelt, die Gegenstände des regelmäßigen Handelsverkehrs sind. Bestritten aber ist die Anwendung dieses Satzes auf Grundstücksverkäufe (vgl. Oehlschläger in DR. Ausg. A 1940 S. 301; Friemann in DR. Ausg. A 1940 S. 564; Peters in ZAkDR. 1941 S. 17; RGZ. Bd. 165 S. 385).

Der Preiskommissar hat sich dahin geäußert (Äußerungen vom 16. März 1938 [Scheuermann S. 35 = JW. 1938 S. 1084] und vom 18. April 1939 [DR. Ausg. A 1940 S. 301]): Der Grundsatz, daß eine Überschreitung des Stoppreises einen Kaufvertrag nicht vollständig nichtig mache, sondern daß der Vertrag zum Stoppreise gültig bleibe, gelte auch bei Grundstücksverkäufen. Wenn aber in Fällen der Überschreitung die Preisbehörde diese Genehmigung versage oder die Durchführung des Vertrags verbiete, was regelmäßig geschehen solle, so habe das die Nichtigkeit des Vertrags zur Folge. Dabei könne den Parteien mitgeteilt werden, zu welchem Preise die Behörde voraussichtlich ihre Zustimmung geben werde. Wenn aber ausnahmsweise die öffentlichen Belange die Herabsetzung des Kaufpreises und trotzdem die Durchführung des Eigentumsübergangs erforderten, so könne die Behörde den Kaufpreis unmittelbar auf das volkswirtschaftlich gerechtfertigte Maß herabsetzen; dann sei der Vertrag zu diesem Preise gültig.

Wenn im vorliegenden Falle die Genehmigung zum Verkauf für 22000 RM. versagt und den Parteien der Betrag von 13000 RM. als der Preis mitgeteilt worden ist, zu dem eine etwaige Veräußerung als genehmigt gelten solle, so hat damit die Preisbehörde offensichtlich entsprechend obiger Weisung des Preiskommissars die Nichtigkeit des geschlossenen Vertrags herbeiführen und den Parteien einen Neuabschluß zu höchstens 13000 RM. anheimstellen wollen. Eine behördliche Anordnung, daß eine Veräußerung zu 13000 RM. durchgeführt werde, ist darin nicht enthalten. Damit ist aber die Sache nicht etwa schon zu Ungunsten des Klägers entschieden. Vielmehr ist über die Wirkung der zum Vertrage der Parteien erteilten Bescheide vom 27. Juni und 6. Oktober 1939 hier im Rechtsstreit auf Grund der einschlägigen gesetzlichen Bestimmungen (§ 134 BGB., Preisbildungsgesetz und Preisstopverordnung) zu befinden. Der Kläger ist nicht gehindert, die Auffassung durchzufechten, daß bereits im Vertrage vom 31. März 1939 in der ihm durch die Preisbehörde gegebenen Gestaltung ein Abschluß zu 13000 RM. liege. Die dabei auftretende Rechtsfrage, welche Wirkung eine Überschreitung des Stoppreises bei Grundstückskäufen hat, ist auch nicht etwa durch die soeben inhaltlich wiedergegebenen Äußerungen des Preiskommissars entschieden. Es sind das allgemeine Belehrungen und Anweisungen für die nachgeordneten Preisbehörden, aber keine die Gerichte bindenden Anordnungen im Sinne des § 6 PBG (vgl. dazu Scheuermann Bem. 5, 7, 31; Kiefersauer S. 20, 24).

Für Veräußerungen von Grundstücken ergeben Inhalt und Zweck des Preisbildungsgesetzes und der Preisstopverordnung keine von der Grundregel des § 134 BGB. — Nichtigkeit des ganzen Geschäfts — abweichende Folge einer Überschreitung des nach diesen Gesetzesbestimmungen zulässigen Preises. Geschäfte, die Preiserhöhungen und Vereinbarungen volkswirtschaftlich nicht gerechtfertigter Preise enthalten, sind verboten und bei schuldhaftem Handeln strafbar. Weder das Preisbildungsgesetz noch die Preisstopverordnung enthalten eine Bestimmung, die auf Ausschaltung der Regel des § 134 BGB. hinwiese. Daraus, daß die Höhe des zulässigen Preises vielfach — bei Grundstücken wohl in den meisten Fällen — erst nachträglich ermittelt werden muß und daß nach § 3 der Preisstopverordnung ausnahmsweise Zulassung überhöhter Preise möglich ist, kann nichts gegen völlige Nichtigkeit eines Geschäfts mit unzulässiger Preisvereinbarung entnommen werden. Die Ermittlung und ihr Ergebnis, Genehmigung oder Versagung, führen zur Feststellung dessen, was von Anfang an Rechtens war. Eine Ausnahmebewilligung ergibt die nachträglich eingetretene Gültigkeit eines ursprünglich nichtigen Geschäfts.

Die Entscheidung der Zweifelsfrage muß der Interessenlage unter Beobachtung des Erfolgs entnommen werden, der sich bei der Anwendung der Preisstopverordnung in Verbindung mit § 134 BGB. nach der einen oder anderen Richtung ergibt. Die Rechtsanwendung muß den Belangen des Volksganzen und dem gesunden Volksempfinden gerecht werden und entsprechen. Bei solcher Betrachtungsweise tritt die Bedeutung des wirtschaftlichen und weltanschaulichen Unterschiedes hervor, der zwischen Gegenständen des regelmäßigen Handelsverkehrs, der Ware, und Grund und Boden besteht. Der regelmäßige Weg der Handelsware ist der Umlauf vom Hersteller durch den Handel zum Verbraucher. Die Höchstpreisgesetzgebung des Weltkrieges und die der Durchführung des Vierjahresplanes dienende neue Preisbildungsgesetzgebung wollen den regelmäßigen, nützlichen Geschäftsverkehr fördern und seine Aufrechterhaltung zu Preisen gewährleisten, die für die Volkswirtschaft erträglich sind, insbesondere die Erhaltung eines gesunden Verhältnisses zwischen Preisen und Löhnen ermöglichen. Das Höchstpreisgesetz enthielt auch noch Bestimmungen, die sich gegen das Zurückhalten von Gegenständen des täglichen Bedarfs richteten (vgl. RGZ. Bd. 88 S. 251). Diesem Zwecke der Förderung sachdienlichen Umlaufs würde es widersprechen, wenn Veräußerungen zu übersetzten Preisen völlig vernichtet werden würden, während die Aufrechterhaltung von Verträgen zu richtigen Preisen dem erstrebten Ziele dient. Daher wird dem Zwecke dieser Gesetzgebung, entgegen der Regel des § 134 BGB., nicht völlige Nichtigkeit einer die erlaubte Grenze überschreitenden Preisvereinbarung, sondern Herabsetzung auf das rechte Maß entnommen. Dies geschieht zweifellos mit Recht, soweit es Waren des regelmäßigen Handelsverkehrs betrifft. Das Höchstpreisgesetz betraf nur solche Gegenstände, während die jetzige Preisgesetzgebung nicht zwischen Gütern des täglichen Bedarfs und anderen Gütern unterscheidet, sondern Güter und Leistungen jeder Art, insbesondere auch Grundstücke, betrifft. Das ist aber noch kein Grund, in Anwendung des § 134 BGB. die Veräußerungen aller Gegenstände gleich anzusehen, obschon bei verschiedenen Arten auch die Interessenlage ganz verschieden ist.

Grundstücksverkäufe unterscheiden sich in ihrer wirtschaftlichen und volksanschaulichen Bedeutung eben deutlich vom Warenhandel. Während das regelmäßige Schicksal der in diesen Handel fallenden Güter der Umsatz ist, sind Grundstücke ihrem Wesen nach gerade nicht zum Umsatz bestimmt. Der Eigentümer eines Handelsguts entspricht allgemein den Belangen des Volksganzen, wenn er die in seinem Besitz befindliche Ware dem Verkehr zuführt. Bei Grundstücken dagegen ist gerade die Gesetzgebung des Dritten Reichs bestrebt, die Zusammengehörigkeit des Eigentümers mit seinem Besitz zu fördern und diesen nicht zur Handelsware werden zu lassen. Für den Verkäufer hat ein Festhalten am vereinbarten Preise bei einer Ware nicht die Bedeutung wie bei Grundstücken. Die Ware wird er im regelrechten Lauf jedenfalls einmal veräußern; dann kann er keinen höheren Preis erzielen als den nach der Preisstopverordnung zulässigen. Bei Grundstücken aber pflegt die Höhe des vereinbarten Preises ein den Entschluß zum Verkauf überhaupt sehr wesentlich bestimmender Umstand zu sein, dies jedenfalls bei wirtschaftlich gesunden Käufen, die nicht etwa als Notverkäufe zu jedem sich bietenden Preise vorgenommen werden. Es würde ein überraschendes Ergebnis sein, wenn ein Eigentümer, der sich zum Verkaufe seines Hauses zu einem bestimmten Preis entschlossen hat, etwa aus der Überlegung heraus, daß er die erzielte Summe notwendig braucht oder daß er sie anderweit gut verwenden kann, nachträglich gezwungen werden würde, das Haus zu einem weit geringeren Betrag abzugeben, obwohl ihm dieser für den vorgesehenen Zweck bei weitem nicht ausreichen mag. Damit würde die größte Unsicherheit in das wichtige Gebiet der Grundstücksveräußerungen hineingetragen werden. Der Verkäufer kann dann nicht mit nur einiger Sicherheit voraussehen, ob sein Entschluß zur Veräußerung die gewünschten wirtschaftlichen Folgen haben wird und ob er von seinem Standpunkt aus vernünftig ist. Ihm muß es als unerwarteter und unzulässiger Eingriff in die Freiheit seiner Entschließung erscheinen, wenn er zwar am Verkaufe festgehalten werden sollte, aber zu einem Preise, zu dem er sich freiwillig nicht zur Veräußerung entschlossen haben würde. Ihn im Wege der Rechtsprechung so gegen seinen Willen und entgegen der grundsätzlichen Freiheit der Verfügung über sein Eigentum zu binden, wäre dann gerechtfertigt, wenn die höherstehenden Belange des Volksganzen solches erfordern würden. Das aber ist bei Grundstücken regelmäßig nicht der Fall. Wo Grund und Boden für allgemeine Zwecke notwendig gebraucht wird, bestehen ausreichende Möglichkeiten der Beschaffung; so z. B. die Enteignung oder die besonders geregelte Bereitstellung von Siedlungsland. Daher liegt vom Standpunkte des allgemeinen Wohls keine Notwendigkeit vor, den Verkäufer eines Grundstücks entgegen dem Grundsatze des § 134 BGB. gegen seinen Willen am Vertrage festzuhalten, wenn dieser im wesentlichen Punkte des Preises nicht so, wie vereinbart, durchgehen kann. Im Gegenteil kann es nur dem Wohle der Volksgemeinschaft dienen, wenn die Rechtssicherheit nicht dadurch erschüttert wird, daß der Verkäufer zur Weggabe seines Grundstücks zu einem von ihm nicht vorausgesehenen Preise genötigt wird. Derartiges fordert der Zweck des Preisbildungsgesetzes und der Preisstopverordnung in Anwendung auf Grundstücksveräußerungen nicht. Der Satz, daß eine Überschreitung des Stoppreises einen Kaufvertrag nicht vollständig nichtig macht, sondern daß der Vertrag zum Stoppreise gültig bleibt, gilt also nicht bei Grundstücksverkäufen; vielmehr hat bei ihnen die Vereinbarung eines nach der Preisstopverordnung verbotenen Preises die Nichtigkeit des ganzen Kaufgeschäfts zur Folge.

Im Ergebnis stimmt das überein mit der in den oben erwähnten Äußerungen vom 16. März 1938 und 18. April 1939 niedergelegten Auffassung des Preiskommissars, daß Grundstückskäufe, die Vereinbarungen volkswirtschaftlich nicht gerechtfertigter Preise enthalten, in der Regel nicht durchzuführen seien. Dabei bedarf es in dieser Sache keiner Stellungnahme zu der in der Äußerung vom 16. März 1938 zutage getretenen Ansicht, daß in Ausnahmefällen Durchführung der Veräußerung gegen den Willen des Verkäufers zulässig sei (vgl. dazu Oehlschläger a. a. O. S. 304; Peters a. a. O. S. 19).

Nach alledem sind die auf Aufrechterhaltung des Kaufvertrages zum Preise von 13000 RM. hinzielenden Anträge des Klägers mit Recht abgewiesen worden.

---

12. 1. Inwieweit hat beim Antrag auf Eröffnung eines Bankkontos die Bank die Angaben des Antragstellers über seine Persönlichkeit zu prüfen?

2. Welche Prüfungspflicht hat die Bank, wenn sie von einem ihrer Kontoinhaber Schecks erwirbt?

BGB. §§ 932, 935 Abs. 2, § 990. ScheckG. vom 11. März 1908 § 8. ScheckG. vom 14. August 1933 Art. 21.

VI. Zivilsenat. Urt. v. 4. Februar 1941 i. S. Sch. (Kl.) w. Spar- und Kreditbank Ch. e. G. m. b. H. (Bekl.). VI 111/40.

I. Landgericht Chemnitz.
II. Oberlandesgericht Dresden.

Der Kläger war alleiniger Inhaber der Firma Paul Sch. in R.dorf, das im Jahre 1935 in O. eingemeindet wurde. Er übergab Anfang 1938 das Unternehmen an seinen Sohn Kurt, der schon längere Zeit vorher sein Handlungsbevollmächtigter gewesen war. Der Kläger hat sich von seinem Sohn eine Forderung abtreten lassen, die mit Veruntreuungen des langjährigen Buchhalters des Unternehmens Arthur G. zusammenhängt. Dieser ließ in einer Reihe von Fällen Schecks, die dem Kläger von seinen Kunden in Zahlung gegeben waren, bei der Beklagten diskontieren und verwandte den Erlös für sich. Er hatte sich bei der Beklagten ein Konto eröffnen lassen und dabei zwar seinen richtigen Namen, als Beruf aber „Kaufmann" und dazu nicht seine in R.dorf belegene Wohnung, sondern die seines Bruders Johannes G. in Ch. angegeben. Die von ihm eingereichten Schecks versah er mit dem Firmenstempel, dem gefälschten Indossament des Kurt Sch. und mit seinem eigenen Indossament. Die ihm auf dem Konto gutgebrachten Beträge hob er in runden Summen teils selbst, teils durch seinen von ihm bevollmächtigten Bruder ab, den letzten Betrag im Februar 1937, womit das Konto erlosch. Insgesamt verschaffte er sich auf diese Weise mehr als 18000 RM. Ein Steuerbeamter kam im Jahre 1938 hinter die Veruntreuungen, worauf der Kläger Strafanzeige erstattete. Arthur G. war geständig und wurde bestraft.

Mit der gegenwärtigen Klage macht der Kläger für den Schaden die Beklagte verantwortlich. Er wirft ihr vor, sie habe es bei der Eröffnung des Kontos an der erforderlichen Berechtigungsprüfung fehlen lassen, da sie andernfalls erkannt haben würde, daß Arthur G. nicht selbständiger Kaufmann, sondern kaufmännischer Angestellter sei und seine Wohnung nicht in Ch., sondern in R.dorf, am Sitze der Firma, habe. Hätte sie seine Angaben als falsch erkannt, so würde sie sofort Verdacht geschöpft haben. Weiter wirft der Kläger der Beklagten vor, daß sie den während Bestehens des Kontos auftauchenden Verdachtsgründen nicht nachgegangen sei: Alle Schecks hätten von der Firma Paul Sch. gestammt, und die in runden Summen vorgenommenen Abhebungen hätten jedesmal fast das ganze Guthaben erschöpft; G. habe seine Mitteilungen auf formlose Zettel ohne Briefaufdruck geschrieben und die Schecks stets mit der Post aus R.dorf, später O. eingesandt. Der Kläger meint, die Beklagte habe auch mit der Zeit Verdacht geschöpft; denn sie habe G. nicht mehr als „Kaufmann", sondern als „Händler" geführt.

Die Beklagte bestreitet jedes Verschulden. Sie behauptet, sie habe sich vor Eröffnung des Kontos einen Ausweis von G. vorlegen lassen, welchen, könne sie wegen der Länge der verstrichenen Zeit nicht mehr angeben. Der Name habe ja gestimmt; die Bezeichnung „Kaufmann" werde auch für kaufmännische Angestellte gebraucht.

Eine Prüfung des Berufs und der Wohnung sei überhaupt nicht erforderlich; daß die von G. angegebene Wohnung die seines Bruders sei, habe sie gewußt, darin aber nur die nicht ungewöhnliche Angabe einer Postanschrift gesehen. Im Laufe des Geschäftsverkehrs sei ihr Verdacht weder gekommen, noch habe er ihr zu kommen brauchen. Auf Umstände der angegebenen Art zu achten, könne ihr nicht zugemutet werden. Die Änderung der Bezeichnung „Kaufmann" in „Händler" erkläre sich vermutlich aus der geringen Bewegung auf dem Konto. Der Kläger selbst habe sich höchst nachlässig verhalten.

Die Klage ging ursprünglich auf einen Teilbetrag von 8000 RM. nebst Zinsen. Gegen das die Klage abweisende Urteil des Landgerichts hat der Kläger Berufung eingelegt; er hat den Klageantrag auf 11000 RM. nebst Zinsen erhöht. Seine Berufung ist zurückgewiesen worden. Auch die Revision blieb ohne Erfolg.

Gründe:

Nach der Annahme des Berufungsgerichts fehlt dem Klageanspruch eine schuldrechtliche Grundlage: die Parteien hätten niemals in vertraglichen Beziehungen gestanden, und der Mantelvertrag der Spitzenverbände der Kreditinstitute vom 9. Januar 1932, der die Pflicht zu gewissenhafter Berechtigungsprüfung einschärfe, gebe zwar den Kreditinstituten untereinander vertragliche Rechte (RGZ. Bd. 152 S. 262), aber nicht den Kunden nach § 328 BGB.; auch § 165 (jetzt § 163) RAbgO. begründe für den einzelnen keine Rechte. Ferner scheidet das Berufungsgericht den Klagegrund der ungerechtfertigten Bereicherung aus, dem übrigens, wie es annimmt, der Einwand des Wegfalls der Bereicherung entgegenstehen würde. Den Hauptteil des Berufungsurteils bildet die Untersuchung, ob die Beklagte aus unerlaubter Handlung hafte. Hier kommt das Berufungsgericht zu der Meinung, daß nur § 823 Abs. 1 BGB. in Frage kommen könne, nicht § 823 Abs. 2, weil weder die Bestimmung der Reichsabgabenordnung noch die des Mantelvertrages ein Schutzgesetz für den einzelnen sei. Die Voraussetzungen des § 826 BGB. aber habe der Kläger in keiner Weise dargelegt. Für die Anwendung des § 823 Abs. 1 BGB. ist nach der Ansicht des Berufungsgerichts entscheidend, ob die Beklagte die ihr von G. eingereichten Schecks grob fahrlässig erworben habe, da sie andernfalls — die Schecks möchten nun Inhaber- oder Orderschecks gewesen sein — deren Eigentümerin geworden sei und folglich das Eigentum des Klägers an ihnen nicht mehr habe verletzen können. Die Beweispflicht für eine grobe Fahrlässigkeit der Beklagten legt das Berufungsgericht dem Kläger auf, und es erachtet den Beweis nicht für geführt, weder in Hinsicht auf die Eröffnung des Kontos, noch auf die spätere Zeit. Der einzige beachtliche Vorwurf, der die Beklagte nach der Ansicht des Berufungsgerichts trifft, ist der, daß sie vor Eröffnung des Kontos die Wohnung des G. nicht festgestellt hat, wie es die Reichsabgabenordnung und der Mantelvertrag vorschreiben. Das Berufungsgericht erwägt hierzu aber, die Beklagte habe gewußt, daß die von G. angegebene Wohnung die seines Bruders sei, mit dessen Hilfe sie erforderlichenfalls die eigene Wohnung des G. hätte ermitteln können; ihr Briefverkehr mit ihm habe sich die ganzen Jahre hindurch reibungslos abgespielt. Aus diesen Gründen sieht das Berufungsgericht die Fahrlässigkeit der Beklagten nur als leicht an. Es fügt hinzu, den Kläger selbst treffe eine weit größere Schuld als die Beklagte, da weder er noch seine von ihm als Verrichtungsgehilfen angestellten Kinder den Buchhalter G. genügend beaufsichtigt hätten; sein Sohn Kurt habe sogar nach Aufdeckung von Veruntreuungen im Jahre 1936 sich mit Vorhaltungen gegenüber G. begnügt, im übrigen aber geschwiegen und namentlich die Beklagte nicht gewarnt. Das Berufungsgericht hält die Vermutung für naheliegend, daß diese mehr als nachsichtige Behandlung des G. mit Steuerhinterziehungen des Klägers zusammengehangen habe, die G. bekannt gewesen seien, läßt das aber dahingestellt und erachtet die grobe Fahrlässigkeit des Klägers und seiner Verrichtungsgehilfen für so überwiegend ursächlich für den Schaden, daß demgegenüber das Verschulden der Beklagten nach § 254 BGB. nicht in die Waagschale falle.

Soweit diese Erwägungen von der Revision ohne Erhebung besonderer Angriffe nur zur Nachprüfung gestellt werden, geben sie zu Bedenken keinen Anlaß. Die besonderen Angriffe der Revision richten sich dagegen, daß das Berufungsgericht keine grobe Fahrlässigkeit der Beklagten angenommen und in seiner Hilfserwägung § 254 BGB. angewandt hat.

Ob eine Fahrlässigkeit als leichte oder als grobe zu beurteilen ist, ob also die im Verkehr erforderliche Sorgfalt nach den gesamten Umständen in ungewöhnlich großem Maße verletzt worden und dasjenige unbeachtet geblieben ist, was im gegebenen Falle jedem hätte einleuchten müssen, ist im wesentlichen eine Frage tatrichterlicher Würdigung (RGZ. Bd. 141 S. 131). Zu einem Eingreifen des Revisionsgerichts würde allerdings dann Anlaß gegeben sein, wenn das Berufungsgericht bei seiner Beurteilung einen erheblichen Umstand außer acht gelassen hätte. Das hält die Revision bei der Berufsangabe des G. für gegeben; allein mit Unrecht. Dem Berufungsgericht ist nicht entgangen, daß die in die Unterschriftskarte übergegangene Angabe des G., er sei „Kaufmann", nicht mit der Berufsbezeichnung in dem von ihm vorgelegten Ausweis übereingestimmt haben kann. Was für ein Ausweis das war, hat sich nicht mit Sicherheit feststellen lassen. Das Berufungsgericht nimmt aber in richtiger Beurteilung der Beweislast zugunsten der Beklagten an, daß G. ihr einen polizeilichen Einwohnermeldeschein vorgelegt hat, und fügt hinzu, nur müsse sie es dann auch gegen sich gelten lassen, daß dieser Schein im Zweifel den richtigen Beruf G.s — Buchhalter, kaufmännischer Angestellter oder Handlungsgehilfe — und seine Wohnung als in R.dorf befindlich bezeichnet habe, was sie aber nicht beachtet habe. Daraus ergibt sich klar, daß sich das Berufungsgericht des Mangels der Übereinstimmung zwischen der von G. gewählten und der in seinem Ausweis enthaltenen Berufsbezeichnung bewußt gewesen ist, und auf dieser Grundlage müssen die Ausführungen des Berufungsurteils über die Frage gewürdigt werden, ob der Beklagten bei der Prüfung des Berufs eine grobe Fahrlässigkeit zur Last fällt. Das Berufungsgericht sagt hierzu, die Beklagte habe die Berufsangabe G.s nicht „nachgeprüft", und ihr sei deshalb entgangen, daß er nur kaufmännischer Angestellter war. Die Revision beanstandet hieran den Ausdruck „nachgeprüft", da die Beklagte die in dem Ausweis enthaltene Angabe ganz unbeachtet gelassen haben müsse. Der Ausdruck wäre in der Tat mißverständlich, wenn ihm nicht jene Erwägung zugrunde läge. So aber kann der Ausdruck nur dahin verstanden werden, die Beklagte habe es unterlassen, die mündliche Angabe G.s, er sei Kaufmann, an der Hand des von ihm vorgelegten Ausweises nachzuprüfen, sei es, daß ihr Vertreter die darin enthaltene Berufsangabe gar nicht gelesen oder die Abweichung von der mündlichen Angabe nicht beachtet habe. Hierin findet das Berufungsgericht keine grobe Fahrlässigkeit, weil weder die Reichsabgabenordnung noch der Mantelvertrag eine Feststellung des Berufs ausdrücklich verlangt, eine Nachprüfung der Berufsangabe nach der getroffenen Feststellung in den maßgebenden Fachkreisen nicht für erforderlich gehalten wird und schließlich auch, wie das Berufungsgericht annimmt, kaufmännische Angestellte, namentlich ältere — solche von einem Alter, wie es G. damals hatte — mit Rücksicht auf ihre kaufmännische Ausbildung und Beschäftigung im Verkehr üblicherweise, wenn auch nicht völlig zutreffend, als Kaufleute bezeichnet werden. Daß diese Annahme der Lebenserfahrung widerspreche, kann der Revision nicht zugegeben werden. Wenn freilich die Ausführung des Berufungsgerichts, daß in diesem Punkte „keine beachtliche Zuwiderhandlung" der Beklagten gegen ihre Pflicht zur Berechtigungsprüfung zu erblicken sei, dahin verstanden werden müßte, es treffe sie hierin nicht einmal der Vorwurf einer einfachen (leichten) Fahrlässigkeit, so müßte insoweit den Angriffen der Revision Recht gegeben werden. Weist die Urkunde den, der sie vorlegt, als kaufmännischen Angestellten aus, so kann es nicht geduldet werden, daß für ihn ein Konto unter der Bezeichnung „Kaufmann" angelegt wird; dafür ergibt sich auch nichts aus den vom Berufungsgericht eingeholten Gutachten, worauf die Revision mit Recht hinweist. Vielmehr liegt darin eine Nachlässigkeit, für welche die Beklagte einstehen müßte, wenn sie — wie im Falle RGZ. Bd. 152 S. 262 die dort verklagte Sparkasse — einfache Fahrlässigkeit zu vertreten hätte. Allein die Revision kann damit nach der hier gegebenen Rechtslage nicht durchdringen, weil nach den vom Berufungsgericht zutreffend angeführten Bestimmungen (§§ 932, 935 Abs. 2 BGB., § 8 ScheckG. vom 11. März 1908, Art. 21 ScheckG. vom 14. August 1933) nur grobe Fahrlässigkeit der Beklagten ihren Eigentumserwerb an den Schecks verhindert haben würde. Daß aber das Berufungsgericht keine grobe Fahrlässigkeit in diesem Punkt angenommen hat, läßt sich, da hierin nichts Wesentliches unbeachtet geblieben ist, nicht aus Rechtsgründen beanstanden.

Ähnlich liegt es damit, daß die Beklagte sich mit der Angabe der Wohnung von G.s Bruder als der Postanschrift begnügt und sich um seine eigene, in R.dorf belegene und aus dem Einwohnermeldeschein ersichtliche Wohnung nicht gekümmert hat. Hierin nimmt das Berufungsgericht aus den schon angegebenen Gründen eine leichte Fahrlässigkeit der Beklagten an, also wiederum keine grobe. Daß bei dieser Beurteilung ein wesentlicher Umstand übersehen worden sei, vermag die Revision nicht darzulegen. Sie kann daher auch in diesem Punkte keinen Erfolg haben.

War aber einmal das Konto ohne grobe Fahrlässigkeit der Beklagten in dieser Weise eröffnet worden, so kann dem Berufungsgericht auch darin nicht aus Rechtsgründen entgegengetreten werden, daß es in der Abwickelung des Geschäftsverkehrs mit G. keine grobe Fahrlässigkeit der Beklagten findet. Es erwägt hierzu im einzelnen: Daß G. Angestellter des Klägers war, habe sie, auch wenn er als kaufmännischer Angestellter in R.dorf wohnte, nicht zu wissen brauchen. Nur bei schon vorgefaßtem Verdacht hätte ihr auffallen müssen, daß die Übersendungsbriefe vielfach mit dem Poststempel R.dorf oder O. versehen gewesen seien; ihr umfangreicher Geschäftsbetrieb und die darin durchgeführte Arbeitsteilung habe Verdachtsgründe nicht aufkommen lassen. Daß G. formlose Zettel ohne Firmenaufdruck benutzt und immer runde Summen abgehoben habe, sei nicht geeignet gewesen, begründeten Argwohn zu erregen. Auch wenn G. in ihren Büchern als kaufmännischer Angestellter geführt worden wäre, hätte sich die Einsendung der auf die Firma des Klägers lautenden Schecks damit erklären lassen, daß G. mit dem Kläger — da ja sein Angestelltenverhältnis zu ihm weder bekannt gewesen sei, noch habe bekannt zu sein brauchen — Geschäfte mache. Die Umwandlung der Bezeichnung „Kaufmann" in „Händler" lasse sich darauf zurückführen, daß das Konto verhältnismäßig geringe Bewegung gezeigt habe. Die Schecks und ihre Indossamente seien stets der Form nach in Ordnung gewesen. Der Verkehr mit G., den Bezogenen und den Ausstellern habe sich reibungslos vollzogen; niemals sei sie vom Kläger gewarnt worden. Alles das sind tatsächliche Erwägungen, die von der Revision nicht aus Rechtsgründen angegriffen werden können. Insbesondere liegt die Frage, ob die fortgesetzte Einreichung von Schecks mit der Firma des Klägers bei der Beklagten Verdacht erwecken mußte, durchaus auf tatsächlichem Gebiet. Es ist auch nicht rechtsirrig, wenn das Berufungsgericht die Geschäftseinrichtung der Beklagten berücksichtigt hat. Damit ist der an die Sorgfaltpflicht anzulegende gegenständliche Maßstab nicht preisgegeben, sondern nur erwogen, welche Anforderungen an ein größeres Kreditinstitut, das sich mit der Diskontierung und Einziehung von Schecks befaßt, gestellt werden können. Keinesfalls ist aber, auch wenn man diese Anforderungen noch höher spannen wollte, dabei der Begriff der groben Fahrlässigkeit verkannt.

Auf die Hilfserwägung braucht bei dieser Sachlage nicht eingegangen zu werden. Nur wenn die Beklagte grob fahrlässig gehandelt und darum kein Eigentum an den Schecks erworben hätte, würde sie dem Kläger schadensersatzpflichtig sein, und zwar — hierin bedarf das Berufungsurteil der Berichtigung — nicht nach § 823, sondern nach § 990 BGB. (RGRKomm. z. BGB. Bem. 1 zu § 987, Bem. 1 zu § 989). Aber auch nur in diesem Falle käme § 254 BGB. in Betracht. Es kann daher auf sich beruhen, ob der Kläger seinen Schaden überwiegend seinem eigenen Verhalten und dem seiner Verrichtungsgehilfen, seiner Tochter und seines Sohnes, zuzuschreiben hat.

---

13. Kann dem Träger der Straßenbaulast, der nicht Eigentümer der Straße ist, bei Forderung von Schadensersatz wegen Beschädigung der Straße durch Bergbau entgegengehalten werden, daß der Eigentümer der Straße, der vor Geltung des Gesetzes über die einstweilige Neuregelung des Straßenwesens und der Straßenverwaltung vom 26. März 1934 zugleich Träger der Straßenbaulast war, in einem zu jener Zeit mit dem Bergwerksbesitzer abgeschlossenen Vertrag auf Ersatz des künftig an der Straße entstehenden Bergschadens verzichtet hat?

Allgemeines Berggesetz für die Preußischen Staaten vom 24. Juni 1865 (GS. S. 705) — ABG. — § 148. Gesetz über die einstweilige Neuregelung des Straßenwesens und der Straßenverwaltung vom 26. März 1934 (RGBl. I S. 243) §§ 2, 3.

V. Zivilsenat. Urt. v. 6. Februar 1941 i. S. Provinzialverband von Schlesien (Kl.) w. H. v. D. (Bekl.). V 95/40.

I. Landgericht Beuthen.
II. Oberlandesgericht Breslau.

An der Ostlandstraße und der Zollstraße in B. sind in den Jahren von 1936 bis 1938 Schäden durch den Bergbau der Beklagten entstanden. Weitere Schäden sind zu erwarten. Die Straßen stehen im Eigentum der Stadt B., die für sie wegebaupflichtig war. Seit dem 1. April 1935 ist jedoch auf Grund des Gesetzes über die einstweilige Neuregelung des Straßenwesens und der Straßenverwaltung vom 26. März 1934 der Kläger Träger der Straßenbaulast. Er hat die Schäden beseitigt und verlangt von der Beklagten Erstattung des dazu aufgewendeten Betrages.

Die Beklagte bestreitet ihre Ersatzpflicht, weil sie sich am 21. Dezember 1931 mit der Stadt B. in einem zur Beilegung von Streitigkeiten geschlossenen Vergleich dahin geeinigt habe, daß die Stadt gegen Überlassung von Grundbesitz seitens der Beklagten für sich und ihre Rechtsnachfolger auf Ersatz von Bergschäden an dem städtischen Grundbesitz, wie er auf einer dem Vertrage beigefügten Karte dargestellt war, auf die Dauer von 140 Jahren verzichte. Unter diesen Verzicht sollen die Ostland- und die Zollstraße in den beschädigten Strecken fallen. Der Kläger meint, der Vergleich berühre ihn nicht, weil er in der ihm durch das Gesetz vom 26. März 1934 gestatteten Ausübung der Rechte eines Eigentümers am Straßengelände nicht Rechtsnachfolger der Stadt B. und nicht an die von dieser abgeschlossenen Verträge gebunden sei. Der Vergleich sei auch deshalb für die von ihm als Träger der Straßenbaulast aufgestellten Ansprüche bedeutungslos, weil er nicht von der Wegepolizeibehörde genehmigt worden sei. Schließlich seien diese Straßenzüge ausweislich der dem Vergleich beigefügten Karte vom Verzicht ausgenommen worden. Der Kläger begehrt Verurteilung der Beklagten zur Zahlung von 2837,54 RM. nebst Zinsen, welchen Betrag er unstreitig zur Beseitigung der Schäden aufgewendet hat, und ferner die Feststellung, daß die Beklagte verpflichtet sei, ihm für alle weiteren bergbaulichen Beschädigungen, welche an den Landstraßen I. Ordnung B.-T. und B.-R. entweder schon im Entstehen begriffen sind oder in Zukunft entstehen werden, Schadensersatz gemäß § 148 ABG. zu leisten. Die Beklagte ist diesem Begehren entgegengetreten. Sie hält den Vergleich, der die Ostland- und die Zollstraße in den beschädigten Teilen mit umfasse, auch dem Kläger gegenüber für wirksam.

Das Landgericht hat nach dem Klageantrag erkannt, das Oberlandesgericht die Klage abgewiesen. Die Revision führte zur Wiederherstellung des Urteils des Landgerichts.

Gründe:

Das Berufungsgericht gelangt aus folgenden Erwägungen zur Klageabweisung: Der Kläger sei nach § 3 des Gesetzes vom 26. März 1934, der ihm die Rechte aus dem Eigentum an den beschädigten

Straßen zuweist, zur Geltendmachung der Bergschädenersatzansprüche für die geschädigte Eigentümerin der Straßen befugt. Aber die Beklagte könne sich demgegenüber auf den Verzichtsvertrag vom 21. Dezember 1931 berufen. Dieser habe keiner Genehmigung der Wegepolizeibehörde bedurft, da er lediglich bürgerlichrechtliche Ersatzansprüche der Stadtgemeinde betreffe und ihre Wegebaupflicht nicht berühre. Aus dem Wortlaut des Gesetzes vom 26. März 1934 ergebe sich keine Beantwortung der Frage, ob der neue Träger der Straßenbaulast an vorausgegangene Verträge des Eigentümers, dessen Rechte und Pflichten er ausübe, gebunden sei oder nicht. Aber der Sinn des Gesetzes, das ein reines Organisationsgesetz sei und nur eine einstweilige Regelung beabsichtige, weise darauf hin, daß es keinen grundsätzlichen Eingriff in Rechte Dritter wolle. Das ergebe sich auch aus der Bestimmung in § 3 Abs. 2 des Gesetzes, wonach die Nutzung und Pflege von Baumpflanzungen den bisherigen Eigentümern, wenn sie nicht Träger der Straßenbaulast waren, überlassen werden können; ferner aus dem Runderlaß des Generalinspektors für das deutsche Straßenwesen vom 23. März 1937, wonach Konzessionsverträge über die Verlegung von Leitungen im Straßenkörper einzuhalten seien. Jedenfalls würde es Treu und Glauben widersprechen, wenn die Beklagte, die der Stadt eine hohe Abfindung gewährt habe, nun nochmals sollte zahlen müssen. Weiter stellt das Oberlandesgericht nach Beweisaufnahme fest, daß der Vertrag vom 21. Dezember 1931 nach seinem Wortlaut und der Parteiabsicht die hier in Betracht kommenden Schadensstellen mit umfasse.

Die Revision beruft sich diesen Ausführungen gegenüber darauf, daß der Kläger als Wegebaupflichtiger ein vom Eigentum unabhängiges Besitzrecht an der Straße habe, daß der Bergbau in diese Rechtsstellung schädigend eingegriffen habe und daß sich daraus für ihn ein vom Verzichtsvertrage der Stadt unabhängiger Schadensersatzanspruch ergebe. In zweiter Reihe hält die Revision einen solchen Anspruch aus dem dem Kläger zur Ausübung zustehenden Recht aus dem Straßeneigentum heraus für begründet. Sie meint, dem könne der Vertrag vom 21. Dezember 1931 aus mehreren Gründen nicht entgegengestellt werden: Dieser Vertrag habe wesentlich in die Leistungsfähigkeit des früheren Trägers der Straßenbaulast eingegriffen und deswegen zu seiner Wirksamkeit der Genehmigung der Straßenpolizeibehörde bedurft. Aber auch bei Gültigkeit binde er den Kläger nicht, da dieser sein Recht nicht von der Stadt B. ableite und da es sich bei dem Vergleich um einen rein schuldrechtlichen Vertrag handle, dessen Wirkung nicht durch § 3 des Gesetzes vom 26. März 1934 auf den Kläger erstreckt werde.

Die Revision muß Erfolg haben. Nicht zuzustimmen ist ihr allerdings darin, daß sie einen Unterschied machen will zwischen der Rechtsstellung, die der Kläger als Träger der Straßenbaulast hat, und der, welche ihm aus der durch § 3 des Gesetzes vom 26. März 1934 überwiesenen Ausübung der Eigentumsrechte zukommt, und daß sie meint, schon auf Grund der ersteren, ohne Berücksichtigung der letzteren könne der Kläger einen eigenen Bergschädenanspruch aufstellen, der von den Rechtsbeziehungen der Stadt B. zur Beklagten nicht berührt werde. Der Kläger ist durch das Gesetz vom 26. März 1934 Träger der Straßenbaulast für die hier in Betracht kommenden Wegestrecken geworden. Damit dieser Träger die ihm daraus erwachsenden Aufgaben vollständig und reibungslos erfüllen könne, sollte ihm die restlose Beherrschung der Straße übertragen werden (Todt Vom Zweck der Straße in ZAkdR. 1937 S. 622). Dem dient die Bestimmung des § 3 des Gesetzes. Sie ist für die Rechtsstellung des Straßenbaupflichtigen wesentlich. Diese kann nur einheitlich unter Einbeziehung des auf § 3 beruhenden Rechts der Ausübung der sich aus dem Eigentum an der Straße ergebenden Rechte und Pflichten angesehen und beurteilt werden. Übrigens ist nicht ersichtlich, was die von der Revision gewollte Unterscheidung für die Beantwortung der Frage ausmachen könnte, ob dem Kläger der von der Beklagten mit der Stadt B. abgeschlossene Vertrag entgegengehalten werden kann oder nicht.

Wenn § 3 bestimmt, „die aus dem Eigentum an der Straße sich ergebenden Rechte und Pflichten stehen der Ausübung nach ... dem jeweiligen Träger der Straßenbaulast zu", so bedeutet das, daß der Straßenbaulastträger aus eigenem, auf dem Gesetz beruhendem Rechte heraus die Rechte eines Straßeneigentümers ausüben kann, ohne daß er selbst Eigentümer ist. Es handelt sich dabei nicht um einen vom Eigentümer abgeleiteten, sondern um einen ursprünglichen, gesetzlich begründeten Erwerb der Befugnisse, die bis dahin der Eigentümer als solcher auszuüben berechtigt war. Einschränkungen des Eigentums selbst, die etwa durch frühere Begründung dinglicher Rechte am Straßengrundstück entstanden sind, bleiben nach wie vor bestehen, da das Gesetz keinen Eingriff in solche bestimmt und daher die Rechte aus dem Eigentum nur in dem Umfang ausgeübt werden können, wie er zur Zeit des Übergangs der Ausübung vorhanden ist.

Nach § 148 ABG. hat der Bergwerksbesitzer für allen Schaden Ersatz zu leisten, der dem Grundeigentum durch den Betrieb des Bergwerks zugefügt wird. Das Gesetz sagt nicht ausdrücklich, wer der Anspruchsberechtigte ist. Jedoch ist allgemein anerkannt, daß jeder, der durch die Beschädigung des Grundeigentums einen Vermögensschaden erleidet, Ersatz dieses Schadens fordern kann. Danach ist der Kläger aus eigenem Recht zum Anspruch auf Ersatz des Schadens befugt, der ihm dadurch entstanden ist und noch entstehen wird, daß der Bergbau die Straßen angreift, die er im Besitz hat und die er unterhalten muß. Dieser Anspruch umfaßt den Schaden, der durch Beschädigung des Straßengeländes im Vermögensstande gerade des Klägers durch Vermehrung der Unterhaltungskosten entsteht. Er ist ohne Rücksicht auf die Stadt B. als Eigentümerin zu berechnen.

Weiter fragt es sich dann, ob dieser dem Kläger gegenüber dem Bergwerksbesitzer auf Grund des § 148 ABG. erwachsene Anspruch durch den Vertrag vom 21. Dezember 1931 berührt wird. Nach dessen Inhalt hat die Stadt B. „für sich und ihre Rechtsnachfolger" auf 140 Jahre hinaus auf Ersatz von Bergschäden, die in einem bestimmten Gebiet entstehen, verzichtet; sie hat sich verpflichtet, bei Weiterveräußerung ihres Grundbesitzes diesen Verzicht auch ihren Rechtsnachfolgern aufzuerlegen, auch den Bergwerksbesitzer ihrerseits schadlos zu halten, wenn er trotzdem von künftigen Eigentümern mit Erfolg angegriffen werden sollte. Im Grundbuch ist der Verzicht nicht eingetragen worden. Es handelt sich also lediglich um eine Bindung der Stadt B. Dabei kommt es nicht auf die von der Revisionsbeantwortung behandelte Frage an, ob der Vertrag von 1931 eine bereits dem Grunde nach entstandene Forderung der Stadt ergreift oder ob er als Hindernis für die Entstehung zukünftiger Forderungen in Betracht kommt. Das Wesentliche ist, daß sich die Abrede nur auf Forderungen — gegenwärtige oder zukünftige — der Stadt B. bezieht. In der Rechtsprechung und Rechtslehre herrscht Einverständnis darüber, daß der Verzicht eines Grundeigentümers auf Ersatz für Bergschäden die etwa in Zukunft in der Person von Rechtsnachfolgern neu entstehenden Ansprüche unberührt läßt. Der gegenwärtige Eigentümer ist nicht befugt, auf möglicherweise in der Zukunft entstehende Ansprüche eines Dritten zu verzichten. Anders ist es nur dann, wenn der Verzicht durch Eintragung einer Grunddienstbarkeit des Inhalts verdinglicht worden ist, daß dem Grundstück, um dessen Beschädigung es sich handelt, Bergschäden zugefügt werden dürfen, ohne daß die Entschädigungspflicht aus § 148 ABG. besteht. Die früher streitige Frage der Zulässigkeit einer solchen Eintragung ist durch den Beschluß des Reichsgerichts vom 25. November 1930 bejaht worden (RGZ. Bd. 130 S. 350).

Der Revision ist nicht zu folgen, wenn sie den Vertrag vom 21. Dezember 1931 überhaupt für rechtsunwirksam hält, weil er zur Wirksamkeit der Genehmigung der Wegepolizeibehörde bedurft hätte. Bei dem Vertrage handelt es sich, wie das Berufungsgericht richtig ausführt, um rein bürgerlichrechtliche Abreden, nicht aber um eine Vereinbarung über die Regelung der Wegebaulast. Nur bei einer solchen aber wäre eine Genehmigung der Wegepolizeibehörde in Betracht gekommen; und auch dies nur, um der Abmachung öffentlichrechtliche Wirkung zu verleihen (vgl. Germershausen-Seydel Wegerecht 4. Aufl. Bd. 1 S. 325). Mit Recht aber vertritt die Revision die Auffassung, daß der Verzichtsvertrag nicht gegen den Bergschädenersatzanspruch des Klägers wirke. Zunächst gilt der bereits erwähnte Grundsatz, daß der Verzicht eines Eigentümers, der nicht zu einer das Eigentum ergreifenden Dienstbarkeit ausgebaut worden ist, einen Dritten, auch einen Sonderrechtsnachfolger im Eigentum, nicht für Ansprüche bindet, die in der Person dieses Dritten neu entstehen. Das muß erst recht für den Kläger gelten, der, wie gezeigt, nicht einmal Rechtsnachfolger der Stadt B. ist, sondern eigene gesetzlich begründete Rechte und Pflichten am Straßengrundstück hat. Anders wäre es nur dann, wenn aus der durch das Gesetz vom 26. März 1934 gegebenen Gestaltung Abweichendes hervorgehen sollte.

Die oben wiedergegebenen Ausführungen des Oberlandesgerichts, die eine Bindung des Klägers an den Verzicht der Stadt B. aus dem Inhalt und Zweck dieses Gesetzes entnehmen wollen, sind rechtsirrig. Das Gesetz enthält keine ausdrückliche Regelung der Frage, ob der neue Träger der Straßenbaulast mit der Überweisung der sich aus dem Eigentum an der Straße ergebenden Rechte und Pflichten der Ausübung nach an irgendwelche schuldrechtlichen Verträge, die bezüglich des Straßengeländes bestehen, gebunden sein soll. Dieser Umstand spricht von vornherein für das Eingreifen des allgemeinen Grundsatzes, daß persönliche Bindungen nicht zu Lasten eines Dritten gehen und daß keine Befugnis zum Verzicht auf Rechte eines anderen besteht. Wenn in § 3 des Gesetzes von den „aus dem Eigentum an der Straße sich ergebenden Rechten und Pflichten" die Rede ist, so fallen darunter nicht etwa die mit dem Eigentum zusammenhängenden schuldrechtlichen Verträge. Der Verzicht auf künftigen Bergschädenersatz stellt keine sich „aus dem Eigentum" ergebende Pflicht dar, sondern ist eine von der Stadt B. eingegangene Bindung, die nicht zu einer Einschränkung des Eigentums ausgestaltet wurde, was an sich möglich gewesen wäre. Das Berufungsgericht will aus den Bestimmungen des § 3 Abs. 2 des Gesetzes und des § 22 der Durchführungsverordnung vom 7. Dezember 1934 (RGBl. I S. 1237), daß die Nutzung von Baumpflanzungen an der Straße regelmäßig den bisherigen Eigentümern und Nutzungsberechtigten zu überlassen sei, wenn sie nicht Träger der Straßenbaulast waren, entnehmen, daß eine Schädigung Dritter durch das Gesetz möglichst vermieden werden sollte. Es mag sein, daß die Vorschrift aus Billigkeitsgründen dieser Art gegeben wurde. Ihr Vorhandensein bestätigt aber eher, daß der neue Baulastträger von vornherein nicht gebunden ist, als daß sie für eine Bindung spräche. Unmöglich kann man, wie es das Oberlandesgericht tut, den Runderlaß des Generalinspektors für das deutsche Straßenwesen vom 23. März 1937 im Sinne der Bindung verwerten. Der Generalinspektor sagt im Eingange des Erlasses, er habe beim Vollzuge des Gesetzes stets daran festgehalten, daß der Übergang der Unterhaltslast der Straße auf einen anderen Baulastträger für diesen nicht ohne weiteres die Verpflichtung begründe, in alle sich auf die Straße beziehenden und vom früheren Verfügungsberechtigten eingegangenen Vertragsverhältnisse einzutreten. Er weist dann aber, um einen Eingriff in die berechtigten Belange der Kraft- und Wasserwirtschaft zu vermeiden, die nachgeordneten Behörden an, Verträge über die Gestattung der Straßenbenutzung für bestehende Leitungen als fortdauernd wirksam anzuerkennen. Darin kommt deutlich der Standpunkt des Generalinspektors zum Ausdruck, daß trotz fehlender rechtlicher Bindung des neuen Baulastträgers durch frühere Verträge des Eigentümers doch aus Gründen der Zweckmäßigkeit die alten Verträge in den beschriebenen Sonderfällen beachtet werden sollen.

Aus dem Zweck des Gesetzes, im Verkehrsinteresse eine einstweilige Neuregelung des Straßenwesens mit gerechter Lastenverteilung zu geben, und aus seinem Wesen als „Organisationsgesetz" kann keine Bindung des neuen Baulastträgers an nur persönliche Verpflichtungen des Eigentümers entnommen werden, die im Gesetz nirgends vorgeschrieben ist. Es ist auch nicht so, daß der Neuberechtigte mehr Rechte hätte als der Eigentümer selbst. Die Rechte aus dem Eigentum kann er nur in dem Umfang ausüben, wie sie das Eigentum aufweist. Das würde sich tatsächlich auswirken, wenn der Bergschädenverzicht als Grunddienstbarkeit eingetragen gewesen wäre. Die Verneinung der Bindung des Klägers an den von der Stadt B. ausgesprochenen Verzicht beruht auf dem grundlegenden Unterschiede, der im geltenden Recht zwischen schuldrechtlicher Bindung und dinglichem Recht besteht, sowie darauf, daß die Stadt nicht gewillt und nicht befugt war, über Ansprüche zu verfügen, die einem Dritten aus eigenem Recht erwachsen würden. Bloße Billigkeitserwägungen können daran nichts ändern. Übrigens kann nicht anerkannt werden, daß die Ablehnung der Bindung in diesem Falle zu einem mit Treu und Glauben in Widerspruch stehenden Ergebnis führe. Durch den Bergbau geschädigt ist der Kläger, der die Straße instandzuhalten hat. Das Entgelt für den im Vertrage vom 21. Dezember 1931 ausgesprochenen Verzicht ist nicht ihm, sondern der Stadt B. zugeflossen. Da ist es durchaus gerecht, daß er vom Bergwerksbesitzer entschädigt werde. Dieser mag dann aus dem Vergleich seiner damaligen Vertragsgegnerin gegenüber den Anspruch auf Schadloshaltung nach Inhalt des Schlußsatzes in § 2 des Vertrages herleiten. Wenn dort zwar nur von Ansprüchen künftiger Eigentümer die Rede ist, so wird doch der gegenwärtige Fall der durch das Gesetz vom 26. März 1934 dem Kläger zugewiesenen Berechtigung mit darunter fallen. So bestehen auch keine Billigkeitsgründe, die einen Versuch, das Gesetz anders auszulegen, rechtfertigen könnten. Das Recht des Klägers aus § 148 ABG. besteht, ohne daß ihm der von der Stadt B. ausgesprochene Verzicht auf Bergschädenersatz entgegenstände. Daraus ergibt sich die Wiederherstellung des Urteils des Landgerichts.

14. 1. Stehen, soweit es sich um Unzulässigkeit der Rechtsausübung durch eine Ehefrau aus einem mit Mitteln des schuldenden Ehemannes (Wechselmitschuldners) bewirkten Erwerbe von vollstreckbaren Titeln handelt, den eigenen Mitteln des Schuldners die von ihm durch die Ehefrau anfechtbar erlangten Mittel gleich? In welchem Umfange kann die Anfechtbarkeit der Erlangung der Mittel berücksichtigt werden?

2. Wann kommen Rechte des Schuldners am Versteigerungserlös im Zwangsversteigerungsverfahren in Frage? Welche Ziele kann sein Widerspruch gegen den Verteilungsplan haben?

BGB. §§ 226, 242, 826. ZVG. § 115. ZPO. § 878 Abs. 2.

II. Zivilsenat. Urt. v. 17. Februar 1941 i. S. Peter M. (Kl. u. Widerbekl.) w. Karoline M. (Bekl. u. Widerkl.). II 70/40.

I. Landgericht Kiel.
II. Oberlandesgericht daselbst.

Der Kläger und der Ehemann der Beklagten Matthias M. sind Brüder. Ein dritter Bruder ist der Hofbesitzer Nikolaus M. in D. Der Ehemann der Beklagten besaß ein Landgut in Bo., das am 4. Februar 1928 unter Zwangsverwaltung und im Jahre 1929 zur Zwangsversteigerung kam. Ersteherin war die Spar- und Darlehenskasse in Mo. nach Zuschlag vom 6. Juli 1929. Der Kläger hatte ein Gut in Bü. Über dessen Pachtung bestand zwischen ihm und Matthias M. ein Gesellschaftsverhältnis, das der Kläger 1926 kündigte und dessen Auseinandersetzung zunächst nicht vor sich ging und im Streit ist. Durch einen Vertrag vom 18. September 1928, auf Grund dessen am 19. September 1928 Nikolaus M. als Bürge 10000 RM. an den Ehemann der Beklagten zahlte, sollen nach Behauptung des Klägers alle gegenseitigen Ansprüche erledigt worden sein. In dieser Zeit verlor auch der Kläger sein Gut, das im Januar 1928 von Nikolaus M. übernommen wurde. Der Kläger wurde von Nikolaus M. gegen Gehalt auf dem Gut angestellt. Die Beklagte hat durch Ehevertrag vom 11. Februar 1926 mit ihrem Ehemanne Gütertrennung vereinbart; das ist am 24. Januar 1928, also kurz vor Beginn der Zwangsverwaltung, in das Güterrechtsregister eingetragen worden.

Aus der Ausstellung von Gefälligkeitsakzepten für eine Firma H. F. H. in Mö., die am 2. Februar 1927 in Konkurs kam, ist dem Ehemanne der Beklagten eine Anzahl von Wechselschulden an Banken erwachsen, für die er diesen, um seine Inanspruchnahme aus den verfallenen und nicht eingelösten Abschnitten zu vermeiden, neue Wechsel gab, die am 11. Februar 1927 vom Kläger ausgestellt, von Matthias M. angenommen wurden. Auch diese Wechsel wurden nach Verfall protestiert. Die Banken erwirkten aus ihnen gegen den Kläger und den Ehemann der Beklagten u. a. folgende, diese als Gesamtschuldner zur Zahlung verpflichtenden, rechtskräftigen Urteile:

1. die L. Landesbank in K.:

a) Urteil des Landgerichts Kiel vom 20. Dezember 1927 — 8 P 233/27 — über 1031,45 RM. nebst Zinsen und Wechselunkosten; hierzu Kostenfestsetzungsbeschluß vom 21. Dezember 1927 über 109,43 RM.;

b) Urteil des Landgerichts Kiel vom 24. Januar 1928 — 8 P 2/28 — über 3186,90 RM. nebst Zinsen und Wechselunkosten; hierzu Kostenfestsetzungsbeschluß vom 10. Februar 1928 über 289,56 RM.;

2. die C.bank in L.:

zwei Urteile des Landgerichts Lübeck vom 12. November und 28. Dezember 1927 — L II H 159 und 182/27 — über 3285,60 RM. und 1137,80 RM., je nebst Zinsen und Wechselunkosten;

3. die D. Bank, Zweigstelle L. in L.:

Versäumnisurteil des Landgerichts Lübeck vom 7. Januar 1928 — L II H 177/27 — über 5620,20 RM. nebst Zinsen und Wechselunkosten; hierzu Kostenfestsetzungsbeschluß vom 12. März 1928 über 419,20 RM.

Wegen der Wechsel ist streitig, ob im inneren Verhältnis der beiden Brüder der Ehemann der Beklagten als derjenige, der die Annahme erklärt hat und auch dem Aussteller wechselmäßig gehaftet hätte (Art. 23 Abs. 2 WO.), der alleinige Schuldner sein sollte, wie der Kläger behauptet, oder ob beide Brüder — nach der Behauptung der Beklagten — im Fall ihrer Inanspruchnahme die Beträge je zur Hälfte tragen sollten.

In den Jahren 1929 bis 1932 kaufte die Beklagte einer großen Anzahl von Gläubigern ihres Ehemannes ihre Forderungen an ihn ab — insgesamt nach ihrer Angabe Forderungen im Betrage von etwa 67000 RM. mit einem Aufwande von etwas über 13000 RM. —. Unter den aufgekauften Forderungen waren auch die oben aufgeführten Wechselforderungen an die beiden Brüder, und zwar zahlte die Beklagte dafür der L. Landesbank und der C.bank je 800 RM., der D. Bank für ihre sich insgesamt auf 12092,70 RM. belaufenden Forderungen 950 RM. Die Banken händigten der Beklagten die gegen die beiden Brüder erwirkten Schuldtitel aus und traten ihr auch ihre Rechte aus dinglichen Sicherungen auf dem Gute Bo. ab. Die Beklagte ließ die Vollstreckungsklauseln aus den gegen die Brüder ergangenen Wechselurteilen und den dazu erlassenen Kostenfestsetzungsbeschlüssen auf sich umschreiben. Auf Grund dieser Schuldtitel führte sie einen Anfechtungsstreit beim Landgericht K. wegen der Übertragung von Vermögenswerten, die aus der Pachtung Bü. des Klägers stammten, gegen den dritten Bruder Nikolaus M. und die G. AG. in E., in dem sie unterlag. Die von ihr zu erstattenden Streitkosten wurden auf 1785,30 RM. festgesetzt. Als wegen dieser Kostenforderung Zwangsvollstreckung gegen sie betrieben wurde, leitete die Beklagte aus den von der L. Landesbank und von der C.bank erworbenen Schuldtiteln die Zwangsvollstreckung gegen den Kläger ein.

Nunmehr hat der Kläger Zwangsvollstreckungsgegenklage gemäß § 767 ZPO. mit der Behauptung der Unzulässigkeit der Rechtsausübung der Beklagten erhoben, und zwar in einem Rechtsstreit beim Landgericht Lübeck gegen die Vollstreckung aus den von der C.bank gegen ihn erwirkten Schuldtiteln, im gegenwärtigen Rechtsstreit (Klageschrift vom 27. August 1937) beim Landgericht Kiel gegen die Vollstreckung aus dem von der L. Landesbank gegen ihn erwirkten, oben unter 1b aufgeführten Urteil nebst Kostenfestsetzungsbeschluß. Er hat beantragt, die Zwangsvollstreckung aus dem Urteile der Kammer für Handelssachen des Landgerichts Kiel vom 24. Januar 1928 (8 P 2/28) und dem in derselben Sache erlassenen Kostenfestsetzungsbeschluß vom 10. Februar 1928 (oben 1b) durch die Beklagte für unzulässig zu erklären.

Das Landgericht hat durch Urteil vom 23. März 1938 der Klage stattgegeben. Die Beklagte hat Berufung eingelegt und im zweiten Rechtszug eine vom Berufungsgericht gegen den Widerspruch des Klägers als sachdienlich zugelassene Widerklage mit dem Antrag erhoben, festzustellen, daß sie dem Kläger gegenüber berechtigt sei, das vollstreckbare Versäumnisurteil L II H 177/27 des Landgerichts Lübeck vom 7. Januar 1928 (oben unter 3) in Höhe von 3417,80 RM. nebst Zinsen zur Zwangsvollstreckung zu benutzen. Das Oberlandesgericht hat durch Urteil vom 17. September 1938 die Berufung der Beklagten zurückgewiesen und ihre Widerklage abgewiesen. Auf Revision der Beklagten und Widerklägerin ist dieses Berufungsurteil durch Urteil des jetzt erkennenden Senats vom 6. Mai 1939 aufgehoben und die Sache zu anderweiter Verhandlung und Entscheidung an das Berufungsgericht zurückverwiesen worden. Das Revisionsurteil bemerkt am Schlusse zusammenfassend: Die Feststellungen des Berufungsgerichts, die Beklagte habe nur als von ihrem Ehemanne vorgeschobene Person gehandelt und sei mit diesem wirtschaftlich gleichzusetzen, der Ehemann habe im Innenverhältnis zum Kläger allein für die am 11. Februar 1927 den Banken gegenüber eingegangenen Wechselverpflichtungen einstehen sollen und die Beklagte habe das gewußt, beruhten auf Rechtsirrtum.

Im weiteren Verfahren hat die Beklagte ihren Widerklageantrag erweitert. Das Berufungsgericht hat auch diese Erweiterung zugelassen. Die Beklagte hat dabei in ihren Widerklageantrag einbezogen: 1. das Versäumnisurteil des Landgerichts Lübeck vom 7. Januar 1928 (oben unter 3 bisher im Teilbetrage von 3417,80 RM.) in seinem vollen Betrage von 5620,20 RM. nebst Zinsen, 2. den Kostenfestsetzungsbeschluß in derselben Sache vom 12. März 1928 über 419,20 RM., 3. das vollstreckbare Versäumnisurteil der Kammer für Handelssachen des Landgerichts in Kiel — 8 P 233/27 — (oben unter 1a) über 1031,45 RM. nebst Zinsen und Wechselunkosten, 4. den Kostenfestsetzungsbeschluß in derselben Sache vom 21. Dezember 1927 über 109,43 RM.

Das Oberlandesgericht hat danach durch Urteil vom 25. April 1940 umgekehrt erkannt, nämlich unter Abänderung des landgerichtlichen Urteils auf die Berufung der Beklagten die Klage abgewiesen und der erweiterten Widerklage in vollem Umfange stattgegeben, auch dem Kläger die Kosten der drei Rechtszüge auferlegt.

Dagegen hat der Kläger Revision eingelegt mit dem Antrage, das angefochtene Urteil aufzuheben und nach seinen Anträgen im vorigen Rechtszuge zu erkennen, also die Berufung der Klägerin zurückzuweisen und die Widerklage in ihrem jetzigen Umfang abzuweisen. Die Revision blieb ohne Erfolg.

Aus den

Gründen:

1. Gegen die Feststellungen des Vorderrichters über die Herkunft der zum Erwerbe der Klage- und Widerklageforderungen ver-

wendeten Mittel, 800 RM. und 950 RM., erhebt die Revision Angriffe teils allgemeiner Art, teils zu jedem Punkt im besonderen. Die allgemeinen, d. h. zur Auswirkung auf beide Schuldtitelerwerbungen bestimmten Angriffe bestehen einmal in der Behauptung, der Vorderrichter habe die Beweislast verkannt. Sodann wird geltend gemacht, der Vorderrichter mache rechtsirrig einen Unterschied zwischen Mitteln des Ehemannes der Beklagten (mit denen nach der Stellungnahme des Klägers so oder so die Schuldtitelerwerbungen vorgenommen worden sein sollen) und Mitteln der Beklagten, die sie in anfechtbarer Weise aus dem Vermögen des Ehemannes erhalten habe. Der Vorderrichter verweise darauf, das der Anfechtung unterworfene Rechtsgeschäft sei deshalb noch nicht nichtig, während es, so meint die Revision, für die Unzulässigkeit der Rechtsausübung gleichgültig sei (oder sein müsse), ob die an die Banken gezahlten Mittel solche des Ehemannes gewesen seien oder solche, die er vorher der Beklagten in anfechtbarer Weise zur Verfügung gestellt habe.

Der Revision kann zugegeben werden, daß für die Frage der Unzulässigkeit der Rechtsausübung, soweit sie von der Herkunft der Mittel für einen Rechtserwerb abhängt, die Erlangung der Mittel durch eine anfechtbare Handlung von demjenigen, aus dessen Person die Unzulässigkeit abgeleitet wird und dessen Mittel zum Rechtserwerbe nicht hätten verwendet sein dürfen, beachtlich ist. Der Rechtsbegriff der Unzulässigkeit der Rechtsausübung, der im Gesetze nirgends eine allgemeine Regelung erfahren hat, für dessen Bedeutung überhaupt die von der Revision angezogenen, der Verwirklichung des Rechts höherer Ordnung dienlichen §§ 242, 826 BGB., auch das Schikaneverbot des § 226 BGB. herangezogen werden und der früher und namentlich im gemeinen Recht unter den Begriff der gegenwärtigen Arglist gestellt worden ist, läßt Raum für die Beachtung eines jeden Gesichtspunktes, welcher der Erreichung wahrer innerer Gerechtigkeit dient. Unter diesem Gesichtspunkte steht schon der gemeinrechtliche und auch heute noch gültige (RGZ. Bd. 112 S. 280 [283], Bd. 126 S. 383 [385]) Satz: dolo facit, qui petit, quod redditurus est — arglistig handelt, wer fordert, was er alsbald zurückgewähren muß —, der für diese Gleichstellung bei der Frage der unzulässigen Rechtsausübung besonders verwertet werden kann. Aber es muß dann auch so liegen, daß ein Rückgewähranspruch nach den Grundsätzen des Anfechtungsrechts wenigstens der Sache nach zu

Recht besteht, wenn auch die förmlichen Erfordernisse seiner Durchsetzung, um die es sich ja nicht handelt, nicht vorliegen. Es muß also nicht gerade ein vollstreckbarer Titel vorhanden sein, wie ihn §§ 2, 5 AnfG. fordern, aber er müßte nach der sachlich-rechtlichen Lage zu erlangen sein. Noch weniger muß ein vollstreckbarer Titel für den Rückgewähranspruch selbst schon durchgesetzt sein. Ist eine Anfechtung in dem für die Urteilsfällung maßgebenden Zeitpunkt (Verhandlungsschluß des Rechtszugs) oder — was hier offen bleiben kann — im Zeitpunkte der Geltendmachung der Anfechtbarkeit durch Klage oder Einrede nicht mehr möglich, so scheidet die Anfechtbarkeit, mag sie auch vorher einmal gegeben gewesen sein, als Grund für die Unzulässigkeit der Rechtsausübung im gegenwärtigen Zeitpunkt, auf die sie auch nach dem Standpunkte der Revision selbst abzustellen ist, aus. Das zeigt insbesondere die Bestimmung des § 12 AnfG.: „Die Anfechtung ... kann nur binnen ... erfolgen". Daraus folgt für den vorliegenden Fall, in dem zwischen den nach dem Willen des Klägers anfechtbaren Rechtshandlungen des Ehemannes der Beklagten — seines angeblichen Schuldners nach Wechselrecht für den Fall, daß er die im Streite befindlichen Wechselforderungen erworben hätte — und der Beklagten einerseits und der Geltendmachung der Anfechtbarkeit im Rechtsstreit andrerseits eine ganze Reihe von Jahren liegt, mindestens die Jahre 1930 bis 1936: Jede Anfechtbarkeit nach den Gründen des § 3 Nr. 2 bis 4 AnfG., welche die Anfechtbarkeit auf Verträge und unentgeltliche Verfügungen beschränken, die im letzten Jahr oder (Nr. 4) in den letzten zwei Jahren vor der Anfechtung vorgekommen sind, scheidet aus. Übrig und zu prüfen bleibt nur die Anfechtbarkeit nach § 3 Nr. 1 wegen Rechtshandlungen, die „der Schuldner" in der dem anderen Teil, also hier der Beklagten bekannten Absicht, seine Gläubiger zu benachteiligen, vorgenommen hat; hier ist nach § 12 Satz 1 AnfG. der Anfechtung nur eine zehnjährige Grenze gesetzt. Der Kläger hat die Gläubigerstellung aus den Wechseln noch gar nicht, erlangt sie vielmehr nur bedingt — bedingt durch Erfüllung der streitigen, ehemals den Banken zustehenden Forderungen — und glaubt außerhalb Wechselrechts nur den Anspruch zu haben, daß der Ehemann der Beklagten die Wechsel sämtlich allein einlöse und ihn dadurch von den Verbindlichkeiten aus den Wechseln befreie. Ob er wegen dieses Anspruchs als zur Anfechtung berechtigter Gläubiger im Sinne des § 2 AnfG. oder wenigstens als berechtigt zur Geltendmachung der Unzulässigkeit der Rechtsausübung, gleich als ob er ein solcher anfechtungsberechtigter Gläubiger wäre, anzusehen ist, wäre eine weitere Frage. Zunächst hat der Vorderrichter, der die Anwendbarkeit der Nummern 2 bis 4 des § 3 AnfG. auch wegen Nichteinhaltung der darin aufgestellten Fristen abgelehnt hat, ausgesprochen, für eine Anfechtung nach § 3 Nr. 1 habe der Kläger trotz Hinweises nichts Näheres dargelegt. Damit ist aus tatsächlichen Gründen die Anwendbarkeit auch dieser Nummer abgelehnt. Hierzu vermag aber die Revision keinen Angriff in der Richtung zu erheben, daß tatsächliches Vorbringen des Klägers, das in diesem Zusammenhange verwertbar wäre, unbeachtet geblieben sei.

2. Zu den der L. Landesbank zugeflossenen 800 RM., die zufolge eines Vergleichs mit der Spar- und Darlehenskasse Mo. gezahlt worden sind, sagt das Urteil, die Ausführungen des Klägers, daß diese nicht aus eigenen Mitteln der Beklagten, sondern aus solchen des Ehemannes stammten, gingen fehl. Es stellt auf der Grundlage eines den Inhalt des nachher zustande gekommenen Teilvergleichs enthaltenden Schreibens des Rechtsanwalts Dr. Sch. vom 24. April 1931 an die Anwälte der Vergleichsgegnerin fest, die 800 RM. setzten sich aus zwei Teilen zusammen: a) 200 RM., gezahlt zur Abtragung („als Auszahlung") einer für die Beklagte eingetragenen Sicherungshypothek (Nr. 67) im gleichen Betrage; hier erhelle ohne weiteres, daß nicht davon gesprochen werden könne, der Betrag stamme aus Mitteln des Ehemannes; b) 600 RM., gezahlt als Vergütung für die Zustimmung der Beklagten zur Hinterlegung der Streitmasse von 55000 RM. bei einer anderen Bank zu einem höheren Zinsfuß; diese 600 RM. habe die Beklagte unmittelbar von der Bank erhalten. Zu b) führt das Urteil weiter aus: Deshalb, weil sich der Ehemann — der seit 1926 nicht mehr zur Verwaltung des Frauenvermögens berechtigt war — mit einer derartigen Regelung einverstanden erklärt habe, stamme die Auszahlung noch nicht aus Mitteln des Mannes. Zwar hätten beide Ehegatten (in einem gemeinsam begonnenen Rechtsstreit mit der Spar- und Darlehenskasse Mo. als Ersteherin des Gutes Bo. wegen Widerspruchs gegen den Verteilungsplan im Zwangsversteigerungsverfahren) Ansprüche auf die hinterlegten (der Ersteherin nach § 10 Nr. 1 ZVG. für Zwangsverwaltungskosten zugewiesenen) 55000 RM. gestellt, aber die Ansprüche hätten bei der Beklagten darauf beruht, daß sie als Gläubigerin

einer Forderung von 20000 RM. (der ersten unberücksichtigt gebliebenen) ausgefallen sei, während der Ehemann seine Ansprüche als früherer Eigentümer des Grundstücks erhoben habe. Hinzugefügt wird: Ob für die Gläubiger des Ehemanns ein Anfechtungsrecht bestanden habe, weil möglicherweise ein Verzicht auf einen Rechtserwerb zugunsten der Beklagten vorgelegen habe — dies wohl deshalb, weil in dem Vergleich nicht eine gleiche oder ähnliche Vergütung für die Zustimmung des Mannes, an diesen zahlbar, bedungen ist —, könne dahingestellt bleiben, da auch dann der der Beklagten zugeflossene Betrag Bestandteil ihres Vermögens geworden sei.

Hierzu sagt die Revision, das Berufungsgericht unterstelle selbst die Möglichkeit, daß ein Verzicht auf einen Rechtserwerb zugunsten der Beklagten vorgelegen habe. Dann sei aber die Einrede der unzulässigen Rechtsausübung begründet; es habe näherer Untersuchung bedurft, aus welchem Grunde vereinbart worden sei, daß der Betrag von 600 RM. an die Beklagte und nicht an ihren Ehemann ausbezahlt werden solle. Auch unter Berücksichtigung des Umstandes, daß die Beklagte mit ihrer Forderung von 20000 RM. dem Manne vorgegangen sei — wozu die Revision selbst nicht den Einwand anbringt, daß auch diese 20000 RM. aus Mitteln des Mannes stammten —, hätten die 600 RM. zu mindestens $^{35}/_{55}$ dem Ehemanne der Beklagten zugestanden, so daß also mindestens zu $^{7}/_{11}$ eine unentgeltliche Verfügung vorliege. Die Einrede der unzulässigen Rechtsausübung sei aber auch dann begründet, wenn der Betrag von 800 RM. zum überwiegenden Teil aus Mitteln des Ehemannes der Beklagten stamme. Diese Ausführung zielt also darauf ab, die Unentgeltlichkeit einer Zuwendung des Ehemannes der Beklagten mindestens zum Teil zu beweisen, was nach dem oben unter 1 Ausgeführten infolge Zeitablaufs für die Anfechtbarkeit des Mittelerwerbs nicht mehr erheblich ist. Sie läßt aber auch völlig außer acht, daß hier eine Erlangung der Geldmittel durch eine anfechtbare Handlung von dem Ehemanne der Beklagten überhaupt nicht in Frage kommt. Kein Gläubiger des Mannes könnte im Wege der Anfechtung erreichen, daß von der Beklagten Geldmittel zurückgewährt werden, die sie weder von ihrem Ehemanne selbst noch von einem Schuldner des Ehemannes erlangt hat; Schuldner des Mannes, der mit seiner Zustimmung („zufolge seiner Verfügung") an die Beklagte gezahlt hat, war die Vergleichsgegnerin nie; aus seinem Vermögen ist durch diesen Vergleich nichts ausgeschieden worden, weshalb der Vorderrichter von dem „Verzicht auf einen Rechtserwerb" spricht. Wie das Ziel der vom Vorderrichter als möglich ins Auge gefaßten Anfechtung zu bestimmen wäre und ob überhaupt die Anfechtung eines Verzichts auf einen Rechtserwerb nach dem Anfechtungsgesetz stattfinden würde, kann hier auf sich beruhen. Im übrigen war es bei der ganz verschiedenen Rechtsstellung, in der sich die Eheleute zu ihr befanden, durchaus Sache der Entschließung der Vertragsgegnerin, wem sie eine Vergütung für die Zustimmung zu der für zweckmäßig erachteten Verwaltungsmaßnahme zugestehen wollte. Wie die Urkunde ergibt, ist der Ehemann auch sonst anders behandelt worden als die Frau; denn auch er war Gläubiger einer auf dem Grundstück lastenden Sicherungshypothek Nr. 68 von 1275 RM., die in einem Zuge mit der Nr. 67 von 200 RM. der Beklagten erwähnt ist. Diese 1275 RM. sollten aber nach der Vereinbarung nicht an ihn ausgezahlt, sondern nebst aufgelaufenen Zinsen als Streitsumme ebenso wie die 55000 RM. bei der Bank gegen erhöhten Zins hinterlegt werden. Die von der Revision aufgestellte Rechnung, wonach die 600 RM. zu mindestens $^{35}/_{55}$ oder $^{7}/_{11}$ dem Ehemanne der Beklagten zugestanden haben sollen, ist aus dem vorgetragenen, wie dem vom Vorderrichter festgestellten Sachverhalt und aus dem Inhalt der Urkunde vom 24. April 1931 überhaupt nicht zu verstehen. Die an dem Teilvergleich Beteiligten, Eheleute M. und die Ersteherin Spar- und Darlehenskasse Mo., haben über die Ausführung des Teilungsplans gestritten, nach welchem der Ersteherin 55000 RM., die dann hinterlegt wurden, gemäß § 10 Nr. 1 ZVG. für Zwangsverwaltungskosten zugeteilt wurden mit der Wirkung, daß die Beklagte als erste folgende Gläubigerin mit ihrer Grundschuld von 20000 RM. vollkommen ausfiel, natürlich auch mit ihrer nach dem Teilvergleich wieder vergüteten Sicherungshypothek Nr. 67 von 200 RM., und ihr Ehemann mit der folgenden Sicherungshypothek Nr. 68 von 1275 RM., die nach dem Vergleich zur Streitmasse gezogen wurde. Für die Grundschuld von 20000 RM. ist unstreitig und durch Urkunden nachgewiesen, daß sie von der Beklagten (schon nach der Durchführung der Zwangsversteigerung bis zum Zuschlag am 6. Juli 1929, also künftig in der Gestalt des Erwerbs der Rechte aus dem ihrethalben erhobenen Widerspruch gegen den Teilungsplan) von der Firma P. Kr. in H. um 5000 RM. gekauft worden ist, die ihr von Nikolaus M. als

Darlehen gegen Sicherungsübereignung gegeben worden sind. Zusammen mit der Grundschuld erwarb die Beklagte für die 5000 RM. auch alle Forderungen der Firma Kr. an ihren Ehemann aus Wechseln. Da die Beklagte mehr als die Grundschuld samt Anhang an Zinsen und Kosten aus der Verteilungsmasse nicht hätte verlangen können, kann rechnerisch ungefähr gesagt werden, ihr stünden $^{20}/_{55}$ oder $^{4}/_{11}$ der Streitmasse zu, vorausgesetzt, daß der Ersteherin Zwangsverwaltungskosten überhaupt nicht zuzuteilen waren. Woher aber der Anspruch des Ehemannes auf den Rest von $^{35}/_{55}$ oder $^{7}/_{11}$ kommen sollte, ist in keiner Weise ersichtlich. Wenn dem Kläger als Schuldner oder früherem Grundeigentümer nach § 115 ZVG. in Verbindung mit §§ 875 bis 878 ZPO. hier im Zwangsversteigerungsverfahren ein Recht zum Widerspruch gegen den Verteilungsplan zukam, wie in RGZ. Bd. 145 S. 343 (348) für den Konkursverwalter des Schuldners angenommen wird, so folgt daraus nicht die sachlich-rechtliche Befugnis, als Schuldner denjenigen Teil der Hinterlegungsmasse für sich in Anspruch zu nehmen, der nicht seiner Ehefrau, der Beklagten, als der ersten völlig ausgefallenen Gläubigerin zuzuteilen war. Ein Recht des Schuldners zum Widerspruch gegen den Teilungsplan, das aus seinem Interesse daran abzuleiten ist, daß der Erlös nur an wirklich Berechtigte gezahlt werde, kann und darf auch nur zum Ziele haben, den Erlös den Berechtigten in der gehörigen Ordnung zufließen zu lassen. Insofern nahm hier der Ehemann schon von Rechts wegen eine Hilfsstellung für die Beklagte als erste ausgefallene Gläubigerin ein, der er auch nur als Streitgehilfe in der Widerspruchsklage hätte beitreten können. Wenn sich das Widerspruchsverfahren (zu dem die Erhebung von Widersprüchen weiterer ausgefallener Gläubiger nicht vorgebracht ist) und das Widerspruchsklageverfahren allein zwischen der ersten ausgefallenen Gläubigerin, dem Schuldner und der Ersteherin als einer nach § 10 Nr. 1 ZVG. berücksichtigten bevorrechtigten Massegläubigerin abgespielt hat, so gebührte doch der im Streit befangene Betrag der Teilungsmasse sachlich-rechtlich in erster Reihe der Ersteherin nach dem Umfang ihres Rechts aus § 10 Nr. 1 ZVG. — je höher sich der berechtigte Betrag belief, um so weniger blieb sonst zu verteilen übrig —, in zweiter Reihe der Beklagten als der Erstberechtigten unter den ausgefallenen Gläubigern, in dritter Reihe den übrigen ausgefallenen Gläubigern, gleichviel ob sie Widerspruch erhoben hatten oder nicht.

Denn der in § 115 Abs. 1 ZVG. als entsprechend anwendbar erklärte § 878 Abs. 2 ZPO. bestimmt, daß die Befugnis des widersprechenden Gläubigers, im Wege der Klage ein besseres Recht gegen den Gläubiger geltendzumachen, welcher nach dem Plan einen Geldbetrag erhalten hat, durch die Versäumung der Frist zur Widerspruchsklage und durch die Ausführung des Planes nicht ausgeschlossen wird, und die ständige Rechtsprechung (RGZ. Bd. 58 S. 156, Bd. 145 S. 343 [348/349], Bd. 153 S. 352 [356]) geht dahin, daß die Verfolgung eines besseren Rechts gegenüber dem planmäßig bedachten Gläubiger, der eben dann ihm gegenüber im Teilungsverfahren ungerechtfertigt bereichert worden ist, auch demjenigen Gläubiger unbenommen ist, der schon den Widerspruch im Teilungsverfahren versäumt hat. Die sachlich Berechtigten sind also nach Maßgabe ihres Ranges die weiteren Gläubiger, und erst hinter ihnen, wenn sie alle befriedigt sind, kann der Schuldner mit dem etwa freibleibenden Reste noch zum Zuge kommen. Was gegenüber dem im Teilungsverfahren ungerechtfertigt bedachten Gläubiger gilt, muß natürlich erst recht gegenüber dem Schuldner gelten, dem in der Zwangsversteigerung nur dann etwas verbleiben kann, wenn seine beigetretenen Gläubiger befriedigt sind. Daß auf diese Weise für den Kläger noch etwas herauskäme, dafür fehlt es an jedem Anhalt und an jeder Behauptung. Die Beteiligung des Klägers wegen der im Teilvergleiche wieder berücksichtigten, ausgefallenen Hypothek Nr. 68 von 1275 RM. wäre gering, wenn nicht wegen der berechtigten Verwaltungskosten der Ersteherin und der Summe der dazwischen stehenden Gläubigeransprüche tatsächlich wertlos.

---

15. Bedarf es im Falle des § 53 Abs. 2 EheG. eines besonderen Nachweises der Erbgesundheit der Nachkommenschaft?

IV. Zivilsenat. Urt. v. 22. Februar 1941 i. S. Ehemann R. (Kl.) w. Ehefrau R. (Bekl.). IV 303/40.

I. Landgericht Cottbus.
II. Kammergericht Berlin.

Die Parteien, die jetzt beide 32 Jahre alt sind, haben am 22. Mai 1933 geheiratet. Sie haben ein vor der Ehe geborenes Kind. Seit Ende April 1938 leben die Parteien getrennt. Der Kläger begehrt mit der Klage die Scheidung der Ehe und hat sein Scheidungsbegehren zunächst auf § 50 EheG. gestützt mit der Behauptung, die Beklagte leide an epileptischen Anfällen und habe durch ihr auf dieser geistigen Störung beruhendes Verhalten die Ehe so tief zerrüttet, daß die Wiederherstellung einer dem Wesen der Ehe entsprechenden Lebensgemeinschaft nicht zu erwarten sei. Die Beklagte hat um Klageabweisung gebeten und mit der Widerklage die Scheidung der Ehe aus § 49 EheG. beantragt. Das Landgericht hat Klage und Widerklage abgewiesen. Beide Parteien haben Berufung eingelegt mit dem Ziel auf Durchsetzung ihrer mitgeteilten Anträge. Der Kläger hat nunmehr sein Scheidungsbegehren auch auf § 49 und § 53 EheG. gestützt, letzteres mit dem Hinweise, daß die Beklagte auf Grund des Beschlusses des Erbgesundheitsgerichts in G. vom 9. Mai 1934 wegen erblicher Fallsucht unfruchtbar gemacht worden sei.

Das Berufungsgericht hat unter Zurückweisung der Berufung des Klägers der Berufung der Beklagten stattgegeben und die Ehe auf die Widerklage geschieden. Die Revision des Klägers führte zur Aufhebung des Berufungsurteils und zur Zurückverweisung der Sache.

Gründe:

Das Berufungsgericht verneint zunächst ein Scheidungsrecht des Klägers aus § 49 EheG., da es sich bei den in Betracht kommenden Verfehlungen der Beklagten keinesfalls um schwere Eheverfehlungen handle. Auch die Voraussetzungen des § 50 EheG. seien nicht dargetan; der Kläger habe den Nachweis, daß die Beklagte infolge ihrer Epilepsie ein Verhalten gezeigt habe, durch das die Ehe zerrüttet worden sei, nicht erbracht. Er habe dadurch, daß er den Geschlechtsverkehr bis zur Trennung fortgesetzt habe, gezeigt, daß er die angebliche Zanksucht der Beklagten und ihr Versagen in häuslichen Pflichten nicht als ehezerrüttend empfunden habe. Unbegründet sei endlich auch das Scheidungsverlangen aus § 53 EheG. wegen Unfruchtbarkeit der Beklagten, und zwar deshalb, weil die Parteien miteinander erbgesunde eheliche Nachkommenschaft hätten und damit die Ausnahmebestimmung des Abs. 2 Anwendung finde. Die Überzeugung, daß das Kind der Parteien, das durch ihre spätere Heirat ehelich geworden sei, auch erbgesund sei, schöpfe der Senat, so heißt es im Berufungsurteil, aus dem amtsärztlichen Gutachten des Staatlichen Gesundheitsamts. Die bloße Möglichkeit, daß das Kind in Zukunft epileptische

Anfälle bekommen könne, da die Beklagte an Fallsucht auf erblicher Grundlage leide, genüge nicht, um den Beweis der Erbgesundheit als nicht geführt zu erachten. Sei auch die Klage vom Landgericht mit Recht abgewiesen worden, so erweise sich andererseits die Widerklage als begründet. Der Kläger habe sich schwerer Eheverfehlungen schuldig gemacht, insbesondere dadurch, daß er die Beklagte und das Kind verlassen und erklärt habe, er wolle frei und ledig sein und seine Jugend genießen. Die Beklagte könne sich zur Unterstützung ihres Scheidungsverlangens weiter nach § 59 Abs. 2 EheG. auch darauf berufen, daß der Kläger sie im Jahre 1937 geschlagen und wiederholt geäußert habe, er hätte lieber eine reiche Witwe oder ein reiches Mädel geheiratet.

Die Revision des Klägers muß zur Aufhebung des Berufungsurteils führen. Unbegründet ist sie allerdings, soweit sie sich gegen die Ablehnung des auf §§ 49 und 50 EheG. gestützten Klagebegehrens und gegen den Erfolg der Widerklage richtet. (Wird näher ausgeführt, dann fortgefahren:)

Begründet ist dagegen die Revision insoweit, als sie sich auf die Ausführungen bezieht, mit denen das Berufungsgericht auch das Klagebegehren aus § 53 EheG. abgewiesen hat. Es handelt sich dabei um die Frage, ob sich die Beklagte auf die Ausnahmebestimmung des § 53 Abs. 2 EheG. berufen darf, nach der aus der vorzeitigen Unfruchtbarkeit eines Ehegatten dann die Scheidung nicht hergeleitet werden kann, wenn die Eheleute miteinander erbgesunde eheliche Nachkommenschaft haben. Daß dieser Gegentatbestand vorliegt, hat an sich der beklagte Ehegatte darzutun; doch kann, wenn keine Anhaltspunkte für das Gegenteil vorliegen, allgemein davon ausgegangen werden, daß vorhandene Kinder erbgesund sind, so daß im allgemeinen der beklagte Eheteil einen besonderen Beweis für die Erbgesundheit nicht zu erbringen haben wird. Anders liegt aber die Sache hier, wo das Kind infolge der Erbkrankheit der Mutter naturgemäß von vornherein gesundheitlich gefährdet war und deshalb der Verdacht, daß das Kind ebenfalls erbkrank oder jedenfalls nicht erbgesund ist, keineswegs von der Hand gewiesen werden kann. Hier bedarf es des Nachweises, daß das Kind trotz der Gefährdung durch die Mutter selbst erbgesund ist; gelingt es nicht, genügend Unterlagen zu gewinnen, die geeignet sind, die volle Überzeugung des Gerichts von der Erbgesundheit des Kindes zu begründen, so muß das zu Lasten der beklagten Partei gehen. Hier gibt das ärztliche Gutachten vom

21. Juni 1940 fraglos keine genügende Grundlage für die Feststellung der Erbgesundheit des Kindes. Nach dem Gutachten ist es nicht ausgeschlossen, daß das Kind später epileptische Anfälle bekommt, nur bestehen bei ihm nach dem Gutachten zur Zeit noch keine Anzeichen für Epilepsie; das Gutachten erklärt aber selbst, daß das wenig besage, da epileptische Anfälle in der Mehrzahl der Fälle erst während des Eintritts der Geschlechtsreife oder bei der ersten Schwangerschaft aufzutreten pflegten. Wenn sich das Berufungsgericht auf den Standpunkt stellt, die bloße Möglichkeit, daß das Kind später epileptische Anfälle bekommen könne, genüge nicht, um den Beweis der Erbgesundheit als nicht geführt zu erachten, so ist das nicht haltbar. Es ist nicht ersichtlich, wodurch der Nachweis der Erbgesundheit des Kindes geführt sein soll, wenn, wie das Berufungsgericht selbst nicht verkennt, das Gutachten die Möglichkeit der Erbkrankheit durchaus offenläßt. Denn wenn das Kind später „epileptische Anfälle bekommen" sollte, so ist es schon heute nicht erbgesund, weil diese Anfälle nur der Ausfluß des damit sichtbar werdenden, bisher verborgenen Leidens sein können. Die Annahme des Berufungsgerichts, daß die Erbgesundheit des Kindes erwiesen sei, ist deshalb rechtsirrig, so daß das Berufungsurteil aufzuheben ist. Der erkennende Senat sieht sich aber noch nicht in der Lage, selbst in der Sache zu entscheiden, da bisher auf die Frage der Erbgesundheit des Kindes in tatsächlicher Würdigung nicht genügend eingegangen worden ist. Es scheint erforderlich, durch Einholung eines fachärztlichen Gutachtens noch Erhebungen darüber anzustellen, wie hoch etwa bei dem Kinde die Möglichkeit epileptischer Krankheitserscheinungen für die Zukunft einzuschätzen ist, um gegenwärtig möglichst sicher beurteilen zu können, ob das Kind als erbgesund angesehen werden kann. Demgemäß war die Sache zu neuer Verhandlung und Entscheidung an das Berufungsgericht zurückzuverweisen, und zwar — wegen des Grundsatzes der Einheitlichkeit der Entscheidung im Eheverfahren — in vollem Umfange.

---

16. Kann sich der Berufungskläger, der in einem Abstammungsrechtsstreite die Amtszustellung des Urteils nicht beachtet und dadurch die Berufungsfrist versäumt hat, mit Erfolg darauf berufen, daß er vor Bekanntwerden der Entscheidung RGZ. Bd. 165

S. 307 nicht damit habe zu rechnen brauchen, daß die Amtszustellung die Berufungsfrist in Lauf setze?

ZPO. §§ 516, 519b.

IV. Zivilsenat. Urt. v. 5. März 1941 i. S. R. (Kl.) w. M. (Bekl.). IV 9/41.

I. Landgericht Breslau.
II. Oberlandesgericht daselbst.

Der am 29. Juni 1893 unehelich geborene Kläger hat auf Grund der Behauptung, daß seine Mutter in der gesetzlichen Empfängniszeit mit dem Beklagten, und zwar allein mit ihm, geschlechtlich verkehrt habe, die Feststellung beantragt, daß der Beklagte sein Vater sei. Der Beklagte hatte um Klageabweisung gebeten. Das Landgericht hat der Klage stattgegeben. Der Beklagte ist, nachdem er gegen das landgerichtliche Urteil Berufung eingelegt hatte, verstorben. Für ihn ist seine Witwe in den Rechtsstreit eingetreten. Beide Streitteile haben dann beantragt, den Rechtsstreit in der Hauptsache für erledigt zu erklären und die Kosten dem Gegner aufzuerlegen. Das Berufungsgericht hat den Rechtsstreit in der Hauptsache für erledigt erklärt und die gesamten Kosten der Beklagten auferlegt. Auf die Revision des Klägers wurde die Berufung gegen das landgerichtliche Urteil als unzulässig verworfen.

Gründe:

Das landgerichtliche Urteil ist dem Beklagten zu Händen seines Prozeßbevollmächtigten von Amts wegen am 22. Dezember 1939 zugestellt worden. Die Berufung des Beklagten ist am 15. Mai 1940 eingegangen. In der Berufungsschrift ist angegeben, das landgerichtliche Urteil sei noch nicht zugestellt. Das Berufungsurteil enthält die Bemerkung, gegen die Zulässigkeit und frist- und formgerechte Einlegung der Berufung beständen keine Bedenken. Demgegenüber macht die Revision geltend, daß für den Beginn der Berufungsfrist die Zustellung von Amts wegen maßgebend und diese Frist demgemäß bei Einlegung der Berufung abgelaufen gewesen sei. Die nach § 547 Nr. 1 ZPO. gegebene Zulässigkeit der Revision wird nicht dadurch berührt, daß der Kläger sachlich auch im Berufungsverfahren obgesiegt hat, da seinem Antrage voll entsprochen worden ist. Eine Beschwerung des Klägers ist trotzdem gegeben; denn er hat bei Verwerfung der

Berufung eine günstigere Stellung, weil dann die Feststellung der Vaterschaft des später verstorbenen Beklagten noch vor dessen Tode rechtskräftig geworden ist. Die Versäumung der Berufungsfrist mußte auch von Amts wegen berücksichtigt werden. In der Sache selbst ist der Standpunkt der Revision nach der Rechtsprechung des erkennenden Senats gerechtfertigt. In seinem Beschluß vom 9. Dezember 1940 (RGZ. Bd. 165 S. 307) hat der erkennende Senat ausgesprochen, daß die Urteile in Abstammungsfeststellungssachen ohne Rücksicht darauf, ob sie die Vaterschaft bejahen oder verneinen, von Amts wegen zuzustellen sind. Nach dieser Auffassung, an der der Senat festhält, ist die Berufung hier in der Tat verspätet eingelegt. Es könnte sich fragen, ob der Beklagten der Umstand zugute zu halten ist, daß zu der für die Einlegung der Berufung hier in Betracht kommenden Zeit der angeführte Beschluß des Reichsgerichts noch nicht ergangen und, soweit ersichtlich, die ihm zugrunde liegende Rechtsansicht nirgends vertreten worden war. Dabei kann zunächst dahingestellt bleiben, inwiefern dieser Umstand eine Wiedereinsetzung in den vorigen Stand gegen die Versäumung der Berufungsfrist gerechtfertigt hätte; denn ein Wiedereinsetzungsantrag ist von der beklagten Partei nicht gestellt worden. Er konnte nach Lage der Dinge auch nicht gestellt werden, da der genannte Beschluß des Senats erst ergangen ist, nachdem hier das Berufungsverfahren bereits abgeschlossen war. Weiter kann aber auch dahingestellt bleiben, ob ohne Wiedereinsetzung in den vorigen Stand zugunsten der beklagten Partei die Folgen der Verspätung dann nicht eintreten dürften, wenn durch den Beschluß des Senats eine neue Sachlage geschaffen worden wäre, mit der die beklagte Partei vorher unter keinen Umständen zu rechnen brauchte. Denn so liegt die Sache hier nicht. Da das landgerichtliche Urteil von Amts wegen zugestellt worden war und eine höchstrichterliche Entscheidung in dem Sinne, daß die Zustellung durch die Partei zu geschehen habe, nicht vorlag, mußte der Beklagte zum mindesten die Möglichkeit in Betracht ziehen, daß die Zustellung von Amts wegen gerechtfertigt war und die Berufungsfrist in Lauf setzte. Hielt er dann die Berufungsfrist, wie sie sich durch die Zustellung von Amts wegen ergab, nicht ein, so nahm er damit auf jeden Fall die Folgen einer Versäumung der Berufungsfrist auf sich. Mit Recht macht demgemäß die Revision geltend, daß die Berufung wegen der verspäteten Einlegung als unzulässig verworfen werden muß.

17. 1. Zur Frage der Nichtigkeit und Anfechtbarkeit des gegen ein Gesetz, insbesondere gegen § 138 BGB., verstoßenden Beschlusses der Gesellschafterversammlung einer Gesellschaft mit beschränkter Haftung.

2. Unter welchen Voraussetzungen kann die Berufung der Gesellschafterversammlung einer Gesellschaft mit beschränkter Haftung zurückgenommen werden?

GmbHG. §§ 47, 48, 51.

II. Zivilsenat. Urt. v. 20. Januar 1941 i. S. Steinwerke M. GmbH. (Bekl.) w. Firma Sp. & E. u. a. (Kl.). II 96/40.

I. Landgericht Köln.
II. Oberlandesgericht daselbst.

Die Kläger, die Gesellschafter der verklagten GmbH. sind, begehren in erster Reihe Feststellung der Nichtigkeit zweier in der Gesellschafterversammlung der Beklagten vom 30. August 1939 von dem Notar D. in K. beurkundeten Beschlüsse. Der erste Beschluß enthält hauptsächlich die Erhöhung des Stammkapitals der Beklagten von 80000 RM. auf 200000 RM., die Aufnahme eines diesen Erhöhungsbeschluß betreffenden Satzes in die Satzung, sowie die Zulassung der Übernahme der auf das erhöhte Stammkapital zu leistenden Stammeinlage von 120000 RM. durch den Gesellschafter M. Der zweite Beschluß betrifft die Aufnahme einer Anleihe von 130000 RM. mit dem Zusatz, es werde in Aussicht genommen, den Betrag nach Möglichkeit zur Abdeckung von 90000 RM. Darlehen der holländischen Gläubiger zu verwenden. Notfalls fechten die Kläger mit der Klage die beiden Beschlüsse an und beantragen, sie für nichtig zu erklären. Äußerstenfalls begehren sie die Feststellung, daß die Beschlüsse ohne Genehmigung des Aufsichtsrats unwirksam seien. Den Anträgen liegt folgender Sachverhalt zugrunde: An dem im Jahre 1933 auf 80000 RM. erhöhten Stammkapital der Beklagten waren der Kaufmann M. in K. mit 40000 RM., die Kläger (sogenannte holländische Gruppe) ebenfalls mit zusammen 40000 RM. beteiligt. Die Kläger hatten der Beklagten außerdem 90000 RM. als Darlehen gewährt. Geschäftsführer sind der Gesellschafter M. und der Direktor der Erstklägerin, E. Jeder Geschäftsführer hat Alleinvertretungsbefugnis. Im Innenverhältnis ist die Befugnis jedes Geschäftsführers unter bestimmten Voraussetzungen an die Zustimmung des anderen oder des Aufsichtsrats gebunden. Die Gesellschafter waren nach verschiedenen Verhandlungen darüber einig geworden, daß am 30. August 1939 eine Gesellschafterversammlung in K. stattfinden solle. Daraufhin erging unter dem 17. August die Einladung hierzu an die Gesellschafter. Die von den Klägern vorgelegte Einladung trägt die Unterschrift der beiden Geschäftsführer unter dem Firmenstempel der Beklagten. Die mitgeteilte Tagesordnung über vier Punkte nennt unter 2 den Antrag des Gesellschafters M., das Stammkapital um 120000 RM. auf 200000 RM. zu erhöhen, und unter 3 die Besprechung über Aufnahme einer Anleihe von 130000 RM. Am 28. August 1939 sandten die Kläger und ein holländisches Aufsichtsratsmitglied an den Geschäftsführer M. oder die Beklagte eine Drahtnachricht folgenden Wortlauts: „Versammlung kann nicht stattfinden. Spätere Festsetzung nach Vereinbarung." Diese Nachricht wurde durch ein von E. unterzeichnetes, an den Geschäftsführer M. gerichtetes Schreiben der Erstklägerin vom gleichen Tage bestätigt mit dem Bemerken, die holländische Gruppe teile mit, daß „die Versammlung vom Mittwoch unter den heutigen Umständen nicht stattfinden könne". M. hielt die Gesellschafterversammlung gleichwohl ab und faßte als allein anwesender Gesellschafter die mit der Klage angegriffenen Beschlüsse.

Das Landgericht hat entsprechend dem in erster Reihe gestellten Antrage der Kläger die Nichtigkeit der Beschlüsse festgestellt. Das Berufungsgericht hat die Berufung der Beklagten zurückgewiesen mit der Begründung, Inhalt und Zweck der Beschlüsse seien zwar an sich nicht sittenwidrig, die Beschlüsse seien aber nach § 138 BGB. als von Anfang an nichtig zu erachten, weil die eigensüchtige Ausnützung besonderer Umstände sie sittenwidrig mache. Die Revision der Beklagten wurde mit der Maßgabe zurückgewiesen, daß die angegriffenen Beschlüsse auf die Anfechtung der Kläger hin für nichtig erklärt wurden.

Aus den Gründen:

I. Die Revision rügt Verletzung des sachlichen Rechts, insbesondere des § 138 BGB., der Rechtsgrundsätze über Nichtigkeit von GmbH.-Beschlüssen, sowie des § 286 ZPO. Sie ist insoweit begründet, als sie sich dagegen wendet, daß das Berufungsgericht dem auf Feststellung der Nichtigkeit der Beschlüsse gerichteten Hauptantrage der Klage stattgegeben hat.

1. Das Berufungsgericht irrt mit der Meinung, daß nach ständiger Rechtsprechung Beschlüsse der Gesellschafterversammlung der GmbH., die gegen das Gesetz, insbesondere gegen § 138 BGB., verstoßen, schlechthin nichtig seien. Auch ist die Ansicht irrig, nach tatsächlicher Regelung des Gesetzes seien im gleichen Fall Beschlüsse der Hauptversammlung der Aktiengesellschaft schlechthin nichtig. Das Aktiengesetz vom 30. Januar 1937 steht nicht auf dem Standpunkte, daß gesetzwidrige, insbesondere gegen § 138 BGB. verstoßende, Beschlüsse der Hauptversammlung ausnahmslos nichtig seien. Gesetzwidrige Beschlüsse, die nicht unter die Aufzählung in § 195 fallen, sind vielmehr nur nach §§ 197flg. AktG. anfechtbar. Insbesondere bei Verletzung des § 138 BGB. ist ein Hauptversammlungsbeschluß nur dann nichtig, wenn er durch seinen Inhalt gegen die guten Sitten verstößt (§ 195 Nr. 4 AktG.). Bei einem Sittenverstoß anderer Art, z. B. einem solchen durch die Art und Weise der Herbeiführung des Beschlusses, kommt dagegen nur Anfechtbarkeit nach § 197 AktG. in Frage. Diese Unterscheidung entspricht insoweit der reichsgerichtlichen Rechtsprechung zur Zeit der Schaffung des neuen Aktiengesetzes (vgl. Amtl. Begr. zum Aktiengesetz zu §§ 195, 196). Im GmbH.-Gesetz ist die Frage nicht geregelt, welche Rechtsfolge es hat, wenn Beschlüsse der Gesellschafterversammlung gegen gesetzliche oder satzungsmäßige Bestimmungen verstoßen. Insbesondere erwähnt dieses Gesetz im Gegensatze zum Aktienrecht und Genossenschaftsrecht die Möglichkeit einer Anfechtungsklage überhaupt nicht. Dadurch ergab sich eine Lücke im Rechte der GmbH. Diese ist von der Rechtsprechung in Anlehnung an die Rechtsregeln ausgefüllt worden, die bei fehlerhaften Beschlüssen der Generalversammlung (Hauptversammlung) der Aktiengesellschaft gesetzlich festgelegt waren oder sich herausgebildet hatten. Das bedeutet vor allem einmal die Einführung einer rechtsgestaltenden Anfechtungsklage auch gegenüber Beschlüssen der GmbH.-Gesellschafterversammlung (vgl. hierzu aus der letzten Zeit RG. in DR. Ausg. A 1939 S. 720 Nr. 22), weiter aber auch eine durch die Bedürfnisse des Rechtsverkehrs gebotene Einschränkung der Fälle der unbedingten Nichtigkeit von solchen Gesellschafterbeschlüssen. Selbstverständlich war auf diesem Gebiet eine völlige Angleichung an die aktienrechtliche Regelung nicht angängig.

Im wesentlichen war jedoch die Grenze zwischen unbedingt nichtigen und bloß anfechtbaren fehlerhaften Beschlüssen der Gesellschafterversammlung einer GmbH. ebenso zu ziehen wie bei fehlerhaften Beschlüssen der Hauptversammlung der Aktiengesellschaft. Insbesondere ist bei Beschlüssen einer GmbH.-Gesellschafterversammlung, die § 138 BGB. verletzen, bei der Gleichheit der zu schützenden Belange kein Grund ersichtlich, der eine andere Behandlung rechtfertigen könnte, als sie bei gleichem Verstoß den Hauptversammlungsbeschlüssen der Aktiengesellschaft zuteil wird. Wegen Sittenverstoßes nach § 138 BGB. kann also ein GmbH.-Gesellschafterbeschluß nur dann als schlechthin nichtig erachtet werden, wenn er durch seinen Inhalt gegen die guten Sitten verstößt. Ist das nicht der Fall, so sind die Gesellschafter, deren Belange durch einen fehlerhaften Beschluß beeinträchtigt werden, der in anderer Hinsicht, etwa nach der Art und Weise seines Zustandekommens, gegen § 138 BGB. verstößt, darauf zu verweisen, die Vernichtung dieses Beschlusses durch eine Anfechtungsklage anzustreben. In dem in RGZ. Bd. 161 S. 129flg., insbesondere S. 143flg., behandelten Falle hat der erkennende Senat allerdings die Auffassung vertreten, daß der Beschluß einer GmbH.-Gesellschafterversammlung, dessen Inhalt (Verzicht auf Schadensersatzansprüche gegen ein Aufsichtsratsmitglied) nicht sittenwidrig war, gleichwohl nach § 138 BGB. dann nichtig sei, wenn ein für das Abstimmungsverhältnis wesentlicher Teil der Gesellschafter mit dem sittenwidrigen und durch den Beschluß bestätigten Vorsatze der Schädigung der Gläubiger der GmbH. gehandelt habe. Die Besonderheit dieses Falles lag darin, daß durch den Beschluß Dritte geschädigt wurden, denen es nicht möglich war, eine Beseitigung des fehlerhaften Beschlusses durch Anfechtungsklage herbeizuführen. Deshalb ist auch in dem genannten Urteil (a. a.O. S. 144/5) ausdrücklich die Frage offen gelassen worden, ob die gleiche Auffassung in Fällen gelten könne, wo die Grundsätze des Aktienrechts über die Nichtigkeit von Gesellschafterbeschlüssen (RGZ. Bd. 131 S. 141flg., insbesondere S. 144/5) anzuwenden sind. Im vorliegenden Falle hat das Berufungsgericht zutreffend festgestellt, daß die angegriffenen Beschlüsse durch ihren Inhalt nicht gegen die guten Sitten verstoßen. Das Berufungsgericht findet die Sittenwidrigkeit nur in der eigensüchtigen Ausnutzung besonderer Umstände durch den Mitgesellschafter M. Eine Schädigung außenstehender Personen, also solcher, denen die dem Aktienrecht nachgebildete Anfechtungsklage nicht zur Verfügung steht, haben die Beschlüsse, soweit ersichtlich, nicht zur Folge. Daher scheidet eine unbedingte Nichtigkeit der Beschlüsse wegen Verstoßes gegen § 138 BGB. aus.

2. Eine solche Nichtigkeit ist auch nicht aus anderen Rechtsgründen herzuleiten. Die Kläger haben sich im zweiten Rechtsgange den Standpunkt des Landgerichts zu eigen gemacht, die Beschlüsse seien deshalb unbedingt nichtig, weil die zunächst ordnungsmäßig durchgeführte Einberufung der Gesellschafterversammlung zum 30. August 1939 als aufgehoben zu erachten und die trotzdem abgehaltene „Gesellschafterversammlung" als eine nicht einberufene zu behandeln sei. Hierzu haben sie ausgeführt: Das Schweigen des M. auf die Drahtnachricht vom 28. August 1939 begründe eine Aufhebung kraft Vereinbarung. Jeder Geschäftsführer bedürfe nach der Satzung bei Angelegenheiten, die den üblichen Rahmen des „Geschäfts" überschritten, der Zustimmung des anderen Geschäftsführers. Ein solcher Fall liege hier vor. Der Einberufung der Gesellschafterversammlung durch den Geschäftsführer M. habe hier zwar der zweite Geschäftsführer E. zugestimmt. Dieser habe jedoch durch die Drahtnachricht seine Zustimmung aus sachlich berechtigten Gründen widerrufen. In dem Schweigen des M. liege sein Einverständnis. Zu diesem Vorbringen ist folgendes zu sagen:

Im vorliegenden Falle haben beide Geschäftsführer die Gesellschafterversammlung form- und fristgerecht zum 30. August 1939 berufen, wie das von den Klägern überreichte Einladungsschreiben vom 17. August 1939 an die Erstklägerin ergibt. Grundsätzlich ist derjenige, der die Versammlung berufen hat, auch zu ihrer Abbestellung, d. h. die Einberufung rückgängig zu machen, befugt. Aus Gründen der Rechtssicherheit ist jedoch zu fordern, daß solche Abbestellung, auch wenn sie nicht unter allen Umständen in der für die Einberufung gesetzlich oder satzungsmäßig vorgeschriebenen Form geschehen muß, ausdrücklich, jedenfalls aber eindeutig vorgenommen wird. Hier hat eine solche Abbestellung durch die Geschäftsführer M. und E. nicht stattgefunden. Die Drahtung und das Schreiben der holländischen Gruppe vom 28. August 1939 stellen eine Mitteilung derselben (der holländischen Gesellschafter und Aufsichtsratsmitglieder) dar, daß die zu der Gruppe gehörigen Personen sich als an der Teilnahme behindert betrachten, weshalb die vorgesehene Versammlung nicht stattfinden könne. Eine eindeutige Rücknahme der Einberufung durch den Geschäftsführer E. ist darin nicht zu erblicken. Der Geschäftsführer M. hat auf das Schreiben nicht geantwortet, also seinerseits jedenfalls nicht eindeutig erklärt, daß er die Einberufung zur Gesellschafterversammlung vom 30. August 1939 zurückziehe. Wenn M. die Gesellschafterversammlung trotzdem abgehalten hat, so haben Drahtnachricht und Schreiben der holländischen Gruppe in Verbindung mit M.s Schweigen nicht zur Folge, daß die abgehaltene Versammlung einer solchen Gesellschafterversammlung gleichzuachten sei, die überhaupt nicht einberufen worden war. Eine unbedingte Nichtigkeit der in der Versammlung vom 30. August 1939 gefaßten Beschlüsse kann daher nicht damit begründet werden, daß die Einberufung zur Versammlung rückgängig gemacht worden sei.

Die erwähnten Vorgänge könnten vielleicht dahin gewürdigt werden, eine Vereinbarung aller Gesellschafter sei zustande gekommen, daß die für den 30. August 1939 angesetzte Versammlung von ihnen nicht besucht oder daß doch wenigstens in dieser Versammlung ohne die holländischen Gläubiger kein Beschluß gefaßt werden solle. Die Nichtbeachtung einer solchen Vereinbarung durch M. würde jedoch niemals eine unbedingte Nichtigkeit der von M. in der „Versammlung" vom 30. August 1939 gefaßten Beschlüsse nach sich ziehen können. Hierzu kann auf die Ausführungen unter 1 verwiesen werden. Danach war dem auf Feststellung der Nichtigkeit gerichteten Hauptantrage der Klage der Erfolg zu versagen.

II. Nunmehr war zu prüfen, ob die Feststellungen des Berufungsgerichts es rechtfertigen, dem Hilfsantrage der Klage stattzugeben, mit dem die Rechtsbeständigkeit der Beschlüsse wegen Verstoßes gegen Gesetz und Satzung angefochten worden ist. (Das wird bejaht.)

---

18. 1. Bezieht sich die Einwilligung des Reichswirtschaftsgerichts zur Sperre eines Außenseiters grundsätzlich auch auf laufende Lieferverträge eines Kartellmitglieds mit dem Außenseiter?

2. Hat, wenn Liefervertrag und Kartellvertrag nebeneinander rechtswirksam sind, der Verkäufer die sich aus der Sperre für die Lieferung ergebenden Schwierigkeiten grundsätzlich selbst zu vertreten?

3. Bleibt es dem Außenseiter, auch wenn ihm nach der Entscheidung des Reichswirtschaftsgerichts der Beitritt zum Kartell zuzumuten ist, grundsätzlich selbst überlassen, ob er beitritt? Unter welchen Voraussetzungen ist er zum Beitritt verpflichtet?

4. Hat der Käufer (Gläubiger) das Leistungsunvermögen des Verkäufers (Schuldners) im Sinne des § 324 Abs. 1 BGB. auch dann zu vertreten, wenn er die Sperre durch unlauteren Wettbewerb hervorgerufen hat?

BGB. §§ 242, 324 Abs. 1. Verordnung gegen Mißbrauch wirtschaftlicher Machtstellungen vom 2. November 1923 (RGBl. I S. 1067) — KartVO. — § 9.

II. Zivilsenat. Urt. v. 10. Februar 1941 i. S. Bru. & Co. GmbH. (Bekl.) w. Bri. AG. (Kl.). II 63/40.

I. Landgericht Leipzig.
II. Oberlandesgericht Dresden.

Am 28. April 1933 schlossen die Parteien einen Vertrag, in dem die Beklagte ihren Gesamtbedarf in mitteldeutschen Braunkohlenbriketts zwecks Lieferung in das für die Belieferung von Sonne- und Unionbriketts freigelassene Absatzgebiet, das sog. Puffergebiet, von der Klägerin kaufte, und zwar für das Jahr 1933/34 2—5000 t, für 1934/35 3—5000 t, für 1935/36 3—6000 t und für 1936/37 3—6000 t. Das Geschäftsjahr rechnete vom 1. April bis 31. März des nächsten Jahres. In den beiden ersten Jahren rief die Beklagte eine Tonnenmenge ab, die mit 2550 t unter der Mindestziffer von 2000 + 3000 = 5000 t lag. Im Mai 1935 übertrug die Klägerin die nicht gelieferte Menge auf das neue Geschäftsjahr 1935/36. Am 31. März 1936 betrug die gesamte Minderabnahme 5050 t. Mit Schreiben vom 18. Mai 1936 teilte die Klägerin der Beklagten mit, sie halte es für zweckmäßig, die Frage, in welcher Weise die rückständigen Mengen zu behandeln seien, zunächst noch einige Monate zurückzustellen.

Am 15. Juni 1933 wurde ein Generalabkommen zwischen den deutschen bergbaulichen Syndikaten und dem Zentralverbande der Kohlenhändler Deutschlands e. V. geschlossen. Nach § 1 dieses Abkommens läßt der Zentralverband Register des deutschen Kohlenhandels aufstellen. Nach § 2 verpflichten sich die Syndikate, nur an solche Firmen zu liefern, die in einem Register stehen und ihrem Handel die gleiche Verpflichtung auferlegen. Nach § 2 I 3 der Ausführungsbestimmungen zum Generalabkommen vom 27. Juli 1934 ist jeder registrierte Händler zum Eintritt in die für ihn zuständige Organisation des deutschen Kohlenhandels verpflichtet.

Die Klägerin ist später dem Südwestdeutschen Kohlenwirtschaftsverband, einer Gruppe des Zentralverbandes der Kohlenhändler Deutschlands, beigetreten. Im Jahre 1936 beantragte der Zentralverband beim Kartellgericht, darin einzuwilligen, daß die Aufnahme der Beklagten in das Register des deutschen Kohlenhandels so lange verweigert werde, bis sie dem Südwestdeutschen Kohlenwirtschaftsverbande beigetreten sei. Das Kartellgericht bestätigte durch Urteil vom 11. Juni 1936 die vom Vorsitzenden des Kartellgerichts am 24. März 1936 erteilte Einwilligung. Bis zum Erlaß dieses Urteils hatte die Beklagte auf das Geschäftsjahr 1936/37 1975 t Briketts abgenommen. Mit Schreiben vom 13. Juni 1936 teilte die Klägerin der Beklagten mit, daß sie für die nicht abgenommenen Mengen Briketts Schadensersatz von ihr fordere. Die Beklagte lehnte diese Forderung durch Schreiben vom 17. Juni 1936 ab. Darauf stellte die Klägerin jede weitere Lieferung an die Beklagte ein. Sie behauptet, die Beklagte sei nach dem Vertrage vom 28. April 1933 verpflichtet, die dort angegebene Mindestmenge abzunehmen. Da die Beklagte diese Verpflichtung nicht erfüllt habe, stehe ihr gegen sie ein Schadensersatzanspruch für die rückständigen Brikettlieferungen von 5050 t aus der Zeit vom 1. April 1933 bis zum 31. März 1936 zu. Durch die gegen die Beklagte verhängte Sperre sei ihr jede weitere Leistung unmöglich geworden; diese Unmöglichkeit habe die Beklagte dadurch verschuldet, daß sie es abgelehnt habe, dem Südwestdeutschen Kohlenwirtschaftsverbande beizutreten. Sie, die Klägerin, behalte infolgedessen auch ihren Gegenanspruch für 1025 t, welche die Beklagte noch auf das Geschäftsjahr 1936/37 abzunehmen gehabt habe. Bei einem Gewinnentgang von 0,85 RM. für die Tonne habe sie 5163,75 RM. zu fordern. Die Klägerin hat beantragt, die Beklagte zur Zahlung dieses Betrages nebst 5 v. H. Zinsen seit dem 31. Juli 1936 zu verurteilen.

Die Beklagte hat Abweisung der Klage beantragt und Widerklage erhoben mit dem Antrag auf Verurteilung der Klägerin zur Zahlung von 1601,25 RM. nebst 4 v. H. Zinsen seit dem 20. August 1936;

den Betrag hat sie im zweiten Rechtszug auf 6903,75 RM. nebst 5 v. H. Zinsen seit dem 30. Juni 1936 erhöht. Sie führt aus, sie sei nach dem Vertrage nur verpflichtet gewesen, ihren gesamten Bedarf, nicht aber bestimmte Mindestmengen abzunehmen. Jedenfalls sei durch den Schriftwechsel vom 18. und 20. Mai 1936 zwischen ihr und der Klägerin die Abruffrist für die Rückstände um einige Monate verlängert worden. Die Klägerin bleibe ferner für die 1525 t, die sie in der Zeit vom 28. Mai bis 8. Juni 1936 vor der Liefersperre aus dem Geschäftsjahr 1936/37 abgerufen habe, an den Vertrag gebunden; dieser werde durch die vom Kartellgericht genehmigte Sperre in keiner Weise berührt. Eine Unmöglichkeit der Leistung der Klägerin sei nicht eingetreten. Überdies habe sie eine etwaige Leistungsunmöglichkeit nicht zu vertreten; denn es habe ihr nicht zugemutet werden können, dem Südwestdeutschen Kohlenwirtschaftsverband und damit dem Generalabkommen vom Juni 1933 beizutreten; wegen der besonderen Eigenart ihres Geschäfts hätte sie dann nicht mehr bestehen können. Zur Widerklage trägt sie vor, durch die Weigerung der Klägerin, den Vertrag vom 28. April 1933 nach der Liefersperre noch weiter zu erfüllen, sei ihr bei Zugrundelegung eines Gewinns von 1,05 RM. je Tonne für die rückständigen 5050 t und für die auf das letzte Geschäftsjahr schon abgerufenen 1525 t ein Schaden in der genannten Höhe entstanden.

Die Klägerin hat Abweisung der Widerklage beantragt. Sie hat die Höhe des der Beklagten entgangenen Gewinnes von 1,05 RM. für die Tonne nicht bestritten, im übrigen aber den Ausführungen der Beklagten widersprochen.

Das Landgericht hat die Beklagte verurteilt, an die Klägerin wegen der Rückstände aus 1933 bis 1936 4292,50 RM. nebst 5 v. H. Zinsen seit dem 31. Juli 1936 zu zahlen. Wegen der Rückstände aus 1936/37 hat es die Klage abgewiesen. Auf die Widerklage hat es die Klägerin verurteilt, an die Beklagte 1601,25 RM. nebst 4 v. H. Zinsen seit dem 20. August 1936 zu zahlen. Das Berufungsgericht hat auf die Berufung der Klägerin und unter Zurückweisung der Berufung der Beklagten diese verurteilt, an die Klägerin 5163,75 RM. nebst 5 v. H. Zinsen seit dem 31. Juli 1936 zu zahlen, und die Widerklage abgewiesen.

Die Revision der Beklagten wurde insoweit zurückgewiesen, als die Widerklage in Höhe von 5302,50 RM. nebst Zinsen abgewiesen worden ist. Im übrigen wurde das angefochtene Urteil aufgehoben und die Sache an das Berufungsgericht zurückverwiesen.

Aus den Gründen:

1. Der Berufungsrichter legt den Vertrag vom 28. April 1933 dahin aus, die Beklagte sei verpflichtet, bestimmte Mindestmengen Braunkohlenbriketts von der Klägerin abzunehmen. Er legt ferner dar, daß die Klägerin am Schlusse des Geschäftsjahres 1935/36, d. h. am 1. April 1936, nicht verpflichtet gewesen sei, den Rückstand von 5050 t auf das neue Geschäftsjahr 1936/37 vorzutragen. Weiter ist er der Meinung, die Klägerin habe sich durch den Briefwechsel von Ende April und Mai 1936, insbesondere auch durch den Brief vom 18. Mai 1936, keiner Rechte gegen die Beklagte begeben, sondern deutlich zu erkennen gegeben, daß sie zur Zeit nicht daran denke, irgendwelche Rechte gegen die Beklagte aufzugeben. Diese sei also zur Abnahme des am 31. März 1936 übriggebliebenen Rückstandes von 5050 t und zur Abnahme der an der Mindestmenge von 3000 t für das Jahr 1936/37 noch fehlenden 1025 t verpflichtet gewesen. Die hiergegen gerichteten Angriffe der Revision sind unbegründet. (Wird näher dargelegt, dann fortgefahren:)

2. Die Klägerin verlangt mit der Klage nicht etwa Schadensersatz wegen entgangenen Gewinns, weil sich die Beklagte mit Zahlung des Kaufpreises oder mit Abnahme der Kohlen im Schuldnerverzuge befunden hätte; auch wird nicht geltend gemacht, daß sie sich insoweit in Annahmeverzug im Sinne des § 293 BGB. befunden habe und deshalb § 324 Abs. 2 BGB. in Frage komme. Nach dem festgestellten Sachverhalt ist übrigens auch keiner dieser drei Verzugsfälle gegeben. Der Anspruch ist vielmehr lediglich darauf gegründet, daß der Klägerin die ihr obliegende Leistung unmöglich geworden sei und daß dieses Unvermögen auf einem von der Beklagten zu vertretenden Umstande beruhe. Die Klägerin macht also einen Anspruch nach § 324 Abs. 1 BGB. geltend. Mit dieser Begründung hat auch der Berufungsrichter dem Klageantrage stattgegeben. Er ist der Auffassung, durch die vom Südwestdeutschen Kohlenwirtschaftsverband ausgesprochene Liefersperre vom 11. Juni 1936, zu der der Vorsitzende des Kartellgerichts durch Beschluß vom 24. März 1936 und das Kartellgericht durch Urteil vom 11. Juni 1936 die Einwilligung erteilt hätten, sei es der Klägerin unmöglich geworden, die

nach dem Vertrage vom 28. April 1933 noch ausstehenden Mengen an die Beklagte zu liefern. Es habe sich um eine beschränkte Gattungsschuld gehandelt, da mitteldeutsche Braunkohlenbriketts verkauft worden seien. Diese Ware habe die Klägerin aus den ihr vom Mitteldeutschen Braunkohlensyndikat zur Verfügung gestellten Mengen nicht mehr an die Beklagte abgeben dürfen, weil die gegen diese ausgesprochene Liefersperre für die Klägerin verbindlich gewesen sei; sie sei vertraglich an das Mitteldeutsche Braunkohlensyndikat gebunden gewesen, habe nach dessen Lieferungsbedingungen zu liefern und allen Anordnungen des Syndikats über den Versand Folge zu leisten. Sie habe deshalb auch, nachdem das Syndikat und der Südwestdeutsche Kohlenwirtschaftsverband ihr die gegen die Beklagte verhängte Liefersperre mit Schreiben vom 12. Juni 1936 mitgeteilt und die Einstellung der Lieferungen an jene gefordert habe, diesem Verlangen entsprechen müssen. Die Klägerin habe den Vertrag auch nicht aus den Beständen ihrer eigenen Zechen und Werke erfüllen können, weil sie nur die Brikettmengen habe verkaufen können, die das Mitteldeutsche Braunkohlensyndikat den Gruben abnehme und an sie als Werkhandelsgesellschaft weitergebe. Wenn die Klägerin sich trotz allem ohne Rücksicht auf die Liefersperre dazu hergegeben haben würde, aus den ihr zur Verfügung stehenden Beständen weiter an die Beklagte zu liefern, so würde sie sich erheblichen Vertragsstrafen, auch der Gefahr des Ausschlusses aus dem Südwestdeutschen Kohlenwirtschaftsverband ausgesetzt haben. Also habe eine „überobligationsmäßige" Schwierigkeit vorgelegen, deren Überwindung der Klägerin nicht zuzumuten gewesen sei. Es sei auch eine selbstverständliche Pflicht der Klägerin gewesen, dem Südwestdeutschen Kohlenwirtschaftsverband und damit dem Generalabkommen vom 15. Juni 1933, das die Herstellung der Ordnung im Kohlenhandel bezweckt habe, beizutreten. Dafür, daß die Klägerin die Liefersperre und die Unmöglichkeit der Lieferung an die Beklagte etwa in schikanöser Weise herbeigeführt habe, fehlten Anhaltspunkte. Die für die Klägerin infolge der Liefersperre eingetretene Unmöglichkeit, der Beklagten weiter Ware zu liefern, sei auch keine zeitweilige, sondern eine endgültige gewesen; denn die Beklagte sei erst nach Ablauf des Vertrages, nämlich erst zum 1. April 1937, dem Südwestdeutschen Kohlenwirtschaftsverbande beigetreten. Der Berufungsrichter hält hiernach eine Unmöglichkeit der Leistung auf seiten der Klägerin für gegeben und legt weiter dar, daß diese Unmöglichkeit von der Beklagten zu vertreten sei, weil sie sowohl vertraglich, als auch, von der Vertragspflicht abgesehen, nach Treu und Glauben verpflichtet gewesen sei, dem Verbande beizutreten. Die von der Beklagten gegen die Zumutbarkeit ihres Beitritts vorgebrachten einzelnen Einwendungen weist er im Anschluß an das Gutachten des gerichtlichen Sachverständigen als unbegründet zurück. Er hält demnach die Voraussetzungen des § 324 Abs. 1 BGB. für gegeben, wonach die Klägerin den Anspruch auf Gegenleistung behält. So kommt er dazu, die Beklagte zur Zahlung des der Höhe nach unbestrittenen Gewinnausfalls an 6075 t Briketts im Betrage von 5163,75 RM. nebst 5 v. H. Zinsen seit dem 31. Juli 1936 zu verurteilen, dagegen die Widerklage abzuweisen.

Die Ausführungen des Berufungsrichters geben in mehreren Punkten zu rechtlichen Bedenken Anlaß. Bei der Beurteilung der Sache ist davon auszugehen, daß die Klägerin durch zwei rechtswirksame Verträge Verpflichtungen eingegangen ist. Sie hatte sich durch den Liefervertrag vom 28. April 1933 verpflichtet, der Beklagten die von dieser gekauften Briketts zu liefern, und war durch den Beitritt zum Südwestdeutschen Kohlenwirtschaftsverband an die sich daraus ergebenden Kartellpflichten gebunden. Sie war nach § 3 Nr. 3 der Satzung dieses Verbandes insbesondere verpflichtet, allen Anordnungen des Verbandsführers, seiner Beauftragten oder sonstigen Organe des Verbandes Folge zu leisten, insbesondere die von dem Ausschuß für die Regelung des Wettbewerbs festgesetzten Preis-, Wettbewerbs- und Lieferungsbedingungen innezuhalten. Aus dieser zweifachen Verpflichtung ergaben sich für die Klägerin insofern Schwierigkeiten, als sie sich durch die weitere Erfüllung des Liefervertrages mit der Kartellpflicht, die Beklagte nicht mehr zu beliefern, in Widerspruch setzte. Das Verlangen des Verbandes, die Beklagte nicht mehr zu beliefern, bis sie dem Südwestdeutschen Kohlenwirtschaftsverbande beigetreten sei, durfte allerdings nach § 9 Abs. 1 KartVO. nur mit Einwilligung des Kartellgerichts, an dessen Stelle mit dem Gesetz über das Reichswirtschaftsgericht vom 25. Februar 1938 (RGBl. I S. 216) das Reichswirtschaftsgericht getreten ist, gestellt werden, da es sich hierbei um eine Sperre im Sinne dieser Bestimmung handelt. Das Kartellgericht hat aber im vorliegenden Falle die erforderliche Einwilligung zu der Sperre erteilt. Es hat genehmigt, daß die Aufnahme der Beklagten in das Register des deutschen Kohlenhandels so lange verweigert wird, bis sie dem Südwestdeutschen Kohlenwirtschaftsverbande beigetreten ist. Das bedeutet die Genehmigung einer Sperre, weil nach dem Generalabkommen nur solche Firmen beliefert werden dürfen, die in einem Register stehen. Unter die Einwilligung fällt auch der Liefervertrag der Parteien. Dieser war dem Kartellgericht, wie sich aus den Entscheidungsgründen des Urteils vom 11. Juni 1936 ergibt, bekannt. Es hat ihn aber von der Genehmigung zur Sperre nicht ausgeschlossen, wozu es in der Lage gewesen wäre, sondern hat diese unbeschränkt erteilt. Hiernach ist der Südwestdeutsche Kohlenwirtschaftsverband allgemein berechtigt, von seinen Mitgliedern die Durchführung der Sperre gegen die Beklagte zu verlangen, bis diese ihm beigetreten ist. Welche Folgen sich aus dieser Genehmigung ergaben, war zunächst nicht abzusehen. Sie konnten sehr verschiedener Art sein. Die Beklagte konnte dem Verbande beitreten und dadurch die weitere Erfüllung des Liefervertrages ermöglichen. Sie konnte aber auch zum Erliegen kommen, indem sie den Kohlenhandel überhaupt oder den mit Kartellware aufgab. Endlich konnte auch das Kartell in dem Streit unterliegen, wenn die Beklagte als Außenseiterin ihr bisheriges Geschäft weiter betrieb. Das blieb dem freien Spiel der Kräfte überlassen. Jedenfalls handelte das Kartell nicht rechtswidrig, wenn es bei dieser Sachlage von der Klägerin verlangte, daß sie den Vertrag nicht weiter ausführe, und die Klägerin war dem Verbande gegenüber rechtlich gebunden, die Sperre einzuhalten.

Die Schwierigkeiten, die sich aus diesen widerstreitenden Verpflichtungen für die Klägerin ergeben, lösen sich nicht etwa dadurch, daß die aus dem Kartellbeitritt erwachsenden Pflichten als solche höherer Art anzusehen wären. Zwar handelt es sich bei dem Generalabkommen vom 15. Juni 1933 zwischen den deutschen bergbaulichen Syndikaten und dem deutschen Kohlenhandel, das mit Billigung der zuständigen staatlichen Stellen geschlossen wurde, keineswegs um eine Vereinbarung, die nur den Belangen der Vertragschließenden und der ihnen angeschlossenen Verbände und Firmen dienen sollte, sondern dadurch sollte auch zum Nutzen der Allgemeinheit die im Kohlenhandel herrschende Unordnung beseitigt und eine ordnungsmäßige Regelung dieses Geschäftszweiges herbeigeführt werden. Trotzdem bleibt das Abkommen aber ein bürgerlichrechtlicher Vertrag gesellschaftsrechtlicher Art, der als solcher nicht etwa die

Wirkung hat, daß er andere bürgerlichrechtliche Verträge, deren Erfüllung mit einer sich aus ihm ergebenden Kartellpflicht in Widerspruch steht, auflöst oder den Vorrang vor ihnen hat. Ein unmittelbares Eingreifen staatlicher Stellen auf Grund des Gesetzes über Errichtung von Zwangskartellen vom 15. Juli 1933 (RGBl. I S. 488) hat gerade nicht stattgefunden; vielmehr ist die Regelung der Vereinbarung der Beteiligten überlassen geblieben.

Die Lösung ergibt sich auch nicht etwa dadurch, daß der Liefervertrag als der ältere Vertrag den Vorrang vor der von der Klägerin erst später eingegangenen Kartellverpflichtung hätte. Denn nach dem Schuldrecht des Bürgerlichen Gesetzbuchs wird — im Gegensatze z. B. zu sachenrechtlichen Bestimmungen — die Gültigkeit oder Wirksamkeit eines schuldrechtlichen Vertrages in der Regel nicht dadurch beeinträchtigt, daß er mit einer anderen schuldrechtlichen Verpflichtung des Schuldners in Widerspruch steht. Vielmehr bleiben solche Verträge nebeneinander rechtswirksam bestehen. Das zeigt sich am deutlichsten im Konkurs- und Vergleichsrecht, wo der Grundsatz der gleichen Befriedigung der Gläubiger ohne Rücksicht auf einen zeitlichen Rang ihrer Ansprüche gilt. Kein Gläubiger braucht sich auch in der Verwirklichung und Durchsetzung seiner Ansprüche dadurch behindern zu lassen, daß andere Gläubiger ältere vertragliche Ansprüche haben. Er kann vielmehr Erfüllung verlangen, auch wenn dadurch tatsächlich oder rechtlich die Rechte älterer Gläubiger gefährdet, beeinträchtigt oder vereitelt werden. Der Umstand allein, daß ein Schuldner sich einem Dritten gegenüber zu einer bestimmten Leistung verpflichtet hat, steht der rechtsgültigen Eingehung einer entgegengesetzten Verpflichtung einem anderen gegenüber grundsätzlich nicht im Wege. Nur durch das Hinzutreten besonderer Umstände, z. B. Verleitung zum Vertragsbruch, kann das anders werden. Da solche Umstände im vorliegenden Falle nicht gegeben sind, lassen sich aus dem älteren Liefervertrage keine Bedenken gegen die Gültigkeit der Kartellvereinbarungen zwischen dem Kohlenwirtschaftsverband und der Klägerin herleiten. Der Verband brauchte sich durch den Liefervertrag in dem Verlangen auf Erfüllung der Kartellpflicht durch die Klägerin nicht behindert zu sehen. Auch kann diesem Verlangen weder von der Klägerin noch von der Beklagten der Einwand der unzulässigen Rechtsausübung entgegengesetzt werden. Vielmehr durfte der Kohlenwirtschaftsverband es der Klägerin überlassen, ob und wie sie sich aus diesem Widerstreite der Belange und Verpflichtungen gegenüber der Beklagten, also ihrem Vertragsgegner, heraushelfen wollte. Wenn hiernach der Verband mit der Anrufung der Kartellpflicht von der Klägerin rechtlich einwandfrei die Erfüllung einer ihm gegenüber rechtswirksamen Verpflichtung verlangt, so trifft ihn auch nicht der Vorwurf der Anstiftung zum Vertragsbruch. Ebensowenig ergeben sich bei dieser Sachlage Bedenken nach der wettbewerblichen Seite. Zwar fällt die Verhängung einer Sperre gegen einen Kartellaußenseiter unter den sogenannten Behinderungswettbewerb. Aber eine sonst etwa begründete Wettbewerbswidrigkeit ist durch die unbeschränkt erteilte Genehmigung des Kartellgerichts zur Sperre ausgeschlossen, so daß die Verhängung der genehmigten Sperre wegen des älteren Liefervertrages auch nicht zu einer insoweit wettbewerblich unzulässigen Maßnahme geworden ist.

Die Klägerin konnte sich also der Anrufung ihrer Kartellpflicht durch das Kartell mit dem Hinweis auf den seiner Entstehung nach älteren Lieferungsanspruch der Beklagten nicht entziehen. Sie hat sich vielmehr in widerstreitende Verpflichtungen verstrickt. Daraus ergibt sich für den von der Klägerin mit der Klage verfolgten Anspruch folgendes:

Wer sich widersprechende oder möglicherweise unter sich in Widerstreit tretende Verpflichtungen eingeht, muß an und für sich grundsätzlich die sich daraus ergebenden Folgen selbst tragen. Die Anwendung dieses Grundsatzes auf den vorliegenden Fall würde freilich ohne weiteres dann entfallen, wenn eine Beitrittsverpflichtung der Beklagten bestanden hätte oder ihr der Beitritt im Rahmen des Vertragsverhältnisses der Parteien zuzumuten gewesen wäre. Das hat der Berufungsrichter angenommen. Er stützt die Anwendbarkeit des § 324 Abs. 1 BGB. gegenüber der Beklagten auf zwei selbständige Gründe, nämlich einmal auf eine vertragliche Beitrittspflicht, hergeleitet aus einer entsprechenden Bestimmung der im Jahre 1936 geltenden Kauf- und Lieferungsbedingungen, und ferner auf die Zumutbarkeit des Beitritts als einer sich zur Erzielung geregelter Abwicklungen des Kohlenhandels nach Treu und Glauben ergebenden Verpflichtung zum Beitritt. Er führt hierzu folgendes aus: Die Beklagte sei unter den gegebenen Umständen nach Treu und Glauben aus dem zwischen den Parteien geschlossenen Liefervertrage verpflichtet gewesen, auf die Sperrandrohung hin dem Südwestdeutschen Kohlenwirtschaftsverband und damit den Kartellbestimmungen des Generalabkommens vom Juni 1933 beizutreten, auf denen die Liefersperre beruhe. Allerdings sei von dieser Verpflichtung in den zur Zeit des Vertragsschlusses vom 28. April 1933 geltenden Lieferungsbedingungen nichts erwähnt. Die Beklagte habe aber zu den jeweiligen Lieferungsbedingungen des Syndikats gekauft. Darin liege keine untragbare Zumutung, weil bei der Gemeinwirtschaft im Kohlenhandel Änderungen der Kauf- und Lieferungsbedingungen der Genehmigung des Reichswirtschaftsministeriums bedürften und der Kohlenhandel dadurch vor ungerechtfertigter Belastung geschützt werde. Demnach sei nicht nur die Klägerin, sondern auch die Beklagte an die jeweiligen Kauf- und Lieferungsbedingungen des Syndikats gebunden, und zwar auch so weit, als sie das Generalabkommen betreffen. Die Beklagte habe sich überdies — abgesehen von einer Bindung an die jeweiligen Bedingungen des Syndikats — nach Treu und Glauben der nach Abschluß des Vertrages vom 28. April 1933 einsetzenden Neuordnung im Kohlenhandel nicht entziehen dürfen; denn die Verhältnisse im Kohlenhandel seien damals derart verworren gewesen, daß eine verantwortungsbewußte Organisation hier habe Ordnung schaffen müssen. Diese Ordnung sei durch das Generalabkommen erreicht worden, weil sich der Kohlenhandel, sowohl der Großhandel wie der Platzhandel, in seiner überwiegenden Mehrheit auf den Boden des Generalabkommens gestellt habe. Ein einzelner habe sich diesem Ordnungswerke nicht entziehen dürfen. Vielmehr sei nach Treu und Glauben und unter den gegebenen allgemeinen Umständen jedem Kohlenhändler, also auch der Beklagten, der Beitritt zu dem für ihn zuständigen Kartellverbande zuzumuten gewesen. Der Berufungsrichter führt dann des näheren aus, daß auch die einzelnen Einwendungen der Beklagten gegen ihre Verpflichtung, dem Südwestdeutschen Kohlenwirtschaftsverbande beizutreten, unbegründet seien.

Der Berufungsrichter hat die Frage, ob die Beklagte zum Beitritt verpflichtet war, mit Recht selbständig geprüft und nicht etwa angenommen, daß insoweit eine rechtskräftige Entscheidung des Kartellgerichts vorliege. Zwar sind die Entscheidungen des Kartellgerichts nach § 12 Abs. 2 KartVO. endgültig und für Gerichte und Schiedsgerichte bindend. In Rechtskraft erwächst aber auch hier nur die im erkennenden Teil des kartellgerichtlichen Urteils getroffene

Entscheidung. Danach ist die rechtskräftige Einwilligung dazu erteilt, daß die Aufnahme der Beklagten in das Register des deutschen Kohlenhandels so lange verweigert wird, bis sie dem Südwestdeutschen Kohlenwirtschaftsverbande beigetreten ist. Damit ist zwar rechtskräftig entschieden, daß die Sperre, auch soweit sie das Lieferungsgeschäft der Parteien betrifft, keine unerlaubte Handlung ist. Die Entscheidung besagt aber nichts darüber, daß die Beklagte, sei es gesetzlich oder vertraglich, der Klägerin gegenüber verpflichtet sei, dem Verbande beizutreten.

Der Revision ist jedoch darin beizupflichten, daß für die Beklagte weder eine gesetzliche, aus allgemeinen staatsbürgerlichen Pflichten folgende, noch eine vertragliche Pflicht zum Beitritt bestand. Eine allen oder wenigstens den im Bereiche der Beklagten ansässigen Kohlenhändlern obliegende gesetzliche Beitrittspflicht hat keinesfalls bestanden. Ein zwangsweiser gesetzlicher Beitritt konnte nur auf Grund des Gesetzes über Errichtung von Zwangskartellen vom 15. Juli 1933 durch Zwangskartell oder Zwangsbeischluß durch die dafür zuständigen Stellen eingeführt werden. Eine solche Maßnahme ist gerade nicht getroffen worden. Dann läßt sich aber nicht trotzdem mit der vom Berufungsgericht gegebenen Begründung, die Beklagte habe sich nach Treu und Glauben der Neuordnung im Kohlenhandel nicht entziehen dürfen, eine gesetzliche, auf staatsbürgerlichen Erwägungen beruhende Verpflichtung zum Beitritt herleiten.

Es bestand auch keine vertragliche Pflicht der Beklagten zum Beitritt. Der Berufungsrichter hat darin Recht, daß als Vertragsinhalt die jeweiligen Kauf- und Lieferungsbedingungen maßgebend sind. Im Vertrage der Parteien ist ein Festpreis, wie er in Nr. 18 Satz 2 der Kauf- und Lieferungsbedingungen vorgesehen ist, nicht vereinbart worden; es gilt also Nr. 18 Satz 1 das., wonach der vom Syndikat am Tage der Übernahme durch die Bahn festgesetzte Preis gilt. Wenn aber für die Preise die jeweiligen Syndikatsbestimmungen gelten sollen, dann muß dasselbe auch für die Lieferungsbedingungen gelten. Es kommt jedoch hierauf nicht weiter an; denn weder die Kauf- und Lieferungsbedingungen des Mitteldeutschen Braunkohlensyndikats für Lieferungen an Händler vom 7. Juli 1932, die beim Vertragsschluß galten, noch die Bedingungen in der Fassung vom 1. September 1935, die vom 1. September 1935 bis zum 31. März 1937 maßgebend gewesen sein sollen, enthalten eine Bestimmung, aus der sich eine Verpflichtung der Beklagten zum Beitritt ergeben würde. Allerdings hat nach dem in beiden Fassungen gleichlautenden § 30 der Bedingungen das Syndikat das Recht, bei einer schuldhaften Zuwiderhandlung gegen die Kauf- und Lieferungsbedingungen den Zuwiderhandelnden zeitweilig und bei wiederholten Verstößen dauernd für den Verkehr mit Syndikatserzeugnissen zu sperren. Hier ist also ausdrücklich die Möglichkeit einer Kartellsperre vorgesehen. Rechtlich wäre es möglich, daß sich der Käufer auch einer auf andere Umstände gegründeten Sperre unterwirft oder sich im voraus verpflichtet, sofort oder auf Verlangen des Syndikats weiteren Kartellverbänden beizutreten. Eine solche weitgehende Verpflichtung ist aber in den Kauf- und Lieferungsbedingungen nicht enthalten. Der Berufungsrichter scheint eine vertragliche Verpflichtung der Beklagten zum Beitritt aus den jeweils geltenden Lieferungsbedingungen in Verbindung mit dem Generalabkommen herleiten zu wollen; denn er schließt seine diesen Punkt betreffenden Ausführungen mit der Feststellung, daß nicht nur die Klägerin, sondern auch die Beklagte an die jeweiligen Kauf- und Lieferungsbedingungen des Syndikats gebunden gewesen sei, und zwar auch so weit, als sie das Generalabkommen betreffen. Die Beklagte war aber, bevor sie dem Südwestdeutschen Kohlenwirtschaftsverbande beigetreten war, auch nicht auf dem Wege über die dem Vertrage zugrunde liegenden Kauf- und Lieferungsbedingungen des Mitteldeutschen Braunkohlensyndikats an das Generalabkommen gebunden. Deshalb ergibt sich eine vertragliche Verpflichtung der Beklagten zum Beitritt auch nicht etwa aus der Bestimmung des § 2 I 3 der Ausführungsbestimmungen zum Generalabkommen, wonach jeder registrierte Händler zum Eintritt in die für ihn zuständige Organisation des deutschen Kohlenhandels verpflichtet ist.

Sollten die Erwägungen des Berufungsrichters etwa so gemeint sein, daß, abgesehen von einer ausdrücklichen Vertragsklausel, angesichts der von ihm hervorgehobenen Umstände aus dem Vertrage der Parteien im Wege der Auslegung für die Beklagte die Rechtspflicht herzuleiten sei, dem Kartell beizutreten, so die Liefersperre zu vermeiden oder wenigstens durch sofortigen Beitritt alsbald wieder zu beseitigen, so könnte dem nicht beigepflichtet werden. Denn eine derartige, weitgehende Verpflichtung müßte klar zum

Ausdruck gebracht sein. Sie ist aber im vorliegenden Fall auch nicht andeutungsweise in den Bedingungen enthalten.

In diesem Zusammenhang ergibt sich die weitere Frage, ob der Gläubiger im Sinne des § 324 Abs. 1 BGB. über seine eigentliche vertragliche Verpflichtung hinaus noch mehr zu vertreten hat, d. h., ob er verpflichtet ist, über diese Verpflichtung hinaus noch mehr zu tun, wenn er dadurch ein sonst eintretendes Unvermögen des Schuldners zur Leistung verhindern kann. Das Gesetz sagt nicht ausdrücklich, was der Gläubiger im Sinne des § 324 Abs. 1 BGB. zu „vertreten" hat. Nach dem Sprachgebrauch des Bürgerlichen Gesetzbuchs hat im allgemeinen nur der Schuldner etwas zu „vertreten". Allgemeine Vorschriften, wie sie insoweit die §§ 275flg. BGB. für den Schuldner enthalten, enthält das Bürgerliche Gesetzbuch für den Gläubiger nicht. In den §§ 827 bis 830, 834 bis 836 u. a. BGB. ist bei unerlaubten Handlungen von „Verantwortlichsein" die Rede. Diese Wendung ist in gleichem Sinne wie das Wort „vertreten" in § 287 BGB. mit Bezug auf den Schuldner gebraucht, während in den §§ 254 und 839 Abs. 3 BGB., wo ebenfalls von Umständen in der Person des Gläubigers die Rede ist, wieder auf sein „Verschulden" abgestellt ist. Eine weitere Schwierigkeit ergibt sich daraus, daß in § 324 Abs. 2 BGB. den Fällen des Abs. 1 der Fall des Annahmeverzugs des Gläubigers gleichgesetzt ist, der auf dessen Seite weder Pflichtverletzungen noch Verschulden voraussetzt. Eine Haftung des Gläubigers scheidet jedenfalls dann aus, wenn er zu seinem Verhalten dem Schuldner gegenüber berechtigt war, während er umgekehrt haftet, wenn er eine ihm dem Schuldner gegenüber obliegende Verpflichtung schuldhaft verletzt oder sonst durch rechtswidriges, schuldhaftes Verhalten das Leistungsunvermögen des Schuldners herbeigeführt hat. Darüber hinaus wird aber die Anwendbarkeit des § 324 Abs. 1 BGB. dann in Frage kommen können, wenn die Leistungsunfähigkeit des Schuldners durch schuldhaften Verstoß des Gläubigers gegen die eigenen Belange herbeigeführt ist oder der Gläubiger nach Treu und Glauben den vom Schuldner herzustellenden Erfolg durch sein Verhalten nicht verhindern durfte. Eine solche Verpflichtung des Gläubigers kann sich aus § 242 BGB. ergeben.

Im vorliegenden Falle war die Beklagte aber auch unter diesem Gesichtspunkte nicht verpflichtet, dem Kohlenwirtschaftsverbande beizutreten. Denn es ist nicht so, als ob die Beklagte von ihrem Standpunkt aus gesehen überhaupt keine vernünftigerweise ernst zu nehmenden Gründe gegen ihren Beitritt anzuführen vermöchte. Auch der Berufungsrichter nimmt an, daß sie eine gewisse Umstellung ihres Betriebes hätte vornehmen müssen, womit sicher gewisse Opfer verbunden gewesen wären. Zudem können die Bedenken der Beklagten wegen ihres Geschäfts mit niederländischen Kohlen nicht ohne weiteres als unbegründet bezeichnet werden. Bei dieser Sachlage war ihr der Beitritt zum Kohlenwirtschaftsverband aus dem Vertragsverhältnis der Parteien auch nicht unter Heranziehung des § 242 BGB. zuzumuten, und die Sperre war auch unter diesem Gesichtspunkte kein von der Beklagten als Lieferungsgläubigerin zu vertretender Umstand im Sinne des § 324 Abs. 1 BGB.

Die Klägerin hat als weiteren Grund dafür, daß die Beklagte ihr Unvermögen zu vertreten habe, angeführt, diese habe durch unlauteren Wettbewerb das Einschreiten des Kartells hervorgerufen. Der Berufungsrichter hat die Sachlage unter diesem Gesichtspunkte bisher nicht geprüft. Die Sache bedarf aber in dieser Hinsicht näherer tatsächlicher Feststellungen. Denn wenn die Beklagte wirklich unlauteren Wettbewerb getrieben und dadurch den Kohlenwirtschaftsverband veranlaßt haben sollte, die Genehmigung der Sperre nachzusuchen, so würde es sich bei der Durchführung der Sperre allerdings um einen Umstand handeln, den die Beklagte als Gläubigerin im Sinne des § 324 Abs. 1 BGB. zu vertreten hätte. Dazu würde aber nicht genügen, daß die Geschäftsführung der Beklagten mit der kartellmäßigen Regelung in Widerspruch gestanden hat; vielmehr müßte sich die Beklagte, von der kartellmäßigen Regelung abgesehen, sonst in ihrem geschäftlichen Vorgehen mit den Regeln des lauteren Wettbewerbs in Widerspruch gesetzt haben. Demnach kann auf die Revision der Beklagten hin nicht etwa schon die Klage abgewiesen, sondern die Sache muß insoweit unter Aufhebung des angefochtenen Urteils an das Berufungsgericht zurückverwiesen werden.

3. Der mit der Widerklage geltend gemachte Schadensersatzanspruch ist für die rückständigen 5050 t — das ist in Höhe von 5302,50 RM. — auf alle Fälle unbegründet. Denn nach Nr. 1 Satz 2 der Lieferungsbedingungen kann eine Nachlieferung nicht abgeforderter Mengen vom Käufer nicht verlangt werden. Daraus folgt, daß der Beklagten wegen Nichtlieferung dieser Mengen kein Schadensersatzanspruch zusteht; denn die Klägerin hat sich, wie schon zur Klage

ausgeführt worden ist, ihres Rechtes, Lieferung der nicht rechtzeitig abgerufenen Mengen abzulehnen, nicht begeben. Hiernach ist die Revision der Beklagten, soweit sie sich gegen die Abweisung der Widerklage richtet, wegen des Betrags von 5302,50 RM. nebst Zinsen unbegründet.

Der Schadensersatzanspruch wegen Nichtlieferung der weiteren, auf das laufende Geschäftsjahr bereits abgerufenen 1525 t mit 1601,25 RM. ist auch auf eine positive Vertragsverletzung durch die Klägerin gestützt. Er setzt also voraus, daß die Klägerin an der Nichtlieferung ein Verschulden trifft. Dem Berufungsrichter ist darin beizutreten, daß der Klägerin aus ihrem Beitritt zum Kartell an sich kein Vorwurf gemacht werden kann, auch wenn sich dadurch möglicherweise Schwierigkeiten wegen der Erfüllung des Liefervertrages ergaben. Denn wie der Berufungsrichter in Übereinstimmung mit dem Sachverständigen feststellt, hätte ohne das Generalabkommen die angestrebte und auch tatsächlich erreichte Ordnung im Kohlenhandel, die auch weitgehend dem Gemeinwohl diente, nicht herbeigeführt werden können. Unter diesen Umständen war es der Klägerin als Werkhandelsgesellschaft billigerweise nicht zuzumuten, mit Rücksicht auf den mit der Beklagten laufenden Liefervertrag dem Kohlenwirtschaftsverband überhaupt nicht beizutreten. Deshalb liegt darin, daß sie dem Verbande beitrat, nach den besonderen Umständen des vorliegenden Falles allein noch keine schuldhafte Verletzung ihrer Vertragspflichten gegenüber der Beklagten.

Die Klägerin war jedoch aus diesem Vertrage heraus verpflichtet, beim Kohlenwirtschaftsverbande dahin zu wirken, daß ihr die Ausführung des Liefervertrages gestattet, ihr also dieser Vertrag „geschützt" würde. Sie hat auch behauptet, sie habe bei ihrem Beitritt zum Verband ihren Abschluß mit der Beklagten dem Südwestdeutschen Kohlenwirtschaftsverbande bekanntgegeben und mit Rücksicht auf die Beklagte geltend gemacht, daß dieser Abschluß noch auszuliefern sei und die Beklagte deshalb auf die Liste der Händler kommen solle, die beliefert werden dürften. Es wird sich aber fragen, ob die Klägerin damit bei ihrem Beitritt genug getan hat oder ob sie mit Aussicht auf Erfolg eine feste Schutzklausel für die Erfüllung des Liefervertrages hätte verlangen müssen und erreichen können. Des weiteren wird zu klären sein, ob die Klägerin, als das Sperrverfahren gegen die Beklagte lief und als die Genehmigung durch das Kartellgericht erteilt war, beim Kohlenwirtschaftsverbande wenigstens ernstlich versucht hat, den Ausschluß des Liefervertrages von der Sperre zu erreichen. Die Revision weist mit Recht darauf hin, daß sich in dieser Hinsicht Bedenken ergeben, weil die Klägerin schon am Tag, als die Entscheidung des Kartellgerichts erging, nämlich am 11. Juni 1936, der Beklagten drahtlich mitteilte, das Kartellgericht habe die Beklagte gesperrt, sie müsse Lieferungen für sie sofort einstellen. Dazu bedarf die Sache noch näherer tatsächlicher Aufklärung. Diese wird sich auch darauf erstrecken müssen, ob etwaige Bemühungen der Klägerin um weiteren Schutz des Liefervertrages Aussicht auf Erfolg boten oder ob sie etwa als von vornherein aussichtslos unterbleiben konnten. Demnach war das Urteil auch insoweit aufzuheben, als die Widerklage zum Betrage von 1601,25 RM. abgewiesen worden ist, und die Sache an das Berufungsgericht zurückzuverweisen.

Sollte der Berufungsrichter auf Grund der neuen Verhandlung zu der Feststellung kommen, daß die Beklagte die Sperre durch unlauteren Wettbewerb hervorgerufen, andererseits die Klägerin nicht genug getan habe, um sich den Vertrag schützen zu lassen, so könnte sich die Frage erheben, ob deshalb etwa beide Teile die Unmöglichkeit zu vertreten hätten und ein Ausgleich gefunden werden müßte. Das wird jedoch, soweit nicht ganz besondere Umstände zu einer anderen Entscheidung führen, grundsätzlich zu verneinen sein; die Unmöglichkeit wird dann von der Beklagten im vollen Umfange zu vertreten sein. Denn selbst wenn der Liefervertrag zunächst geschützt worden wäre, hätte sich die Klägerin dem Kohlenwirtschaftsverbande gegenüber hierauf nicht mehr berufen können, wenn die Beklagte inzwischen unlauteren Wettbewerb betrieben und hierzu möglicherweise auch die aus dem Vertrage zu liefernden Kohlen benutzt haben würde.

---

19. 1. Unter welchen Voraussetzungen kann gegen den früheren Verlobten auf Unterlassung der Zusendung von Briefen, Blumen u. dgl. geklagt werden?

2. Genügt für die vorbeugende Unterlassungsklage der äußere Tatbestand eines Eingriffs in das Rechtsgut der Ehre?

BGB. § 823 Abs. 2. StGB. § 185.

VI. Zivilsenat. Urt. v. 11. Februar 1941 i. S. K. (Bekl.) w. Frau W. (Kl.). VI 116/40.

I. Amtsgericht Osterwieck.
II. Oberlandesgericht Naumburg a. S.

Die Klägerin machte im Jahre 1931 die Bekanntschaft des Beklagten und trat im Jahre 1936 mit ihm in Verkehr. Der Beklagte besuchte sie in ihrer Wohnung, sie kam auch nach O., wo er wohnte; außerdem trafen sich beide an dritten Orten. Von einer 1936 unternommenen Sommerreise richtete die Klägerin an den Beklagten eine Reihe von Briefen und Karten und blieb weiterhin in Briefwechsel mit ihm. Beide duzten sich und hatten auch Geschlechtsverkehr miteinander. Im Sommer 1936 nahm die Klägerin vom Beklagten einen Verlobungsring an. Sie erwog, wie sie angibt, eine Heirat mit ihm unter der Voraussetzung, daß sein Einkommen und sein Vermögen auskömmlich seien. Mit Brief vom 16. April 1939 löste sie jedoch ihre Beziehungen zu ihm. Trotz dieses Briefes versuchte der Beklagte immer wieder, sich der Klägerin zu nähern. Er schickte ihr Blumen, Briefe und Karten, wobei er sie duzte und Vorschläge zu einer Zusammenkunft machte. Die Klägerin verbat sich durch Schreiben ihres Prozeßbevollmächtigten vom 19. September 1939 diese Annäherungen. Jetzt verlangt sie die Verurteilung des Beklagten dahin, daß er an sie keinerlei Schreiben, Blumen oder sonstige Gegenstände senden, auch nicht äußern dürfe, er sei mit ihr verlobt.

Die Vordergerichte haben dem Antrag entsprochen. Die Revision des Beklagten blieb ohne Erfolg.

Gründe:

Das Berufungsgericht hat die Unterlassungsklage für begründet erachtet. Es hat angenommen, der Beklagte habe gegen § 185 StGB., also gegen ein Schutzgesetz im Sinne des § 823 Abs. 2 BGB. verstoßen, da er die Klägerin aufs gröblichste beleidigt habe. Hierzu hat es festgestellt: Die Klägerin habe in ihrem Schreiben vom 16. April 1939 den Rücktritt von dem Verlöbnis erklärt. Das sei auch vom Beklagten als deutliche Absage empfunden worden. Die Meinung des Beklagten, das Schreiben entspreche nicht dem wahren Willen der Klägerin, sei abwegig. Sie sei alt genug, um selbständig Entschlüsse zu fassen. Sie habe an ihrer Abweisung immer folgerichtig festgehalten. Trotzdem habe der Beklagte sich von ihr nicht ferngehalten, sondern so eingestellt, als ob er noch weiter ihr Verlobter sei. Er habe ihr Geschenke übersandt, insbesondere Blumensträuße übermittelt. Er habe sie auch weiterhin geduzt und ihr seine Liebe zum Ausdruck gebracht. So habe er am 31. Oktober 1939 an sie geschrieben: „Mein inniggeliebtes, herziges Frauchen! Immer und immer gedenke ich Dein in alter treuer Liebe und habe große, sehr große Sehnsucht nach Deiner uneingeschränkten Liebe. Wo wollen wir uns treffen?" Auf diesen Ton seien die 72 Briefe und 14 Telegramme abgestimmt, die der Beklagte der Klägerin nach dem 16. April 1939 bis zum Mai 1940 geschickt habe. Er habe sich nicht nur in Zärtlichkeitsausbrüchen gegenüber der Klägerin ergangen, sondern sie auch an vergangene Liebesstunden erinnert und künftige herbeigewünscht. Dies komme ganz deutlich in seinem Schreiben vom 28. November 1939 zum Ausdruck: „Hast Du geliebte Frau am gestrigen Bußtag auch an den Sinn, die Bedeutung gedacht: Kehrt um? Hast Du auch zugleich daran gedacht, was die Adventszeit Dir sagen soll? Schicke Dich, zu empfangen Deinen Herrn! Nimm Dir bitte diese Worte zu Herzen und wende sie für Deinen Mann an und bereite Dich vor für unser Treffen in aller Kürze in B., damit wir bald wieder unser Bettchen teilen und auch bald unsere Flitterwochen verleben. In inniger Liebe herzlich Dein getreuer Mann." Seine schriftlichen Äußerungen habe der Beklagte auf Postkarten, teilweise auf solche mit nackten Frauengestalten, gesetzt und diese dann in Briefumschlägen der Klägerin zugesandt. Er habe auch Telegramme an sie aufgegeben und dadurch den Postbeamten den Inhalt seiner Äußerungen bekanntgegeben. Mit Telegramm vom 26. Dezember 1939 habe er die Klägerin unverblümt aufgefordert, mit ihm im Hotel in G. geschlechtlich zu verkehren. Es habe gelautet: „Gedenke Dein. Niedersächsischer Hof. Wann, wo wollen wir wieder soooooo unendlich glücklich sein???"

Das Berufungsgericht hat angenommen, das geschilderte Verhalten des Beklagten bedeute eine Herabwürdigung und Beleidigung der Klägerin, vor allem, weil er ihr nach Auflösung der Verlobung Geschlechtsverkehr angesonnen habe, und zwar nicht nur in ihrer Wohnung, sondern auch in irgendwelchen Gasthöfen, und weil er verschiedentlich seine Äußerungen auf Postkarten gesetzt habe, welche

Bilder nackter Frauengestalten enthalten hätten. Es hat auch eine Wiederholungsgefahr bejaht, da bei dem aufdringlichen Verhalten des Beklagten und den vielen schriftlichen Äußerungen, mit denen er die Klägerin überschüttet habe, nicht bezweifelt werden könne, daß er sein Treiben fortsetzen werde.

Die Revision macht zunächst geltend, daß weder der äußere noch der innere Tatbestand der Beleidigung im Sinne des § 185 StGB. gegeben sei. Es sei rechtsirrig, daß unter den gegebenen Umständen jede Annäherung des Beklagten an die Klägerin für diese eine Herabwürdigung bedeute. Wenn ein Mann seine frühere Verlobte bitte, das Verlöbnis wiederherzustellen und ihn zu heiraten, so bedeute das keinen Ausdruck der Mißachtung. Wenn sich die vorbeugende Unterlassungsklage gegen eine strafrechtlich verbotene Handlung richte, müsse auch der innere Tatbestand des Strafgesetzes erfüllt sein. Dazu gehöre das Bewußtsein des Täters von der Rechtswidrigkeit und dem Beleidigenden der Äußerungen. Der Beklagte habe immer wieder versichert, er habe die Klägerin niemals bloßstellen wollen. Das habe das Berufungsgericht nicht geprüft. Der Beklagte habe erst mit dem Urteil des Amtsgerichts von der Einreichung der öffentlich beglaubigten Prozeßvollmacht der Klägerin vom 29. April 1940 Kenntnis erhalten; bis dahin habe er geglaubt, ihre Abkehr entspreche nicht ihrem wahren und freien Willen. Unstreitig habe sie ihm einige Wochen nach dem Briefe vom 16. April 1939 zu Pfingsten gedrahtet, sie könne nicht kommen, und zwar in alter vertraulicher Form. Der Beklagte habe weiter geltend gemacht, daß die Klägerin noch kürzlich (vor dem 5. Juli 1940) geäußert habe, sie selbst finde an ihm nichts auszusetzen und möchte an sich gern zurück; die Triebfeder des Rechtsstreits sei nur ihr Rechtsanwalt. Einige Wochen vor Ende März 1940 habe die Klägerin ausgesprochen, daß sie gegen den Beklagten überhaupt nichts einzuwenden habe, sich aber noch nicht mit ihm vertragen wolle. Er habe die Vernehmung der Klägerin hierüber beantragt. Wenn das Berufungsgericht feststelle, daß die Klägerin an ihrer Abweisung immer folgerichtig festgehalten habe, so sei dies tatbestandswidrig. Bei den Postkarten mit den nackten Gestalten handle es sich um Nachbildungen von Kunstwerken; nicht alles Nackte sei unzüchtig oder auch nur anstößig. Bei den Telegrammen habe das Berufungsgericht nicht beachtet, daß die Telegraphenbeamten zur Verschwiegenheit verpflichtet seien.

Die Revision macht ferner geltend, daß Wiederholungsgefahr nicht gegeben sei. Sie führt dazu aus, der Beklagte habe, nachdem er von der Vollmachtbeglaubigung und dem amtsgerichtlichen Urteil Kenntnis erhalten habe, jede weitere Annäherung an die Klägerin unterlassen. Das Berufungsgericht habe auch beachten müssen, daß der Beklagte nach dem ärztlichen Zeugnis vom 29. Februar 1940 einen Nervenzusammenbruch erlitten habe und sich von dessen Auswirkungen noch immer nicht ganz freimachen könne. Er leide an angeborener Nervenschwäche mit außergewöhnlich gesteigerter seelischer Erregbarkeit.

Diese Angriffe der Revision sind nicht begründet. Zwar bestehen, entgegen der Annahme der Revisionsbeklagten, gegen die Zulässigkeit der Revision keine Bedenken. Es handelt sich um einen nichtvermögensrechtlichen Anspruch, so daß die Revision ohne Rücksicht auf den Wert des Beschwerdegegenstandes zulässig ist (§ 546 ZPO.). Daran wird auch durch den Umstand nichts geändert, daß es sich um die Revision gegen ein oberlandesgerichtliches Berufungsurteil handelt, das gemäß § 9 der Verordnung über Maßnahmen auf dem Gebiete der Gerichtsverfassung und der Rechtspflege vom 1. September 1939 (RGBl. I S. 1658) über die Berufung gegen ein amtsgerichtliches Urteil erkannt hat. Sachlich aber können die Rügen der Revision keinen Erfolg haben.

Das Berufungsgericht berücksichtigt zutreffend, daß die Klägerin mit dem erwähnten Schreiben vom 16. April 1939 — in dem sie sich jeden Besuch des Beklagten verbittet und sogar von Hausfriedensbruch spricht — das Verlöbnis mit dem Beklagten aufgelöst und die Beziehungen zu ihm abgebrochen hat, daß es ihr damit Ernst gewesen ist und daß sie an ihrer Abweisung immer folgerichtig festgehalten hat; dabei verweist es darauf, daß diese deutliche Absage von dem Beklagten auch als solche empfunden worden ist. Demgegenüber enthält das Telegramm zu Pfingsten 1939 nicht nur kein sachliches Entgegenkommen, sondern im Gegenteil erneute Abwehr gegen die Annäherungsversuche des Beklagten. Auf die angeblichen Äußerungen der Klägerin, sie habe an dem Beklagten nichts auszusetzen und möchte gern zurück, wolle sich aber jetzt noch nicht mit ihm vertragen, kann sich der Beklagte schon deshalb nicht berufen, weil er trotz Aufforderung der Klägerin nicht angegeben hat, zu welcher genauen Zeit und zu wem die Klägerin diese Äußerungen getan haben soll. Einer Ausübung des richterlichen Fragerechts bedurfte es nach der ganzen Sachlage nicht; auch ist von einer eidlichen Vernehmung der Klägerin über diese Behauptungen mit Recht Abstand genommen worden.

Geht man hiervon aus, so konnte das Berufungsgericht in dem Verhalten des Beklagten eine Beleidigung im Sinne des § 185 StGB., nämlich eine widerrechtliche Verletzung der Ehre der Klägerin erblicken. Ohne Rechtsirrtum hat es als Herabwürdigung und Mißachtung der Klägerin angesehen, daß der Beklagte trotz der in dem Schreiben der Klägerin vom 16. April 1939 enthaltenen deutlichen Absage, die er auch als solche erkannte, sich gleichwohl auch weiterhin zu ihr so stellte, als ob er noch ihr Verlobter sei, ihr in 72 Briefen und 14 Telegrammen fortgesetzt seine Liebe zum Ausdruck brachte, dabei sie ständig an vergangene Liebesstunden erinnerte, auch künftige herbeiwünschte, insbesondere ihr in nicht mißzuverstehenden Wendungen Geschlechtsverkehr in ihrer Wohnung und auch in irgendwelchen Gasthöfen ansann, daß er sich bei diesen Aufforderungen verschiedentlich auch der Bilder nackter Frauengestalten bediente, die er mit entsprechenden Unterschriften versehen hatte, und daß er endlich sogar in Telegrammen, deren Inhalt notwendig zur Kenntnis Dritter, nämlich der Telegraphenbeamten, gelangen mußte, seine Zumutungen zum Ausdruck brachte. Wenn es an sich auch keinen Ausdruck der Mißachtung bedeutet, daß ein Mann seine frühere Verlobte bittet, das Verlöbnis wieder herzustellen und ihn zu heiraten, so handelt es sich doch um eine schwere Kränkung der Frau, wenn das Verlangen in einer Art und Weise geäußert wird, wie es hier geschehen ist. Mag auch die Übersendung von Postkarten, auf denen künstlerische Darstellungen nackter Frauen nachgebildet sind, im allgemeinen nicht zu beanstanden sein, so liegt der Sachverhalt doch anders, wenn, wie es der Beklagte in seinem Briefe vom 21. Oktober 1939 getan hat, solche Abbildung mit der Unterschrift versehen wird: „So habe ich Dich schon oft gehabt, mein Liebling" oder wenn sie, wie in dem Briefe vom 19. Januar 1940, mit der Aufforderung übersandt wird: „Schenk mir bitte bald wieder Deine unbeschränkte Liebe". Daß solche Zusendungen an die frühere Verlobte nach dem Abbruch der Beziehungen eine Mißachtung und Herabwürdigung darstellen, kann keinem Zweifel unterliegen. Der Umstand, daß die Klägerin dem Beklagten während der Verlobungszeit wiederholt die Beiwohnung gestattet hatte, berechtigte den Beklagten nicht, ihr, nachdem sie sich von ihm losgesagt und ihm deutlich zu Gemüte geführt hatte, daß sie von ihm nichts mehr wissen wolle, gleichwohl die früheren Vorkommnisse immer wieder vorzuhalten und sie sogar auch jetzt noch zum Geschlechtsverkehr aufzufordern. Bei den Telegrammen kommt es nicht darauf an, daß die Telegraphenbeamten zur Verschwiegenheit verpflichtet waren. Es genügt, daß diese Beamten von dem Inhalt der Telegramme Kenntnis erhielten. Wenn es in dem Telegramm des Beklagten vom 26. Dezember 1939 hieß: „Gedenke Dein. Niedersächsischer Hof. Wann, wo wollen wir wieder soooooo glücklich sein???", so war hier für die Beamten deutlich erkennbar, daß es sich um eine Aufforderung zum Geschlechtsverkehr im Gasthofe handelte, um so mehr, als ein Telegramm vom 25. Dezember 1939 vorhergegangen war: „Wann bist Du wieder in Deiner Wohnung allein, möcht gern mit Dir wieder sooo glücklich sein". Der Umstand, daß der Beklagte derartige Aufforderungen drahtlich an die Klägerin richtete, also in einer Weise, daß sie notwendig zur Kenntnis der Beamten gelangten, mußte bei den Beamten den Eindruck der Mißachtung der Klägerin erwecken.

Hiernach ist der äußere Tatbestand eines widerrechtlichen Eingriffs in das geschützte Rechtsgut der Ehre der Klägerin gegeben. Die Revision meint, daß eine vorbeugende Unterlassungsklage nur gerechtfertigt sei, wenn der Täter auch das Bewußtsein von der Rechtswidrigkeit und dem Beleidigenden seiner Äußerungen gehabt habe. Dem kann jedoch nicht beigetreten werden. Wie in der Rechtsprechung ständig angenommen worden ist, setzt die sogenannte vorbeugende Klage auf Unterlassung von Eingriffen in Rechtsgüter, die das Gesetz schützt, keine unerlaubte Handlung, also kein Verschulden des Täters voraus; ein gegenständlich rechtswidriger Eingriff genügt (vgl. z. B. RGZ. Bd. 140 S. 392 [402], Bd. 148 S. 114 [123], Bd. 156 S. 372 [374], RGUrt. VI 187/38 vom 5. Juli 1939 in DR. Ausg. A 1939 S. 2009 Nr. 2, sowie RGRKomm. z. BGB. Band 2 S. 706, Vorbem. 6 III a z. 25. Titel).

Das Vorliegen der — die Voraussetzung der vorbeugenden Unterlassungsklage bildenden — Wiederholungsgefahr hat das Berufungsgericht festgestellt. Hierbei handelt es sich um eine Frage tatsächlicher Natur, die im Revisionsverfahren nur dann nachzuprüfen ist, wenn das Berufungsgericht von unrichtigen rechtlichen Gesichtspunkten ausgegangen ist (RGZ. Bd. 148 S. 114 [119]). Im vorliegenden Falle läßt die Feststellung keinen Rechtsirrtum erkennen und ist daher von der Revision hinzunehmen. Wenn das Berufungsgericht aus dem aufdringlichen Verhalten des Beklagten und seinen vielen schriftlichen Äußerungen den Schluß gezogen hat, daß die Gefahr der Fortsetzung dieses Verhaltens bestehe, so ist hiergegen rechtlich nichts einzuwenden. Demgegenüber kann es nicht ins Gewicht fallen, wenn der Beklagte im Laufe des Rechtsstreits weitere Belästigungen der Klägerin unterlassen haben sollte. Daß der Beklagte nach dem ärztlichen Zeugnis vom 29. Februar 1940 einen Nervenzusammenbruch erlitten hat und sich von dessen Auswirkungen noch immer nicht ganz freimachen kann und daß er an angeborener Nervenschwäche mit außergewöhnlich gesteigerter seelischer Erregbarkeit leidet, vermag die Feststellung der Wiederholungsgefahr nicht zu erschüttern. Im Gegenteil wird bei solcher Sachlage eher mit einer Wiederholung der Belästigungen gerechnet werden können als bei einem völlig gesunden Menschen.

Wenn die Revision endlich meint, die Verurteilung zur Unterlassung sei mindestens auf das Ansinnen von Geschlechtsverkehr unter Übersendung der Bilder nackter Frauengestalten oder in Telegrammen zu beschränken, so kann auch dem nicht gefolgt werden. Unter den geschilderten Umständen, insbesondere mit Rücksicht auf Art, Umfang und Schwere der Belästigungen, bedeutet jedes weitere Eindringen des Beklagten in die Kreise der Klägerin, sei es die Übersendung von Schreiben, Blumen oder dgl., sei es die Äußerung, er sei mit ihr verlobt, eine neue Mißachtung der Klägerin, mithin einen rechtswidrigen Eingriff in das geschützte Rechtsgut der Ehre, der die Unterlassungsklage rechtfertigt.

---

20. Bedarf es nach österreichischem Recht für Klagen der Kinder auf Feststellung der blutmäßigen Abstammung eines Nachweises des besonderen rechtlichen Interesses an der alsbaldigen Feststellung?

ABGB. § 158. Öst.ZPO. § 228.

VIII. Zivilsenat. Beschl. v. 19. Februar 1941 i. S. Verteidiger der ehelichen Geburt (Bekl.) w. minderj. E. u. Th. E. (Kl.). VIII B 2/41.

I. Landgericht Klagenfurt.
II. Oberlandesgericht Graz.

Die Frage wurde verneint aus folgenden, auch den Sachverhalt ergebenden

Gründen:

Die Kläger klagen auf Feststellung, daß sie nicht von J. E., dem ersten Ehemann ihrer Mutter, abstammen, der die Bestreitung der ehelichen Geburt dieser Kinder unterließ. Sie führen dazu auch aus, daß J. E. ein „notorischer Säufer" ist und auf der Trinkerliste geführt wird, ferner, daß er „keineswegs aus moralischen Gründen die Bestreitung seiner Vaterschaft unterlassen hat, sondern offenbar nur zu dem Zweck, um später gegen die Kläger Versorgungsansprüche stellen zu können".

Das Landgericht hat das Klagebegehren abgewiesen, weil eine derartige Klage nach den geltenden Gesetzen nicht zulässig sei, hat aber in den Urteilsgründen vorsorglich festgestellt, daß die Kläger nicht von J. E., sondern vom jetzigen Ehemanne der Mutter, G. St., abstammen. Das Berufungsgericht ist dagegen der Ansicht, daß das Begehren der Kläger für eine Feststellungsklage nach § 228 ZPO. ungeeignet sei, weil es sich bei der Abstammung um eine Tatsache und nicht um ein Rechtsverhältnis handele, daß aber diese Klage als Personenstandsklage wegen der jetzigen öffentlichrechtlichen Bedeutung der blutmäßigen Abstammung zugelassen werden müsse. Es hat das angefochtene Urteil zur Erhebung darüber aufgehoben, ob J. E. „notorischer Säufer" sei und auf der Trinkerliste stehe, weil diese Umstände das öffentliche Interesse an der Klageführung begründen könnten, welches für diese besondere Klage erforderlich sei.

Das Reichsgericht hat im Gegensatz zur Rechtslehre (siehe dazu Jonas-Pohle ZPO. Bem. II Nr. 1b zu § 256 und Bem. I und II Nr. 1 zu § 644) in verschiedenen Entscheidungen (JW. 1938 S. 245 Nr. 19; RGZ. Bd. 159 S. 58 [vgl. dazu Jonas-Pohle a. a. O., Nachträge zum Zweiten Bande S. 3 zu § 644], Bd. 161 S. 326 [328], Bd. 162 S. 113 [115]) die Abstammung als ein Rechtsverhältnis angesehen und daran festhaltend in den Entscheidungen RGZ. Bd. 163 S. 90 und 399 (401) und Bd. 164 S. 193 (195) die Klage für zulässig erklärt.

Dieses Rechtsverhältnis ist bürgerlichen Rechts und, soweit es öffentlichrechtliche Einschläge enthält und Auswirkungen haben kann, in der Regel nicht dem Rechtsweg entzogen. Die Ausnahme nach § 13 Abs. 3 REbG., nach dem 5. Abschnitt der Erbhofverfahrensordnung und nach Art. 4 der Verordnung über die Einführung des Erbhofrechts im Lande Österreich vom 27. Juli 1938 (RGBl. I S. 935) betrifft nur die besondere Frage, ob der Anwärter deutschen oder stammesgleichen Blutes ist, nicht aber die Frage der Abstammung überhaupt. Das in der Erbhofverfahrensordnung vorgesehene Verfahren kommt auch kaum in Betracht, wenn schon ein Urteil der ordentlichen Gerichte von der noch zu besprechenden Art vorliegt („Ist zweifelhaft" — § 13 Abs. 3 RErbG. —). Für das Erbhofrecht ist es auch meist belanglos, ob der Anwärter von diesem oder jenem Vorfahren deutschen oder artverwandten Blutes abstammt.

Auf ein Rechtsverhältnis zwischen dem blutmäßigen Vater und dem von ihm gezeugten Kinde (Jonas-Pohle a. a. O. Bem. I zu § 644) kommt es hier nicht an, weil vorläufig nur das Rechtsverhältnis zwischen dem Kind und dem vom Gesetze vermuteten Vater teilweise betroffen werden soll.

Wenn auch in RGZ. Bd. 163 S. 399 (S. 403) ausgesprochen ist: „Dabei bedarf es, wenn es sich um den Nachweis der arischen Abstammung handelt, des Nachweises keines anderen als des für das Kind schon durch den Rassegesichtspunkt gegebenen Interesses", so darf daraus nicht abgeleitet werden, daß zur Feststellungsklage der Kinder (im weiteren Sinn) außer der nach dem jetzigen Stande der Gesetzgebung großen Bedeutung der möglichst baldigen Klar- und Feststellung der blutmäßigen Abstammung überhaupt noch ein besonderes rechtliches Interesse erforderlich ist, ganz abgesehen davon, daß jede Verzögerung diese Klarstellung erschweren oder sogar unmöglich machen kann. Diese Ansicht hat das Reichsgericht schon in der oben angeführten Entscheidung JW. 1938 S. 245 Nr. 19 auf S. 247 ausgesprochen. Sie ist um so mehr für das österreichische Recht anzunehmen, weil das Urteil mit den für diese Klagen verlangten verfahrensrechtlichen Sicherheiten für seine Richtigkeit (RGZ. Bd. 160 S. 295 und Bd. 163 S. 402) ausgestattet ist. Sie steht damit einer Standesklage (nach § 158 ABGB.) gleich. Deshalb ist auch kaum anzunehmen, daß sich die Verwaltungsbehörden einem mit diesen Sicherheiten ausgestatteten rechtskräftigen Urteil verschließen könnten (was Jonas-Pohle a. a. O. befürchtet).

Es muß zugegeben werden, daß diese Klage zur Feststellung der blutmäßigen Abstammung nur ein Behelf bis zur gesetzlichen Regelung der Wirkungen der blutmäßigen Abstammung auf den Familienstand ist. Dieser Behelf ist aber vorläufig unentbehrlich, weil auch jetzt schon wenigstens die Fragen der Abstammung gelöst werden müssen. Die bisherigen Erfahrungen mit diesem Behelf unter Beobachtung der angeführten Sicherheiten für die Richtigkeit des Urteils sind gewiß nicht unbefriedigend; sie werden sich noch günstiger gestalten, wenn sich die Rechtsprechung allgemein den Ansichten des Reichsgerichts anpaßt.

Da im gegebenen Rechtsfall das erwähnte Interesse vorhanden ist, bedarf es keiner Erhebungen darüber, ob der Ehemann der Mutter, der bisher als Vater der Kläger anzusehen ist, irgendwie erbkrank ist.

---

21. 1. Kann nach der Auflösung einer aus zwei Gesellschaftern bestehenden Innengesellschaft, bei der das dem Gesellschaftszwecke gewidmete Vermögen dem einen Gesellschafter allein gehört, während der andere zur Hälfte des Wertes daran beteiligt sein soll, dieser andere Gesellschafter vom Eigentümer des Vermögens dessen Versilberung und die Ausfolgung seines Anteils am Erlöse verlangen?

2. Bedarf ein solcher Gesellschaftsvertrag, wenn zu dem der Gesellschaft gewidmeten Vermögen Grundstücke gehören, der Form des § 313 BGB.?

BGB. §§ 313, 733, 734. HGB. §§ 145, 149.

II. Zivilsenat. Urt. v. 20. Februar 1941 i. S. Robert Sch. (Bekl.) w. Julie Sch. u. a. (Kl.). II 99/40.

I. Landgericht Ulm.
II. Oberlandesgericht Stuttgart.

Der im Jahre 1904 verstorbene Magnus Sch. war Eigentümer der Kunstmühle in S. Sein Sohn, der Beklagte, erwarb das Mühlenanwesen mit sämtlichen dazugehörigen Grundstücken auf Grund eines notarischen Vertrages mit den übrigen Erben vom 18. November 1905; er wurde als Eigentümer der zum Geschäft gehörenden Grundstücke in das Grundbuch eingetragen und betrieb die Mühle unter der alten Firma M. Sch. weiter. Im Jahre 1927 kaufte er eine weitere

Mühle hinzu und wurde in das Grundbuch als deren Alleineigentümer eingetragen. Auf eine Klage des Egon Sch., eines jüngeren Bruders des jetzigen Beklagten, stellte das Oberlandesgericht in Stuttgart durch Urteil vom 28. April 1932 fest, daß Egon Sch. an dem vom Beklagten unter der Firma M. Sch. in S. betriebenen Erwerbsgeschäft und den daraus seit dem Jahre 1909 erzielten Gewinnen gemeinschaftlich mit dem Beklagten zu gleichen Teilen beteiligt sei, und verurteilte den Beklagten, dem Egon Sch. über die während der bisherigen Zeit seiner Beteiligung an dem genannten Erwerbsgeschäft erzielten Gewinne Rechnung zu legen. Die Revision des Beklagten hiergegen wurde durch Urteil des erkennenden Senats vom 13. Januar 1933 zurückgewiesen. Egon Sch. verstarb am 12. Dezember 1933 und wurde von den Klägern beerbt. Diese haben im gegenwärtigen Rechtsstreit beantragt, den Beklagten zu verurteilen, die Auseinandersetzung über das unter der Firma M. Sch. betriebene Geschäft und die dazu gehörigen Vermögenswerte gemäß §§ 733, 734 BGB. und §§ 145, 149 HGB. durch Umsetzung in Geld und Verteilung des nach der Berichtigung der Schulden und Rückerstattung der Einlagen sich ergebenden Überschusses je zur Hälfte an sie, die Kläger, und den Beklagten vorzunehmen. Sie haben vorgetragen, zwischen dem Beklagten und Egon Sch. habe eine Gesellschaft des bürgerlichen Rechts zum Zwecke des gemeinsamen Betriebes eines Mühlengeschäfts in der Weise bestanden, daß der Beklagte nach außen hin als Alleininhaber habe gelten sollen. Egon Sch. sei aber im Innenverhältnis mit ihm gleichberechtigt gewesen, und das Mühlenanwesen habe einschließlich der während der Dauer des Gesellschaftsverhältnisses zum Zwecke des Geschäftsbetriebs bewirkten Neuanschaffungen so behandelt werden sollen, als ob es gemeinschaftliches Vermögen der Gesellschafter sei. Die Gesellschaft sei mit dem Tode des Egon Sch. aufgelöst worden. Sie habe ein Handelsgeschäft unter einer im Handelsregister eingetragenen Firma betrieben, und Egon Sch. sei an diesem Geschäft als solchem und nicht nur an dem Gewinne beteiligt gewesen. Die Auseinandersetzung habe deshalb nach vorheriger Flüssigmachung der vorhandenen Werte stattzufinden, und eine Geldabfindung komme nicht in Frage. Daß das Geschäft lange Zeit in der Familie gewesen sei, stehe seiner Abwicklung nicht entgegen; bei allen Geschäften sei mit einer Auflösung zu rechnen. Der

Beklagte könne das Geschäft auch bei einer Abwicklung durch Ersteigerung erwerben.

Der Beklagte hat beantragt, die Klage abzuweisen. Er hat vorgetragen, es liege eine stille Gesellschaft oder doch wenigstens ein einer stillen Gesellschaft ähnliches Rechtsverhältnis vor. Ein stiller Gesellschafter könne keine Abwicklung verlangen. Für die Beantwortung der Frage, ob eine solche verlangt werden könne, sei entscheidend, was nach den bestehenden Verhältnissen als gewollt anzusehen sei. Die Beweislast trage der, der eine besondere Art der Auseinandersetzung verlange. Im gegenwärtigen Falle habe nach den tatsächlichen Verhältnissen eine Abwicklung ausgeschlossen sein sollen. Die untere Mühle sei seit 400 Jahren im Besitze der Familie. Dazu komme, daß er Alleineigentümer des Geschäfts geblieben sei und als solcher den Geschäftsgläubigern allein hafte.

Das Landgericht hat die Klage abgewiesen. Das Berufungsgericht hat ihr stattgegeben. Die Revision des Beklagten führte zur Wiederherstellung des landgerichtlichen Urteils.

Aus den Gründen:

In dem vorausgegangenen Rechtsstreit hat das Oberlandesgericht festgestellt, daß Egon Sch. an dem Geschäft und den Gewinnen, die in dem vom Beklagten unter der Firma M. Sch. in S. betriebenen Erwerbsgeschäft seit dem Jahre 1909 erzielt worden seien, gemeinschaftlich mit dem Beklagten zu gleichen Teilen beteiligt sei. In den Gründen dieses Urteils ist dargelegt, der Beklagte und Egon Sch. seien darüber einig geworden, daß der Beklagte das unter der bisherigen Firma M. Sch. betriebene Mühlengeschäft nach außen hin als alleiniger Inhaber habe weiterführen, auch als Eigentümer des Mühlenanwesens habe im Grundbuch eingetragen bleiben, daß Egon Sch. aber im inneren Verhältnis der Parteien mit dem Beklagten gleichberechtigt an der „Substanz" des Geschäfts habe beteiligt sein sollen. Der Beklagte und Egon Sch. hätten danach eine Gesellschaft des bürgerlichen Rechts errichtet zum Zwecke des Betriebes des Mühlengeschäfts in der Weise, daß nach außen der Beklagte Alleininhaber des Betriebes, im inneren Verhältnis aber Egon Sch. mit ihm gleichberechtigt sein und das Mühlenanwesen einschließlich der während der Dauer des Gesellschaftsverhältnisses zum Zwecke des Geschäftsbetriebs vorgenommenen Neuanschaffungen so habe behandelt werden sollen, als ob es Gemeinschaftsvermögen der Gesellschaft sei. Der erkennende Senat hat dieses Urteil in seiner Entscheidung vom 13. Januar 1933 bestätigt und ausgeführt, eine derartige schuldrechtliche Verpflichtung sei nicht nur nach den Grundsätzen des Gesellschaftsrechts zulässig, sie bedürfe, auch soweit es sich um Grundstücke handele, die in dieser Weise der Erreichung des Gesellschaftszweckes dienstbar gemacht würden, nicht der notarischen Beurkundung nach § 313 BGB.

Die zwischen dem Beklagten und den Klägern als Rechtsnachfolgern des Egon Sch. bestehende Gesellschaft ist danach eine sogenannte Innengesellschaft, d. h. eine Gesellschaft, bei der eine gemeinsame Vertretung fehlt und bei der die Geschäfte nach außen im Namen eines Gesellschafters geschlossen werden, nach innen aber für Rechnung der Gesellschaft gehen. Diese Gesellschaft ist dadurch gekennzeichnet, daß ihr ein Gesamthandsvermögen fehlt. Der Beklagte hat sich dem Egon Sch. und den Klägern als dessen Rechtsnachfolgern lediglich schuldrechtlich dahin gebunden, daß das bei der Errichtung der Gesellschaft vorhandene und in seinem Alleineigentum stehende, sowie das in der Folgezeit auf seinen Namen als Eigentümer dazu erworbene Geschäftsvermögen dem Werte nach im Innenverhältnis zu dem Mitgesellschafter oder dessen Rechtsnachfolgern so behandelt werden solle, als ob es Gesellschaftsvermögen sei. Das besagt mit anderen Worten, daß die Kläger an dem Werte des Geschäftsvermögens so beteiligt sein sollten, als ob dieses Gesamthandsvermögen der Gesellschaft wäre und als ob die Kläger zur Hälfte an der Gesellschaft beteiligt wären. Es versteht sich von selbst, daß dieser schuldrechtliche Anspruch auf eine anteilmäßige Beteiligung an dem Geschäftsvermögen als solchem, nicht nur an dem Gewinne des Geschäfts, auch nach der Auflösung der Gesellschaft fortbesteht und zu einer Auseinandersetzung führen muß, auf Grund deren die Kläger ihren Anteil an dem Werte des Vermögens erhalten. Das Berufungsgericht hat unter Berufung auf eine Entscheidung des erkennenden Senats vom 21. September 1934 in JW. 1934 S. 3268 Nr. 6 ausgeführt, die Auseinandersetzung sei in derselben Weise zu bewirken, als ob das Geschäftsvermögen Gesamthandsvermögen gewesen sei, d. h. durch Abwicklung des Geschäfts, und zwar, da der Gesellschaft ein dauerndes auf Gewinn gerichtetes Unternehmen zugrunde gelegen habe, durch Abwicklung nach Maßgabe des § 149

HGB. im Wege der Umsetzung des gesamten Vermögens in Geld. Für die Beantwortung der Frage, in welcher Weise die Auseinandersetzung zwischen den Parteien vorgenommen werden muß, ist zuerst zu berücksichtigen, daß die Gesellschafter bei der Regelung ihres Innenverhältnisses die weitestgehende Freiheit haben und daß daher in erster Reihe der, nötigenfalls im Wege der Auslegung zu ergänzende, Gesellschaftsvertrag entscheidet. In der vom Berufungsgericht angeführten Entscheidung vom 21. September 1934 ist ausgesprochen, daß bei der Auseinandersetzung der Innengesellschaft die Grundsätze des § 733 Abs. 3 BGB., d. h. die der bestmöglichen Verwertung der Gegenstände der Gesellschaft zu angemessener Zeit, zu angemessenem Preis und auf dem üblichen Wege, zum mindesten entsprechend anzuwenden seien. Die Revision macht mit Recht geltend, in der angeführten Entscheidung des Senats habe nicht ausgesprochen werden sollen, daß § 733 Abs. 3 BGB. im Zweifel auf alle Innengesellschaften angewendet werden müsse. Für den dortigen Fall, bei dem es sich um die Verwertung eines Lombardlagers, mithin eines einzelnen Vermögensgegenstandes, gehandelt habe, sei die Notwendigkeit des Verkaufs außer Streit gewesen; fraglich sei nur gewesen, ob der geschäftsführende Gesellschafter den nach Treu und Glauben gebotenen vorteilhaftesten Verkaufsweg gewählt habe. Für die Art der Auseinandersetzung ist davon auszugehen, daß die Kläger nicht Miteigentümer des Geschäftsvermögens sind, sondern gegen den Beklagten lediglich einen schuldrechtlichen Anspruch auf verhältnismäßige Beteiligung an dem Werte des Geschäftsvermögens haben. Wenn sie diesen Wert erhalten, so sind sie wegen ihres schuldrechtlichen Anspruchs gegen den Beklagten befriedigt, gleichviel, ob eine Versilberung des in seinem Alleineigentum stehenden Geschäftsvermögens stattgefunden hat oder nicht. Das Berufungsurteil führt aus, einer Gleichberechtigung an der „Substanz" würde die Einräumung eines bloßen Abfindungsanspruchs für die Kläger widersprechen. Denn nur eine Auseinandersetzung des Vermögens verwirkliche in vollem Umfange das Recht eines Mitgesellschafters an der Substanz. Diesen Darlegungen des Berufungsgerichts kann nicht beigetreten werden. Eine Auseinandersetzung durch Feststellung und Auszahlung des Abfindungsguthabens in Geld ist vom Gesetz für die Fälle des Ausscheidens eines Gesellschafters aus der Gesellschaft und der Übernahme des Geschäfts durch einen Gesellschafter vorgesehen (§§ 738 bis 740

BGB. und §§ 140 bis 142 HGB.). Rechtslehre und Rechtsprechung haben bestimmte Grundsätze für die Berechnung des Auseinandersetzungsguthabens herausgearbeitet, und bei ordnungsmäßiger Anwendung dieser Grundsätze ist auch so eine Berechnung möglich, die den Belangen des aus der Gesellschaft oder dem Unternehmen Ausscheidenden in vollem Umfange gerecht wird. Andererseits ist der Beklagte Alleineigentümer des Geschäfts, und ein Treuhandverhältnis liegt, wie das Berufungsurteil ausdrücklich feststellt, nicht vor. Sofern keine abweichende Parteivereinbarung besteht, muß daher dem Beklagten überlassen bleiben, in welcher Weise er sich die Geldmittel zur Befriedigung der schuldrechtlichen Forderung der Kläger beschafft. Auch zur Ermittlung der Höhe des Abfindungsanspruchs der Kläger ist eine Veräußerung des Geschäfts keineswegs erforderlich; die Aufstellung einer Auseinandersetzungsbilanz nach den dafür anzuwendenden besonderen Bewertungsgrundsätzen führt ebenso zum Ziel und ist, namentlich wenn es sich, wie hier, um ein größeres Unternehmen handelt, kaum schwieriger und zeitraubender als ein Geschäftsverkauf. Die Zubilligung eines Abfindungsanspruchs auf eine Geldzahlung in Höhe des auf Grund einer Auseinandersetzungsbilanz für den Zeitpunkt der Auflösung der Gesellschaft zu ermittelnden anteiligen Geschäftswerts entspricht durchaus dem vom Beklagten mit Egon Sch. geschlossenen Vertrage, nach dem die Kläger nur einen schuldrechtlichen Anspruch auf Beteiligung an dem Werte des Gesellschaftsvermögens gegen den Beklagten haben.

Daß auch die Urteile des Oberlandesgerichts Stuttgart und des erkennenden Senats in dem vorangegangenen Rechtsstreite nur in diesem Sinn aufzufassen sind, ergibt sich zwingend daraus, daß in dem Urteil des Senats die Formbedürftigkeit des Vertrages zwischen dem Beklagten und Egon Sch. verneint worden ist. Wenn der Beklagte und Egon Sch., was an sich möglich und zulässig gewesen wäre, für den Fall der Auflösung der Gesellschaft die Versilberung des Geschäfts und die Auskehrung der Anteile am Erlös an die beiden Gesellschafter vereinbart hätten, so würde ein solcher Vertrag für den Beklagten die Verpflichtung enthalten haben, das Eigentum an einem Grundstück zu übertragen, und mithin nach § 313 BGB. der gerichtlichen oder notarischen Beurkundung bedurft haben. Eine Vereinbarung dieses Inhalts konnten der Beklagte und Egon Sch. formlos nicht abschließen, und nach den Feststellungen in dem vorangegangenen

Rechtsstreit ist eine solche Vereinbarung auch nicht getroffen worden.

Da die Kläger somit den Verkauf des unter der Firma M. Sch. betriebenen Geschäfts nicht verlangen können, ist das angefochtene Urteil auf die Revision des Beklagten aufzuheben und die Klage abzuweisen.

---

22. Über die Voraussetzungen für die Zulässigkeit der Wiederholung einer Ehescheidungsklage aus § 55 EheG.

ZPO. § 616. EheG. § 55.

IV. Zivilsenat. Urt. v. 22. Februar 1941 i. S. Ehemann K. (Kl.) w. Ehefrau K. (Bekl.). IV 275/40.

I. Landgericht Duisburg.
II. Oberlandesgericht Düsseldorf.

Eine im Jahre 1931 vom Kläger erhobene Ehescheidungsklage ist abgewiesen worden, ebenso eine zweite, im Herbst 1938 auf § 55 EheG. gestützte Scheidungsklage. Mit der vorliegenden dritten Klage verlangt der Kläger erneut Scheidung auf Grund des § 55 EheG. Die Vordergerichte haben auch diese Klage abgewiesen. Die Revision hatte Erfolg.

Gründe:

Das Berufungsgericht hält eine neue Klage auf Grund des § 55 EheG. für zulässig, wenn wegen einer neuen, seit dem früheren Urteil eingetretenen Sachlage das Scheidungsbegehren gerechtfertigt werde oder der Widerspruch des Gegners nicht mehr berechtigt sei. Als in diesem Sinn erhebliche Tatsachen erkennt es das Weiterbestehen der häuslichen Trennung während etwa $1^3/_4$ Jahren nicht an, ebensowenig die Behauptung, die Beklagte habe in dem früheren Rechtsstreit eine unwahre Darstellung über die Zeit des letzten Geschlechtsverkehrs mit ihrem Eide bekräftigt; denn zur Geltendmachung dieser Unrichtigkeit habe der Kläger schon in diesem früheren Rechtsstreite Gelegenheit gehabt. In diesen Ausführungen ist ein Rechtsirrtum nicht enthalten.

Das Berufungsgericht ist dann geneigt, die weitere Behauptung des Klägers, er habe sich entschlossen, die R. K. zu heiraten, als eine neue Tatsache zu werten, hält aber die Klage trotzdem für unzulässig, weil seit der Rechtskraft des früheren Urteils noch keine drei Jahre verstrichen seien. Es meint, daß nach der Entscheidung des Reichsgerichts vom 13. Juli 1940 (RGZ. Bd. 164 S. 249) beide Voraussetzungen erfüllt sein müßten, um eine Klage aus § 55 EheG. wiederholen zu dürfen. Diese Ansicht ist jedoch aus der genannten Entscheidung nicht zu entnehmen, wird übrigens auch im Schrifttum aus ihr nicht hergeleitet (vgl. Scanzoni DR. Ausg. A 1941 S. 152). Das Reichsgericht läßt vielmehr, wie übrigens inzwischen in der Entscheidung vom 7. Oktober 1940 (RGZ. Bd. 165 S. 32) erneut ausgesprochen worden ist, die Wiederholung der Klage aus § 55 EheG. unabhängig von dem Ablauf einer neuen Frist von drei Jahren zu, wenn in der Folgezeit im Sinne des § 616 ZPO. neue Tatsachen hinzugekommen sind, aber auch, wenn nur seit Rechtskraft des Urteils erneut ein Zeitraum von drei Jahren häuslicher Trennung verstrichen ist; letzteres ist in dem Urteil vom 7. November 1940 (RGZ. Bd. 165 S. 125) näher dargelegt worden. Nur eine dieser beiden Voraussetzungen braucht also erfüllt zu sein.

Das Berufungsurteil muß daher aufgehoben und die Sache zu neuer Verhandlung an das Berufungsgericht zurückverwiesen werden. Bei seiner neuen Entscheidung wird das Berufungsgericht seine angedeutete Meinung, bei dem Entschlusse des Klägers, R. K. zu heiraten, handle es sich um eine neue Tatsache, näher zu begründen haben. Es bedarf einer Prüfung, ob es sich angesichts der behaupteten langjährigen Beziehungen des Klägers zu R. K. wirklich um einen veränderten Sachverhalt handeln kann oder nur um eine Darstellung, die lediglich erfunden ist, um den Weg für eine neue Klage zu ebnen.

---

23. Hat nach österreichischem Recht der Besteller eines Baues die Mängel des ihm gehörigen Bauplatzes zu vertreten, wenn diese den gänzlichen oder teilweisen Untergang des Werkes verursacht haben, ohne daß den Besteller wegen der Nichtkenntnis dieser Mängel ein Verschulden trifft?

ABGB. §§ 1168, 1168a.

VIII. Zivilsenat. Beschl. v. 26. Februar 1941 i. S. Kreditkasse M. GmbH. (Kl.) w. Stadt M.-O. (Bekl.). VIII 63/40.

I. Kreisgericht Mährisch-Ostrau.
II. Deutsches Oberlandesgericht Prag.

Die Frage ist bejaht worden aus folgenden, zugleich den Sachverhalt ergebenden

Gründen:

Als Rechtsnachfolger des Baumeisters S. verlangt die Klägerin von der Beklagten 9729,40 K. und 1635 K. als Schadensersatz, 94990,70 K. für Mehrarbeiten oder unvorhergesehene neue Arbeiten nach den allgemeinen und besonderen Vergebungsbedingungen, durch die dem S. der Bau einer Entsäuerungsanlage des Wasserwerkes der Beklagten im Frühjahr 1934 übertragen worden war. Bei der Ausführung dieses Baues war es, als beim Aushub der Grube eine Tiefe von etwa 7,5 m erreicht war, zu einem Einsturz der oberen Lettenschichten bis zu einer Tiefe von 3,5 m gekommen. Die in der Klage geltend gemachten Ansprüche betreffen einerseits den Ersatz für das Holz, aus welchem die bei dem Einsturz zertrümmerte Verschalung errichtet war, und das Gerät, welches bei den Aufräumungsarbeiten vernichtet wurde oder verloren ging, andererseits die infolge des Einsturzes notwendig gewordenen Arbeiten zur Wiederherstellung des begonnenen Werkes. Die Klägerin macht die Beklagte für diese Kosten unter anderem aus folgendem Grunde verantwortlich: Ihr Rechtsvorgänger, der Unternehmer S., sei irregeführt worden, denn die Beklagte habe ihm das Vorhandensein einer zweiten schiefen, in einem Winkel von etwa 50° unter der Baugrube verlaufenden Lettenschicht verheimlicht und habe der Bauausschreibung nur die Ergebnisse früherer hydrogeologischer Untersuchungen zugrunde gelegt, so daß mit einer waagerechten Schichtung des Erdreiches zu rechnen gewesen sei. Den Einsturz hätten aber die dem Unternehmer unbekannte schiefe untere Lettenschicht, ferner die ausgiebigen Regengüsse der vorhergegangenen Tage und die Erschütterungen der elektrischen Pumpe verursacht, welche die beklagte Gemeinde auf dem Gerüst des Unternehmers aufgestellt habe.

Das Kreisgericht hat die Klage abgewiesen und festgestellt, daß die Beklagte dem Unternehmer weder die zweite untere Lettenschicht verheimlicht noch ihm zu Unrecht eine normale Verschalung der Baugrube vorgeschrieben habe. Sie habe ihm bei der Vergebung des Baues nur jene Erkenntnisse mitgeteilt, die sie auf Grund einer in früheren Jahren von dem Ingenieur Hu. und von Professor Ha. durchgeführten Sondierung zum Zwecke der Feststellung der hydrogeologischen Unterlagen für die Erweiterung des Wasserwerkes in N. gehabt habe und die auch in den Plänen eingezeichnet seien, in denen die Zusammensetzung der Lagerung des Bodens ersichtlich gemacht worden sei. Der Voranschlag und die technische Beschreibung seien vollständig richtig und genügend gewesen, in der Zusammensetzung des Aushubes seien keine Abweichungen von der technischen Beschreibung und dem Voranschlage vorgekommen, und auf das Vorhandensein eines unterirdischen Mergelvorkommens mit einem starken, unter die Arbeitsstelle des Baues gehenden Gefälle sei man erst nach dem Unglück gekommen. Diese Tatsache sei sowohl der Gemeinde als auch dem Unternehmer unbekannt gewesen. Ihr Einwirken bei dem Einsturz der Baugrube sei als höhere Gewalt anzusehen. Die Gemeinde habe also nichts verschuldet; die Einwirkung des Regens habe sie nicht zu vertreten. Hinsichtlich der behaupteten Erschütterungen durch die elektrische Pumpe hat das Kreisgericht festgestellt, daß diese sehr ruhig arbeitete und etwaige Erschütterungen auf den Einsturz des Erdreiches keinen Einfluß hatten. Das Berufungsgericht hat dieses Urteil bestätigt. Der Erdsturz sei durch Ereignisse und Umstände herbeigeführt worden, die als höhere Gewalt zu werten seien. Ein Verschulden der Beklagten sei nicht nachgewiesen worden. Ein solches sei auch nicht darin zu erblicken, daß die Beklagte das vom Baumeister S. geplante Abtragen der oberen Lehmschichten im natürlichen Hange nicht gestattet habe; denn dieses Verbot sei durch die Umstände begründet gewesen und habe der Ausführung des Werkes nicht im Wege gestanden. Überflüssig sei es daher, zu untersuchen, ob den Bauunternehmer S. ein Verschulden treffe. § 1168a ABGB. bringe zum Ausdruck, daß der Lieferungspflichtige die Gefahr der Zerstörung des begonnenen oder vollendeten Werkes bis zur Übernahme durch den Besteller zu tragen habe. Die Klägerin habe nicht bewiesen, daß die Zerstörung des begonnenen Werkes durch schuldhafte, unrichtige Anweisungen oder Auskünfte der Beklagten verursacht worden sei. Daher habe die schädigenden Folgen des Einsturzes der Unternehmer zu tragen.

Die Revision der Klägerin führte zur Aufhebung der Urteile der Vordergerichte und zur Zurückverweisung der Sache an das Landgericht.

Es handelt sich um einen Werkvertrag, der einerseits nach den Vertragsbestimmungen (Vergebungsbedingungen), andererseits nach dem Gesetze zu beurteilen ist. Gegenstand des Rechtsstreits ist der Ersatz der Kosten, welche durch die teilweise Zerstörung des begonnenen Werkes verursacht worden sind. Das Gesetz enthält hierüber keine ausdrückliche Bestimmung, regelt aber in § 1168a ABGB. den Fall des Unterganges des Werkes durch Zufall vor seiner Übernahme. Für diesen Fall kann der Unternehmer kein Entgelt verlangen. Der Unternehmer trägt also bis zur Übernahme des Werkes durch den Besteller die Gefahr, die auf diesen erst mit der Übernahme übergeht. Demgemäß erhält er grundsätzlich, wenn das Werk vorher durch Zufall zugrunde geht, für seine Arbeit nichts und hat auch keinen Anspruch auf Ersatz für seine Auslagen. Der Verlust des Stoffes trifft denjenigen, der ihn beigestellt hat, d. h. der Unternehmer erhält keinen Ersatz für den von ihm zur Ausführung des Werkes gelieferten Stoff, er muß aber auch dem Besteller den von diesem hergegebenen, jetzt zugrunde gegangenen oder wertlos gewordenen Stoff nicht ersetzen. An Stelle der Übernahme des Werkes ist seine Vollendung maßgebend, wenn sich die zu bearbeitende Sache im Besitze des Bestellers befindet, wie dies z. B. bei Ausbesserungen an einem Hause der Fall ist. Entscheidend ist dann der Zeitpunkt, in dem das vollendete Werk aus den Händen des Unternehmers dem ungestörten Gebrauch durch den Besteller wieder zugänglich wird.

Allein der Grundsatz des § 1168a ABGB., wonach der Unternehmer bis zur Übernahme oder bis zur Vollendung des Werkes die Gefahr des (gänzlichen oder teilweisen) Unterganges durch Zufall trägt, gilt nicht ausnahmslos. Gesetz und Rechtslehre lassen hiervon vielmehr folgende Ausnahmen zu: a) Wenn der Besteller mit der Übernahme des Werkes in Verzug ist, so treffen ihn nach § 1419 ABGB. die widrigen Folgen dieses Verzuges. b) Wenn das Werk infolge offenbarer Untauglichkeit des vom Besteller gegebenen Stoffes oder offenbar unrichtiger Anweisungen des Bestellers mißlingt, so trifft den Besteller die Haftung unter der Voraussetzung, daß ihn der Unternehmer gewarnt hat (§ 1168a Satz 3 ABGB.). c) Wenn das Werk durch Umstände zugrunde gegangen ist, die auf seiten des Bestellers liegen, so geht dies zu Lasten des Bestellers.

Dieser Grundsatz ergibt sich aus § 1168 Abs. 1 ABGB., der dem Unternehmer das vereinbarte Entgelt (unter Anrechnung gewisser Vorteile) dann zuerkennt, wenn zwar die Ausführung des Werkes unterbleibt, der Unternehmer aber zur Leistung bereit und durch Umstände, die auf seiten des Bestellers liegen, daran verhindert war. Gebührt also im Falle des § 1168 Abs. 1 ABGB. dem Unternehmer sogar das Entgelt für eine nicht geleistete Arbeit, so muß ihm dieser Anspruch auf Entgelt um so mehr zustehen, wenn die Arbeit schon ganz oder teilweise geleistet wurde, das Werk aber durch Umstände, die auf seiten des Bestellers liegen, ganz oder teilweise zugrunde gegangen ist. Die gegenteilige Auslegung würde zu dem unhaltbaren Widerspruch führen, daß der Unternehmer einen Anspruch, den er bei Verhinderung durch solche auf seiten des Bestellers liegende Umstände vor Beginn des Werkes hat, verlieren würde, wenn diese Umstände erst nach Beginn des Werkes, aber vor dessen Übernahme eintreten.

Daher ist vor allem zu prüfen, ob einer dieser Ausnahmefälle zugunsten des Rechtsvorgängers der Klägerin gegeben ist. In dieser Hinsicht scheidet der unter a) angeführte Fall ohne weiteres aus. Aber auch der Fall b) kommt nicht in Betracht; denn wenn auch die Klägerin auf die Unerfahrenheit und das unrichtige Vorgehen des Ingenieurs M. der Beklagten hingewiesen hat, so ist doch festgestellt worden, daß der Voranschlag und die technische Beschreibung richtig und ausreichend waren. Es käme hier höchstens das Verbot der Beklagten in Betracht, die oberen Schichten nach dem natürlichen Hang abzutragen, aber dieses Verbot war nach den Feststellungen der Vordergerichte durch die Umstände begründet und stand der Ausführung des Werkes nicht im Wege. Somit kann hier von einer offenbar unrichtigen Anweisung des Bestellers nicht gesprochen werden.

Daher bleibt lediglich der unter c) genannte Fall zu erörtern, ob der teilweise Untergang des Werkes und infolgedessen die für die Wiederherstellung notwendigen Arbeiten durch Umstände verursacht worden sind, die auf seiten des Bestellers lagen. Die Bejahung dieser Frage erfordert durchaus nicht, daß Umstände vorliegen, die der Besteller verschuldet hat. Dieser Fall hat mit der Verschuldensfrage nichts zu tun. Es genügt vielmehr, daß die Umstände, auf die der teilweise Untergang des Werkes zurückzuführen ist, auf seiten des

Bestellers liegen. Dies kann aber nach dem von den Vordergerichten festgestellten Sachverhalte nicht bestritten werden.

Die Vordergerichte haben in Übereinstimmung mit dem Sachverständigengutachten angenommen, daß beiden Vertragsteilen das Vorhandensein eines unterirdischen Lettenhügels mit starkem Gefälle in der Richtung unter die Baustelle unbekannt war und daß dessen Einwirkung bei dem Hergange des Einsturzes der Baugrube ebenso wie die starken Regenfälle an drei Tagen vor dem Unglück als höhere Gewalt anzusehen seien. Daß die beklagte Partei von dem Vorhandensein der zweiten unteren schiefen Lettenschicht nichts gewußt hat, kann ihr nach den Ergebnissen des Sachverständigenbeweises auch nicht als Verschulden angerechnet werden. Denn der Sachverständige S. hat ausdrücklich erklärt, daß die Beklagte eine richtige Sondierung hatte, welche bei den früheren Feststellungen für eine Fläche von 742 qm als vollkommen genügend angesehen werden mußte. Daher waren auch der Voranschlag und die technische Beschreibung richtig und ausreichend. Aber wenn auch die Beklagte kein Verschulden an ihrer Unkenntnis von dieser Lettenschicht trägt, so wird doch dadurch nicht der Umstand beseitigt, daß diese Lettenschicht einen wesentlichen Einfluß auf den Einsturz der Baugrube hatte und daher im ursächlichen Zusammenhange damit gestanden hat. Der Sachverständige stellt insbesondere fest, daß ihr Vorhandensein die Ursache der Ungleichartigkeit der Gesteine in der Grubensohle und auch die Ursache der nicht gleichmäßigen Bewegung der vom Grundwasser durchtränkten und flüssig gewordenen Schichten war, und widerspricht ausdrücklich der Behauptung der beklagten Partei, daß das Vorhandensein dieser Lehmschicht auf die Standfestigkeit des Baues keinen Einfluß gehabt hätte; er sagt im Gegenteil, daß sie einen großen Einfluß auf die Standfestigkeit der einzelnen Verschalungswände und der Erdblöcke hinter diesen Wänden hatte und daß gerade in der ungleichen Festigkeit des Gesteins hinter den einzelnen Verschalungswänden ihre eigentliche und weitreichende Bedeutung festzustellen sei. Der Einfluß dieser Schichten auf die Art des Eindringens der Sandmassen in die Grube außerhalb der Verschalung war nicht voraussehbar, aber sehr bedeutsam. Demnach hatte das Vorhandensein der Lettenschicht tatsächlich einen großen Einfluß auf den Einsturz der Baugrube. Das Vorhandensein dieser Ursache ist ein Umstand, der auf seiten des Bestellers liegt; denn es handelt sich um die Beschaffenheit des vom Besteller zur Ausführung des Werkes zur Verfügung gestellten Bauplatzes.

Daß diese Beschaffenheit des Bauplatzes von dem Bauunternehmer nochmals vor Beginn des Werkes festzustellen und zu prüfen gewesen wäre, kann nach dem Sachverständigengutachten, das die Untersuchungen der Beklagten als ausreichend anerkennt, nicht angenommen werden; der Unternehmer hat auch vertraglich keine Verpflichtungen zur Durchführung neuer Nachprüfungen übernommen. Wenn die Untersuchungen zwar nach den allgemeinen Erfahrungen als voraussichtlich ausreichend anzusehen, im einzelnen Fall aber dennoch unzulänglich waren, weil die wahre Beschaffenheit der Erdschichten an der Baustelle durch sie nicht ermittelt wurde, so ist auch dies ein Umstand auf seiten der beklagten Gemeinde, da ja sie die Untersuchungen vorgenommen und solche an den Unternehmer nicht vergeben oder aufgetragen hat, dieser sich aber auf ihre Richtigkeit verlassen konnte. Daß der Rechtsvorgänger der Klägerin bei Vergebung des Baues bestätigt hat, ihm seien die örtlichen Verhältnisse bekannt, kann vernünftigerweise in keinem weiteren Umfang ausgelegt werden, als diese Kenntnis auch nach den Prüfungsergebnissen der Beklagten genügend war und den Annahmen beider Teile über den voraussichtlichen Umfang der Bauarbeiten entsprach.

Die eben dargelegten Umstände würden also dafür sprechen, daß der Einsturz auf Gründe zurückzuführen ist, die auf seiten des Bestellers liegen. In einem solchen Falle wäre der Anspruch des Unternehmers auf das Entgelt entgegen der allgemeinen Regel des § 1168a ABGB. nicht ausgeschlossen. Es wäre daher von diesem Gesichtspunkt aus an und für sich nicht notwendig, zu untersuchen, ob außerdem noch ein Verschulden der Beklagten vorliegt.

Durch § 8 der besonderen Bedingungen für die Vergebung des Baues der Entsäuerungsanlage des Wasserwerkes in N. hat aber der Unternehmer die alleinige Haftung für seine Arbeiten vom bau-, sicherheits- und gesundheitspolizeilichen Standpunkt aus übernommen. Dazu hat die Beklagte behauptet, daß es zu dem Einsturz durch Verschulden des Unternehmers gekommen sei, und zwar einerseits dadurch, daß er die Verschalung ungenügend und unfachgemäß durchgeführt, andererseits dadurch, daß er nicht genügend Vorsicht bei dem Einlassen dieser Verschalung beobachtet habe. Der Sachverständige S. hat hierzu erklärt, er stimme der Behauptung der Beklagten zu, daß der Einsturz der oberen Lehmschichten durch eine entsprechende, fachmännisch angelegte Verschalung hätte verhindert werden können und daß dazu die Abtragung der oberen Schichten nicht notwendig gewesen sei. Mit Rücksicht auf die richtigen Angaben des Voranschlages wäre es nach seiner Meinung notwendig gewesen, 3,5 m lange Pfosten vorzubereiten, welche die gelbe Lehmschicht (3 m) gedeckt hätten, nachdem sie allmählich hinter die Pfähle des achteckigen Rahmens eingesetzt worden wären, während es nach Erreichung einer Tiefe von 3,5 m unter der Oberfläche zweckmäßig gewesen wäre, in dem lockeren Gestein eine getriebene Verschalung mit kurzen Pfählen auszuführen, wodurch die Auflockerung des Schotters durch die eingelassenen und fallenden langen Pfosten vermieden worden wäre. Die Vordergerichte haben zu diesem Teile des Gutachtens nicht Stellung genommen und keine Feststellungen getroffen, weil sie die Frage des Verschuldens des Bauunternehmers von ihrem Rechtsstandpunkt aus für unerheblich hielten. Daher steht nicht fest, ob durch die von dem Sachverständigen angegebene, vom Unternehmer jedoch nicht eingehaltene Art der Verschalung der Einsturz vermieden worden wäre und ob ein Verschulden des Rechtsvorgängers der Klägerin vorliegt, wenn er die von dem Sachverständigen angegebene Art und Weise der Verschalung bei dem ersten Aushub nicht angewendet hat. Läge ein solches Verschulden vor, hätte also der Unternehmer nicht die vom baulichen oder sicherheitspolizeilichen Standpunkt notwendigen Vorkehrungen und Maßnahmen bei der Ausführung des Baues getroffen, obwohl hierzu schon nach den Angaben des Voranschlages Veranlassung gewesen wäre und ihm die Schichtung des Erdreiches oberhalb der Grubensohle bekannt war, so könnte er sich zur Geltendmachung seines Anspruches nicht mehr darauf berufen, daß Umstände auf seiten des Bestellers den Untergang des Werkes verursacht hätten. Wohl aber käme dann in Frage, inwieweit ein Mitverschulden der Beklagten gegeben wäre.

Die Revision sieht dieses Verschulden der Beklagten außer in der Verwendung der hydrogeologischen Sonden und der Unzulänglichkeit der Beschreibung auch in der Überlassung der Bauaufsicht an das Städtische Wasserwerk und in der Mangelhaftigkeit der von der Beklagten selbst durchgeführten Pumparbeiten. Allein, daß die Bauaufsicht durch das Wasserwerk irgendwie den Einsturz der Baugrube veranlaßt oder herbeigeführt hätte, läßt sich den Beweisergebnissen nicht entnehmen. Bezüglich der Pumparbeiten meint allerdings das Berufungsgericht zu Unrecht, daß das Vorbringen hierüber in der Berufungsschrift wegen des Neuerungsverbotes nicht berücksichtigt werden könne und daß hierdurch die Frage des Verschuldens auf eine ganz neue rechtliche und tatsächliche Grundlage gestellt würde. Denn schon das Erstgericht hat den Sachverständigenbeweis auch in dieser Richtung durchgeführt. Danach hat aber die elektrische Pumpe sehr ruhig gearbeitet, keine Erschütterungen ausgelöst, und selbst der Umstand, daß sie wenig Wasser und dies nur in größeren Zwischenräumen auspumpte und daß sie an der Verschalung befestigt war, hat keinen Einfluß auf deren Standfestigkeit gehabt. Dagegen wäre es bedeutsam, ob die Unterbrechung des Pumpens den Einsturz der Baugrube verursacht oder wenigstens mit verursacht hat. Diese Frage ist von den Vordergerichten bisher nicht beantwortet worden, obwohl auch die Unterbrechung des Pumpens schon Gegenstand der Erörterung im ersten Rechtsgange war und die Klägerin das Pumpen als mangelhaft gerügt hat. Wird in der Unterbrechung des Pumpens ein von der Beklagten zu vertretendes Verschulden festgestellt, so wird gegebenenfalls das Maß des beiderseitigen Verschuldens gegeneinander abzuwägen sein. Da die Vordergerichte die Sache von diesem Gesichtspunkt aus nicht geprüft und erörtert haben, ist die Sache zur Entscheidung noch nicht reif.

---

24. 1. Zur Frage der Notwendigkeit der Beschwerdesumme bei Nichtigkeitsfeststellungsklagen gegen Hauptversammlungsbeschlüsse der Gesellschaften und Genossenschaften und bei einer Zwischenfeststellungswiderklage zu einer vom Erfordernis der Beschwerdesumme befreiten Anfechtungsklage.

2. Zur Nichtigkeit und Anfechtbarkeit von Vertreterwahlen der Genossenschaft.

3. Ist zur Anfechtung ablehnender Beschlüsse einer Haupt- oder Vertreterversammlung ein schutzwürdiges Interesse erforderlich?

ZPO. §§ 280, 511a, 547 Nr. 2. GenG. §§ 43a, 51.

II. Zivilsenat. Urt. v. 28. Februar 1941 i. S. S. u. 2 Streitgeh. (Kl.) w. Beamtenbank Groß-H., eGmbH. i. Abw. (Bekl.). II 89/40.

I. Landgericht Hamburg.
II. Oberlandesgericht daselbst.

Der Kläger und seine durch Zwischenurteil zugelassenen beiden Streitgehilfen G. und L. sind Genossen oder (L.) der Ehemann einer Genossin der Beklagten, bei der nach § 32 der im Jahre 1933 neu gefaßten Satzung bei einer Mitgliederzahl von mehr als 1500 gemäß § 43a GenG. die Hauptversammlung aus gewählten Vertretern der Genossen besteht. Der Kläger behauptet, zufolge einer Wahl vom 28.—30. April 1937 Vertreter der Genossen und damit zur Anfechtung von Beschlüssen der Vertreterversammlungen berechtigt zu sein. Die Gültigkeit dieser Wahl ist ein Hauptpunkt unter den vielen Streitpunkten zwischen den Parteien. Die Beklagte, die nach Beschluß der Vertreterversammlung vom 30. Juni 1934 die sich auf 60 RM. belaufenden Geschäftsanteile der Genossen um 70 RM. hatte erhöhen und den Eingang darauf zur Abschreibung bilanzmäßiger Verluste hatte verwenden müssen, auch gleichzeitig in Abwicklung trat, hat durch Verträge vom 31. Dezember 1935/2. November 1937 ihr Aktivvermögen auf den Verein H.er Staatsbeamter e. V. übertragen. Am 2. November 1937 haben die am 30. Juni 1934 gewählten Abwickler, das bisherige Vorstandsmitglied Sch. und der Geschäftsführer des genannten Vereins B., zur Eintragung in das Genossenschaftsregister angemeldet, daß die Abwicklung sowie ihre Vertretungsbefugnis beendet und die Firma erloschen sei. Das ist am 11. November 1937 eingetragen, das Erlöschen der Firma aber am 24. Februar 1938 und die Beendigung der Vertretungsbefugnis der beiden Abwickler am 23. April 1938 von Amts wegen wieder gelöscht worden.

In einer vom Kläger mit anderen Genossen anhängig gemachten Rechtssache wurde am 4. August 1938 ein Urteil des Oberlandesgerichts Hamburg verkündet, wodurch die in einer außerordentlichen Vertreterversammlung vom 2. September 1937, besetzt mit den nach der Wahl vom 28.—30. April 1937 als gewählt erklärten Vertretern, vorgenommenen Wahlen in den Aufsichtsrat für ungültig erklärt wurden. Dieses Urteil wurde von der Beklagten dahin aufgefaßt, damit sei die Wahl vom 28.—30. April 1937 selbst für ungültig erklärt.

Daher beriefen die Abwickler im August 1938 eine Vertreterversammlung der zuletzt vorher, am 27. März 1933, Gewählten, und zwar auf den 2. September 1938, mit der Tagesordnung: Neuwahl des Aufsichtsrats und der Abwickler, Prüfung der Geschäftsführung der früheren Organe und gegebenenfalls Geltendmachung von Schadensersatzansprüchen gegen sie (dies unter Punkt 4), Wahl eines Wahlausschusses. Diese Vertreterversammlung fand am 2. September 1938 unter dem Vorsitz des Z. statt, der bis zu seiner Wiederwahl zum Aufsichtsratsmitglied in der Vertreterversammlung vom 2. September 1937 Vorsitzender des Aufsichtsrats gewesen war. Dabei wurde den am 28. bis 30. April 1937 gewählten Vertretern, darunter auch dem Kläger, der Zutritt verweigert.

Die Vertreterversammlung vom 2. September 1938 faßte eine Reihe von Beschlüssen, die den Gegenstand der jetzigen Anfechtungs- und Nichtigkeitsklage bilden: Es wurde ein neuer Aufsichtsrat gewählt; B. wurde zum Abwickler, Sch. zum stellvertretenden Abwickler wiedergewählt und zur Vorbereitung von Neuwahlen zur Vertreterversammlung ein Wahlausschuß berufen, dem u. a. Personen angehörten, die bereits dem Wahlausschuß für die Wahl im Frühjahr 1937 angehört hatten. Von den in dieser Versammlung gewählten, in der Klage bezeichneten Abwicklern und Aufsichtsratsmitgliedern wird die beklagte Genossenschaft im gegenwärtigen Rechtsstreit vertreten.

Mit der jetzigen, binnen Monatsfrist erhobenen, auf Anfechtbarkeit und Nichtigkeit gestützten Klage hat der Kläger im ersten Rechtsgange beantragt, die in der Vertreterversammlung vom 2. September 1938 gefaßten Beschlüsse und vorgenommenen Neuwahlen für nichtig zu erklären, nämlich: a) den Beschluß, L. (den Streitgehilfen) zur Versammlung nicht zuzulassen; b) die Wahlen in den Aufsichtsrat; c) die Wahl von B. zum Abwickler und von Sch. zum stellvertretenden Abwickler; d) den Beschluß, Punkt 4 der Tagesordnung (Prüfung der Geschäftsführung usw., Schadensersatzansprüche) der neu zu wählenden Vertreterversammlung zu überlassen; e) die Wahlen in den Wahlausschuß.

Die Beklagte hat Widerklage erhoben mit dem Hauptantrage, gegen den Kläger festzustellen, daß die am 28. bis 30. April 1937 gewählte Vertreterversammlung nicht oder nicht mehr bestehe, und dem Hilfsantrage, festzustellen, daß der Kläger nicht Vertreter (Mitglied der Vertreterversammlung) der Beklagten sei. Das Landgericht hat nach Vernehmung von Zeugen die Klage abgewiesen und nach dem Hauptantrage der Widerklage gegenüber dem Kläger und den Streitgehilfen festgestellt, daß die am 28. bis 30. April 1937 gewählte Vertreterversammlung nicht bestehe. Der Kläger und seine Streitgehilfen haben dagegen Berufung eingelegt mit einem zur Klage insofern eingeschränkten Antrag, als jetzt der Beschluß zu d ausgefallen ist, und mit dem Antrage, die Widerklage abzuweisen. Das Oberlandesgericht hat nach weiteren Zeugenvernehmungen die Berufung zur Klage zurückgewiesen, dagegen auf die Berufung zur Widerklage das landgerichtliche Urteil abgeändert und nach dem Hilfsantrage festgestellt, daß der Kläger nicht Vertreter (Mitglied der Vertreterversammlung) der Beklagten sei. Das ist geschehen, weil das Nichtbestehen der Vertreterversammlung (Hauptantrag) kein Rechtsverhältnis sei, wohl aber die Mitgliedschaft des Klägers in der Vertreterversammlung.

Die Revision des Klägers und der beiden Streitgehilfen wurde zum Klageantrag a zurückgewiesen. Im übrigen hatte sie zur Klage und Widerklage Erfolg.

Aus den Gründen:

1. Die Klage stützt sich auf Nichtigkeit und Anfechtbarkeit der vom Kläger beanstandeten Beschlüsse der Vertreterversammlung vom 2. September 1938, faßt aber die Rechtsfolge beider Klagegründe unterschiedslos in dem einen Antrage zusammen, diese Beschlüsse „für nichtig zu erklären". Das Berufungsgericht unterscheidet in sachlichrechtlicher Hinsicht zutreffend die beiden verbundenen Klagen genauer, und zwar besonders wegen der Sachbefugnis des Klägers. Die Nichtigkeitsklage sei eine Feststellungsklage im Sinne des § 256 ZPO., also eine Klage, mit der nur eine kraft Gesetzes bestehende Nichtigkeit der Beschlüsse herausgestellt werden solle; sie erfordere allein das dort bezeichnete rechtliche Interesse an der alsbaldigen Feststellung der Nichtigkeit, nicht die Vertreter- oder auch nur Genosseneigenschaft des Klägers, wobei aber schon die letztgenannte, beim Kläger jedenfalls zutreffende Eigenschaft das rechtliche Interesse ohne weiteres ergebe. Die Anfechtungsklage aber, auf die erst der Spruch des Gerichts die rückwirkende Nichtigkeit mit seiner Rechtskraft herbeiführe, verlange bei der Beklagten nach satzungsmäßiger Einrichtung der Vertreterversammlung gemäß § 43a GenG. nach

RGZ. Bd. 155 S. 21 Vertretereigenschaft. Somit stehe und falle, soweit die Klage Anfechtungsklage sei, die Klagebefugnis mit der gültigen Wahl des Klägers zum Vertreter, also mit der Gültigkeit der Wahl vom 28. bis 30. April 1937, um die sich der wesentliche Streit der Parteien drehe. An dieser Rechtsauffassung hat auch die Revision nichts auszusetzen. An ihr ist mit der angeführten Entscheidung des Reichsgerichts festzuhalten.

Da der Vorderrichter zu dem Ergebnis gelangt, daß sich die Gültigkeit der Vertreterwahl vom 28. bis 30. April 1937, aus welcher der Kläger seine Vertretereigenschaft ableitet, nicht feststellen lasse, lehnt er die Sachbefugnis des Klägers zur Anfechtungsklage ab, beschäftigt sich daher nicht weiter mit den Anfechtungsgründen und prüft nur die vorgebrachten Nichtigkeitsgründe, die er sämtlich ablehnt. Er kommt so zur Bestätigung der Abweisung der Klage durch den Erstrichter und zu seinem inhaltlich abgeänderten, aber doch auch auf der Unmöglichkeit der Feststellung einer gültigen Wahl am 28. bis 30. April 1937 beruhenden Spruche zur Widerklage.

Hierbei hat der Vorderrichter eines übersehen. Nach dem Gesetze (§ 51 Abs. 3 GenG. in Verbindung mit § 511a Abs. 4 und § 547 Nr. 2 ZPO.) verlangt zwar die genossenschaftsrechtliche, wie die aktienrechtliche Anfechtungsklage für die Rechtsmittel der Berufung und Revision nicht das Vorhandensein der jeweils vorgeschriebenen Beschwerdesumme, weil für diese Anfechtungsklage die ausschließliche Zuständigkeit des Landgerichts gesetzlich bestimmt ist. Anders liegt die Sache aber, wenigstens nach der Rechtslage bis zum neuen Aktiengesetze vom 30. Januar 1937 (RGBl. I S. 107), das nach § 1 Abs. 1 des Einführungsgesetzes dazu (das. S. 166) am 1. Oktober 1937 in Kraft getreten ist, und nach der bisherigen ständigen Rechtsprechung, bei der Nichtigkeitsfeststellungsklage. Für sie bestand und besteht im Genossenschaftsgesetz keine dem § 51 Abs. 3 — und daneben den §§ 94, 96 GenG. für den Fall der Klage auf Nichtigerklärung der Genossenschaft selbst — entsprechende Zuständigkeitsbestimmung, und ebensowenig bestand eine solche gesetzliche Bestimmung für die aktienrechtliche Nichtigkeitsklage — neben der des § 272 Abs. 2 HGB. für die Anfechtungsklage des § 271 HGB. — und im GmbH-Gesetz für die Nichtigkeits- und Anfechtungsklage im Gebiete des Rechtes der Gesellschaften mit beschränkter Haftung, Klagen, welche in diesem Gesetz überhaupt keine Regelung erfahren haben und nur durch die

Rechtsprechung im Anschluß an das Aktienrecht ausgebildet worden sind. Demnach ist seit langem die ständige Rechtsprechung des erkennenden Senats dahin gegangen, daß für die Nichtigkeitsklage im Gebiete des Aktienrechts wie des GmbH.- und Genossenschaftsrechts und auch für die Anfechtungsklage im Gebiete des GmbH.-Rechts wegen der Beschlüsse von Hauptversammlungen die jeweils gültige Revisionssumme für die Zulassung der Revision zu fordern sei (vgl. für Genossenschaften JW. 1928 S. 222 Nr. 7, S. 1569 Nr. 15, für Aktiengesellschaften JW. 1930 S. 2704 Nr. 33 mit weiteren Nachweisungen, 1935 S. 1236 Nr. 6, für Gesellschaften mbH. JW. 1934 S. 3129 Nr. 8). Die Klagenhäufung durch Verbindung der beiden Klagen änderte an den für jede geltenden Erfordernissen nichts (JW. 1930 S. 2688 Nr. 9). Weiter besteht für den vorliegenden Fall kein Zweifel daran, daß die Klage in beiden Teilen in das Gebiet der vermögensrechtlichen Streitigkeiten fällt, weil nur wegen der geldlichen Belange aller Genossen gestritten wird. Das zeigt das aus dem Antrage zu d ersichtliche Bestreben, die Verwaltung der Genossenschaft wegen der Mißerfolge zum Schadensersatze heranzuziehen. Wenn der erkennende Senat in seinem Urteil vom 28. Februar 1940 (RGZ. Bd. 163 S. 200 [202]) anerkannt hat, daß bei den regelmäßig auch als vermögensrechtliche Streitigkeiten geltenden Feststellungsklagen über den Ausschluß von Genossen der Klage ausnahmsweise dann, wenn die persönliche Ehre des Ausgeschlossenen beteiligt ist, neben dem vermögensrechtlichen auch ein personenrechtlicher Gehalt innewohnen kann, der gestattet, von dem Erfordernis der Revisionssumme abzusehen, so handelt es sich hier um derartiges keinesfalls. Wie aber entfernt nicht die jetzt gültige Revisionssumme von über 10000 RM., so war auch nicht die zur Zeit der Einlegung der Berufung am 28. April 1939 für diese gültige Beschwerdesumme von 100 RM. erreicht, wenn der Vorderrichter unangefochten den Streitwert für Klage und Widerklage zusammen — offenbar nach § 13 Abs. 1 GKG. wegen Zusammenfallens des Gegenstandes — nur einfach auf die 70 RM. festgesetzt hat, welche die Klage als Streitwert angibt. Dann hätte der Vorderrichter von diesem Standpunkt und der oben dargelegten Rechtslage aus die Berufung wegen der Nichtigkeitsfeststellungsklage als unzulässig verwerfen müssen und sich auch mit den Nichtigkeitsgründen nicht befassen dürfen. Demnach wäre auch die Revision insoweit unzulässig.

Für das Aktienrecht ist aber durch das neue Aktiengesetz (§ 201 Abs. 1, § 198 Abs. 3 Satz 1) insofern eine Rechtsänderung herbeigeführt worden, als jetzt auch für bestimmte Nichtigkeitsklagen — Klagen auf Feststellung der Nichtigkeit eines Hauptversammlungsbeschlusses gegen die Gesellschaft — die ausschließliche Zuständigkeit des Landgerichts angeordnet ist mit der ausdrücklichen Bestimmung in § 201 Abs. 1 Satz 2, daß nicht ausgeschlossen ist, die Nichtigkeit auf andere Weise als durch Erhebung der Klage geltendzumachen. Angesichts dieser Änderung in dem für die Ausgestaltung aller dieser Klagen bahnbrechenden Aktienrecht werden die Gerichte zu erwägen haben, ob jetzt nicht auch in den anderen Rechtsgebieten von einer ausschließlichen Zuständigkeit der Landgerichte für Nichtigkeitsklagen in entsprechendem Umfang auszugehen und demnach insoweit bei den Rechtsmitteln der Berufung und Revision von dem Erfordernis der vorgeschriebenen Beschwerdesumme abzusehen ist. Der vorliegende Fall verlangt jedoch keine Entscheidung dieser Frage, weil der Kläger zu dem von ihm mit dem Klageantrage verfolgten Ziel, soweit es erreichbar ist, auch durch die Anfechtungsklage gelangt und es deshalb auf die Nichtigkeitsklage nicht weiter ankommt. Diese Entscheidung wird auch nicht durch die Widerklage erforderlich, die ja gleichfalls eine Feststellungsklage ist; denn insoweit ergibt sich die Zulässigkeit der Revision aus ihrem Zusammenhange mit der Anfechtungsklage, wegen der die Revision ohne Rücksicht auf den Wert des Beschwerdegegenstandes zulässig ist.

Wollte man sagen, für diese Feststellungswiderklage zu dem Punkte, zu dem sie jetzt mangels einer Anschlußrevision der Beklagten allein noch zur Entscheidung steht — der Kläger sei nicht Vertreter (Mitglied der Vertreterversammlung) der Beklagten, dem Hilfsantrage —, müsse die Revision mangels der Revisionssumme als unzulässig erklärt werden, so wäre diese Vorfrage für das Anfechtungsrecht durch einen rechtskräftigen Spruch entschieden, ehe die sachliche Prüfung der ohne Rücksicht auf den Wert des Beschwerdegegenstandes zu entscheidenden Anfechtungsklage stattgefunden hat. Es handelt sich hier um eine verneinende Feststellungsklage zu einem strittigen Punkt, der, wenn seine bejahende Feststellung vom Kläger mittels eines Feststellungsantrags betrieben worden wäre, im Verhältnis zu seinen Anfechtungsanträgen verfahrensrechtlich den Inhalt einer Zwischenfeststellungsklage im Sinne des § 280 ZPO. gebildet hätte.

Demgemäß hat auch die verneinende Feststellungswiderklage der Beklagten die verfahrensrechtliche Natur einer Zwischenfeststellungsklage im Sinne des § 280 ZPO. Deshalb war die Widerklage auch zulässig, während dies nicht der Fall gewesen wäre, wenn sie nur das Gegenteil eines vom Kläger bejahend verfolgten Anspruchs enthielte (JW. 1930 S. 2704 Nr. 33). Als Zwischenfeststellungsklage ist sie nicht durch den Nachweis eines besonderen Interesses an der alsbaldigen Feststellung bedingt, wie dies § 256 ZPO. erfordert. Dieses Interesse folgt aus dem Strittigsein des für die Entscheidung der Anfechtungsklage erheblichen Punktes ohne weiteres. Über diesen Punkt können aber nicht zwei sich widerstreitende Entscheidungen — die eine zur Anfechtungsklage als bloßer Entscheidungsgrund, die andere zur Widerklage als selbständiger Urteilsinhalt — ergehen. Deswegen muß mit der Zulässigkeit der Revision zur Anfechtungsklage auch die Zulässigkeit der Revision zu einer derartigen Zwischenfeststellungswiderklage angenommen werden. Wie sich die örtliche Zuständigkeit des Gerichts für die Klage regelmäßig (ausgenommen der Fall ausschließlicher Ordnung) auf die Feststellungswiderklage erstreckt, so muß zur Erreichung eines annehmbaren Ergebnisses auch die Zulässigkeit der Revision für die Klage auf die Zwischenfeststellungswiderklage ausgedehnt werden (vgl. auch die Erstreckung der Zulässigkeit der Revision bei zur Einheit verbundenen Klagen verwandter Art in RGZ. Bd. 164 S. 45 [46] — Vaterschafts- und Unterhaltsklage —).

2. Zur Gültigkeit der Vertreterwahl vom 28. bis 30. April 1937 und damit der Vertretereigenschaft des Klägers als hierbei Gewählten bedarf es keines Eingehens auf die Darlegungen des Urteils über die Beweislast und die Beweislage und auf die Revisionsangriffe zu diesen Punkten nebst der Behauptung, der vom Vorstand selbst ausgegangenen Erklärung des Klägers zum Vertreter auf Grund der bezeichneten Wahl mit Zufertigung eines Vertreterausweises am 8. Mai 1937 komme rechtsbegründende Wirkung zu. Denn die Gültigkeit dieser Wahl und danach der Erklärung des Klägers zum Vertreter kann nicht mehr in Zweifel gezogen werden, nachdem die Wahl in dem von der Wahlordnung auf Grund der Satzung geordneten Verfahren nicht binnen der vorgeschriebenen Frist von vierzehn Tagen von der Bekanntmachung des Wahlergebnisses ab (§ 22 der Wahlordnung für die Vertreterversammlung der Beklagten,

erlassen auf Grund des § 34 Abs. 2 der Satzung) von irgendeiner Seite angefochten worden ist. Die Sache liegt hier nicht so, daß von einer Wahl überhaupt nicht mehr gesprochen werden könnte oder daß sonst Umstände vorlägen, die etwa die Beteiligten, Verwaltung, Vertreter oder Genossen, berechtigen könnten, trotz der Versäumung jener Anfechtungsmöglichkeit noch das ordentliche Gericht anzurufen, um eine mit dem Gesetz oder dem satzungsmäßigen Verfahren zur Bestimmung der Vertreter völlig unverträgliche Lage zu beseitigen. Es handelt sich, soweit das Prozeßvorbringen reicht, um folgendes: Für die am 28. bis 30. April 1937 nach Maßgabe der Wahlordnung abgehaltene Vertreterwahl nach dem Verhältniswahlsystem hatte der Wahlausschuß eine nach der Buchstabenfolge geordnete Vorschlagsliste 1a von 27 Vertretern und ebensovielen Ersatzleuten, beginnend mit Bau., Ba. usw., aufgestellt und nach § 8 Abs. 1 schon am 20. November 1936 ordnungsmäßig im Reichs- und Staatsanzeiger die Erklärung veröffentlicht, daß ein Wahlvorschlag in der Geschäftsstelle der Beklagten vorliege. Diese Vorschlagsliste hatte nach § 8 Abs. 2 der Wahlordnung zusammen mit einem Abdruck des nach Abs. 1 erlassenen Wahlausschreibens mindestens 6 Wochen vor dem ersten Tage der Stimmabgabe und bis zum letzten Tage der Abstimmung in sämtlichen Geschäftsstellen der Genossenschaft auszuliegen. Nachdem von der bereits bestehenden, vom Kläger und dem Streitgehilfen L. geführten Gegenpartei in der Genossenschaft ein „Wahlvorschlag Nr. 2 D." mit ebensoviel Vertretern und Ersatzleuten, auf dem der Streitgehilfe G. an 2., der Kläger an 13. Stelle stand (nicht aber L., der für seine Person nicht Genosse war), ordnungsmäßig beim Wahlausschuß eingereicht worden war, beschloß der Aufsichtsrat am 18. Februar 1937, also lange vor der Mindestfrist von 6 Wochen für die Auslegung des Ausschußvorschlags, eine Umstellung der an sich der Verwaltung genehmen Vorschlagsliste 1a; die Liste sollte so gestaltet werden, daß sie „erkennen läßt, in welcher Reihenfolge die benannten Vertreter als gewählt zu gelten haben." Wenn also etwa nicht alle Bewerber der Vorschlagsliste des Ausschusses gewählt wurden, so sollten auf diese Weise diejenigen Personen Vertreter werden, auf deren Eintritt in die Vertreterversammlung die Verwaltung am meisten Gewicht legte. Diese Umstellung wurde vom Wahlausschuß ohne weitere Änderung der in die Vorschlagsliste aufgenommenen Personen vollzogen (Liste 1b). Der Vorschlag lautete nun Bau., Schw. usw. Am 21. April veröffentlichte der Wahlausschuß im Reichs- und Staatsanzeiger die Erklärung, daß die Liste 1 Bau. und die Liste 2 D. in den Geschäftsräumen der Beklagten zur Einsicht auslägen. Das ist in Befolgung des § 16 der Wahlordnung geschehen, der vorschreibt, daß, falls außer der Vorschlagsliste des Wahlausschusses wenigstens noch eine Vorschlagsliste zugelassen wird, „spätestens eine Woche" vor dem ersten Stimmabgabetage die Ordnungsnummer der aufgestellten und jeder zugelassenen Vorschlagsliste mit näheren Einzelheiten bekanntzumachen und der Abdruck dieser Bekanntmachung mit jeder zugelassenen Vorschlagsliste in der durch § 8 Abs. 2 der Wahlordnung bestimmten Weise — „bis zum letzten Tage der Stimmabgabe" — auszulegen sei. Der tatsächliche Streit der Parteien dreht sich darum, ob, wie der Kläger behauptet, neben der Gegenliste Nr. 2 die ursprüngliche Vorschlagsliste 1a über die Wahltage ausgelegt geblieben ist, demgemäß die auf die Liste der Verwaltung nach dem Stimmverhältnis entfallenden Vertreter nach der Reihenfolge dieser Liste 1a gewählt sind und die Wahl so im ganzen gültig ist, oder ob nach der jetzigen Behauptung der Beklagten die Liste 1a vorzeitig abgenommen und durch die Liste 1b ersetzt worden ist derart, daß dabei die Sechswochenfrist des § 8 Abs. 1 der Wahlordnung für die Auslegung der Liste der Verwaltung nicht mehr eingehalten ist. Der Kläger wäre, wenn die Wahl nicht im ganzen ungültig ist, in jedem Falle gewählt, da nach der gemäß der Wahlordnung vorgenommenen Feststellung und Bekanntmachung des Wahlausschusses die Gegenliste Nr. 2 den Sieg errungen hat, auf sie 17 Vertreter gewählt sind gegenüber 10 nach der Liste 1b. Zu dieser Liste 1b behauptet der Kläger, sie sei von der Verwaltung nachträglich untergeschoben worden, um diejenigen als auf ihre Liste gewählt bezeichnen zu können, die sie gemäß der Umstellung vorzüglich in der Vertreterversammlung haben wollte. Der Vorderrichter, der nach eigener ergänzender Beweisaufnahme über die Wahlvorgänge entschieden hat, erklärt auf Grund des Gesamtergebnisses der Beweisaufnahmen in diesem Rechtsstreit sowie im Vorprozeß und einem Strafverfahren wegen Unterschiebung der Liste 1b, es sei nicht festzustellen, welche Vorschlagsliste der Verwaltung über die Wahltage und die letzte Zeit zuvor ausgelegen habe, 1a oder 1b. Auch sei nicht festzustellen, daß die Umstellung der Liste keinen Einfluß auf das Wahlergebnis gehabt habe. Damit erachtet er den Kläger für beweisfällig.

Der Revision, die Verletzung der §§ 43a, 83, 51 GenG. und weiterhin Verfahrensverstöße gegen §§ 256, 280, 286 ZPO. rügt, ist aber, wie schon gesagt, in dem Punkte zuzustimmen, daß die von der Beklagten behaupteten Verstöße gegen die Wahlordnung keine unheilbare Nichtigkeit der Wahl, sondern nur die Anfechtbarkeit nach der Wahlordnung zur Folge haben können, die infolge der Unterlassung der Anfechtung binnen der vorgeschriebenen vierzehntägigen Frist weggefallen ist und zur Heilung der Wahlmängel geführt hat. Das auf Grund des Wahlvorganges verkündete und unangefochten gebliebene — hier zuerst auch von der Verwaltung selbst (bis zu dem Berufungsurteil im Vorprozeß des Klägers vom 4. August 1938) als gültig behandelte — Wahlergebnis muß in aller Regel seine Gültigkeit behalten. Das erfordert die Rechtssicherheit, die innere Ordnung und der stetige Fortgang der Geschäfte der Genossenschaft. Entsprechend hat der Senat erkannt, gerade auch in Genossenschaftssachen, daß in Hauptversammlungen vom Vorsitzer verkündete Beschlußergebnisse, sollten sie auch den Abstimmungsinhalt nicht richtig wiedergeben, als Versammlungsbeschluß hinzunehmen und nur mit der Anfechtungs- oder Nichtigkeitsklage zu beseitigen sind (RGZ. Bd. 116 S. 83 [87], Bd. 122 S. 102 [107]). Den Kreis der unheilbaren Nichtigkeitsgründe hat der erkennende Senat im Bereiche des Gesellschafts- und Genossenschaftsrechts mehr und mehr eingeschränkt. Dem ist jetzt auf dem Gebiete des Aktienrechts die Gesetzgebung in verstärktem Maße gefolgt, indem das neue Aktiengesetz in §§ 195, 196 die Nichtigkeitsgründe bei Hauptversammlungsbeschlüssen gegenüber der Anfechtung auf bestimmte Fälle beschränkt und auch bei jenen die Heilung durch Handelsregistereintrag oder durch diesen mit Zeitablauf (drei Jahre) verordnet hat. Ein Verstoß gegen das Gesetz oder ein öffentliches Interesse an der Beseitigung dieses Wahlergebnisses (§ 196 Abs. 2 AktG. in Verbindung mit § 144 Abs. 2 FGG.) liegt hier nicht vor. Die einzige Vorschrift, die das Gesetz in § 43a Abs. 1 GenG. über die Vertreterwahl gibt, nämlich daß die Vertreter Genossen sein müssen, ist nicht verletzt. In § 43a Abs. 2 überläßt das Gesetz der Satzung die näheren Bestimmungen über die Zahl der Vertreter, die Voraussetzungen der Wählbarkeit, die Durchführung der Wahl sowie den Nachweis und die Dauer der Vertretungsbefugnis. Damit hat der Gesetzgeber der genossenschaftlichen Selbstverwaltung bei der Gestaltung der Vertreterversammlung und namentlich auch des

Wahlverfahrens und der Gültigkeit seiner Ergebnisse den weitesten Spielraum gelassen. Nur durch das, was § 43a Abs. 1 zwingend vorschreibt, und durch Gebote der guten Sitten war die Satzung hierbei eingeschränkt. Die Beklagte hat von der ihr gelassenen Freiheit in §§ 32—35 der Satzung und in der auf ihrer Grundlage erlassenen Wahlordnung weitgehenden und zulässigen Gebrauch gemacht. Die Wahlordnung sucht durch ihre Vorschriften — Auslegung des Wahlergebnisses mit darauf hinweisender Bekanntmachung und Eröffnung einer befristeten Anfechtung — durchaus berechtigt darauf hinzuwirken, daß Anfechtungs- oder Nichtigkeitsgründe, die ja auch im Rahmen der Anfechtung geltend gemacht werden können, zeitig hervortreten und durch ein Erkenntnis des Aufsichtsrates „dann endgültig" erledigt werden. Alle ihre Bestimmungen, namentlich § 23, der sagt, die ganze Wahl sei ungültig (d. h. nur ungültig), wenn vom Aufsichtsrat ein solcher Verstoß gegen die „wesentlichen Vorschriften" über das Wahlverfahren festgestellt wird, der das Wahlergebnis beeinflußt hat, gehen darauf aus, wie die Anfechtungsgründe mit dem Ergebnis der Vernichtung der ganzen Wahl, so jegliche Art von Nichtigkeitsgründen zurückzudrängen. Bei solcher Sachlage kann nicht davon gesprochen werden, daß Wahlfehler, wie sie hier in Frage stehen, und zumal ein Fehler, der nicht nur selbst nicht festgestellt werden kann, sondern von dem auch nicht festgestellt werden kann, ob er einen Einfluß auf das Wahlergebnis ausgeübt hat, noch nach Ablauf der Anfechtungsfrist beachtet werden und zur Vernichtung der Wahl führen müssen.

Daraus ergibt sich aber die Folge, daß die Wahl vom 28. bis 30. April 1937 mit dem verkündeten Ergebnis gültig bleibt, der Kläger gewählt, gegenüber den Beschlüssen der Vertreterversammlung vom 2. September 1938 anfechtungsberechtigt und die Widerklage abzuweisen ist. Soweit dazu erforderlich ist, daß der Kläger die Vertretereigenschaft im Zeitpunkte der letzten Tatsachenverhandlung vor dem Berufungsgericht, am 30. Mai 1940, noch gehabt hat, fehlt es auch daran nicht. Denn nach § 34 Abs. 1 der Satzung dauert die Amtszeit der Vertreterversammlung drei Jahre, und sie währt nach § 34 Abs. 3 bis zur Bekanntmachung des Ergebnisses der nächsten — nach der Auslegung der Beklagten selbst und des Vorderrichters gültigen — Neuwahl. Von einer Neuwahl aber, die zu Ende der Wahlzeit des Klägers, die (nach Bekanntmachung der Wahl am 8. Mai mit vierzehn Tagen Anfechtungsfrist) vom 22. Mai 1937 ab zu rechnen ist, vorgenommen worden wäre, ist nirgends die Rede. Eine vorzeitige Neuwahl wäre satzungs- und gesetzwidrig und daher unbeachtlich (RGZ. Bd. 129 S. 180 zur vorzeitigen Wahl eines neuen Aufsichtsrates). War aber die Vertreterversammlung aus der Wahl vom 28. bis 30. April 1937 in der verkündeten Zusammensetzung jedenfalls seit dem Ablaufe der Anfechtungsfrist im Mai 1937 gültig im Amte, so war die von der Beklagten auf den 2. September 1938 einberufene Versammlung der Vertreter aus der Wahl vom Jahre 1933, die ihre Vertretereigenschaft mit der Gültigkeit der Wahl von 1937 verloren hatten, in Wahrheit eine Nichtvertreter-Versammlung. Ihre Beschlüsse hatten keinerlei Rechtswirkung für die Beklagte; sie waren von ihrem Rechtskreis aus betrachtet nichtig. Daher ist auf die Anfechtungsklage unter Aufhebung des Berufungsurteils und Abänderung des landgerichtlichen Urteils den Klageanträgen, die Organwahlen für die Beklagte betreffen — Klageanträge b, c, e (d ist, weil nicht weiterverfolgt, schon im zweiten Rechtsgange erledigt) —, stattzugeben.

Dagegen muß es aus einem besonderen Grunde bei der Klageabweisung, demnach der Zurückweisung der Rechtsmittel zu dem Klageantrag a verbleiben. An sich sind alle Beschlüsse der Nichtvertreterversammlung vom 2. September 1938 im Verhältnis zur Beklagten wirkungslos und nichtig, daher auch der Beschluß, L. (den Streitgehilfen, der damals von einer anderen, am 16. Februar 1938 zusammengetretenen Vertreterversammlung der am 28. bis 30. April 1937 Gewählten, also der rechtmäßigen Vertreterversammlung der Beklagten, neben G. an Stelle von B. und Sch. zum Abwickler gewählt worden war, ohne daß die beiden anerkannt worden wären und die Geschäfte in die Hand bekommen hätten) zur Versammlung nicht zuzulassen. Warum hier nur L. in den Antrag aufgenommen worden ist und nicht auch G. oder der Kläger selbst wie alle Vertreter aus der Wahl vom 28. bis 30. April 1937, die an der Versammlung vom 2. September 1938 teilnehmen wollten und zurückgewiesen worden sind, ist nirgends gesagt oder zu ersehen. Ebenso ist aber auch nirgends gesagt, welche Wirkung die nachträgliche Nichtigerklärung des Beschlusses auf dieses einmalige Geschehen im Rechtsverhältnis der Parteien untereinander oder der Genossen zur Beklagten in Zukunft ausüben soll. In der Reihe der Nichtigkeitsgründe, die der Vorderrichter nach dem Urteil geprüft hat, fehlt dieser Punkt. Auch die Revision sagt nichts dazu. Rückgängig machen läßt sich das damalige Geschehen nicht. Ein neuer

Zusammentritt dieser Nichtvertreterversammlung aus der Wahl von 1933 ist nicht zu befürchten, und ein Recht eines Gesellschaftsorgans zur Teilnahme an einer Nichtvertreterversammlung, die in Wahrheit nur eine Genossen-Teilversammlung war, mochte und mag sie sich auch grundlos Rechte beilegen, bestand und besteht nicht. Dem Anfechtungsrecht des Klägers steht diese Bemerkung nicht im Wege. Denn wenn im § 51 Abs. 2 GenG. derjenige nicht erschienene Genosse — hier Vertreter — als zur Anfechtung befugt erklärt wird, der „unberechtigterweise" zu der Versammlung nicht zugelassen worden ist, so bezieht sich dieses Erfordernis auf die wirkliche Vertreterversammlung; es muß hier entfallen. Eine Anfechtungsklage zum Zwecke bloßer Hervorhebung, daß etwas nicht hätte geschehen oder einem Betroffenen nicht hätte widerfahren sollen, kann nicht als berechtigt angesehen werden. Würde dem Antrage stattgegeben, so könnte dies jedenfalls auch nicht die Wirkung haben, daß damit die Rechtsstellung des Genannten als Abwickler der Beklagten festgestellt wird (vgl. RGZ. Bd. 146 S. 71 [73]). Daher ist ein ernstlicher Zweck dieser Nichtigkeitserklärung nicht ersichtlich. Der Senat hat in seinem Urteile vom 19. November 1935 (JW. 1936 S. 919 Nr. 9) für Anfechtungsklagen gegen ablehnende Beschlüsse nach § 271 HGB., wenn auch nicht den Nachweis eines eigenen rechtlichen Interesses des Klägers an der Beseitigung, so doch immerhin ein gewisses schutzwürdiges Interesse gefordert. Daran ist festzuhalten, um zu verhindern, daß das Gericht in den Anfechtungsklagen mit allen möglichen Beschlüssen beschäftigt wird, denen sachliche Bedeutung nicht oder nicht mehr zukommt. Ein solches berechtigtes Interesse geht hier aber zumal dem Kläger, der selbst in dem Antrage nicht genannt ist und aus dessen Person allein die Frage zu beurteilen ist, da die Streitgenossen eigene Rechte nicht zu verfolgen haben (RGZ. Bd. 164 S. 129 [131]), offenbar ab. Dasselbe gälte aber auch für die Nichtigkeitsklage, falls ihrethalben die Revision zulässig wäre, so daß die Zulässigkeitsfrage auch von diesem Gesichtspunkt aus nicht entschieden zu werden braucht.

---

25. Ist die Frage, ob die Aufrechterhaltung oder die Scheidung der Ehe sittlich gerechtfertigt ist, nach § 54 und § 55 Abs. 2 Satz 2 EheG. einheitlich zu beantworten?

EheG. §§ 50, 54, 55.

IV. Zivilsenat. Urt. v. 15. März 1941 i. S. Ehemann G. (Kl.) w. Ehefrau G. (Bekl.). IV 14/41.

I. Landgericht Düsseldorf.
II. Oberlandesgericht daselbst.

Die Parteien, von denen der Mann 68, die Frau 63 Jahre alt ist, haben am 16. November 1899 geheiratet. Aus der Ehe sind 4 Kinder (Söhne) hervorgegangen. Die Kinder sind mit Ausnahme des jüngsten, der 20 Jahre alt ist, volljährig. Seit 1934 leben die Parteien getrennt. Der letzte eheliche Verkehr hat im Jahre 1924 stattgefunden. Die Beklagte hatte im Jahre 1935 Ehescheidungsklage erhoben, diese aber nicht weiter verfolgt, nachdem das Gericht sich für örtlich unzuständig erklärt hatte.

Die jetzige Klage hat der Ehemann zunächst nur auf § 55 EheG. gestützt. Die Beklagte hat der Scheidung widersprochen und um Klageabweisung, hilfsweise um einen Schuldausspruch gegen den Kläger gebeten. Das Landgericht hat die Ehe der Parteien aus § 55 EheG., und zwar ohne Schuldausspruch gegen den Kläger, geschieden. Die Beklagte hat gegen das landgerichtliche Urteil Berufung eingelegt. Der Kläger hat um Zurückweisung der Berufung gebeten und nunmehr die Klage hilfsweise auch auf §§ 49, 50 EheG. gestützt. Das Berufungsgericht hat die Berufung der Beklagten mit der Maßgabe zurückgewiesen, daß es ein Verschulden des Klägers festgestellt hat.

Die Revisionen beider Parteien führten zur Aufhebung des Berufungsurteils und zur Zurückverweisung der Sache.

Aus den Gründen:

Das Berufungsgericht hat zunächst untersucht, ob die Klage nach § 50 EheG. begründet ist, und hat diese Frage bejaht. Es hat diesem Klagebegehren aber dann doch den Erfolg versagt, weil es das Scheidungsbegehren gemäß § 54 EheG. für sittlich nicht gerechtfertigt ansieht. Die Umstände, auf die es nach § 54 EheG. entscheidend ankomme, Dauer der Ehe, Lebensalter der Ehegatten und Anlaß der Erkrankung, sprächen hier zugunsten der Beklagten. Die Auflösung der Ehe und der Verlust des Unterhaltsanspruchs würden sie, die erbkrank und zur Arbeit kaum mehr fähig sei, besonders hart treffen.

Das Berufungsgericht behandelt sodann die Klage unter dem Gesichtspunkt des § 55 EheG. und hält sie insoweit für begründet.

Die häusliche Gemeinschaft der Ehegatten sei seit über 3 Jahren aufgehoben, die Ehe unheilbar zerrüttet. Zu dieser Zerrüttung habe auch der Kläger beigetragen. Er habe die Beklagte wiederholt gestoßen, so daß sie blaue Flecke gehabt habe, sie aus ganz nichtigem Anlaß mit dem Gummischlauch geschlagen und die Treppe hinunter verfolgt. Er sei ihr auch mit einem Beil in der Hand nachgelaufen. Sein Verhalten sei um so mehr zu tadeln, als er aus den wiederholten Aufenthalten der Beklagten in Heil- und Pflegeanstalten genau gewußt habe, daß sie geistig nicht ganz normal sei. Er habe schließlich die geisteskranke Beklagte im Stich gelassen und habe im Prozeßwege zur Zahlung von Unterhalt angehalten werden müssen. Daher habe er mindestens eine Mitschuld an der Zerrüttung, die aber, weil die Beklagte infolge ihres Geisteszustandes überhaupt keine Schuld haben könne, als Alleinschuld gewertet werden müsse. Der sonach zulässige Widerspruch der Beklagten sei aber nicht beachtlich. Die Ehe sei völlig zerbrochen, die Beklagte ergehe sich jetzt noch in ständigen Beschimpfungen des Klägers über angebliche Verfehlungen, die lange zurücklägen; sie selbst habe früher die Scheidung begehrt. Entgegen ihrer Ansicht werde ihre Ehre durch eine Scheidung nicht berührt. Auch bei der Unterhaltsleistung seien die Belange der Beklagten gewahrt, da ein Schuldausspruch zu Lasten des Klägers gehe. Demgemäß sei die Ehe aus § 55 EheG. zu scheiden und dabei wegen der Verfehlungen des Klägers seine Schuld festzustellen.

Die Revisionen beider Parteien sind begründet. Das Berufungsgericht hätte sich, da der Kläger nach dem Tatbestande des Berufungsurteils in erster Reihe die Scheidung aus § 55 begehrt und die Klage nur hilfsweise auf §§ 49, 50 EheG. gestützt hat, zunächst mit § 55 EheG. beschäftigen müssen. Wenn der Kläger die Klage auf mehrere Klagegründe stützt, hat er es in der Hand, die Klagebegehren in der Weise abzustufen, daß sie die Stellung von Haupt- und Hilfsantrag einnehmen und demgemäß zu behandeln sind. Deshalb ist hier jetzt in erster Reihe auf § 55 EheG. einzugehen. Insoweit hält schon die Begründung, mit der der Berufungsrichter die Voraussetzung des § 55 Abs. 2 Satz 1 EheG. bejaht, der rechtlichen Nachprüfung nicht stand. Es ist rechtsirrig, wenn das Berufungsgericht die Mitschuld des Klägers an der Zerrüttung deshalb als alleinige Schuld behandelt, weil die Beklagte für ihre eigenen Handlungen wegen ihrer Geisteskrankheit nicht verantwortlich ist. Dieser Auffassung liegt die falsche

Vorstellung zugrunde, als handle es sich bei der Frage, ob den Kläger die überwiegende Schuld treffe, nur darum, die beiderseitige Schuld der Eheleute gegeneinander abzuwägen. Dem ist aber nicht so. Der erkennende Senat hat wiederholt ausgesprochen, daß die Zerrüttung der Ehe sehr wohl auch auf Gründen beruhen kann, für die keiner der Eheleute verantwortlich ist, und daß, wenn die Zerrüttung der Ehe in der Hauptsache auf solchen Gründen beruht, nicht davon die Rede sein kann, daß einer der Ehegatten die Zerrüttung der Ehe überwiegend verschuldet habe. Läge hier also die Sache so, und das schließen die Feststellungen des Berufungsgerichts keineswegs aus, daß die Zerrüttung der Ehe mehr auf das Verhalten der Beklagten, mag sie auch dafür nicht verantwortlich zu machen sein, zurückzuführen ist als auf das des Klägers, so kann von einer überwiegenden Schuld des Klägers im Sinne des § 55 Abs. 2 Satz 1 EheG. keine Rede sein. Schon aus diesem Grunde läßt sich die Entscheidung des Berufungsrichters zu diesem Punkte nicht halten. Im übrigen muß der Revision des Klägers auch zugegeben werden, daß sich das Berufungsgericht nicht genügend mit den Schutzbehauptungen des Klägers befaßt hat, er habe sich im wesentlichen zu den Mißhandlungen der Beklagten nur hinreißen lassen, um sich Zugang zu den von der Beklagten unter Verschluß gehaltenen Nahrungsmitteln zu erzwingen. In der Frage, ob der Widerspruch der Beklagten zulässig ist, muß also der Sachverhalt noch in tatsächlicher Richtung geklärt werden. Verfehlt ist aber weiter, wie die Revision der Beklagten mit Recht rügt, auch die Stellungnahme des Berufungsgerichts zu der Frage der Beachtlichkeit des Widerspruchs. Es geht nicht an, wie es das Berufungsgericht tut, einmal zu § 54 EheG. die Scheidung der Ehe als sittlich nicht gerechtfertigt anzusehen, sie aber nach § 55 Abs. 2 Satz 2 EheG. für gerechtfertigt zu erklären. Sowohl in § 54 wie bei § 55 Abs. 2 Satz 2 handelt es sich letzten Endes allein um die Frage, ob die Scheidung oder ob die Aufrechterhaltung der Ehe sittlich gerechtfertigt ist; deshalb kann die Prüfung auch in beiden Fällen nur zum gleichen Ergebnis führen. Dabei spielt es keine Rolle, daß § 54, mehr ins einzelne gehend, besondere Umstände anführt, die bei der Entscheidung der Frage zu berücksichtigen sind, während sich die Bestimmung des § 55 darauf beschränkt, das Wesen der Ehe und das gesamte Verhalten beider Ehegatten als Maßstab für die Entscheidung anzugeben. In beiden Fällen sind alle Umstände in Betracht zu ziehen, die vom völkischsittlichen Standpunkt aus für die Aufrechterhaltung oder die Scheidung der Ehe sprechen. Keineswegs durfte also das Berufungsgericht bei der Frage, ob der Widerspruch der Beklagten beachtlich sei, die wesentlichen Umstände außer Betracht lassen, auf die es unter dem Gesichtspunkte des § 54 EheG. eingegangen war und aus denen es dort entnommen hatte, daß unter den gegebenen Umständen die Scheidung die Beklagte außergewöhnlich hart treffen würde. Neben der langen Dauer der Ehe, dem Alter der Beteiligten und der Tatsache, daß aus der Ehe 4 Kinder hervorgegangen sind, hatte der Berufungsrichter dort auch gerade die Tatsache für die Aufrechterhaltung der Ehe ins Feld geführt, daß im Falle der Scheidung die wirtschaftliche Lage der Beklagten gefährdet sein würde. Es ist damit keineswegs in Einklang zu bringen, wenn der Berufungsrichter später zu § 55 EheG. diese Gefährdung der Beklagten verneint mit der Begründung, daß sie durch den Schuldausspruch gegen den Kläger gesichert sei. Das würde zu § 54 EheG. genau so gut oder genau so wenig zu gelten haben wie zu § 55. Im übrigen hat der erkennende Senat wiederholt ausgesprochen, daß die beklagte Ehefrau, auch wenn sie infolge eines Schuldausspruchs gegen den Kläger nach §§ 66, 67 EheG. Unterhalt verlangen kann, damit doch keineswegs ebenso wie bei bestehender Ehe gesichert ist. Das Berufungsgericht wird daher, falls es auf Grund der neuen Verhandlung den Widerspruch der Beklagten wieder für zulässig erklärt, der Frage der Beachtlichkeit unter Berücksichtigung aller in Betracht kommenden Umstände erneut nachzugehen haben.

(Das Urteil billigt die Ansicht des Berufungsrichters, daß die Beklagte nicht verantwortlich sei und daher § 49 EheG. nicht in Frage komme, und fährt dann fort:) Sollte das Berufungsgericht auf Grund der neuen Verhandlung zu einer Abweisung der Klage aus § 55 EheG. gelangen und damit erneut das Klagebegehren unter dem Gesichtspunkt der §§ 50, 54 EheG. zu prüfen haben, so wird für die Frage, ob die Aufrechterhaltung der Ehe gemäß § 54 EheG. sittlich gerechtfertigt ist, das oben Gesagte zu beachten sein. Bei dieser Prüfung sind dann auch die Umstände zu berücksichtigen, die das Berufungsgericht bisher nur bei § 55 EheG. verwertet hat, nämlich die Tatsache, daß auch die Beklagte die eheliche Gesinnung verloren und selbst früher schon Scheidung begehrt hat. (Es folgt eine Stellungnahme zu einem etwaigen Schuldausspruch nach § 61 Abs. 2 EheG.)

26. 1. Verstößt es in jedem Falle gegen die guten Sitten im Wettbewerbe, wenn der geschäftsführende Gesellschafter einer Kommanditgesellschaft sowie ein Angestellter der Gesellschaft nach ihrem Ausscheiden bei dieser Verhandlungen mit Schriftstellern über Verlagsverträge, die sie bereits namens der Kommanditgesellschaft geführt hatten, fortsetzen und für ein von ihnen gegründetes neues Verlagsunternehmen zum Abschluß bringen?

2. Könnten sie, wenn ihr Verhalten wettbewerblich zu beanstanden wäre, verurteilt werden, die Herausgabe und den Vertrieb der von ihnen auf Grund dieser Verträge verlegten Werke zu unterlassen?

UnlWG. § 1.

II. Zivilsenat. Urt. v. 3. März 1941 i. S. Dr. Kl. u. a. (Bekl.) w. Kr. Verlag Kommanditges. (Kl.). II 71/40.

I. Landgericht Leipzig.
II. Oberlandesgericht Dresden.

Die Klägerin ist eine Kommanditgesellschaft, deren persönlich haftender und zugleich geschäftsführender Gesellschafter bis zum Januar 1937 der Erstbeklagte war, während Kommanditisten die Witwe des Gründers, des Geheimrats Kr., und ihre Töchter, darunter die Ehefrau des Erstbeklagten, sind. Der Zweitbeklagte war als Verlagsschriftleiter bei der Klägerin angestellt und ist zufolge seiner Kündigung am 31. Dezember 1936 aus seiner Stellung ausgeschieden. Beide Beklagten sind jetzt Inhaber der offenen Handelsgesellschaft D.'sche Verlagsbuchhandlung in L., der Drittbeklagten, die der Erstbeklagte schon vor seinem Ausscheiden bei der Klägerin käuflich erworben hatte. Die Klägerin gibt seit Jahren eine bekannte Buchreihe unter der Bezeichnung „Kr.s Taschenausgabe" heraus, die in der Hauptsache Werke weltanschaulichen, literarischen und kulturgeschichtlichen Inhalts umfaßt. Bei der Drittbeklagten erscheint seit dem Jahre 1937 eine ähnliche Buchreihe unter dem Namen „Sammlung D.". Meinungsverschiedenheiten zwischen dem Erstbeklagten einerseits und der Mehrheit der Kommanditisten andererseits hatten zur Folge, daß die Kommanditisten das Gesellschaftsverhältnis kündigten. Es kam Anfang 1936 zu einer Klage des Erstbeklagten, mit der er den Anspruch verfolgte, das Geschäft allein fortzuführen.

Ende 1936 nahm er die Klage zurück. Anfang 1937 legte er die Geschäftsführung bei der Klägerin nieder.

Die Klägerin macht den Beklagten zu 1 und 2 zum Vorwurf, noch während ihrer Tätigkeit bei ihr wie auch nach ihrem Ausscheiden die Belange des Kr.-Verlags pflichtwidrig beiseitegesetzt und auf eine Förderung der von ihnen geplanten „Sammlung D." hingearbeitet zu haben. Sie hätten u. a. Schriftsteller, mit denen der Kr.-Verlag bereits in erfolgversprechenden Verhandlungen über den Abschluß von Verlagsverträgen gestanden habe, ohne triftigen Grund hingehalten, um sie für ihren eigenen Verlag zu gewinnen. Das sei ihnen zum Teil dadurch gelungen, daß sie ihnen von den zwischen den Gesellschaftern des Kr.-Verlags bestehenden Streitigkeiten Mitteilung gemacht und sie auf das Fehlen einer Verlagsleitung nach ihrem Ausscheiden hingewiesen hätten. Um Verstöße solcher Art handele es sich insbesondere in folgenden Fällen:

a) Mit Professor Dr. B., der schon früher im Kr.-Verlag die Werke „Musik der Nationen" und „Hauptschriften Wagners" habe erscheinen lassen, hätten die Beklagten im Laufe des Jahres 1936 die Herausgabe eines neuen Werkes, eines „Wörterbuchs der Musik", besprochen. Nachdem der Verlag mit Schreiben vom 17. Oktober 1936 seine Teilnahme an dem neuen Werke bekundet und am 11. November, wie versprochen, Bearbeitungsstoff übersandt habe, habe Dr. B. am 23. November der Hoffnung Ausdruck gegeben, daß nun bald in die Erörterung der sachlichen Fragen des Werkes eingetreten werden könne. Der Zweitbeklagte habe mit Brief vom 19. Dezember 1936 erwidert, die Klägerin werde hierüber in den ersten Tagen des neuen Jahres Beschluß fassen. Am 9. Februar 1937 sei sodann ein Verlagsvertrag zwischen den Beklagten und Dr. B. geschlossen worden. Das „Wörterbuch der Musik" sei später in der Sammlung D. erschienen.

b) Dr. Ko., der mit zwei Werken „Herder" und „Claudius" ebenfalls bereits Mitarbeiter bei ihr gewesen sei, habe die Herausgabe eines neuen Werkes „Romantiker-Briefe" angeregt. Er habe ihr nach weiterer Fühlungnahme im Mai 1936 eine Übersicht über den neuen Band geschickt und im August 1936 versprochen, bis Ende September 1936 ein Teilmanuskript zu liefern. Hierzu sei es bis zum Weggange der beiden Beklagten nicht gekommen. Das Buch sei aber dann von der Drittbeklagten im Börsenblatt vom 4. November 1937 angezeigt worden und in der Sammlung D. erschienen.

c) Einer Anregung des Schriftstellers Dr. R. folgend, habe sie durch diesen im Jahre 1934 bei Dr. M. anfragen lassen, ob er bereit sei, bei ihr einen Band „Novalis-Fragmente" herauszugeben. Mit Brief vom 24. Juni 1934 habe ihr Dr. R. die Zustimmung Dr. M.s mitgeteilt. Sie habe sich hierfür bei Dr. R. bedankt. In einem Briefe vom 13. August 1936 sei dieser auf die Angelegenheit zurückgekommen. Darauf sei eine zwar kurze und förmliche, aber nicht ablehnende Antwort erteilt worden. Auch dieses Buch sei dann im D.-Verlag erschienen.

Die Klägerin hat beantragt, die Beklagten zu verurteilen, die Herausgabe und den Vertrieb folgender Werke zu unterlassen: „Wörterbuch der Musik" von Prof. Dr. B. (Klageantrag 1), „Briefe deutscher Romantiker" von Dr. Ko. (Klageantrag 2), „Novalis. Romantische Welt. Die Fragmente" von Dr. M. (Klageantrag 3).

Die Beklagten haben um Klageabweisung gebeten. Sie haben bestritten, irgendwie gegen vertragliche oder gesetzliche Pflichten gegenüber der Klägerin verstoßen, insbesondere in den von ihr angeführten Fällen unzulässig in deren Betätigungsbereich eingegriffen zu haben. Soweit ihnen die in den Klageanträgen genannten Werke zur Veröffentlichung überlassen worden seien, sei dies auf Grund völlig freier und unbeeinflußter Entschließung der Verfasser geschehen, die dem Kr.-Verlag gegenüber noch in keiner Weise gebunden gewesen seien.

Das Landgericht hat die Klage abgewiesen. Im Berufungsverfahren hat die Klägerin ihre Anträge des ersten Rechtszuges wiederholt und hilfsweise beantragt, festzustellen, daß die Beklagten als Gesamtschuldner verpflichtet seien, ihr den Schaden zu ersetzen, der ihr aus den in den Klageanträgen 1 bis 3 bezeichneten Handlungen erwachsen sei und noch erwachse. Die Beklagten haben unter Widerspruch gegen die Zulässigkeit des Hilfsbegehrens um Zurückweisung der Berufung gebeten. Das Oberlandesgericht hat nach den Hauptanträgen 1 bis 3 der Klage erkannt. Die Revision der Beklagten führte zur Wiederherstellung des landgerichtlichen Urteils, soweit es die Klageanträge 1 bis 3 abgewiesen hat, und zur Zurückverweisung der Sache wegen des Hilfsantrags.

Aus den Gründen:

1. Das Berufungsgericht hält im Gegensatze zum Landgericht die von der Klägerin mit den Klageanträgen 1 bis 3 geltend gemachten,

die Herausgabe und den Vertrieb der dort genannten drei Bücher betreffenden Unterlassungsansprüche nach § 1 UnlWG. für begründet. Es erblickt ein sittenwidriges Verhalten der ersten beiden Beklagten und damit auch der Drittbeklagten darin, daß erstere unter Ausnutzung einer von ihnen selbst zugunsten der Klägerin geschaffenen Sachlage deren Absicht, die drei Werke in ihren Verlag zu übernehmen, aufgegriffen und die mit Sicherheit zu erwartenden Vertragsabschlüsse an sich gezogen hätten, ohne die Klägerin hiervon zu verständigen oder die Verfasser auf die Notwendigkeit einer vorherigen Auseinandersetzung mit ihr hinzuweisen. Das Berufungsgericht geht hierbei im wesentlichen von denjenigen äußeren Vorgängen aus, die sich aus der Darstellung der Klägerin ergeben und, wie es feststellt, von den Beklagten nicht bestritten worden sind. Es unterstellt also zu deren Gunsten, daß der Vorwurf der Klägerin, die Beklagten zu 1 und 2 hätten die drei Verlagsangelegenheiten schon während ihrer Tätigkeit bei ihr schuldhaft und zum Zwecke späteren eigenen Vertragsabschlusses verzögert und bei ihrem Weggange den Prokuristen G. pflichtwidrig nicht auf die schwebenden Angelegenheiten hingewiesen, unbegründet sei. Für erwiesen hält es lediglich, daß, wenn es auch in keinem der drei Fälle bereits zu einer festen Bindung gekommen sei, die Klägerin doch ihre Bereitschaft zum Ausdruck gebracht habe, die nach ihrem allgemeinen Gegenstand im Rahmen der Kr.schen Taschenausgabe schon festgelegten Werke zu verlegen, während andererseits auch die Verfasser ihre Geneigtheit bekundet hätten, die Bücher zu schreiben. In den beiden ersten Fällen (Dr. B. und Dr. Ko.) hätten, so erwägt es, die Pläne sogar bereits eine gewisse festere Gestalt angenommen, und es sei in jedem Fall eine Schwebelage geschaffen worden, die einen Fortgang zu gegebener Zeit ermöglicht habe und nach dem gewöhnlichen Laufe der Dinge den Abschluß fester Verlagsverträge habe erwarten lassen. Das Berufungsgericht ist der Meinung, es sei unter diesen Umständen unerachtet des Fehlens einer rechtlichen Bindung und trotz aller aus der bisherigen geschäftlichen Tätigkeit der Beklagten zu 1 und 2 erwachsenen persönlichen Beziehungen zu den Verfassern Pflicht der Beklagten gewesen, der Klägerin durch einen Hinweis auf die bei ihnen bestehenden Verlagsabsichten wenigstens die Möglichkeit zur Fortsetzung der Verhandlungen und zu ihrer Beendigung im einen oder anderen Sinne zu bieten. Es hebt hervor, daß es gerade die Heimlichkeit des Vorgehens, das Ausweichen vor einem offenen Wettbewerbskampfe mit der Klägerin, das eigennützige ungenügende Aufklären der Verfasser über ihre nunmehrige Wahlmöglichkeit und das unehrliche Sichverschanzen hinter dem bloßen Verfasserwillen seien, die das Hineindringen der mit dem Verhandlungsstande bei der Klägerin genau bekannten und dadurch vor jedem dritten Wettbewerber bevorzugten Beklagten in diesen Verhandlungsstand als sittenwidrig i. S. des § 1 UnlWG. erscheinen ließen, zumal da es in eine Zeit gefallen sei, in der die mit dem noch schwebenden Gesellschafterstreit zusammenhängenden Geschäftsleitungsschwierigkeiten der Klägerin offen zutage gelegen hätten. Ein solches sowohl dem allgemeinen Empfinden wie auch den Gepflogenheiten anständigen Verlegertums widerstrebendes Verhalten lasse sich entgegen der Auffassung der Beklagten weder damit entschuldigen, daß ein Sachverständiger, der Verlagsbuchhändler S., bei der Nachprüfung ihrer Geschäftsführung die ausgezeichnete Verfassung des Kr.-Verlags festgestellt habe — denn es liege nichts dafür vor, daß sich die Nachprüfung auch auf die jetzt in Rede stehende Einzelfrage erstreckt habe —, noch diene es zu ihrer Entschuldigung, wenn sich der Erstbeklagte, wie er geltend mache, nur durch ein ihm von seinen Mitgesellschaftern angetanes Unrecht veranlaßt gesehen habe, seine Geschäftsführung bei der Klägerin niederzulegen, oder wenn er sich bei dem Abschluß der Verlagsverträge vorbehalten habe, in welchem der beiden Verlage er die Werke erscheinen lassen werde. Letzteres spreche, selbst wenn der Erstbeklagte damals noch auf einen günstigen Ausgang seines Rechtsstreites über die Geschäftsführung gehofft haben sollte, eher gegen ein unbeschwertes Gewissen gegenüber der Klägerin.

Der Revision ist zuzugeben, daß diese Ausführungen des Berufungsgerichts nicht frei von Rechtsirrtum sind. Das Berufungsgericht sieht davon ab, für die sittliche Wertung des Verhaltens der Beklagten Umstände heranzuziehen, die in ihrer früheren Tätigkeit bei der Klägerin und ihrer sich daraus ergebenden Stellung zu ihr begründet sind. Es läßt demgemäß alles beiseite, was die Klägerin in der Richtung vorgetragen hatte, die Beklagten zu 1 und 2 hätten noch während ihrer Tätigkeit bei ihr durch verzögerliche Behandlung der den Gegenstand der Klageanträge bildenden Verlagsgeschäfte geflissentlich darauf hingearbeitet, nach ihrem Ausscheiden die in Aussicht genommenen Werke in der von ihnen geplanten Sammlung D. erscheinen lassen zu können, und auch sonst Maßnahmen getroffen, mit denen sie zum Nutzen ihres eigenen künftigen Unternehmens den Kr.-Verlag hätten benachteiligen wollen. Die frühere Tätigkeit dieser Beklagten zieht es nur insofern in Betracht, als es daraus herleitet, ihnen sei der Stand der von ihnen selbst geführten Verhandlungen mit den Verfassern und die sich daraus ergebende, wenn nicht rechtliche, so doch tatsächliche Anwartschaft der Klägerin auf das Zustandekommen verbindlicher Verlagsverträge genau bekannt gewesen. Daß sich hiermit allein der Vorwurf eines sittenwidrigen Verhaltens der Beklagten durch spätere Übernahme der in Betracht kommenden Werke in den D.-Verlag nicht begründen läßt, verkennt das Berufungsgericht offenbar selbst nicht. Die Beklagten zu 1 und 2 waren nicht gehindert, die Kenntnis geschäftlicher Vorgänge im Betriebe der Klägerin, die sie während ihrer Tätigkeit bei dieser auf redliche Weise erlangt hatten, nach ihrem Ausscheiden zu ihrem eigenen Nutzen zu verwerten, mochten sie damit auch der Klägerin geschäftlich Abbruch tun. Sie konnten dieser mangels eines ihnen vertraglich auferlegten Wettbewerbsverbots für die Zeit nach Beendigung ihrer vertraglichen Beziehungen zur Klägerin — der Erstbeklagte also nach Aufgabe seiner Beteiligung an der Gesellschaft, der Zweitbeklagte nach Ablauf seines Dienstverhältnisses — als Wettbewerber gegenübertreten, die in ihrer geschäftlichen Betätigung durch eine aus ihrer früheren Tätigkeit herzuleitende Rücksichtnahme auf die Klägerin grundsätzlich nicht beschränkt waren. Eine solche Beschränkung läßt sich insbesondere auch nicht aus dem Gedanken einer den Beklagten obliegenden besonderen Treupflicht folgern. Waren der Erstbeklagte als Gesellschafter und Geschäftsführer, der Zweitbeklagte als Angestellter verpflichtet, das Wohl der Klägerin zu fördern und alles zu unterlassen, was ihr abträglich sein konnte, so ergaben sich hieraus doch keineswegs ohne weiteres auch Obliegenheiten für die Zeit nach Beendigung des Gesellschafts- und Dienstverhältnisses, zufolge deren sich die Beklagten in ihrer wettbewerblichen Betätigung besondere Zurückhaltung gegenüber der Klägerin hätten auferlegen müssen. Daß sie dieser mit dem Betrieb eines gleichartigen Handelsgewerbes gegenübertraten und dabei Kenntnisse und Erfahrungen verwerteten, über die sie aus ihrer früheren Tätigkeit verfügten, verstieß für sich allein weder gegen vertragliche Verpflichtungen noch gegen die Grundsätze des lauteren Wettbewerbs. Dieser gestattet dem Wettbewerber, sich im Rahmen der Gesetze und innerhalb der durch die Gemeinschaftsordnung gezogenen Grenzen ungehindert zu entfalten, auch auf die mit jedem Wettbewerbe notwendig verbundene Gefahr hin, dadurch Mitbewerber zu verdrängen und zu benachteiligen.

Das schließt freilich nicht aus, daß die eigennützige geschäftliche Verwertung früher erlangter Kenntnisse zum Nachteil dessen, in dessen Betriebe sie erworben worden sind, im Einzelfalle den guten Sitten des Wettbewerbs zuwiderläuft. Besondere Umstände können ergeben, daß die Ausnutzung auch redlich erworbener Kenntnisse nicht bloße Folge einer ordnungsmäßigen geschäftlichen Betätigung ist, sondern darauf abzielt, außerhalb der Regeln des freien Wettbewerbs den Mitbewerber mit seinen eigenen Waffen zu schlagen und dadurch in Nachteil zu setzen. In solchen Fällen eröffnet § 1 UnlWG. dem Verletzten auch über den Rahmen des in § 17 das. gewährten Schutzes gegen Geheimnisverrat hinaus einen Weg, sich bereits eingetretener oder drohender Beeinträchtigung zu erwehren (vgl. MuW. 1936 S. 382, 426; 1937 S. 423). Dabei bedarf es für die Frage, ob das beanstandete Verhalten dem für seine sittliche Wertung maßgebenden gesunden Volksempfinden entspricht, einer Berücksichtigung des gesamten Sachverhalts. Denn nur nach der Gesamtheit der Umstände und bei genauer Abwägung der sich daraus ergebenden schutzwürdigen Belange der Beteiligten kann beurteilt werden, ob ein an sich zulässiges Vorgehen den Vorwurf wettbewerblicher Unlauterkeit verdient.

Wenn das Berufungsgericht insoweit in erster Reihe für wesentlich hält, daß in allen für die Klageanträge in Betracht kommenden Fällen durch die mit den Verfassern gepflogenen Verhandlungen ein Schwebezustand geschaffen worden sei, für den die Klägerin insofern Rücksichtnahme habe verlangen können, als er nach dem gewöhnlichen Laufe der Dinge den Abschluß fester Verlagsverträge habe erwarten lassen, so mag diese Annahme, wenigstens in tatsächlicher Hinsicht, für die Fälle Dr. B. und Dr. Ko. zutreffen. Es mag sein, daß die mit diesen Verfassern geführten Verhandlungen bis Ende 1936 so weit gediehen waren, daß es ohne das Dazwischentreten besonderer Umstände zu rechtsverbindlichen Vereinbarungen hätte kommen müssen. Dem Berufungsgericht kann aber nicht beigetreten werden, wenn es auch im Falle Dr. M. eine solche Sachlage für gegeben erachtet. Die Revision macht mit Recht geltend, daß es insoweit an irgendwelchen Beziehungen, für welche die Klägerin hätte Beachtung fordern können, gefehlt habe. Die Tatsache allein, daß sie im Jahre 1934 durch eine

Mittelsperson, Dr. R., mit dem ihr bis dahin geschäftlich fremden Dr. M. in Verbindung getreten war und von ihm auf dem gleichen Weg eine zusagende Antwort erhalten hatte, konnte nicht zur Folge haben, daß ihr schon deswegen auch noch Ende 1936 eine irgendwie zu berücksichtigende Anwartschaft auf das damals angeregte Werk hätte zugebilligt werden müssen, zumal da sie im August 1936 auf eine Erinnerung Dr. R.s nur einen hinhaltenden, die Angelegenheit in keiner Weise fördernden Bescheid gegeben hatte. Es kann deshalb schon nach dem hier in Betracht kommenden Sachverhalt nichts gegen die Beklagten hergeleitet werden, wenn sie, wie aus der Aussage Dr. M.s hervorgeht, im Frühjahr 1937 anläßlich einer anderen Verlagsangelegenheit auch auf das schon früher behandelte Werk zurückkamen und hierüber einen Verlagsvertrag mit Dr. M. schlossen. Sie griffen damit nicht in Belange der Klägerin ein, für welche diese Ende 1936 noch hätte Schutz beanspruchen können.

Aber auch sonst werden die Erwägungen des Berufungsgerichts, mit denen es das Vorliegen eines Sittenverstoßes bejaht, der Sachlage nicht gerecht. Die durch die Verhandlungen angebahnten, lediglich tatsächlichen Beziehungen der Klägerin zu den Verfassern der in Aussicht genommenen Werke konnten nur insoweit Gegenstand eines von den Beklagten ausgehenden wettbewerblichen Eingriffs sein, als sie ein berechtigtes Interesse der Klägerin begründeten, auf einem von ihr erkennbar bereits bearbeiteten Gebiete verlegerischer Betätigung nicht gestört und beeinträchtigt zu werden. Bei dem Fehlen jeder rechtlichen Bindung zwischen ihr und den Verfassern konnte ein sich hieraus ergebender Schutzanspruch von vornherein nur gering sein. Er hing wesentlich davon ab, ob nicht auch den Beklagten begründete Belange zur Seite standen, die ihr Vorgehen rechtfertigten. Insoweit ist aber von Bedeutung, daß sich die Verfasser gerade durch die Tätigkeit der Beklagten zu 1 und 2 veranlaßt gesehen hatten, ihre Verbindung mit der Klägerin fortzusetzen, und daß sie Wert darauf legten, die Beziehungen zu ihnen auf jeden Fall aufrechtzuerhalten. Der Zeuge Dr. B. hat angegeben, für ihn seien allein die persönlichen Beziehungen zu den Beklagten zu 1 und 2 der Grund gewesen, weshalb er sein Werk beim D.-Verlag habe erscheinen lassen. Ihre Persönlichkeiten seien für ihn maßgebend gewesen, nicht die von ihnen vertretene Verlagsfirma. Er sei deshalb auf Grund eigener Entschließung und ohne Beeinflussung durch die Beklagten dazu gekommen, den Verlagsvertrag mit dem Erstbeklagten abzuschließen. Nach seiner Auffassung sei er „bei den beiden Beklagten geblieben". Im gleichen Sinne hat sich der Zeuge Dr. Ko. ausgesprochen. Er hat bekundet, die Herausgabe der „Romantiker-Briefe" habe wegen der Auswahl des Stoffes, der dabei zu beachtenden Leitgedanken, der Gestaltung der Einleitung und der Zwischentexte eine enge persönliche Fühlungnahme mit den leitenden Männern des Verlags erfordert, wie er sie nur bei den beiden ihm persönlich bekannten Beklagten habe finden können. Für ihn sei wesentlich gewesen, daß sein Werk gerade von ihnen verlegerisch betreut werde. Er habe deshalb einer bereits im Dezember 1936 gefallenen Äußerung des Erstbeklagten, sein Werk werde möglicherweise nicht im Kr.-Verlag erscheinen, keine Bedeutung beigemessen und sich bei dem späteren Vertragsabschluß mit dem Vorbehalt des Erstbeklagten, das Werk auch in einem anderen Verlag erscheinen zu lassen, einverstanden erklärt. Es sei nicht auf ihn eingewirkt worden, zum D.-Verlag überzuwechseln. Er sei auch nicht übergewechselt, sondern einfach beim Erstbeklagten geblieben. Danach waren es also vor allem die persönlichen Beziehungen zu den Beklagten zu 1 und 2, welche die Verfasser bestimmten, ihre Werke im D.-Verlag erscheinen zu lassen. Ihr Vertrauen auf die wissenschaftlichen und verlegerischen Fähigkeiten und Erfahrungen der Beklagten und nicht der wirtschaftliche Vorteil, den die Aufnahme der Werke in die Buchreihe des Kr.-Verlags erwarten ließ, bildete die Grundlage für ihre Bereitschaft, die Bücher zu schreiben. Unter diesen Umständen konnten auch die Beklagten Anspruch darauf erheben, daß die durch sie geschaffenen und an ihre Person geknüpften Vertrauensbeziehungen nicht abrissen. Für sie handelte es sich nicht lediglich darum, daß für die Klägerin wirtschaftliche Werte auf dem Spiele standen, die sie hätten achten müssen, sondern daß es möglicherweise überhaupt nicht zu den in Aussicht genommenen Veröffentlichungen kommen werde, wenn sie den Verfassern ihre weitere Mitwirkung hieran versagten. Soweit eine Übernahme der Werke in den D.-Verlag zugleich auch einen wirtschaftlichen Nutzen für diesen brachte und die Klägerin benachteiligte, genügte dies gegenüber den durch die persönlichen Beziehungen begründeten Belangen sowohl der Beklagten wie der Verfasser nicht, um erstere dem Vorwurf eines unlauteren Verhaltens auszusetzen.

Wenn das Berufungsgericht zur Begründung des von ihm angenommenen Sittenverstoßes weiter anführt, die Beklagten hätten eine durch sie selbst für die Klägerin geschaffene Lage benutzt, so kann dies bei der von ihm vorgenommenen Unterstellung eines einwandfreien Verhaltens der Beklagten bis zu ihrem Ausscheiden nicht dahin verstanden werden, als wolle es ihnen zum Vorwurf machen, geflissentlich einen Zustand herbeigeführt zu haben, der ihnen die spätere Übernahme der Werke in den D.-Verlag ermöglicht und erleichtert habe. Dann besagt aber auch diese Erwägung des Berufungsgerichts nichts, was die Beklagten belasten könnte. Die Benutzung der von ihnen ohne böse Absicht geschaffenen Verhandlungslage zum eigenen Vorteil ging über eine Verwertung redlich erworbener Kenntnisse, die ihnen nach dem oben Ausgeführten grundsätzlich gestattet war, nicht hinaus. Wollte jedoch das Berufungsgericht seine Bemerkung dahin aufgefaßt wissen, daß den Beklagten auf jeden Fall die Beendigung ihrer Tätigkeit bei der Klägerin zum Verschulden zuzurechnen sei, sie also wenigstens insoweit die Verantwortung für den Eintritt der Lage treffe, auf Grund deren es zum Abschluß der Verlagsverträge für den D.-Verlag kam, so hätte es, wie die Revision mit Recht betont, diesen Schluß nicht ziehen können, ohne sich mit der zwischen den Parteien unstreitigen Tatsache auseinanderzusetzen, daß es die Klägerin war, die das Gesellschaftsverhältnis mit dem Erstbeklagten gekündigt hatte, und ohne zu der Behauptung der Beklagten Stellung zu nehmen, sie habe hierzu keinen sachlichen Grund gehabt. Der Erstbeklagte hatte geltend gemacht, es sei ihm, ungeachtet aller Bemühungen, nicht gelungen, zu einer Verständigung mit den Kommanditisten zu gelangen, und deshalb schließlich nichts anderes übriggeblieben, als auch die mit Rücksicht auf die Klägerin zunächst noch beibehaltene Geschäftsführung niederzulegen. Dabei habe er die Klägerin nicht im Zweifel darüber gelassen, daß er sich auch fernerhin auf dem ihm vertrauten, verlagsbuchhändlerischen Gebiete betätigen werde. Er hatte weiter vorgetragen, die Klägerin habe sich nicht gescheut, dem mit der Nachprüfung der Geschäfte beauftragten Verlagsbuchhändler S. zu verstehen zu geben, er möge seine Aufmerksamkeit vor allem darauf lenken, ob geldliche Unregelmäßigkeiten des Erstbeklagten vorlägen. Erwiese sich dieses Vorbringen als richtig, so würde es für die Erwägung des Berufungsgerichts auch in dem ihr zuletzt beigelegten Sinn an einer ausreichenden Grundlage fehlen. Den Beklagten könnte ihr Ausscheiden nicht zum Nachteil gereichen, wenn es durch das Verhalten der Klägerin veranlaßt worden war.

Die Gründe, aus denen die Beklagten ausgeschieden waren, wären für die sittliche Wertung ihres Handelns auch insofern nicht ohne Bedeutung, als das Berufungsgericht ihnen zum Vorwurf macht, die Klägerin nicht von ihrem Vorhaben, die fraglichen Werke in den D.-Verlag zu übernehmen, in Kenntnis gesetzt und die Verfasser nicht auf die Angemessenheit einer Verständigung mit der Klägerin hingewiesen zu haben. Eine Säumnis der Beklagten in dieser Richtung wäre möglicherweise entschuldbar, wenn sie begründeten Anlaß gehabt hätten, sich durch das von ihnen behauptete, unversöhnliche und rücksichtslose Verhalten der Klägerin benachteiligt und gekränkt zu fühlen. Aber auch abgesehen hiervon, kann der Erwägung des Berufungsgerichts nicht ohne weiteres gefolgt werden. Waren Dr. B. und Dr. Ko., wie sie bekundet haben, entschlossen, ihre Werke nur in Zusammenarbeit mit den Beklagten zu 1 und 2 herauszubringen und sie deshalb im D.-Verlag erscheinen zu lassen, so ist nicht einzusehen, inwiefern es gegen die Beklagten sprechen könnte, wenn sie davon absahen, noch in der vom Berufungsgericht geforderten Weise tätig zu werden. Angesichts der entschiedenen Einstellung der Verfasser war von vornherein nicht damit zu rechnen, daß sie bei der Klägerin verbleiben würden. Dann war es aber auch ohne Bedeutung, ob die Beklagten diese über ihre Verlagsabsichten noch besonders unterrichteten oder den Verfassern anheimgaben, sich mit ihr zu verständigen. Die Klägerin wußte, daß sie nach dem Ausscheiden der Beklagten die von ihnen angebahnten Verlagsgeschäfte selbst fortführen mußte, wenn sie zu einem bindenden Abschluß gelangen wollte. Ebenso konnten die Verfasser nicht im Zweifel darüber sein, daß es ihnen auch nach dem Ausscheiden der Beklagten unbenommen war, ihre Werke bei der Klägerin erscheinen zu lassen. Diese war bei der gegebenen Sachlage in keiner Weise benachteiligt, wenn die Beklagten von weiteren aufklärenden Maßnahmen absahen. Daß sie die Verfasser durch ungenügende oder irreführende Angaben in den Glauben versetzt hätten, es nach wie vor nur mit dem Kr.-Verlag zu tun zu haben, nimmt das Berufungsgericht offenbar selbst nicht an. Die Aussagen der Verfasser ergeben auch mit Sicherheit, daß sie sich über die tatsächlichen Verhältnisse im klaren waren. Wenn das Berufungsgericht weiter von einem „unehrlichen Sichverschanzen der Beklagten hinter dem bloßen Verfasserwillen" spricht, so fehlt es auch hierfür an einer ausreichenden Grundlage. Die Bekundungen der Zeugen stellen außer Zweifel, daß es ihnen mit ihrem Wunsche, die Verbindung mit den Beklagten aufrechtzuerhalten, ernst war. Es liegt nichts dafür vor, daß diese sich hierauf wider besseres Wissen nur zu dem Zwecke berufen hätten, ihr Verhalten sittlich zu rechtfertigen.

Das Berufungsgericht verwertet endlich noch zuungunsten der Beklagten, daß sie in den ihnen bekannten Verhandlungsstand in einer Zeit eingedrungen seien, als die bei der Klägerin infolge des noch schwebenden Gesellschafterstreites vorhandenen Geschäftsleitungsschwierigkeiten offen zutage gelegen hätten. Auch hiergegen wendet sich die Revision mit Recht. Die Beklagten hatten die Behauptung der Klägerin, es habe ihr nach ihrem Ausscheiden an einer auf dem Verlagsgebiet erfahrenen leitenden Persönlichkeit gefehlt, bestritten und unter Beweisangebot geltend gemacht, sofort nach dem Ausscheiden des Erstbeklagten habe sich Dr. E., ein sehr erfahrener und bekannter Verlagsbuchhändler, in die Geschäftsführung eingeschaltet. Er sei ohne weiteres in der Lage gewesen, die Leitung des Verlags zu übernehmen und Verhandlungen mit den Verfassern zu führen, wobei ihn der mit den Verhältnissen des Kr.-Verlags völlig vertraute Prokurist G. habe unterstützen können. Das Berufungsgericht hätte hierauf eingehen müssen, ehe es die Beklagten mit der oben erwähnten Erwägung belastete. Die aus § 286 ZPO. hergeleitete Rüge der Revision ist begründet.

Die Annahme des Berufungsgerichts, das mit den Klageanträgen 1 bis 3 beanstandete Vorgehen der Beklagten sei sittenwidrig i. S. des § 1 UnlWG., entbehrt hiernach einer ausreichenden Grundlage. Das Berufungsgericht wird unter Beachtung des vorher Ausgeführten anderweit zu prüfen haben, ob der von ihm festgestellte Sachverhalt den Vorwurf sittenwidrigen Verhaltens rechtfertigt, und, wenn dies zu verneinen wäre, dem von ihm bisher nicht in Betracht gezogenen Vorbringen der Klägerin nachgehen müssen, die Beklagten zu 1 und 2 seien bereits während ihrer Tätigkeit bei der Klägerin pflichtwidrig darauf ausgegangen, sich die schwebenden Verlagsangelegenheiten für ihr späteres Unternehmen zu sichern. Wäre dies der Fall, so bedürfte es der Heranziehung wettbewerblicher Gesichtspunkte überhaupt nicht. Eine Haftung der Beklagten wäre schon wegen schuldhafter Verletzung vertraglicher Obliegenheiten begründet.

2. Das Berufungsgericht hält auf Grund der von ihm angenommenen Zuwiderhandlung der Beklagten gegen § 1 UnlWG.

die mit den drei Hauptanträgen geltend gemachten Ansprüche unter dem Gesichtspunkt gebotener Unterlassung für begründet. Der den Geschäften der Beklagten von vornherein anhaftende Makel der Sittenwidrigkeit wirke, so führt es aus, zwischen den Parteien auch fort auf den nach außen sichtbaren Erfolg des Vertragschlusses, auf Herausgabe und Vertrieb der daraus hervorgegangenen Verlagserzeugnisse. Es könne deshalb dahinstehen, ob sich das Verbot etwa auch unter dem Gesichtspunkte des Schadensersatzes rechtfertigen lasse. Die zwischen den Parteien gegebene Rechtslage werde durch die Verpflichtungen der Beklagten gegenüber den Verfassern nicht beeinflußt; die Auseinandersetzung mit diesen bleibe Angelegenheit der Beklagten. Es sei auch unerheblich, ob die Klägerin künftig zu Vertragsabschlüssen über die drei Werke mit denselben oder anderen Verfassern gelangen könne.

Diese Ausführungen des Berufungsgerichts werden von der Revision mit Recht angegriffen. Sie unterliegen schon insofern rechtlichen Bedenken, als das Berufungsgericht davon ausgeht, es handele sich bei dem mit den drei Hauptanträgen erstrebten Verbot der Herausgabe und des Vertriebs der drei Werke um einen eigentlichen Unterlassungsanspruch. Träfe dies zu, so müßte die Zuwiderhandlung, deren Unterlassung von den Beklagten verlangt werden könnte, dem Sachverhalt entsprechen, der von ihnen bereits verwirklicht worden ist. Ihnen wäre also, falls ihnen in den von den Klageanträgen 1 bis 3 betroffenen Fällen ein Sittenverstoß zur Last fiele, zu untersagen, auf die gleiche Weise in schwebende Verlagsgeschäfte der Klägerin einzudringen und mit den Verfassern Verlagsverträge abzuschließen. Ein solches für die Zukunft wirkendes Verbot wäre auch nur zulässig, wenn zu befürchten wäre, daß sich das als sittenwidrig zu beanstandende Verhalten der Beklagten wiederholen werde. Eine dahin gehende Feststellung hat das Berufungsgericht nicht getroffen und konnte es bei der gegebenen Sachlage auch nicht treffen. Ohne Rücksicht auf das Bestehen einer Wiederholungsgefahr konnte aber die Klägerin nach § 1004 BGB. Beseitigung der durch das Verhalten der Beklagten verursachten Störung und bei Verschulden der Beklagten gemäß § 249 BGB. Herstellung des Zustandes verlangen, der bestehen würde, wenn es nicht zu deren Eingreifen gekommen wäre. Es mag sein, daß sich hieraus ergebenden Ansprüchen durch ein den Klageanträgen 1 bis 3 entsprechendes Verbot Genüge getan werden könnte. Die Verhängung eines solchen Verbotes scheitert jedoch daran, daß damit zugleich in die Rechte der Verfasser eingegriffen würde, mit denen die Beklagten Verlagsverträge geschlossen haben. Die Verfasser waren mangels einer der Klägerin gegenüber eingegangenen Bindung nicht gehindert, ihre Werke im D.-Verlag erscheinen zu lassen, und hatten keine rechtlich begründete Veranlassung, sich deswegen mit der Klägerin noch besonders ins Benehmen zu setzen oder sich ihrer Zustimmung zu vergewissern. Soweit sich die Beklagten durch den Abschluß der mit ihnen eingegangenen Verlagsverträge eines Sittenverstoßes gegenüber der Klägerin schuldig machten, erstreckte sich dieser nicht auch auf den Inhalt der Verträge selbst. Diese waren nach ihrem Gegenstand und Zweck gültig und begründeten für die Verfasser nicht nur einen Anspruch auf die vereinbarte Vergütung, sondern auch ein Recht auf Vervielfältigung und Verbreitung ihres Werks. Sie boten ihnen neben der Aussicht auf geldliche Entlohnung ihrer Arbeit auch die Gewähr, daß ihre schöpferische Leistung in der im Vertrage vorgesehenen Weise der Öffentlichkeit bekannt wurde und in den allgemeinen Kulturbesitz einging. Damit erwuchsen den Verfassern aus den Verlagsverträgen ideelle Rechte, die durch eine geldliche Entschädigung nicht abgegolten und ihnen deshalb ohne ihre Zustimmung nicht entzogen werden konnten. Das Berufungsgericht trägt dem keine Rechnung, wenn es dem Klagebegehren mit der Erwägung stattgibt, die Auseinandersetzung mit den Verfassern bleibe Angelegenheit der Beklagten. Diese mögen bei Durchführung des Verbots imstande sein, den Ansprüchen der Verfasser auf Vergütung gerecht zu werden. Ihnen wäre aber, wenn sie die Herausgabe und Verbreitung der Werke unterlassen müßten, nicht möglich, sie auch wegen ihrer ideellen Belange zufriedenzustellen. Die Verfasser wären in einer von den Beklagten nicht wiedergutzumachenden Weise ebenso benachteiligt, wenn die Herausgabe ihres Werks von vornherein unterbliebe, wie wenn, was nach dem Vorbringen der Parteien zum Teil ebenfalls der Fall wäre, der bereits im Gange befindliche Vertrieb ihres Werks eingestellt werden müßte. Die Klage kann hiernach wegen des mit den Anträgen 1 bis 3 geforderten Verbots in keinem Fall Erfolg haben, mag man die geltend gemachten Ansprüche als Beseitigungs- oder als Schadensersatzansprüche ansehen. Das hat zur Folge, daß es insoweit bei der vom Landgericht ausgesprochenen Klageabweisung zu verbleiben hat. Das Berufungsgericht wird nur noch zu prüfen haben, ob der von der Klägerin erhobene, auf Feststellung der Schadensersatzpflicht der Beklagten gerichtete Hilfsanspruch begründet ist.

---

27. Zur Berücksichtigung der Kriegsverhältnisse bei der Wiedereinsetzung in den vorigen Stand.

ZPO. § 233.

IV. Zivilsenat. Urt. v. 5. März 1941 i. S. H. (Bekl.) w. B. (Kl.). IV 315/40.

I. Landgericht Weimar.
II. Oberlandesgericht Jena.

Der Kläger klagt auf Feststellung, daß der Beklagte sein Erzeuger sei. Das Landgericht hatte die vom Kläger begehrte Feststellung getroffen. Das Urteil ist dem Prozeßbevollmächtigten des Beklagten von Amts wegen am 29. März 1940 zugestellt worden. Die Berufung des Beklagten ist beim Berufungsgericht am 30. April 1940, also verspätet, eingegangen. Das Oberlandesgericht hat darauf durch das jetzt mit der Revision angefochtene Urteil unter Zurückweisung des vom Beklagten gestellten Antrages auf Wiedereinsetzung in den vorigen Stand gegen die Versäumung der Berufungsfrist die Berufung als unzulässig verworfen. Das Revisionsgericht gab unter Aufhebung des Berufungsurteils dem Wiedereinsetzungsantrage statt.

Gründe:

Soweit sich die Revision darauf gründet, daß entgegen der Ansicht des Berufungsgerichts die Berufungsfrist tatsächlich gewahrt sei, da die Zustellung von Amts wegen die Berufungsfrist nicht in Lauf gesetzt habe, ist sie unbegründet. In dem Beschluß des erkennenden Senats vom 9. Dezember 1940 (RGZ. Bd. 165 S. 307) ist klargestellt, daß in den Rechtsstreitigkeiten über die Abstammung die Urteile allgemein von Amts wegen zuzustellen sind.

Mit Recht wendet sich aber die Revision dagegen, daß der Berufungsrichter dem Beklagten auch die Wiedereinsetzung in den vorigen Stand gegen die Versäumung der Berufungsfrist versagt hat. Der Beklagte hat sich zur Begründung des Wiedereinsetzungsantrages darauf berufen, daß die Amtszustellung von dem Büro seines Prozeßbevollmächtigten, an dessen Spitze infolge der Einberufung des eigentlichen Bürovorstehers zur Wehrmacht eine Ersatzkraft gestanden habe, unbeachtet gelassen worden sei. Der Prozeßbevollmächtigte selbst, der erst kurz vorher infolge einer Kniegelenkverletzung aus der Wehrmacht zurückgekehrt sei, habe sich wegen der Verletzung nicht mit vollen Kräften als Anwalt betätigen können. Soweit er dazu in der Lage gewesen sei, habe er die Fristen überwacht. Der erkennende Senat hat schon mehrfach ausgesprochen, daß bei der Frage, ob ein unabwendbarer Zufall im Sinne des § 233 ZPO. vorliege, den Kriegsverhältnissen weitgehend Rechnung zu tragen sei. Von diesem Standpunkt aus aber erscheint hier die Wiedereinsetzung in den vorigen Stand gerechtfertigt. An sich konnte es hier, da der oben angeführte Beschluß des Reichsgerichts noch nicht vorlag, damals zweifelhaft sein, ob das landgerichtliche Urteil von Amts wegen oder von Partei wegen zuzustellen war, und der Gedanke liegt nahe, der Prozeßbevollmächtigte des Beklagten habe sich damals ohne Verschulden auf den Standpunkt stellen können, daß durch die Amtszustellung die Berufungsfrist noch nicht in Lauf gesetzt sei. Tatsächlich scheidet aber dieser Gesichtspunkt hier aus, weil sich der Beklagte selbst nicht darauf berufen hat, daß sein Prozeßbevollmächtigter diese Rechtsansicht gehabt habe. Vielmehr ergibt sich aus der Darstellung des Beklagten, daß die Amtszustellung versehentlich nicht beachtet worden ist. Es kann hier dahingestellt bleiben, inwiefern dieses Versehen nur bei den Angestellten des Prozeßbevollmächtigten oder auch bei diesem selbst lag. Denn soweit das Versehen etwa dem Prozeßbevollmächtigten selbst zur Last fällt, sei es auch nur, weil er den zum Ersatz eingestellten Bürovorsteher bei der Fristenüberwachung nicht genügend beaufsichtigt hat, wird man unter den gegebenen Umständen den Anwalt dafür nicht verantwortlich machen können. Wenn man berücksichtigt, daß der Anwalt eben erst von der Wehrmacht zurückgekommen war, an einer erheblichen Verletzung litt und vor einer schwierigen Operation wegen dieser Verletzung stand, so kann man ihn nicht in derselben Weise verantwortlich machen, wie es unter regelmäßigen Verhältnissen geschehen müßte. Das Berufungsgericht meint, die gebotene Sorgfalt habe hier erfordert, daß sich der Anwalt durch die Justizverwaltung einen Vertreter hätte bestellen lassen. Diese Erwägung wird den heutigen Verhältnissen nicht gerecht.

Bekanntlich herrscht zur Zeit ein derartiger Mangel an geeigneten Kräften, daß der Bedarf an Anwaltsvertretern nicht annähernd gedeckt werden kann. Unter diesen Umständen kann nicht davon ausgegangen werden, daß dem Prozeßbevollmächtigten des Beklagten auf seinen Antrag hin rechtzeitig ein geeigneter Vertreter bestellt worden wäre, zumal bei ihm, da er immerhin anwesend war, der Fall schwerlich als dringend angesehen worden wäre. Im übrigen war es unter den gegenwärtigen Verhältnissen nur zu billigen, daß der Anwalt seine Tätigkeit weiter ausübte, obwohl er in seiner Arbeitskraft behindert war. Unter diesen Umständen ist dem Prozeßbevollmächtigten des Beklagten ein Mangel an Sorgfalt, der der Annahme eines unabwendbaren Zufalls und damit der Wiedereinsetzung in den vorigen Stand im Wege stünde, nicht zur Last zu legen. Entgegen der Ansicht des Berufungsgerichts ist deshalb dem Beklagten die beantragte Wiedereinsetzung in den vorigen Stand zu gewähren. Damit entfällt die vom Berufungsgericht angenommene Unzulässigkeit der Berufung, so daß das Berufungsurteil aufzuheben und der Rechtsstreit zur sachlichen Entscheidung an das Berufungsgericht zurückzuverweisen ist.

---

28. Zur Beachtlichkeit des Widerspruchs nach § 55 Abs. 2 EheG.

IV. Zivilsenat. Urt. v. 8. März 1941 i. S. Ehemann U. (Kl.) w. Ehefrau U. (Bekl.). IV 314/40.

I. Landgericht Berlin.
II. Kammergericht daselbst.

Der 1895 geborene Kläger hat die 1901 geborene Beklagte, nachdem sie von ihm schwanger geworden war, am 19. Juli 1919 geheiratet. In der Ehe ist am 20. Dezember 1919 eine Tochter geboren worden. Seit April 1935 leben die Parteien getrennt. Der Kläger hat Klage auf Scheidung der Ehe aus § 55 EheG. erhoben, die Beklagte die Abweisung der Klage, hilfsweise den Schuldausspruch gegen den Kläger beantragt. Das Landgericht hat die Klage abgewiesen, da eine unheilbare Zerrüttung der Ehe nicht festzustellen, jedenfalls aber der Widerspruch der Beklagten gegen die Scheidung zulässig und beachtlich sei. Im Berufungsverfahren hat der Kläger das Scheidungsbegehren erfolglos wiederholt. Seine Revision führte zur Scheidung der Ehe und zum Schuldausspruch gegen den Kläger.

Gründe:

Im Gegensatz zum Landgericht hat das Berufungsgericht die Voraussetzungen des § 55 Abs. 1 EheG. für die Scheidung als erfüllt angesehen. Es hat trotzdem die Scheidung versagt, weil es den Widerspruch der Beklagten für beachtlich hält. Allein der Kläger habe die Ehezerrüttung verschuldet. Nach dem Ergebnis der Beweisaufnahme sei die Ehe bis zur Trennung der Parteien im Jahre 1935 durchaus harmonisch und glücklich verlaufen. Die Angabe des Klägers, Ursache der Zerrüttung sei das mangelnde Verständnis der Beklagten für seine geistigen Neigungen, sei unglaubwürdig und beweislos geblieben. Erst nachdem der Kläger Frau K. kennengelernt habe, sei eine Trübung der Ehe eingetreten, die schließlich zur Trennung geführt habe. Es könne auch keine Rede davon sein, daß die Beklagte nach der Trennung durch ihr Verhalten die Zerrüttung verschuldet habe. Sie habe zwar Frau K. zur Rede gestellt. Darin liege keine Verfehlung. Daß sie aber dabei die erlaubten Grenzen überschritten habe, sei nicht erwiesen; denn die Aussage der Frau K. sei nicht voll glaubwürdig. Doch selbst wenn die Beklagte bei der Aussprache gedroht habe, sie werde beide niederschießen, und wenn sie Frau K. als „Weibsstück" bezeichnet habe, so sei es bei ihrer Erregung entschuldbar und keine ins Gewicht fallende Eheverfehlung. Daß die Beklagte den Kläger auf einem Untergrundbahnhofe tätlich angegriffen habe, sei nicht erwiesen.

Der hiernach zulässige Widerspruch der Beklagten müsse zur Aufrechterhaltung der Ehe führen. Nach der Geburt der Tochter habe die Beklagte zehn Fehlgeburten gehabt. Mindestens die ersten beiden Fehlgeburten seien darauf zurückzuführen, daß der Kläger mit Instrumenten, die er sich verschafft habe, bei der Beklagten Eingriffe vorgenommen habe. Im zweiten Falle sei die Beklagte dadurch schwer erkrankt und deswegen etwa zwei Monate im Lazarett behandelt worden. Auch bei den späteren Fehlgeburten habe der Kläger die Beklagte in ihrem Vorhaben, die Frucht zu beseitigen, bestärkt und unterstützt. Die Beklagte, die dem Kläger schon eine Tochter geboren gehabt habe, habe also in zahlreichen Fällen die mit einer künstlichen Beseitigung der Schwangerschaft verbundenen Gesundheitsgefahren und Körperschädigungen auf sich genommen, weil der Kläger zwecks bequemerer Lebensführung keine Kinder mehr gewünscht habe. Sie habe für die Aufrechterhaltung der Ehe mit dem von ihr geliebten Mann in dieser Weise schwere Opfer gebracht. Der Kläger, der diese Opfer teils veranlaßt, teils mindestens gefördert habe, strebe aus der Ehe, weil er der Beklagten überdrüssig sei und dem Einfluß der Frau K. unterliege. Bei seiner Einstellung zur Erzeugung von Kindern sei auch von der beabsichtigten neuen Ehe des Klägers kein Gewinn für die Volksgemeinschaft zu erwarten. Würde aber der Kläger zur Beklagten sich zurückfinden, so sei diese durchaus noch in der Lage, gesunde Kinder zu gebären.

Die Revision rügt einen Verstoß gegen § 551 Nr. 7 ZPO. Ausweislich des Sitzungsprotokolls vom 26. Oktober 1939 habe der Kläger den in erster Reihe auf § 55 EheG. gestützten Scheidungsantrag hilfsweise auf § 49 EheG. gegründet. Auf diese Hilfsbegründung sei das Berufungsgericht überhaupt nicht eingegangen. Diese Rüge ist begründet. Das Berufungsgericht hat die Scheidung der Ehe überhaupt abgelehnt, also dem Hauptantrage des Klägers nicht entsprochen. Dann hätte es auf den Hilfsantrag eingehen, also die Möglichkeit der Scheidung aus § 49 EheG. prüfen sollen. Zum Ziele würde der Kläger allerdings auch dann voraussichtlich nicht gelangt sein; denn in anderem Zusammenhange hat das Berufungsgericht deutlich ausgedrückt, daß der Beklagten keinerlei bedeutsame Eheverfehlung nachgewiesen sei. Die erwähnte Revisionsrüge nötigt aber schon aus anderem Grunde nicht zur Aufhebung des Berufungsurteils. Wie später noch darzulegen ist, muß das Berufungsurteil aufgehoben werden, weil die Beachtung des Widerspruchs der Beklagten gegen die Scheidung aus § 55 EheG. auf Rechtsirrtum beruht. Da der Sachverhalt schon jetzt zur Endentscheidung reif ist, gelangt der erkennende Senat zur Scheidung der Ehe aus § 55 EheG., so daß dem Hauptantrage des Klägers entsprochen wird. Damit wird sein Hilfsantrag und die nur diesen betreffende Revisionsrüge gegenstandslos.

Unbegründet ist die Revisionsrüge, das Berufungsgericht habe sich damit begnügt, festzustellen, daß der Kläger die Ehezerrüttung verschuldet, die Beklagte dagegen durch ihr Verhalten nach dem Weggange des Klägers sie nicht verschuldet habe; es habe aber nicht festgestellt, daß der Kläger die Ehezerrüttung ganz oder überwiegend verschuldet habe. Diese Darstellung wird dem Inhalt des Berufungsurteils nicht gerecht. Vielmehr ist aus dem Urteil bedenkenfrei zu erkennen, daß das Berufungsgericht bei der Beklagten keinerlei Schuld an der Zerrüttung ihrer Ehe zu finden vermochte, daß vielmehr die einzige Ursache für diese Zerrüttung darin liege, daß der Kläger sich mehr und mehr einer anderen Frau zugewendet und dadurch der Beklagten entfremdet habe, so daß er nunmehr der Beklagten überdrüssig sei. Darin liegt ausreichend die Feststellung, daß der Kläger ganz allein die Ehezerrüttung verschuldet hat.

Auch eine Verkennung der Beweislast nimmt die Revision grundlos an. Es steht fest, daß der Kläger die Beklagte verlassen und abgelehnt hat, die Ehe mit ihr fortzusetzen. Darin allein liegt schon ein Umstand, der die Ehezerrüttung verursacht haben kann und als Verschulden des Klägers anzusehen ist, solange er nicht nachweist, daß er zu diesem Verhalten einen triftigen Grund hatte. Hier ist darüber hinaus sogar außer Zweifel, daß der Kläger sich schon vor der Trennung einer anderen Frau zugewendet hatte, mit der er späterhin in engste Gemeinschaft getreten ist, die er auch heiraten will. Wenn er trotzdem nicht gelten lassen will, daß er die Ehezerrüttung allein oder überwiegend verschuldet hat, so lag es ihm ob, die angebliche Schuld der Beklagten an dem bestehenden Zustande der Ehe zu beweisen, nicht etwa muß die Beklagte jeden vom Kläger erhobenen Vorwurf widerlegen.

Weiterhin rügt die Revision Unvollständigkeit der Beweisaufnahme und Beweiswürdigung. Es ist richtig, daß die schriftliche Erklärung des Zeugen Sch., der durch den Heeresdienst am Erscheinen verhindert war, im Berufungsurteil nicht erwähnt worden ist. Bedeutung hat dieser Umstand nicht; denn aus ihr konnte nicht mehr ersehen werden, als daß die Beklagte in den Diensträumen einen erregten Auftritt mit Frau K. gehabt hat. Das aber hat das Berufungsgericht ohnehin als feststehend angenommen. Über den Verlauf des Auftritts und damit für die Glaubwürdigkeit der Aussage der Zeugin K. ergibt jene schriftliche Äußerung nichts. Die Rüge aus § 286 ZPO. kann die Revision auch nicht damit erfolgreich begründen, daß in der Klageschrift für die Behauptungen, die der Berufungsrichter als nicht bewiesen ansehe, die Parteivernehmung als Beweismittel angeboten worden sei, daß die Parteivernehmung auch habe ergeben sollen, daß die Beklagte gegen Empfang von 100 RM. bereit gewesen sei, sich scheiden zu lassen, sowie daß sie mehrfach mit einer Schußwaffe gedroht habe. Auf diese Beweisantritte glaubt die Revision zurückgreifen zu können, weil der Kläger nach dem Tatbestande des Berufungsurteils sein Vorbringen aus dem ersten Rechtsgange wiederholt hat. Indessen kann daraus nicht entnommen werden, daß der Kläger die Parteivernehmung bis zum Schlusse als Beweismittel für die angegebenen Behauptungen angeboten hat. Das Berufungsgericht hatte durch den Beweisbeschluß vom 2. November 1939 die Vernehmung der Parteien über bestimmte Fragen angeordnet und hat sie ausweislich des Berufungsurteils auch vernommen. Wenn der Kläger die Vernehmung auf andere Behauptungen erstreckt sehen wollte, so hätte er es bei dieser Sachlage deutlich beantragen müssen. Daß er derartiges bei Beginn des Rechtsstreites einmal beantragt hat, ergibt keineswegs, daß er auch späterhin diesen Antrag aufrecht erhalten wollte.

Begründet ist dagegen der Angriff der Revision gegen die Art, in der das Berufungsgericht die Beachtung des Widerspruchs der Beklagten erörtert hat. Es ist zutreffend davon ausgegangen, daß Ehen, bei denen die Voraussetzungen des § 55 Abs. 1 EheG. vorliegen, grundsätzlich zu scheiden sind, sieht aber im Sachverhalt besondere Gründe, die hier ausnahmsweise die Aufrechterhaltung der wertlos gewordenen Ehe rechtfertigen. Diese Gründe sind nach der Ansicht des Berufungsgerichts einmal die Opfer, die die Beklagte für die Aufrechterhaltung der Ehe gebracht hat, sodann der Umstand, daß bei der Einstellung des Klägers eine zahlreichere Nachkommenschaft aus einer neuen Ehe von ihm auch nicht zu erwarten ist. Da die Parteien erst 46 und 40 Jahre alt sind, nur eine Tochter haben und diese schon über 20 Jahre alt ist, müssen die Gründe, die es rechtfertigen, sie für den Rest ihres Lebens an die zerbrochene Ehe zu fesseln, von besonderem Gewicht sein.

Das Berufungsgericht rechnet der Beklagten vor allem zugute, daß sie zur Aufrechterhaltung der Ehe mit dem von ihr geliebten Manne schwere Opfer gebracht habe. Diese Opfer erblickt es in der Geburt einer Tochter und darin, daß die Beklagte in zahlreichen Fällen die mit einer künstlichen Beseitigung der Schwangerschaft verbundenen Gesundheitsgefahren und körperlichen Schädigungen auf sich genommen habe, weil der Kläger, der diese Eingriffe in mindestens zwei Fällen selbst vorgenommen und die Beklagte in den übrigen Fällen in ihrem Vorhaben mindestens unterstützt habe, mit dem Ziel einer bequemeren Lebensführung sich keine Kinder gewünscht habe.

Diese Betrachtungsweise ist rechtsirrig und verfehlt. Bei der Prüfung, ob der Widerspruch einer Ehefrau gegen die Scheidung beachtlich ist, kommt allerdings, wie der erkennende Senat ständig ausgesprochen hat, dem Opfergedanken erhebliche Bedeutung zu. Der Wunsch einer Frau, die Ehe trotz des Vorliegens der Scheidungsvoraussetzungen des § 55 Abs. 1 EheG. aufrechterhalten zu sehen, verdient um so eher Beachtung, je mehr die Frau für die Ehe oder infolge der Ehe Opfer gebracht hat. Wie aber der durch § 55 EheG. neu geschaffene Scheidungsgrund seine Einführung ausschließlich der Rücksicht auf die Belange der Allgemeinheit verdankt, die Wert darauf legen muß, zerstörte, wertlos gewordene Ehen zu lösen, um die Ehegatten aus drückenden Verhältnissen zu befreien, ihnen den Weg zum Aufbau eines neuen Lebens und zur vollen Ausnutzung ihrer Schaffenskraft frei zu machen, so darf auch die Beachtung des Widerspruchs nicht schlechthin zu einer Durchsetzung der Belange des Widersprechenden werden. Vielmehr können auch diese Belange dem Widerspruch nur zum Erfolge verhelfen, wenn sie sich mit den allgemeinen Belangen decken, insbesondere allgemeine Belange durch ihre Beachtung gefördert werden. Sonst würde die Beachtung des Widerspruchs mitunter geradezu zur Durchkreuzung der Bedürfnisse der Allgemeinheit führen, deretwegen § 55 EheG. geschaffen worden ist.

Geht man von dieser Erkenntnis aus, so liegt klar auf der Hand, daß Fehlgeburten, die von der Ehefrau herbeigeführt worden sind, ihren Widerspruch nicht zu stützen vermögen. Die Abtreibung, also die absichtliche Veranlassung des Abgangs der Leibesfrucht, ist nur dann zulässig, wenn sie durch gesundheitliche Notwendigkeiten geboten ist. In allen anderen Fällen ist sie nicht nur sittlich zu verwerfen, sondern nach dem geltenden Recht unter schwere Strafe gestellt. Sie ist ein Verbrechen gegen die Volksgemeinschaft, da sie den für die Allgemeinheit dringend notwendigen Nachwuchs vermindert. Würde man trotzdem mit dem Berufungsgericht derart verursachte Fehlgeburten als Opfer der Beklagten betrachten und ihr bei der Prüfung des Widerspruchs zum Vorteil ausschlagen lassen, so würde man eigene persönliche Belange entscheiden lassen, und zwar gerade solche, die den Bedürfnissen der Allgemeinheit entgegenstehen und darüber hinaus diese sogar durchkreuzen. Damit erweist sich der Gedankengang des Berufungsgerichts schon als verfehlt. Ob es in seltenen Einzelfällen möglich wäre, anders zu entscheiden, wenn die Ehefrau durch die Abtreibungen dauernde gesundheitliche Schäden erlitten hat und die Eingriffe gegen ihren Willen dulden mußte, kann auf sich beruhen. Ein solcher Tatbestand steht hier nicht in Frage; vielmehr hat die Beklagte selbst die Verhinderung weiterer Geburten gewollt. Welche Beweggründe sie dabei leiteten, ist bedeutungslos; denn die Verwerflichkeit der Abtreibungen und das Vergehen gegen die Volksgemeinschaft werden durch die Beweggründe keinesfalls vermindert oder gar beseitigt. Dauernde Gesundheitsschädigung der Beklagten ist nicht geltend gemacht worden. Daß sie vorübergehend durch einen verbotenen Eingriff erkrankt war, fällt nicht ins Gewicht.

Somit bleibt beachtlich nur die Geburt der Tochter. Daß darin kein irgendwie erhebliches Opfer liegt, bedarf keiner besonderen Begründung. Da weitere Umstände, die den Widerspruch stützen könnten, überhaupt nicht vorliegen, auch nicht geltend gemacht sind, sind die Voraussetzungen für die Scheidung nach § 55 EheG. erfüllt. Nach § 565 Abs. 3 ZPO. ist demgemäß sogleich zu entscheiden. Dabei ist das Verschulden des Klägers auszusprechen, da er der Beklagten durch seine Beziehungen zur Frau K. einen Scheidungsgrund gegeben hat (§ 61 Abs. 2 EheG.).

---

29. 1. Nach welchem Recht ist über Scheidung oder Trennung der Ehe zu erkennen, wenn die Ehegatten Angehörige des Protektorats Böhmen und Mähren, der Mann tschechischer und die Frau deutscher Volkszugehörigkeit sind und die deutsche Gerichtsbarkeit begründet ist?

2. Kann die Scheidung der Ehe nach dem Großdeutschen Eherechte, das Verschulden aber nach dem Recht des Protektorats beurteilt werden?

ABGB. §§ 4, 37. Zweite Protektorats-Rechtspflege-Verordnung vom 20. März 1940 (RGBl. I S. 533) § 1. Öst. ZPP. § 462 Abs. 1, § 497 Abs. 3. Öst. Verordnung des Justizministers, betreffend das Verfahren in streitigen Eheangelegenheiten, vom 9. Dezember 1897 (RGBl. Nr. 283) — JMVO. — § 11.

IV. Zivilsenat. Urt. v. 8. März 1941 i. S. Ehefrau B. (Bekl.) w. Ehemann B. (Kl.). IV 2/41.

I. Landgericht Leitmeritz.
II. Oberlandesgericht daselbst.

Der Kläger, Angehöriger des Protektorats Böhmen und Mähren, ist tschechischer Volkszugehörigkeit, während die Frau deutscher Volkszugehörigkeit ist. Der Kläger hatte zunächst auf Trennung der Ehe dem Bande nach aus Verschulden der Beklagten auf Grund von § 13 Buchstaben e, h und i des tschechoslowakischen Gesetzes vom 22. Mai 1919 (GS. Nr. 320) geklagt. Nachdem das Großdeutsche Eherecht im Sudetenland in Kraft getreten ist, begehrt er die Scheidung der Ehe aus Verschulden der Beklagten nach § 49 EheG. Die Beklagte hat die Abweisung des Scheidungsbegehrens, hilfsweise Scheidung aus beiderseitigem, auf Seite des Klägers überwiegendem Verschulden beantragt. Das Gericht des ersten Rechtsganges hat die Ehe aus dem beiderseitigen, auf Seite des Klägers überwiegenden Verschulden geschieden. Gegen das Urteil hat der Mann Berufung eingelegt, soweit ein Verschulden auch auf seiner Seite angenommen worden war. Das Berufungsgericht hat die Scheidung der Ehe aus beiderseitigem Verschulden ausgesprochen. Die Revision der Beklagten blieb im Endergebnis ohne Erfolg, führte aber zur Berichtigung des Urteils dahin, daß die Ehe aus dem Verschulden beider Parteien dem Bande nach getrennt wurde.

Gründe:

1. Dem Berufungsgericht ist darin beizupflichten, daß im vorliegenden Falle das im Protektorat Böhmen und Mähren geltende Scheidungs- und Trennungsrecht anzuwenden ist. Die Frage, welches Recht anzuwenden ist, bestimmt sich nach den im Sudetenlande geltenden Vorschriften über das örtliche Zusammentreffen verschiedener Rechte, in diesem Fall als sogenanntem interlokalem Recht. Für die Ehe als ein rein persönliches Rechtsverhältnis ist grundsätzlich das Personalstatut des Mannes maßgebend, und zwar für die Scheidung oder Trennung der Ehe dasjenige zur Zeit der Umgestaltung der Ehe (§§ 4, 37 ABGB.). Unterstehen beide Gatten dem gleichen Personalstatut, wie es hier der Fall ist, so begegnet die Anwendung der Satzung des Mannes keinen Schwierigkeiten. Daß die beiden Ehegatten neben der ihnen beiden zukommenden Protektoratszugehörigkeit verschiedener — der Mann tschechischer und die Frau deutscher — Volkszugehörigkeit sind, spielt dabei keine Rolle. Die Unterstellung der Ehesachen von Protektoratsangehörigen unter die deutsche Gerichtsbarkeit, wenn die Frau Volksdeutsche ist (§ 1 der 2. ProtRPflVo.), ist

lediglich verfahrensrechtlicher Art und schließt nicht etwa die Unterstellung der Ehen unter das Großdeutsche Eherecht in sich.

2. Des weiteren steht das Berufungsgericht auf folgendem Standpunkt: Die Scheidung der Ehe und das Bestehen einer Schuld der Beklagten sei unangefochten geblieben und daher auch ohne Prüfung vom Rechtsmittelgericht zu übernehmen. In Streit stehe nur noch, ob auf seiten des Klägers ein Verschulden anzunehmen und ob dieses gegenüber dem Verschulden der Beklagten abzuwägen sei. Diesen Satz will das Berufungsgericht auch dann gelten lassen, wenn die Ehe nach dem hier nicht anzuwendenden § 49 EheG. geschieden und auf dieser Rechtsgrundlage auch das Verschulden der Frau angenommen worden ist. Für die noch offenen Fragen will das Berufungsgericht hingegen das Trennungsrecht des Protektorats anwenden. Darin kann ihm nicht gefolgt werden.

Die Lösung der Ehe dem Bande nach durch Scheidung oder Trennung einerseits und die Frage nach dem Verschulden an der Lösung andererseits können nur nach einem und demselben Recht beurteilt werden, also entweder nach dem Großdeutschen Recht oder nach dem Recht des Protektorats. Es geht nicht an, die Scheidung nach dem Großdeutschen Eherecht auszusprechen und die Verschuldensfrage nach Protektoratsrecht zu entscheiden. Die beiden Teile des einheitlichen Verfahrens und der Entscheidung lassen sich nicht voneinander trennen, und zwei auf verschiedenen Grundlagen aufgebaute Teile lassen sich nicht zu einem Ganzen vereinigen. Daran kann hier auch der Umstand nichts ändern, daß das Protektoratsrecht — im Gegensatze zum Großdeutschen Eherecht — die Frage der Lösung der Ehe und die Schuldfrage als derart selbständig ansieht, daß über die erste ein Teilurteil ergehen und dieses für sich allein in Rechtskraft erwachsen kann. Dieser Grundsatz kann selbstverständlich nur dann Geltung beanspruchen, wenn die Lösung der Ehe nach Protektoratsrecht ausgesprochen, nicht aber auch, wenn, wie hier, die Ehe nach Großdeutschem Recht geschieden worden ist, das eine getrennte Behandlung von Scheidungs- und Schuldfrage nicht zuläßt. Das Aufrollen der Verschuldensfrage auf einer anderen rechtlichen Grundlage muß somit notwendig auch zur Behandlung der Scheidung oder Trennung der Ehe auf dieser Grundlage führen. Demgegenüber versagt auch der Hinweis auf die eingetretene Bindung des Gerichts und der Parteien durch den nicht angefochtenen Teil des Urteils; denn diese Bindung besagt nur, daß das demnächst ergehende Urteil im Endergebnis weder zugunsten noch zuungunsten der einen oder anderen Partei von der nicht angefochtenen Entscheidung abweichen darf. Die Entscheidung ist demnach nicht nur zur Schuldfrage, sondern auch zur Lösung der Ehe dem Bande nach auf der Grundlage des Protektoratsrechts zu überprüfen.

3. (Es wird ausgeführt, daß die Sache im Sinn einer Trennung der Ehe nach dem Recht des Protektorats spruchreif ist, wobei beide Ehegatten für den Zusammenbruch der Ehe verantwortlich zu machen sind. Dann wird fortgefahren:)

Auf die Frage der Abwägung des beiderseitigen Verschuldens ist in diesem Verfahren nicht einzugehen, da ein solches Abwägen im Zuge der Trennung der Ehe dem Recht des Protektorats fremd ist.

---

30. 1. Kann der Ersatzanspruch gegen den Staat wegen Verlustes beschlagnahmter Sachen nur auf Art. 131 WeimVerf. in Verbindung mit § 839 BGB. oder auch auf das öffentlichrechtliche Verwahrungsverhältnis gestützt werden?

2. Kann der auf das öffentlichrechtliche Verwahrungsverhältnis gestützte Ersatzanspruch im ordentlichen Rechtswege verfolgt werden?

3. Steht der Ersatzanspruch aus dem öffentlichrechtlichen Verwahrungsverhältnis dem Eigentümer der beschlagnahmten Sachen zu, auch wenn sich die Beschlagnahmeverfügung nicht gegen ihn richtete?

V. Zivilsenat. Urt. v. 10. März 1941 i. S. Deutsches Reich (Bekl.) w. St. (Kl.). V 35/40.

I. Landgericht Ratibor.
II. Oberlandesgericht Breslau.

Im Jahre 1921 wurden in E. im Besitze des Bäckermeisters M. aus Ry. von der Kriminalpolizei folgende Wertsachen beschlagnahmt und in amtliche Verwahrung genommen: zwei schwere goldene Herrenuhren — die eine reich mit Brillanten und Rubinen besetzt und mit einer goldenen Uhrkette versehen, die andere mit kunstvollem

Schlagwerk ausgestattet —, ferner ein Paar Platinohrringe mit je einem $1^1/_2$karätigen Brillanten. M. bezeichnete als Eigentümer der Schmucksachen den damals in R. bei Ry. wohnenden Viehhändler P. K. (Dieser, der ursprüngliche Kläger, ist im Laufe des Rechtsstreits verstorben. Seine Erbin Ch. St. führt den Rechtsstreit fort. Doch wird K. im folgenden der Einfachheit halber weiter als Kläger bezeichnet.) Der Bericht der Kriminalpolizei und später auch die beschlagnahmten Schmucksachen gelangten an die Staatsanwaltschaft in Ra., die unter dem Aktenzeichen 4 J 267/21 ein Ermittelungsverfahren „gegen W. M. u. Gen." wegen Diebstahls und Hehlerei einleitete. Die mit Schlagwerk versehene goldene Uhr und die Brillantohrringe wurden von der Staatsanwaltschaft im Juli 1922 bei dem Amtsgericht in Ra. hinterlegt; die mit Brillanten besetzte Uhr nebst Kette wurde im Januar 1923 bei der Staatsanwaltschaft in Büroverwahrung genommen. Sachbearbeiter war der inzwischen verstorbene Staatsanwaltschaftsrat J. Auf ein von ihm unterzeichnetes Ersuchen wurden am 30. August 1923 die Uhr mit dem Schlagwerk und die Ohrringe vom Amtsgericht (Hinterlegungsstelle) zu seinen Händen an den Oberstaatsanwalt in Ra. herausgegeben. Am gleichen Tag entnahm er gegen Quittung die andere Uhr nebst Kette „zwecks Aushändigung" der Büroverwahrung. Das Ermittelungsverfahren wurde am 3. September 1923 eingestellt. An wen und auf welchem Wege die Wertsachen ausgehändigt worden sind, läßt sich urkundlich nicht mehr feststellen. Die Akten 4 J 267/21 sind inzwischen vernichtet worden.

Der Kläger behauptet, Eigentümer der Wertsachen zu sein, und trägt vor: Er habe seinen Freund M. mit den Wertsachen nach H. entsandt, um sie von einem dort wohnenden Bekannten beleihen zu lassen. M. habe sich aber auftragswidrig zunächst zum Besuch eines Kriegskameraden nach E. begeben und diesem in einer Gastwirtschaft die Wertsachen gezeigt. Der Anblick der auffallend wertvollen Schmucksachen habe bei anwesenden Kriminalbeamten den Verdacht beabsichtigten Schmuggels erweckt und zur Beschlagnahme geführt. Bei seiner (des Klägers) polizeilicher Vernehmung in R. habe er den wahren Sachverhalt aufklären, insbesondere sein Eigentum nachweisen können und darauf von der Staatsanwaltschaft in Ra. die schriftliche Zusage erhalten, daß ihm die Wertsachen demnächst ausgehändigt werden würden. Dabei sei es aber geblieben. Trotz vielfacher schriftlicher und einiger mündlicher Vorstellungen in den Jahren 1923 bis 1936 habe er bei der Staatsanwaltschaft die Herausgabe der Wertsachen nicht erwirken können. Auf die meisten schriftlichen Anfragen habe er keine Antwort bekommen und im übrigen den Bescheid erhalten, daß über die Angelegenheit amtlich nichts bekannt geworden sei. Unstreitig ist der Kläger noch im August 1934 von der Staatsanwaltschaft dahin beschieden worden, daß irgendwelche Vorgänge bei ihr nicht zu ermitteln seien und daß auch die Beamten sich einer derartigen Sache nicht zu erinnern vermöchten. Erst als es dem Kläger im August 1936 gelang, aus den Akten der Hinterlegungsstelle die zeitweilige Verwahrung eines Teiles der beschlagnahmten Wertsachen nachzuweisen, wurden von dem langjährigen leitenden Bürobeamten der Staatsanwaltschaft, dem inzwischen in den Ruhestand getretenen Justizoberinspektor R., der nach seiner Äußerung die Wertgegenstände seinerzeit monatelang verwahrt hat und sich der Vorgänge noch sehr gut erinnert, die eingangs mitgeteilten Tatsachen festgestellt.

Die Klage wird sowohl auf Art. 131 WeimVerf. in Verbindung mit § 839 BGB. (Amtspflichtverletzung des für gehörige Herausgabe der Wertsachen an den Berechtigten verantwortlichen Justizbeamten), als auch auf ein durch die Verwahrung zwischen den Parteien entstandenes öffentlichrechtliches Schuldverhältnis gegründet. Sie geht auf Herausgabe der Wertsachen, hilfsweise auf Wertersatz. Nach Behauptung des Klägers sind die Sachen 50000 RM. wert. Da ihm aber zur Verfolgung des Hilfsanspruchs das Armenrecht in den früheren Rechtsgängen vorerst nur in Höhe von 1000 RM. nebst 4 v. H. Prozeßzinsen bewilligt worden ist, hat er den Hilfsantrag entsprechend beschränkt. Der Beklagte bestreitet den Klageanspruch dem Grunde, den Hilfsanspruch auch der Höhe nach und führt hierzu aus: Die Wertgegenstände seien dem Berechtigten, nämlich M., ausgeantwortet worden, der auch die Kostenrechnung der Hinterlegungsstelle beglichen habe. Zur Aushändigung der Wertsachen an den Kläger habe kein Anlaß bestanden, da dieser sein Eigentum damals nicht geltend gemacht und übrigens bis zur Gegenwart nicht nachgewiesen habe. Heute sei die Herausgabe an den Kläger nicht mehr möglich. Ein Ersatzanspruch des Klägers bestehe nicht, weil Verschulden eines Justizbeamten nicht nachzuweisen sei. Auch soweit die Klage auf ein öffentlichrechtliches Verwahrungsverhältnis gestützt werde, falle der

Schuldbeweis dem Kläger zu und gehe die Unaufklärbarkeit des Verbleibes der Wertsachen zu seinen Lasten; denn wenn er sich rechtzeitig und nicht erst im Jahre 1934 um die Angelegenheit gekümmert hätte, würde die Staatsanwaltschaft sich den Beweis der gehörigen Aushändigung der Wertsachen gesichert haben. Weiter beruft der Beklagte sich auf Verjährung und auf Verwirkung des Klageanspruchs. Auch bestreitet er unter Hinweis auf eine im Laufe des Rechtsstreits erklärte Abtretung des Ersatzanspruchs in Höhe „erstrangiger" 5100 RM. an die Firma L. & Co. die Sachbefugnis des Klägers. Der Kläger entgegnet, die neue Gläubigerin habe ihn zur Fortführung des Rechtsstreits und zur Aufrechterhaltung des Klageantrags auf Zahlung an ihn selber ermächtigt. Auch im übrigen tritt er den Ausführungen des Beklagten entgegen. Die Kostenrechnung der Hinterlegungsstelle über 2400000 ℳ ist nach den Akten am 30. August 1923 für den „Kaufmann M. in P." (d. h. nach Behauptung des Beklagten für den „Beschuldigten W. M.") ausgestellt und am 1. September 1923 abgesandt worden. Ausweislich des Kostenregisters für 1923 ist der genannte Betrag am 30. August von einem M. gezahlt worden.

Das Landgericht hat dem Hilfsantrage der Klage stattgegeben, das Oberlandesgericht die Berufung des Beklagten zurückgewiesen. Seine Revision blieb ohne Erfolg.

Gründe:

I. Das Berufungsgericht stellt fest, daß die — einen Wert von mindestens 1000 RM. darstellenden — Schmucksachen dem Kläger gehört hätten, gleichwohl aber nach Aufhebung der Beschlagnahme weder ihm noch seinem Beauftragten M. ausgehändigt worden seien. Die Verantwortung für die heute unstreitig bestehende Unmöglichkeit der Rückgabe an den Kläger weist das Berufungsgericht dem Beklagten zu, weil dieser einen ihn entlastenden Grund für den Verlust der Sachen nicht nachweisen könne. Die Auffassung des Beklagten, daß die Unaufklärbarkeit des Verbleibes zu Lasten des Klägers gehe, wird mit der Feststellung zurückgewiesen, daß der Kläger schon vor August 1923 sein Eigentum bei der Staatsanwaltschaft in Ra. angemeldet, auch seitdem wiederholt — und zwar nicht erst im Jahre 1934 — Rückgabe gefordert und damit das seinige getan habe, um eine Verdunkelung des Tatbestandes zu verhüten. Auf Grund dieser Feststellungen hat das Berufungsgericht dem Kläger aus dem Rechtsgrund eines zwischen den Parteien entstandenen öffentlichrechtlichen Verwahrungsverhältnisses einen weder für verjährt noch für verwirkt erachteten Schadensersatzanspruch in Höhe des hilfsweise geforderten Geldbetrages zuerkannt. Daß für diesen Anspruch der Rechtsweg offenstehe, wird in dem angefochtenen Urteil mit dem Hinweise bejaht, daß die Verfolgbarkeit derartiger Ansprüche vor den ordentlichen Gerichten zwar nicht ausdrücklich von Gesetzes wegen bestimmt, aber von jeher in der Rechtsprechung stillschweigend anerkannt worden sei.

II. Demgegenüber hält die Revision den Rechtsweg für unzulässig. In ausführlicher, auf die geschichtliche Entwicklung zurückgreifender Darstellung führt sie aus, daß die vom Berufungsgericht angezogene Rechtsprechung nur in dem vom Reichsgericht herausgebildeten, sogenannten historischen Begriff der bürgerlichen Rechtsstreitigkeit eine Stütze finde, eine stillschweigende Zulassung des Rechtsweges aus der Überlieferung heraus aber seit dem Umbruch des Jahres 1933 nicht mehr anerkannt werden könne. Bei Nachprüfung der Rechtslage ergibt sich indessen, daß der vom Berufungsgericht dem Kläger zuerkannte Anspruch im Rechtswege verfolgbar ist.

1. Die Beschlagnahme bedeutete, daß die Sachen kraft staatshoheitlichen Zwanges in amtlichen Gewahrsam genommen wurden, um für die eingeleitete strafverfahrensrechtliche Untersuchung als Beweismittel zu dienen oder um ihre etwa zulässige spätere Einziehung sicherzustellen (§ 94 StPO.). Die Beschlagnahme war also nur eine vorläufige Maßnahme. Bis zu einer (im Streitfall nicht verfügten und auch nicht mehr in Betracht kommenden) Einziehung blieben die in der bürgerlichen Rechtsordnung begründeten Rechte an den beschlagnahmten Sachen bestehen, und mit der im August 1923 von der Staatsanwaltschaft angeordneten Aufhebung der Beschlagnahme fiel die dadurch geschaffene Rechtsbeschränkung fort. Aus der Beschlagnahme erwuchs für den Staat und seine Organe die Pflicht zur Obhut sowie — nach Erledigung des Zweckes der Beschlagnahme und vorbehaltlich entgegenstehender staatlicher Belange — zur Rückgabe der beschlagnahmten Gegenstände in unversehrtem Zustand an den Berechtigten. Bei Beratung des Entwurfs der Strafprozeßordnung ist zwar abgelehnt worden, in das Gesetz eine Vorschrift des Inhalts aufzunehmen, daß bei Verletzung der Obhut- und Rückgabepflicht die Staatskasse für den dem Eigentümer entstandenen Schaden schlechthin oder nach den für die gerichtliche Hinterlegung geltenden

Rechtsnormen haften solle. Das geschah aber nur, weil man den in den Ländern geltenden Rechtszustand insoweit für ausreichend erachtete, auch nicht für angezeigt hielt, der Strafprozeßordnung eine in das Zivilrecht einschneidende Haftungsvorschrift einzufügen (Hahn Materialien zur Strafprozeßordnung 2. Abt. S. 1819/36). An dem bestehenden Rechtszustande sollte also nichts geändert werden. Auf diesem Rechtsboden aber wird bei Verletzung der Obhut- und Rückgabepflicht, wie sie auch in anderen Fällen amtlicher Ingewahrsamnahme besteht, dem Berechtigten in Schrifttum und Rechtsprechung ein von den gesetzlichen Voraussetzungen des Art. 131 WeimVerf. unabhängiger Ersatzanspruch aus einem Verwahrungsverhältnis zuerkannt, das, wie seit der Entscheidung RGZ. Bd. 115 S. 419 in der Rechtsprechung feststeht, nirgends als bürgerlichrechtlich zu bewerten, sondern allenthalben lediglich nach öffentlichem Recht zu beurteilen ist (vgl. von neueren Entscheidungen das Urteil III 570/25 vom 12. November 1926 in JurRdsch. 1927 Nr. 238, ferner RGZ. Bd. 138 S. 40, RG. in JW. 1934 S. 2842 Nr. 2, 1936 S. 383 Nr. 9; ferner Schack in RVerwBl. 1935 S. 189 und in DtschGemeinWirtschRecht 1939 S. 17, Weigert in Gruch. Bd. 69 S. 303, Sprotte in Fischers Zeitschrift f. VerwRecht Bd. 61 S. 68).

Diese Rechtsauffassung ist allerdings nicht unwidersprochen geblieben. So nehmen Fleiner (Institutionen des deutschen Verwaltungsrechts 8. Aufl. 1928 S. 338) und — mit ausführlicher Begründung — von Arnswaldt (in Gruch. Bd. 73 S. 459) an, daß beim Mangel einer besonderen Haftungsvorschrift, wie sie z. B. § 102 des Vereinszollgesetzes enthält (vgl. RGZ. Bd. 115 a. a. O.), auch im Fall eines kraft öffentlicher Gewalt begründeten Verwahrungsverhältnisses ein Ersatzanspruch nur aus Art. 131 WeimVerf. herzuleiten sei. Nach von Arnswaldt behält aber für diesen Ersatzanspruch der Begriff der öffentlichrechtlichen Verwahrung insofern seine Bedeutung, als aus ihm Inhalt und Umfang der mit der Inverwahrnahme entstehenden Amtspflichten durch Anwendung der in §§ 688flg., 278, 282 BGB. ausgeprägten und in der Rechtsprechung hierzu entwickelten Rechtsgedanken zu bestimmen seien. In diesem letzten Punkt übrigens wird seine Auffassung in RGZ. Bd. 137 S. 153 (155) — zurückgehend auf RGZ. Bd. 120 S. 67 (69) und Bd. 74 S. 342 (343) — für den in § 282 BGB. enthaltenen Rechtsgedanken gebilligt.

Der Meinungsstreit hat seine Bedeutung, weil der Anspruch aus dem öffentlichrechtlichen Verwahrungsverhältnis dem Berechtigten günstiger ist als der Staatshaftungsanspruch aus Art. 131 WeimVerf. (der heute, soweit das Reich für Amtspflichtverletzungen von Justizbeamten einzustehen hat, aus der Verordnung vom 3. Mai 1935 [RGBl. I S. 587] herzuleiten ist). So besteht der öffentlichrechtliche Anspruch nicht nur hilfsweise (§ 839 Abs. 1 Satz 2 BGB.), geht bei Versäumung eines Rechtsmittels nicht unbedingt verloren (§ 839 Abs. 3), hängt bei Ausländern nicht von Verbürgung der Gegenseitigkeit ab (§ 7 des Reichshaftungsgesetzes vom 22. Mai 1910 [RGBl. S. 798]) und unterliegt nicht der kurzen Verjährung nach § 852 BGB. (vgl. das auch im folgenden mehrfach angezogene Reichsgerichtsurteil III 1/35 vom 24. September 1935, in verschiedenen Auszügen abgedruckt in JW. 1936 S. 383 Nr. 9, HRR. 1936 Nr. 188, DRZ. 1935 Nr. 658, SeuffArch. Bd. 90 Nr. 22, RVerwBl. 1936 S. 257).

Aus der von ihm dargestellten Entwicklung der Rechtsprechung gewinnt von Arnswaldt die Überzeugung, daß die Gerichte den Staat aus öffentlichrechtlicher Verwahrung nur deshalb und nur dort für verantwortlich erachtet haben, weil und wo eine Haftung für ein auf hoheitsrechtlichem Gebiete liegendes schadenstiftendes Beamtenversehen nach der jeweiligen Rechtslage anders nicht zu begründen war. Er folgert daraus, daß für einen selbständigen Ersatzanspruch aus einem öffentlichrechtlichen Verwahrungsverhältnis kein Raum mehr sei, seitdem Art. 131 WeimVerf. dem Geschädigten allgemein einen im Rechtswege verfolgbaren Ersatzanspruch gebe, und sucht die Richtigkeit dieses Satzes durch eine Zusammenstellung einschlägiger neuerer Entscheidungen zu beweisen. Diese Beweisführung ermangelt jedoch der Überzeugungskraft. Als Art. 131 geschaffen wurde, lag bereits eine jahrzehntelange, feste, zwar nicht einheitlich begründete und fast ausnahmslos noch in überkommenen bürgerlichrechtlichen Anschauungen sich bewegende, aber im Ziele klare Rechtsprechung vor, laut welcher der Staat nach eigenen Rechtsregeln für Verlust oder Beschädigung beschlagnahmter Sachen dem Berechtigten einzustehen hat. Wenn diese Haftung hätte beseitigt und durch die dem Geschädigten weniger günstige Regelung in Art. 131 hätte ersetzt werden sollen, wäre ein Ausspruch hierüber in der genannten Vorschrift erforderlich gewesen. Daran fehlt es. Durch Art. 131 ist lediglich die nach § 839 BGB. einen Beamten treffende Verantwortung für eine bei Ausübung öffentlicher

Gewalt begangene Amtspflichtverletzung von Reichs wegen dem Staat oder der Körperschaft auferlegt worden, in deren Dienst der Beamte steht (RGZ. Bd. 102 S. 166 [170]). Dagegen ist dort über eine schon anderweit begründete Verantwortlichkeit des Staates nichts bestimmt. Die Entstehungsgeschichte der Vorschrift gibt denn auch keinen Anhalt dafür, daß mit ihr der bisher geltende Rechtszustand auf dem Gebiete derartiger öffentlichrechtlicher Verwahrungsverhältnisse geändert werden sollte (Verhandlungen der Verfassunggebenden deutschen Nationalversammlung Bd. 328 S. 1637/41). Dieses Gebiet hebt sich aus dem größeren Kreise der Staatsverantwortung für Amtspflichtverletzungen deutlich ab. Die Vergleichung (nicht: Gleichsetzung) mit einer Verwahrung des täglichen Lebens ist durchaus sinnfällig. Deshalb ist an der Auffassung festzuhalten, daß — zunächst dem sachlichen Rechte nach — neben der in Art. 131 geordneten Staatshaftung eine selbständig zu begründende Verantwortung des Staates auf Grund eines öffentlichrechtlichen Verwahrungsverhältnisses bestehen kann. Hiergegen hat auch die Revision, die lediglich die Verfolgbarkeit eines so erwachsenden Anspruchs im ordentlichen Rechtsweg in Abrede stellt, nichts vorgebracht.

2. Mit der Klarstellung, daß das durch amtliche Ingewahrsamnahme entstehende Rechtsverhältnis zwischen dem Staat und dem Betroffenen lediglich öffentlichen Rechtsregeln unterliegt, ist über die Zulässigkeit des Rechtsweges für einen Anspruch auf Schadloshaltung wegen verschuldeter Unmöglichkeit der Rückgabe noch nichts Entscheidendes gesagt. Denn in § 13 GVG., der von der Zulässigkeit des Rechtsweges handelt, ist keineswegs bestimmt, daß vor die ordentlichen Gerichte außer den (dem öffentlichen Recht zugehörenden) Strafsachen nur bürgerliche Rechtsstreitigkeiten (im unten noch zu erörternden sachlichen Sinne) zu bringen sind. Mit der bezeichneten Vorschrift hat, wie ihre Entstehungsgeschichte ergibt (Hahn Materialien zu dem Gerichtsverfassungsgesetz 1. Abt. S. 47), im Verhältnis zwischen Justiz und Verwaltung die Zuständigkeit zur Entscheidung von Rechtsstreitigkeiten aller Art weder erschöpfend noch in erster Reihe geordnet werden sollen. Beim Erlaß der Reichsjustizgesetze (1877) fand der Gesetzgeber einen sehr unübersichtlichen Rechtszustand in den einzelnen deutschen Staaten vor. Wegen der unvermeidlichen Rückwirkung, welche die Abgrenzung zwischen Justiz und Verwaltung auf die innere Verfassung der einzelnen Bundesstaaten und das in ihnen

geltende Recht haben mußte, verzichtete der Reichsgesetzgeber darauf, einen eigenen Begriff der bürgerlichen Rechtsstreitigkeit aufzustellen. Er setzte statt dessen diesen Begriff als gegeben voraus, weil und wie er ihn ungeachtet seiner Verschiedenheit in den einzelnen Reichsgebieten überall gesetzlich — sei es im geschriebenen, sei es im ungeschriebenen Recht — bereits „fixiert" vorfand. Demnach wurde die damals bestehende Grenze zwischen Justiz und Verwaltung mit vollem Bedacht aufrechterhalten.

Diese Grenze verlief weder damals noch verläuft sie heute so, daß alle Rechtsstreitigkeiten aus bürgerlichrechtlichen Tatbeständen vor die ordentlichen Gerichte und alle Rechtsstreitigkeiten aus öffentlichrechtlichen Tatbeständen vor Verwaltungsbehörden oder Verwaltungsgerichte gehören. Bürgerliche Rechtsstreitigkeiten sind solche über Rechtsfolgen des Privatrechts, und privatrechtlich ist ein Rechtsverhältnis der Volksgenossen zueinander, soweit es nicht von ihrer Zugehörigkeit zu einem öffentlichen Gemeinwesen unmittelbar beeinflußt wird. Öffentlichrechtlich ist das Verhältnis, in dem der einzelne Volksgenosse kraft seiner Unterwerfung unter die Gewalt des Staates (oder einer sonstigen öffentlichen Gemeinschaft) zu dieser öffentlichen Gewalt oder ihren Trägern oder den der gleichen Gewalt Unterworfenen steht. Daß nach nationalsozialistischer Rechtsanschauung jedes Rechtsverhältnis nach den Belangen der Volksgemeinschaft auszurichten ist, muß für die hier vorzunehmende Grenzziehung außer Betracht bleiben, da anderenfalls der vom Gesetz selber gezogene Trennungsstrich verwischt werden würde (Jonas-Pohle ZPO. 16. Aufl. Vorbem. II vor § 1).

Der im Vorstehenden umschriebene Begriff der bürgerlichen Rechtsstreitigkeit ist dem Wesen der Sache entnommen und gibt ein „materielles" Unterscheidungsmerkmal. In diesem Sinne wird der Begriff auch in § 13 GVG. gefaßt. Daneben gibt es den Begriff der bürgerlichen Rechtsstreitigkeit im „formellen" Sinne (Justizsache, Zivilprozeßsache). Darunter fallen erstens die bürgerlichen Rechtsstreitigkeiten im sachlichen Sinne, soweit sie nicht trotz ihrer privatrechtlichen Natur durch Reichs- oder Landesgesetz den ordentlichen Gerichten entzogen und in ein Verwaltungsverfahren verwiesen sind, und zweitens diejenigen Rechtsstreitigkeiten, für die ungeachtet der öffentlichrechtlichen Natur des anspruchbegründenden Tatbestandes nach geltendem Reichs- oder Landesrecht der ordentliche Rechtsweg eröffnet ist. Von diesem förmlichen Begriffe geht § 71 GVG. aus, da er zu den bürgerlichen Rechtsstreitigkeiten auch Prozeßsachen über Ansprüche rechnet, die, wie die auf Grund des Reichsbeamtengesetzes gegen den Reichsfiskus erhobenen Ansprüche, zweifellos nicht bürgerliche Rechtsstreitigkeiten im sachlichen Sinne sind. Die Vorschrift in § 13 GVG. enthält insofern keine erschöpfende Zuständigkeitsabgrenzung, als sie über die sogenannten „bürgerlichen Rechtsstreitigkeiten kraft Zuweisung" völlig schweigt. Ferner gilt die Vorschrift erst in zweiter Reihe. Nur wenn das geltende Reichs- oder Landesrecht auf die Frage nach der Zulässigkeit des Rechtsweges im Einzelfalle weder eine bejahende noch eine verneinende Antwort gibt, ist auf die Rechtsnatur des anspruchbegründenden Tatbestandes zurückzugehen und je nachdem, ob er als bürgerlichrechtlich oder öffentlichrechtlich zu erkennen ist, die Zulässigkeit des Rechtsweges zu bejahen oder zu verneinen.

Bei der danach gebotenen Entscheidung ist in jedem Falle die Rechtslage zur Zeit des Schlusses der mündlichen Verhandlung maßgebend, auf die das Urteil ergeht (RGZ. Bd. 146 S. 244 [246]). Mithin kommt es, wenn erst aus der Natur des anspruchbegründenden Rechtsverhältnisses die Lösung zu gewinnen ist, auf die in dem genannten Zeitpunkte zutreffende Beurteilung an; ob das Rechtsverhältnis dem bürgerlichen oder dem öffentlichen Recht angehört, ist unzweifelhaft von der Rechtsauffassung der Gegenwart und nicht von derjenigen des Jahres 1877 her zu bestimmen. Ebenso ist, wenn schon das Reichs- oder Landesrecht eine gewisse Norm oder eine sonstige Unterlage für die Entscheidung gibt, das bei Abgabe der Entscheidung geltende Recht anzuwenden. Dagegen bleibt, wenn insofern keine Änderung der Rechtslage gegenüber derjenigen des Jahres 1877 festzustellen ist, einem Anspruch, der zu jener Zeit im Rechtswege verfolgbar gewesen wäre, heute nicht deshalb der Rechtsweg verschlossen, weil inzwischen die Anschauung von der bürgerlichrechtlichen Natur des zugrunde liegenden Rechtsverhältnisses verlassen worden ist. Eine einmal geschaffene Rechtsordnung verliert nicht schon dadurch ihre Geltung, daß die Rechtsanschauung, aus der sie erwuchs, sich im Laufe der Zeiten gewandelt hat. Ein solcher Wandel kann ein die Rechtslage änderndes Eingreifen des Gesetzgebers hervorrufen, auch unter Voraussetzungen, die hier indessen nicht gegeben sind, zur Bildung entgegenstehenden Gewohnheitsrechts führen. Selbst ohne

Rechtsänderung können ferner die Gerichte einer Änderung der Rechtsanschauung bei Anwendung sogenannter Generalklauseln Rechnung tragen. Auch das kommt hier nicht in Betracht. Jenseits dieser Grenzen aber ändern sich mit den Rechtsanschauungen nicht ohne weiteres die Rechtseinrichtungen. Diese behalten vielmehr, wie es ohne Gefährdung der Rechtssicherheit auch nicht wohl anders sein könnte, über den Wechsel stets wandelbarer Rechtsansichten hinaus ihre Geltung so lange, bis an ihre Stelle im Wege geschriebener oder ungeschriebener Rechtsetzung eine neue Rechtseinrichtung tritt.

Es ist im Grunde nur ein Anwendungsfall dieses allgemeingültigen Satzes, daß das Reichsgericht seit dem Urteil RGZ. Bd. 92 S. 310 in ständiger Rechtsprechung zu den bürgerlichen Rechtsstreitigkeiten im förmlichen Sinne diejenigen Streitsachen gerechnet hat, die — ohne Rücksicht auf die nach heutiger Rechtsanschauung öffentlichrechtliche Natur des anspruchbegründenden Rechtsverhältnisses — nach dem bei Verkündung des Gerichtsverfassungsgesetzes geltenden Rechtszustande von den ordentlichen Gerichten entschieden werden sollten, und daß es hiervon nur abgegangen ist, wenn einem im Einzelfall eingreifenden jüngeren Reichs- oder Landesgesetz der Ausschluß des Rechtsweges zu entnehmen war (RGZ. Bd. 93 S. 201 [203], Bd. 106 S. 177 [179], Bd. 111 S. 211 [213], Bd. 112 S. 221 [222], Bd. 129 S. 287 [288], Bd. 130 S. 313 [317]). Nachdem einmal erkannt war, daß § 13 GVG. nur vorbehaltlich einer entgegenstehenden Ordnung die Grenze zwischen Justiz und Verwaltung nach einem sachlichen Unterscheidungsmerkmal (bürgerlichrechtliche Natur des Anspruchs) gezogen wissen will, ließ sich der Schluß nicht abweisen, daß alle Streitsachen, für die nach dem Rechtszustande des Jahres 1877 der Rechtsweg zugelassen war, ohne Rücksicht auf einen Wandel in der Anschauung über die Abgrenzung zwischen öffentlichem und privatem Recht bis zu abweichender gesetzlicher Regelung den ordentlichen Gerichten belassen bleiben sollten. So gesehen ergibt die bezeichnete Rechtsprechung durchaus nichts Regelwidriges. „Historisch" wie der von ihr geprägte Begriff der bürgerlichen Rechtsstreitigkeit im förmlichen Sinn ist jedes Rechtsgebilde, das durch gesetzliche „Fixierung" ein vom Fortbestande der formenden Rechtsanschauung unabhängiges Dasein erlangt hat. Nur scheint die Kennzeichnung des aufgestellten Begriffes als eines historischen gelegentlich zu der irrigen Vorstellung geführt zu haben, als solle für das Urteil über das (erst in zweiter Reihe entscheidende) Wesen einer bürgerlichen Rechtsstreitigkeit im sachlichen Sinne die Rechtsanschauung einer längst verflossenen Zeit maßgebend sein. Wie zur Klarstellung nochmals hervorgehoben werden mag, ist geschichtlich zu verstehen nur der Begriff der bürgerlichen Rechtsstreitigkeit im förmlichen Sinne; dieser umfaßt außer den nach der gegenwärtigen Rechtsanschauung zu bestimmenden bürgerlichen Rechtsstreitigkeiten im sachlichen Sinn auch solche Streitsachen, die unabhängig von der rechtlichen Natur des anspruchbegründenden Rechtsverhältnisses nach der gegenwärtigen Rechtslage vor die ordentlichen Gerichte gehören, und diese Rechtslage ist, wenn sie sich seitdem nicht geändert hat, noch diejenige des Jahres 1877. Das ist im Grundsatz von dem erkennenden Senat erst jüngst wieder durch das in Seufferts Archiv zum Abdruck gelangende Urteil V 62/40 vom 23. Januar 1941 ausdrücklich bestätigt worden. Die Revision irrt also, wenn sie dieses Urteil für ihre abweichende Auffassung verwerten zu können glaubt.

An der bisherigen Rechtsprechung, die u. a. von Jonas-Pohle (a. a. O.) gebilligt wird, ist auch gegenüber den von der Revision vorgebrachten Bedenken festzuhalten. Die im Schrifttum (Schelcher Ergänzungsheft zu Fischers Zeitschrift für Praxis und Gesetzgebung der Verwaltung Bd. 50 S. 1; Hofacker ArchZivPrax. Bd. 118 S. 281) geübte Kritik aus den Jahren 1919/20 steht noch unter dem Einfluß der staatsrechtlichen Lehre von der Gewaltenteilung, die schließlich die drei Gewalten (Gesetzgebung, Verwaltung, Justiz) zu eigenständigen, hier und da die Dinge gewissermaßen vom Stande der eigenen Hausmacht aus betrachtenden, staatlichen Machtbereichen werden ließ. Heute ermöglicht der Wandel der Staatsverfassung, der jene drei Gewalten wieder zu bloßen Funktionsbereichen der Führungsgewalt werden ließ (vgl. hierzu Ipsen Politik und Justiz S. 200 flg.), die Zuständigkeitsfrage mehr vom Mittelpunkte der Staatsgewalt aus zu würdigen. Im übrigen mag diese Kritik, soweit sie sich gegen die Anwendung der dargestellten Rechtsgrundsätze in einigen älteren Entscheidungen wendet, Beachtliches enthalten; die Rechtsgrundsätze selbst werden dadurch nicht erschüttert. Bleibt doch im Zweifel, ob zwischen der Auffassung Schelchers (a. a. O. S. 49/52) und der von ihm abgelehnten Entscheidung RGZ. Bd. 92 S. 310 im Grund überhaupt eine wesentliche Meinungsverschiedenheit besteht. Denn auf die zur Zeit der Entscheidung geltende Rechtslage ist auch nach der reichsgerichtlichen Rechtsprechung abzustellen.

Weil dem so ist, kämpft auch die Revision gegen einen Rechtssatz an, der vom Reichsgericht nicht aufgestellt worden ist. Daß die Zulässigkeit des Rechtswegs sich für alle Zeiten nach dem Stande des Jahres 1877 bestimmen solle, ist vom Reichsgericht, soviel ersichtlich, niemals ausgesprochen worden. Schon das grundlegende Urteil RGZ. Bd. 92 S. 310 verweist (S. 314) auf die Rechtslage bei Verkündung des Gerichtsverfassungsgesetzes oder eines in Betracht kommenden späteren Gesetzes. In gleicher Weise wird z. B. in RGZ. Bd. 106 S. 177 [179] einem späteren Sondergesetz der Vorrang vor dem Rechtszustande des Jahres 1877 gewährt, und dahin geht die ebenda angeführte ständige Rechtsprechung namentlich des III. Zivilsenats des Reichsgerichts. Otto Mayer, auf dessen Meinung in der 2. Auflage seines Lehrbuches „Deutsches Verwaltungsrecht" die Revision sich beruft, lehnt dort (Bd. 1 S. 180) freilich den historischen Begriff der bürgerlichen Rechtsstreitigkeit für die Zeit nach dem Inkrafttreten des Bürgerlichen Gesetzbuches ab, jedoch mit dem Zusatze, daß der Gesetzgeber sich aufraffen und den obdachlos gewordenen öffentlichrechtlichen Sachen ihren Platz anweisen müsse. Danach teilte Otto Mayer die vom Reichsgericht vertretene Auffassung, daß ein Wechsel der Anschauung über die Grenze zwischen öffentlichem und privatem Recht eine nunmehr als öffentlichrechtlich erkannte Streitsache nicht ohne weiteres dem ihr bislang geöffnet gewesenen Rechtsweg entziehe, sondern daß es hier einer gesetzgeberischen Maßnahme bedürfe. Nicht unerwähnt soll bleiben, daß in der dritten und letzten Auflage des bezeichneten Werkes (1924) von der dort (Bd. 1 S. 175) des näheren zustimmend gewürdigten Rechtsprechung des Reichsgerichts zu § 13 GVG zusammenfassend gesagt wird, daß mit ihr „die Sache wohlgeordnet sei, wie einerseits das Bedürfnis des Lebens und andererseits die geistige Durchdringung des Verwaltungsrechtes es verlange". Auf die Meinung dieses Rechtslehrers kann sich also die Revision nicht wohl berufen.

Die Revision macht sich die Ausführungen Weigerts (a. a. O.) zu eigen, daß innerer Grund für die Zulassung des Rechtsweges bei Verletzung einer staatlichen Obhutpflicht das offensichtliche Bestreben der Gerichte gewesen sei, ein Übergreifen der Staatsgewalt über die zweckbestimmten Grenzen zu verhindern und den einzelnen nicht ohne Rechtsschutz gegenüber der Staatsgewalt zu lassen. Die Revision findet darin typische Gesichtspunkte aus der Zeit des liberalistisch-individualistischen Staates, die vor dem nationalsozialistischen Staats-

und Rechtsdenken nicht bestehen könnten. Dieser Einwand trifft wohl eine heute als rechtsirrig erkennbare Überdehnung des historischen Begriffs der bürgerlichen Rechtsstreitigkeit, kann aber nicht zur Aufgabe der Begriffsbestimmung selber führen. Es ist nicht zu leugnen, daß in einzelnen, zumeist älteren Entscheidungen der Gerichte die Zulässigkeit des Rechtsweges unter Zuhilfenahme von Erwägungen begründet worden ist, die einer späteren Nachprüfung nicht standgehalten haben. Dahin gehören Erwägungen, daß vermögensrechtliche Ansprüche begrifflich auf dem Gebiete des Privatrechts lägen (RGZ. Bd. 57 S. 350 [353]) oder daß auch bei Verletzung öffentlichrechtlicher Pflichten grundsätzlich die ordentlichen Gerichte zur Entscheidung berufen seien (RGZ. Bd. 144 S. 15 [19]), oder endlich, daß gegen eine Verwaltungsmaßnahme stets ein geordnetes Rechtsschutzverfahren gegeben sein müsse (vgl. die in RGZ. Bd. 154 S. 167 [180] mitgeteilte Entscheidung des Kammergerichts). Rechtssätze dieser Art sind inzwischen ausdrücklich aufgegeben worden (RGZ. Bd. 102 S. 246 [249], Bd. 154 S. 167 [180], S. 201 [207]). Dagegen ist der historische Begriff der bürgerlichen Rechtsstreitigkeit unmittelbar dem aus der amtlichen Begründung erschlossenen Inhalt des Gesetzes selber (§ 13 GVG.) entnommen worden, und es würde der Richtigkeit dieser Begriffsbestimmung wie den bei Anwendung im Einzelfalle zu gewinnenden Ergebnissen nicht abträglich sein, wenn der gesetzgeberische Wille jener Zeit einer damals und auch später noch vorhandenen Grundeinstellung der Gerichte, wie W e i g e r t sie annimmt, entgegengekommen sein sollte. Richtungweisend bei Handhabung der Gerichtsgewalt ist jedenfalls heute nicht mehr eine innere, der Erforschung unzugängliche Grundeinstellung dieser Art, sondern die aus der Rechtslage mit darstellbarer und nachzuprüfender Begründung gewonnene Überzeugung, daß bis zu abweichender gesetzlicher Ordnung das 1877 vorhandene Gebiet der ordentlichen Gerichtsbarkeit allein durch einen Wandel in der Anschauung über die Abgrenzung zwischen öffentlichem und privatem Recht nicht verkleinert werden sollte. Demgemäß wendet sich die Entscheidung RGZ. Bd. 111 S. 211 (215) auch nur dagegen, daß ein bislang des Rechtsschutzes durch die ordentlichen Gerichte teilhaftiger Anspruch o h n e e i n e Ä n d e r u n g d e r G e s e t z g e b u n g dem Rechtsschutz entzogen sein solle.

Daß im nationalsozialistischen Staat die Belange des einzelnen hinter denen der Allgemeinheit zurückzutreten haben, trifft zu, besagt aber nichts darüber, wann der einzelne zur Wahrung seiner Belange, soweit sie noch schutzwürdig sind, den Rechtsweg und wann er den Verwaltungsweg zu beschreiten hat. Da heute, wie bereits erwähnt, jedes Rechtsverhältnis nach den Belangen der Volksgemeinschaft auszurichten ist, haben und nehmen auch die ordentlichen Gerichte häufig Anlaß, diese Belange, die freilich nicht mit fiskalischen Interessen gleichzusetzen sind, gegenüber eigennützigen Bestrebungen einzelner in Schutz zu nehmen. Die von der Revision angezogenen Entscheidungen des III. Zivilsenats des Reichsgerichts vom 16. März 1937 III 102/36 und III 125/36 (JW. 1937 S. 2301 Nr. 25 I und II; vgl. auch RGZ. Bd. 154 S. 193) bejahen auf Grund neuer Rechtsanschauung die früher verneinte Frage, ob die Nachprüfung der Rechtmäßigkeit einer nur aus wichtigem Grunde statthaften Kündigung, d. h. eines rechtsgestaltenden Verwaltungsaktes, durch den mit einem vermögensrechtlichen Anspruch des betroffenen Beamten befaßten ordentlichen Richter landes- oder ortsgesetzlich ausgeschlossen werden könne. Bei diesen Entscheidungen handelte es sich also um eine nach öffentlichem Recht zu beantwortende Vorfrage eines kraft ausdrücklicher Gesetzesvorschrift (Art. 129 Abs. 1 Satz 4 WeimVerf.) in den Rechtsweg verwiesenen Anspruchs und damit um einen mit dem vorliegenden nicht vergleichbaren Tatbestand. Auch die im Anschluß an die Begründung dieser Entscheidungen von der Revision betonte besondere Vertrautheit der Verwaltungsbehörden mit den in Betracht kommenden tatsächlichen Verhältnissen gibt keinen tauglichen Vergleichsmaßstab. Es liegt auf der Hand, daß ein oft durch Unwägbarkeiten beeinflußtes Urteil darüber, ob ein Beamter für eine Verwaltung noch weiter tragbar ist, von den zuständigen Verwaltungsstellen leichter und zuverlässiger abgegeben werden kann als von den diesen Dingen immerhin ferner stehenden ordentlichen Gerichten. Im gegenwärtigen Streitfalle liegt die Sache anders. Die hier in Betracht kommenden Verhältnisse sind, soweit sie sich überhaupt noch aufhellen lassen, aus dem Vortrage des Beklagten den mit der Sache befaßten Gerichten ebensogut bekannt wie dem Beklagten selber. Die Entscheidung hängt auch nicht ab von der Wertung irgendwelcher unwägbarer Tatumstände, sondern von der rechtlichen Beurteilung des festliegenden Tatbestandes. Nicht zu ersehen ist, inwiefern das Berufungsgericht durch die Feststellung, daß gegen bestimmte ehemalige Beamte des Beklagten ein Schuldvorwurf nicht zu erheben sei, „in eine schiefe Lage gekommen sein" soll. Auch die von der Revision für zuständig erachteten Justizverwaltungsbehörden würden, wenn man der Einlassung des Beklagten folgte, in diesem Punkte vermutlich zu keiner anderen Beurteilung gelangen, ohne damit jedes denkbare Beamtenversehen ausschließen zu können.

Hiernach bedarf es nur noch der Prüfung, ob ein Rechtsstreit von der Art des vorliegenden nach dem Rechtszustande des Jahres 1877 zu den bürgerlichen Rechtsstreitigkeiten (im förmlichen Sinne) gehört und auch inzwischen nicht durch eine Änderung dieses Rechtszustandes (im Gegensatz zur Änderung der Anschauung über die Natur des anspruchbegründenden Rechtsverhältnisses) dem Rechtsweg entzogen worden ist. Eine den Rechtsweg ausschließende Norm ist, um mit dem zweiten zu beginnen, nicht vorhanden. Andererseits fehlt eine ihn ausdrücklich eröffnende Gesetzesbestimmung. Zu bejahen ist aber eine stillschweigende Zuweisung derartiger Rechtsstreitigkeiten an die ordentlichen Gerichte. Solche stillschweigende Zuweisung ist möglich (vgl. RGZ. Bd. 164 S. 226 [228/9]) und kommt häufig vor. Für zahlreiche Streitigkeiten, die inzwischen als dem öffentlichen Recht zugehörig erkannt sind, und zwar vornehmlich gerade für vermögensrechtliche Ansprüche gegen den Fiskus, ergibt sich die Zulässigkeit des Rechtswegs aus der in den anzuwendenden Vorschriften zum Ausdruck gelangten Rechtsauffassung, wie sie durch Auslegung zu erschließen oder an ständiger Rechtsübung zu erkennen ist (Jonas-Pohle a. a. O.). Daß bei Verkündung des Gerichtsverfassungsgesetzes für Schadensersatzansprüche wegen Abhandenkommens polizeilich oder gerichtlich beschlagnahmter Sachen in den deutschen Bundesstaaten der Rechtsweg gegeben war, will die Revision voraussetzen. Der von ihr für die Zeit vor der Jahrhundertwende vermißte Nachweis eines solchen Rechtszustandes ist an Hand älterer Entscheidungssammlungen im Schrifttum bereits geführt worden (Weigert und ferner Sprott a. a. O.). Es genügt, auf die Urteile der Oberappellationsgerichte in Kassel, Dresden und Berlin aus den Jahren 1847, 1851 und 1871 zu verweisen, die abgedruckt sind in SeuffArch. Bd. 3 Nr. 327, Bd. 5 Nr. 135 und Bd. 26 Nr. 34. Gegenteilige Entscheidungen aus jener Zeit liegen nicht vor. Danach galt im Jahre 1877 in weiten Teilen des damaligen Reichsgebietes und namentlich in Preußen kraft einer auf innerer Rechtsüberzeugung beruhenden gleichmäßigen Übung von langer Dauer ein Rechtssatz des Inhalts, daß in derartigen

Schadensfällen gegenüber dem Staate bei den ordentlichen Gerichten Recht gesucht werden könne. Dieser auf Gewohnheitsrecht gegründete Rechtszustand ist bei Schaffung des § 13 GVG. aufrechterhalten und seitdem nicht geändert worden. Er gilt deshalb auch heute noch.

Richtig ist, daß dem Kläger, wenn ihm der Rechtsschutz der ordentlichen Gerichtsbarkeit versagt wäre, immer noch die Dienstaufsichtsbeschwerde zu Gebote stünde. Bei der bestehenden Rechtslage ist dies indessen ebensowenig ein Grund, die Zulässigkeit des ordentlichen Rechtsweges zu verneinen, wie umgekehrt die Tatsache, daß eben nur eine solche Beschwerde und kein verwaltungsgerichtliches oder gleichgeartetes Verfahren bliebe, für sich allein zur Bejahung führen könnte. Über letzteres ist unter Hinweis auf RGZ. Bd. 154 S. 167 [180] das Erforderliche bereits gesagt worden. Immerhin ist das Fehlen eines anderen geordneten Rechtsschutzverfahrens in Fällen, in denen seit langer Zeit in fester Rechtsprechung die Zulässigkeit des Rechtsweges angenommen wurde, ein Anzeichen dafür, daß der Gesetzgeber, der inzwischen auf anderen Rechtsgebieten nicht selten den Rechtsweg ausdrücklich ausgeschlossen oder die Bindung der Gerichte an Entscheidungen der Verwaltungsbehörden bestimmt hat, den Rechtsweg für Ansprüche von der Art des vorliegenden weiter für gegeben erachtet. Dies gilt um so mehr, als ein Rechtsuchender auf eine Dienstaufsichtsbeschwerde nur da beschränkt zu sein pflegt, wo es sich um reine Billigkeits- oder Ermessensentscheidungen handelt (RGZ. Bd. 146 S. 257 [261]), wie sie hier, wo um ein Recht auf Entschädigung wegen schuldhafter Eigentumsverletzung gestritten wird, unzweifelhaft nicht in Frage stehen.

III. Die von Amts wegen gebotene Nachprüfung des angefochtenen Urteils auf richtige Anwendung des sachlichen Rechts erweist keinen den Urteilsbestand gefährdenden Rechtsfehler.

1. Ob der erhobene Anspruch in der Person des Klägers begründet ist, hat das Berufungsgericht mit Recht nach zwei Richtungen hin geprüft. Einmal steht in Frage, ob das durch die Beschlagnahme begründete öffentlichrechtliche Verwahrungsverhältnis dem Kläger gegenüber bestand. Zum anderen war zu untersuchen, ob die im Laufe des Rechtsstreits vollzogene Abtretung den Kläger an der unveränderten Weiterverfolgung des Klageanspruchs hindert.

a) Die erste Fragestellung ergibt sich aus der Tatsache, daß die Beschlagnahmeverfügung sich nicht gegen den Kläger persönlich, sondern gegen den Bäckermeister M. richtete. Der Beklagte hat daraus gefolgert, daß er aus dem durch die Beschlagnahme begründeten, „nach den Vorschriften über den Verwahrungsvertrag" zu beurteilenden Rechtsverhältnis doch nicht dem Kläger hafte. Denn solchenfalls würde, so hat er ausgeführt, der Kläger vermöge einer gegen den Besitzer M. gerichteten Beschlagnahme seiner Habe besser stehen, als wenn M. sie vertraglich in Verwahrung gegeben hätte, da er aus einem von M. abgeschlossenen Verwahrungsvertrag unzweifelhaft keinen Anspruch erheben könnte. Eine Besserstellung des Klägers sei aber nicht der Sinn der vom Berufungsgericht angewendeten Rechtssätze über eine durch staatshoheitliche Ingewahrsamnahme begründete Obhutpflicht. Dieser Rechtsauffassung des Beklagten ist das Berufungsgericht mit Recht nicht gefolgt. Die ältere Rechtsanschauung, daß die durch eine Beschlagnahme begründeten Rechtsbeziehungen des Betroffenen zum Staate vertraglicher oder vertragsähnlicher Art seien, ist seit langem überwunden und darf auch die Entscheidung darüber nicht mehr beeinflussen, wem auf Grund dieser Rechtsbeziehungen ein Ersatzanspruch (im Gegensatz zu einem Herausgabeanspruch; vgl. RG. III 1/35) erwächst. Zugrunde liegt dem vom Berufungsgericht bejahten Haftungstatbestande die oben bereits berührte Erwägung, daß eine Beschlagnahme die in der bürgerlichen Rechtsordnung begründeten Rechte an den beschlagnahmten Sachen bestehen läßt und, weil es sich bei ihr um eine vorläufige Maßnahme handelt, den Staat und seine Organe verpflichtet, durch sorgsame Behandlung die nach Erledigung des Zweckes der Beschlagnahme demnächst etwa zu verfügende Rückgabe der Sachen im unversehrten Zustand an die Berechtigten zu gewährleisten. Zu den Rechten, auf deren Erhaltung — vorbehaltlich entgegenstehender, im Streitfall aber nicht mehr in Betracht kommender öffentlicher Belange — danach Rücksicht zu nehmen ist, gehört in jedem Fall und vornehmlich das Eigentum. Freilich vermitteln die neben einer Beschlagnahme gewöhnlich einhergehenden amtlichen Erhebungen der zuständigen Behörde nicht immer eine sichere Kenntnis, wem die beschlagnahmten Sachen gehören. Deshalb wird der Staat in der Regel durch Herausgabe an denjenigen entlastet, in dessen Gewahrsam sich die Sache bei der Beschlagnahme befand. Ohne dessen Zustimmung ist die zuständige Behörde im allgemeinen nicht einmal befugt, die Sache an einen anderen, und sei es die das Eigentum daran in Anspruch nehmende Person, herauszugeben. Es ist nicht Aufgabe einer Strafverfolgungsbehörde, den Besitzstand an einer durch Beschlagnahme vorübergehend in ihren amtlichen Machtbereich gelangten Sache unter den Beteiligten zu ordnen. Das haben die Beteiligten unter sich auszumachen und dazu erforderlichenfalls die Gerichte anzurufen (Gündel-Hartung StPO. 19. Aufl. Bem. 1 zu § 111; vgl. ferner die AV. d. RJM., betr. Richtlinien für das Strafverfahren, vom 13. April/7. August 1935 [Amtl. Sonderveröffentlichung der DJ. Nr. 7] Nr. 103 bis 105). Ein Sonderfall ist nach § 111 StPO. dann gegeben, wenn es sich um Gegenstände handelt, die durch eine strafbare Handlung dem Verletzten entzogen worden sind. So lag die Sache hier nicht. Grundsätzlich war demnach der Beklagte auch dem Kläger gegenüber befugt, die beschlagnahmten Wertsachen an M. herauszugeben. Ob anders zu entscheiden wäre, wenn die Staatsanwaltschaft in Ra., wie der Kläger behauptet, das Berufungsgericht aber nicht festgestellt hat, dem Kläger in Anerkennung seiner Eigentumsrechte die Herausgabe an ihn zuvor zugesagt haben sollte, kann unerörtert bleiben. Denn nach den Feststellungen des Berufungsgerichts sind die Sachen auch an M. nicht herausgegeben worden, sondern auf eine heute nicht mehr aufklärbare Weise ohne Zutun des Klägers oder seines genannten Beauftragten in unrechte Hände geraten. Bei dieser Sachlage kann der Beklagte eine Ersatzpflicht gegenüber dem Kläger nicht deshalb ablehnen, weil er sich durch Herausgabe an M. hätte befreien können. Die Frage, wer zum Rückempfang berechtigt gewesen wäre, hat sich mit der Feststellung erledigt, daß die Rückgabe an irgendeinen Empfangsberechtigten unmöglich geworden ist. Die Rechtsfolge der Ersatzpflicht des Staates tritt (bei sonst gegebenen Voraussetzungen) dem gegenüber ein, der durch den Verlust der Sachen geschädigt ist. Das ist der Kläger als Inhaber des Rechts, auf dessen Erhaltung bei Verwahrung der beschlagnahmten Sachen vornehmlich zu achten war. Er hat sein Eigentum verloren und bleibt, da er auf die Vorschriften in §§ 989, 990, 992 BGB. einen Ersatzanspruch nicht gründen könnte (RG. III 1/35), auf die öffentlichrechtliche Ersatzpflicht des Beklagten angewiesen. Dagegen hat M. durch das Abhandenkommen der Sachen keine Rechte an diesen eingebüßt. Der Frage, ob er etwa durch auftragswidriges Verhalten dem Kläger ersatzpflichtig geworden ist und insofern ebenfalls einen Schaden erlitten hat, brauchte nicht nachgegangen zu werden. Denn damit wäre der Beklagte, da der

Kläger unstreitig von M. nicht entschädigt worden ist, von seiner eigenen Verantwortung gegenüber dem Kläger nicht entlastet, und die Haftung aus öffentlichrechtlicher Verwahrung besteht nicht gleich derjenigen aus Art. 131 WeimVerf. in Verb. mit § 839 Abs. 1 Satz 2 BGB. erst in zweiter Reihe.

Die hier vertretene Rechtsauffassung ist in dem (allerdings auf Art. 131 WeimVerf. gestützten, einen Anwendungsfall des § 111 StPO. betreffenden) Urteil RGZ. Bd. 108 S. 249 (251) unter Verweisung auf das (ebenfalls in einer Staatshaftungssache ergangene) Urteil III 427/22 vom 4. Mai 1923 für das Gebiet der staatlichen Verwahrungshaftung ausdrücklich anerkannt, auch in RGZ. Bd. 138 S. 40 (41) beiläufig gebilligt worden. Das bereits erwähnte Urteil RG. III 1/35 ergibt keine andere rechtliche Würdigung. In dem dort entschiedenen Falle war die als Gewahrsamsinhaberin von der Beschlagnahme unmittelbar betroffene Partei, deren so begründetes Recht auf Rückgabe später durch Herausgabe der beschlagnahmten Sachen an einen Dritten verletzt worden war, zugleich deren Eigentümerin. Im Schrifttum äußert sich zustimmend Schack in RVerwBl. 1935 S. 189 (193). Die anscheinend abweichende Entscheidung des Preußischen Oberverwaltungsgerichts (Bd. 74 S. 461) steht noch auf dem Boden der Annahme eines bürgerlichrechtlichen Verhältnisses und ist aus dieser inzwischen überholten Anschauung zu erklären.

b) Die vom Kläger vorgenommene Abtretung der ersten 5100 RM. seines höher bezifferten Schadensersatzanspruchs schließt nach Auffassung aller Beteiligten die eingeklagte Teilforderung von 1000 RM. ein. Nach § 265 Abs. 2 ZPO. hat die Abtretung auf den Rechtsstreit keinen Einfluß. Der Kläger kann ihn als Prozeßpartei zu Ende führen. Nach § 265 Abs. 3 ZPO. kann ihm, da das demnächst rechtskräftige Urteil gemäß § 325 ZPO. auch gegenüber der Firma L. & Co. wirkt, nicht der Einwand entgegengesetzt werden, daß er zur Geltendmachung des Anspruchs nicht mehr befugt sei. Dennoch bleibt die sachlichrechtliche Wirkung der Abtretung — Wechsel des Inhabers der Forderung — zu beachten. Der alte Gläubiger hat kein Recht mehr darauf, daß an ihn geleistet wird; er kann nur noch Leistung an den neuen Gläubiger fordern (RGZ. Bd. 56 S. 301 [307]). Eine entsprechende Änderung seines Antrages hat der Kläger aber unterlassen, weil ihm die neue Gläubigerin unter Genehmigung seiner bisherigen Prozeßführung „Vollmacht" erteilt hat, die Klageforderung auch weiterhin im eigenen Namen geltendzumachen. Das Berufungsgericht erblickt in dieser Vollmacht eine Einziehungsermächtigung im Sinn einer teilweisen Rückübertragung des Gläubigerrechts und entnimmt daraus die Befugnis des Klägers zur Aufrechterhaltung des bisherigen Klageantrags.

Diese Rechtsauffassung begegnet keinen rechtlichen Bedenken, wird auch von der Revision nicht beanstandet. Wie das Berufungsgericht feststellt, ist die Erklärung der neuen Gläubigerin durch den Einwand des Beklagten ausgelöst worden, daß der Kläger nach der Abtretung nicht mehr Zahlung an sich selbst verlangen dürfe; durch die Erklärung sollte dieser Einwand entkräftet werden, der Kläger also wieder die Befugnis erhalten, die Klageforderung im eigenen Namen, wenngleich nunmehr für fremde Rechnung, einzuziehen. Eine derartige Abtretung nur des Verfügungsrechts über eine Forderung ist nach ständiger Rechtsprechung des Reichsgerichts zulässig; allerdings nur unter der Voraussetzung, daß der Abtretungsempfänger ein eigenes rechtliches Interesse an der Geltendmachung der Forderung für sich hat, da ihm anderenfalls das erforderliche Rechtsschutzinteresse fehlen würde. Ein solches Interesse des Klägers hat das Berufungsgericht stillschweigend bejaht. Es ergibt sich daraus, daß der Kläger augenscheinlich Schuldner der Firma L. & Co. ist. Auf den vom Berufungsgericht erwähnten Einwand unzulässiger Rechtsausübung würde der Beklagte gegenüber einem wiederholten Zahlungsbegehren der Firma L. & Co. nicht angewiesen sein. Er leistet an den Kläger als den zur Einziehung Berechtigten, wäre übrigens, wenn der Kläger durch die Einziehung als ein Nichtberechtigter über die Forderung verfügte, kraft der in der Erklärung der genannten Firma jedenfalls liegenden Einwilligung hierzu auch dieser gegenüber nach § 185 Abs. 1 BGB. befreit.

2. Das Recht der förmlichen Hinterlegung ist, wie das Berufungsgericht zutreffend ausführt, für den Streitfall nicht von Belang. Die Wertsachen sind, soweit sie überhaupt hinterlegt waren, nicht durch Maßnahmen der Hinterlegungsstelle dem Machtbereiche der Staatsanwaltschaft entzogen, sondern dieser gerade „zwecks Aushändigung" an den Berechtigten zurückgegeben worden. Rechtsgrund der Haftung des Beklagten ist die durch die Beschlagnahme begründete Pflicht zur Obhut über die in Verwahrung genommenen Sachen und die zu ihrem Verlust führende Verletzung dieser Pflicht. Der in der

Rechtsprechung des Reichsgerichts vereinzelt vertretenen Meinung, daß dem durch die Beschlagnahme an der Obhut selber verhinderten Eigentümer bei Verlust oder Beschädigung der Sache während des amtlichen Gewahrsams ein an Verschulden nicht geknüpfter Ersatzanspruch zuzuerkennen sei (so — unter Heranziehung bürgerlichrechtlicher Gesichtspunkte — RGZ. Bd. 104 S. 18 und RGUrt. III 570/25 a. a. O.; unentschieden geblieben in RGZ. Bd. 105 S. 338), kann jedenfalls für Fälle von der Art des vorliegenden nicht gefolgt werden. Ein vom Verschuldensnachweis unabhängiger Ersatzanspruch käme etwa in Betracht, wenn der Kläger durch die Beschlagnahme zur Aufopferung privater Rechte für das allgemeine Wohl genötigt worden wäre (§ 75 Einl. z. ALR.) oder wenn durch die Beschlagnahme rechtswidrig in sein Eigentum eingegriffen worden und er an einer nach den Regeln des bürgerlichen Rechts an sich zu begründenden Abwehrklage durch eine Sonderbestimmung oder aus besonderen Rücksichten, namentlich solchen des Gemeinwohls, gehindert gewesen wäre (RGZ. Bd. 155 S. 154 [156], Bd. 159 S. 68 [72], S. 129 [135], Bd. 162 S. 349 [359]; RG. in JW. 1938 S. 2969 Nr. 28). Keiner dieser Fälle ist gegeben. Die Beschlagnahme als solche nahm dem Kläger sein Eigentum nicht. Sie war ferner rechtmäßig und schon nach ihrem Wesen als Staatshoheitsakt eine mit Rechtsbehelfen des Privatrechts im bürgerlichen Streitverfahren von vornherein nicht abzuwehrende Maßnahme. Auch hat nicht sie, sondern erst die Verletzung der aus ihr für den Staat sich ergebenden Obhutpflicht dem Kläger Schaden zugefügt. Dafür, daß in einem solchen Falle kraft öffentlichen Rechts ohne Verschulden auf Ersatz gehaftet werde, gibt das bereits genannte Urteil III 570/25 allein mit der Verweisung auf die ebenfalls schon erwähnten Entscheidungen RGZ. Bd. 104 S. 18 und Bd. 105 S. 338 keinen ausreichenden Beleg. Bei Beratung des Entwurfs der Strafprozeßordnung hat der Kommissar des Bundesrats eine Haftung der Staatskasse für zufälligen Verlust der verwahrten Sache ausdrücklich verneint (Hahn Materialien zur StPO. 2. Abt. S. 1825). Auch die allgemein gebilligte Vergleichung des öffentlichrechtlichen Verwahrungsverhältnisses mit einem bürgerlichrechtlichen Verwahrungsvertrage, der (außer im Falle des Verzuges [§ 287 Satz 2 BGB.]) keine Haftung des Verwahrers ohne Verschulden kennt, will zu der hier abgelehnten Meinung nicht stimmen.

Also kam es auf Verschulden der zuständigen Beamten an. Zugunsten des Klägers greift aber der in § 282 BGB. ausgedrückte, auch dem öffentlichen Recht angehörende allgemeine Rechtsgedanke ein, wonach der Beklagte beweisen muß, daß die Unmöglichkeit der Rückgabe nicht die Folge eines von ihm zu vertretenden Umstandes ist (RG. in JW. 1934 S. 2842 Nr. 2). Das Berufungsgericht hat diesen Nachweis, obwohl es die Anforderungen an ihn mit Recht nicht streng bemessen hat (RGZ. Bd. 74 S. 342 [344], Bd. 137 S. 153 [155]), für nicht geführt erachtet. Die dazu gegebene Begründung liegt auf dem Tatsachengebiete, wird übrigens von der Revision nicht beanstandet.

3. Auch bei Zurückweisung der sonstigen Verteidigung des Beklagten bleibt das angefochtene Urteil überall im Rahmen des geltenden Rechts. Der zuerkannte Klageanspruch ist kein bürgerlichrechtlicher Anspruch aus unerlaubter Handlung (§ 839 BGB.) und unterliegt mithin nicht der in § 852 BGB. vorgeschriebenen dreijährigen Verjährung (RG. III 1/35 a. a. O.). Auch enthält das hier anzuwendende öffentliche Recht keine dieser Vorschrift entsprechende Norm über eine kurzfristige Verjährung. Für den Klageanspruch gilt die regelmäßige, dreißigjährige Verjährungsfrist (Fleiner a. a. O. S. 58). Verwirkung des Klageanspruchs scheidet schon deshalb aus, weil der Kläger, wie festgestellt ist, vor Aufhebung der Beschlagnahme sein Eigentum angemeldet und seitdem sein Recht auf Rückgabe oder Schadensersatz wiederholt geltend gemacht hat. Diese Feststellungen des Berufungsgerichts stehen endlich auch der Annahme eines mitursächlichen Mitverschuldens des Klägers an dem Verlust der Wertsachen (§ 254 BGB.) entgegen.

---

31. 1. Wann darf ein Unternehmen den Firmenzusatz „Vereinigte" gebrauchen?

2. Darf eine Zweigniederlassung als „Zentrale" bezeichnet werden?

HGB. §§ 13, 18 Abs. 2. UnlWG. § 3.

II. Zivilsenat. Urt. v. 10. März 1941 i. S. Fotokopist GmbH. u. a. (Kl.) w. Ver. Photok.-App. GmbH. (Bekl.). II 87/40.

I. Landgericht Hamburg.
II. Oberlandesgericht daselbst.

Die Klage wendet sich gegen die Firma Vereinigte Photokopier-Apparate GmbH. mit dem Antrage, die Beklagte zu verurteilen, in eine Änderung ihrer handelsgerichtlich eingetragenen Firmenbezeichnung in der Weise einzuwilligen, daß die Worte „Vereinigte Photokopier" fortfallen. Diese beiden Worte, die den Firmenkern bilden, werden nicht nur in ihrer Vereinigung, sondern jedes für sich beanstandet, weil das Wort „Photokopie" Firmenschlagwort der Klägerinnen sei und durch den Gebrauch des Wortes „Photokopier" in der Firma der Beklagten, namentlich in Verbindung mit dem Worte „Vereinigte", Verwechslungsgefahr entstanden sei. Die Bezeichnung „Vereinigte" komme der Beklagten in Wahrheit nicht zu und sei auch deshalb irreführend, weil diese keineswegs den Markt beherrsche.

Das Landgericht hat die Klage abgewiesen. Im zweiten Rechtszuge haben die Klägerinnen unter Wiederholung ihres Antrags (als Nr. 1) noch weiter beantragt, 2. die Beklagte zu verurteilen, es bei Strafvermeidung zu unterlassen, a) die Worte „Vereinigte Photokopier" als Firmenkennzeichen zu führen, b) auf die Ortsbezeichnung Berlin als „Zentrale" hinzuweisen, solange der Sitz der Beklagten nicht in Berlin ist. Die Beklagte ist diesen neuen Anträgen, auch mit der Behauptung unzulässiger Klageänderung, entgegengetreten. Das Oberlandesgericht hat die Berufung der Klägerinnen als unbegründet zurückgewiesen. Nach den Gründen des Urteils hat es in den neuen Anträgen des Berufungsrechtszuges bei gleichgebliebenem Klagegrunde nur schärfere und genauere Fassungen des bisherigen Klageantrags gefunden und für den Fall, daß doch eine Klageänderung vorliege, sie als sachdienlich zugelassen. Es hat aber alle Anträge für unbegründet erklärt.

Die Revision der Klägerinnen hatte teilweise Erfolg. Die Beklagte ist verurteilt worden, den Gebrauch des Wortes „Vereinigte" als Firmenzusatz zu unterlassen und in die Löschung dieses Zusatzes in ihrer Firma zu willigen. Außerdem ist dem Antrage 2b wegen Bezeichnung ihrer Zweigniederlassung in Berlin als „Zentrale" stattgegeben worden.

Aus den Gründen:

1. Die Revisionsausführungen zeigen, daß die Revision die Beibringungs- und die Beweislast anders beurteilt als der Vorderrichter und daß sie, fußend auf der Verkehrsauffassung, an die tatsächlichen Erfordernisse für die Richtigkeit der Bezeichnung „Vereinigte" strengere Anforderungen stellt als er.

Allerdings trifft grundsätzlich die Ansicht des Vorderrichters zu, daß der Kläger die Unrichtigkeit einer tatsächlichen Angabe darzulegen und zu beweisen hat, auf die er einen Unterlassungs- und Löschungsanspruch stützt. Soweit es sich dabei aber im einzelnen um das Fehlen von Tatumständen — eine Negative — handelt, wird sich häufig ergeben, und so auch hier beim Fehlen einer „Vereinigung" von entsprechenden Betrieben, daß dem Kläger, der außerhalb des Geschehensablaufes steht, eine genaue Kenntnis der Tatsachen fehlt, daß sie aber der Beklagte hat, der, wenn er will, leicht die erforderliche Aufklärung beibringen kann, wie er sie auch im registerrichterlichen Verfahren wird beibringen müssen, damit der Richter seine Firmenwahl als berechtigt anerkennt und die Firma einträgt. In diesen Fällen ist dem Beklagten, auch unter dem Gesichtspunkte der jetzt durch § 138 Abs. 1 ZPO. vorgeschriebenen Mitwirkung zur richtigen Rechtsfindung durch vollständige und wahrheitsgemäße Erklärung über tatsächliche Umstände (vgl. RGZ. Bd. 147 S. 313 [315]), die Beibringung der wesentlichen Unterlagen zur Rechtfertigung seiner Firmenwahl anzusinnen und hat das Gericht das Recht, nach der Lebenserfahrung ihm ungünstige Schlüsse auf das Fehlen des erforderlichen Sachverhaltes zu ziehen, wenn er nicht das ihm mögliche tut, um die Sache aufzuklären. Keinesfalls ist die Rechtslage dahin aufzufassen, daß jede Firmenwahl oder jeder Firmenzusatz so lange berechtigt sei, als nicht der Angreifer den genauen Nachweis der Unrichtigkeit zu liefern vermag. Die vom Beklagten behaupteten Tatsachen zu widerlegen, kann dann wieder Aufgabe des Klägers sein. Im gegenwärtigen Falle haben aber die Klägerinnen den ihnen aufzuerlegenden Beweis für die Nichtvereinigung der Unternehmen, die jetzt in der Hand des Dr. M. B. als Einzelkaufmanns oder Einmanngesellschafters liegen, dadurch bis auf weiteres in ausreichendem Maß erbracht, daß, wie die Beklagte zugestanden hat, die anderen Betriebe neben der in die „Vereinigte Photokopier-Apparate GmbH." umgewandelten Elektrokopie GmbH. als selbständig im Handelsregister eingetragen und in Tätigkeit geblieben sind. Bei solcher Sachlage mußte und muß von der Beklagten erst recht die Darlegung und der Beweis gefordert werden, warum gleichwohl diese Unternehmungen in der jetzt unter verändertem Firmennamen mit dem Zusatz „Vereinigte" auftretenden Elektrokopie „vereinigt" worden sind. Dem ist die Beklagte vor dem Tatsachenrichter bei genauer und richtiger rechtlicher Betrachtung nicht nachgekommen.

„Vereinigte Photokopier-Apparate GmbH." besagt, was der Vorderrichter nicht ins Auge gefaßt hat, nach der Auffassung, die der Verkehr damit verbindet, daß eine Vereinigung von Apparateherstellungsunternehmungen vorliegt. Der Sinn steht dem der Vereinigten Werke gleich oder nahe, weil das Vereinigte die „Apparate" als technische Erscheinung sein sollen. Auch die Klagebeantwortung ist der Meinung, daß jemand, der Rasierapparate herstellt, seine Firma als „Rasier-Apparate GmbH." bezeichnen kann. Ein Unternehmen, das nur mit den Erzeugnissen verschiedener Apparate-Herstellerfirmen Handel treibt, dürfte sich keineswegs Vereinigte Photokopier-Apparate GmbH. nennen, weil es seinen einheitlichen Vertrieb auf die Erzeugnisse verschiedener Hersteller erstreckt, wie dies bei den meisten Handelsfirmen aller Geschäftszweige in mehr oder minder großem Umfange zutrifft. Aber auch ein solches Unternehmen dürfte sich nicht so nennen, das zwar selbst Hersteller ist, aber neben seinen eigenen Erzeugnissen noch die Erzeugnisse anderer Herstellerunternehmen als Handelsfirma vertreibt. Insoweit würde es an der Vereinigung von Herstellerfirmen fehlen; das bloße Mitvertreiben fremder Erzeugnisse, das nichts Eigentümliches darstellt, würde nicht erlauben, von einer Vereinigten ... Apparate GmbH. zu sprechen. Freilich wird es auch Handelsvereinigungen geben können, die das Wort „Vereinigte" für sich führen; dann muß aber in der sonstigen Bezeichnung zum Ausdruck kommen oder sonst nach den Umständen klar sein, daß eine Vereinigung von Handelsbetrieben vorliegt; keinesfalls darf durch die Art der Bezeichnung die irrige Annahme ermöglicht werden, daß eine Vereinigung von Herstellerbetrieben in einem zusammenfassenden Unternehmen mit allen daraus sich ergebenden Vorteilen für die Erzeugung und die Erzeugnisse stattgefunden habe.

(Nach näherer Erörterung des Vortrages der Beklagten wird fortgefahren):

Das ergibt dann aber doch bloß, daß in der Beklagten nur eine Herstellerfirma steckt, nämlich sie selbst als einstige Elektrokopie GmbH.

Hieraus folgt, daß der Firmenzusatz „Vereinigte" der Beklagten ohne Rücksicht auf die weiter streitige Frage, ob ein solcher Zusatz nicht durch einen gewissen Umfang des Unternehmens allgemein bedingt ist und es bei der Beklagten an solchem Umfang ihres Vertriebs fehlt, unstatthaft ist, gegen § 3 UnlWG. verstößt und daher zu unterlassen und zu löschen ist. Der Entscheidung des Kammergerichts in JW. 1927

S. 130 Nr. 1, auf die sich die Beklagte berufen hat und die bei Prüfung allein aus dem Gesichtspunkte des § 18 Abs. 2 HGB. den Zusatz „Vereinigte" selbst dann für zulässig hält, wenn gar keine Vereinigung stattgefunden hat, weil darin keine Täuschung über die in der bezeichneten Gesetzesstelle erwähnten Punkte stattfinde (Art und Umfang des Geschäfts, Verhältnisse des Inhabers), kann nicht zugestimmt werden. Sie hat auch im Schrifttum Widerspruch erfahren. In ihr sind die Gesetzesworte sinn- und zweckwidrig zu eng ausgelegt.

2. Der Antrag 2b stützt sich auf das Anschriftenverzeichnis der Beklagten, das Anschriften ihrer „Verkaufsniederlassungen und Generalvertretungen" aufführt und darüber sagt:

Zentrale H., H. 13, Gr.allee,
Berlin, Berlin W 9, P.Str.

Mit Recht und ohne Widerspruch der Beklagten sehen darin die Klägerinnen die Angabe, daß die Beklagte zwei Zentralen besitze, die eine in H., die andere in Berlin. Gerade das Recht zu dieser Angabe vertritt die Beklagte, weil sie in Berlin eine Zweigniederlassung habe, für die ein besonderer, in Berlin ansässiger Geschäftsführer eingesetzt sei, die einen besonders großen Umfang habe und eine Zentrale für eine Reihe anderer „Niederlassungen" darstelle. Welcher Art diese Niederlassungen sind, sagt die Beklagte nicht. In dem Anschriftenverzeichnis, in dem keine „Zweigniederlassung" aufgeführt, sondern nur die eine in Berlin als „Zentrale" genannt ist, finden sich nur „6 Verkaufsniederlassungen" und eine größere Anzahl von „Generalvertretungen", die letzten sämtlich Firmen eigenen Namens, die in die Verkaufsorganisation der Beklagten eingeordnet sein mögen, aber keine eigene „Niederlassung", nicht einmal in der Form von Verkaufsstellen, bilden. Die Klägerinnen hatten geltend gemacht, ein Unternehmen könne nur eine einzige Zentrale oder Zentralverwaltung haben, wie sich schon aus dem Worte selbst ergebe, dann aber auch aus der allgemeinen Erwägung, daß der Hauptsitz oder Kopf des Unternehmens sich nur an einer Stelle befinden könne. Daher könne, wenn die Beklagte ihren Sitz in H. habe, in Berlin nur eine Zweigstelle, Verkaufsniederlassung oder Generalvertretung bestehen, nicht aber eine zweite Zentrale. Diese Angabe sei unrichtig und gemäß §§ 1, 3, 4 UnlWG. unzulässig. Durch sie werde der Eindruck einer Vorrangstellung hervorgerufen. Das Verzeichnis verstärke auch die Verwechslungsgefahr. Die Revision findet die Gründe des Vorderrichters zu diesem Punkt unklar und widerspruchsvoll. Es könne nur richtig sein, daß entweder die Zweigniederlassung oder daß die Zentrale in Berlin sei. Für Berlin treffe aber weder das eine noch das andere zu. Im Handelsregister zu Berlin finde sich keine Eintragung; ohne Eintragung sei aber auch keine Zweigniederlassung vorhanden. Jedes Unternehmen könne grundsätzlich nur eine Zentrale haben, andere Niederlassungen seien entweder Zweigniederlassungen oder Verkaufsstellen, Geschäftsstellen, Vertretungen und dergleichen. Jedenfalls werde durch die Angabe der Beklagten, zwei Zentralen zu besitzen, eine völlig irreführende Vorstellung von der Größe der Beklagten erweckt, die nach dem Inhalt der Schriftsätze doch nur eine GmbH. mit 20000 RM. Stammkapital und Sitz in H. sei.

In diesem Punkt ist der Revision der Erfolg nicht zu versagen, wenngleich ihre rechtliche Ansicht, eine Zweigniederlassung könne ohne Eintragung nicht bestehen, unrichtig ist — ausweislich des Gesetzes selbst, das erst an das „Besitzen" einer Zweigniederlassung die Pflicht knüpft, sie zum Eintrag in das Handelsregister anzumelden (§ 13 Abs. 1; § 200 Abs. 1 HGB.; § 35 Abs. 1, 3 AktG. — zu prüfen, ob die Zweigniederlassung „errichtet ist", ehe eingetragen wird —; § 12 GmbHG. in der Fassung des Art. 2 des Gesetzes über die Eintragung von Handelsniederlassungen usw. vom 10. August 1937 [RGBl. I S. 897] — „Anmeldung der Errichtung einer Zweigniederlassung" —). Aber jedenfalls ist es begrifflich unmöglich und unstatthaft, eine Zweigniederlassung, zu deren Begriff allerdings eine eigene Leitung mit der Befugnis zu Abschlüssen von Hauptgeschäften des betreffenden Handelsunternehmens gehört, als Zentrale dieses Unternehmens zu bezeichnen, weil zum Wesen der Zweigniederlassung weiter das Dienen für die Zwecke der Hauptniederlassung und entsprechend eine gewisse Beschränkung ihrer Selbständigkeit gegenüber der Hauptniederlassung zählt. Ohne diese Zweckbestimmung und innere Beschränkung läge eine selbständige Unternehmung vor, die gerade bei der GmbH. ohne Neugründung und Eintragung rechtlich nicht bestehen könnte (§ 11 GmbHG.) und bei Inhaberschaft eines einzelnen als Einzelfirma eben ein zweites Unternehmen mit dem nämlichen Inhaber wäre, wovon gerade die Zweigniederlassung rechtlich getrennt zu halten ist. Hieraus ergibt sich mit rechtlicher Notwendigkeit, die der Vorderrichter verkannt hat, daß im Verhältnis zwischen Haupt- und Zweigniederlassung die erste allein die Zentrale sein kann, mag auch die zweite, die Zweigniederlassung, in der inneren Organisation gegenüber anderen Zweigniederlassungen oder gegenüber bloßen Verkaufsstellen (ohne die Befugnis zu geschäftlichem Handeln aus eigener kaufmännischer Entschließung) eine übergeordnete Stellung einnehmen. Welcher Art von gewerblicher Erscheinung dabei die „Verkaufsniederlassungen" der Beklagten zuzurechnen sind, kann für die hier zu treffende Entscheidung auf sich beruhen. Daher ist nach § 3 UnlWG. der Beklagten der Gebrauch der Bezeichnung „Zentrale" für ihre Berliner Zweigniederlassung zu untersagen.

---

32. Unter welchen Voraussetzungen ist anzunehmen, daß die Partei durch einen unabwendbaren Zufall am Erscheinen im Verhandlungstermine verhindert war?

ZPO. § 232 Abs. 2, §§ 233, 337, 345, 513 Abs. 2, § 566.

IV. Zivilsenat. Urt. v. 12. März 1941 i. S. Ae. (Kl.) w. Ae. (Bekl.). IV 317/40.

I. Amtsgericht Charlottenburg.
II. Kammergericht Berlin.

Die Klägerin, deren Ehe mit dem Beklagten im Jahre 1924 aus dessen alleinigem Verschulden geschieden worden ist, verlangt mit der Klage vom Beklagten die Zahlung einer monatlichen Unterhaltsrente von 170 RM. seit dem 1. November 1938 sowie weiterer 93,89 RM. nebst Zinsen. Die Klage ist darauf gestützt, daß der am 25. September 1929 zwischen den Parteien geschlossene Unterhaltsabfindungsvertrag, auf Grund dessen der Beklagte der Klägerin zur Abgeltung aller bisherigen und zukünftigen Unterhaltsansprüche 16080 RM. zu zahlen hatte und gezahlt hat, nur unter dem Druck einer Drohung des Beklagten zustande gekommen und daher durch Vertrag vom 2. März 1932 wieder aufgehoben worden sei, durch den sich der Beklagte verpflichtet habe, ihr vom 1. März 1932 bis an ihr Lebensende eine monatliche Rente von 170 RM. zu zahlen. Das Amtsgericht hat die Klage abgewiesen. Es hat angenommen, daß der Vertrag vom 25. September 1929 wirksam zustande gekommen, der Vertrag vom 2. März 1932 aber vom Beklagten nach § 123 BGB. mit Erfolg angefochten worden sei. Gegen das Urteil des Amtsgerichts hat die

Klägerin Berufung eingelegt, sie begründet und, nachdem ihr das Armenrecht versagt worden war, die ihr abgeforderte Prozeßgebühr, berechnet nach einem gemäß § 10 Abs. 2 GKG. angenommenen Streitwerte von 2133,89 RM., eingezahlt. Im Verhandlungstermine vom 22. August 1940 war sie nicht vertreten, da ihr Prozeßbevollmächtigter, Rechtsanwalt Dr. R., die Vertretung niedergelegt hatte. Daher erging in diesem Termin unter Zurückweisung eines erneuten Armenrechtsgesuchs der Klägerin gegen sie Versäumnisurteil auf Zurückweisung der Berufung. Hiergegen legte sie durch Rechtsanwalt Dr. T. Einspruch ein. Durch Beschluß vom 12. September 1940 setzte das Kammergericht den Streitwert auf Grund des § 9 ZPO. auf 25500—25600 RM. fest. Die von Rechtsanwalt Dr. T. mit einer Eingabe vom 9. Oktober 1940 erbetene Verlegung des auf den 24. Oktober 1940 bestimmten Verhandlungstermins machte das Kammergericht von der Beibringung des Einverständnisses des Gegners abhängig, das von diesem verweigert wurde. Durch eine Eingabe vom 22. Oktober 1940, die bei Gericht am folgenden Tage einging, zeigte Rechtsanwalt Dr. T. an, daß er die Klägerin nicht mehr vertrete. Darauf erging im Termine vom 24. Oktober 1940 gegen sie das zweite Versäumnisurteil, durch das ihr Einspruch verworfen wurde. Ihre Revision führte zur Aufhebung und Zurückverweisung.

Gründe:

Das angefochtene Urteil ist ein Versäumnisurteil, gegen das der Klägerin nach § 345 ZPO. kein weiterer Einspruch zusteht. Es kann daher gemäß § 566 in Verbindung mit § 513 Abs. 2 und § 549 ZPO. mit der Revision insoweit angefochten werden, als diese darauf gestützt wird, daß das Berufungsgericht unter Verletzung des Gesetzes den Fall der Versäumung angenommen habe. Die Revision macht geltend, daß die Klägerin durch unabwendbaren Zufall am Erscheinen im Termine vom 24. Oktober 1940 verhindert gewesen sei, so daß das Gericht von Amts wegen die Verhandlung über den Antrag auf das Versäumnisurteil hätte vertagen müssen (§ 337 ZPO.). Sie muß Erfolg haben.

Vorauszuschicken ist zunächst, daß die vom Berufungsgericht vorgenommene Erhöhung des bis dahin im Rechtsstreit der Gebührenberechnung zugrunde gelegten Streitwerts von 2133,89 RM. auf 25500—25600 RM. nicht gerechtfertigt war. Die Klägerin steht auf dem Standpunkt, daß die gesetzliche Unterhaltspflicht des Beklagten noch bestehe, weil der Abfindungsvertrag vom 25. September 1929 nichtig sei, und daß durch den Vertrag vom 2. März 1932 die gesetzliche Unterhaltspflicht des Beklagten lediglich ihrer Höhe nach festgelegt worden sei. Daß die vereinbarte Unterhaltsrente von monatlich 170 RM. bei einem Einkommen des Beklagten von monatlich rund 585 RM. nicht über das hinausging, was der Beklagte der Klägerin auf Grund Gesetzes als Unterhalt zu zahlen hatte, ist unbedenklich anzunehmen. Der Vertrag vom 2. März 1932 enthält auch sonst keine Bestimmungen, die die Verpflichtung des Beklagten über das Maß des von ihm nach dem Gesetze Geschuldeten hinaus erweitert hätten. In einem solchen Fall ist für die Gebührenberechnung nicht § 9 ZPO., sondern § 10 Abs. 2 GKG. maßgebend (vgl. RG. in DR. Ausg. A 1940 S. 2267 Nr. 39). Der Senat hat daher durch Beschluß vom 11. Januar 1941 den Streitwert für alle Rechtszüge auf 2133,89 RM. festgesetzt.

Nach § 337 ZPO. kann das Gericht von Amts wegen die Verhandlung über den Antrag auf ein Versäumnisurteil u. a. dann vertagen, wenn es dafür hält, daß die Partei durch Naturereignisse oder durch andere unabwendbare Zufälle am Erscheinen verhindert worden sei. Das bedeutet trotz der Fassung „kann" nach dem Grundgedanken der Vorschrift nicht, daß es im freien, durch Rechtsmittel nicht anfechtbaren Ermessen des Gerichts stände, ob es unter Ablehnung der Vertagung das Versäumnisurteil auch dann erläßt, wenn das Nichterscheinen der Partei auf einem unabwendbaren Zufall beruht. Das Gericht ist vielmehr verpflichtet, die Verhandlung zu vertagen, wenn eine der Voraussetzungen des § 337 ZPO. vorliegt. Ist gleichwohl dem Antrag auf das Versäumnisurteil stattgegeben worden, so ist das Urteil nicht „in gesetzlicher Weise" (§ 344 ZPO.), sondern verfahrenswidrig ergangen, und zwar auch dann, wenn dem Gericht die Tatsachen, die zur Vertagung hätten Anlaß geben müssen, nicht erkennbar waren (RAG. Bd. 11 S. 210; Jonas-Pohle ZPO. Bem. I 2 zu § 337, Bem. II zu § 344). Ob die Partei durch einen unabwendbaren Zufall am Erscheinen verhindert war, ist nur vom Standpunkte der Partei selbst aus zu beurteilen. Daß die Klägerin im Termine vom 24. Oktober 1940 nicht gemäß § 78 ZPO. durch einen Anwalt vertreten und daher als nicht erschienen anzusehen war, beruhte zunächst darauf, daß ihr Prozeßbevollmächtigter kurze Zeit vor dem Termine die Vertretung niedergelegt hatte. Ob dieser Umstand für sich allein die Annahme eines unabwendbaren Zufalls rechtfertigen würde, braucht nicht erörtert zu werden. Im vorliegenden Falle kommt hinzu, daß das Berufungsgericht den Streitwert in der Zeit zwischen dem Erlaß des ersten und des zweiten Versäumnisurteils ungerechtfertigterweise auf einen so hohen Betrag festgesetzt hatte, daß schon eine vermögende Partei Schwierigkeiten gehabt hätte, innerhalb der kurzen bis zum Termine noch zur Verfügung stehenden Zeit einen neuen Prozeßbevollmächtigten zu bestellen. Der Klägerin jedenfalls war es bei ihrer behördlich bescheinigten Armut und bei der Kürze der Zeit von vornherein unmöglich, den nach einem Streitwerte von 25500—25600 RM. berechneten Kostenvorschuß für einen neuen Prozeßbevollmächtigten aufzubringen oder einen Anwalt zu finden, der ihre Vertretung ohne Vorschuß übernahm. Durch die Niederlegung der Vertretung ihres bisherigen Anwalts und durch die ungerechtfertigt hohe Streitwertfestsetzung des Gerichts war für die Klägerin mithin eine Lage geschaffen worden, die von ihr auch mit dem größtmöglichen Maß von Sorgfalt und Vorsicht nicht abgewendet werden konnte. Dafür, daß sie selbst Rechtsanwalt Dr. T. berechtigten Anlaß gegeben hätte, ihre Vertretung niederzulegen, liegt nichts vor. Daß dieser die ihr gegenüber bestehende Vertragspflicht schuldhaft verletzt habe, indem er ohne wichtigen Grund zur Unzeit die Vertretung niederlegte (§ 627 Abs. 2 BGB.), kann der Klägerin nicht entgegengehalten werden, da er nach der Niederlegung der Vertretung nicht mehr als ihr Vertreter im Sinne des § 232 Abs. 2 ZPO. angesehen werden konnte (RGZ. Bd. 160 S. 378). Es kann daher offen bleiben, ob überhaupt diese Vorschrift, die an sich nur die Aufhebung der Folgen einer Versäumung betrifft, anwendbar ist, wenn es sich, wie im vorliegenden Falle, darum handelt, ob eine Versäumung, die für die Partei Rechtsnachteile verursachen kann, vorliegt.

---

33. Wird durch Unterlassung von Widerspruch gegen den Teilungsplan im Verteilungstermine die Verfolgung eines Schadensersatzanspruchs aus unrichtiger Aufstellung des Teilungsplanes ausgeschlossen?

ZVG. § 115. ZPO. §§ 876flg.

V. Zivilsenat. Urt. v. 20. März 1941 i. S. Deutsches Reich (Bekl.) w. H. (Kl.). V 102/40.

I. Landgericht Glatz.

Der Kläger und der Vater seiner von ihm geschiedenen Ehefrau, der am 26. April 1937 verstorbene Landwirt R., waren je zur Hälfte Miteigentümer des Grundstücks G. Bl. 15. Nur auf der Hälfte des R. lastete für dessen Tochter, die vormalige Ehefrau des Klägers, unter Abt. II Nr. 11 des Grundbuchs eine Leibrente und ein Altenteil. Auf R.s Antrag fand im Jahre 1935 die Teilungsversteigerung des Grundstücks statt; am 13. März 1935 wurde es dem Antragsteller R. unter Bestehenbleiben eingetragener Belastungen, darunter auch der Post II Nr. 11, für sein Meistbargebot von 20000 RM. zugeschlagen. Im Verteilungstermin vom 8. Mai 1935 blieb unberücksichtigt, daß die zu übernehmende Post II Nr. 11 mit einem Anrechnungswerte von 6000 RM. ganz zu Lasten des Erstehers R. ging und daher mit der Hälfte des Betrags zugunsten des Klägers auszugleichen war. Wäre das geschehen, so würde auf eine nicht übernommene Hypothek von 10000 RM., die einem Bruder des Klägers, dem Landwirt Alfred H., an dessen Eigentumshälfte zustand, ein um 3000 RM. höherer Betrag zur Hebung gekommen sein, während dieser Bruder jetzt mit 4685,92 RM. ausgefallen ist.

Mit einer Eingabe vom 4. Mai 1935 hatte der Kläger den Ausgleichungsanspruch durch seinen Rechtsanwalt K. zur Berücksichtigung bei der Verteilung angemeldet. Im Verteilungstermine war außer dem Kläger und dem seinen Rechtsanwalt vertretenden Bürovorsteher auch der Bruder des Klägers, Alfred H., zugegen gewesen. Die Niederschrift besagt, daß über den aufgestellten — die Ausgleichung nicht vorsehenden — Teilungsplan sofort verhandelt und daß ein Widerspruch weder erhoben worden, noch von Amts wegen zu berücksichtigen gewesen sei. Die Verteilung hatte sofort stattgefunden. Noch an demselben Tage hatte der Rechtsanwalt K. namens des Klägers schriftlich Widerspruch eingelegt, womit er die Nichtberücksichtigung des Ausgleichsanspruchs als völlig unverständlich rügte und ausführte, daß die Verteilung, soweit nicht Gläubiger zu befriedigen waren, nicht Sache des Verfahrens, der Überschuß vielmehr mangels Einigung der Miteigentümer zu hinterlegen gewesen sei. Eine gegen die Nichtberücksichtigung eingelegte sofortige Beschwerde hat der

Anwalt des Klägers nach Hinweis auf ihre Unzulässigkeit zurückgenommen.

Der Kläger trägt vor, daß er mit Ausgleichsklage zunächst seinen früheren Miteigentümer R. unter Streitverkündung an den Beklagten in Anspruch genommen habe, daß er aber mit dieser Klage durch Urteil des Oberlandesgerichts B. vom 12. Dezember 1938 abgewiesen worden sei, weil einen Bereicherungsanspruch nicht er, sondern nur sein Bruder Alfred H. wegen seines Ausfalls in der Zwangsversteigerung geltend machen könne; eine von ihm schon dort behauptete Abtretung des Anspruchs seines Bruders an ihn sei als nicht genügend erwiesen angesehen worden.

Indem er, jetzt gestützt auf eine Abtretung seines Bruders vom 7. Mai 1939, weiter behauptet, daß sich im R.schen Nachlasse keinerlei Masse mehr befinde, nachdem das Grundstück G. Bl. 15 Erbhof geworden und auf eine Enkelin R.s übergegangen sei, fordert er mit der Klage nunmehr aus dem Rechte seines Bruders Schadensersatz vom verklagten Deutschen Reich wegen Amtspflichtverletzung des Versteigerungsrichters. Seinem Antrage gemäß ist der Beklagte verurteilt worden, ihm 3000 RM. nebst Zinsen zu zahlen. Der Beklagte hatte dem Amtsgerichtsrat V. in F. den Streit verkündet, der jedoch dem Verfahren nicht beigetreten ist. Die vom Beklagten mit Einwilligung des Gegners unmittelbar eingelegte Revision führte zur Aufhebung und Zurückverweisung an das Oberlandesgericht.

Aus den Gründen:

Das Landgericht begründet die Verurteilung wie folgt: Daß dem verstorbenen R. aus dem Versteigerungserlöse 3000 RM. zugeflossen seien, die Alfred H. zugestanden hätten, bestreite auch der Beklagte nicht. Durch diese unrechtmäßige Verteilung habe der Versteigerungsrichter eine ihm gegenüber Alfred H. obliegende Amtspflicht verletzt, ohne sich damit entlasten zu können, daß jener im Verteilungstermin am 8. Mai 1935 zugegen gewesen sei und gegen den Teilungsplan keinen Widerspruch erhoben habe. Im Unterlassen des Widerspruchs könne keine Versäumung eines Rechtsmittels im Sinne des § 839 Abs. 3 BGB. gefunden werden, weil Alfred H. darauf habe vertrauen dürfen, daß der Versteigerungsrichter den gesetzlichen Verteilungsvorschriften genügen werde und daß in dem Verteilungsplane, den er zwar wohl verstanden, dessen Unrichtigkeit er aber nicht erkannt habe, seine Ansprüche gewahrt sein würden. Das Versagen anderweiter Ersatzmöglichkeit ergebe sich aus den Akten über die Verwaltung des Nachlasses R. Verjährung liege nicht vor, weil Alfred H. von seinem Anspruch erst im Vorprozeß durch das Berufungsurteil vom 12. Dezember 1938 sichere Kenntnis erlangt habe. Angriffe der Revision richten sich gegen die Auslegung des § 839 Abs. 3 BGB., gegen die Verneinung anderweiter Ersatzmöglichkeit und gegen die Verwerfung der Verjährungseinrede.

1. Gegen die Ausführungen des angefochtenen Urteils, die dahin gehen, dem Klageanspruch stehe nicht entgegen, daß der geschädigte Hypothekengläubiger Alfred H. im Verteilungstermine vom 8. Mai 1935 dem Teilungsplane nicht widersprochen habe, wendet sich die Revision nur unter dem Gesichtspunkt, ob sich Alfred H. damit eines die Ersatzpflicht des Beklagten ausschließenden, fahrlässigen Nichtgebrauchs eines Rechtsmittels schuldig gemacht habe (§ 839 Abs. 3 BGB.). Darüber hinaus war aber nach § 559 ZPO. zugunsten der Verteidigung des Beklagten zu prüfen, ob nicht auch abgesehen von der Frage eines Verschuldens im Sinne der genannten Vorschrift die Ersatzpflicht des Beklagten nach den das Verteilungsverfahren regelnden gesetzlichen Bestimmungen schon durch das bloße Unterlassen des Widerspruchs im Verteilungstermin ausgeschlossen wurde. Nach § 877 Abs. 1 ZPO., der, wie die Vorschriften der §§ 876 bis 882 daselbst überhaupt, auf das Verfahren der Teilungsversteigerung eines Grundstücks gemäß §§ 180, 105 flg., § 115 Abs. 1 ZVG. entsprechende Anwendung findet, wird gegen einen Gläubiger, der im Verteilungstermine weder erschienen ist noch vor dem Termine beim Gericht Widerspruch erhoben hat, angenommen, daß er mit der Ausführung des Planes einverstanden sei, und diese Folgerung gilt auch gegen einen Gläubiger, der im Verteilungstermine zwar erschienen war, aber weder dem Teilungsplan ausdrücklich widersprochen, noch sich ausdrücklich dem von einem anderen erhobenen Widerspruch angeschlossen hat (Jonas-Pohle ZPO. 16. Aufl. Bem. I zu § 877 unter Bezugnahme auf RGZ. Bd. 26 S. 423 flg.; Jäckel-Güthe ZVG. 7. Aufl. S. 551 Bem. a zu § 877 ZPO.). Alfred H. war erschienen, hat aber, was die Niederschrift ergibt und auch der Kläger nicht bestreitet, weder dem erst im Termin aufgestellten Teilungsplane selbständig widersprochen, noch sich den schriftlich vorliegenden Widerspruch zu eigen gemacht, der in der Geltendmachung des Ausgleichungsanspruchs

seines Bruders, des Klägers, durch dessen Rechtsanwalt K. laut der Eingabe vom 4. Mai 1935 zu finden war. Ohne solche Aneignung konnte aber zugunsten von Alfred H. kein Widerspruch seines Bruders, obwohl sich mit diesem sein eigener Widerspruch nach Grund und Ziel gedeckt haben würde, wirksam werden. Mochte jene Eingabe allerdings als vor dem Verteilungstermine schriftlich erhobener Widerspruch gegen den demnächst aufgestellten Teilungsplan anzuerkennen und als solcher im Verteilungstermine nach § 115 Abs. 1 ZVG. selbst dann zu behandeln und zu berücksichtigen gewesen sein, wenn von dem erschienenen Widersprechenden (Kläger) nicht nochmals ausdrücklich widersprochen, sondern, wie hier, geschwiegen wurde, so handelt es sich doch nur um einen Widerspruch des Klägers aus eigenem Rechte, nicht aus dem Rechte des Bruders, dessen Schaden hier allein in Frage steht. Im Verteilungstermine stand aber jeder Beteiligte für sich. Dem durch die Art der Verteilung bedrohten Hypothekengläubiger konnte der Widerspruch eines anderen, des bisherigen Grundstückseigentümers und Hypothekenschuldners, mag es auch sein Bruder sein, als solcher nicht zustatten kommen. In der Übergehung dieses Widerspruchs war auch eine Alfred H. gegenüber begangene Amtspflichtverletzung des Versteigerungsrichters nicht zu finden, und zugunsten eines Schadensersatzanspruchs seines Bruders kann sich der Kläger auf einen nur von ihm persönlich eingelegten Widerspruch nicht berufen.

Ist demnach davon auszugehen, daß gegen Alfred H. mangels eines von ihm im Verteilungstermin eingelegten Widerspruchs die Annahme seines Einverständnisses mit der „Ausführung des Planes" eingreift, so kann doch dem Landgericht nicht entgegengetreten werden, wenn es sich im angefochtenen Urteil zwar nicht ausdrücklich, aber mittelbar auf den Standpunkt gestellt hat, daß aus jenem Einverständnis die weittragende Folgerung einer Preisgabe des Schadensersatzanspruchs nicht gezogen werden dürfe, der dem Schweigenden aus einer bei Aufstellung des Teilungsplans ihm gegenüber begangenen Amtspflichtverletzung erwachse. Das anzunehmende Einverständnis mit der Ausführung des Teilungsplans ist dahin zu begrenzen, daß der Gläubiger der Durchführung der Verteilung gemäß dem Teilungsplane sich nicht widersetzen, das Verteilungsverfahren nicht hemmen wolle (vgl. über die rein verfahrensrechtliche Bedeutung der Vorschrift besonders Seuffert-Walsmann ZPO. 12. Aufl.

Bem. 1 zu § 877 Abs. 1, Bem. 2b zu § 878 Abs. 2; RGZ. Bd. 39 S. 377 [380], Bd. 76 S. 379 [381 unten]). Es darf aber nicht ausdehnend dahin ausgelegt werden, daß sich der Gläubiger damit kraft sachlichrechtlichen Verzichts der Ansprüche begeben wolle, die ihm etwa aus einer zur Zeit der Widerspruchsmöglichkeit noch nicht erkennbaren und übersehbaren, geschweige denn erkannten und übersehenen Amtspflichtverletzung bei Aufstellung des Teilungsplanes erwachsen könnten. Eine Folge von solcher sachlichrechtlichen Tragweite aus der auf bloßes Schweigen im Verteilungstermine begründeten Unterstellung des Einverständnisses mit der Ausführung des Planes herzuleiten, kann nicht als Wille des Gesetzes angesehen werden. Es sei auf § 878 Abs. 2 ZPO. verwiesen, wonach die Befugnis des widersprechenden Gläubigers, sein besseres sachliches Recht gegen einen befriedigten Gläubiger im Wege der Klage geltend zu machen, durch die Versäumung der Frist des Abs. 1 und durch die Ausführung des Planes nicht ausgeschlossen wird. Wenn diese Vorschrift zwar nur von dem widersprechenden Gläubiger handelt, so ist doch in der Rechtsprechung anerkannt, daß aus ihr kein Schluß auf das Gegenteil zuungunsten des Nichtwidersprechenden entnommen werden darf. Auch diesem bleibt daher die Befugnis der Durchsetzung seines besseren Rechts außerhalb des Verteilungsverfahrens gewahrt. Handelt es sich freilich im vorliegenden Falle nicht um einen (Rang-) Streit mehrerer Gläubiger untereinander und nicht um einen Anspruch, welcher der schon zur Zeit des Verteilungsverfahrens bestehenden sachlichen Rechtslage entspringt, so muß doch zugunsten eines Schadensersatzanspruchs aus Amtspflichtverletzung des Versteigerungsrichters, der erst im Laufe des Verteilungsverfahrens durch unrichtige Aufstellung des Teilungsplans entsteht, in gleicher Weise die Rechtsverfolgung außerhalb des Verteilungsverfahrens offen gehalten werden. Allerdings ist der Schaden des Gläubigers Alfred H. nicht schon durch die Aufstellung des Teilungsplans allein, sondern erst dadurch entstanden, daß die Verteilung diesem Plane gemäß durchgeführt wurde. Aber der ursächliche Zusammenhang ist damit nicht unterbrochen; vielmehr stellt sich die planmäßige Verteilung gerade als die regelmäßige, dem natürlichen Verlaufe der Dinge entsprechende Folge der (unrichtigen) Planaufstellung dar. Die Unterstellung einer Genehmigung des falschen Teilungsplans im Sinn eines Verzichts auf die sachlichrechtliche Haftung aus der Amtspflichtverletzung ist der bloßen Unterlassung eines Widerspruchs im Verteilungsverfahren gegen die Ausführung des Teilungsplans nicht zu entnehmen.

Daß in der dem § 182 Abs. 2 ZVG. zuwiderlaufenden Aufstellung des Teilungsplans eine auch Alfred H. als dem beteiligten Hypothekengläubiger gegenüber begangene, fahrlässige Amtspflichtverletzung des für die Aufstellung verantwortlichen Zwangsversteigerungsrichters lag, hat das Landgericht rechtlich bedenkenfrei und ohne Bestreiten des Beklagten angenommen. Von dieser Voraussetzung aus genügte demnach die bloße Tatsache der Unterlassung des Widerspruchs im Verteilungsverfahren als solche zur Abweisung der Klage nicht. Doch ist weiter zu prüfen, ob der Klageanspruch nach § 839 Abs. 3 BGB. deshalb ausgeschlossen ist, weil in dem Unterlassen des Widerspruchs der schuldhafte Nichtgebrauch eines Rechtsmittels zu erblicken sei. Gemäß der weiten Auslegung, welche die Rechtsprechung dem Begriffe des Rechtsmittels im Sinne des § 839 Abs. 3 gegeben hat, ist auch der Widerspruch im Verteilungsverfahren, der unmittelbar der Abwendung des aus unrichtiger Verteilung drohenden Schadens dient, als Rechtsmittel im Sinne der genannten Vorschrift anzusehen. Es kommt deshalb auf die Frage an, ob der Nichtgebrauch unter den vorliegenden Umständen schuldhaft war. Dagegen, daß dies das Landgericht verneint hat, wendet sich die Revision des Beklagten in erster Reihe. Auf die (naheliegende) Möglichkeit, daß dem Alfred H., solange er im Verteilungstermine noch widersprechen konnte, die Eingabe seines Bruders vom 4. Mai 1935 und ihre Begründung bekannt geworden sei, was ihn um so mehr hätte veranlassen können, sich wenigstens dem Widerspruch seines Bruders anzuschließen, ist mangels dahingehender Behauptungen des Beklagten nicht einzugehen. Konnte aber das Landgericht bedenkenfrei annehmen, daß der Bruder des Klägers, ein dörflicher Land- und Gastwirt, als Laie in rechtlichen Dingen und besonders in den schwierigen Fragen des Zwangsversteigerungsverfahrens die Unrichtigkeit des Teilungsplans, vor den er erst im Verteilungstermine gestellt wurde, nicht erkannt hat, so ist ihm auch darin beizutreten, daß es dem Bruder des Klägers die Versäumung besserer Vorbereitung auf den Verteilungstermin und namentlich der Zuziehung eines rechtskundigen Beraters nicht als Verschulden bei Unterlassung des Widerspruchs zugerechnet hat. Die Revision versucht, aus § 115 Abs. 1 Satz 1 ZVG., wonach über den Teilungsplan sofort zu verhandeln ist, eine besondere, hier durch Nichterfüllung schuldhaft verletzte Verpflichtung des anwesenden Bruders des Klägers zur sorgfältigen Prüfung des aufgestellten Teilungsplans herzuleiten. Aber dem verantwortlichen, sachkundigen Leiter des Verteilungsverfahrens gegenüber durfte Alfred H. darauf vertrauen, daß der Plan, für dessen Prüfung nur geringe Zeit zur Verfügung stand, nicht gegen die Vorschrift des § 182 Abs. 2 ZVG. aufgestellt sein würde. In Betreff der unterlassenen Zuziehung rechtskundigen Beistandes macht die Revision für sich eine Entscheidung des III. Zivilsenats des Reichsgerichts III 120/35 vom 29. November 1935 geltend, wo gegen den Anspruch aus Amtspflichtverletzung des Zwangsversteigerungsrichters in den Entscheidungsgründen allerdings allgemein ausgeführt ist, daß, wenn der Laie mit seinen Rechtskenntnissen der Lage nicht gewachsen sei — und das sei für Fragen des Zwangsversteigerungsverfahrens in aller Regel der Fall und jedermann geläufig —, sein Verschulden schon darin liege, daß er nicht rechtzeitig einen rechtskundigen Berater zugezogen habe. Aber jener Fall lag wesentlich anders als der hier gegebene. Dort handelte es sich um die Versäumung rechtzeitiger Beschwerde gegen einen Zuschlagsbescheid und konnte dem Laien zugemutet werden, daß er sich über die Möglichkeiten einer Anfechtung der ihm vorliegenden gerichtlichen Entscheidung rechtzeitig unter Befragung eines Rechtskundigen unterrichtete. Im vorliegenden Falle dagegen würde die Bejahung des Verschuldens voraussetzen, daß in einem Verfahren, für welches kein Anwaltszwang besteht, jeder daran Beteiligte verpflichtet wäre, sich gegen mögliche Verletzungen der gesetzlichen Vorschriften durch den leitenden Richter mittels Zuziehung rechtskundigen Beistandes im voraus zu sichern. Daß der III. Zivilsenat mit jener Ausführung eine so weitgehende Verpflichtung habe feststellen wollen, kann seinem in der Besonderheit des Falles wurzelnden Ausspruch nicht entnommen werden.

2. In der Nichtanwendung des § 839 Abs. 3 BGB. ist hiernach kein Rechtsfehler des angefochtenen Urteils zu erblicken. Zu rechtlichen Bedenken geben dagegen die kurzen Begründungen Veranlassung, mit denen der Vorderrichter die Einwendungen des Beklagten aus § 839 Abs. 1 Satz 2 und § 852 BGB. zurückweist (wird näher dargelegt).

34. Stehen einer Person, die wegen einer im Betriebe der Reichsbahn erlittenen Dienstbeschädigung Versorgungsansprüche nach dem Wehrmachtfürsorge- und -versorgungsgesetze hat, daneben gegen die Reichsbahn Ansprüche nach bürgerlichem Recht oder nach den Haftpflichtgesetzen zu?

Wehrmachtfürsorge- und -versorgungsgesetz vom 26. August 1938 (RGBl. I S. 1077) — WFVG. — § 134 Abs. 1.

VIII. Zivilsenat. Urt. v. 12. März 1941 i. S. F. u. G. B. (Kl.) w. Deutsche Reichsbahn (Bekl.). VIII 7/41.

I. Landgericht Wien.
II. Oberlandesgericht daselbst.

Der Vater der minderjährigen Kläger war am 18. Juli 1939 als Pionier zum Wehrdienst eingerückt und wurde am 11. Oktober 1939 am Bahnhofe L. beim Verschieben des Eisenbahnpionierzugs, dem er zugeteilt war, getötet. Die Kläger behaupten, daß der Unfall auf das Verschulden des Eisenbahnunternehmens und der Personen, deren es sich zum Betriebe bediente, zurückzuführen sei, und erheben Ersatzansprüche gemäß § 1327 ABGB. Dabei bringen sie von der beanspruchten Rente den Betrag von monatlich 46,80 RM. in Abzug, den sie teils von der Reichsversicherungsanstalt für Angestellte, teils auf Grund des § 104 WFVG. beziehen. Die beklagte Reichsbahn beantragt Klageabweisung, u. a. weil nach § 134 WFVG. Versorgungsberechtigte für eine Wehrdienstbeschädigung und ihre Folgen gegen das Reich Ansprüche nur nach diesem Gesetz erheben könnten. Damit seien weitergehende Ansprüche auch gegen die Reichsbahn ausgeschlossen, da diese mit dem Reiche wesenseins sei. Die Hinterbliebenen eines Soldaten, der einem Eisenbahnunfall zum Opfer gefallen sei, könnten keine höheren Ansprüche erheben als die Hinterbliebenen eines vor dem Feinde Gefallenen.

Die Klage ist vom Landgericht und Oberlandesgericht abgewiesen worden. Auch die Revision der Kläger blieb erfolglos aus folgenden

Gründen:

Die Revision bestreitet die von den Vordergerichten angenommene Wesenseinheit von Reich und Reichsbahn, da zwischen dem Reich als Träger von Hoheitsrechten einerseits und der Reichsbahn, die bloß wirtschaftliche und Vermögensbelange des Reiches wahrzunehmen habe, zu unterscheiden sei. Übrigens ergebe sich aus den Bestimmungen des Reichsbahngesetzes über das Sondervermögen der Reichsbahn und die getrennte Haftung für Verbindlichkeiten des Reiches und der Reichsbahn, daß beide einander nicht gleichzusetzen seien. Der Wehrmachtangehörige, der die Eisenbahn benutze, sei den besonderen Gefahren dieses Betriebes ausgesetzt, müsse daher auch den diesen Gefahren entsprechenden besonderen Schutz des Eisenbahnhaftpflichtgesetzes genießen. Im Gesetze werde die Anwendbarkeit der Haftpflichtgesetze nicht ausdrücklich ausgeschlossen; es könne daher nicht angenommen werden, daß der im Eisenbahnbetriebe verunglückte Wehrmachtangehörige und seine Hinterbliebenen schlechter gestellt seien als eine andere Person und deren Hinterbliebene. Wenn das Oberkommando der Wehrmacht den nachgeordneten Dienststellen untersagt habe, Rückgriffsansprüche gegen die Reichsbahn geltendzumachen, so könne dies die Hinterbliebenen eines Wehrmachtangehörigen nicht hindern, den Unterschied zwischen ihren Versorgungsgebührnissen und dem, was sie aus sonstigen Rechtsgründen zu fordern hätten, von der Reichsbahn zu fordern. Diesen Rechtsausführungen kann indessen nicht zugestimmt werden.

Mit Rücksicht auf den Ort, an dem sich der Schadensfall ereignete, ist die Haftung für den Schaden gemäß den Grundsätzen des zwischengebietlichen Rechts nach ostmärkischem Rechte zu beurteilen. Die Einheit der Reichsbahn schließt nicht aus, daß für sie und ihre Rechtsbeziehungen je nach dem Ort ihrer Betätigung verschiedene gesetzliche Vorschriften der einzelnen Landesgesetze Anwendung finden (RGZ. Bd. 163 S. 66). Daher kommen die Bestimmungen des 30. Hauptstücks des Allgemeinen Bürgerlichen Gesetzbuches und, da sich der Schadensfall vor dem 1. Juni 1940 ereignet hat, das österreichische Haftpflichtgesetz vom 5. März 1869 (RGBl. Nr. 27) in Betracht. Das Reichshaftpflichtgesetz ist nach Art. VII der Verordnung vom 3. Mai 1940 (RGBl. I S. 713) nur auf spätere Schadensfälle anzuwenden.

Die Bestimmungen des bürgerlichen Rechts und des Eisenbahnhaftpflichtgesetzes, nach denen wegen eines Unfalls von der Eisenbahnunternehmung Schadensersatz verlangt werden kann, haben schon durch die Bestimmungen des österreichischen Arbeiterunfallversicherungsgesetzes vom 28. Dezember 1887 (öst. RGBl. 1888 Nr. 1) sowie des Gesetzes vom 20. Juli 1894 (öst. RGBl. Nr. 168) eine beträchtliche

Einschränkung erfahren, die der nach § 898 RVO. entspricht. Nach § 46 des Arbeiterunfallversicherungsgesetzes konnte ein Arbeiter von der Unternehmung Schadensersatz nur begehren, wenn die Unternehmung oder ihr gesetzlicher Vertreter den Schaden vorsätzlich herbeigeführt hatte. Durch das an zweiter Stelle genannte Gesetz wurde die Unfallversicherung auf alle Betriebsbeamten der Eisenbahn, ferner auf die von der Eisenbahn freiwillig versicherten Personen ausgedehnt. Dabei wurde ausgesprochen (Art. VII Abs. 4), daß ein nach gesetzlicher Vorschrift Versicherter oder ein freiwillig versicherter Staatsbediensteter, der von der Eisenbahn nach den bestehenden Vorschriften unentgeltlich zu befördern war (z. B. ein Postbeamter), wenn er einen Unfall erlitt, gegen die Eisenbahnunternehmung, vom Falle vorsätzlicher Beschädigung abgesehen, keinen Ersatzanspruch, insbesondere auch keinen Anspruch nach dem Eisenbahnhaftpflichtgesetz, habe. Der Gedanke, der diesen Bestimmungen zugrunde lag, war der, den genannten Personen an Stelle des nur in einem mit Mühe, Kosten und Wagnis verbundenen Rechtsstreite durchzusetzenden Anspruchs gegen die Eisenbahn einen rasch und mit Sicherheit durchzusetzenden, wenn auch vielleicht geringeren Anspruch gegen die Versicherungsanstalt zu geben (vgl. Wachtel Erläuterungsbuch zum öst. Eisenbahnhaftpflichtgesetze 1909 S. 80).

Einen ähnlichen Gedanken verfolgte die Beamten- und Militärunfallfürsorgegesetzgebung des Deutschen Reiches (vgl. Brand Das Deutsche Beamtengesetz 3. Aufl. S. 670 flg.). Schon das Gesetz vom 18. Juni 1901 (RGBl. S. 211) hatte verfügt, daß Beamte der Reichszivilverwaltung und des Soldatenstandes, die in unfallversicherungspflichtigen Betrieben beschäftigt werden, und ihre Hinterbliebenen vom Reich eine Pension oder Rente erhalten. § 12 Abs. 2 bestimmte: „Weitergehende Ansprüche als auf diese Bezüge stehen dem Verletzten und dessen Hinterbliebenen gegen das Reich und die Bundesstaaten nicht zu." Damit waren Ansprüche gegen das Reich auf Grund der Bestimmungen des Bürgerlichen Gesetzbuches und des Reichshaftpflichtgesetzes ausgeschlossen. Ausgeschlossen wären auch Ansprüche gegen die vom Reiche selbst betriebenen Bahnen gewesen. Auf die strittige Frage, ob nicht auch Ansprüche gegen die Reichsbahn ausgeschlossen waren, solange diese von der 1924 gegründeten Reichsbahn-Gesellschaft betrieben wurde (vgl. K. Fritsch Eisenbahngesetzgebung 3. Aufl. S. 200 flg.), ist hier nicht einzugehen.

Das Beamtenunfallfürsorgegesetz vom Jahre 1901 wurde für Personen des Mannschaftsstandes durch das Gesetz vom 31. Mai 1906 (RGBl. S. 593), dieses wiederum durch das Reichsversorgungsgesetz vom 12. Mai 1920 (RGBl. S. 989) abgelöst, das wiederholt geändert worden ist und mit Verordnung vom 1. April 1939 (RGBl. I S. 663) eine Neufassung erhalten hat. § 86 dieses Gesetzes, das auf Grund der Verordnung vom 24. September 1938 (RGBl. I S. 1196) für Soldaten gilt, die ihre Dienstleistung in der Wehrmacht der Ostmark vor dem 14. März 1938 beendet haben, und auf Grund der Verordnung vom 15. Juni 1938 (RGBl. I S. 631) auch im Rahmen des mehrfach geänderten Wehrmachtversorgungsgesetzes vom 4. August 1921 (RGBl. S. 993) auf Soldaten anwendbar ist, die ihre Wehrdienstleistung in der Ostmark in der Zeit vom 14. März bis 30. September 1938 beendet haben, bestimmte in seiner ursprünglichen Fassung: „Die nach diesem Gesetze versorgungsberechtigten Personen haben aus dem Grunde einer Dienstbeschädigung gegen das Reich nur die auf diesem Gesetz beruhenden Ansprüche." Nach diesem Gesetze blieben die Ansprüche, welche beschädigte Soldaten der einstigen Wehrmacht und ihre Hinterbliebenen nach bürgerlichem Recht gegen die Eisenbahnen zu erheben hatten, regelmäßig unberührt, weil diese damals (1920) nicht vom Reiche, sondern von den einzelnen Bundesstaaten betrieben wurden. Als in Ausführung des Art. 89 WeimVerf. das Reich die dem allgemeinen Verkehr dienenden Eisenbahnen (durch Staatsvertrag mit den Bundesstaaten) in sein Eigentum und seine Verwaltung übernommen hatte (Gesetz vom 30. April 1920 [RGBl. S. 773]), wurde von dem Grundsatze, daß das Reich nur nach dem Reichsversorgungsgesetz haftet, eine Ausnahme gemacht und durch das Gesetz vom 22. Juni 1923 (RGBl. I S. 513) dem oben angeführten Absatz 1 des § 86 beigefügt: „Unberührt bleiben jedoch die Ansprüche aus dem Reichshaftpflichtgesetz vom 7. Juni 1871 (RGBl. S. 207)." Dabei beweist das Wort „jedoch", daß die Ansprüche, die gegen einen im Reichshaftpflichtgesetze genannten Betrieb des Reiches, also die Reichsbahn, gerichtet wurden, als Ansprüche gegen das Reich zu verstehen sind. Dieser Zusatz ist in die noch heute geltende Fassung des Reichsversorgungsgesetzes übergegangen.

Wenn daher im vorliegenden Rechtsstreite die beklagte Partei mit Zustimmung des Erstgerichts versucht, aus der erwähnten Anordnung des Oberkommandos der Wehrmacht abzuleiten, daß bei

Dienstbeschädigung von Soldaten die Geltendmachung von Ansprüchen aus dem Eisenbahnhaftpflichtgesetze gegen die Reichsbahn ausgeschlossen sei, so ergibt sich für die nach dem Reichsversorgungsgesetz und dem Wehrmachtversorgungsgesetze versorgungsberechtigten Personen das Gegenteil aus einer ausdrücklichen Bestimmung des § 86 Abs. 1 des Reichsversorgungsgesetzes. Die genannte Anordnung kann sich daher nur auf Rückgriffsansprüche des Reiches im Sinne des § 86 Abs. 2 des Reichsversorgungsgesetzes, des § 134 Abs. 2 WFVG. und des § 139 DBG. beziehen, läßt aber keinen Rückschluß darauf zu, wie vom Oberkommando der Wehrmacht die Bestimmung des § 134 Abs. 1 WFVG. ausgelegt wird.

Allein die im Jahre 1923 eingefügte Bestimmung des Reichsversorgungsgesetzes blieb eine vereinzelte Maßnahme. Im übrigen kehrte die Gesetzgebung zu dem schon im Beamtenunfallfürsorgegesetz vom 18. Juni 1901 (RGBl. S. 211) ausgesprochenen Grundsatze zurück, daß im öffentlichen Dienste stehende Personen und ihre Hinterbliebenen, die auf Grund der Unfallversorgungsgesetzgebung einen Anspruch haben, gegen das Reich keinerlei weitere Ansprüche haben, insbesondere keinen nach dem Reichshaftpflichtgesetz, damit aber auch keinen nach dem österreichischen Eisenbahnhaftpflichtgesetz. Der im vorliegenden Fall in Frage kommende § 134 Abs. 1 WFVG. schließt deutlich alle Ansprüche gegen das Reich aus, die nicht aus dem Wehrmachtfürsorge- und -versorgungsgesetz selbst hervorgehen, und § 124 DBG. schließt Schadensersatzansprüche von Beamten in einem noch weitergehenden Umfang aus. Der abweichende Wortlaut dieser Bestimmungen von dem dem Gesetzgeber vorliegenden Wortlaute des § 86 des Reichsversorgungsgesetzes beweist, daß eine Abweichung von der aus besonderen Gründen für die Angehörigen der früheren Wehrmacht geschaffenen Regelung beabsichtigt war.

Für den Bereich des Reichsversorgungsgesetzes und des Wehrmachtversorgungsgesetzes wollte man durch den im Gesetze vom 22. Juni 1923 (RGBl. I S. 513) verfügten Zusatz zu § 86 Abs. 1 den Wehrmachtsangehörigen aus der Zeit des Weltkrieges und der Nachkriegszeit die nach dem Mannschaftsversorgungsgesetze vom 31. Mai 1906 möglichen Ansprüche gegen die vormals bundesstaatlichen Eisenbahnen auch nach ihrer Verreichlichung belassen (vgl. RGZ. Bd. 108 S. 151). Hingegen haftet nach den neueren Gesetzen (WFVG. und DBG.) das Reich bei Dienstbeschädigungen nur im

Rahmen der durch diese Gesetze gewährten Versorgungsansprüche. Die gegenteilige Bestimmung des Reichsversorgungsgesetzes ist eine auf einen bestimmten Personenkreis beschränkte, der Verallgemeinerung nicht fähige Ausnahmebestimmung.

Die Kläger versuchen zwar auch mit der Revision, dieser Folgerung durch die Behauptung entgegenzutreten, daß die Deutsche Reichsbahn auf Grund der Stellung, die sie durch das Reichsbahngesetz vom 4. Juli 1939 (RGBl. I S. 1205) erhalten habe, eine vom Reich verschiedene Rechtspersönlichkeit sei. Allein dem kann nicht zugestimmt werden. In dem Gesetz zur Neuregelung der Verhältnisse der Reichsbank und der Deutschen Reichsbahn vom 10. Februar 1937 (RGBl. II S. 47) und dem Reichsbahngesetz, das mit dem 12. Juli 1939 auch in der Ostmark in Kraft getreten ist, kommt mit voller Schärfe und Deutlichkeit zum Ausdruck, daß Reich und Reichsbahn nicht Rechtspersönlichkeiten nebeneinander sind, sondern eine Einheit bilden. Der Reichsbahn kommt Parteifähigkeit, aber — wie auch aus dem Gegensatze zu der für die Reichsbank getroffenen Regelung erhellt — keine Rechtspersönlichkeit zu. Das Reichseisenbahnvermögen enthält zwar außer den Vermögensstücken, die schon immer Eigentum des Reiches oder des österreichischen Bundesschatzes gewesen sind, auch Vermögen, das früher der Deutschen Reichsbahngesellschaft und dem Wirtschaftskörper Österreichische Bundesbahnen gehörte. Aber alle diese Bestandteile bilden jetzt nach § 1 Abs. 1 und 2 des Reichsbahngesetzes ein einheitliches Vermögen, für das gewisse Sonderbestimmungen gelten, das aber niemandem sonst gehört als eben dem Reich. In dieser Richtung schließt sich das Reichsgericht vollständig den Ausführungen von Knoll (DJ. Ausg. A 1941 S. 275) und den Gründen des Berufungsgerichts, insbesondere dem Satz an, daß, wo immer die Reichsbahn im Rechtsverkehr auftritt, der Handelnde, Berechtigte und Verpflichtete nur das Reich selbst ist. Wer einen Anspruch gegen die Reichsbahn erhebt, erhebt ihn gegen das Reich. Einem solchen Anspruch steht für den vorliegenden Fall § 134 Abs. 1 WFVG. entgegen.

Wenn das Berufungsgericht die Reichsbahn eine „statio fisci“ nennt, wird hierdurch die Rechtslage allerdings nicht richtig gekennzeichnet. Die „stationes fisci“ haben nur eine verwaltungsmäßige, aber — von der auf Zweckmäßigkeitsgründen beruhenden Bestimmung des § 1441 ABGB. über die Unzulässigkeit der Aufrechnung abgesehen — keine bürgerlichrechtliche Bedeutung. Es handelt sich vielmehr bei der Trennung der Haftung des Reiches für Schulden, die zum Reichseisenbahnvermögen gehören, von der Haftung für andere Schulden um eine Beschränkung der Haftung. Das Reich haftet für Schulden, die mit dem Betriebe der Reichsbahn im Zusammenhange stehen, nur mit dem Reichseisenbahnvermögen, für sonstige Schulden nur mit seinem sonstigen Vermögen. In beiden Fällen ist aber der Verpflichtete dieselbe Person, nämlich das Reich. Wenn § 134 Abs. 1 WFVG. ausspricht, daß Versorgungsberechtigte gegen das Reich eine Forderung nur nach dem Wehrmachtfürsorge- und -versorgungsgesetz haben, die gegen die Wehrmachtversorgungsbehörden geltendzumachen ist, so folgt daraus, daß zugunsten dieser Forderung nicht auf das Reichseisenbahnvermögen zurückgegriffen werden kann und daß dem Versorgungsberechtigten keine Forderung, die sich gegen das Reichseisenbahnvermögen richtet, zusteht.

---

35. 1. Bezieht sich die Übergangsbestimmung des § 95 Satz 2 EheG. auch auf Fälle, in denen die Scheidung von vornherein gemäß § 58 Abs. 2 EheG. ausgeschlossen gewesen wäre, wenn bei Eintritt der Unfruchtbarkeit das Ehegesetz schon gegolten hätte?

2. Sind, wenn der Tatrichter zum Hilfsgrunde sachlich Stellung nimmt, obwohl er der Klage schon aus dem Hauptgrunde stattgegeben hat, damit ohne weiteres die zum Hilfsgrunde getroffenen Feststellungen fehlerhaft?

EheG. § 95 Satz 2, §§ 53, 58 Abs. 2. ZPO. § 561 Abs. 2.

IV. Zivilsenat. Urt. v. 12. März 1941 i. S. Ehefrau K. (Bekl.) w. Ehemann K. (Kl.). IV 4/41.

I. Landgericht Stuttgart.
II. Oberlandesgericht daselbst.

Der im Oktober 1902 geborene Kläger und die im November 1900 geborene Beklagte haben am 21. August 1926 die Ehe miteinander geschlossen, aus der ein im Jahre 1929 geborener Sohn vorhanden ist. Der letzte eheliche Verkehr zwischen den Parteien hat im September 1938 stattgefunden. Durch Beschluß des Erbgesundheitsgerichts M.

vom 26. November 1935 ist die Unfruchtbarmachung der Beklagten wegen manisch-depressiven Irreseins angeordnet; sie ist im September 1936 unfruchtbar gemacht worden. Eine vom Kläger Ende 1935 unter Bezugnahme auf den Beschluß über die Unfruchtbarmachung erhobene Klage auf Anfechtung der Ehe wegen Irrtums ist rechtskräftig abgewiesen worden mit der Begründung, daß die Anfechtungsfrist verstrichen sei und der Kläger auch die Ehe bestätigt habe. Ebenso ist eine vom Kläger im Oktober 1938 erhobene, auf §§ 50 und 55 EheG. gestützte Scheidungsklage erfolglos geblieben, und zwar wegen örtlicher Unzuständigkeit des angerufenen Gerichts. Nunmehr hat der Kläger die Scheidung der Ehe zunächst aus §§ 53 und 55 EheG. beantragt. Die Beklagte hat um Klageabweisung gebeten. Das Landgericht hat die Klage abgewiesen. Der Kläger hat Berufung eingelegt, dabei das Klagebegehren aus § 55 EheG. fallengelassen und die Klage auf § 53 und § 50 EheG. gestützt. Das Berufungsgericht hat das Klagebegehren aus § 50 EheG. für unbegründet erachtet, die Ehe aber aus § 53 EheG. geschieden.

Auf die Revision der Beklagten wurde — unter Zurückweisung der bedingten, gegen die Abweisung des Klagebegehrens aus § 50 EheG. gerichteten Anschlußrevision des Klägers — die landgerichtliche Entscheidung wiederhergestellt.

Gründe:

Das Berufungsgericht hält das Scheidungsbegehren aus § 50 EheG. für unbegründet, da die Zerrüttung der Ehe nicht durch das Verhalten der Beklagten verursacht worden sei. Der Kläger könne sich nicht, wie er es tue, auf Sachverständigengutachten zum Beweise dafür berufen, daß ein Zusammenleben mit der geistig kranken Beklagten nicht möglich sei, sondern müsse die einzelnen auf Grund der geistigen Störung angeblich begangenen Handlungen und Unterlassungen darlegen. Das sei nicht geschehen. Der Beweisantritt mit dem Zeugnis einer Frau R. für die angebliche Mißgunst, die Eifersüchteleien und die Unverträglichkeit der Beklagten sei zu allgemein. Das gelte auch von dem sonstigen Vorbringen. Außerdem sei zu berücksichtigen, daß ein etwaiges unangebrachtes Verhalten der Beklagten in erheblichem Umfang in Verbindung gebracht werden müsse mit der eigenen, ehewidrigen Handlungsweise des Klägers. Es stehe fest, daß er auch bei entgegenkommendem Verhalten der

Beklagten zum Teil bewußt ein abweisendes und verletzendes Wesen an den Tag gelegt, und vor allem, daß er sich wiederholt ehelicher Untreue schuldig gemacht habe. In eingehender Würdigung der Einstellung und des Verhaltens des Klägers gelangt der Berufungsrichter dann zu dem Ergebnis, daß die Zerrüttung der Ehe jedenfalls nicht auf dem Verhalten der Beklagten beruhe. Begründet sei dagegen das Scheidungsbegehren aus § 53 EheG. Durch die Unfruchtbarmachung sei die Beklagte vorzeitig unfruchtbar geworden. Auf Grund der Übergangsvorschrift des § 95 Satz 2 EheG. habe die Klage auch noch erhoben werden können, obgleich der Kläger das 30. Lebensjahr vollendet habe und seit Eingehung der Ehe 10 Jahre verstrichen seien, was grundsätzlich nach § 58 Abs. 2 EheG. die Scheidung ausschließe. Die in § 58 Abs. 1 bestimmte Jahresfrist für die Erhebung der Klage würde erst in dem Augenblick zu laufen beginnen, in dem feststehen würde, daß das Kind nicht erbgesund sei. Die Entscheidung hänge also davon ab, ob hier die Ausnahmevorschrift des § 53 Abs. 2 EheG. eingreife. Dazu genüge, daß ein erbgesundes Kind vorhanden sei. Für die Ausnahmebestimmung des Abs. 2 treffe die Beklagte die Beweislast. Allerdings sei im allgemeinen die Erbgesundheit des Kindes zu vermuten. Doch lägen die Verhältnisse anders, wenn ein Elternteil nachgewiesenermaßen erbkrank sei. Zur Gefährdung des Kindes durch die Krankheit der Beklagten gehe der Sachverständige davon aus, daß die Wahrscheinlichkeit, bei dem Sohne der Parteien werde die Krankheit nicht in Erscheinung treten, etwas größer sei als die des Gegenteils. Dem Gutachten sei jedoch auch zu entnehmen, daß sich zuverlässige zahlenmäßige Feststellungen in dieser Richtung nach dem heutigen Stande der Wissenschaft nicht treffen ließen. Außerdem bestehe die große Möglichkeit, daß das Kind, auch wenn es selbst gesund bleibe, doch Anlageträger sei. Unter diesen Umständen könne die Ausnahmevorschrift des § 53 Abs. 2 EheG. keine Anwendung finden. Die Beklagte könne sich auch nicht auf § 54 EheG. berufen. Der Ausschluß der Scheidung auf Grund dieser Bestimmung müsse eine Ausnahme bleiben. In erster Reihe seien bei der Frage, ob die Scheidung sittlich nicht gerechtfertigt sei, die völkischen Belange maßgebend. Diese sprächen für die Scheidung, da bei dem Alter des Klägers sein Wunsch, eine neue Ehe einzugehen, in den Vordergrund zu stellen sei.

Die Revision der Beklagten, die sich gegen die Entscheidung des

Berufungsrichters zu § 53 EheG. wendet, ist begründet, die bedingte Anschlußrevision des Klägers, die sich gegen die Abweisung der Klage aus § 50 EheG. richtet, ist unbegründet.

I. Das Berufungsgericht hat sich auf den Standpunkt gestellt, daß hier die Scheidung der Ehe aus § 53 EheG. gemäß der Übergangsvorschrift des § 95 Satz 2 EheG. noch möglich sei, obgleich beim Kläger die Voraussetzungen des § 58 Abs. 2 EheG. vorlägen. Das Berufungsgericht hat dabei nicht berücksichtigt, daß schon zu der Zeit, als die Beklagte unfruchtbar gemacht und damit die Grundlage für die Scheidungsklage gemäß § 53 Abs. 1 EheG. geschaffen wurde, die Ehe über 10 Jahre bestanden hatte und die Parteien bereits über 30 Jahre alt waren. Das bedeutet, daß der Kläger gemäß der Bestimmung des § 58 Abs. 2 EheG. die Scheidung der Ehe wegen Unfruchtbarkeit der Beklagten nicht hätte erreichen können, wenn damals das Ehegesetz schon in Kraft gewesen wäre. Die Übergangsvorschrift des § 95 sagt allerdings in Satz 2 ganz allgemein, daß die auf § 53 EheG. gestützte Scheidungsklage, wenn die Ehe beim Inkrafttreten des Ehegesetzes bereits länger als 10 Jahre bestanden habe, noch innerhalb eines Jahres nach Inkrafttreten erhoben werden könne. Sinn und Zweck dieser Übergangsvorschrift ist aber, wie der Zusammenhang zwischen dem ersten und zweiten Satze des § 95 ergibt, nur der, dem Ehegatten die Scheidungsmöglichkeit aus § 53 auch für den Fall offenzuhalten, daß, weil das Ehegesetz noch nicht in Kraft und deshalb eine Scheidung wegen Unfruchtbarkeit nicht möglich war, inzwischen die Voraussetzungen des § 58 Abs. 2 EheG. eingetreten sind, insbesondere die Dauer der Ehe 10 Jahre erreicht hat. Der die Scheidung begehrende Eheteil soll also nicht deshalb schlechter gestellt sein, weil zu der Zeit, als die Unfruchtbarkeit des anderen Eheteils eintrat und er von ihr Kenntnis erlangte, das Ehegesetz noch nicht in Kraft war. Dagegen bestand für den Gesetzgeber keine Veranlassung, bei einer *vor* Inkrafttreten des Ehegesetzes eingetretenen Unfruchtbarkeit des einen Ehegatten dem andern eine Scheidungsmöglichkeit zu eröffnen, die ihm bei Eintritt der Unfruchtbarkeit erst *nach* Inkrafttreten des Ehegesetzes durch § 58 Abs. 2 EheG. versagt wäre. Der erkennende Senat hat diese Frage bereits in einem Urteil vom 19. August 1940 (DR. Ausg. A 1940 S. 1887 Nr. 2) behandelt und allerdings damals angenommen, daß § 95 Satz 2 EheG., so wie er gefaßt sei, sogar für die Fälle gelte, in denen auch nach neuem Recht die Scheidung aus § 53 EheG. nicht möglich sein würde, daß aber in derartigen Fällen regelmäßig die Scheidung aus dem Gesichtspunkte des § 54 EheG. heraus als sittlich nicht gerechtfertigt anzusehen sein werde. Schon diesen Gesichtspunkt hat das Berufungsgericht nicht berücksichtigt. Der erkennende Senat sieht sich aber bei Nachprüfung seines früheren Standpunktes veranlaßt, über ihn hinauszugehen und aus Sinn und Zweck der Übergangsvorschrift des § 95 EheG. zu folgern, daß diese Bestimmung sich nur auf diejenigen Fälle bezieht, in denen nach neuem Recht eine Scheidung möglich wäre. Er stimmt damit der von v. Scanzoni in seiner Anmerkung zu der oben genannten Entscheidung (a. a. O.) vertretenen Auffassung zu, daß es hier des Umwegs über § 54 EheG. nicht bedarf. Es kann nicht Sinn des Gesetzes sein, übergangsweise eine Scheidungsmöglichkeit zu geben, die weder das alte Recht kannte noch das neue Recht kennt. Die Bestimmung des § 95 Satz 2 EheG. wandelt also die Vorschrift des § 58 Abs. 2 EheG. nur in den Fällen ab, in denen diese Vorschrift nicht von vornherein das Scheidungsrecht ausgeschlossen hätte, mit anderen Worten: nur in den Fällen, in denen der Kläger nach den Bestimmungen des Ehegesetzes zeitweise auf Scheidung hätte klagen können. Da das hier nach dem Vorhergesagten nicht der Fall ist, kann der Kläger mit seinem Klagebegehren, soweit es auf § 53 EheG. gestützt ist, nicht durchdringen.

II. Es kommt deshalb für die Entscheidung darauf an, ob die von der Anschlußrevision bekämpfte Abweisung des Klagebegehrens aus § 50 EheG. gerechtfertigt ist. Dazu lassen die Ausführungen des Berufungsrichters keinen durchgreifenden Rechtsirrtum erkennen. Richtig ist allerdings, daß der Kläger den Klagegrund aus § 50 EheG. nur vorsorglich geltend gemacht hatte, so daß das Berufungsgericht zu diesem Klagegrunde nur Stellung zu nehmen hatte, wenn es dem Klagebegehren aus § 53 EheG. den Erfolg versagte; da es diesem Klagebegehren stattgab, hätte es auf § 50 nicht einzugehen brauchen. Das nimmt der Stellungnahme des Berufungsgerichts zu diesem Klagegrund aber nicht ihre sachliche Bedeutung. Daß das Berufungsgericht auf den Klagegrund des § 50 EheG. eingegangen ist, war, abgesehen von der Reihenfolge, nicht unzulässig, sondern überflüssig. Insbesondere können die vom Berufungsgericht zum Tatbestande des § 50 EheG. getroffenen tatsächlichen Feststellungen nicht etwa deshalb als verfahrensrechtlich fehlerhaft (§ 561 Abs. 2 ZPO.) angesehen werden, weil sie lediglich ein Hilfsvorbringen betreffen, auf das einzugehen das Berufungsgericht von seinem Standpunkt aus keinen Anlaß gehabt hätte. Es erscheint auch ausgeschlossen, daß die Feststellungen und Erörterungen des Berufungsgerichts zu § 50 EheG. dadurch beeinflußt sein könnten, daß es diesen Klagegrund unrichtigerweise vorweg behandelte. Deshalb besteht kein rechtlicher Grund dafür, entsprechend der Ansicht der Anschlußrevision die Ausführungen des Berufungsurteils zu § 50 EheG. als nicht geschrieben anzusehen. Es wäre auch vom Standpunkt eines vernünftigen Prozeßverfahrens aus unhaltbar, das Berufungsgericht unter Aufhebung seiner bisherigen Entscheidung zur Prüfung eines Klagegrundes anzuhalten, die es bereits vorgenommen hat und deren Ergebnis vorliegt.

Aber auch in der Sache selbst kann die Anschlußrevision keinen Erfolg haben. (Wird näher ausgeführt.)

Ist somit das Klagebegehren sowohl aus § 53 wie aus § 50 EheG. unbegründet, so ist unter Aufhebung des Berufungsurteils die Berufung des Klägers gegen das klageabweisende landgerichtliche Urteil zurückzuweisen.

---

36. 1. Zur Besetzung des Gerichts in Vertragshilfesachen nach der Verordnung über die Abwicklung von Lieferverträgen vom 20. April 1940.

2. Welche Rechtsnatur haben die in § 3 Abs. 1 und 2 das. vorgesehenen Fristen? Gibt es gegen ihre Versäumung eine Wiedereinsetzung in den vorigen Stand oder sonstige Nachsicht des Gerichts?

Verordnung über die Abwicklung von Lieferverträgen vom 20. April 1940 (RGBl. I S. 671) — VAL. — §§ 3, 4, 6, 7.

II. Zivilsenat. Beschl. v. 14. März 1941 i. S. Deutsches Reich (Antragst.) w. R. & Co. (Antragsgegn.). II B 8/40.

I. Oberlandesgericht Hamm.

Der mit sofortiger Beschwerde angefochtene Beschluß des Oberlandesgerichts ist wegen unvorschriftsmäßiger Besetzung des Gerichts aufgehoben, der Antrag auf richterliche Vertragshilfe aber wieder als unzulässig verworfen worden. Der Sachverhalt ergibt sich aus den

Gründen:

1. Der Antragsteller hat am 18. Juli 1940 mit Schriftsatz vom 28. Juni 1940 gemäß der Verordnung über die Abwicklung von Lieferverträgen vom 20. April 1940 beantragt, einen von ihm am 5. Mai 1939 mit der Gegnerin geschlossenen Vertrag auf Lieferung von Ziegelsteinen aufzuheben, soweit er nicht bereits erfüllt war, und die Entschädigung der Gegnerin auf höchstens 1000 RM. festzusetzen. Das Oberlandesgericht hat über diesen Antrag nach dem Inhalte des Beschlusses nicht in der Besetzung mit zwei Richtern und einem sachverständigen Beisitzer entschieden, wie § 4 Abs. 1 Satz 2 VAL. vorschreibt, sondern in der Besetzung mit nur zwei Richtern. Diese waren der Ansicht, der Antrag sei nach § 3 Abs. 1 Satz 2 und Abs. 2 VAL. verspätet gestellt und daher nicht mehr statthaft; für die Vorfrage, ob der Antrag wegen Verspätung als unzulässig zu verwerfen sei, sei das Gericht zur Beschlußfassung ohne mündliche Verhandlung in der Besetzung mit nur den beiden richterlichen Mitgliedern des berufenen Senates zuständig. Sie haben daher den Antrag auf Abwicklung eines Liefervertrages durch den angefochtenen Beschluß vom 1. November 1940 als unzulässig verworfen. Gleichzeitig ist gemäß § 6 Abs. 1 VAL. die sofortige Beschwerde gegen diese Entscheidung an das Reichsgericht innerhalb einer Frist von 2 Wochen seit der Zustellung für zulässig erklärt worden, weil der Sache grundsätzliche Bedeutung zukomme.

Diese Beschwerde hat der Antragsteller, nachdem ihm der Beschluß am 15. November 1940 zugestellt worden war, rechtzeitig am 27. November 1940 eingelegt. Er beantragt, den angefochtenen Beschluß aufzuheben und das Oberlandesgericht anzuweisen, in der Sache selbst zu entscheiden. Die Beschwerde ist wie folgt begründet worden: Die Entscheidung in der Besetzung mit nur zwei Senatsmitgliedern verstoße gegen die zwingende Besetzungsvorschrift der Verordnung; auch sei der Antrag nicht zu spät gestellt worden. Hiervon greift der erste Beschwerdegrund durch mit der Wirkung, daß der angefochtene Beschluß wegen nicht vorschriftsmäßiger Besetzung des Gerichts — nach § 551 Nr. 1 ZPO. unbedingter Revisionsgrund — aufzuheben ist.

Der angefochtene Beschluß meint, wenn § 4 VAL. anordne, daß das Gericht in der Besetzung mit zwei Richtern und einem sachverständigen Beisitzer entscheide, so beziehe sich diese Anordnung nur auf die Entscheidung in der Sache selbst. Es wäre umständlich und der beschleunigten Erledigung der Anträge auf Vertragshilfe abträglich, auch mit unnötigen Kosten für die Parteien verbunden, wenn rein verfahrensrechtliche Fragen, die lediglich die Zulässigkeit der Abwicklungsanträge beträfen, nur in mündlicher Verhandlung unter Zuziehung des nicht rechtskundigen Beisitzers sollten entschieden werden können. Diese Auslegung werde dem Sinne der Verordnung vom 20. April 1940 nicht gerecht, welche die Mitwirkung der sachverständigen Beisitzer offenbar wegen ihrer besonderen Sachkunde bei Lieferverträgen vorsehe und ihre Auswahl aus den Kreisen der Industrie oder des Handels anordne.

Diese Anschauung, die folgerecht dazu führen müßte, daß auch das Reichsgericht als Beschwerdegericht nach § 6 in der Besetzung mit nur drei Richtern ohne die in Abs. 2 vorgeschriebenen zwei sachverständigen Beisitzer zu entscheiden hätte, soweit es sich um „rein prozessuale Rechtsfragen" handelt, die lediglich die Zulässigkeit der Anträge betreffen, kann nicht gebilligt werden. Die Verordnung, die — im Gegensatze zu der vorausgegangenen Verordnung über die Vertragshilfe des Richters aus Anlaß des Krieges (Vertragshilfeverordnung) vom 30. November 1939 (RGBl. I S. 2329) mit Zuständigkeit der Amtsgerichte (§ 10) und Beschwerdezug an das Oberlandesgericht ohne weitere Beschwerde (§ 19) und ohne sachverständige Beisitzer — für die Abwicklung der Lieferverträge die höchsten Gerichte mit sachverständiger Beteiligung am Gerichte selbst in Anspruch nimmt, hat in § 4 Abs. 1 und § 6 Abs. 2 Spruchkörper, die sich aus Richtern und sachverständigen Beisitzern zusammensetzen, für alle und jede Entscheidung angeordnet. Sie macht keine Ausnahmen für verfahrensrechtliche Vorfragen, insbesondere die Zulässigkeit der Anträge, oder für dringliche Verfügungen, wie sie in anderen Gesetzen oder Verordnungen mannigfach vorkommen — nicht in der Vertragshilfeverordnung, wo die Zuständigkeit des Einzelrichters ohne sachverständige Beisitzer derartige Bestimmungen überflüssig gemacht hat, wohl aber z. B. schon in § 944 ZPO. (Zuständigkeit des Vorsitzenden des Gerichts der Hauptsache anstatt der Kammer oder des Senats bei dringenden Gesuchen auf Arreste und einstweilige Verfügungen), §§ 21, 37 des Gesetzes über das Reichswirtschaftsgericht vom 25. Februar 1938 (RGBl. I S. 216) (Zuständigkeit des Vorsitzenden des mit rechtsgelehrten Richtern und sachverständigen Beisitzern besetzten

Reichswirtschaftsgerichts zu alleinigen vorläufigen, aber der Rechtskraft zugänglichen Beschlüssen in allen geeigneten Fällen und zu einstweiligen Anordnungen in jeder Lage des Verfahrens), § 171 Abs. 1, § 172 des Wehrmachtfürsorge- und -versorgungsgesetzes vom 26. August 1938 (RGBl. I S. 1077) (Zuständigkeit des Präsidenten des Reichsfürsorge- und Versorgungsgerichts der Wehrmacht — nicht der Vorsitzenden der einzelnen mit ständigen und nichtständigen Mitgliedern gebildeten Senate — zur Zurückweisung unzulässiger oder verspäteter Berufungen und des Vorsitzenden des Spruchsenats zu von ihm allein zu treffenden, der Rechtskraft zugänglichen Vorentscheidungen) —. Nirgends findet sich eine Zuweisung von Entscheidungen über verfahrensrechtliche Vorfragen an den rechtsgelehrten Teil eines Spruchkörpers allein und gar an eine Zweizahl, wie das Oberlandesgericht es hier für möglich erachtet hat, wobei der verkleinerte Spruchkörper bei Meinungsverschiedenheit unter seinen Mitgliedern selbst handlungsunfähig bliebe oder doch wieder die Heranziehung des vollen Spruchkörpers nötig würde. Dazu kommt, daß sich ohne Anhalt im Gesetze schwerlich umgrenzen ließe, inwieweit die Zuständigkeit des auf die richterlichen Mitglieder beschränkten Spruchkörpers reicht. Auch die Verordnung über die Abwicklung von Lieferverträgen kennt, indem sie in § 7 auf das Verfahren § 18 Abs. 1 VHV. für sinngemäß anwendbar erklärt, einstweilige Anordnungen während des Verfahrens, ohne diese durch eine besondere Vorschrift dem Vorsitzenden zuzuweisen. Unter dem „Richter" des § 18 VHV. muß in ihr sinngemäß das mit der Sache befaßte Gericht, also der in der Verordnung für die Entscheidungen bestimmte Spruchkörper, verstanden werden. Es ließe sich nicht vertreten, daß für die einstweiligen Anordnungen in der Sache selbst die Mitwirkung des sachverständigen Beisitzers schlechthin entbehrlich sei. Gleiches gilt aber auch für die Entscheidung über die Zulässigkeit des Antrages, wozu auch die Frage gehört, ob die Verordnung auf den Gegenstand des Antrages überhaupt Anwendung finde, und für die hier besonders strittige Frage, ob der Antrag der Zeit nach statthaft sei. Denn hier kommt, allgemein gesehen, auch der in § 3 Satz 2 vorbehaltene Sonderfall einer nachträglich wieder eintretenden Statthaftigkeit in Betracht, daß nämlich nachträglich Umstände der im § 1 genannten Art eintreten. Die Entscheidung hierüber wie über die Anwendbarkeit der Verordnung überhaupt kann aber doch im Sinne der Verordnung nur unter Mitwirkung der sachverständigen Beisitzer fallen. Ihrer Stimme kann auch in reinen Verfahrensfragen die Bedeutung für eine richtige Entscheidung nicht abgesprochen werden. Betreffs der Notwendigkeit einer mündlichen Verhandlung, die der Vorderrichter für jeden Fall der Mitwirkung des sachverständigen Beisitzers anzunehmen scheint, hat § 7 VAL. auch § 14 VHV. für sinngemäß anwendbar erklärt. Daraus ergibt sich, daß zwar nach § 14 Abs. 1 VHV. der Richter mit den Beteiligten in der Regel mündlich verhandeln soll, daß aber nach Abs. 2 eine mündliche Verhandlung auch unterbleiben kann und nur die Beteiligten zu hören sind, soweit dies möglich ist. Diese Vorschriften gelten für das Verfahren des voll besetzten Gerichts, wie sie gleichermaßen gelten müßten, wenn ein Entscheiden in nicht verordnungsmäßiger Besetzung aus den Gründen des Vorderrichters zulässig und rechtswirksam wäre, was nicht zutrifft.

2. Dagegen bedarf es keiner Zurückverweisung der Sache an das als Erstrichter berufene Gericht zu einer neuen Entscheidung mit ordnungsmäßiger Besetzung in der Sache selbst. Vielmehr ist das Beschwerdegericht hier sofort in der Lage, die Entscheidung in der Sache zu treffen. Denn das Reichsgericht nimmt im Verfahren nach der Verordnung vom 20. April 1940 die Stellung des Erstbeschwerdegerichts nach dem Gesetz über die Angelegenheiten der freiwilligen Gerichtsbarkeit ein, das durch die Beschwerde mit der Sache selbst befaßt wird, nicht die Stellung des Gerichts der weiteren Beschwerde, das nur die Entscheidung des Beschwerdegerichts auf Gesetzesverletzungen nachzuprüfen hat. Das Beschwerdegericht muß, wenn es nicht selbst in der Sache entscheidet, sondern die Sache zur anderweitigen Entscheidung an den Erstrichter zurückverweist (vgl. §§ 575, 539 ZPO.), diesen mit den nötigen Weisungen für die in der Sache erforderliche Anordnung versehen, die dann rechtlich bindend sind. Diese Weiterung läßt sich aber hier vermeiden, weil weitere tatsächliche Erörterungen nicht erforderlich sind.

Von den beiden Fällen der Versäumung von Fristen, die § 3 Abs. 1 und 2 VAL. mit der Wirkung aufführen, daß die Fristversäumnis das Recht zum Antrag auf richterliche Vertragshilfe behufs Abwicklung des Liefervertrags ausschließt, ist zwischen den Parteien schon der erste wirksam geworden; daher kann dahingestellt bleiben, ob auch der zweite Fall eingetreten ist. Nach § 3 Abs. 1 kann jeder Vertragsteil den anderen unter Hinweis auf die Verordnung auffordern, sich binnen einer angemessenen Frist darüber zu erklären, ob er einen Abwicklungsantrag nach § 1 dieser Verordnung stellen will. Gibt der andere Teil diese Erklärung nicht innerhalb der Frist ab, so kann er den Antrag nicht mehr stellen. Davon kennt die Verordnung nur den Ausnahmefall, daß nachträglich Umstände der im § 1 genannten Art eintreten, was hier nicht geltend gemacht ist. Die Antragsgegnerin hat dem Antragsteller am 5. Juni 1940 schriftlich unter Hinweis auf die Vertragshilfeverordnung (§ 3) eine Frist bis 10. Juni 1940 gesetzt mit der Aufforderung, sich bis dahin zu erklären, ob er gemäß § 1 der Verordnung einen Abwicklungsantrag stellen werde. Diese Fristsetzung ist beim Antragsteller, wie er zugegeben hat, am 7. Juni 1940 eingegangen. Das Schreiben ist unbeantwortet geblieben. Die Meinung des Antragstellers, die Gegnerin habe genau gewußt, der Antrag werde gestellt werden, und sie habe sich daher dieser gesetzlichen Zweckvorschrift nicht zu bedienen brauchen, ist weder erheblich noch zu billigen. Die Verordnung gewährt einmal das Recht zu dieser Fristsetzung mit der Wirkung, daß der andere Teil das Recht zum Antrage verliert, wenn er sich nicht fristmäßig bejahend erklärt, und der weiteren Wirkung nach Abs. 2, daß der andere Teil, wenn er die bejahende Erklärung abgibt, bei Gefahr wiederum des Verlustes des Antragsrechts seinen Antrag binnen einem Monat nach Abgabe der Erklärung beim Vertragshilfegericht einreichen muß. Auf diese Weise werden zwischen den Vertragsteilen klare Verhältnisse und feste Marksteine für die weitere förmliche Abwicklung geschaffen. Daran hat der Gegner ein berechtigtes Interesse, und nur die bestimmte Erklärung, daß der Antrag gestellt werde oder daß er nicht gestellt werde — im ersten Falle mit der Wirkung, daß die Monatsfrist zur Einreichung beim Vertragshilfegericht zu laufen beginnt —, kann für die Vertragsteile die Fristsetzung nach § 3 Abs. 1 erübrigen. Hier hatten die Parteien in schriftlichen Verhandlungen über einen außergerichtlichen Vergleich, der aber nicht zustande gekommen ist, in Zuschriften vom 21. Mai 1940 (Antragsteller) und 27. Mai 1940 (Antragsgegnerin) sich gegenseitig erklärt, wenn nicht zu dem eigenen Vergleichsvorschlage möglichst umgehend Stellung genommen werde (im Sinne bejahender Stellungnahme), „so solle" die Vertragshilfe des Oberlandesgerichts in Anspruch genommen oder im Falle der Ablehnung „müßten" die Schadensersatzansprüche vor dem Vertragshilfegericht verhandelt werden. Diese bedingten Ankündigungen ließen jedem Teile die Freiheit, zu tun, was er wollte, und waren nicht geeignet, die Monatsfrist für die Einreichung des Antrags bei Gericht in Lauf zu setzen. Deshalb erübrigte sich die förmliche Fristsetzung nach § 3 Abs. 1 nicht. Diese Folge kann auch nicht daraus abgeleitet werden, daß nach weiterem Vorbringen des Antragstellers der Prozeßbevollmächtigte der Antragsgegnerin einen Tag nach der Fristsetzung, am 6. Juni 1940, in einer Eingabe an das Gericht zu einer anderen Vertragshilfesache unzutreffenderweise erklärt hat, der Antragsteller habe ihm mitgeteilt, daß in der ähnlich liegenden Sache der jetzigen Antragsgegnerin ein Antrag auf Gewährung der richterlichen Vertragshilfe „gestellt sei", und daß er dabei darum gebeten hat, die beiden Sachen, in denen er als Prozeßbevollmächtigter tätig sei, auf denselben Tag zu legen. Dieser Schritt kann in der sicheren Erwartung geschehen sein, daß sich der Antragsteller auf die bereits erlassene Fristsetzung bejahend erklären werde, ändert aber an dem Bedürfnis, durch die Fristsetzung diese zweite Sache voranzutreiben, nichts, besonders wenn gegebenenfalls die beiden Sachen in derselben Gerichtstagung verhandelt werden sollten. Der Antragsteller war also bei Gefahr des Verlustes des Antragsrechts gehalten, der Gegnerin binnen angemessener Frist zu erklären, daß er den Antrag nach § 1 VAL. stellen wolle, wofür ihm dann eine Frist von einem Monat verblieb. Dazu hätte ein gewöhnliches Schreiben, das wie die Fristsetzung selbst allenfalls zwei Tage bis zur Ankunft gebraucht hätte, genügt, aber auch eine einfache Drahtung oder eine fernmündliche Mitteilung, so daß sich die gesetzte Frist bis zum 10. Juni hätte einhalten lassen, namentlich wenn der Entschluß schon gefaßt war, von dem Antragsrechte Gebrauch zu machen. Aber auch wenn man mit der aufgehobenen Entscheidung die Frist bis zum 10. Juni für unangemessen kurz hält, so begann mit der Fristsetzung durch das Schreiben vom 5., angekommen am 7. Juni, jedenfalls die angemessene Frist zu laufen. In dieser Richtung kann hier nichts anderes gelten als bei den rechtlich ähnlich liegenden Fristsetzungen nach §§ 250, 326 BGB., wie diese Gesetzesbestimmungen in ständiger Rechtsprechung gehandhabt werden. Erstreckte sich danach die gesetzte Frist von Gesetzes wegen auf einen etwas längeren Zeitraum, jedenfalls nicht länger als bis zum 24. Juni, wie in der angefochtenen Entscheidung angenommen worden ist, so daß noch 2 volle Wochen hinzuträten, so bleibt doch auch bestehen, daß bis zum Ende dieser verlängerten Frist keine bejahende Erklärung abgegeben worden ist. Vielmehr ist erst am 18. Juli 1940 der Vertragshilfeantrag bei Gericht eingereicht worden, der die Tagesangabe des 28. Juni 1940 als des Abfassungstages enthält und durch ein Versehen des Büros des mit der Sache betrauten Rechtsanwalts erst so spät eingereicht worden sein soll. Hat man in der Zustellung dieses Antragsschriftsatzes, zu dem der Antragsteller am 21. Juni 1940 die zu den Akten gebrachte Prozeßvollmacht erteilt hat, die nachträgliche Willenserklärung gemäß § 3 Abs. 1 VAL. zu erblicken, so ist diese verspätet abgegeben, und sie wäre unter dem Gesichtspunkte dieses § 3 Abs. 1 auch dann verspätet, wenn sie von dem Anwaltsbüro sofort nach der Abfassung am 28. Juni ausgefertigt und dem Gericht und dem Gegner zugeleitet worden wäre. Dieses Büroversehen spielt daher hier für die Verspätung der Willenserklärung nach § 3 Abs. 1 VAL. keine Rolle.

Danach fragt sich nur noch, ob der Antragsteller, wie er versucht hat, gegenüber dieser Verspätung Wiedereinsetzung in den vorigen Stand oder sonst eine Nachsicht des Gerichts beanspruchen kann, wie sie in § 8 Abs. 4 der Verordnung zur Regelung der Fälligkeit alter Hypotheken vom 22. Dezember 1938 (RGBl. I S. 1905) — also einer vor der Verordnung über die Abwicklung von Lieferverträgen vom 20. April 1940 erlassenen Verordnung — zugelassen ist. Das ist zu verneinen. Beides kennt die Verordnung vom 20. April 1940 nicht und die Vertragshilfeverordnung in den Bestimmungen, auf die § 7 VAL. für das Verfahren verweist, ebensowenig. Das Reichsgesetz über die Angelegenheiten der freiwilligen Gerichtsbarkeit (Verfahren außer Streitsachen), auf das § 12 VHV. für das Verfahren weiter verweist, soweit nicht in dieser Verordnung selbst anderes bestimmt ist, hat nur in § 22 Abs. 2, § 29 Abs. 4 die Wiedereinsetzung in den vorigen Stand gegen die Versäumung der Beschwerdefrist zugelassen, wie sie sonst in den Prozeßgesetzen vorkommt, hier mit Einführung einer Jahresgrenze für dieses Wiedereinsetzungsbegehren vom Ende der versäumten Frist ab. Eine derartige Rechtsmittelfrist steht hier aber nicht in Frage. Die Fristen des § 3 VAL. sollen nicht die Möglichkeit der Anrufung eines im Rechtsmittelzuge höheren Gerichts eröffnen, sondern im Gegenteil die von der Verordnung eröffnete Möglichkeit der Herbeiführung einer richterlichen, rechtsgestaltenden Tätigkeit zeitlich einschränken, damit nicht der Fristsetzungsberechtigte in einen mit seinen schutzwürdigen Belangen unvereinbaren Zustand der Rechtsunsicherheit versetzt wird. Diese Fristen des § 3 VAL. stehen nach Ziel und Zweck den im bürgerlichen Recht eingeführten Fristsetzungen (§ 250, § 264 Abs. 2, §§ 283, 326, 354, 355, 466 BGB.) nahe. Gegen die Versäumung dieser Fristen des bürgerlichen Rechts gibt es auch weder eine Wiedereinsetzung in den vorigen Stand noch eine sonstige Nachsicht des Gerichts, sondern nur die Möglichkeit, durch Parteivereinbarung oder Verzicht desjenigen Teils, der durch die Fristversäumung eine bessere Rechtsstellung erlangt hat, die Wirkung der Fristsetzung zu beseitigen oder allenfalls dem Eintritt dieser Wirkung durch den Einwand der Arglist oder unzulässigen Rechtsausübung zu begegnen, was alles hier nicht in Betracht kommt. Die Verordnung vom 20. April 1940 hat daher mit gutem Grunde davon abgesehen, gegen die Fristversäumungen des § 3 solche Rechtsbehelfe einzuführen, wie sie der Antragsteller in Anspruch nimmt. Bei den Lieferverträgen und den ihnen gleichgestellten Verträgen, die der Ordnung nach der genannten Verordnung unterliegen, handelt es sich um Verträge, die auf der einen Seite ein Vollkaufmann oder ein ihm gleichzusetzender Werkhersteller geschlossen hat und bei denen regelmäßig als Besteller Wirtschaftskräfte von ähnlicher Bedeutung beteiligt sein werden. Von ihnen konnte erwartet und verlangt werden, daß sie die einfachen Fristenvorschriften des § 3 VAL. im Betriebe ihrer geschäftlichen Tätigkeit jederzeit einzuhalten vermögen, wie sie auch sonst ihre Rechte und Belange wahrnehmen müssen, um sich vor Nachteilen zu schützen. Der Fall liegt hier jedenfalls nicht so, daß dem Antragsteller tatsächlich die Möglichkeit gefehlt hätte, die Willenserklärung des § 3 Abs. 1 VAL. fristmäßig abzugeben.

---

37. 1. Hängt die Zulässigkeit des Abwicklungsverfahrens nach der Verordnung vom 20. April 1940 davon ab, ob das Bestehen des abzuwickelnden Vertragsverhältnisses zwischen den Parteien unstreitig ist? Welche Bedeutung hat es für den Verlauf des Abwicklungsverfahrens, wenn es insoweit an einem Einverständnis der Parteien fehlt?

2. Inwieweit ist das Vertragshilfegericht im Abwicklungsverfahren an Anträge der Parteien gebunden?

Verordnung über die Abwicklung von Lieferverträgen vom 20. April 1940 (RGBl. I S. 671) — VAL. — §§ 1, 7.

II. Zivilsenat. Beschl. v. 14. März 1941 i. S. Firma H. U. (Antragst.) w. Firma W. & Sch. (Antragsgegn.). II B 7/40.

I. Oberlandesgericht Karlsruhe.

Der Sachverhalt und die Entscheidung ergeben sich aus folgenden

Gründen:

Die Antragstellerin bestellte bei der Antragsgegnerin laut Auftragsbestätigung vom 28. März 1939 einen nach einer Zeichnung der Antragstellerin herzustellenden fahrbaren Gurtförderer zum Preise von 1750 RM., lieferbar innerhalb 4 Wochen. In der Auftragsbestätigung heißt es weiter: Bei einwandfreier, zufriedenstellender Ausführung des ersten Bandes wird der Auftrag vorläufig um 29 Förderbänder wie oben erhöht.

Bei der Herstellung des ersten Gurtförderers, zu dem die Antragstellerin, wie vereinbart, das Gummiband, den Motor, verschiedene Metallteile und sonstige Zutaten lieferte, ergaben sich technische Anstände. Die Zeichnung wurde mehrfach geändert. Die Antragsgegnerin sah sich auch sonst veranlaßt, von dem ursprünglichen Entwurf abzuweichen. Hierzu kamen Schwierigkeiten in der Werkstoffbeschaffung und sonstige betriebliche Hindernisse. Infolgedessen verzögerte sich die Fertigstellung des Förderbandes. Am 14. Juni 1939 beantragte die Antragstellerin beim Amtsgericht M. Sicherung des Beweises durch Vernehmung von Sachverständigen über den derzeitigen Stand der Herstellung des Gurtförderers, über die Leistungsfähigkeit der Antragsgegnerin und über die Richtigkeit und Vertretbarkeit der Erklärungen, mit denen sie die Einhaltung bestimmter Lieferfristen zugesagt habe. Die Antragstellerin führte aus, die Antragsgegnerin habe im Laufe der mit ihr gepflogenen Verhandlungen nicht nur das Zustandekommen eines Vertrages bestritten, sondern auch versucht, eine Erhöhung des vereinbarten Preises um 500 RM. zu erreichen. Aus diesem Grunde und wegen der hartnäckigen Lieferungsverweigerung der Antragsgegnerin sei sie, die Antragstellerin, berechtigt, Schadensersatz wegen Verzugs oder auch wegen Nichterfüllung zu verlangen oder auch den Erfüllungsanspruch geltend zu machen. Dem Beweissicherungsantrage wurde durch Einholung von Gutachten zweier Sachverständigen stattgegeben. Dabei gelangte der Sachverständige O. zu dem Ergebnis, daß der bestellte

Gurtförderer seiner Bauart nach noch nicht baureif gewesen sei und die Antragsgegnerin infolge von Planungsänderungen und Verbesserungen viel Arbeit und Zeitverlust gehabt habe. Mit Schreiben vom 9. September 1939 verlangte die Antragstellerin Zusendung des Förderbandes in seinem derzeitigen, wenn auch unfertigen Zustande. Dem kam die Antragsgegnerin alsbald nach.

Am 27. Mai 1940 hat die Antragstellerin beim Oberlandesgericht Karlsruhe Gewährung richterlicher Vertragshilfe beantragt. Sie hat geltend gemacht: Die Antragsgegnerin habe schon die Anfertigung des ersten Förderbandes grob schuldhaft verzögert. Die geringfügigen Abweichungen vom ursprünglichen Entwurfe, die notwendig gewesen seien, habe sie sowohl nach den getroffenen Vereinbarungen als auch nach geltendem Handelsbrauch auf sich nehmen müssen und daraus nicht das Recht herleiten dürfen, die Fertigstellung des Bandes von einer Preiserhöhung abhängig zu machen. Das vertragswidrige Verhalten der Antragsgegnerin habe zur Folge, daß der Vertrag wegen der 29 Gurtförderer, die nach Fertigstellung des ersten Bandes zu liefern gewesen seien, nicht mehr erfüllt werden könne. Während bis zum Beginne des Krieges die wirtschaftlichen und betriebstechnischen Voraussetzungen für die Herstellung auch dieser Förderbänder bei der Antragsgegnerin gegeben gewesen seien, fehle es hierfür nunmehr an den zur Werkstoffbeschaffung erforderlichen Kennziffern, über die keine der Parteien mehr verfüge. Sie, die Antragstellerin, sei deshalb infolge des Verzugs der Antragsgegnerin berechtigt, Schadensersatz zu verlangen. Der ihr durch die Nichtlieferung der 29 Förderbänder entgangene Gewinn belaufe sich auf 26274 RM. Weiteren Schaden erleide sie dadurch, daß es ihr unmöglich sei, die Geschäftsverbindung mit der Antragsgegnerin fortzusetzen und dieser weitere Aufträge in Gurtförderern zu erteilen, an denen sie hätte verdienen können.

Die Antragsgegnerin hat beantragt, den Antrag auf Vertragshilfe als unzulässig und unbegründet zurückzuweisen. Sie hat bestritten, daß ein Vertrag über Lieferung weiterer 29 Förderbänder zustande gekommen sei, nachdem schon das erste Band infolge des mangelhaften Entwurfs der Antragstellerin nicht, wie es nach den Vereinbarungen habe der Fall sein müssen, in einwandfreier und zufriedenstellender Ausführung habe fertiggestellt werden können. Die Antragstellerin habe durch die Abnahme des ersten, noch nicht fertigen

Bandes selbst zum Ausdruck gebracht, daß sie auf weitere Lieferungen keinen Wert lege. Ihr, der Antragsgegnerin, habe auch nicht zugemutet werden können, das erste Band, das als Probeband gedacht gewesen sei, zu dem vereinbarten Preise von 1750 RM. zu liefern. Denn sie habe für seine Herstellung infolge der mangelhaften Pläne der Antragstellerin an eigenen Kosten nahezu 3000 RM. aufwenden müssen. Die Antragstellerin habe es bisher nicht einmal für nötig befunden, ihr für das erste Förderband, das jene mit gutem Gewinn weiterverkauft habe, das vereinbarte Entgelt zu gewähren.

Das Oberlandesgericht hat den Antrag der Antragstellerin auf Vertragshilfe durch Beschluß vom 29. Oktober 1940 als unzulässig abgelehnt. Es führt aus: Da das Probeförderband nicht fertiggestellt und deshalb der nur „bei einwandfreier, zufriedenstellender Ausführung des ersten Bandes" in Aussicht genommene neue Auftrag auf weitere 29 Bänder nicht erteilt sei, könne ein unbedingter Liefervertrag nur für das erste Band in Frage kommen. Wie auch die Antragsgegnerin mache die Antragstellerin selbst geltend, die Durchführung des Geschäfts habe sich infolge technischer Gegebenheiten längst vor dem Krieg als zeitweise unmöglich erwiesen. Schon daraus ergebe sich, daß die Erfüllung des Vertrags nicht durch die Kriegsauswirkungen unmöglich geworden sei. Die Antragstellerin wolle überdies mit ihrem Antrage nicht die Erfüllung eines Liefervertrags oder seine Abwicklung erreichen, sondern mache einen Schadensersatzanspruch wegen Nichterfüllung eines Vertrages geltend, der in dem von ihr behaupteten Umfange nach Ansicht der Antragsgegnerin überhaupt nicht zustande gekommen sei. Es sei nicht Sinn und Zweck des Vertragshilfeverfahrens, über solche Schadensersatzansprüche aus einem bestrittenen Liefervertrag in einem abgekürzten, im Rechtsmittelwege wesentlich beschränkten Verfahren zu entscheiden. Das müsse vielmehr dem ordentlichen Rechtsstreit überlassen bleiben.

Gegen diesen ihr am 18. November 1940 zugestellten Beschluß hat die Antragstellerin am 2. Dezember 1940 drahtlich sofortige Beschwerde eingelegt und diese im wesentlichen wie folgt begründet: Daß die Antragsgegnerin das Zustandekommen eines Vertrages bestreite, stehe einem Vertragshilfeverfahren nicht im Wege. Auch in diesem könne über das Bestehen eines Lieferanspruchs entschieden werden. Die gegenteilige Auffassung finde im Gesetze keine Stütze. Die Einschränkung des Rechtsmittelzugs sei angesichts der angeordneten Zuständigkeit des Oberlandesgerichts und Reichsgerichts ohne Bedeutung. Sie werde auch durch die Beschleunigung des Verfahrens aufgewogen und finde sich in gleichem oder noch stärkerem Maße bei zahlreichen sonstigen Verfahrensarten, wie etwa im Prisenverfahren, im Verfahren über die Abfindung der früheren landesherrlichen Häuser, bei Energiewirtschafts- und Kartellstreitigkeiten, ohne daß dabei jemals die Befugnis der zuständigen Stellen in Zweifel gezogen worden wäre, auch bei bestrittenem Sachverhalt zu entscheiden. Ob der Lieferanspruch wegen des ersten, in unfertigem Zustande gelieferten Förderbandes als ganz oder nur teilweise erfüllt anzusehen sei, sei eine vom Gericht zu entscheidende reine Rechtsfrage, im übrigen aber auch unerheblich, da sie, die Antragstellerin, der Einfachheit halber die Leistung insoweit als Erfüllung behandelt und nur die restlichen 29 Bänder ihrer Schadensberechnung zugrunde gelegt habe. Der Vertrag könne sinngemäß nur dahin ausgelegt werden, daß durch ihn eine Verpflichtung zu gemeinschaftlichem Zusammenwirken beider Teile bei Schaffung eines brauchbaren Förderers im Rahmen der von ihr, der Antragstellerin, beigebrachten Pläne habe begründet werden sollen. Dafür spreche auch der aus allgemeinwirtschaftlichen Belangen herzuleitende Gesichtspunkt, daß kostbare Rohstoffe nur für wirklich ausgereifte Konstruktionen verwendet werden sollten und kein Vertragsteil um seines persönlichen Vorteils willen eine Konstruktion für baureif erklären dürfe, die noch verbessert werden könne. Wie es die Antragsgegnerin, falls es ihr gelungen wäre, einen befriedigenden Förderer herzustellen, mit Recht als vertragswidrig bezeichnet haben würde, wenn sie, die Antragstellerin, eine Abnahmeverpflichtung wegen der übrigen 29 Förderer hätte bestreiten wollen, mit der Folge, daß die Antragsgegnerin die unverhältnismäßig hohen festen Kosten der Anfertigung lediglich eines Stückes allein hätte tragen müssen, so müsse letztere diesen Gedankengang auch gegen sich gelten lassen, nachdem sich die Interessenlage umgekehrt und sie eigene unmittelbare Absatzwege gefunden habe, an denen sie mehr verdiene. Aber selbst wenn man annehmen wolle, daß über die weiteren 29 Förderer nur ein aufschiebend bedingter Vertrag zustande gekommen sei, könne sich die Antragsgegnerin auf den Ausfall der Bedingung nicht berufen, wenn sie durch auch nur fahrlässiges unredliches Verhalten den Ausfall herbeigeführt habe. Das habe sie aber zweifellos getan, indem sie von Anfang an Schwierigkeiten gemacht, vorteilhafte Änderungen des Entwurfs abgelehnt, nicht genügend Arbeitskräfte zur Verfügung gestellt, wegen der Werkstoffbeschaffung unwahre Erklärungen abgegeben, die Vertretungsmacht ihres Gesellschafters Sch. bewußt wahrheitswidrig bestritten und so mit allen Mitteln versucht habe, vom Vertrage loszukommen. Das alles ändere indessen nichts daran, daß die Durchführung des Liefervertrages lediglich durch die Kriegsverhältnisse unmöglich geworden sei. Wenn es auch die Antragsgegnerin schon vor dem Krieg an genügendem Eifer in der Vertragserfüllung habe fehlen lassen, so sei doch der ursprüngliche Lieferanspruch bestehen geblieben, und sie, die Antragstellerin, hätte ihn, gegebenenfalls neben dem Verspätungsschaden, jederzeit geltend machen können, wenn nicht der Krieg dazwischen gekommen wäre.

Die Antragsgegnerin ist diesen Ausführungen unter Bezugnahme auf ihr früheres Vorbringen entgegengetreten und hat um Zurückweisung des Rechtsmittels gebeten. Sie hält daran fest, daß sie nicht verpflichtet sei, der Antragstellerin weitere Förderbänder zu liefern, weil insoweit ein verbindlicher Vertrag überhaupt nicht zustande gekommen sei, und erklärt, daß sie eine weitere Lieferung selbst dann ablehnen würde, wenn der erforderliche Werkstoff vorhanden und der Krieg nicht ausgebrochen wäre. Unter diesen Umständen fehlt es nach ihrer Meinung an den Voraussetzungen für eine sachliche Entscheidung im Vertragshilfeverfahren.

Die sofortige Beschwerde ist nach § 6 VAL. zulässig. Das Rechtsmittel ist auch form- und fristgerecht eingelegt (vgl. RGZ. Bd. 151 S. 82 [86]). Ihm kann der Erfolg nicht versagt werden.

Der angefochtenen Entscheidung ist darin beizutreten, daß das Zustandekommen des Vertrags, dessen Abwicklung die Antragstellerin erstrebt, bestritten ist. Die Antragstellerin läßt die Lieferung des ersten, wenn auch unfertigen Förderbandes als Erfüllung des insoweit geschlossenen Vertrages gelten und verlangt Vertragshilfe nur wegen der nach ihrer Behauptung ebenfalls verbindlich getroffenen Vereinbarung über die Lieferung weiterer 29 Bänder. Ihre Schadensberechnung umfaßt nur die ihr aus der Nichtlieferung dieser Bänder erwachsene Gewinneinbuße. Die Antragsgegnerin bestreitet jedoch, daß insoweit eine sie verpflichtende Abmachung vorliege. Sie ist der Meinung, die Antragstellerin müsse sich gemäß ihrer Erklärung in der Auftragsbestätigung vom 28. März 1939, daß eine Erhöhung des Auftrags um 29 Bänder nur bei einwandfreier, zufriedenstellender Ausführung des ersten Bandes eintrete, die Tatsache entgegenhalten lassen, daß dieses in solcher Ausführung weder fertiggestellt worden sei, noch auf der Grundlage des Vertrags jemals habe hergestellt werden können, da die Pläne der Antragstellerin fehlerhaft gewesen seien. Sie will weiter die Vereinbarungen auch nur dahin verstanden wissen, daß, wie die Antragstellerin die Erhöhung ihres Auftrags von dem zufriedenstellenden Ausfall des ersten Förderbandes habe abhängig machen dürfen, auch sie habe berechtigt sein sollen, die Annahme des erweiterten Auftrags abzulehnen, wenn sich bei der Herstellung des ersten Bandes herausstellen sollte, daß der im Vertrage vorgesehene Preis für sie unauskömmlich sei. Es fragt sich, ob schon der hiernach bestehende Streit der Parteien über das Zustandekommen des abzuwickelnden Vertrages geeignet ist, die Gewährung von Vertragshilfe nach der Verordnung vom 20. April 1940 auszuschließen.

Die Frage hat lediglich für den Bereich der allgemeinen Vertragshilfe im Sinne der Verordnung über die Vertragshilfe des Richters aus Anlaß des Krieges (Vertragshilfeverordnung — VHV. —) vom 30. November 1939 (RGBl. I S. 2329) gesetzliche Regelung gefunden. Nach § 12 Abs. 2 das. kann Vertragshilfe der dort vorgesehenen Art nur solchen Ansprüchen zuteil werden, die der Schuldner bei Stellung des Antrags anerkennt. Seine Erklärung muß also außer Zweifel stellen, daß er die Schuldverpflichtung, für die er Vertragshilfe begehrt, gegen sich gelten lasse und darauf verzichte, sich ihr mit etwaigen, ihm bekannten Einreden oder Einwendungen zu entziehen. Danach bleibt für einen Streit über das Bestehen des Anspruchs im allgemeinen Vertragshilfeverfahren von vornherein kein Raum. Seine Entscheidung soll dem Prozeßrichter überlassen bleiben. Im Gegensatze hierzu fehlt es für das Vertragshilfeverfahren nach der Verordnung über die Abwicklung von Lieferverträgen vom 20. April 1940 an einer entsprechenden Vorschrift. Hier wird für die Zulässigkeit des Abwicklungsverfahrens nicht vorausgesetzt, daß der Antragsteller das Bestehen des abzuwickelnden Vertragsverhältnisses ausdrücklich einräume. Ebensowenig bringt die Verordnung zum Ausdruck, daß das Verfahren unstatthaft sei, wenn der Antragsgegner das Bestehen eines Liefervertrags bestreite. Es ist mithin für die Zulässigkeit des Abwicklungsverfahrens ohne Bedeutung, ob unter den Beteiligten

Einverständnis über die Rechtsbeständigkeit des abzuwickelnden Rechtsverhältnisses herrscht oder nicht.

Hieraus kann indessen nicht gefolgert werden, daß im Abwicklungsverfahren nach der Verordnung vom 20. April 1940 — anders als im allgemeinen Vertragshilfeverfahren — das Vertragshilfegericht befugt sei, auch über das Zustandekommen und das Bestehen des abzuwickelnden Vertrages zu entscheiden. Seine Aufgabe ist es, darüber zu befinden, ob und in welcher Weise es geboten ist, einen Liefervertrag, dessen Durchführung durch die Kriegsauswirkungen zeitweilig unmöglich geworden oder in einer dem einen oder dem anderen Vertragsteile nicht zumutbaren Weise erschwert ist, den veränderten Verhältnissen anzupassen. Es soll auf eine billige und gerechte Abwicklung der vertraglichen Beziehungen der Beteiligten hinwirken und durch eigene Entscheidung ausgleichend eingreifen, wenn diese nicht selbst imstande sind, die aufgetretenen Schwierigkeiten zu überwinden. Die dem Vertragshilfegericht obliegende Aufgabe ist sonach rechtsgestaltender Art. Ihre Erfüllung hat zur Voraussetzung, daß vom Bestehen eines Vertrages ausgegangen werden kann, der eine ihr entsprechende vermittelnde und ausgleichende Tätigkeit des Vertragshilfegerichts zuläßt. Schon hieraus ergibt sich, daß es außerhalb des Aufgabenbereichs des Vertragshilfegerichts liegt, selbst über das Zustandekommen und Bestehen streitiger Verträge zu entscheiden. Dies durch einen die Rechtslage klärenden, nicht sie abändernden Ausspruch zu tun, ist vielmehr Sache des ordentlichen Richters. In dessen Zuständigkeitsbereich will das Abwicklungsverfahren nicht eingreifen. Das erhellt auch aus seiner verfahrensrechtlichen Gestaltung. Die Grundsätze der freiwilligen Gerichtsbarkeit, die nach § 7 VAL. in Verb. mit § 12 VHV. für das Abwicklungsverfahren gelten, sollen dazu dienen, die Unterlagen für eine Entscheidung zu gewinnen, die einen den Belangen nicht nur der Beteiligten, sondern auch der Volksgemeinschaft gerecht werdenden Ausgleich erstrebt und im wesentlichen nach billigem Ermessen zu treffen ist. Die Möglichkeiten, die das vom Amtsbetriebe beherrschte Verfahren der freiwilligen Gerichtsbarkeit hierfür eröffnet, sind aber entbehrlich und unanwendbar, soweit es sich darum handelt, festzustellen, ob und welche Rechtsbeziehungen zwischen den Beteiligten bestehen. Die Entscheidung hierüber soll dem weitgehend der Parteiherrschaft und dem Beibringungsgrundsatz unterworfenen, an bestimmte Beweiserfordernisse gebundenen ordentlichen Verfahren nicht entzogen werden.

Hieraus ergibt sich für das Abwicklungsverfahren folgendes: Steht zwar der Umstand, daß das abzuwickelnde Vertragsverhältnis seinem Bestande nach bestritten ist, der Einleitung und dem Fortgange des Abwicklungsverfahrens nicht zwingend entgegen, so kann eine Entscheidung in diesem Verfahren doch nur auf der Grundlage ergehen, daß von einem bestehenden Vertragsverhältnis ausgegangen wird. Auch die Abwicklungsverordnung selbst setzt dies offenbar voraus, wenn in § 1 Abs. 1 das. von der Unmöglichkeit oder Erschwerung der Durchführung eines Liefervertrages infolge der Kriegsauswirkungen die Rede ist. Nichts spricht dafür, daß hierunter etwas anderes als ein bestehender, von den Beteiligten als rechtswirksam betrachteter Vertrag zu verstehen sei. Für eine Entscheidung im Abwicklungsverfahren bleibt hiernach kein Raum, wenn feststeht, daß es an einem solchen jemals zustande gekommenen oder noch gültigen Vertrage fehlt. Der Antrag auf Vertragshilfe wäre deshalb als in sich selbst widerspruchsvoll von vornherein unbegründet und zurückzuweisen, wenn sich aus dem Vorbringen des Antragstellers ergäbe, daß er selbst die Rechtswirksamkeit des von ihm dem Vertragshilfegericht unterbreiteten Vertrages bestreitet, also auf dem Standpunkte steht, daß irgendwelche vertraglichen Beziehungen, die einer Abwicklung zugänglich sein könnten, niemals bestanden hätten oder doch nicht mehr bestünden. Das Oberlandesgericht hat dies offensichtlich im Auge, wenn es ausspricht, die Antragstellerin mache selbst geltend, daß sich die Durchführung des Geschäfts infolge technischer Gegebenheiten, und zwar längst vor dem Kriege, als zeitweise unmöglich erwiesen habe. Es verkennt hierbei jedoch, daß die Antragstellerin mit der Darlegung der Umstände, aus denen sich die Fertigstellung des ersten Förderbandes verzögert habe, keineswegs hat einräumen wollen, damit habe sich auch die vertragliche Verpflichtung der Antragsgegnerin zur Lieferung weiterer 29 Bänder erledigt. Die Antragstellerin hat sowohl im gegenwärtigen Verfahren wie auch schon in ihrem Antrag auf Beweissicherung geltend gemacht, die Hindernisse, die bei der Herstellung des ersten Bandes aufgetreten seien, seien derart gewesen, daß sie die Antragsgegnerin bei gutem Willen und Anwendung vertragsmäßiger Sorgfalt habe überwinden können. Sie leitet gerade hieraus her, daß der Abschluß über weitere 29 Bänder in Kraft getreten sei und die Antragsgegnerin sich nicht darauf berufen könne, es fehle hierfür an der im Vertrage vorgesehenen einwandfreien und zufriedenstellenden Ausführung des ersten Bandes. Sie hat demgemäß vorgetragen, der Liefervertrag habe für die weiteren 29 Bänder auch bei Beginn des Krieges noch bestanden und seine Durchführung sei erst durch die damit eingetretenen Schwierigkeiten unmöglich geworden. Ihr Vorbringen rechtfertigt sonach nicht den Schluß, daß sie den Vertrag, dessen Abwicklung sie begehrt, selbst als schon vor dem Kriege erloschen und unausführbar geworden ansehe.

Der Antragstellerin kann auch nicht entgegengehalten werden, sie erstrebe mit ihrem Antrage gar nicht die Abwicklung eines Liefervertrages, sondern mache einen Schadensersatzanspruch wegen Nichterfüllung geltend, über den im Abwicklungsverfahren nicht entschieden werden könne. Wenn sie im gegenwärtigen Verfahren die Meinung vertritt, der ihr zu gewährende billige Ausgleich habe im Ersatze des Schadens zu bestehen, der ihr aus der Unmöglichkeit der Durchführung des Vertrages erwachse, so kommt dem nicht die Bedeutung zu, daß damit eine sonstige, von ihrem Begehren abweichende Regelung ausgeschlossen sein solle. Das Vertragshilfegericht ist in dem auf eine Billigkeitsentscheidung abzielenden Abwicklungsverfahren nicht an die Anträge der Parteien gebunden. Es hat sie nur insofern zu werten, als auch sie einen Anhalt dafür bieten, in welcher Weise den veränderten Verhältnissen Rechnung getragen werden könnte. Dabei mag dahinstehen, ob es, wenn es eine Maßnahme im Sinne des Antrags für angemessen erachtet, über diesen hinausgehen darf. Ein bestimmtes Antragsbegehren hindert jedenfalls nicht, daß das Vertragshilfegericht eine hinter diesem Begehren zurückbleibende oder eine von ihm abweichende Regelung trifft, wenn es eine solche für angemessen hält. Dem Oberlandesgericht kann deshalb nicht beigetreten werden, wenn es das Vertragshilfeverlangen der Antragstellerin auch deswegen für unzulässig erachtet, weil diese einen bezifferten Schadensersatzanspruch wegen Nichterfüllung geltend macht. Das Vertragshilfegericht braucht diesem lediglich als Anregung und Vorschlag zu beurteilenden Antrage nicht zu folgen und ist in der Lage, eine andere geeignete Maßnahme zu treffen.

Hiernach bleibt nur noch zu prüfen, ob das beantragte Abwicklungsverfahren daran scheitern muß, daß die Antragsgegnerin das Bestehen einer vertraglichen Verpflichtung bestreitet. Da, wie oben ausgeführt, das Vertragshilfeverfahren im Sinne der Verordnung vom 20. April 1940 nicht voraussetzt, daß das Vertragsverhältnis unbestritten ist, das Vertragshilfegericht andererseits nicht befugt ist, selbst über die Gültigkeit und Fortdauer des Vertrages zu entscheiden, könnte in solchem Fall entweder eine Entscheidung im Abwicklungsverfahren nur vorbehaltlich einer anderweiten Klärung jenes Streites, sei es durch nachträgliche Einigung der Beteiligten, sei es durch Richterspruch, getroffen werden oder das Vertragshilfegericht müßte, bevor es entscheidet, auf eine solche Klarstellung hinwirken. Letzteres wird stets dann geboten sein, wenn das Vorbringen des Antragsgegners nicht von vornherein jeden Zweifel darüber ausschließt, daß das Zustandekommen oder Bestehen des Vertrages ohne Grund bestritten wird. Dann bedarf es der Aussetzung des Abwicklungsverfahrens unter Setzung einer Frist für den Antragsteller zum Nachweise der Klageerhebung zwecks Herbeiführung einer richterlichen Entscheidung über die Gültigkeit des Vertrages im Wege der Leistungs- oder der Feststellungsklage. Erst mit dem fruchtlosen Ablaufe der Frist ergibt sich die Möglichkeit, den Vertragshilfeantrag mangels erweisbaren Vorhandenseins eines einer Abwicklung zugänglichen Anspruchs zurückzuweisen. Eine Aussetzung wäre hingegen entbehrlich, wenn das Vorbringen des Bestreitenden erkennen ließe, daß seine Einwendungen gegen das Bestehen einer Verpflichtung einer erfolgversprechenden Grundlage ermangeln. Solchenfalls brauchte das Vertragshilfegericht kein Bedenken zu tragen, in Voraussicht einer jederzeit erweisbaren Gültigkeit des Vertrages über das Abwicklungsbegehren zu entscheiden. Dabei wäre nicht ausgeschlossen, daß es hierfür auch Erkenntnisse heranzöge, die es im Rahmen seiner ausgleichenden Tätigkeit und einer damit zusammenhängenden Beweiserhebung etwa bereits gewonnen hat oder mit Grund noch zu gewinnen hofft. Ihm muß, soll es an der Erfüllung seiner Aufgabe nicht von vornherein in einer mit dem Sinn und Zweck der gesetzlichen Regelung unvereinbaren Weise gehindert werden, die Möglichkeit bleiben, auch zu Streitpunkten, die das Vertragsverhältnis selbst betreffen und die sich im Laufe des Abwicklungsverfahrens häufig ergeben werden, wenigstens so weit Stellung zu nehmen, daß nicht jedes sachliche Bestreiten genügt, um das Abwicklungsverfahren zum Scheitern zu bringen.

Die Einwendungen, welche die Antragsgegnerin gegen das Bestehen einer Verpflichtung zur Lieferung weiterer 29 Gurtförderer erhebt, sind aber zweifellos nicht derart, daß ihnen von vornherein eine Erfolgsaussicht abgesprochen werden könnte. Sie sind zum mindesten insofern beachtlich, als sie den Eintritt der Bedingung, an welche die Erweiterung des Auftrags nach dem Bestätigungsschreiben vom 28. März 1939 geknüpft war, in Frage stellen. Das hat zur Folge, daß ihnen im Abwicklungsverfahren in der vorher erörterten Weise Rechnung getragen, das Verfahren also ausgesetzt werden muß. Beim Fehlen einer ausreichenden tatsächlichen Grundlage für eine im Abwicklungsverfahren zu treffende sachliche Entscheidung erscheint es angemessen, die Anordnung der Aussetzung dem Oberlandesgericht zu überlassen und unter Aufhebung des angefochtenen Beschlusses die Sache zur weiteren Prüfung und Entscheidung an dieses zurückzuverweisen.

---

38. 1. Steht einem Verfahren nach der Verordnung über die Abwicklung von Lieferverträgen vom 20. April 1940 entgegen, daß sich die Parteien schon vor Stellung des Antrages über einzelne Punkte der zu regelnden vertraglichen Beziehungen geeinigt haben?

2. Gehört ein Bauvertrag über die Herstellung eines Entwässerungsgrabens zu den in § 1 Abs. 2 der Verordnung genannten Lieferverträgen?

Verordnung über die Abwicklung von Lieferverträgen vom 20. April 1940 (RGBl. I S. 671) — VAL. — § 1.

II. Zivilsenat. Beschl. v. 14. März 1941 i. S. K. (Antragst.) w. Oberbürgermeister der Reichshauptstadt Berlin (Antragsgegn.). II B 5/41.

I. Kammergericht Berlin.

Der Sachverhalt und die Entscheidung ergeben sich aus nachstehenden

Gründen:

Dem Antragsteller war vom Antragsgegner durch Vertrag vom 19. Juli/24. Oktober 1938 die Herstellung eines Entwässerungsgrabens für einen bestimmten Bauabschnitt übertragen worden. Am 24. April 1940 kamen die Arbeiten, die auch bis dahin nur schleppend vorangegangen waren, im wesentlichen zum Stillstand, weil die erforderlichen Arbeitskräfte nicht zu beschaffen waren. Nach mündlichen Verhandlungen erklärte sich der Antragsgegner durch Brief vom 20. Juli 1940 damit einverstanden, daß die „durch die Vorbemerkung zum Lieferungsverzeichnis ausgeschlossene Ziffer 6 des § 6 der VOB. doch angewendet werden könne". Er beabsichtige nicht, die richterliche Vertragshilfe nach der Verordnung über die Abwicklung von Lieferverträgen vom 20. April 1940 in Anspruch zu nehmen; er wolle im Gegenteil vom Antragsteller die Weiterführung der Arbeiten verlangen, sobald die Voraussetzungen dafür gegeben seien. Die vorläufige Abrechnung sei nicht auf Stillegung, sondern auf Unterbrechung der Arbeiten einzurichten. Es könnten keine Entschädigung, sondern nur Auslagen auf Vertragsleistungen nach § 6 Ziff. 5 der VOB. vergütet werden.

Die vom Antragsgegner angeführten Bestimmungen der VOB.— der vom Reichs-Verdingungs-Ausschuß aufgestellten Allgemeinen Vertragsbedingungen für die Ausführung von Bauleistungen — lauten:

§ 6 Ziff. 5: Wird die Ausführung für voraussichtlich längere Dauer unterbrochen, ohne daß die Leistung dauernd unmöglich wird, so sind die ausgeführten Leistungen nach den Vertragspreisen abzurechnen und außerdem die Auslagen zu vergüten, die dem Auftragnehmer bereits entstanden sind und in den Vertragspreisen des nicht ausgeführten Teiles der Leistung enthalten waren. Sind die hindernden Umstände von einem Vertragsteil zu vertreten, so hat der andere Teil Anspruch auf Ersatz des nachweislich entstandenen unmittelbaren Schadens, nicht aber des entgangenen Gewinns.

Ziff. 6: Dauert eine Unterbrechung länger als 3 Monate, so kann jeder Teil nach Ablauf dieser Zeit den Vertrag kündigen.

Mit Brief vom 24. Juli 1940 teilte der Antragsteller dem Antragsgegner mit, daß er unter Bezugnahme auf dessen Schreiben vom 20. Juli 1940 und die am 24. Juli 1940 geführten Verhandlungen den Vertrag auf Grund von § 6 Ziff. 6 VOB. kündige, nachdem im beiderseitigen Einvernehmen als Beginn der Unterbrechung der 24. April 1940 festgesetzt worden sei. Der Antragsgegner bestätigte mit Schreiben vom 6. August 1940 die Kündigung und erkannte ihre Rechtswirksamkeit an. Da die Verhandlungen der Parteien über die dem Antragsteller zu gewährende Vergütung und Entschädigung zu keinem Ergebnis führten, hat dieser richterliche Vertragshilfe nach der Verordnung über die Abwicklung von Lieferverträgen vom 20. April 1940 beantragt. Er hat die ihm vom Antragsgegner noch geschuldete Vergütung für bereits ausgeführte Leistungen auf 34915,90 RM., später auf 28620,79 RM. berechnet und weiter geltend gemacht, daß die ihm zustehende Vergütung für bereits entstandene und in den Vertragspreisen des nicht ausgeführten Teils der Leistung enthaltene Auslagen 68996,10 RM. betrage; er fordert, da die hindernden Umstände vom Antragsgegner zu vertreten seien, Ersatz des ihm nachweislich entstandenen unmittelbaren Schadens in Höhe von 111285,83 RM. Der Antragsgegner hat die Anwendbarkeit der oben genannten Verordnung bestritten, da kein Liefervertrag im Sinne des § 1 Abs. 2 das. vorliege, es auch an einer Verpflichtung des Antragstellers fehle, den Vertrag zu erfüllen, nachdem er ihn gekündigt habe. Im übrigen hat er der vom Antragsteller aufgestellten Vergütungs- und Entschädigungsberechnung widersprochen und jede Schadensersatzpflicht in Abrede gestellt.

Das Kammergericht hat den Vertragshilfeantrag durch Beschluß vom 10. Januar 1941 zurückgewiesen. Es hält die Voraussetzungen für die Gewährung richterlicher Vertragshilfe nach der Verordnung vom 20. April 1940 nicht für gegeben, da ein Liefervertrag, dessen Durchführung noch in Betracht kommen könnte, nicht mehr bestehe. Der Streit der Parteien gehe nur noch darum, was der Antragsteller zu beanspruchen habe, nachdem der Vertrag vorzeitig aufgelöst worden sei. Daß dieser selbst Bestimmungen hierüber enthalte, sei ohne Bedeutung. Der Antragsteller erstrebe auch, wie sein Vorbringen in der mündlichen Verhandlung ergebe, gar keine Regelung im Sinne des § 2 der genannten Verordnung, sondern wolle entschieden haben, ob und inwieweit seine Forderungen begründet seien. Hierüber sei aber nicht im Vertragshilfeverfahren, sondern vom ordentlichen Richter zu befinden.

Gegen diesen ihm am 1. Februar 1941 zugestellten Beschluß hat der Antragsteller am 13. Februar 1941 sofortige Beschwerde eingelegt. Er ist der Meinung, die Gewährung von Vertragshilfe könne nicht daran scheitern, daß die Parteien übereingekommen seien, von einer weiteren Durchführung des Vertrags Abstand zu nehmen. Wie eine solche Einigung eine Vertragshilfeentscheidung unmöglich hindern könne, wenn sie erst im Laufe des Vertragshilfeverfahrens zustande komme, müsse dies auch gelten, wenn sie, wie hier, vernünftigerweise schon vorher getroffen worden sei. Es könne auch keine Rolle spielen, daß im Vertrage selbst geregelt sei, welche Rechte den Parteien bei vorzeitiger Auflösung des Vertrages zustünden. Durch eine solche Vorsorge könnten die Parteien nicht schlechter gestellt sein als diejenigen, die derartige Vereinbarungen nicht getroffen hätten. Es handele sich immer nur um vertragliche Leistungen, die Gegenstand einer Abwicklung sein könnten. Wenn er, der Antragsteller, einen Ausspruch darüber begehre, inwieweit seine Ansprüche berechtigt seien, so liege dies durchaus im Rahmen dessen, worüber der Vertragshilferichter nach § 2 Abs. 2 VHV. zu entscheiden habe. Er habe stets zu prüfen, inwieweit der eine oder der andere Teil eine Entschädigung zahlen müsse, ob eine Anzahlung zurückzuzahlen oder welcher Ausgleich sonst angemessen sei. Ihm bleibe also in jedem Falle gar nichts anderes übrig als dem hierfür erheblichen Vorbringen der Parteien nachzugehen, und es bestehe kein Grund, diese Nachprüfung allein dem ordentlichen Richter vorzubehalten.

Das form- und fristgerecht eingelegte Rechtsmittel ist zulässig. Es erweist sich aber im Ergebnis als unbegründet.

1. Dem Kammergericht kann allerdings nicht beigetreten werden, soweit es glaubt, dem Antragsteller die nachgesuchte Vertragshilfe versagen zu müssen, weil ein Vertrag, dessen Abwicklung in Frage käme, nicht mehr bestehe. Diese Auffassung wird dem Sinn und Zweck der Verordnung vom 20. April 1940 nicht gerecht. Gewiß könnte dem Antrage nicht stattgegeben werden, wenn aus dem Vorbringen des Antragstellers hervorginge, daß er selbst der Meinung sei, es fehle an vertraglichen Beziehungen, die eine Abwicklung zuließen, sei es, daß seiner Behauptung nach ein Vertrag niemals zustande gekommen, sei es, daß er aus anderen als mit dem Kriege zusammenhängenden Gründen erloschen sei. In solchem Falle wäre das Vertragshilfebegehren in sich selbst widerspruchsvoll und deshalb abzuweisen. So verhält es sich aber im vorliegenden Falle nicht. Zwischen den Parteien herrscht Einverständnis darüber, daß der Antragsteller an sich verpflichtet gewesen wäre, den übernommenen Bauauftrag auszuführen, und daß sich die Durchführung des Vertrages

nur deshalb als zur Zeit unmöglich erwiesen hat, weil sich der Antragsteller infolge des Krieges außerstande sah, die erforderlichen Arbeitskräfte bereitzustellen. Dieser Umstand hat bei der Verzögerung der Arbeiten zum mindesten wesentlich mitgewirkt. Wenn die Parteien dem dadurch Rechnung trugen, daß sie übereinkamen, die Ausführung des Auftrags zunächst als beendet anzusehen — der Antragsgegner hat ausweislich seines Schreibens vom 20. Juli 1940 auf die Einhaltung der dem entgegenstehenden, ursprünglichen vertraglichen Abmachungen verzichtet —, so nahmen sie damit lediglich eine Regelung vorweg, die nach der Sachlage unabweisbar war und auch im Abwicklungsverfahren kaum anders hätte getroffen werden können. Daß hierdurch der durch die Kriegsverhältnisse bedingte Zustand nicht endgültig bereinigt, sondern nur einer teilweisen vorläufigen Ordnung zugeführt werden sollte, hat der Antragsgegner in seinem oben erwähnten Schreiben selbst zum Ausdruck gebracht. Er behielt sich darin vor, die Fortsetzung der Arbeiten zu verlangen, sobald die Voraussetzungen dafür gegeben seien. Er mag, wie der Antragsteller behauptet, in der Folgezeit hiervon allerdings abgekommen sein und Maßnahmen zur Wiederaufnahme der Arbeiten durch einen anderen Unternehmer getroffen haben. Das ändert jedoch nichts daran, daß die in die Form einer Kündigung gekleidete Einigung der Parteien über die Einstellung der Arbeiten nur eine teilweise Lösung der auf die Kriegsauswirkungen zurückzuführenden Schwierigkeiten in der Vertragsdurchführung darstellte, auch darstellen sollte und damit zusammenhängende Fragen offen ließ, die ebenfalls einer Regelung bedurften. Ungeklärt blieb, in welchem Umfange dem Antragsteller seine bisherige Arbeitsleistung zu vergüten und in welcher Weise er für seine auch auf den nicht ausgeführten Teil des Auftrags gemachten Aufwendungen zu entschädigen sei. Daß auch dieses Punkte waren, die im Rahmen eines Abwicklungsverfahrens hätten erledigt werden können und müssen, unterliegt keinem Zweifel. Sie liegen im Bereiche der Bestimmungen, die gemäß § 2 Abs. 2 VAL. der Vertragshilferichter nach billigem Ermessen zu treffen hat. Dieser Aufgabe ist er aber dadurch, daß sich die Parteien über einen Teil der aufgetretenen Schwierigkeiten geeinigt haben, nicht enthoben. Die Verordnung vom 20. April 1940 setzt nicht voraus, daß das Erfordernis einer durch richterliche Entscheidung zu treffenden Abwicklung bei allen Verpflichtungen bestehe, die aus dem Vertrag entspringen. Die Vorschriften der §§ 11 und 14 der allgemeinen Vertragshilfeverordnung vom 30. November 1939 (RGBl. I S. 2329), die nach § 7 VAL. sinngemäß auch für das Abwicklungsverfahren gelten, stellen den Gedanken einer freiwilligen Einigung der Beteiligten in den Vordergrund. Der Schuldner soll die richterliche Vertragshilfe erst in Anspruch nehmen, nachdem er eine außergerichtliche Einigung versucht hat, und auch der Vertragshilferichter soll in der Regel zunächst auf eine gütliche Einigung hinwirken. Es liefe dem Sinne dieser Vorschriften zuwider und stünde auch mit dem im Vorspruch zur allgemeinen Vertragshilfeverordnung enthaltenen Hinweis darauf, daß das Vertragshilfeverfahren lediglich hilfsweise Bedeutung hat, nicht im Einklang, wenn man den Parteien die Möglichkeit nehmen wollte, einen Teil ihrer Verpflichtungen durch außergerichtlichen gütlichen Ausgleich zu regeln und allein die Punkte der richterlichen Entscheidung im Abwicklungsverfahren zu unterbreiten, bei denen ihnen keine Einigung gelungen ist. Auch die nicht erledigten Punkte fließen aus der Erschwerung der Vertragsdurchführung durch die Kriegsauswirkungen und entsprechen insoweit den Voraussetzungen für eine richterliche Abwicklung. In ihrer Beurteilung sind dem Vertragshilferichter nur insofern Grenzen gezogen, als er in seiner Ermessensentscheidung an die durch die teilweise Einigung der Parteien geschaffene Sachlage gebunden ist und von ihr aus einen angemessenen Ausgleich zu suchen hat. Schwierigkeiten, die eine gänzliche Versagung der Vertragshilfe gebieten könnten, ergeben sich daraus nicht.

Wenn das Kammergericht seine Entscheidung weiter damit begründet, der Antragsteller erstrebe gar keine der in § 2 VAL. genannten Regelungen, sondern begehre einen Ausspruch darüber, ob und inwieweit seine Forderungen berechtigt seien, so vermag auch dieser Gesichtspunkt die Zurückweisung des Vertragshilfeantrags nicht zu rechtfertigen. Das Kammergericht verkennt die Bedeutung eines im Abwicklungsverfahren geltend gemachten bestimmten Begehrens. Ein solches kann immer nur als Ausdruck dessen gewertet werden, was die Partei als eine ihr angemessen erscheinende Regelung betrachtet. Es bindet aber den Vertragshilferichter nicht. Dieser mag bei einer in dieser Richtung liegenden Entscheidung keinen Anlaß haben, vielleicht auch außerstande sein, über den Antrag der Partei hinauszugehen. Er ist aber nicht gehindert, hinter ihm zurückzubleiben oder im Rahmen des seiner Beurteilung unterbreiteten Sachverhalts eine sonstige

Regelung zu treffen, wenn sie ihm angemessen erscheint. Da der Antragsteller durch die Anrufung des Vertragshilfegerichts zu erkennen gegeben hat, daß er sich einer nach billigem Ermessen zu treffenden, wenn auch von seinem Vorschlag abweichenden richterlichen Entscheidung unterwerfe, bietet sein auf die Zuerkennung einer bestimmten Vergütung und Entschädigung abzielendes Vorbringen keinen Grund, eine sachliche Prüfung und Bescheidung seines Antrages abzulehnen.

2. Dem Vertragshilfebegehren des Antragstellers kann aber aus einem anderen Grunde nicht stattgegeben werden. Das Kammergericht hat sich nicht mit der auch vom Antragsgegner aufgeworfenen Frage befaßt, ob der Vertrag, dessen Abwicklung verlangt wird, überhaupt zu den Lieferverträgen gehört, auf welche die Verordnung vom 20. April 1940 Anwendung findet. Nach § 1 Abs. 2 das. ist Liefervertrag im Sinne der Verordnung ein Kauf-, Werk- oder Werklieferungsvertrag über Waren, die von einem der Vertragschließenden ganz oder teilweise hergestellt werden. Die in der Verordnung vorgesehene richterliche Vertragshilfe greift nach § 1 Abs. 1 Platz, wenn die Durchführung eines solchen Liefervertrags, den ein im Gebiete des Großdeutschen Reiches ansässiger Vollkaufmann abgeschlossen hat, durch die Kriegsauswirkungen zeitweilig unmöglich oder für einen der Vertragsteile unzumutbar geworden ist. Die danach erforderlichen gesetzlichen Voraussetzungen mögen hier insofern gegeben sein, als die vom Antragsteller übernommene entgeltliche Herstellung des Entwässerungsgrabens einen Werkvertrag im Sinne der §§ 631 flg. BGB. darstellt. Der Antragsteller mag auch, ohne daß dies freilich bisher eindeutig geklärt worden wäre, Vollkaufmann sein, da sein Unternehmen zwar nicht schon seinem Gegenstande nach die Kaufmannseigenschaft begründet, wohl aber offenbar nach Art und Umfang den in § 2 HGB. gestellten Anforderungen entspricht und, wie anzunehmen ist, unter der Firma des Antragstellers im Handelsregister eingetragen ist. Bedenken gegen die Anwendbarkeit der Verordnung vom 20. April 1940 ergeben sich jedoch insofern, als diese eine Abwicklung nur für Lieferverträge über Waren zuläßt, die von einem der Vertragschließenden ganz oder teilweise hergestellt werden. Unter Waren sind nach dem allgemeinen Sprachgebrauche wie auch im Rechtssinne regelmäßig bewegliche Sachen zu verstehen, die nach der Auffassung des Verkehrs als Gegenstände des gewerblichen Umsatzes in Betracht

kommen. So wird in § 1 HGB. der Begriff der beweglichen Sachen, deren Anschaffung und Weiterveräußerung unter den dort genannten Grundhandelsgeschäften erwähnt wird, ausdrücklich durch die Hinzufügung des Wortes „Waren" erläutert und auch an zahlreichen anderen Stellen des Gesetzes der Ausdruck Ware ersichtlich in diesem Sinne gebraucht. Die für die staatliche Wirtschaftsführung grundlegende Verordnung über den Warenverkehr vom 18. August 1939 (RGBl. I S. 1430) hat ebenfalls offenbar nur den Verkehr mit beweglichen, für den gewerblichen Umsatz bestimmten Sachen im Auge, wenn sie von einer Überwachung und Regelung des Verkehrs mit Waren, insbesondere deren Beschaffung, Verteilung, Lagerung, Absatz und Verbrauch spricht. Für die hier aufgezählten Gebiete staatlicher Warenbetreuung kommen im wesentlichen nur körperliche Gegenstände des gewerblichen Güterumsatzes in Frage; wie denn auch für solche allein bisher Reichsstellen nach Maßgabe des § 3 der genannten Verordnung errichtet worden sind. Die Verordnung vom 20. April 1940 bietet keinen Anhalt dafür, daß für ihren Anwendungsbereich dem Begriffe Waren eine hiervon abweichende Bedeutung beizulegen sei. Die Verordnung will dort helfend eingreifen, wo die Wirkungen des Krieges die Erfüllung von Lieferverpflichtungen erschweren oder zeitweilig unmöglich machen. Wenn sie dabei von Lieferverträgen über Waren spricht, die von einem der Vertragschließenden ganz oder teilweise hergestellt werden, so denkt sie ersichtlich an die Fälle gewerblicher Bedarfsdeckung, bei denen die durch den Krieg hervorgerufenen Schwierigkeiten notwendigerweise besonders häufig und störend in die Erscheinung treten. Das ist vor allem dort der Fall, wo durch die Umstellung der Wirtschaft auf die Bedürfnisse des Krieges Stockungen und Ausfälle in der laufenden Gütererzeugung eintreten. Die Verordnung will durch die Schaffung eines besonderen, auf schnelle Bereinigung solcher Hindernisse abzielenden, nicht an die strengen Vorschriften des ordentlichen Rechtsstreits gebundenen und dem richterlichen Ermessen weiten Spielraum lassenden Verfahrens einen Weg eröffnen, der es der gewerblichen Wirtschaft ermöglicht, sich unter Anpassung ihrer laufenden Verpflichtungen an die Kriegsnotwendigkeiten leistungsfähig zu erhalten und ihrer Aufgabe im Rahmen der durch den Krieg gegebenen Verhältnisse auch weiterhin Genüge zu tun. Schon hiernach ist davon auszugehen, daß Leistungen aus Bauverträgen der hier in Betracht kommenden Art nicht unter den Begriff

Ware fallen, wie ihn die Verordnung vom 20. April 1940 verstanden wissen will. Inwieweit Bauvorhaben in der Kriegszeit begonnen oder, falls bereits in Angriff genommen, weitergeführt werden dürfen, ist gesetzlich besonders geregelt (vgl. 9. Anordnung des Beauftragten für den Vierjahresplan vom 16. Februar 1940 — Reichsanzeiger Nr. 44 —). Durch die damit verwirklichte staatliche Lenkung des Bauwesens ist weitgehend dafür Sorge getragen, daß eine gewerbliche Betätigung auf diesem Gebiet überhaupt nur im Rahmen der durch den Krieg gegebenen Möglichkeiten stattfinden kann. Es ergibt sich auch aus der Natur der in der Regel eine längere Ausführungszeit erfordernden Bauleistungen, die immer an einen bestimmten Ort gebunden sind und nur an diesem vollendet werden können, daß zeitweilige Störungen im Arbeitsablaufe nicht in dem Maß einer alsbaldigen Abhilfe bedürfen, wie es sonst im Bereiche der gewerblichen Gütererzeugung der Fall ist. Die Verordnung hat deshalb aus guten Gründen davon abgesehen, auch Bauverträge einer Bereinigung im Wege des Abwicklungsverfahrens zugänglich zu machen. Der Gesetzgeber hat es offenbar für ausreichend erachtet, daß dem aus einem Bauvertrage Verpflichteten, soweit ihm nicht ohnehin die Möglichkeit einer Berufung auf allgemeine Rechtsvorschriften, insbesondere § 242 BGB., bleibt, der Schutz der allgemeinen Vertragshilfe nach der Verordnung vom 30. November 1939 zur Verfügung steht, falls die Voraussetzungen hierfür vorliegen.

Eine Anwendung des Begriffs Ware auf Bauleistungen der hier in Rede stehenden Art läßt sich auch nicht unter dem Gesichtspunkte rechtfertigen, daß es zur Erbringung der Leistung in der Regel der Verwendung beweglicher Sachen bedarf, die selbst als Gegenstände des gewerblichen Güterumsatzes und damit als Waren anzusehen sind. Geräte, die zur Ausführung der Bauarbeiten benutzt, und Stoffe wie Holz, Eisen, Sand, Steine und dergl., die an der Baustelle verarbeitet werden, stellen, auch wenn sie vom Unternehmer beizubringen sind, immer nur Hilfsmittel zur Erzielung des erstrebten Arbeitserfolges dar, sind aber für sich allein nicht Gegenstand der zu erbringenden Leistung. Sie gehen in dieser, die ihrem Wesen nach in der baulichen Umgestaltung von Grund und Boden durch Abtragung und Verlagerung von Erdmassen besteht, auf und vermögen die wirtschaftliche Bedeutung der Hauptleistung als eines auf Bearbeitung einer unbeweglichen Sache abzielenden Arbeitserfolges nicht zu verändern.

Die zur Herstellung eines Baues verwendeten Stoffe mögen gegenüber der Gesamtleistung an Bedeutung gewinnen und zur Hauptsache aufrücken, wenn sie den wesentlichen Teil des herzustellenden Werkes ausmachen, und es mag deshalb begründet sein, wenn Vogels (bei Pfundtner-Neubert II RV 11, S. 45) auch den Bau einer Brücke oder einer Lagerhalle als Beispiele anführt, die für ein Abwicklungsverfahren Raum bieten. Läßt sich in Fällen dieser Art noch von einem Liefervertrag über Waren im Sinne der Abwicklungsverordnung sprechen, so verbietet sich eine solche ausdehnende Auslegung jedenfalls, wenn, wie hier, Arbeitsgeräte und Baustoffe nur als Mittel zur Herbeiführung der Vertragsleistung und als unselbständige Bestandteile des Gesamtwerkes in die Erscheinung treten. Daß der aus einem Bauvertrage Verpflichtete, soweit er zur Erbringung seiner Leistung auf die Beschaffung von Hilfsstoffen oder Hilfsgeräten angewiesen ist, unter Umständen selbst Vertragshilfemaßnahmen derer gegen sich gelten lassen muß, die ihm solche zu liefern haben, genügt demgegenüber nicht, um seine Leistung im ganzen als eine Ware im Sinne der Abwicklungsverordnung ansehen und dem dort geregelten Verfahren unterstellen zu können.

Hiernach fehlt die Voraussetzung des § 2 Abs. 2 VAL. für die Zulässigkeit eines Abwicklungsverfahrens. Das Vertragshilfebegehren des Antragstellers ist deshalb vom Kammergericht mit Recht abgewiesen worden.

---

39. 1. Beginnt der Lauf der Klageausschlußfrist des § 143 Abs. 1 DBG. auch dann 6 Monate nach Zugehen des Antrages des Beamten, wenn der beantragte Vorentscheid während dieses Zeitraums ergangen, aber nicht formgerecht zugestellt worden ist?

2. Welche Stelle ist in Preußen vor dem Inkrafttreten des Reichsgesetzes über die Vereinheitlichung im Behördenaufbau vom 5. Juli 1939 für Lehrpersonen an nichtstaatlichen öffentlichen Schulen oberste Dienstbehörde im Sinne des § 143 DBG. gewesen?

Deutsches Beamtengesetz vom 26. Januar 1937 (RGBl. I S. 39) — DBG. — §§ 143, 163. Durchführungsverordnung zum Deutschen Beamtengesetz für die Kommunalbeamten (Beamten der Gemeinden, der Gemeindeverbände und der gemeindlichen Zweckverbände) vom 2. Juli 1937 (RGBl. I S. 729) in der Fassung der Verordnung zur Änderung und Ergänzung dieser Verordnung vom 28. April 1938 (RGBl. I S. 509) § 1 Abs. 3. Erste Verordnung zur Durchführung der Deutschen Gemeindeordnung vom 22. März 1935 (RGBl. I S. 393) § 33 Abs. 2.

III. Zivilsenat. Urt. v. 14. März 1941 i. S. Sch. (Kl.) w. Landkreis B. (Bekl.). III 60/40.

I. Landgericht Marburg (Lahn).
II. Oberlandesgericht Kassel.

Der Kläger wurde durch den beklagten Kreis an der Kreisberufsschule in B. vom 1. Juli 1935 ab unter Berufung in das Beamtenverhältnis als Gewerbeoberlehrer angestellt und am 30. Januar 1937 mit Bestätigung des Ministers zum Direktor dieser Schule ernannt. Er behauptet, die Schule bereits seit dem 1. Juli 1935 probeweise geleitet zu haben, und glaubt, daß ihm von diesem Tag ab eine Stellenzulage von jährlich 900 RM. zustehe. Da der Beklagte ihm die Zulage erst vom 1. Juni 1936 ab gewährte, rief er mit Eingabe vom 12. Juli 1938 die Entscheidung des Regierungspräsidenten in W. an. Dieser bezeichnete in seiner an den Landrat gerichteten Verfügung vom 26. Juli 1938 die Forderung des Klägers als unbegründet und ließ ihn dementsprechend durch den Landrat schriftlich bescheiden. Der Kläger wandte sich darauf mit Eingabe vom 8. August 1938 an den Reichs- und Preußischen Minister für Wissenschaft, Erziehung und Volksbildung. Die im Dienstweg über den Landrat zunächst an den Regierungspräsidenten gelangte Eingabe wurde jedoch von diesem nicht weitergegeben. Er teilte dies dem Kläger im Schreiben vom 10. September 1938 mit dem Bemerken mit, daß die Besoldungsangelegenheit des Klägers durch seine Verfügung vom 26. Juli 1938 endgültig geregelt sei. Nunmehr reichte der Kläger ein Gesuch um Entscheidung unmittelbar an den Minister ein. Gemäß seinem unter dem 18. Juli 1939 an den Regierungspräsidenten gerichteten Schreiben ließ der Minister aber den Kläger ebenfalls ablehnend bescheiden. Der betreffende Bescheid vom 12. August 1939 ging dem Kläger mit einem Anschreiben vom 19. August 1939 zu. Darauf hat der Kläger mit der am 22. Dezember 1939 beim Landgericht eingegangenen Klage die Stellenzulage für die Zeit vom 1. Juli 1935 bis zum 1. Juni 1936 nachgefordert. Beide Vordergerichte haben die Klage wegen Versäumung der Klageausschlußfristen des § 143 Abs. 1 DBG. abgewiesen. Die Revision hatte keinen Erfolg.

Gründe:

Der Streit der Parteien, soweit er für das Revisionsverfahren Bedeutung hat, betrifft nur die Zulässigkeit der Klage, mit der der Kläger aus seinem Beamtenverhältnis als Leiter oder ehemaliger Leiter der Kreisberufsschule des Beklagten gegen diesen einen vermögensrechtlichen Anspruch geltend macht. Da die Klage erst nach dem Inkrafttreten des Deutschen Beamtengesetzes erhoben worden ist, richtet sich ihre Zulässigkeit auf Grund des § 184 Abs. 2 DBG. nicht mehr nach § 14 des Preuß. Gewerbe- und Handelslehrer-Besoldungsgesetzes vom 16. April 1928 (GS. S. 89), wonach der Klage eine Entscheidung der Schulaufsichtsbehörde über den streitigen Anspruch vorhergehen muß, sondern allein nach § 143 Abs. 1 DBG. Danach ist die Klage erst zulässig, wenn die oberste Dienstbehörde des Beamten den Anspruch abgelehnt oder wenn sie innerhalb von sechs Monaten, nachdem ihr der Antrag zugegangen ist, nicht entschieden hat. In beiden Fällen ist die Klage aber auch nur innerhalb von sechs Monaten nach Bekanntgabe der Entscheidung oder nach Ablauf der für diese bestimmten Frist zulässig.

Der Kläger hält den Reichsminister für Wissenschaft, Erziehung und Volksbildung für seine oberste Dienstbehörde, die ihm den Klageweg erst mit ihrer ihm im August 1939 zugegangenen Entscheidung eröffnet habe, so daß seine am 22. Dezember 1939 dem Landgericht eingereichte Klage noch rechtzeitig erhoben worden sei. Das Berufungsgericht ist jedoch ebenso wie das Landgericht der Auffassung des Beklagten gefolgt und hat gemäß § 1 Abs. 3 der zum Deutschen Beamtengesetz erlassenen Durchführungsverordnung für die Kommunalbeamten vom 2. Juli 1937 in der Fassung der Verordnung vom 28. April 1938 den Regierungspräsidenten als die zuständige oberste Dienstbehörde im Sinne des § 143 Abs. 1 DBG. angesehen und deshalb angenommen, daß die sechsmonatige Klageausschlußfrist bereits durch dessen dem Kläger im September 1938 bekanntgegebene Verfügung vom 26. Juli 1938 in Lauf gesetzt worden und mithin bei Klageerhebung längst abgelaufen gewesen sei.

Nach § 163 DBG. müssen Entscheidungen, die dem Beamten nach den Bestimmungen des Gesetzes bekanntzugeben sind, gemäß den Vorschriften der Reichsdienststrafordnung zugestellt werden, wenn durch sie eine Frist in Lauf gesetzt wird oder wenn Vermögensrechte des Beamten durch sie berührt werden. Daß die genannte Verfügung des Regierungspräsidenten dem Kläger formgerecht bekanntgegeben worden sei, geht aus den Personalakten des Klägers nicht hervor und ist vom Beklagten auch nicht behauptet worden. Ihre formlose Bekanntgabe hat nach § 163 DBG. zwar den Klageweg eröffnet (RGZ. Bd. 164 S. 72 [78]), aber nicht die sechsmonatige Klageausschlußfrist in Lauf gesetzt.

Indessen ist der Irrtum des Berufungsgerichts über die Inlaufsetzung der Frist für die Entscheidung bedeutungslos. Die sechsmonatige Ausschlußfrist, innerhalb deren der mit der formlosen Bekanntgabe der Entscheidung des Regierungspräsidenten vom 26. Juli 1938 an den Kläger eröffnete Klageweg beschritten werden konnte, hätte nämlich nach der Vorschrift des § 143 Abs. 1 DBG. auf jeden Fall mit dem Ablauf von sechs Monaten, nachdem der Antrag des Klägers vom 12. Juli 1938 auf Entscheidung dem Regierungspräsidenten zugegangen war, zu laufen begonnen. Sie wäre also aus diesem Grund ohnehin bei der Klageerhebung im Dezember 1939 längst abgelaufen gewesen. Nach dem Wortlaute des § 143 Abs. 1 DBG. beginnt die Ausschlußfrist allerdings mit Ablauf von sechs Monaten seit Zugehen des Antrages nur dann, wenn die zuständige Behörde bis dahin auf den Antrag nicht entschieden hat. Die Vorschrift könnte daher, wörtlich genommen, im Rechtsstreite der Parteien keine Anwendung finden, weil der Regierungspräsident fristgemäß entschieden hat. Doch muß sie sinngemäß auch dann gelten, wenn, wie im vorliegenden Falle, die fristgemäß getroffene Entscheidung nicht formgerecht zugestellt worden ist und deshalb die Frist nicht hat in Lauf setzen können. Denn sie will ja gerade für den Fall, daß die Frist nicht schon durch den Vorentscheid in Lauf kommt, ihren Beginn wenigstens mit dem Ablaufe von sechs Monaten seit dem Zugehen des Antrages herbeiführen, um auf diese Weise die Beunruhigung der öffentlichen Haushalte infolge vermögensrechtlicher Beamtenstreitigkeiten durch deren baldige Klärung nach Möglichkeit zu verhüten oder zu vermindern. Entscheidend bleibt danach im Rechtsstreite der Parteien allein, ob der Minister oder der Regierungspräsident im

Sinne des § 143 DBG. als oberste Dienstbehörde des Klägers anzusehen ist.

Nach § 2 DBG. sind alle deutschen Beamten seit dem Inkrafttreten des Gesetzes, also seit dem 1. Juli 1937, Reichsbeamte. Hat der Beamte nur das Reich zum Dienstherrn, so ist er unmittelbarer, hat er einen anderen unmittelbaren Dienstherrn, so ist er mittelbarer Reichsbeamter und unmittelbarer Beamter des anderen Dienstherrn (§ 2 Abs. 3). Oberste Dienstbehörde des Beamten ist die oberste Behörde seines unmittelbaren Dienstherrn (§ 2 Abs. 4). Für den Kläger spitzt sich die Frage deshalb dahin zu, wer sein unmittelbarer Dienstherr gewesen ist, das Land Preußen, was der Kläger für richtig hält, oder der verklagte Kreis, wie der Beklagte annimmt. Im ersten Falle wäre seine oberste Dienstbehörde der von ihm schließlich angerufene Minister gewesen; im zweiten Falle fände auf ihn die erwähnte Durchführungsverordnung zum Deutschen Beamtengesetz für die Kommunalbeamten Anwendung, zu denen im Sinne der Verordnung auch die Beamten der Gemeindeverbände, mithin auch die des verklagten Kreises, gehören. Dann wäre nach der bereits erwähnten Vorschrift des § 1 Abs. 3 DurchfVO. zum DBG. vom 2. Juli 1937/28. April 1938 die obere Aufsichtsbehörde (§ 33 Abs. 2 der Ersten Durchführungsverordnung zur Deutschen Gemeindeordnung vom 22. März 1935) seine oberste Dienstbehörde, die in den Fällen des § 143 DBG. die zur Eröffnung des Klagewegs erforderliche Vorentscheidung zu treffen hat. Die obere Aufsichtsbehörde für den Kommunalverband des Kreises ist aber in Preußen der Regierungspräsident.

Der ganze Streit läuft mithin im Revisionsverfahren schließlich darauf hinaus, ob der Kläger als Leiter der Kreisberufsschule unmittelbarer Beamter des Beklagten oder des Landes Preußen gewesen ist. Es ist eine alte Streitfrage, ob die Lehrkräfte an den nichtstaatlichen öffentlichen Schulen des Landes Preußen als unmittelbare Staatsbeamte oder als unmittelbare Beamte der Schulunterhaltsträger anzusehen sind. Mit Rücksicht auf den starken Einfluß, den sich der Preußische Staat von jeher in der Gesetzgebung und durch die Verwaltungsübung auf das gesamte Schulwesen gesichert hat und der auch im Gewerbe- und Handelslehrer-Besoldungsgesetz in den von der Revision betonten Beziehungen zum Ausdruck gekommen ist, hat das Preußische Oberverwaltungsgericht diese Lehrkräfte als unmittelbare Staatsbeamte angesehen. Das Reichsgericht, das sich vor allem mit der vermögensrechtlichen Seite ihres Dienstverhältnisses zu befassen hatte, hat dagegen insbesondere den Gesichtspunkt, wer die Lehrkräfte anstellt, in den Vordergrund gerückt und sie danach nur als mittelbare Staatsbeamte und als unmittelbare Beamte der sie anstellenden Schulunterhaltsträger behandelt. An dieser Auffassung ist festzuhalten. Sie allein entspricht entgegen der Ansicht der Revision der Entwicklung, welche die Reichsgesetzgebung in den letzten Jahren genommen hat.

Nach § 7 des Reichsstatthaltergesetzes vom 30. Januar 1935 (RGBl. I S. 65) steht das Recht der Ernennung und Entlassung der Landesbeamten dem Führer und Reichskanzler zu, der es selbst ausüben oder anderen Stellen mit dem Recht der Weiterübertragung übertragen kann. Auf Grund dieser Vorschrift hat der Führer und Reichskanzler durch Erlaß über die Ernennung und Entlassung der Landesbeamten vom 1. Februar 1935 (RGBl. I S. 73) unter Nr. III bestimmt, daß sich die Ernennung und Entlassung der mittelbaren Landesbeamten nach den bereits geltenden Vorschriften richten soll, und unter Nr. IV die Reichsminister des Innern und der Finanzen zum Erlaß von Ausführungs- und Übergangsbestimmungen ermächtigt. Nach den daraufhin ergangenen Bestimmungen der Minister vom 22. Februar 1935 (RGBl. I S. 268) sind mittelbare, also nicht unmittelbare Landesbeamte im Sinne der Nr. III des Erlasses vom 1. Februar 1935 auch die Lehrpersonen an nichtstaatlichen öffentlichen Schulen, soweit sie — unbeschadet einer Notwendigkeit staatlicher Bestätigung — von den Unterhaltsträgern angestellt werden. Wenn solche Lehrpersonen, zu denen auch der Kläger gehört, danach mittelbare Staatsbeamte sind, so müssen sie nach dem damaligen Gesetzesstande unmittelbare Beamte der Schulunterhaltsträger gewesen sein. Das Deutsche Beamtengesetz, nach dessen § 24 der Führer und Reichskanzler alle Beamten ernennt, soweit nicht gesetzlich etwas anderes vorgeschrieben ist oder er die Ausübung dieses Rechts anderen Stellen überträgt, und der dazu (unter Aufhebung des vorher erwähnten Erlasses vom 1. Februar 1935) ergangene Erlaß über die Ernennung der Beamten und die Beendigung des Beamtenverhältnisses vom 10. Juli 1937 (RGBl. I S. 769) nebst den ministeriellen Durchführungsvorschriften vom 12. Juli 1937 (RGBl. I S. 771) lassen keine abweichende Auffassung erkennen. Für die Ernennung der an nichtstaatlichen öffentlichen Schulen von den Unterhaltsträgern angestellten Lehrpersonen zu Beamten ist es nach Nr. II Abs. 2 und 3 der Durchführungsvorschriften weiter bei den bisherigen Vorschriften geblieben. Die Frage, ob diese Lehrpersonen unmittelbare Beamte der Schulunterhaltsträger oder des betreffenden Landes sind, ist in den Bestimmungen gar nicht berührt worden. Diese Frage, die in den weiter oben erwähnten Ausführungsbestimmungen vom 22. Februar 1935 nur für die Ernennung und Entlassung der genannten Lehrpersonen beantwortet ist, hat dagegen jetzt in dem allerdings im Rechtsstreite der Parteien noch nicht anwendbaren Reichsgesetz über die Vereinheitlichung im Behördenaufbau vom 5. Juli 1939 (RGBl. I S. 1197) eine allgemeine Regelung erfahren. Nach Art. II § 5 dieses Gesetzes sind die Beamten der Behörden der Länder, die nach Art. I § 1 des Gesetzes zugleich Behörden des Reiches sind, nunmehr unmittelbare Reichsbeamte geworden. „Das gleiche gilt", wie Satz 2 fortfährt, „für die Lehrer an staatlichen Schulen und für die Volksschullehrer". Nach dem Umkehrschluß gilt es mithin nicht für die Lehrpersonen an nichtstaatlichen öffentlichen Schulen wie den Kreisberufsschulen. Diese Lehrpersonen sind daher nicht unmittelbare Reichsbeamte geworden, sondern mittelbare Reichsbeamte geblieben und müssen also, da es fortan Länderbeamte nicht mehr geben kann, unmittelbare Beamte ihrer Unterhaltsträger sein. Deshalb besteht um so weniger Anlaß, von der bisherigen Rechtsprechung des Reichsgerichts abzugehen.

Die von der Revision angeführte Verordnung zur Durchführung der §§ 29 und 112 der Reichsdienststrafordnung im Bereiche des Reichsministeriums für Erziehung, Wissenschaft und Volksbildung vom 23. Juli 1937 (RGBl. I S. 856) ist für die gegenteilige Auffassung des Klägers nicht beweiskräftig. Die unter IV enthaltene Vorschrift der Verordnung, daß als oberste Dienstbehörde für die an nichtstaatlichen öffentlichen Schulen beamteten Leiter und Lehrer, die der staatlichen Bestätigung bedürfen, die oberste Landesbehörde der für die Schulaufsicht zuständigen Verwaltung anzusehen ist, gilt nur für das Verfahren der Reichsdienststrafordnung und spricht im Gegenteil gegen die Auffassung des Klägers; denn die Vorschrift wäre nicht nötig gewesen, wenn nur die in ihr bezeichnete oberste Landesbehörde ohnehin schon allgemein als oberste Dienstbehörde der genannten Lehrpersonen hätte in Frage kommen können.

(Die weiteren Ausführungen weisen noch den Einwand der unrichtigen Rechtsausübung und neues tatsächliches Vorbringen des Klägers zurück.)

---

40. 1. Hat § 96 Satz 1 EheG. die Rechtskraft eines früher ergangenen Unterhaltsurteils kraft Gesetzes beseitigt?

2. Zur Anwendung des § 323 ZPO. auf den Fall einer Gesetzesänderung.

EheG. §§ 66, 67, 96, 111. ZPO. § 323.

IV. Zivilsenat. Urt. v. 19. März 1941 i. S. P. (Kl.) w. Frau P. (Bekl.). IV 305/40.

I. Amtsgericht Charlottenburg.
II. Kammergericht Berlin.

Die am 31. Juli 1919 geschlossene Ehe der Parteien ist durch Urteil des Landgerichts B. vom 27. Juli 1928 aus Verschulden des Klägers geschieden worden. Durch Urteil des Amtsgerichts B. vom 15. März 1930 ist er verurteilt worden, der Beklagten als Unterhalt monatlich im voraus ein Drittel seines Nettodiensteinkommens zu zahlen. Dieses betrug damals 506,75 RM. monatlich, so daß die Beklagte 168,91 RM. erhielt, während es infolge der Gehaltskürzungen jetzt nur 403,45 RM. monatlich, die Unterhaltsrente der Beklagten also 134,80 RM. beträgt.

Mit der vorliegenden Klage hat der Kläger auf Grund des § 323 ZPO. in erster Reihe Aufhebung des Urteils vom 15. März 1930, hilfsweise dessen Abänderung dahin beantragt, daß die der Beklagten zu zahlende Unterhaltsrente vom Tage der Klagezustellung ab auf einen festen, der Höhe nach in das Ermessen des Gerichts gestellten Betrag herabgesetzt wird. Er hat dieses Begehren auf die durch das Ehegesetz vom 6. Juli 1938 geschaffene Veränderung der Verhältnisse gestützt und hierzu besonders vorgetragen, daß sich die Beklagte ihren Unterhalt in voller Höhe selbst verdienen könne und müsse, da sie voll erwerbsfähig und auch für einen Beruf vorgebildet sei. Die Beklagte hat um Abweisung der Klage gebeten. Sie hat eingewendet, daß sie an Gleichgewichtsstörungen leide und aus diesem Grunde sowie mit Rücksicht auf ihr Alter von über 45 Jahren erwerbsunfähig sei.

Das Amtsgericht hat die Klage abgewiesen. Die Berufung des Klägers blieb erfolglos. Er hat Revision insoweit eingelegt, als seine Unterhaltsverpflichtung den Betrag von monatlich 50 RM. übersteigt. In diesem Umfange wurde das Berufungsurteil aufgehoben und die Sache an das Berufungsgericht zurückverwiesen.

Aus den Gründen:

Nach § 96 Satz 1 EheG. bestimmt sich die gesetzliche Unterhaltspflicht des Klägers gegenüber der Beklagten vom Inkrafttreten des Ehegesetzes an nach den Vorschriften dieses Gesetzes, also nach §§ 66, 67. Zutreffend geht das Berufungsgericht in Übereinstimmung mit der im Schrifttum vorherrschenden Meinung davon aus, daß § 96 Satz 1 EheG. die Rechtskraft eines früher ergangenen Unterhaltsurteils nicht kraft Gesetzes beseitigt hat, sondern daß die Abänderung des früheren Urteils im Wege der Klage nach § 323 ZPO. herbeizuführen ist. Die Gegenansicht vertritt v. Scanzoni Das Großdeutsche Ehegesetz 2. Aufl. Bem. III a zu § 96 mit der Begründung, daß sich § 323 ZPO. nur auf eine Änderung der tatsächlichen Verhältnisse, nicht auf eine Gesetzesänderung beziehe. Darin kann ihm jedoch nicht zugestimmt werden. Die Vorschrift des § 323 ZPO. betrifft ihrem Wortlaute nach jede wesentliche Änderung der Verhältnisse, die für die Verurteilung zur Entrichtung der Leistungen, für die Bestimmung ihrer Höhe und der Dauer ihrer Entrichtung maßgebend waren. Zu den Verhältnissen, die der Richter bei der Entscheidung in Betracht zu ziehen hat, gehört vor allem auch das den Anspruch gestaltende Gesetz. Daher ist nicht einzusehen, weshalb eine Änderung des Gesetzes von dem Anwendungsbereiche des § 323 ausgenommen sein sollte. Wenn der Gesetzgeber für das Gebiet der Ostmark, worauf v. Scanzoni noch hinweist, in § 111 Abs. 1 Satz 6 EheG. eine ausdrückliche Vorschrift dahin getroffen hat, daß ein vor Inkrafttreten des Ehegesetzes ergangenes Urteil einer neuen Regelung des Unterhalts nicht entgegensteht, so hat dies ersichtlich seinen Grund darin, daß das österreichische Verfahrensrecht keine dem § 323 ZPO. entsprechende Vorschrift enthält und die Rechtsprechung der österreichischen Gerichte, welche die Zulässigkeit einer Abänderungsklage für den Fall einer wesentlichen Änderung der tatsächlichen Verhältnisse anerkennt, bisher noch keine Gelegenheit gehabt hatte, zur Frage des Einflusses einer Gesetzesänderung Stellung zu nehmen. Im übrigen ergibt auch die Vorschrift des § 111 Abs. 1 Satz 6 EheG., daß die Rechtskraft eines früher ergangenen Unterhaltsurteils nicht von selbst durch die gesetzliche Neuordnung der Unterhaltspflicht getrennter (geschiedener) Ehegatten, sondern erst mit der neuen Regelung des Unterhalts durch gerichtliches Urteil entfällt.

Zweifelhaft kann es sein, ob die sich aus §§ 66 flg., 96 Satz 1 EheG. ergebende Neuordnung der Unterhaltspflicht geschiedener Ehegatten schon für sich allein eine wesentliche Änderung der Verhältnisse bedeutet, die nach § 323 ZPO. das Verlangen nach Abänderung des früheren Urteils ohne weiteres auch dann rechtfertigt, wenn nur eine geringfügige Abweichung in Betracht kommt, oder ob die Gesetzesänderung nur dann eine wesentliche Änderung der Verhältnisse im Sinne des § 323 ZPO. begründet, wenn sich im einzelnen Falle bei Anwendung des neuen Gesetzes auf den jetzt vorliegenden Sachverhalt im Endergebnis eine wesentliche Abweichung von der früheren Bemessung der Leistungen nach Höhe und Dauer ergibt. Das Berufungsgericht geht ersichtlich von der zweiten Auffassung aus, wenn es eine Änderung des früheren Urteils deshalb ablehnt, weil nicht anzuerkennen sei, daß ein Betrag von monatlich 200 RM., auf den die Beklagte ihr Einkommen durch Ausübung einer Erwerbstätigkeit zu steigern in der Lage sein würde, den nach den Lebensverhältnissen der Parteien angemessenen Unterhalt wesentlich übersteigen würde, und daß andererseits der standesmäßige Unterhalt des Klägers bei Weiterzahlung der bisherigen Unterhaltsrente wesentlich gefährdet würde. In dieser grundsätzlichen Auffassung ist dem Berufungsgericht im Gegensatz zur Ansicht der Revision beizutreten. Sie entspricht dem Grundgedanken des § 323 ZPO., der zwar aus Billigkeitsgründen eine Ausnahme von den Regeln der Rechtskraft zuläßt, sie aber an die Voraussetzung knüpft, daß sich auf Grund der jetzt vorliegenden Verhältnisse eine wesentliche — d. h. nicht gar zu geringfügige (vergl. Jonas-Pohle ZPO. Bem. II 3 zu § 323 bei N. 32) — Abweichung von der Bemessung der Leistungen ergibt, die nach den früher maßgebenden Verhältnissen vorgenommen worden war.

Die Ausführungen des angefochtenen Urteils reichen jedoch nicht aus, eine wesentliche Änderung der Verhältnisse in dem dargelegten Sinne zu verneinen. Sie lassen insbesondere nicht erkennen, daß das Berufungsgericht die Änderungen in vollem Umfange berücksichtigt hat, welche die §§ 66 flg. EheG. an der Unterhaltspflicht geschiedener Ehegatten gegenüber dem zur Zeit der früheren Verurteilung geltenden Recht des Bürgerlichen Gesetzbuches vorgenommen haben. Das Berufungsgericht hat zwar nicht verkannt, daß die geschiedene Frau nicht mehr, wie nach § 1578 BGB., Anspruch auf den standesmäßigen, sondern nur auf den nach den Lebensverhältnissen der Ehegatten angemessenen Unterhalt hat. Dagegen stellt es die Beurteilung, ob der Kläger der Beklagten den ihr nach § 66 EheG. an sich zustehenden angemessenen Unterhalt zu gewähren in der Lage ist, auf die Gefährdung seines standesmäßigen Unterhalts ab, während es nach § 67 EheG., anders als nach § 1579 BGB., darauf ankommt, ob der eigene angemessene Unterhalt des Klägers gefährdet wird. Die Ausführungen des angefochtenen Urteils lassen ferner eine ausreichende Prüfung der Frage vermissen, ob die durch § 1579 BGB. für den Fall der Gefährdung des standesmäßigen Unterhalts des Mannes vorgeschriebene Drittelung der Einkünfte, auf der das Unterhaltsurteil vom 15. März 1930 beruhte, bei Berücksichtigung seines jetzigen, geminderten Einkommens einerseits und der Erträgnisse einer eigenen Erwerbstätigkeit der Frau andererseits noch der Billigkeit entspricht, nach der gemäß § 67 Abs. 1 Satz 1 EheG. die Leistungspflicht des Mannes im Falle der Gefährdung seines eigenen angemessenen Unterhalts zu bestimmen ist. Eine zutreffende Beurteilung, ob eine wesentliche Änderung der Verhältnisse vorliegt, die den Kläger zu dem Verlangen nach entsprechender Abänderung des früheren Urteils berechtigt, wird nur dann möglich sein, wenn unabhängig von diesem Urteil zunächst ermittelt wird, auf welchen Betrag sich die Unterhaltspflicht des Klägers nach den jetzt geltenden gesetzlichen Vorschriften und den jetzt gegebenen tatsächlichen Verhältnissen bemißt, und wenn der so ermittelte Betrag mit der der Beklagten in dem früheren Urteil zuerkannten Unterhaltsrente verglichen wird . . .

---

41. Kann der Wechselschuldner dem Indossatar eines Wechsels Einwendungen aus der Person des Indossanten schon deshalb wirksam entgegenhalten, weil der Indossatar vor oder zugleich mit dem Wechsel auch die Forderung aus dem Wechselgrundgeschäft durch Abtretung erworben hat?

WO. Art. 9, 10, 16, 82.

II. Zivilsenat. Urt. v. 20. März 1941 i. S. G. (Kl.) w. B. u. a. (Bekl.). II 95/40.

I. Landgericht Düsseldorf.
II. Oberlandesgericht daselbst.

Der Kläger macht gegen die Beklagten als Erben des im Laufe des Rechtsstreits verstorbenen Kaufmanns B. im Wechselverfahren aus einem von ihm am 31. Oktober 1926 ausgestellten, auf B. gezogenen und von diesem angenommenen Wechsel an eigene Order, fällig am 2. Januar 1927, einen Anspruch auf Zahlung der Wechselsumme von noch 25000 RM. nebst Zinsen geltend. Der Wechsel ist nicht zu Protest gegangen. Er trägt auf der Rückseite ein Blankoindossament des Klägers Max G. Darauf folgt ein Blankoindossament der Ehefrau des Klägers Marie G. geb. E. Darunter steht der Vermerk: „Max G. als ehemännlicher Vertreter der Frau Marie G. geb. E.". Der Kläger hat zuletzt Zahlung an seine Ehefrau, hilfsweise an sich selbst als Ehemann und Vertreter seiner Ehefrau und ganz hilfsweise an sich selbst gefordert, und zwar in jedem Falle, soweit zulässig, zu Händen seiner Prozeßbevollmächtigten. Das Verfahren wurde durch die Eröffnung des Konkurses über das Vermögen des Klägers am 20. März 1930 unterbrochen. Nachdem der Konkursverwalter die Wechselforderung im September 1936 freigegeben hatte, hat der Kläger das Verfahren wieder aufgenommen. Das Landgericht hat die Klage als im Wechselverfahren unstatthaft abgewiesen. Das Berufungsgericht hat das Urteil des Landgerichts geändert und den damaligen Beklagten B. unter Vorbehalt der Ausführung seiner Rechte zur Zahlung der Wechselsumme von 25000 RM. nebst Zinsen verurteilt. Der erkennende Senat hat dieses Urteil durch Urteil vom 17. Mai 1939 (RGZ. Bd. 160 S. 338) aufgehoben und die Sache zu neuer Verhandlung und Entscheidung an das Berufungsgericht zurückverwiesen, weil es einen Aufrechnungseinwand des B. nicht beschieden und so ein selbständiges Verteidigungsmittel ohne Angabe von Gründen übergangen hatte. B. hatte eine Gegenforderung von 37336,81 RM. zur Aufrechnung gestellt, die er aus der Abrechnung über das Grundgeschäft herleitete. In dem neuen Verfahren vor dem Berufungsgericht haben die Beklagten außer mit der erwähnten Gegenforderung von 37336,81 RM. noch mit einer weiteren Gegenforderung von 60000 RM. aufgerechnet. Zur Begründung dieser

Gegenforderung haben sie vorgetragen, die D. Bank habe im Konkurse des Klägers laut Rechnungsauszug eine Forderung von 182183 RM. angemeldet und dafür abgesonderte Befriedigung oder Aussonderung verlangt. Der Konkursverwalter und der Kläger als Gemeinschuldner hätten die Forderung in Höhe des Ausfalls anerkannt; sie belaufe sich noch auf 176287 RM. Die D. Bank habe von dieser Forderung einen Teil von 60000 RM. an den Rechtsanwalt Dr. R. abgetreten. Dieser habe die Teilforderung am 8. Juli 1939 an B. weiter abgetreten, und B. habe noch an demselben Tage dem Kläger gegenüber mit der Forderung aufgerechnet.

Der Kläger hat u. a. eingewendet, die Beklagten könnten mit der Forderung nicht aufrechnen, weil er die Forderung aus dem dem Wechsel zugrunde liegenden Geschäft am 16. Mai 1936 auf seine Ehefrau übertragen und den Klagewechsel an diese indossiert habe. Die Indossierung des vorübergehend verloren gegangenen Klagewechsels habe er zunächst auf einem Wechselduplikat vorgenommen und später auf der wieder aufgefundenen Urschrift des Wechsels wiederholt. In der Zwischenzeit habe er die Wechselforderung im Auftrag und in Vollmacht seiner Ehefrau an den Kommerzienrat G. abgetreten, der sie später an seine, des Klägers, Ehefrau zurückübertragen habe. Von diesen Abtretungen habe B. Kenntnis erhalten, so daß die Aufrechnung nach § 406 BGB. ausgeschlossen sei.

Die Beklagten haben geltend gemacht, darin, daß der Kläger, anstatt wie bisher aus einem eigenen, nunmehr aus einem Wechselrecht seiner Ehefrau mit dem Hauptantrag auf Zahlung an diese klage, liege eine unzulässige Klageänderung. Sie haben bestritten, daß ihr Rechtsvorgänger von den Abtretungen der Forderung des Klägers an dessen Ehefrau Kenntnis gehabt habe, und behauptet, der Kläger sei im Zeitpunkte der Aufrechnung Inhaber der Forderung gewesen.

Das Berufungsgericht hat die Berufung des Klägers gegen das Urteil des Landgerichts mit der Maßgabe zurückgewiesen, daß die Klage nicht als im Wechselprozeß unstatthaft, sondern als unbegründet abgewiesen wird. Die Revision des Klägers führte zur Aufhebung und Zurückverweisung.

Aus den Gründen:

1. Der Senat hat bereits in dem vorangegangenen Urteil vom 17. Mai 1939 dargelegt, daß für den am 31. Oktober 1926 ausgestellten

Klagewechsel nach Art. 1 Abs. 6 EG.z.WG. noch die Vorschriften der Wechselordnung maßgebend sind.

2. Das Berufungsgericht hat den Einwand der unzulässigen Klageänderung für unbegründet erklärt. Es hat ausgeführt, nach § 265 ZPO. habe die Abtretung eines Anspruchs nach Eintritt der Rechtshängigkeit auf den Rechtsstreit keinerlei Wirkung. Der Kläger habe der veränderten sachlichen Rechtslage durch den Hauptantrag auf Zahlung an seine Ehefrau Rechnung getragen. Die wegen der Abtretung notwendige Umstellung des Klageantrags sei nach § 268 Nr. 3 ZPO. nicht als Klageänderung anzusehen, weil die Veränderung auf einem während der Rechtshängigkeit eingetretenen Umstande beruhe.

Nach § 270 ZPO. ist das Revisionsgericht an die Entscheidung des Berufungsgerichts, daß eine Klageänderung nicht vorliege, gebunden. Die vom Berufungsgericht gegebene Begründung ist allerdings nicht haltbar. Wenn die gegen den Kläger begründeten Einreden der Beklagten, wie jener es behauptet hat, nach Art. 82 WO. seiner Ehefrau nicht entgegengehalten werden könnten, so würde das Urteil nach § 325 ZPO. gegen diese keine Rechtskraft schaffen. Die Beklagten würden somit nach § 265 Abs. 3 ZPO. dem Kläger den Einwand entgegensetzen können, daß er zur Geltendmachung des Anspruchs nicht mehr befugt sei. Der Kläger hat sich aber für seine Sachbefugnis auf seine Stellung als „ehemännlicher Vertreter seiner Ehefrau" berufen. Aus deren eidesstattlicher Versicherung vom 6. Juli 1940 geht hervor, daß der Kläger die Ehe mit Marie G. geb. E. erst im Jahre 1933 nach der Eröffnung des Konkurses über sein Vermögen geschlossen hat. Danach würde, in Ermangelung eines abweichenden Ehevertrages, das Vermögen der Ehefrau, und zwar auch der Klagewechsel, der Verwaltung und Nutznießung des Klägers unterliegen, und dieser würde nach § 1380 BGB. berechtigt sein, den Wechsel im eigenen Namen mit dem Klagebegehren auf Zahlung an seine Ehefrau geltend zu machen. Aber selbst wenn der Wechsel der Verwaltung und Nutznießung des Klägers nicht unterworfen sein sollte, wäre der Kläger berechtigt, im eigenen Namen auf Zahlung an seine Ehefrau zu klagen. Die Ehefrau des Klägers hat in der erwähnten, an das Berufungsgericht gerichteten eidesstattlichen Versicherung ihren Mann in der Führung des Rechtsstreits unterstützt und dadurch ihr Einverständnis mit dieser zu erkennen gegeben. Darin liegt eine von der Rechtsprechung allgemein zugelassene Ermächtigung dazu, daß der Kläger die Klagebefugnis aus dem Wechsel ausüben solle. Sowohl bei Anwendung des § 1380 BGB. als auch bei der Annahme einer Ermächtigung zur Klage ist zu beachten, daß der Kläger zwar befugt ist, im eigenen Namen zu klagen, daß seine Ehefrau aber Inhaberin des Wechsels ist und der Wechselanspruch sachlichrechtlich ihr zusteht.

Gegen den wechselrechtlichen Ausweis des Klägers bestehen keine Bedenken. Das letzte Indossament auf dem Wechsel ist jedenfalls ein Blankoindossament, mag man nun den letzten Vermerk des Klägers auf dem Wechsel nur als Zusatz zu dem vorhergehenden Blankoindossament seiner Ehefrau oder als selbständiges Blankoindossament auffassen. Das Blankoindossament weist jeden Inhaber des Wechsels aus, auch den Blankoindossanten selbst. Der Kläger hat den Wechsel seiner Ehefrau erst nach Ablauf der für die Protesterhebung mangels Zahlung bestimmten Frist indossiert. Da aber kein Protest erhoben worden ist, gewährt das Indossament der Ehefrau des Klägers als Nachindossatarin nach Art. 16 Abs. 1 WO. gegen die Beklagten als Rechtsnachfolger des Bezogenen dieselben Rechte wie ein Indossament vor Ablauf der Protestfrist, d. h. die Beklagten können gegen den Wechselanspruch der Ehefrau des Klägers Einreden nur nach Maßgabe des Art. 82 WO. geltend machen.

3. . . .

4. Das Berufungsurteil führt weiter aus, die Beklagten könnten den Einwand der Aufrechnung auch der Ehefrau des Klägers, welche die Forderung aus dem Wechsel von diesem erworben habe, wirksam entgegenhalten. Sie habe die Rechte aus dem Wechsel allerdings noch nicht durch das Indossament auf der vom Kläger unrichtig als Wechselduplikat bezeichneten Urkunde erlangt, bei der es sich tatsächlich um eine nicht ordnungsmäßig hergestellte Wechselabschrift gehandelt habe, sondern erst auf Grund des späteren Indossaments auf der wieder aufgefundenen Wechselurschrift. Nach dem Vortrage des Klägers habe seine Ehefrau nicht nur den Klagewechsel, sondern schon vorher, am 16. Mai 1935, auch die Ansprüche des Klägers aus dem Wechselgrundgeschäft (Kauf der gesamten Aktien der N.schen Buchdruckerei AG.) erworben. Die Beklagten könnten daher die ihnen gegen den Anspruch aus dem Grundgeschäft zustehenden Einwendungen der Ehefrau des Klägers als der Inhaberin des Klagewechsels ent-

gegenhalten. Dazu gehöre auch der Aufrechnungseinwand. Der Rechtsvorgänger der Beklagten habe bei dem Erwerbe der Konkursforderung keine Kenntnis von der Abtretung der Forderungen des Klägers an dessen Ehefrau gehabt. Die Beklagten könnten somit nach § 406 BGB. auch der Ehefrau des Klägers gegenüber wirksam aufrechnen.

Diese Darlegungen des Berufungsgerichts, die von der Revision nicht besonders angegriffen werden, halten der sachlichrechtlichen Nachprüfung nicht stand. Wie schon unter 2 hervorgehoben, klagt der Kläger zwar im eigenen Namen, er macht aber ein Recht seiner Ehefrau geltend. Die Zulässigkeit von Einreden gegen den Wechselanspruch, hier des Aufrechnungseinwandes, ist mithin nach der Person der Ehefrau und nicht nach der des Klägers zu beurteilen. Nach § 406 BGB. kann der Schuldner eine ihm gegen den bisherigen Gläubiger zustehende Forderung auch dem neuen Gläubiger gegenüber aufrechnen, es sei denn, daß er bei dem Erwerbe der Forderung von der Abtretung Kenntnis hatte oder daß die Forderung erst nach der Erlangung der Kenntnis und später als die abgetretene Forderung fällig geworden ist. Die Beweislast für die die Unzulässigkeit der Aufrechnung ergebenden Umstände hat der Abtretungsempfänger. Diese Rechtssätze gelten aber nicht für die Forderung aus dem Wechsel; hier ist Art. 82 WO. maßgebend, und danach kann der Wechselschuldner sich nur solcher Einreden bedienen, welche aus dem Wechselrechte selbst hervorgehen oder ihm unmittelbar gegen den jedesmaligen Kläger zustehen. Das Berufungsgericht hat sich der Rechtsprechung des Reichsgerichts angeschlossen, wonach der Indossatar eines Wechsels, wenn er mit dem Wechsel zugleich die Forderung aus dem Grundgeschäft erworben hat, sich alle Einwendungen gefallen lassen muß, die dem Wechselschuldner gegenüber dem abgetretenen Anspruch aus dem Grundgeschäfte zustehen, und zwar auch dann, wenn der Wechselinhaber die Klage ausschließlich auf den Wechsel gestützt hat. Das Reichsgericht (I. Zivilsenat) hat die Frage zunächst in RGZ. Bd. 68 S. 418 (421) für den Fall bejaht, daß die indossierte Urkunde ein Blankoakzept war, das der Kläger erst durch Ausfüllung zu einem Wechsel gemacht hatte. Es hat das damit begründet, daß durch die Übertragung des Blanketts noch kein Wechselrecht, sondern nur die der Forderung aus dem Wechselgrundgeschäft entsprechende Ausfüllungsbefugnis auf den Indossatar übergegangen sei, und daß dieser bei dem gleichzeitigen Erwerbe der Forderung aus dem Grundgeschäft das Ausfüllungsrecht nur in einer dieser Forderung entsprechenden Weise habe ausüben können. In RGZ. Bd. 83 S. 97 (102) ist das Reichsgericht (II. Zivilsenat) weitergegangen und hat die Einwendungen aus der Person des Indossanten auch zugelassen, wenn ein vollausgefüllter Wechsel zugleich mit der Abtretung der Forderung aus dem Grundgeschäft indossiert worden ist. Dabei ist das Reichsgericht davon ausgegangen, daß durch die Abtretung das Rechtsverhältnis aus dem Grundgeschäft auf den Abtretungsempfänger ausgedehnt worden sei und daß deshalb die Einwendungen aus dem Grundgeschäft dem Schuldner gegen den Wechselinhaber unmittelbar zuständen. Es könne nicht im Belieben des Indossatars stehen, von seiner Eigenschaft als Abtretungsempfänger abzusehen; sein Wechselrecht habe vielmehr durch die Abtretung des Anspruchs aus dem Grundgeschäft ein der willkürlichen Änderung entzogenes Gepräge erhalten. Der erkennende Senat hat diese Rechtsprechung in einer Entscheidung vom 8. Juni 1934 in JW. 1934 S. 2551 Nr. 9 mit eingehender Begründung nochmals bestätigt. Bei nachträglicher Abtretung der Ansprüche aus dem Grundgeschäft hat jedoch das Reichsgericht die diesen Ansprüchen entgegenstehenden Einwendungen gegenüber der vor der Abtretung durch Indossament erworbenen Wechselforderung nicht zugelassen (vgl. Recht 1914 Nr. 704 = LZ. 1914 Sp. 753). Im Schrifttum sind die Ansichten geteilt. Der bisherigen Rechtsprechung des Reichsgerichts haben sich angeschlossen Quassowski-Albrecht (Bem. 30 zu Art. 17 WG.) und Neuschäffer (JW. 1934 S. 2551). Dagegen wird sie, soweit es sich um einen Erwerb der Forderung aus dem Grundgeschäft vor oder zugleich mit dem Erwerbe des Wechsels handelt, u. a. abgelehnt von Rilk (Bem. 2 zu Art. 17 WG. [S. 104]) und Baumbach (Bem. 2 B zu Art. 17 WG.). Die erneute Nachprüfung der Frage ergibt, daß an der bisherigen Rechtsprechung nicht festgehalten werden kann. Der Wechselschuldner kann sich nach Art. 82 WO. nur solcher Einreden bedienen, die aus dem Wechselrechte selbst hervorgehen oder ihm unmittelbar gegen den jeweiligen Kläger zustehen. Eine aus dem Wechselrechte selbst hervorgegangene Einrede kommt hier nicht in Frage. Es fragt sich deshalb, ob die Einrede aus dem Grundgeschäft dem Wechselschuldner gegen den Wechselinhaber, der vor oder mit der Indossierung des Wechsels die Forderung aus dem Grundgeschäft erworben hat, unmittelbar zusteht. In der Entscheidung vom 8. Juni 1934 (JW. 1934 S. 2551 Nr. 9) ist ausgeführt, die unmittelbare Beziehung sei dadurch geschaffen, daß der Wechselinhaber die Forderung aus dem Grundgeschäft erworben habe; er könne auf Grund der Abtretung — auch wenn die Wechselverpflichtung nicht wirksam entstanden oder wieder erloschen wäre — unmittelbar Erfüllung vom Schuldner verlangen, und dieser könne mit schuldbefreiender Wirkung unmittelbar an ihn leisten. Diese Begründung vermag nicht zu überzeugen. Zwar ist der Wechselgläubiger auch Gläubiger der Forderung aus dem Grundgeschäft. Die Einreden aus dem Grundgeschäft gegenüber dem Wechselanspruch beruhen aber nicht auf unmittelbaren Beziehungen zwischen dem Wechselinhaber und dem Schuldner. Klagt der Gläubiger aus dem Grundgeschäft, so ist die Rechtslage nach bürgerlichrechtlichen Gesichtspunkten zu beurteilen, d. h. nach §§ 404 flg. BGB., und Einwendungen, die gegen den Rechtsvorgänger bestanden, sind auch ihm gegenüber wirksam. Die Vorschriften der §§ 404 flg. BGB. sind notwendig; denn der Abtretungsempfänger erwirbt wohl die Forderung, er tritt aber nicht in das gesamte Rechtsverhältnis zwischen dem Abtretenden und dem Schuldner ein. Im Wechselrecht fehlen entsprechende Bestimmungen. Zwischen der Wechselforderung und der Forderung aus dem Grundgeschäft ist deshalb scharf zu unterscheiden. Es ist nicht so, daß der Wechselinhaber, der nach der Abtretung der Forderung aus dem Grundgeschäft oder gleichzeitig mit ihr den Wechsel indossiert erhält, ihn nunmehr als Erfüllung oder zur Sicherung für die Forderung aus dem Grundgeschäft erwirbt. Der Wechsel ist ein Wertpapier; er enthält ein abstraktes Zahlungsversprechen, und es ist deshalb nicht erforderlich, daß ihm überhaupt ein Schuldverhältnis zugrunde liegt. Nach Art. 9 WO. wird der Wechsel durch das Indossament auf den Indossatar übertragen; als wechselrechtlicher Nachfolger des Indossanten erwirbt er den Wechsel losgelöst vom Grundgeschäft allein auf Grund des Indossaments, und Einreden aus dem Grundgeschäft können ihm nur entgegengesetzt werden, wenn er bei dem Erwerbe des Wechsels bewußt zum Nachteil des Schuldners gehandelt hat oder wenn die Einreden sonst unmittelbar gegen ihn begründet sind. Dadurch unterscheidet sich das Indossament grundlegend von der Abtretung des Anspruchs aus dem Wechsel. Dem Wechselanspruch kann auch nicht etwa die Einrede der Arglist entgegengehalten werden, weil der Wechselinhaber, der die Forderung aus dem Grundgeschäft vor oder mit der Indossierung des Wechsels erworben hat, beim Nichtbestehen der Forderung aus dem Grundgeschäft das aus dem Wechsel Erhaltene an den Schuldner zurückgeben müßte, da dieser mit einem auf das Nichtbestehen der abgetretenen Forderung, zu deren Erfüllung oder Sicherung der Wechsel gegeben ist, gestützten Bereicherungsanspruch durchdringen würde. Steht der Forderung aus dem Grundgeschäft eine wirksame Einwendung entgegen, so ist der Wechselinhaber deswegen nicht um den Wechsel auf Kosten des Schuldners rechtlos bereichert; der Erwerb des Wechsels beruht vielmehr auf dem wechselrechtlichen Grunde des Indossaments, und der Wechselschuldner muß sich an den halten, an den er den Wechsel gegeben hat. Für die Aufrechterhaltung der bisherigen Rechtsprechung des Reichsgerichts sprechen auch keine wirtschaftlichen Gründe. Im Gegenteil spricht nichts dafür, die Rechtsstellung desjenigen, der neben dem Wechsel auch noch den Anspruch aus dem Grundgeschäft erworben hat, gegenüber dem, der den Wechsel allein erworben hat, zu verschlechtern und umgekehrt dem Wechselschuldner einen verstärkten Schutz angedeihen zu lassen. Der Wechselschuldner ist vielmehr dadurch hinreichend geschützt, daß er dem Wechselinhaber gegenüber einwenden kann, dieser habe bei dem Erwerbe des Wechsels bewußt zu seinem Nachteil gehandelt. Auch ist nicht einzusehen, weshalb der Erwerber eines Wechsels durch wechselmäßige Akte schlechter gestellt sein sollte, als es etwa der gutgläubige Erwerber einer Hypothek ist. Der dinglichen Hypothekenklage würde der Grundstückseigentümer auch nicht mit Einwendungen aus dem Grundgeschäft begegnen können. Das Berufungsurteil beruht mithin insoweit auf Rechtsirrtum, als es die Aufrechnung mit der Gegenforderung von 60000 RM. gegen die Ehefrau des Klägers deshalb zugelassen hat, weil der Kläger ihr vor der Indossierung des Wechsels die Forderung aus dem Grundgeschäft abgetreten hat.

5. Die Zulässigkeit des Aufrechnungseinwandes gegen den Wechselanspruch der Ehefrau des Klägers hängt somit davon ab, ob diese beim Erwerbe mit dem Kläger zusammengewirkt (kolludiert) hat, um dem Wechselschuldner die Aufrechnungsmöglichkeit abzuschneiden (so die ständige Rechtsprechung, insbesondere ROHG. Bd. 13 S. 262). Diese Voraussetzung würde aber nicht schon dadurch erfüllt sein, daß die Ehefrau des Klägers den Wechsel in Kenntnis von dem über den Wechselanspruch anhängigen, gegenwärtigen Rechts-

streit erworben hat; sie müßte vielmehr von der Aufrechnung durch den Rechtsvorgänger der Beklagten Kenntnis gehabt haben und sich bewußt gewesen sein, daß die Weiterindossierung des Wechsels durch den Kläger dazu führen konnte, dem Wechselschuldner den Aufrechnungseinwand gegenüber dem Wechselanspruch abzuschneiden. Die Beweislast für ein etwaiges Zusammenwirken der Ehefrau des Klägers mit diesem tragen die Beklagten.

---

42. 1. Unter welchen Voraussetzungen verstößt es gegen die guten Sitten im Wettbewerbe, wenn ein Gewerbetreibender, dem die Ausübung des Gewerbes nach § 35 GewO. polizeilich untersagt ist, dem Verbote zuwiderhandelt?

2. Kann ein Gewerbetreibender mit der Behauptung, seine Tätigkeit laufe einem gegen ihn erlassenen polizeilichen Verbote zuwider, auf Unterlassung in Anspruch genommen werden, wenn die Polizeibehörde ein Einschreiten gegen ihn abgelehnt hat, weil die beanstandete Tätigkeit nicht unter das Verbot falle?

UnlWG. § 1.

II. Zivilsenat. Urt. v. 7. April 1941 i. S. Sch. u. a. (Bekl.) w. Fachgruppe Makler, Verwalter und Vertreter im Grundstücks- und Bausparwesen, Bezirksuntergruppe H. (Kl.). II 121/40.

I. Landgericht Hamburg.
II. Oberlandesgericht daselbst.

Dem Erstbeklagten, der jetzt persönlich haftender Gesellschafter der Zweitbeklagten, einer Kommanditgesellschaft, ist, hat die Polizeibehörde in H. durch Verfügung vom 19. April 1929 auf Grund von § 35 GewO. die Ausübung des Gewerbes eines Darlehnsvermittlers und Immobilienmaklers wegen Unzuverlässigkeit verboten. Das Verbot besteht noch jetzt. Die Klägerin behauptet, der Erstbeklagte setze seine Tätigkeit gleichwohl fort, indem er sich persönlich und als Gesellschafter der Zweitbeklagten mit dem An- und Verkaufe von Hypotheken, Grundschulden und Rentenschulden befasse. Diese vermittelnde Tätigkeit, für die er in großem Umfange durch Zeitungsanzeigen werbe, tarne er allerdings dadurch, daß er zunächst Käufer und Verkäufer suche und, wenn er beide zusammengebracht habe, sich oder die Zweitbeklagte als Käufer und Verkäufer einschalte. Dadurch gehe zwar das Geschäft rechtlich auf seinen oder der Zweitbeklagten Namen. Wirtschaftlich handele es sich jedoch um eine reine Vermittlung; denn die Beklagten seien gar nicht imstande, die von ihnen gehandelten Grundstückswerte aus eigenen Mitteln zu erwerben. Die Klägerin hat unter Berufung auf §§ 1, 13 UnlWG., § 826 BGB. beantragt, den Beklagten bei Strafe zu untersagen, Geschäfte über den Ankauf und Verkauf von Hypotheken, Grundschulden und Rentenschulden abzuschließen oder für Geschäfte dieser Art Anzeigen in den Tageszeitungen oder Zeitschriften zu veröffentlichen. Die Beklagten haben um Klageabweisung gebeten. Sie machen geltend, bei den von der Klägerin beanstandeten Geschäften handele es sich, soweit die darüber gegebene Darstellung überhaupt zutreffe, um Eigengeschäfte, die nicht unter das polizeiliche Verbot fielen. Das habe auch die Polizeibehörde, die den Sachverhalt kenne, bestätigt.

Das Landgericht hat die Beklagten antragsgemäß verurteilt. Das Oberlandesgericht hat ihre Berufung mit der Maßgabe zurückgewiesen, daß sich das Unterlassungsgebot nur gegen eine gewerbsmäßige Betätigung richte. Die Revision der Beklagten führte zur Aufhebung und Klageabweisung.

Gründe:

Die Annahme des Berufungsgerichts, die Klägerin sei ein Verband zur Förderung gewerblicher Interessen im Sinne des § 13 UnlWG. und als solcher in dem dort bestimmten Umfange klageberechtigt, ist rechtlich nicht zu beanstanden (vgl. RGZ. Bd. 148 S. 114). Ihre Befugnis ergibt sich aus der ihr nach § 16 Abs. 1 der Ersten Verordnung zur Durchführung des Gesetzes zur Vorbereitung des organischen Aufbaues der deutschen Wirtschaft vom 27. November 1934 (RGBl. I S. 1194) zugewiesenen Aufgabe der fachlichen Betreuung ihrer Mitglieder und der ihrem Leiter nach Abs. 2 das. obliegenden Pflicht, die Angelegenheiten der Gruppe und ihrer Mitglieder unter Rücksichtnahme auf die Gesamtinteressen der gewerblichen Wirtschaft und unter Wahrung des Staatsinteresses zu fördern. Das wird von der Revision auch nicht in Zweifel gezogen. Die Klägerin könnte danach mit ihrem Unterlassungsanspruch nur Erfolg haben, wenn das von ihr beanstandete Verhalten der Beklagten gegen Wettbewerbsrecht, und zwar, wie es nach Lage der Sache allein der Fall sein könnte, gegen § 1 UnlWG. verstieße. Ihre Klagebefugnis erstreckt sich nicht auch auf Unterlassungsansprüche, die etwa nach sonstigen Vorschriften, sei es wegen widerrechtlicher Verletzung eines gesetzlich geschützten Rechtsguts im Sinne des § 823 Abs. 1 BGB. oder wegen schuldhaften Verstoßes gegen ein den Schutz eines anderen bezweckendes Gesetz gemäß Abs. 2 das., sei es auf Grund vorsätzlicher sittenwidriger Schadenszufügung nach § 826 BGB., begründet sein könnten. Das Berufungsgericht hat demgemäß das Klagebegehren auch nur unter dem Gesichtspunkte des § 1 UnlWG. geprüft. Dabei geht es davon aus, daß sich aus der Art und Weise, wie der Erstbeklagte seine Geschäfte abschließe, ein Verbot des mit der Klage geforderten Inhalts nicht herleiten lasse, daß es hierfür vielmehr allein darauf ankomme, ob der Erstbeklagte trotz des polizeilichen Verbots Geschäfte betreibe, die als solche eines gewerbsmäßigen Vermittlungsagenten für Immobiliarverträge anzusehen seien und deshalb unter das polizeiliche Verbot fielen. Das Berufungsgericht hält schon den bloßen Verstoß gegen das Polizeiverbot für ausreichend, um den Vorwurf sittenwidrigen Handelns im Sinne des § 1 UnlWG. zu begründen. Nach seiner Meinung gehört es zu den „anständigen Gebräuchen auf dem Gebiete des Gewerbes und Handels", deren Verletzung nach Art. 10bis der Pariser Verbandsübereinkunft den Tatbestand des unlauteren Wettbewerbs erfülle, daß sich Gewerbetreibende polizeilichen Anordnungen, denen die Bedeutung eines Schutzgesetzes im Bereiche des Handels zukomme, fügen und Geschäfte, die ihnen verboten sind, schlechthin unterlassen. Hierüber zu wachen, stehe, so führt das Berufungsgericht weiter aus, neben der Polizeibehörde und der Staatsanwaltschaft nach § 13 UnlWG. auch der Klägerin zu, zumal da das polizeiliche Verbot, wenn auch wesentlich zum Schutze der Kunden erlassen, zugleich den Belangen der Makler, insbesondere der Reinhaltung ihres Standes, dienen solle. Ob das Verhalten der Beklagten unter das Polizeiverbot falle, sei von den Gerichten selbständig und ohne Rücksicht darauf zu prüfen, ob auch die Polizeibehörde eine Zuwiderhandlung bejahe. Diese könne ihr Verbot zwar jederzeit aufheben, wenn sie seine Voraussetzungen für weggefallen erachte. Sie könne aber nicht einzelne Geschäfte oder einzelne Arten von Geschäften von dem Verbot ausnehmen, wenn diese tatsächlich solche eines Grundstücksmaklers seien, und sie habe das auch nicht getan. Daß sie wegen der den Beklagten vorgeworfenen „getarnten Vermittlung" nicht gegen sie eingeschritten sei, könne an der Fortgeltung des Verbots in seinem ganzen, seinem Inhalte zu entnehmenden Umfange nichts ändern. Das Berufungsgericht hält hiernach allein für entscheidend, ob der „Eigenhandel" mit Hypotheken, den die Beklagten getrieben hätten und nach ihrer Erklärung auch weiterhin treiben wollten, in den Rahmen der Geschäfte eines gewerbsmäßigen Vermittlungsagenten für Immobiliarverträge, insbesondere eines Hypothekenmaklers, falle. Es bejaht dies, weil die Tätigkeit der Beklagten unerachtet ihrer rechtlichen Einkleidung wirtschaftlich auf eine gewerbsmäßige Vermittlung hinauslaufe. Eine solche liege auch dann vor, wenn jemand Hypotheken, die ein anderer suche, gewerbsmäßig in der Weise beschaffe, daß er sie, ohne sie behalten zu wollen, selbst erwerbe und weiterveräußere, insbesondere wenn er bereits bestehende Hypotheken gewerbsmäßig kaufe und weiterverkaufe, möge er dies nun für eigene oder für fremde Rechnung tun. Ein derartiges Verhalten laufe dem Sinn und Zweck des Polizeiverbots, die Kunden vor Übervorteilung zu schützen, ebenso zuwider wie die den Beklagten untersagte, eigentliche Vermittlertätigkeit.

Es kann dahinstehen, ob diese letzten Ausführungen des Berufungsgerichts einer rechtlichen Nachprüfung standhalten. Die Revision hält ihnen entgegen, man müsse, wenn die von den Beklagten betriebenen Eigengeschäfte wirtschaftlich einer Vermittlertätigkeit gleichzusetzen seien, dann auch der Gewerbepolizei das Recht zusprechen, einen Eigenhandel dieser Art auf Grund des § 35 GewO. zu untersagen, was keinesfalls angehe; bei Eigengeschäften könne die Unzuverlässigkeit auch nur in der Bemessung des Kaufpreises und nicht, wie § 35 GewO. es voraussetze, in der Höhe der Maklergebühr in die Erscheinung treten. Eines näheren Eingehens hierauf bedarf es nicht. Denn selbst wenn das von der Klägerin beanstandete Verhalten der Beklagten dem polizeilichen Verbote des Betriebs von Geschäften eines gewerbsmäßigen Vermittlungsagenten für Immobiliarverträge zuwiderliefe, so wäre damit allein ein Verstoß gegen § 1 UnlWG. noch nicht dargetan.

Ob ein geschäftliches Handeln zu Zwecken des Wettbewerbs gegen die guten Sitten verstößt, richtet sich nach dem herrschenden Volksbewußtsein, nach dem durch die Erfordernisse des Gemeinschaftslebens bedingten, gesunden Volksempfinden. Handelt es sich um eine Maßnahme, die vom Gesetz oder durch behördliche Anordnung verboten ist, so kann allerdings der Umstand, daß sich der Täter schuldhaft über das Verbot hinwegsetzt, genügen, um die sittliche Mißbilligung der Allgemeinheit hervorzurufen. Das wird stets der Fall sein, wenn das Verbot selbst einer sittlichen Auffassung Ausdruck verleiht. Denn soweit die Rechtsordnung in Verhältnisse eingreift, die nach ihrer Bedeutung für die Allgemeinheit einer sittlichen Wertung unterliegen, wäre es mit der heutigen Lebens- und Rechtsauffassung unvereinbar, wenn ihre rechtliche Ordnung nicht auch mit dem allgemeinen Volksempfinden in Einklang stände. Aber das Zuwiderhandeln gegen ein polizeiliches Verbot muß nicht in jedem Fall auch eine Sittenwidrigkeit im Sinne des § 1 UnlWG. bedeuten. Gesetzliche und behördliche Vorschriften können auf Erwägungen beruhen, die mit dem allgemeinen sittlichen Empfinden nichts zu tun haben und das Gebiet geschäftlichen Anstandes nicht berühren (vgl. RGZ. Bd. 77 S. 217 [220], Bd. 89 S. 196, Bd. 115 S. 319 [325]; MuW. 1927/28 S. 98; JW. 1924 S. 297 Nr. 11). Das wird insbesondere häufig dann der Fall sein, wenn aus Gründen staatlicher Zweckmäßigkeit Maßnahmen getroffen werden, die eine lediglich mögliche Gefährdung allgemeiner Belange verhüten sollen. Ihre Nichtbeachtung könnte nur dann den Vorwurf sittenwidrigen Verhaltens begründen, wenn das ihnen zuwiderlaufende Gebaren im einzelnen Falle tatsächlich eine solche Gefährdung mit sich brächte oder aus sonstigen Gründen dem gesunden Volksempfinden widerstrebte. Nichts Derartiges trifft aber für das Verhalten der Beklagten zu. Wie das Berufungsgericht feststellt, entbehrt ihre Tätigkeit, abgesehen von der Nichtbefolgung des Polizeiverbots, jedes Merkmals, das geeignet sein könnte, den Klageantrag nach § 1 UnlWG. zu rechtfertigen. Die Klägerin könnte sich insoweit, wie das Berufungsgericht mit Recht hervorhebt, weder darauf berufen, daß der Erstbeklagte für die Vermittlung von Immobiliarverträgen tatsächlich unzuverlässig sei, noch bietet der Sachverhalt etwa für die Annahme Raum, die Verbotsübertretung setze die Beklagten in den Stand, sich durch Ausnutzung der Gesetzestreue ihrer Mitbewerber oder sonstwie einen ungerechtfertigten Vorteil vor diesen zu verschaffen. Übrig bleibt lediglich, daß die Beklagten ohne sonstigen Rechtsverstoß ein ihnen polizeilich untersagtes Gewerbe ausüben würden, wenn ihre Tätigkeit dem Polizeiverbote zuwiderliefe. Das genügt nicht, um sie dem Vorwurf eines wettbewerblich anstößigen Verhaltens auszusetzen. Auf jeden Fall müßte ihnen schon zugute kommen, daß die Polizeibehörde selbst es bisher abgelehnt hat, sie deswegen zur Verantwortung zu ziehen. Sie hat trotz bei ihr wiederholt eingegangener Anzeigen der Klägerin ein strafrechtliches Einschreiten gegen die Beklagten abgelehnt, weil deren Tätigkeit keine Ausübung des ihnen untersagten Gewerbebetriebes darstelle und dem polizeilichen Verbote nicht zuwiderlaufe. Die Beklagten konnten daraus mit Fug und Recht entnehmen, daß gegen ihre Tätigkeit als Eigenhändler nichts eingewendet werden könne und ihre Betätigung insoweit nicht unter das Verbot falle. Auch liegt nichts dafür vor, daß es ihnen etwa nur durch Anwendung unlauterer Mittel möglich gewesen sei, die Polizeibehörde von einem Vorgehen gegen sie abzuhalten. Unter diesen Umständen kann aber von einem sittenwidrigen Verhalten der Beklagten, das die Grundlage für ein Vorgehen nach § 1 UnlWG. gegen sie bilden könnte, nicht gesprochen werden. Es ist unmöglich, sie unter dem Gesichtspunkte bewußter Nichtachtung eines behördlichen Verbots für ein Verhalten haftbar zu machen, auf das sich das Verbot nach der ausdrücklichen Erklärung der Stelle, die es erlassen hat, nicht erstreckt. Dabei mag dahingestellt bleiben, ob mit Rücksicht hierauf dem Begehren der Klägerin nicht auch schon wegen Fehlens eines Rechtsschutzbedürfnisses insofern der Erfolg versagt werden müßte, als ihr in jedem Fall einer Zuwiderhandlung der Weg des Strafverfahrens zur Verfügung steht, auf dem sie ihr Recht suchen kann.

Die Verurteilung der Beklagten kann hiernach nicht bestehen bleiben. Es fehlt an einem Sachverhalt, der den Tatbestand des § 1 UnlWG. erfüllt. Da die Sache zur Endentscheidung reif ist, ist, ohne daß es eines Eingehens auf das weitere Vorbringen der Revision bedarf, gemäß § 565 Abs. 3 Nr. 1 ZPO. in der Sache selbst zu erkennen und unter Aufhebung des angefochtenen Urteils die Klage abzuweisen.

43. Kann ein nach sudetendeutschem Recht mit dem Eigentum einer Liegenschaft zugunsten des jeweiligen Eigentümers verbundenes Miteigentumsrecht an einer anderen Liegenschaft an einen Dritten übertragen werden, der das Eigentum an der Hauptliegenschaft nicht erwirbt?

ABGB. §§ 482, 485.

VIII. Zivilsenat. Urt. v. 15. März 1941 i. S. M. (Kl.) w. L. (Bekl.). VIII 634/39.

I. Kreisgericht Olmütz.
II. Obergericht Brünn.

Die Liegenschaft EZ. 117 der KG. O. war früher Eigentum der Gemeinde L.; die Nutzungen der Liegenschaft, insbesondere das Holz, standen den Besitzern bestimmter Grundstücke in dieser Gemeinde zu, die auch die Liegenschaft durch einen von ihnen gewählten Ausschuß verwalteten. Infolge eines Beschlusses des mährischen Landesausschusses hat die Gemeinde L. in einer Urkunde vom 26. April 1891 anerkannt, daß die Parzellen der EZ. 117 diesen Grundstücken „in solchen Anteilen eigentümlich gehören, welche den von den Besitzern bezogenen Nutzungen, insbesondere der Zahl Klaftern bzw. Viertelklaftern, entsprechen". Die Gemeinde erteilte die Einwilligung, daß für die jeweiligen Besitzer der nutzungsberechtigten Grundstücke das Eigentum einverleibt werde. Die Liegenschaft EZ. 117 hatte eine Holznutzung von 960 Viertelklaftern abgeworfen; auf die Liegenschaft EZ. 120 der KG. L. war ein Bezug von $8^1/_4$ Klaftern (33 Viertel Klaftern) entfallen. Auf Grund der genannten Urkunde der Gemeinde L. wurde das Eigentumsrecht an der EZ. 117 der KG. O. für „die jeweiligen Besitzer" EZ. 120 der KG. L. mit $^{33}/_{960}$ einverleibt. In der EZ. 120 wurde dies nicht ersichtlich gemacht. Die Klägerin war im Jahre 1910 Eigentümerin der EZ. 120 L. und damit auch Miteigentümerin zu $^{33}/_{960}$ der EZ. 117 O. Mit Vertrag vom 6. August 1910 verkaufte sie ihre Liegenschaften, darunter EZ. 120 L., an K. und R. und übergab sie „so, wie das Kaufobjekt von ihr besessen worden ist". Punkt 12 des Vertrages lautet: „Der mit dem Besitz der sogenannten Hube stets verbundene Holzanteil von $4^1/_4$ Klaftern im Gemeindewald bleibt der Frau M. (der Klägerin) als Eigentum vorbehalten". Auf Grund dieses Vertrages wurden K. und R. als

Eigentümer der EZ. 120 L. einverleibt. Eine weitere Eintragung oder Anmerkung geschah weder in dieser Einlage noch in der Einlagezahl 117 O. Mit Vertrag vom 23. März 1912 verkauften K. und R. eine Reihe von Grundstücken, darunter die EZ. 120 L., an die jetzige Beklagte „samt allen mit diesen Realitäten verbundenen Rechten". Auf Grund dieses Vertrages wurde das Eigentumsrecht für die Beklagte einverleibt. Eine Einschränkung ist im Grundbuche nicht ersichtlich. Irgendeine Anmerkung ist nicht gemacht worden.

Die Klägerin verkaufte kurz vor der Klageerhebung „den Waldanteil und das darauf basierende Holzbezugsrecht" an einen Dritten, konnte aber diesen Vertrag nicht durchführen. Sie begehrt: 1. die Feststellung, daß sie „Eigentümerin des mit $^{33}/_{960}$ in der Grundbucheinlage Z. 117 der KG. O. vorgemerkten Waldteiles bzw. Holzbezugsrechts aus dem Gemeindewalde L." sei, 2. die Verurteilung der Beklagten „zur Ausstellung einer Erklärung, in der sie in die Löschung der Anmerkung einwilligt, daß das Recht auf die $^{33}/_{960}$ Waldanteile mit der EZ. 120 der KG. L. verbunden ist".

Kreisgericht und Obergericht haben die Klage abgewiesen, das Kreisgericht deshalb, weil ein mit dem Eigentum der EZ. 120 verbundenes Holzbezugsrecht vorliege, das nicht ohne die Liegenschaft und ohne die Zustimmung der übrigen Holzbezugsberechtigten übertragen werden könne, das Obergericht aus dem Grunde, weil nach den Urkunden und Klagebehauptungen die ersten Käufer K. und R. nicht verpflichtet gewesen seien, eine eintragungsfähige, zur Übertragung des Eigentums an die Klägerin geeignete Urkunde auszustellen, und weil sie auch keine solche Verbindlichkeit an die Beklagte als Käuferin der Liegenschaft E. 120 übertragen hätten. Die Revision der Klägerin hatte keinen Erfolg.

Gründe:

Das Miteigentum an $^{33}/_{960}$ Anteil an der EZ. 117 wurde nicht zugunsten einer bestimmten Person, sondern zugunsten des jeweiligen Eigentümers der EZ. 120 einverleibt; es wurde dadurch zu einer Art gebundenem Recht, da es nur dadurch erworben oder verloren werden konnte, daß jemand in einen bestimmten Zustand, das Eigentum an der EZ. 120, eintrat oder aus diesem Zustand ausschied. Insofern besteht zwischen diesem Miteigentum und einer Grunddienstbarkeit oder einem Realrecht zugunsten der EZ. 120 als dem herrschenden

Grundstück eine Ähnlichkeit. Die Bestimmung des § 482 ABGB.: „wer das Eigentum an einer Sache erwirbt, erlangt auch die damit verbundenen Rechte" ist nicht bloß für Anteile an Agrargemeinschaften und Grunddienstbarkeiten, sondern auch auf den Fall anzuwenden, daß mit dem Eigentum an einer Liegenschaft das Miteigentum an einer anderen Liegenschaft verbunden ist.

Die Frage ist, ob solche gebundenen Rechte überhaupt von dem Eigentum an der Liegenschaft losgelöst und gesondert übertragen werden können. In manchen Fällen wird durch öffentlichrechtliche Vorschriften eine solche Absonderung, zu der auch ein „Eigentumsvorbehalt" des Verkäufers führen kann, untersagt sein. In anderen Fällen wird sie nach der Natur der Sache unmöglich sein, nämlich dann, wenn ein solches Realrecht nur einen Sinn und eine Ausübungsmöglichkeit hat, solange es mit der Liegenschaft verbunden ist. Steht weder eine öffentlichrechtliche Vorschrift noch die Natur der Sache entgegen, so läßt sich aus der Bestimmung des § 485 ABGB., daß keine Servitut sich eigenmächtig von der dienstbaren Sache absondern noch auf eine andere Sache oder Person übertragen läßt, entnehmen, daß mit Zustimmung der in Betracht kommenden Personen eine Lösung des Realrechts von der Liegenschaft nicht ausgeschlossen ist.

Im vorliegenden Falle steht einer Lösung des Miteigentumsrechts an der EZ. 117 von dem Eigentum an EZ. 120 keine öffentlichrechtliche Vorschrift entgegen. Eine Untrennbarkeit aus der Natur der Sache liegt bei Grundflächen vor, die keine selbständige Nutzungsmöglichkeit, sondern lediglich Hilfe für die Ausnutzung der Hauptliegenschaft gewähren, z. B. bei Wegen, Gräben, Gewässern (sog. Zweckgrundstücken). Bei Grundstücken hingegen, die eine selbständige Verwertungsmöglichkeit gestatten (sog. Nutzungsgrundstücken), wie Wiesen, Waldungen, ist eine Lösung vom herrschenden Grundstück dem Wesen nach möglich (vgl. RGUrt. in SeuffArch. Bd. 94 Nr. 51) und wohl nur in den Fällen ausgeschlossen, in denen eine ordentliche Bewirtschaftung der Hauptliegenschaft infolge einer Abtrennung der Nutzungsgrundstücke unmöglich sein würde. Da nach der Aktenlage die aus dem Miteigentum der EZ. 117 fließende Holznutzung tatsächlich von der EZ. 120 getrennt ist und nach der Behauptung der beklagten Partei der Klägerin als lebenslängliches Nutznießungsrecht zukommt, so kann eine aus dem Wesen der Sache folgende Unmöglichkeit der Trennung um so weniger angenommen werden, als nach dem Grundbuchauszuge der EZ. 117 das mit dem Besitz anderer Liegenschaften (EZ. 111 und 38 L.) verbundene Miteigentumsrecht an EZ. 117 von der ursprünglichen Liegenschaft getrennt und auf andere Liegenschaften und Personen übertragen worden ist.

Eine weitere Frage ist, wie eine solche Trennung des mit der Hauptliegenschaft verbundenen Rechts durchgeführt werden kann und ob vor der Trennung ein vom Besitz der Hauptliegenschaft unabhängiges Eigentum einer bestimmten Person möglich ist. Eine Grunddienstbarkeit kann mit Zustimmung des Verpflichteten auf ein anderes herrschendes Grundstück oder auf ein Trennstück des herrschenden Grundstücks übertragen werden. Besteht das gebundene Recht nicht in einer Grunddienstbarkeit, sondern in dem mit dem Eigentum an einer Liegenschaft verbundenen Miteigentum an einer anderen Liegenschaft, so kommt die Zustimmung eines „Verpflichteten" nicht in Betracht; wohl aber wird die Zustimmung dessen erforderlich sein, der das gebundene Recht durch Widmung des Miteigentums an einer Liegenschaft für die jeweiligen Besitzer einer anderen Liegenschaft geschaffen hat, wie auch die Zustimmung dessen, der das Eigentum an der Hauptliegenschaft und damit für seine Besitzdauer das Miteigentum an der anderen Liegenschaft erworben hat. Die Zustimmung dieser Personen zur Aufhebung des Bandes und zur Einverleibung des Eigentums zugunsten einer bestimmten Person an Stelle des jeweiligen Eigentümers der Hauptliegenschaft verschafft dieser bestimmten Person noch nicht das ungebundene Miteigentum, sondern höchstens einen Anspruch auf Übertragung dieses Miteigentums.

Solange diese Übertragung nicht vorgenommen worden war, hatte daher die Klägerin kein selbständiges Eigentum an einem Anteil der EZ. 117 KG. O.; sie konnte sich daher auch kein solches vorbehalten. Ihr Miteigentum an EZ. 117 war davon abhängig, daß sie das Eigentum an EZ. 120 hatte; hat sie das Eigentum dieser Liegenschaft an einen Käufer übertragen, so ging damit infolge der Natur des gebundenen Rechts auch das Miteigentum an EZ. 117 auf diesen über. Punkt 12 des Vertrags vom 6. August 1910 kann daher nur dahin verstanden werden, daß entweder die Klägerin unter Aufhebung des gebundenen Rechts als selbständige Einzelperson das Miteigentum an $^{33}/_{960}$ der EZ. 117 erhalten oder daß ihr ein Fruchtgenußrecht an diesem Miteigentumsanteil eingeräumt werden sollte. Der Wortlaut des Vertrages spricht eher für den ersten Fall. War es der Wille der Parteien, daß die Bindung aufgehoben sein und die Klägerin auch bei Aufhören ihres Eigentums an EZ. 120 das selbständige Eigentum an $^{33}/_{960}$ der EZ. 117 erhalten sollte, dann waren ihre Vertragsgegner K. und R. vertraglich verpflichtet, ihre Zustimmung zu erteilen, daß das Band zwischen dem jeweiligen Eigentum an EZ. 120 und dem Miteigentum EZ. 117 gelöst und die Klägerin als Miteigentümerin von $^{33}/_{960}$ der EZ. 117 KG. O. einverleibt werde. Diese Zustimmung allein könnte aber, wie gesagt, nicht genügen, um die Bindung aufzuheben; es müßte, um die grundbuchliche Einverleibung des selbständigen Eigentums an dem Anteil der EZ. 117 zu ermöglichen, auch die Zustimmung der Gemeinde L. hinzutreten. Daß eine solche eingeholt worden sei, ist nicht einmal behauptet. Die Ansicht des Erstgerichts, daß auch die übrigen Miteigentümer der EZ. 117 zustimmen müßten, kann nicht geteilt werden; denn deren Zustimmung ist wohl für die Verwaltung der gemeinschaftlichen Liegenschaft, nicht aber für die Übertragung eines Liegenschaftsanteils erforderlich.

Eine schuldrechtliche Verpflichtung der Käufer K. und R. schafft aber kein selbständiges Eigentum der Klägerin an einem Teile der EZ. 117. Sie konnte daher einen Anspruch auf Eigentumsübertragung zunächst nur gegen diese und erst dann gegen die Beklagte geltend machen, wenn diese bei Erwerb der Liegenschaft EZ. 120 die Verpflichtung ihrer Verkäufer gekannt und zumindest stillschweigend übernommen hat. Auch wenn dies angenommen werden könnte, hätte die Klägerin gegen die Beklagte bloß einen Anspruch auf Eigentumsübertragung, aber keinen Anspruch aus einem ihr schon zustehenden Eigentum. Das Klagebegehren, es werde festgestellt, daß sie Eigentümerin von $^{33}/_{960}$ Anteil der EZ. 117 sei, ist daher verfehlt; aber auch das Begehren, die Beklagte habe in die Löschung der Anmerkung, daß das Recht auf die $^{33}/_{960}$ Waldanteil mit EZ. 120 verbunden sei, einzuwilligen, ist verfehlt, weil eine solche Anmerkung im Grundbuch überhaupt nicht eingetragen ist.

Der Klägerin könnte, wie gesagt, ein Anspruch auf Erfüllung einer schuldrechtlichen, auf die Beklagte übergegangenen Verpflichtung, in die Einverleibung ihres Eigentums an $^{33}/_{960}$ Anteil der EZ. 117 zu willigen, zustehen. Eine Änderung des Rechtsstreits in diesem Sinne würde eine Änderung der auf das erworbene Eigentum gestützten Klage in eine Klage auf Vertragsinnehaltung bedeuten. Diese ist im Revisionsverfahren nicht möglich. Aber selbst wenn man über diese Schranke hinweggehen wollte, reichen weder die Behauptungen der Klage noch die Feststellungen der Vordergerichte zu der Annahme aus, daß die Gemeinde ihre Zustimmung gegeben hat und daß K. und R. ihre Vertragsverpflichtung der beklagten Partei, als diese die Ez. 120 kaufte, bekanntgegeben und auferlegt haben.

---

44. Welche Bedeutung hat es für den Umfang des Vorbenutzungsrechts, daß der Vorbenutzer sich im Besitz eines allgemeinen, über die vorbenutzte Ausführungsform hinausgehenden Erfindungsgedankens befunden hat, der dann einem anderen durch ein Patent geschützt worden ist?

PatG. v. 5. Mai 1936 (RGBl. II S. 117) § 7. PatG. v. 7. April 1891 (RGBl. S. 79) § 5.

I. Zivilsenat. Urt. v. 8. April 1941 i. S. S. S.-W. (Kl.) w. AEG. (Bekl.). I 46/40.

I. Landgericht Berlin.
II. Kammergericht daselbst.

Die Klägerin ist Inhaberin des DRP. 655690, das einen Stellhebel für Lichtregler auf Theaterbühnen zum Gegenstande hat. Es ist mit Wirkung vom 7. April 1929 an erteilt. Der Patentanspruch lautet: Stellhebel für Lichtregler auf Theaterbühnen mit einer Seilscheibe, mit fest mit der Antriebswelle verbundener Triebscheibe, mit der die Seilscheibe gekuppelt bzw. entkuppelt wird, und mit einem aus Zwischenzahnrädern bestehenden Umkehrgetriebe, dadurch gekennzeichnet, daß durch die Zwischenzahnräder eine lose auf der Welle sitzende Triebscheibe im entgegengesetzten Drehsinn der Welle angetrieben wird und daß die Seilscheibe abwechselnd mit jeder der beiden Triebscheiben wahlweise durch Bolzen kuppelbar ist, die mittels eines an der Seilscheibe angeordneten, umstellbaren Knebels gesteuert werden und die Kuppelrollen über besondere Hebelanordnungen unter Spannen von Federn zurückziehen und sperren oder zum Kuppeln freigeben.

Die Beklagte stellt her und vertreibt Stellhebel für Lichtregler auf Theaterbühnen, die im wesentlichen dem DRP. 640631 der Beklagten, das eine Kuppelungseinrichtung für Regulierhebel von Bühnenstellwerken zum Gegenstande hat, entsprechen. Die beiden Ansprüche dieses Patentes lauten: 1. Kuppelungseinrichtung für Regulierhebel von Bühnenstellwerken, deren einzelne Seilscheiben mit je zwei Kuppelungsscheiben wechselweise kuppelbar sind, von denen die eine im gleichen und die andere im entgegengesetzten Sinne mit der Antriebswelle umläuft, wobei die Kuppelung einer Seilscheibe mit einer der Kuppelungsscheiben durch Kuppelungsrollen erfolgt, die durch Verstellen eines Drehgriffes ein- und ausgerückt werden, dadurch gekennzeichnet, daß das zwangsweise Ein- und Ausrücken der Kuppelungsrollen durch Verdrehen des Drehgriffes vermittels einer auf dem Drehgriff bundartig angeordneten Kurvenscheibe erfolgt, die für das wechselweise Ein- und Ausrücken der Kuppelungsrollen zwischen die Seilscheibe und die Kuppelungsscheiben in Aussparungen von längs verschiebbaren Bolzen eingreift, an die die Halter der Kuppelungsrollen angelenkt sind. 2. Einrichtung nach Anspruch 1, dadurch gekennzeichnet, daß in der Mittelstellung der Kurvenscheibe die Seilscheibe mit keiner der beiden Kuppelungsscheiben gekuppelt ist.

Die Klägerin ist der Meinung, daß die Stellhebel der Beklagten ihr Patent verletzten, und hat auf Unterlassung, Rechnungslegung und Feststellung der Schadensersatzpflicht geklagt. Die Beklagte hat Klageabweisung beantragt. Sie hat nicht bestritten, daß ihre Stellhebel in den Schutzbereich des Patentes der Klägerin eingriffen, aber eingewendet, daß ihr ein die angegriffene Form deckendes Vorbenutzungsrecht zustehe. Sie habe noch vor dem Stichtage des Klagepatentes durch ihre Angestellten eine Skizze, die sogenannte Heidelberger Skizze, anfertigen und zwei kleinere Bühnenstellwerke, eines mit Kipphebel, das andere mit Drehknopf, herstellen und in ihrem Verkaufsraum aufstellen lassen, die den dem Klagepatent wesentlichen Erfindungsgedanken bereits verkörpert hätten. Die angegriffene Form sei nur eine Fortentwicklung dieser ihrer eigenen Erfindung und keine erst vom Klagepatente gezeigte Ausführungsform. Die Klägerin ist dem entgegengetreten. Sie hat besonders ausgeführt, der Gegenstand der Erfindung des Klagepatentes bestehe in einer Kombination, die das Merkmal der zwangsläufigen Entkuppelung mittels Drehknebels einschlösse. Diese Kombination enthielten die vorbenutzten Stücke nicht, wohl aber die angegriffene Form. Auch seien die vorbenutzten Formen mangelhaft gewesen, und zwischen ihnen und der angegriffenen Form bestehe keine ununterbrochen fortlaufende Entwicklung. Endlich habe die Beklagte keine ausreichenden Veranstaltungen zur Benutzung ihrer Erfindung getroffen und sie jedenfalls nicht bis zur Anmeldung des Klagepatentes fortgesetzt.

Das Landgericht und das Kammergericht haben die Klage abgewiesen. Die Revision blieb ohne Erfolg.

Gründe:

Auf das von der Beklagten in Anspruch genommene Vorbenutzungsrecht, das unter der Herrschaft des Patentgesetzes von 1891 entstanden ist, findet § 5 dieses Gesetzes Anwendung und nicht, wie das Kammergericht annimmt, § 7 des Patentgesetzes von 1936 (RGZ. Bd. 153 S. 321 [323/324]). Das ist aber für das Ergebnis ohne Bedeutung.

Das Kammergericht hat dem Klagepatent folgende Lehre entnommen: Um einen Stellhebel für Lichtregler auf Theaterbühnen zu schaffen, der einfach und billig herzustellen und bequem zu bedienen ist, der weiter geringen Raumbedarf hat und der endlich die Seilscheibe in beiden Drehrichtungen zu drehen vermag, ist es erforderlich, eine einzige Seilscheibe zwei entgegengesetzt umlaufenden Triebscheiben zuzuordnen, die Triebscheiben mit gleichen Kuppelungsteilen zur abwechselnden Kuppelung mit der Seilscheibe auszurüsten und an der Seilscheibe einen umstellbaren Steuerhebel anzuordnen. — Das ist zwar ein allgemeinerer Gedanke als der im Patentanspruche dargestellte Gegenstand der Erfindung. Dieser hat innerhalb der eben beschriebenen Merkmalsvereinigung an die Stelle des allgemeinen Merkmals des umstellbaren Steuerhebels ein ganz bestimmtes Kuppelungsorgan gesetzt, das nach dem Stande der Technik bekannt war und das im Ausführungsbeispiel des Patents eingehend beschrieben ist. Der Gegenstand der Erfindung ist also enger als der Gedanke, den das Kammergericht dem Klagepatent entnommen hat. Der allgemeinere Gedanke ist aber in der Patentschrift unmißverständlich offenbart und enthält, worauf das Kammergericht mit Recht hinweist, gegenüber dem mehr ins einzelne gehenden Patentanspruch zugleich den erfinderischen Kern des Patents.

Die Revision versucht ihrerseits noch einen anderen, in Wirklichkeit ebenfalls allgemeineren Erfindungsgedanken unter den Schutz des Klagepatents zu stellen, wenn sie innerhalb der Merkmalsvereinigung, die den Gegenstand der Erfindung ausmacht, an die Stelle des dort angegebenen bestimmten Kuppelungsorgans das allgemeinere Merkmal gesetzt sehen will, die Kuppelungseinrichtung müsse so ausgebildet sein, daß beim Entkuppeln ein Drehknebel die Kuppelrollen zwangsläufig zurückziehe. Dazu hat aber das Kammergericht ohne Rechtsirrtum festgestellt, daß ein solcher Gedanke der Patentschrift nicht entnommen werden könne, daß also die Patentschrift dem Durchschnittsfachmann nicht die Erkenntnis vermittele, es sollten nur solche Kuppelungseinrichtungen verwendet werden, die sowohl einen Drehknopf besäßen als auch die Kuppelrollen beim Entkuppeln zwangsläufig zurückzögen. Dazu erwägt es, zwar wirke die im Ausführungsbeispiel beschriebene und vom Patentanspruch in Bezug genommene Kuppelungseinrichtung in dieser Weise, die Patentschrift bezeichne diese Kuppelung aber wiederholt ausdrücklich als bekannt; der Durchschnittsfachmann müsse die Patentschrift dahin verstehen, es könnten genau so gut auch andere Kuppelungseinrichtungen verwendet werden. Das ist mit der Rechtsrüge nicht angreifbar und entspricht im übrigen der Sachlage. Auch die Revision hat nicht darzulegen vermocht, inwiefern die Patentschrift den Durchschnittsfachmann zu der Erkenntnis führe, es komme darauf an, daß beim Entkuppeln die Kraft vom Drehknebel aus unmittelbar, d. h. ohne das Dazwischentreten einer Feder oder dergleichen, auf die Kuppelrollen übertragen werde. Da es sich bei dem von der Revision in Anspruch genommenen Gedanken nicht um den Gegenstand der Erfindung, sondern um einen allgemeineren Erfindungsgedanken handelt, könnte er in dem Klagepatente nur geschützt sein, wenn es ihn so offenbart hätte, daß ihn der Durchschnittsfachmann ohne eigenen Erfinderschritt entnehmen könnte. Das wird vom Kammergericht verneint. Damit entfällt der von der Revision begehrte Patentschutz.

Das Kammergericht findet den allgemeinen Erfindungsgedanken, den es selbst dem Klagepatent entnimmt, schon in den beiden kleineren Bühnenstellwerken, dem Kipphebelmodell und dem Drehknopfmodell, verwirklicht, welche die Beklagte noch vor dem Stichtage des Klagepatents hat anfertigen und in ihrem Verkaufsraum aufstellen lassen. Dabei handele es sich, so führt das Kammergericht aus, um zwei in bezug auf die Kuppelungseinrichtung zwar verschiedene, im Rechtssinn aber gleichwertige Ausführungsformen dieses

Gedankens, wobei das Drehknopfmodell einen Drehknebel ohne zwangsläufige Zurückziehung der Kuppelrollen beim Entkuppeln, das Kipphebelmodell auch das zwangsläufige Zurückziehen der Kuppelrollen beim Entkuppeln zeige. Die Beklagte habe den allgemeinen Erfindungsgedanken auch in vollem Umfang erkannt gehabt. In dem allem tritt entgegen dem Revisionsangriff kein Rechtsirrtum zutage.

Soweit sich die Revision dagegen mit der Erwägung wendet, die vorbenutzten Formen enthielten nicht diejenige Kombination, die das Merkmal einschlösse, daß ein Drehknebel die Kuppelrollen beim Entkuppeln zwangsläufig zurückziehe, scheitern diese Angriffe schon daran, daß nach der rechtsirrtumsfrei getroffenen Feststellung des Kammergerichts eine solche Merkmalsvereinigung dem Klagepatente nicht entnommen werden kann und daher nicht geschützt ist. Die von der Beklagten im zweiten Rechtszuge geltend gemachten und von der Revision wiederaufgenommenen Bemängelungen der vorbenutzten Formen können daher rechtlich nur noch insoweit Bedeutung haben, als sie sich dagegen wenden, daß die vorbenutzten Formen eine brauchbare oder eine fertige Erfindung verkörperten. Dabei gilt jedoch hier wie auch sonst der Grundsatz, nach dem es nicht erforderlich ist, daß die angegebenen oder verwendeten Mittel die Erfindungsaufgabe sogleich in ganz vollkommener Weise lösen. Wenn sich das Kammergericht bei der technischen Bewertung des in seinem Aufbau unstreitigen Kipphebelmodells der Auffassung der Beklagten und nicht derjenigen der Klägerin angeschlossen hat, so hat es dabei von seinem tatrichterlichen Ermessen in einer mit der Rechtsrüge nicht angreifbaren Weise Gebrauch gemacht. Auch der von der Revision behauptete Verfahrensverstoß gegen §§ 286, 371 ZPO. liegt nicht vor. . . . (Wird näher ausgeführt, dann fortgefahren:)

Danach ist es rechtlich nicht zu beanstanden, wenn das Kammergericht angenommen hat, die Beklagte sei infolge der Vorbenutzungshandlungen im Erfindungsbesitze des vom Klagepatent offenbarten allgemeineren Erfindungsgedankens gewesen. Wenn die Beklagte, was unstreitig ist, noch vor dem Stichtage des Klagepatents die beiden Bühnenstellwerke, die sie angefertigt hatte und die für kleinere Bühnen brauchbar waren, in ihrem mit Vorführungseinrichtungen versehenen Verkaufsraume für die Kundschaft aufgestellt hatte und eines von ihnen bis heute in diesem Raume belassen hat, so liegt rechtlich darin bereits ein Feilhalten, also ein In-Benutzung-nehmen der Erfindung i. S. des § 5 des alten Patentgesetzes. Es kommt deswegen auf die Angriffe nicht an, welche die Revision gegen die Annahme des Kammergerichts richtet, die Beklagte habe vor dem Stichtage jedenfalls die zur Benutzung ihrer Erfindung erforderlichen Veranstaltungen getroffen. Übrigens würden diese Angriffe auch dann scheitern, wenn man eine Benutzung der Erfindung ablehnen und nur Veranstaltungen zu ihrer Benutzung annehmen wollte. Das Kammergericht macht sich insoweit die ausführlichen Darlegungen des Landgerichts zu eigen, die keinen Rechtsirrtum erkennen lassen. Dabei wird klar ersichtlich, daß es sich des Erfordernisses bewußt war, es müsse die niemals unterbrochene Absicht bestanden haben, die Erfindung sofort, d. h. alsbald (RGZ. Bd. 158 S. 293), auszuführen. Entscheidend war, daß es sich nicht um einen reihenmäßig herzustellenden Massenartikel handelte und daß die Beklagte alles getan hatte, um die nach Lage der Sache allein zu erwartenden, verhältnismäßig seltenen Einzelaufträge befriedigen zu können. Der Umstand, daß der Beklagten später noch eine patentwürdige Verbesserung ihrer Erfindung gelang, brauchte das Kammergericht zu keiner anderen Beweiswürdigung zu veranlassen.

Ist danach ohne Rechtsirrtum festgestellt, daß die Beklagte vor dem Stichtage des Klagepatents im Besitze des im Klagepatent offenbarten allgemeinen Erfindungsgedankens war und ihn benutzt oder doch ausreichende Veranstaltungen zu seiner Benutzung getroffen hatte, so folgt daraus, daß ihr Vorbenutzungsrecht nicht auf diejenigen Ausführungsformen beschränkt ist, in denen sie vor dem Stichtage des Klagepatents jenen allgemeinen Gedanken verwirklicht hatte. Ihr stehen vielmehr grundsätzlich alle Abwandelungen zur Verfügung, in denen dieser allgemeine Gedanke noch in Erscheinung tritt. Sie darf ihn, ohne dadurch aus dem Vorbenutzungsrecht herauszutreten, ebenso abwandeln, weiterentwickeln, ja selbst erfinderisch fortbilden, wie es auch sonst im Patentrechte dem Inhaber eines geschützten allgemeinen Erfindungsgedankens erlaubt ist. Das ist in der Rechtsprechung des Reichsgerichts (PMZBl. 1911 S. 289 [291] und GRUR. 1937 S. 367 [369]) ausdrücklich anerkannt worden. Für diejenige rechtliche Betrachtungsweise, die den Schutzumfang durch die Rechtsbegriffe des Gleichwertes zu bestimmen versucht, ergibt sich daraus, daß das Vorbenutzungsrecht an einem allgemeinen Erfindungsgedanken grundsätzlich nicht nur die glatten, sondern auch die patentrechtlichen Gleichwerte dieses Gedankens, also seine Gleichwerte schlechthin, umfaßt. Soweit demgegenüber aus einzelnen von der Revision angeführten Entscheidungen, z. B. aus RGZ. Bd. 133 S. 380 und GRUR. 1935 S. 157 (161), der Satz sollte entnommen werden können, daß auch in einem solchen Falle dem Vorbenutzungsrecht nur die glatten Gleichwerte seiner Erfindung offenstünden, so wird daran nicht festgehalten. Gleichwohl sind auch dem Inhaber eines Vorbenutzungsrechts an einem allgemeinen Erfindungsgedanken dann gewisse Schranken in der beliebigen Ausführung dieses Gedankens gesetzt, wenn, wie es im gegenwärtigen Rechtsstreite der Fall ist, einem anderen auf gewisse Ausführungsformen des allgemeinen Erfindungsgedankens ein Patent erteilt ist, das zugleich jene allgemeine Lehre offenbart. Die Rechtsprechung hat dazu ursprünglich (PMZBl. 1911 S. 291) den Standpunkt eingenommen, in einem solchen Falle seien vom Vorbenutzungsrecht nur diejenigen vom Patente gezeigten Ausführungsformen des allgemeinen Gedankens ausgenommen, die ihm gegenüber erfinderisch seien. Das entsprach den allgemeinen patentrechtlichen Grundsätzen über das Verhältnis zeitlich früherer und späterer Offenbarungen desselben Erfindungsgedankens. Später hat sich jedoch eine gefestigte, beispielsweise in RGZ. Bd. 133 S. 380 zum Ausdruck gelangte Rechtsprechung dahin gebildet, in einem solchen Falle seien alle gerade dem Patent eigentümlichen vorteilhaften Ausführungsformen des allgemeinen Gedankens vom Vorbenutzungsrecht ausgenommen, gleichgültig, ob sie diesem gegenüber erfinderisch seien oder nicht. Darin kam die Tatsache zum Ausdruck, daß das Patent dem Vorbenutzungsrecht gegenüber ein stärkeres Recht ist. Das Vorbenutzungsrecht wirkt nur gegenüber dem Patentinhaber; seine Lehre ist nicht ausdrücklich offenbart und hat daher die Technik in ihrer Allgemeinheit nicht bereichert. Das Patent wirkt gegenüber jedermann; seine Lehre ist ausdrücklich offenbart und hat dadurch die Technik bereichert.

Im vorliegenden Falle kommt es auf diese Unterscheidung nicht einmal an. Denn die angegriffene Form der Beklagten macht, wie das Kammergericht mit Recht angenommen hat, noch nicht einmal von einer dem Klagepatent eigentümlichen Ausführungsform des ihm und dem Vorbenutzungsrecht gemeinsamen allgemeinen Erfindungsgedankens Gebrauch; von dem Gegenstande der Erfindung nicht, weil sie ein anderes, durch die Erteilung eines Patentes überdies als erfinderisch anerkanntes Kuppelungsorgan verwendet als dieser. Noch weniger kann entgegen dem Revisionsangriff davon die Rede sein, daß die Kuppelung der angegriffenen Form selbst von den einzelnen Mitteln der Kuppelung des Klagepatents Gebrauch mache. Naturgemäß lassen sich die einzelnen Arbeitsmittel derartiger Kuppelungen meist auf gewisse einfache technische Grundformen zurückführen, die ihnen dann gemeinsam sind. Daraus folgt aber patentrechtlich für den Rechtsstreit nichts, da es hier auf den jeweils verschiedenen besonderen Zusammenbau und Wirkungszusammenhang der Arbeitsmittel ankommt. Das Kammergericht brauchte daher auf diesen von der Revision hervorgehobenen Gesichtspunkt nicht ausdrücklich einzugehen. Von dem von der Revision beanspruchten allgemeinen Erfindungsgedanken, der das Merkmal einschließt, daß ein Drehknebel die Kuppelrollen beim Entkuppeln zwangsläufig zurückziehe, macht die angegriffene Form zwar Gebrauch. Dieser Gedanke ist dem Klagepatent aber nicht geschützt, weil es ihn nicht offenbart. Der vom Kammergericht zugrunde gelegte allgemeine Erfindungsgedanke ist beiden Rechten gemeinsam, also nicht dem Patent im Verhältnis zum Vorbenutzungsrecht eigentümlich.

Endlich läßt sich rechtlich nicht bestreiten, daß die angegriffene Form eine in bezug auf die Kuppelungseinrichtung erfinderische Fortbildung des in den vorbenutzten Formen verwirklichten allgemeinen Erfindungsgedankens ist, ohne daß sie dabei aus diesem Erfindungsgedanken heraustritt. Sie fällt also, da sie gleichzeitig keine dem Klagepatent eigentümlichen Ausführungsformen benutzt, in den oben gekennzeichneten Bereich des Vorbenutzungsrechts. Da im vorliegenden Falle nicht nur die glatten, sondern sämtliche Gleichwerte des vorbenutzten Gedankens mit Ausnahme der dem Klagepatente vorbehaltenen in diesen Bereich fallen, kommt es auf die Erwägungen des angefochtenen Urteils, der Revision und der Revisionsbeantwortung darüber nicht mehr an, in welchem Sinne die angegriffene Form den vorbenutzten Formen gleichwertig sei. Da sie sich ihnen gegenüber als erfinderische Fortbildung kennzeichnet, könnte sie kaum als glatter Gleichwert angesehen werden.

45. Müssen die von preußischen Gemeinden oder Gemeindeverbänden errichteten Sparkassen, die gemäß der Dritten Verordnung des Reichspräsidenten zur Sicherung von Wirtschaft und Finanzen vom 6. Oktober 1931 zu Anstalten mit eigener Rechtspersönlichkeit umgestaltet worden sind, in das Handelsregister eingetragen werden?

HGB. §§ 33, 36. Dritte Verordnung des Reichspräsidenten zur Sicherung von Wirtschaft und Finanzen vom 6. Oktober 1931 (RGBl. I S. 537) V. Teil Kap. I § 2. Preußische Verordnung über die Sparkassen, sowie die kommunalen Giroverbände und kommunalen Kreditinstitute vom 20. Juli/4. August 1932 (GS. S. 241/275).

II. Zivilsenat. Beschl. v. 19. April 1941 in einer Handelsregistersache. II B 3/41.

I. Amtsgericht Berlin.
II. Landgericht daselbst.

Die Frage ist verneint worden aus folgenden, den Sachverhalt ergebenden

Gründen:

I. Das Amtsgericht in Berlin gab mit Verfügung vom 22. August 1940 den Beschwerdeführern D. und B. als Vorstandsmitgliedern der Sparkasse der Stadt Berlin gemäß §§ 33, 29 und 14 HGB. und §§ 132 flg. FGG. unter Androhung einer Ordnungsstrafe von je 3 RM. auf, die Firma der Sparkasse zum Handelsregister anzumelden oder die Unterlassung mittels Einspruchs binnen zwei Wochen zu rechtfertigen. Der von den Beschwerdeführern rechtzeitig eingelegte Einspruch hiergegen wurde durch Beschluß des Amtsgerichts vom 23. September 1940 verworfen, zugleich die angedrohte Geldstrafe von je 3 RM. gegen die Beschwerdeführer festgesetzt und die Verfügung vom 22. August 1940, diesmal unter Androhung der Festsetzung einer Ordnungsstrafe von je 5 RM., wiederholt. Die Beschwerdeführer haben gegen den Beschluß des Amtsgerichts, durch den die Ordnungsstrafe festgesetzt und der Einspruch verworfen worden ist, rechtzeitig sofortige Beschwerde und gegen die wiederholte Strafandrohung rechtzeitig Einspruch eingelegt. Die sofortige Beschwerde hat das Landgericht in Berlin durch Beschluß vom 25. Oktober 1940 zurückgewiesen. Gegen diesen Beschluß richtet sich die fristgerecht eingelegte weitere sofortige Beschwerde, die das Kammergericht als nicht begründet zurückweisen möchte. Es sieht sich hieran jedoch durch die Beschlüsse des Oberlandesgerichts Dresden 6 W 24/39 vom 3. Mai 1939 (Archiv für Rechtspflege in Sachsen, Thüringen und Anhalt 1940/41 S. 59) und des Oberlandesgerichts München 8 Wx 229/39 vom 26. Juli 1939 (JFG. Bd. 20 S. 225) gehindert und hat die Beschwerde gemäß § 28 Abs. 2 FGG. dem Reichsgericht zur Entscheidung vorgelegt.

II. Die Voraussetzungen des § 28 Abs. 2 FGG. für die Vorlegung der Beschwerde an das Reichsgericht liegen vor. Die Entscheidung darüber hängt davon ab, ob die Ausnahmevorschrift des § 36 HGB. auf Sparkassen von Gemeinden oder Gemeindeverbänden, die gemäß der Dritten Verordnung des Reichspräsidenten zur Sicherung von Wirtschaft und Finanzen vom 6. Oktober 1931 V. Teil Kap. I § 2 zu Anstalten mit eigener Rechtspersönlichkeit umgestaltet worden sind, ebenso anzuwenden ist wie auf Unternehmungen, die vom Reiche, den Ländern oder den inländischen Kommunalverbänden unmittelbar im eigenen Namen betrieben werden. In den Entscheidungen der Oberlandesgerichte Dresden und München ist die Frage bejaht worden. Das Kammergericht will abweichend davon § 36 HGB. enger auslegen. Es will somit bei der Auslegung einer reichsgesetzlichen Vorschrift, die eine den Gerichten übertragene Angelegenheit der freiwilligen Gerichtsbarkeit betrifft, von den auf weitere Beschwerde ergangenen Entscheidungen der Oberlandesgerichte Dresden und München abweichen. Die Voraussetzungen für die Abgabe der weiteren Beschwerde an das Reichsgericht sind damit erfüllt. Dem steht nicht entgegen, daß die Umgestaltung der Sparkasse im gegenwärtigen Fall auf Grund der Preußischen Verordnung über die Sparkassen, sowie die kommunalen Giroverbände und kommunalen Kreditinstitute vom 20. Juli/4. August 1932 durchgeführt worden ist, während im Falle des Oberlandesgerichts Dresden die Sächsische Sparkassen- und Giro-Verordnung vom 12. Mai 1932 und im Falle des Oberlandesgerichts München die Thüringische Verordnung über die Sparkassen vom 27. Februar 1933 angewendet worden ist. Die drei Landesgesetze dienen lediglich der Ausführung der in der Dritten Verordnung des Reichspräsidenten zur Sicherung von Wirtschaft und Finanzen vom 6. Oktober 1931 angeordneten Umgestaltung der früher unselbständigen Spar- und Girokassen; die Frage nach der Anwendbarkeit oder Nichtanwendbarkeit des § 36 HGB. ist in allen drei Fällen die nämliche und betrifft die Auslegung einer reichsgesetzlichen Vorschrift.

III. Das Kammergericht hat zur Begründung seines Rechtsstandpunktes bei der Beschwerdevorlage im einzelnen ausgeführt: Die Sparkasse der Stadt Berlin sei ein gewerbliches Unternehmen; denn nach § 36 Abs. 4 ihrer Satzung werde mit Überschüssen aus ihrem Betriebe gerechnet, die an die Stadt Berlin zur Verwendung für nicht zu deren gesetzlichen Aufgaben gehörende, ausschließlich gemeinnützige oder mildtätige Zwecke abgeführt werden sollten. Dahingestellt könne bleiben, ob die Sparkasse der Stadt Berlin Grundhandelsgeschäfte im Sinne des § 1 Abs. 2 Nr. 4 HGB. betreibe. Jedenfalls erfordere das Unternehmen der Sparkasse seiner Art und seinem Umfange nach einen in kaufmännischer Weise eingerichteten Geschäftsbetrieb, und schon daraus folge nach § 2 Abs. 2 HGB. die Verpflichtung, die Eintragung nach den für Kaufleute geltenden Vorschriften herbeizuführen. Die Sparkasse der Stadt Berlin könne ihre Befreiung von der Eintragungspflicht somit nur aus § 36 HGB. herleiten. Nach ihrer Erhebung zu einer selbständigen Rechtspersönlichkeit gemäß Teil V Kap. I § 2 der Verordnung vom 6. Oktober 1931 müsse die Sparkasse der Stadt Berlin nach § 33 und nicht nach § 36 HGB. behandelt werden. Die zu selbständigen, von den Gemeinden und Gemeindeverbänden verschiedenen Rechtspersönlichkeiten des öffentlichen Rechts umgestalteten Spar- und Darlehnskassen fielen selbst dann nicht unter § 36 HGB., wenn sie weiterhin unter der Aufsicht der Gemeinden, Gemeindeverbände usw. ständen. Die Ausnahmevorschrift des § 36 HGB., der gewissen öffentlichrechtlichen Körperschaften eine Sonderstellung einräume, könne nicht ohne weiteres ausdehnend ausgelegt werden. Mit dem Aufgeben des Grundsatzes, daß es sich um ein von diesen Körperschaften im eigenen Namen betriebenes Unternehmen handeln müsse, gehe jeder Maßstab für eine Grenzziehung verloren, da die Art der Beteiligung der betreffenden Körperschaften an anderen öffentlichen Unternehmungen überaus mannigfaltig sein könne. Es sei auch zweifelhaft, ob für die Öffentlichkeit der Rechtsverhältnisse bei den in Form von selbständigen Rechtspersönlichkeiten bestehenden öffentlichrechtlichen Unternehmungen ebenso hinlänglich gesorgt sei wie bei denen, die vom Reiche, von den Ländern oder von den Kommunalverbänden unmittelbar im eigenen Namen betrieben würden. Der Öffentlichkeit könne sehr wohl daran liegen, aus dem Handelsregister über die Rechtsverhältnisse einer selbständigen Rechtspersönlichkeit unterrichtet zu werden, die etwa von einem Kommunalverbande lediglich zum Betrieb eines gewerblichen Unternehmens begründet worden sei und sich in ganz ähnlicher Weise im Rechtsverkehre betätige wie z. B. eine Aktiengesellschaft, deren einziger Aktionär der Kommunalverband sei. Der Umstand allein, daß der in Frage stehende Betriebsinhaber, im gegebenen Falle die Sparkasse der Stadt Berlin, eine öffentlichrechtliche Körperschaft mit Behördeneigenschaft ihrer Organe sei, könne nicht den Ausschlag geben. Andernfalls müßten alle derartigen öffentlichrechtlichen Rechtspersönlichkeiten, auch wenn sie nicht dem Reich, einem Land oder einem Kommunalverband als Form für den Betrieb eines gewerblichen Unternehmens dienten, von der Eintragungspflicht befreit sein. Das sei aber nach dem Wortlaute des § 36 HGB. nicht beabsichtigt.

IV. Nach § 36 HGB. braucht ein Unternehmen des Reichs, eines deutschen Landes oder eines inländischen Kommunalverbandes nicht in das Handelsregister eingetragen zu werden. Im Schrifttum wird mehrfach die Ansicht vertreten, § 36 HGB. könne nur insoweit angewendet werden, als das Reich, das Land oder die sonstige inländische öffentliche Körperschaft unmittelbar im eigenen Namen ein Handelsgewerbe betreibe (vgl. Könige-Teichmann-Koehler HGB. 4. Aufl. Bem. zu § 36, Krieger-Lenz Firma und Handelsregister Bem. 1 zu § 36 HGB., Schlegelberger HGB. Bem. 2 zu § 36; wohl auch Flad-Gadow-Heinichen HGB. Bem. 2 zu § 36). Weder aus dem Wortlaute noch aus der Entstehungsgeschichte des § 36 HGB. (Denkschrift zum Entwurf eines Handelsgesetzbuches von 1897 S. 41 und 42, Hahn Materialien VI S. 223) läßt sich aber entnehmen, daß das Unternehmen vom Reich, einem deutschen Land usw. unmittelbar im eigenen Namen betrieben werden und Eigentum des Betreibenden sein müsse. Die Preußische Verordnung über die Sparkassen sowie die kommunalen Giroverbände und kommunalen Kreditinstitute vom 20. Juli/4. August 1932 in der Fassung der Verordnungen vom 14. März 1933 (GS. S. 41), 2. Juli 1934 (GS. S. 336) und 19. November 1934 (GS. S. 434) — Preuß. Sparkassenverordnung — hat in § 15 die Gewährverbände der von Gemeinden oder Gemeindeverbänden betriebenen Sparkassen verpflichtet, die von dem Minister des Innern im Einvernehmen mit dem Finanzminister und dem Minister für

Handel und Gewerbe zu erlassende Mustersatzung anzunehmen, und zwar grundsätzlich unverändert; Abänderungen einzelner Bestimmungen der Mustersatzung bedürfen der Genehmigung der Aufsichtsbehörde. Die Stadt Berlin hat daraufhin die Mustersatzung für Sparkassen vom 26. August 1932 (MBliV. S. 853) mit wenigen durch ihre Sonderstellung gebotenen Abänderungen angenommen und in ortsüblicher Weise veröffentlicht, d. h. durch Bekanntmachung der Genehmigung der neuen Satzung durch Erlaß des Oberpräsidenten der Provinz Brandenburg vom 1. Oktober 1932 und ihres Aushangs in allen Geschäftsstellen der Sparkasse im Amtsblatt der Stadt Berlin vom 16. Oktober 1932 Nr. 42 S. 611. Mit dem Inkrafttreten der Mustersatzung erhielt die Sparkasse nach § 1 der Preuß. Sparkassenverordnung Rechtsfähigkeit und die Eigenschaft einer Körperschaft des öffentlichen Rechts; zugleich ging nach § 2 mit dem Erwerbe der Rechtsfähigkeit das Sparkassenvermögen einschließlich der Schulden auf die Sparkasse über. Die Satzung der Sparkasse der Stadt Berlin bestimmt entsprechend in § 1 Abs. 2, daß die Sparkasse eine gemeinnützige und mündelsichere Körperschaft des öffentlichen Rechts ist, und in § 2, daß das Sondervermögen (Sparkassenvermögen) der bisherigen Sparkasse das Sparkassenvermögen der nach Maßgabe dieser Satzung mit Rechtsfähigkeit ausgestatteten Sparkasse ist. Damit ist die in der Dritten Verordnung zur Sicherung von Wirtschaft und Finanzen usw. vom 6. Oktober 1931 Teil V Kap. I § 2 geforderte Umgestaltung durchgeführt worden. Anlaß zu der Neuordnung gab die im Juli 1931 eingetretene Zahlungskrise, die sich in starken Abzügen auch von den Spareinlagen äußerte. Die flüssigen Mittel der Sparkassen, die zu einem erheblichen Teil über die Girozentralen und Landesbanken den Gemeinden und Gemeindeverbänden als Kredite zugeflossen waren, erwiesen sich nur zum Teil als greifbar. Die zu enge rechtliche und organisatorische Verbindung mit den Gemeinden stellte sich mit Rücksicht auf deren geldliche Schwierigkeiten als untunlich heraus (vgl. Perdelwitz-Fabricius-Kleiner Das preußische Sparkassenrecht Vorbem. 1 zur Preuß. Sparkassenverordnung). Zwischen der Stadt Berlin und ihrer Sparkasse besteht somit wohl eine Trennung; diese Trennung ist aber, wie im folgenden noch zu zeigen sein wird, im Kerne nur eine beschränkte. Sie bezweckt die rechtsförmliche Selbständigkeit des Sparkassenvermögens und läßt die Bindungen der Sparkasse an die Stadt, soweit sie der Erreichung dieses Zweckes nicht entgegenstehen, in weitestem Umfang unberührt. Nach § 2 Abs. 2 der Satzung haftet die Stadt Berlin als Gewährverband für die Verbindlichkeiten der Sparkasse der Stadt Berlin unbeschränkt, soweit die Gläubiger sich aus dem Sparkassenvermögen nicht befriedigen können. Umgekehrt werden nach § 36 Abs. 4 der Satzung etwa verbleibende Überschüsse an die Stadt Berlin abgeführt. Nach §§ 38 und 39 kann die Satzung durch die für Gemeindebeschlüsse der Stadt Berlin zuständigen Organe der Stadt Berlin geändert und die Auflösung der Sparkasse von diesen Organen beschlossen werden. Der Oberbürgermeister der Stadt Berlin ist nach § 4 der Satzung Vorsitzender des Verwaltungsrats, dem in der Mustersatzung der Vorstand der Sparkasse entspricht. Nach § 5 der Satzung ist der Verwaltungsrat eine öffentliche Behörde, und seine Mitglieder sind, soweit sie nicht Beamte im Hauptamte sind, Beamte der Stadt Berlin im Ehrenamte. Nach § 9 Abs. 1 der Preuß. Sparkassenverordnung sind die bei der Sparkasse beschäftigten Beamten (Angestellten) Beamte (Angestellte) des Gewährverbandes, und dieser ist verpflichtet, der Sparkasse Beamte und Angestellte in solcher Art und Zahl zur Verfügung zu stellen, daß ein ordnungsmäßiger Geschäftsbetrieb dauernd gewährleistet ist. Entsprechend bestimmt § 9 der Satzung, daß die Beamten und Angestellten der Sparkasse durch den Oberbürgermeister der Stadt Berlin angestellt werden. Die Sparkasse der Stadt Berlin ist danach eine Einrichtung der Stadt Berlin; sie wird von dieser beherrscht und auf ihre Rechnung betrieben, steht auch in engster persönlicher Verbindung mit der Stadt, und diese entscheidet über ihre Satzung und über ihr Fortbestehen. Danach ist die Sparkasse ein Unternehmen der Stadt Berlin, das sie auf ihre Rechnung und durch ihre Beamten betreibt. Auf dieses Unternehmen treffen die Gründe, die nach der Denkschrift zum Handelsgesetzbuche von 1897 zur Schaffung der Ausnahmevorschrift des § 36 HGB. geführt haben, voll zu: Es besteht kein Bedürfnis für die Eintragung der Sparkasse in das Handelsregister; vielmehr ist für die Öffentlichkeit ihrer Rechtsverhältnisse in anderer Weise, z. B. durch die schon erwähnte Bekanntmachung im Amtsblatt der Stadt Berlin und den Aushang in den Geschäftsstellen der Sparkasse, hinreichend gesorgt. Die „Umgestaltung" der Sparkassen ist jetzt seit nahezu zehn Jahren durchgeführt, ohne daß sich ein wirkliches Bedürfnis nach der Handelsregistereintragung geltend gemacht hätte. Ein solches Bedürfnis vermag auch das Kammergericht nicht nachzuweisen; es spricht in seinem Beschlusse nur von „bestehenden Zweifeln". Die Eintragung der mit der Leitung betrauten Personen und des Umfanges ihrer Befugnisse in das Handelsregister ist mit Rücksicht auf die im öffentlichen Recht wurzelnde Stellung der betreffenden Beamten schwer durchführbar. Wer sich über die Rechtsverhältnisse einer von einer Gemeinde oder von einem Gemeindeverband eingerichteten Sparkasse vergewissern will, kann das auf ihren Geschäftsstellen leicht tun und braucht dazu das Handelsregister nicht. In der Entscheidung der Frage, ob ein Bedürfnis für die Eintragung in das Handelsregister besteht, liegt zugleich die von dem Kammergericht vermißte Abgrenzung, insbesondere auch gegenüber den Fällen, in denen ein Kommunalverband ein Unternehmen in der Form einer selbständigen Persönlichkeit des bürgerlichen Rechts betreibt. Abgesehen davon, daß nach § 34 AktG. und § 11 GmbHG. eine Aktiengesellschaft oder GmbH. vor der Eintragung in das Handelsregister als solche nicht besteht, wird das Bedürfnis der Eintragung bei selbständigen Rechtspersönlichkeiten des bürgerlichen Rechts regelmäßig zu bejahen sein. Gerade die enge behördenmäßige Verflechtung der Sparkasse mit der Stadtgemeinde macht die Eintragung entbehrlich.

Das Kammergericht hat es wegen der Geschäftsverteilung zwischen der Berliner Stadtbank und der Sparkasse der Stadt Berlin dahingestellt gelassen, ob die Sparkasse ein Grundhandelsgeschäft i. S. des § 1 Abs. 2 HGB. betreibt oder nicht. Sollte die Sparkasse kein Grundhandelsgeschäft betreiben, so würde sie, obwohl ihr Unternehmen nach Art und Umfang einen in kaufmännischer Weise eingerichteten Geschäftsbetrieb erfordert, nach § 2 HGB. ohne die Eintragung in das Handelsregister nicht Kaufmann sein und deshalb nicht als solcher den Vorschriften des Handelsrechts unterstehen. Daraus sind aber ebensowenig Mißstände zu befürchten wie vor der Notverordnung vom 6. Oktober 1931, als die Sparkassen regelmäßig noch von den Gemeinden oder Gemeindeverbänden unmittelbar im eigenen Namen betrieben wurden. Die im wesentlichen vermögensmäßige Trennung zwischen Sparkasse und Gewährverband ist auch sonst nicht so einschneidend, daß deswegen ein früher nicht vorhandenes Bedürfnis nach Eintragung der Sparkasse in das Handelsregister hervorgetreten sein sollte. Im Grunde handelt es sich bei dem Sparkassenvermögen nur um ein gegen gewisse Zugriffe geschütztes Sondervermögen des Gewährverbandes, nicht aber um das Vermögen eines anderen, wie sich im Falle der Aufhebung der Sparkasse zeigt, mit der das Reinvermögen an die Stadtgemeinde zurückfällt.

Die Mitglieder des Verwaltungsrates der Sparkasse der Stadt Berlin und ihres Direktoriums sind danach nicht verpflichtet, die Sparkasse zur Eintragung in das Handelsregister anzumelden, und sie können deshalb auch nicht im Wege des Zwangsvollzugs dazu angehalten werden. Damit wird § 36 HGB. nicht ausdehnend ausgelegt. Die Vorschrift ist durch Zweckmäßigkeitsgründe bestimmt, die mit der „Umgestaltung" der Sparkassen nichts zu tun haben und nach deren Durchführung unberührt weiter fortbestehen.

Unter diesen Umständen erübrigt sich ein Eingehen auf die vom Kammergericht aufgeworfene Frage, ob das Registergericht, ganz abgesehen von der Anwendbarkeit oder Nichtanwendbarkeit des § 36 HGB., überhaupt gegen eine Person des öffentlichen Rechts im Wege des Zwangsvollzuges mit Ordnungsstrafen vorgehen durfte, oder ob der Zwang im Wege der Dienstaufsichtsbeschwerde ausgeübt werden mußte.

---

46. 1. Kann gegen eine Klage auf Feststellung des Bestehens einer Ehe mit Erfolg eingewendet werden, daß die Ehe nichtig sei?

2. Kann der Vertreter der Obrigkeit bei der Trauung, der zur Entgegennahme der Willenserklärung der Brautleute bereit ist, sich auf einen seinem äußeren Verhalten entgegengesetzten, inneren Vorbehalt berufen?

EheG. §§ 15, 28. Verordnung zur Durchführung und Ergänzung des Ehegesetzes vom 27. Juli 1938 (RGBl. I S. 923) § 71. ABGB. § 75.

IV. Zivilsenat. Beschl. v. 23. April 1941 i. S. Ehefrau K. (Kl.) w. Ehemann K. (Bekl.). IV B 12/41.

I. Landgericht Leoben.
II. Oberlandesgericht Graz.

Die beiden Fragen sind verneint worden aus den folgenden, auch den Sachverhalt ergebenden

Gründen:

Gegen das Begehren der Klägerin, festzustellen, daß sie mit dem Beklagten am 19. Juni 1938 vor dem evangelischen Pfarramte B. in Österreich eine gültige Ehe geschlossen habe, hat der Beklagte Ungültigkeit der Ehe eingewendet, da die beiden Brautleute nach der Trauung die Niederschrift über den Trauungsakt nicht unterschrieben hätten. Das Gericht des ersten Rechtsganges hat das Begehren abgewiesen, da die Bestimmungen über das Aufgebot nicht eingehalten worden seien. Dieses Urteil hat das Berufungsgericht auf Berufung der Klägerin unter Rechtskraftvorbehalt aufgehoben. Auf den Mangel des Aufgebots komme es nicht an, weil der Beklagte dieses Ehehindernis nicht geltend gemacht habe; wohl aber beständen Zweifel darüber, ob der Pfarrer zur Mitwirkung bei der Trauung bereit gewesen sei. Deshalb sei zu klären, ob den bei der Trauungsfeier abgegebenen Erklärungen die rechtliche Bedeutung einer Eheschließung zukomme.

Auf den Rekurs des Beklagten wurde der angefochtene Beschluß aufgehoben.

1. Mit Recht hat das Berufungsgericht die Erwägungen ausgeschaltet, die im ersten Rechtsgange zur Abweisung des Begehrens wegen Fehlens des vorgeschriebenen Aufgebots der Brautleute geführt hatten. Sofern der Rekurs versucht, diese Erwägungen doch wieder in das Verfahren einzuführen, kommt ihm keine Bedeutung zu. Insoweit kann sich das Revisionsgericht den Erwägungen des Berufungsgerichts nur anschließen.

2. Für die Frage des Bestehens dieser Ehe ist, was die Form der Eheschließung anlangt, das zur Zeit der Eheschließung geltende österreichische Recht anzuwenden. Dies ergibt sich auch aus Abs. 1 des § 118 EheG., dessen 2. Absatz hier keine Bedeutung hat. In Frage steht, ob die von den Brautleuten am 19. Juni 1938 abgegebene Willenserklärung, eine Ehe einzugehen, das wirkliche Zustandekommen einer Ehe oder nur den äußeren Schein einer Ehe, also einer — der Nichtigerklärung überhaupt nicht bedürftigen — Nichtehe zur Folge gehabt hat. Nur im Fall einer Nichtehe wäre das Feststellungsbegehren abzuweisen, das — die Fassung mag wenig glücklich gewählt sein und einer Berichtigung durch das Gericht bedürfen — deutlich darauf gerichtet ist, die Ehe als bestehend festzustellen. Durch eine derartige Feststellung würde einer etwaigen späteren Anfechtung der Ehe aus

irgendeinem Nichtigkeitsgrunde nicht vorgegriffen; denn die Ehe besteht, auch wenn sie nichtig ist, so lange, bis das Gericht sie für nichtig erklärt und damit rechtsgestaltend ihre Wirkungen grundsätzlich — jedoch mit der Ausnahme nach § 160 ABGB. — beseitigt, als ob keine Ehe bestanden hätte. Nur in diesem Sinne kann eine Feststellung über das Bestehen der Ehe getroffen werden. In dem Feststellungsstreit kann daher auch nur eingewendet werden, daß überhaupt keine Ehe bestehe, nicht aber auch, daß die Ehe nichtig, d. h. durch gerichtlichen Akt zu vernichten sei, wozu es einer Klage nach § 28 EheG. auch bei den früheren Ehen bedürfte (§ 71 Abs. 2 DurchfVO. vom 27. Juli 1938).

3. Bei der Entscheidung, ob die Willenserklärungen der Brautleute unter den damaligen Umständen zu einer Ehe geführt haben oder rechtlich ohne Folgen geblieben sind, ist mangels einer ausdrücklichen Grundlage im österreichischen Recht von der allgemeinen Erwägung auszugehen, daß eine Nichtehe nur dann angenommen werden kann, wenn die für das Zustandekommen einer Ehe vorgeschriebenen Förmlichkeiten überhaupt nicht, also nicht einmal in den wesentlichen Bestimmungen, eingehalten sind. Daß im vorliegenden Falle die Ehe nicht im Trauungsbuche beurkundet worden ist, scheidet daher ganz aus. Sind die Förmlichkeiten bei Abgabe der Willenserklärungen der Brautleute in allen Äußerlichkeiten eingehalten worden und haben die Brautleute ihre Erklärungen in dem Bewußtsein abgegeben, eine Ehe einzugehen, so konnten sie der Meinung sein, durch Bejahung der vom Pfarrer an sie gestellten Fragen die vorgeschriebene Erklärung in der gesetzlichen Form abzugeben. Hat der Seelsorger seine Fragen unter dem inneren Vorbehalt gestellt, keine Trauung vorzunehmen, sondern nur ein feierliches Verlöbnis entgegenzunehmen, ohne diesen den Brautleuten unbekannten Vorbehalt nach außen irgendwie erkennbar zu machen, so kann daraus nicht gefolgert werden, daß die die Frage des Pfarrers bejahenden Erklärungen der Brautleute auch nur auf ein Verlöbnis und nicht auf eine Eheschließung gerichtet gewesen seien. Darauf, ob der Pfarrer innerlich zur Mitwirkung bei einer Eheschließung bereit war, kann es nicht ankommen. Allerdings ist es auch nach österreichischem Recht für die Wirksamkeit des Eheschließungsaktes wesentlich, daß der Vertreter der Obrigkeit bereit ist, die Erklärungen der Brautleute entgegenzunehmen. Dieser Satz kann aber nur dahin verstanden werden, daß der Vertreter bei der

Entgegennahme der Erklärungen keine erkennbar ablehnende Haltung einnehmen darf, nicht aber dahin, daß er sich nachträglich auf einen inneren Vorbehalt berufen dürfe.

Das Gericht des ersten Rechtsganges hat festgestellt, daß der Pfarrer vor den Brautleuten und deren Beiständen einen feierlichen Akt vorgenommen hat, den diese Personen für eine richtige Trauung gehalten haben. Es hat lediglich offengelassen, ob der Pfarrer auch geneigt gewesen ist, einen Ehekonsens, d. h. die feierliche Erklärung der Brautleute zur Einwilligung in die Eheschließung, entgegenzunehmen. Diese Feststellungen reichen, da es auf einen inneren Vorbehalt — wie dargetan — nicht ankommen kann, aus, um im Sinne des Feststellungsbegehrens zu entscheiden. Die Rechtssache ist daher spruchreif, wenn auch nicht in dem vom Rekurs angestrebten Sinne.

47. 1. Setzt die Scheidung gemäß § 50 EheG. voraus, daß mit einer künftigen Wiederholung des ehewidrigen Verhaltens des beklagten Ehegatten zu rechnen ist?

2. Zur Anwendung des § 54 EheG.

IV. Zivilsenat. Urt. v. 26. April 1941 i. S. Ehefrau S. (Bekl.) w. Ehemann S. (Kl.). IV 319/40.

I. Landgericht Nürnberg-Fürth.
II. Oberlandesgericht Nürnberg.

Die Parteien, die beide im Jahre 1899 geboren sind, haben am 27. November 1923 die Ehe geschlossen, aus der ein im Jahre 1926 geborener Sohn hervorgegangen ist. Seit dem 8. November 1938 leben die Parteien getrennt; der letzte eheliche Verkehr hat Ende Februar 1938 stattgefunden. Die Beklagte leidet seit der Geburt des Kindes an manisch-depressivem Irresein und war deswegen neunmal, zuletzt vom 15. März bis zum 3. November 1938, in einer Heil- und Pflegeanstalt untergebracht. Dort wurde sie Ende 1935 auf Anordnung des Erbgesundheitsgerichts unfruchtbar gemacht. Bereits im Jahre 1932 hatte der Kläger auf Scheidung wegen Geisteskrankheit der Beklagten (§ 1569 BGB.) geklagt, die Klage aber nach Beweisaufnahme Anfang 1934 zurückgenommen. Sein jetziges Scheidungsbegehren war auf § 51, hilfsweise auf § 50 EheG. gestützt.

Zur Begründung seines Hilfsbegehrens hat der Kläger behauptet, die Beklagte habe durch ihr Verhalten hauptsächlich während der Krankheitsschübe die Ehe völlig zerrüttet. Die Beklagte hat beantragt, die Klage abzuweisen, hilfsweise den Kläger für schuldig zu erklären. Sie hat das Klagevorbringen bestritten und geltend gemacht, der Kläger habe sie mehrmals mißhandelt und mit Dienstmägden Ehebruch getrieben. Das Landgericht hat die Ehe aus § 51 EheG. geschieden und ein Verschulden des Klägers festgestellt. Das Oberlandesgericht hat die Berufung der Beklagten zurückgewiesen mit der Maßgabe, daß die Ehe nicht gemäß § 51, sondern gemäß § 50 EheG. geschieden wird. Die Revision der Beklagten hatte keinen Erfolg.

Gründe:

Soweit das Berufungsgericht die Voraussetzungen des § 51 EheG. verneint und demgemäß eine Scheidung wegen Geisteskrankheit nach dem Hauptantrage des Klägers abgelehnt hat, ist das Urteil nicht angefochten worden. Zu § 50 EheG. verlangt das Berufungsgericht zutreffend den Nachweis, daß die Beklagte ein Verhalten gezeigt habe, das sachlich eine schwere Eheverfehlung darstellt, ihr aber als solche nicht zugerechnet werden könne, weil es auf einer geistigen Störung beruht, und daß dadurch die Ehe unheilbar zerrüttet worden sei. Nach den auf einer einwandfreien Würdigung der umfangreichen Beweisaufnahme beruhenden Feststellungen des Berufungsurteils hierzu tritt das manisch-depressive Irresein, an dem die Beklagte leidet, in Erregungs- oder Verstimmungszuständen auf, die sich meist auf Monate oder Jahre erstrecken. Während die Beklagte sonst in dem Betriebe des Klägers, der eine Landwirtschaft und eine Gastwirtschaft umfaßt, mitarbeitete und den Haushalt in Ordnung hielt, verließ sie in den Krankheitszeiten mehrfach heimlich Haus und Familie auf mehrere Tage, wobei sie das noch jugendliche Kind sich selbst überließ. Einmal begab sie sich gerade während der Drescharbeiten, als jede Kraft dringend gebraucht wurde, auf eine auswärtige Kirchweih und kehrte erst einige Tage später zurück. Dem Kläger warf sie häufig, und zwar auch vor den Dienstleuten und vor den Gästen in der Wirtschaft, vor, daß er mit den Mägden Ehebruch treibe, wobei sie ihn mit Ausdrücken wie „Hurenkerl", „Hurenbeutel" belegte. Der Vorwurf war nur in einem Fall insofern begründet, als der Kläger im Jahre 1933 mit der Zeugin D., die damals Magd bei den Parteien war, einige Male geschlechtlich verkehrt hat. Auch den Dienstboten selbst warf die Beklagte grundlos vor, daß sie nicht nur mit dem Kläger herumhurten, sondern auch untereinander Hurerei trieben. Zu einer Magd M. äußerte die Beklagte im Jahre 1936, der Kläger hure mit seiner eigenen Mutter herum. Von dieser Äußerung erhielt der Kläger erst im Laufe des Berufungsverfahrens Kenntnis. Der letzte dieser den Kläger verletzenden Vorfälle fand am 1. März 1938 in der Gastwirtschaft vor zahlreichen Gästen statt, wo die Beklagte ihn nicht nur des Ehebruchs bezichtigte, sondern ihm ohne jeden Grund weiter vorwarf, daß er sie mißhandle und beschimpfe. Wenn das Berufungsgericht in diesem Verhalten der Beklagten sachlich eine schwere Eheverfehlung erblickt, durch die das eheliche Verhältnis unheilbar zerrüttet worden sei, so ist das aus Rechtsgründen ebensowenig zu beanstanden wie die Feststellung, daß die Beklagte für ihr Verhalten, das seine Grundlage in ihrer geistigen Erkrankung habe, nicht verantwortlich gemacht werden könne. Eine Verzeihung des Klägers für die zurückliegenden Vorgänge gemäß § 56 EheG. durch den bis Ende Februar 1938 fortgesetzten ehelichen Verkehr kommt nicht in Frage, da keine Scheidung wegen Verschuldens begehrt wird. Ebensowenig bedarf es zur Anwendung des § 50 EheG. — entgegen der Ansicht in dem Erläuterungsbuch von Volkmar (Großdeutsches Eherecht Bem. 2 zu § 50 EheG.) — der Feststellung, daß mit einer künftigen Wiederholung des ehewidrigen Verhaltens der Beklagten zu rechnen sei. Für die Aufstellung eines solchen Erfordernisses bietet weder der Wortlaut noch der Sinn des Gesetzes eine ausreichende Grundlage (vgl. auch Jonas DR. Ausg. A 1939 S. 1911).

Die Anwendung des § 54 EheG. lehnt das Berufungsgericht ab, weil diese Vorschrift eine Ausnahme bilde und auf die Verhütung grober, nicht zu verantwortender Härten beschränkt bleiben müsse, die hier nicht vorlägen. Wirtschaftlich werde die Beklagte nicht außergewöhnlich betroffen, da der Kläger für sie, wie schon während des Scheidungsverfahrens, so auch nach der Scheidung ausreichend sorgen werde und sie zudem seit November 1938 bei ihrem Bruder ein Unterkommen gefunden habe. Im übrigen sei die Beklagte, die trotz ihrer geistigen Störung über eine gewisse Klugheit verfüge, bei ihrem Alter in der Lage, einer nutzbringenden Beschäftigung nachzugehen und sich eine neue Lebensgrundlage zu schaffen. Die Ehe der Parteien habe zwar 17 Jahre bestanden, jedoch sei die Beklagte während dieser Dauer immer wieder längere Zeit in der Heil- und Pflegeanstalt untergebracht und die häusliche und eheliche Gemeinschaft aufgehoben gewesen, so daß von einem fortlaufenden Zusammenleben der Ehegatten im Sinn einer richtigen Ehe nicht gesprochen werden könne. Daß die geistige Erkrankung der Beklagten, für die eine Veranlagung zweifellos bereits vorgelegen habe, durch die Geburt des Kindes zum Ausbruch gekommen sei, könne im vorliegenden Falle zur Anwendung des § 54 nicht ausreichen. Anderseits könnten aus einer neuen Ehe des geistig gesunden und körperlich rüstigen Klägers völkisch wertvolle Nachkommen hervorgehen.

Die Revisionsangriffe gegen diese Beurteilung greifen nicht durch. Der Revision ist zwar zuzugeben, daß das Scheidungsverbot in § 54 EheG. in erster Reihe darauf abstellt, ob das Scheidungsbegehren sittlich nicht gerechtfertigt ist, und daß diese Voraussetzung unter Umständen auch dann erfüllt sein kann, wenn eine außergewöhnliche Härte für den anderen Teil nicht festzustellen ist (vgl. RGZ. Bd. 164 S. 380 [383]). Ein solcher Fall ist hier aber nach den Feststellungen des Berufungsgerichts nicht gegeben; insbesondere vermag der Umstand, daß die der geistigen Störung zugrunde liegende Erkrankung der Beklagten zum ersten Mal im Anschluß an die Geburt aufgetreten ist, dem Scheidungsbegehren des Klägers die sittliche Rechtfertigung nicht zu nehmen. Der Sachverhalt liegt hier wesentlich anders als in dem in der amtlichen Begründung zum Ehegesetz (DJ. 1938 S. 1109) als Beispiel für die Anwendung des § 54 erwähnten Falle, daß eine Frau in Erfüllung ihrer Mutterpflicht bei einer schweren Fehlgeburt unfruchtbar geworden ist (§ 53 EheG.). Abgesehen davon, daß die — bei der Abwägung nach § 54 ebenfalls zu berücksichtigende — Belastung des gesunden Ehegatten durch den Scheidungstatbestand des § 50 EheG. in der Regel erheblich schwerer wiegen wird als im Falle des § 53, muß hier die Geburt als Anlaß der Erkrankung der Beklagten schon deshalb in ihrer Bedeutung zurücktreten, weil es sich um eine anlagebedingte Erbkrankheit handelt, die auch bei anderer Gelegenheit hätte zum Ausbruch kommen können. Im übrigen kommt es bei der Frage, ob das Scheidungsbegehren nach § 54 EheG. sittlich nicht gerechtfertigt ist, immer auf eine Würdigung der gesamten Umstände an (RG. a. a. O.), die hier keineswegs für ein Festhalten des Klägers an der Ehe mit der Beklagten sprechen. Die Tatsache, daß der Kläger durch seinen Ehebruch mit der D. im Jahre 1933 der Beklagten Grund zu dem Verdacht auf weitere Treubrüche gegeben hat und insofern an ihren gegen ihn gerichteten Vorwürfen nicht ohne Schuld war, ist ebenfalls nicht geeignet, sein Scheidungsverlangen als sittlich ungerechtfertigt erscheinen zu lassen, zumal das ehezerrüttende Verhalten der Beklagten sich nicht in diesen Vorwürfen erschöpfte. Verfehlt ist in diesem Zusammenhange weiter der Hinweis der Revision darauf, daß nach der Ansicht des Sachverständigen M. bei dem Zustande der Beklagten, die schon über zwei Jahre von Krankheitserscheinungen frei sei und davon möglicherweise auch in Zukunft verschont bleiben werde, bei gutem Willen und gehöriger Rücksichtnahme ein gedeihliches eheliches Zusammenleben der Parteien noch möglich sein sollte und daß der Kläger selbst durch die Fortsetzung der Geschlechtsgemeinschaft mit der Beklagten bis Februar 1938 zu erkennen gegeben habe, daß er bis dahin das Verhalten der Beklagten nicht als schwer ehezerrüttend empfunden habe. Dabei ist nicht beachtet, daß nach den in erster Reihe maßgebenden Feststellungen des Berufungsgerichts jetzt die Ehe der Parteien unheilbar zerrüttet und die Wiederherstellung einer dem Wesen der Ehe entsprechenden Lebensgemeinschaft nicht zu erwarten ist. Im übrigen müssen im vorliegenden Falle die klaren bevölkerungspolitischen Belange insofern entscheidend ins Gewicht fallen, als dem erst 41jährigen Kläger durch eine Auflösung seiner gescheiterten Ehe mit der unfruchtbar gemachten Beklagten die Möglichkeit gegeben wird, in einer neuen, völkisch wertvollen Ehe weitere gesunde Kinder zu erzeugen.

---

48. Ist es für die Bewilligung des Armenrechts von Bedeutung, wenn die das Armenrecht nachsuchende Partei deutscher Staatsangehörigkeit im Auslande lebt und die gegen einen Inländer gerichtete streitige Forderung im Ausland ohne die Genehmigung der deutschen Devisenbehörde an eine ausländische Handelsgesellschaft abgetreten, auch den Gegenwert dafür empfangen hat und wenn beide im Auslande diese Abtretung dergestalt als wirksam vollzogen behandeln, daß der Partei an der Forderung keine Rechte mehr zustehen sollen?

ZPO. § 114.

VII. Zivilsenat. Beschl. v. 29. April 1941 i. S. C. (Bekl.) w. Nachlaßverwalter im M.schen Nachlaß (Kl.). VII 13/40.

I. Landgericht Berlin.
II. Kammergericht daselbst.

Der Sachverhalt ergibt sich aus den

Gründen:

Gegenstand des Rechtsstreits ist eine verneinende Feststellungsklage gegen Forderungen, deren sich der Beklagte berühmt. Dieser bittet um das Armenrecht für das Revisionsverfahren. Der nach seinen Angaben 1932 in die Schweiz ausgewanderte Gesuchsteller, Jude deutscher Staatsangehörigkeit, trägt vor, Inhaberin der Forderungen, die den Gegenstand dieses Rechtsstreites bilden, sei auf Grund einer Abtretung vom 26. Juli 1933 ausschließlich die Gesellschaft in Firma R. S. A. in Lugano; er habe mit diesen Forderungen nichts mehr zu tun. Durch Vorlage einer Erklärung des Geschäftsführers dieser Gesellschaft, des Rechtsanwalts Dr. Mario R. in Lugano, vom 28. Januar 1938 hat sich dann der Gesuchsteller dessen Äußerung angeschlossen, wonach die Gesellschaft am 1. September 1933 ihre Rechte aus der Abtretung vom 26. Juli 1933 an den Gesuchsteller zur Sicherung für Forderungen, die diesem gegen sie zuständen, abgetreten habe. Durch Vorlage einer weiteren Erklärung des Dr. Mario R. vom 27. Dezember 1940 hat sich aber der Gesuchsteller dessen weitere Erklärung zu eigen gemacht, wonach die „vorübergehende Verpfändung“ (als welche jene sicherungsweise Abtretung nach schweizerischem Recht anzusehen sei) gemäß einer beglaubigten Urkunde vom 27. Juni 1938 aufgehoben sei, so daß die Forderungen seit diesem Zeitpunkte völlig unbelastet der R. S. A. zuständen, und wonach weiter die Forderungen des Gesuchstellers an die Erben M. gemäß beglaubigter Urkunde vom 8. August 1938 „restlos und endgültig“ auf die R. S. A. übergegangen seien; seit diesem Zeitpunkte habe der Gesuchsteller keinerlei Ansprüche mehr gegen die M.schen Erben, alle Forderungen und Ansprüche gegen den Nachlaß M. stünden ausschließlich der R. S. A. zu; der Beklagte habe dieserhalb auch keine Ansprüche mehr an die R. S. A., da sich beide am 5. Februar 1938 vollständig auseinandergesetzt hätten. Dabei habe sich die R. S. A. verpflichtet, den Gesuchsteller von etwa entstehenden künftigen Kosten zu befreien, „soweit ihr dies aus den Einnahmen aus diesen abgetretenen Forderungen möglich sein würde". Als Gegenwert erhalte der Gesuchsteller eine lebenslängliche Leibrente zuzüglich des Wohnrechts in einer Villa. Der Gesuchsteller hatte als Revisionskläger acht Gesuche um Verlängerung der ihm gesetzten Fristen zum Nachweise der Einzahlung der gerichtlichen Prozeßgebühr damit begründet, daß es der R. A. S. als der Inhaberin der streitigen Ansprüche wegen Behinderungen durch die Schweizer Devisenbehörden nicht möglich sei, die Prozeßgebühr rechtzeitig einzuzahlen.

Bei dieser Sach- und Rechtslage kann nichts darauf ankommen, ob die mehrfach erwähnte Abtretung wegen Fehlens der erforderlichen devisenrechtlichen Genehmigung im Inlande rechtsgültig ist oder nicht. Der Gesuchsteller und die R. A. S. haben ihren Wohnsitz (Gesellschaftssitz) in der Schweiz. Sie betrachten und behandeln dort die Abtretung als voll wirksam vollzogen, wie sich aus den oben angeführten Erklärungen beider und daraus ergibt, daß die Gegenleistung bewirkt ist. Danach ist es klar, daß auf die Armut des Gesuchstellers nichts ankommen kann. Nicht er, sondern die R. S. A. führt in Wahrheit als Inhaberin der Forderungen den Rechtsstreit. Es entsprach durchaus dieser Sachlage und stand in Widerspruch mit der nun von der R. S. A. behaupteten vertraglichen Einschränkung ihrer Prozeßkostenleistungspflicht, wenn sie von der Einlegung der Revision (9. Februar 1940) an bis zum 7. Dezember 1940 (Armenrechtsgesuch) es als selbstverständlich angesehen hat, daß die Prozeßgebühreinzahlung ihr obliege; nur mit ihrer Behinderung hat sie die zahlreichen Fristverlängerungsgesuche begründet und aus dieser Begründung bewilligt erhalten. Es geht nicht an, daß sie das angebliche Unvermögen des Gesuchstellers in den Vordergrund rücken will, nachdem ihr weitere Fristverlängerungsgesuche keine Aussicht mehr zu bieten scheinen.

„Die Hilfe, die der Staat den Armen" (deutscher Staatsangehörigkeit, wie hinzuzufügen ist) „gewährt, ist ein Ausfluß der Volksgemeinschaft" (Oberlandesgericht Köln in DR. Ausg. A 1941 S. 937 Nr. 12). Dem Wesen dieser Gemeinschaft würde es aber widersprechen, wenn diese Hilfe gewährt würde, um der wahren Prozeßpartei und jedenfalls tatsächlich alleinigen, unbeschränkten Inhaberin der im Rechtsstreite geltend gemachten Ansprüche, einer ausländischen Handelsgesellschaft, die kostenlose Führung des Rechtsstreits über diese Forderungen im Inlande zu ermöglichen. Ob diese Gesellschaft aus anderen Gründen, insbesondere aus solchen, die sich aus dem Verhalten ausländischer Behörden ergeben, behindert ist, den Prozeßkostenvorschuß einzuzahlen, hat mit der Bewilligung des Armenrechts an den Gesuchsteller nichts zu tun. Nach alledem kommt es nicht darauf an, ob der Gesuchsteller dem Gerichte nunmehr sein Unvermögen zur Bestreitung der Prozeßkosten im Sinne der §§ 114, 118 Abs. 2 ZPO. dargetan hat.

49. Welches Oberlandesgericht hat über den Rekurs gegen den Beschluß eines Landgerichts zu entscheiden, durch den die Streitanmerkung im Grundbuche bewilligt worden ist?

Verordnung zur weiteren Überleitung der Rechtspflege im Lande Österreich und in den sudetendeutschen Gebieten vom 28. Februar 1939 (RGBl. I S. 358) — ÜberlVO. — § 13. Öst. Grundbuchgesetz vom 25. Juli 1871 (öst. RGBl. Nr. 95) — GBG. — §§ 61, 127—130. Öst. Gesetz, betreffend die Einführung des Gesetzes über das Exekutions- und Sicherungsverfahren, vom 27. Mai 1896 (öst. RGBl. Nr. 78) Art. XIII Nr. 7, Art. XXVII. Öst. Jurisdiktionsnorm vom 1. August 1895 (öst. RGBl. Nr. 111) — JN. — § 44.

VIII. Zivilsenat. Beschl. v. 7. Mai 1941 in einer Verlassenschaftssache. VIII GB 45/41.

I. Landgericht Graz.
II. Oberlandesgericht daselbst.

Die Zuständigkeit des Oberlandesgerichts in Wien wurde angenommen aus folgenden, auch den Sachverhalt ergebenden

Gründen:

Das Landgericht Graz hat den Rekurs gegen einen Beschluß, mit dem es die Streitanmerkung nach § 61 Öst. GBG. bewilligt hatte, dem Oberlandesgericht Graz vorgelegt. Das Oberlandesgericht Graz hat die Sache nach § 44 Abs. 1 JN. unter Hinweis auf

§ 13 Abs. 2 ÜberlVO. zur Entscheidung an das Oberlandesgericht Wien überwiesen. Dieses verweigert die Annahme, weil § 3 der Verordnung über die Zuständigkeit der Oberlandesgerichte in Angelegenheiten der freiwilligen Gerichtsbarkeit und der Kostenordnung vom 23. März 1936 (RGBl. I S. 251) „keine Grundbuchfälle" betreffe. Es verweist selbst darauf, daß diese Verordnung nur „für weitere Rekurse" anzuwenden sei. Diese Verordnung ist somit für den gegebenen Fall überhaupt nicht entscheidend.

Die Bestimmung des § 13 Abs. 2 ÜberlVO. geht aber weiter als die oben angeführte Verordnung; denn sie ordnet an, daß das Oberlandesgericht Wien auch über den Rekurs gegen Entscheidungen, die ein Landgericht im Verfahren außer Streitsachen in erster Instanz erlassen hat, entscheiden soll. Das Oberlandesgericht Wien tritt hierdurch auch in diesem Fall an die Stelle des Obersten Gerichtshofes in Wien. Der Zweck ist, eine einheitliche Rechtsprechung in Beschlußsachen auf einem größeren Gebiet ohne Inanspruchnahme des Reichsgerichts zu erreichen. Durch diese und die sonstigen Bestimmungen des dritten Abschnittes der Überleitungsverordnung ist die Übereinstimmung mit der Regelung im Altreiche hergestellt worden (vgl. dazu § 79 GBO. von 1897 und die Streichung des § 102 das. durch Art. 1 Nr. 25 der Verordnung vom 5. August 1935 [RGBl. I S. 1065]; Güthe-Triebel Grundbuchordnung für das Deutsche Reich, 6. Aufl. 1937, Bem. 3 zu § 79). Im Altreiche finden die Bestimmungen der Verordnung vom 23. März 1936 auf Grundbuchsachen Anwendung, obwohl auch im Altreich im allgemeinen die Grundbuchsachen neben den sonstigen Sachen der freiwilligen Gerichtsbarkeit besonders genannt werden.

Ist aber § 13 Abs. 2 ÜberlVO. auf Grundbuchsachen anzuwenden, so ist das Oberlandesgericht Wien für die Entscheidung über den Rekurs gegen den Beschluß des Landgerichts, der über den Antrag auf Bewilligung der Anmerkung der Klage entscheidet, dann zuständig, wenn die Klage als Grundbuchsache anzusehen ist. Schon die Entscheidung des Österr. Obersten Gerichtshofes Ob. I 933/25 vom 17. November 1925 (SZ. VII 364) läßt erkennen, was eindeutig klar in der späteren Entscheidung Ob. III 68/36 vom 14. Februar 1936 (Öst. Richterzeitung 1936 S. 96) ausdrücklich ausgesprochen ist, daß die Streitanmerkungen nach § 61 GBG. nicht einstweilige Verfügungen im Sinne der Exekutionsordnung sind, sondern sich nach §§ 127—130 GBG. richten (Art. XIII Nr. 7 des Einführungsgesetzes zur Exekutionsordnung). Art. XXVII des Einführungsgesetzes zur Exekutionsordnung gilt gegenüber der ausdrücklichen Regelung in Art. XIII für die Streitanmerkungen nicht. Dies trifft zufolge der allgemeinen Fassung auch dann zu, wenn der Streitrichter über den Antrag auf Streitanmerkung entscheidet. Nach diesen Ausführungen ist die Anmerkung nach § 61 GBG. als Grundbuchsache zu behandeln. Die Entscheidung über den Rekurs gegen den Beschluß, der die Anmerkung anordnet, gehört demnach als eine Angelegenheit der freiwilligen Gerichtsbarkeit, also des außerstreitigen Verfahrens im weiteren Sinne, nach § 13 Abs. 2 ÜberlVO. zur Zuständigkeit des Oberlandesgerichts Wien.

---

50. 1. Ist die Rücknahme der Versetzung eines Beamten in den Ruhestand, die nach dem 1. Juli 1937, dem Inkrafttreten des Deutschen Beamtengesetzes, erklärt wird, nach altem oder nach neuem Rechte zu beurteilen, wenn die Versetzung selbst unter altem Recht ausgesprochen war?

2. Schließt das Deutsche Beamtengesetz die Anfechtung der Versetzung eines Beamten in den Ruhestand in rechtsähnlicher Anwendung der Vorschriften des bürgerlichen Rechts aus?

Deutsches Beamtengesetz v. 26. Januar 1937 (RGBl. I S. 39) — DBG. — §§ 32, 78.

III. Zivilsenat. Urt. v. 28. Februar 1941 i. S. Sch. (Kl.) w. Stadtgemeinde K. (Bekl.). III 54/40.

I. Landgericht Kassel.
II. Oberlandesgericht daselbst.

Der 1885 geborene Kläger, der aus der Unteroffizierslaufbahn des alten Heeres hervorgegangen ist, stand zunächst im Angestelltenverhältnis, später als Beamter im Dienste der beklagten Stadtgemeinde, zuletzt, vor seiner Zurruhesetzung, als Stadtbüroinspektor. Er wird gegenwärtig wieder von der Stadt beschäftigt. Über die Rechtsnatur der ihm aus dieser Beschäftigung zukommenden Bezüge streiten die Parteien.

Der Kläger war im September 1914 durch Granatsplitter an der linken Hüfte und am linken Knie verwundet worden und in französische Kriegsgefangenschaft geraten. Er war später in der Schweiz interniert und ist am 14. Juli 1917 in die Heimat zurückgekommen. Er bezieht eine Militärversorgungsrente. Im Herbst 1928 arbeitete er beim Stadtsteueramt in einem zu Dienstzwecken benutzten Laden im Dienstgebäude in der H.straße in K. Der Laden war in der Übergangszeit besonders kalt. Der Kläger erkrankte im Herbst 1928 an rheumatischen Erscheinungen. Dann stellte sich eine Entzündung des Sehnerven des rechten Auges ein, dessen Sehschärfe auf unter $^1/_{10}$ des Normalen sank. Durch Urteil des Landgerichts Kassel vom 28. April 1930 wurde unter den Streitteilen festgestellt, daß die Beklagte verpflichtet ist, dem Kläger allen Schaden zu ersetzen, der ihm durch die im Herbst 1928 aufgetretene Augenerkrankung entstanden ist und noch entstehen wird. Die Berufung der Beklagten gegen dieses Urteil blieb erfolglos.

Am 19. Februar 1935 beantragte der Kläger seine Versetzung in den Ruhestand. Er begründete den Antrag mit zunehmenden Beschwerden infolge seines Augenleidens. Die Beklagte ließ den Kläger mehrfach, auch durch die Medizinische Universitäts-Klinik und die Nervenklinik M., untersuchen. Der Amtsarzt, Leiter des Stadtgesundheitsamtes Medizinalrat Dr. Scha., gab unter dem 26. Oktober 1935 die folgende zusammenfassende Begutachtung über ihn ab: „Nach den jetzt vorliegenden Gutachten der Medizinischen Klinik und der Nervenklinik in M. ist ein organisches Leiden rheumatischer oder nervöser Art, abgesehen von dem Augenleiden, bei Herrn Sch. nicht nachzuweisen. Die Erwerbsminderung durch das Augenleiden wird auf Grund augenfachärztlicher Atteste auf 30 v. H. geschätzt. An sich ist Herr Sch. wegen dieses Leidens aber nicht dienstunfähig, sondern könnte ohne weiteres wieder Dienst machen. Da aber bei Herrn Sch. außerdem eine schwere Kriegsdienstbeschädigung noch vorliegt, die schon an sich auf 70 v. H. geschätzt wird, und bei der ganzen psychischen Einstellung des Herrn Sch., der auf Grund seiner psychogen entstandenen Veränderung auch weiterhin allerlei Beschwerden äußern wird, halte ich ihn heute doch nicht mehr für fähig, den Dienst eines Stadtbüroinspektors in dem notwendigen Umfang auszuüben. Er ist also als dienstunfähig anzusehen." Die Beklagte versetzte darauf den Kläger durch Verfügung vom 21. November 1935 mit Wirkung vom

1. April 1936 in den dauernden Ruhestand. Sein Ruhegehalt wurde auf 74 v. H. des zuletzt bezogenen Diensteinkommens berechnet. Es beträgt monatlich 258,64 RM.

Nach der Versetzung in den Ruhestand erhob der Kläger zunächst beim Landgericht Kassel Klage auf Zahlung des Unterschiedsbetrages zwischen seinem bisherigen Gehalt und seinem Ruhegehalt, indem er vortrug, die vorzeitige Zurruhesetzung sei eine Folge seines Augenleidens; die Beklagte sei nach dem Urteil vom 28. April 1930 verpflichtet, ihm den durch das Augenleiden entstehenden Schaden zu ersetzen. In diesem Verfahren hatte die Medizinische Universitäts-Klinik in M. durch den Prof. Dr. K. das Obergutachten vom 27. August 1937 erstattet, das sich lediglich mit dem Kriegsleiden des Klägers befaßt. Der Gutachter kommt zu dem folgenden Ergebnis: „1. Herr Sch. ist meiner Ansicht nach, abgesehen von seiner Augenerkrankung, am 1. April 1936 dienstfähig gewesen. 2. Er hätte seinen Dienst teils im Stehen, teils im Sitzen durchführen können. 3. Es ist kein Anhaltspunkt dafür vorhanden, daß Herr Sch. schon vor Eintritt in sein 65. Lebensjahr wegen seines Kriegsleidens dienstunfähig geworden wäre."

Die Beklagte faßte nach Erstattung dieses Gutachtens im Vorprozeß ihre Einwendungen dahin, der Kläger sei überhaupt nicht dienstunfähig. Eine etwaige Dienstunfähigkeit sei jedenfalls nicht auf das Augenleiden, sondern auf die Kriegsbeschädigung zurückzuführen. Durch das Augenleiden sei dem Kläger somit kein Schaden entstanden. Sie stellte dann dem Kläger unter dem 14. September 1937 den folgenden Bescheid zu: „Ihre Versetzung in den Ruhestand vom 21. November 1935 nehme ich zurück, weil die Annahme, daß Sie infolge Kriegsdienstbeschädigung nicht mehr dienstfähig sind, durch ärztliches Obergutachten als irrtümlich erwiesen ist."

Die Gehaltsunterschiede für die Zeit seit dem 1. April 1936 wurden dem Kläger erstattet. Die Parteien erklärten dann die Hauptsache für erledigt. Die Kosten des Verfahrens wurden der Beklagten auferlegt. Ihre sofortige Beschwerde blieb erfolglos.

Der Kläger trat am 1. Oktober 1937 seine Dienste bei der Beklagten wieder an. Er erhält seitdem auch weiter die vollen Bezüge eines im Dienste stehenden Beamten.

Er vertritt den Standpunkt, daß die Rücknahme der Versetzung in den Ruhestand keine rechtliche Grundlage habe. Wenngleich er für die Beklagte erneut tätig sei, so tue er dieses nicht auf Grund des alten Beamtenverhältnisses. Er sei vielmehr Ruhestandsbeamter geblieben. Seine Tätigkeit für die Beklagte müsse nicht nach beamtenrechtlichen, sondern nach bürgerlichrechtlichen Gesichtspunkten beurteilt werden. Im Rechtsstreite verlangt der Kläger nunmehr die Feststellung, daß die an ihn von der Beklagten monatlich gezahlten Beträge von insgesamt 376,38 RM. sich zusammensetzen zu einem Teilbetrage von 258,64 RM. aus Ruhegehalt und zu 117,74 RM. aus bürgerlichrechtlichem Schadensausgleich. Im zweiten Rechtszuge hat der Kläger nur noch beantragt, festzustellen, daß von dem durch die Beklagte an ihn monatlich zur Auszahlung gelangenden Betrag ein Teilbetrag von monatlich 258,64 RM. Ruhegehalt darstelle.

Beide Vordergerichte haben die Klage abgewiesen. Das Landgericht meint, der Kläger habe kein Interesse an der begehrten Feststellung. Er erhalte jedenfalls die vollen Bezüge. Hierbei sei unerheblich, ob er sie als im Dienste gebliebener Beamter oder als wiederbeschäftigter Ruhestandsbeamter erhalte. Ein Schadensersatzbetrag sei in den ausbezahlten Bezügen nicht enthalten. Der Kläger erhalte nur Entgelt für geleistete Arbeit. Das Berufungsgericht führt aus, der Kläger habe an der Feststellung, welche Rechtsnatur die von ihm empfangenen Bezüge haben, allerdings ein rechtliches Interesse. Die Anfechtung der Zurruhesetzung sei aber möglich gewesen. Im übrigen sei die Nachprüfung dieses zulässigen Verwaltungsaktes auf seine sachliche Begründetheit durch die Gerichte unzulässig. Der Kläger sei nach der Anfechtung aktiver Beamter, sein Feststellungsbegehren somit unbegründet.

Die Revision des Klägers hatte Erfolg.

Gründe:

Die Zulässigkeit des Rechtsweges hängt zunächst davon ab, ob es sich bei dem Klageanspruch um einen vermögensrechtlichen Anspruch des Klägers handelt (§ 142 Abs. 1 DBG.). Dies muß bejaht werden. Zwar kann im bürgerlichen Rechtsstreit nicht darüber entschieden werden, ob das Beamtenverhältnis des Klägers zufolge der Anfechtung der Zurruhesetzung wieder aufgelebt ist oder ob der Kläger noch jetzt Ruhestandsbeamter ist. Wenngleich die Gerichte in den Rechtsstreitigkeiten über vermögensrechtliche Ansprüche der Beamten auch über die Vorfrage entscheiden können, ob ein Beamtenverhältnis noch besteht oder ob es erloschen ist, kann doch das Bestehen selbst nicht zum Gegenstand eines bürgerlichen Rechtsstreites gemacht werden. So liegt die Sache hier auch nicht. Der Klageanspruch hat nicht das Bestehen oder Nichtbestehen eines Beamtenverhältnisses zur Beklagten zum Gegenstande, sondern betrifft die Rechtsnatur der Zahlungen, die der Kläger erhält. Die Parteien streiten darüber, auf welchen Rechtsgrund die Zahlungen zurückzuführen sind. Somit handelt es sich um einen vermögensrechtlichen Anspruch, für den der Rechtsweg eröffnet ist (vgl. die Entscheidungen des erkennenden Senats RGZ. Bd. 122 S. 113 [118], Bd. 146 S. 159 [162]).

Der Rechtsweg ist auch im vorliegenden Einzelfalle durch die Beibringung der Mitteilung des Regierungspräsidenten vom 21. November 1939 dahin, daß er nicht beabsichtige, in dieser Angelegenheit eine Entscheidung zu treffen, eröffnet worden (§ 143 Abs. 1 DBG., § 1 Abs. 3, § 4 der Durchführungsverordnung zum Deutschen Beamtengesetz für die Kommunalbeamten vom 2. Juli 1937 [RGBl. I S. 729] in der Fassung der Verordnung vom 28. April 1938 [RGBl. I S. 509], § 33 Abs. 2 der Ersten Durchführungsverordnung zur Deutschen Gemeindeordnung vom 22. März 1935 [RGBl. I S. 393]). Die Klage ist innerhalb von 6 Monaten seit der Bekanntgabe der Mitteilung des Regierungspräsidenten an den Kläger erhoben worden. Gegen die Zulässigkeit der Klage bestehen sonach keine Bedenken.

Die Voraussetzungen einer Feststellungsklage sind gegeben. Der Kläger verlangt im zweiten Rechtszug und im Revisionsverfahren nur noch die Feststellung, daß ihm die Bezüge als Ruhegehalt geschuldet werden. Damit begehrt er die Feststellung eines Rechtsverhältnisses. An ihr hat er auch ein rechtliches Interesse, obwohl er die Bezüge in der von ihm begehrten Höhe ausbezahlt erhält. Denn gezahlt wird ihm der Betrag nicht als Ruhegehalt, sondern als Gehalt. Für den Kläger ist es aber von Bedeutung, zu wissen, so wegen etwaigen Rückforderungsrechts der Beklagten, auch etwa wegen der Sicherheit, daß laufend weiter gezahlt wird, aus welchem rechtlichen Grund ihm die Beträge, die er erhält, geschuldet werden. Die Zulässigkeit der Feststellungsklage kann auch nicht deswegen entfallen, weil die Leistungsklage möglich wäre. Dies folgt bereits daraus, daß die Leistungsklage nicht gegeben ist. Der Kläger erhält die Beträge laufend, er hat somit keinen Leistungsanspruch gegen die Beklagte. Demnach sind die Voraussetzungen für die sachliche Entscheidung gegeben.

Hier war zunächst zu prüfen, nach welchen Rechtsnormen die Anfechtung der Zurruhesetzung zu beurteilen ist. Der Kläger ist vor dem 1. Juli 1937, dem Tage des Inkrafttretens des Deutschen Beamtengesetzes, also unter der Herrschaft des Preußischen Gesetzes, betreffend die Anstellung und Versorgung der Kommunalbeamten, vom 30. Juli 1899 (GS. S. 141) als des für ihn maßgebenden beamtenrechtlichen Gesetzes in den Ruhestand versetzt worden. Diese Verfügung ist nach dem 1. Juli 1937, also zur Zeit der Geltung des neuen Rechts, angefochten worden. Der Kläger war beim Inkrafttreten des neuen Rechts, wenn man von der Möglichkeit der Anfechtung absieht, und jedenfalls dem äußeren Anscheine nach, Ruhestandsbeamter. Nach § 184 Abs. 1 Satz 3 DBG. regeln sich zwar die Rechtsverhältnisse der Ruhestandsbeamten, die vor dem 1. Juli 1937 in den Ruhestand getreten sind, grundsätzlich nach dem bisherigen Recht. Die im Gesetz vorgesehenen Ausnahmen (§§ 22, 23, 37 Abs. 2 Satz 4 bis 6, Abs. 4, §§ 126 bis 147) sind hier ohne Belang. Wäre aber die Anfechtung der Versetzung in den Ruhestand begründet, so wäre der Kläger — entgegen dem äußeren Anschein — niemals Ruhestandsbeamter gewesen. Er wäre am 1. Juli 1937 und in der Folgezeit im Beamtendienst geblieben. Seine Rechtsverhältnisse ließen sich ausschließlich nach dem neuen Recht beurteilen. Dieser Widerspruch ist zugunsten des neuen Rechts zu lösen. Unter welchen Voraussetzungen nach dem Inkrafttreten des neuen Rechts ein Ruhestandsbeamter wieder in ein Beamtenverhältnis berufen werden kann, ist lediglich nach dem neuen Recht zu entscheiden. Dann kann etwas anderes auch nicht für die Voraussetzungen eines — durch Rücknahme oder Anfechtung der Verfügung über die Versetzung in den Ruhestand hervorgerufenen und rückwirkenden — Wiedererstehens des Beamtenverhältnisses gelten. Auch sie sind unter der Geltung des neuen Rechts nach diesem, nicht nach dem alten Recht zu beurteilen. Überdies besteht schon grundsätzlich keine Veranlassung, Rechtswirkungen des alten Rechts nach seinem Außerkrafttreten über die notwendigen Grenzen hinaus zuzulassen.

Nach neuem Recht ist die Anfechtung der Versetzung eines Beamten in den Ruhestand durch den Dienstherrn mit der Begründung, die Annahme der Dienstunfähigkeit habe auf einem Irrtum beruht, nicht mehr zulässig. § 78 Abs. 1 Satz 3 DBG. läßt die Rücknahme der Verfügung, durch die ein Beamter in den Ruhestand versetzt wird, nur bis zum Beginn des Ruhestandes zu. Erkennt der Dienstherr später, daß der Beamte tatsächlich nicht dienstunfähig war, so kann er die Versetzung in den Ruhestand auch nicht auf dem Umweg einer Anfechtung wegen Irrtums zurücknehmen. Die Zurücknahme einer solchen Versetzung wird nur dann in Frage kommen, wenn der Dienstherr erkennt, daß er die Voraussetzungen für den Eintritt in den Ruhestand zu Unrecht als gegeben angesehen hat, d. h. wenn er sich dabei geirrt hat. So ergibt sich aus § 78 Abs. 1 DBG., daß die Voraussetzungen für die Versetzung in den Ruhestand von seinem Beginn ab nicht mehr in Zweifel gezogen werden sollen, daß ein endgültiger Zustand geschaffen worden ist (vgl. Nadler-Wittland-Ruppert DBG. Bem. 32 zu § 73 S. 1124).

Dieses aus § 78 Abs. 1 DBG. für die Versetzung in den Ruhestand gewonnene Ergebnis wird bestätigt durch die Regelung, die § 32 DBG. für den Fall getroffen hat, daß die Ernennung eines Beamten mit Willensmängeln behaftet ist. Inwieweit diese eine Nichtigkeit der Ernennung herbeiführen können, bestimmt die genannte Vorschrift selbständig ohne Zurückgreifen auf Regeln des bürgerlichen Rechts. Daraus muß gefolgert werden, daß nach dem Deutschen Beamtengesetz, wie die Begründung, so auch die Beendigung eines Beamtenverhältnisses nicht nach bürgerlichrechtlichen Grundsätzen wegen Irrtums angefochten werden kann. Diese Auffassung ist um so mehr gerechtfertigt, als das heute im stärksten Maße nach den Belangen der Allgemeinheit ausgerichtete öffentliche Recht jetzt noch weniger als früher seine Ausgestaltung nach dem Vorbilde des in erster Reihe den Belangen des einzelnen dienenden bürgerlichen Rechts zuläßt. Dem entspricht das, was die Begründung zum Deutschen Beamtengesetz zur Frage der Nichtigkeit der Ernennung eines Beamten ausführt: Es sei, da es sich um ein öffentlichrechtliches Amt handle, davon abgesehen worden, neben den Nichtigkeitsgründen des § 32 Abs. 1 DBG. noch die Anfechtungsgründe des Zivilrechts gelten zu lassen. Besonders sei davon abgesehen worden, die Anfechtung wegen Irrtums zuzulassen.

Nach alledem kann der Standpunkt des Berufungsgerichts für das heutige Recht nicht gebilligt werden. Vielmehr bestand für die Beklagte nach dem Eintritt des Klägers in den Ruhestand keine Möglichkeit mehr, ihre Verfügung zu beseitigen, auch nicht auf dem Wege der Anfechtung.

Dahingestellt bleiben kann im Rahmen der vorliegenden Entscheidung, welche Rechtsfolgen einzutreten haben, wenn ein Beamter seine vorzeitige Versetzung in den Ruhestand durch Zwang, arglistige Täuschung oder Bestechung herbeiführt. In diesen Fällen könnte eine Nichtigkeit der Versetzung in den Ruhestand aus rechtsähnlicher Anwendung des § 32 Abs. 2 Nr. 1 DBG. in Frage kommen. Man könnte auch die Anwendung der beamtendienststrafrechtlichen Vorschriften (§§ 2, 115 Abs. 2 RDStrO.) für ausreichend halten.

Der Kläger ist somit Ruhestandsbeamter. Damit ergibt sich aber ohne weiteres die Rechtsfolge, daß die Beklagte verpflichtet ist, ihm das Ruhegehalt zu gewähren. Sein Feststellungsbegehren, daß die ihm von der Beklagten gezahlten Teilbezüge von 258,64 RM. monatlich Ruhegehalt seien, ist berechtigt. Bei dieser Sachlage konnte nicht zu den Fragen Stellung genommen werden, ob sich die Beklagte bei der Versetzung des Klägers in den Ruhestand tatsächlich in einem Irrtum befunden hat und ob die Gerichte berechtigt wären, die Anfechtungserklärung der Beklagten, wenn sie möglich gewesen wäre, auf ihre sachliche Begründetheit nachzuprüfen.

---

51. 1. Ist die Revision zulässig, wenn im ersten Rechtszuge trotz ausschließlicher Zuständigkeit des Landgerichts ein Amtsgericht, im zweiten Rechtszug ein Oberlandesgericht entschieden hat?

2. Liegen den mit der Neugestaltung der Städte Berlin und München betrauten Behörden Amtspflichten gegenüber den Hauseigentümern ob, die Ersatzwohnraum für die aus abgerissenen Häusern verdrängten Mieter zur Verfügung halten müssen?

Verordnung über die Neugestaltung der Reichshauptstadt Berlin und der Hauptstadt der Bewegung München vom 8. Februar 1939 (RGBl. I S. 159). ZPO. § 547 Nr. 2.

III. Zivilsenat. Urt. v. 14. März 1941 i. S. Sch. (Kl.) gegen Deutsches Reich (Bekl.). III 63/40.

I. Amtsgericht Berlin.
II. Kammergericht daselbst.

Der Kläger ist Eigentümer des in Berlin-Charlottenburg L.straße 59 gelegenen Wohnhauses. Er ist deutschblütig. In diesem

Grundstück bewohnte ein jüdischer Mieter eine Wohnung von $6^1/_2$ Zimmern. Der Mietvertrag endete auf eine vom Kläger ausgesprochene Kündigung am 30. September 1939. Am 16. Februar 1939 zeigte der Kläger dem Präsidenten der Durchführungsstelle für die Neugestaltung der Reichshauptstadt (im folgenden kurz als Durchführungsstelle bezeichnet) auf Grund der Verordnung über die Neugestaltung der Reichshauptstadt Berlin und der Hauptstadt der Bewegung München vom 8. Februar 1939 (im folgenden kurz „die Verordnung" genannt) das Freiwerden der Wohnung an.

Der Kläger trägt im Rechtsstreit, der im ersten Rechtszuge bei dem Amtsgericht anhängig gewesen ist, vor, sein Mieter habe sich, da er nach England auswandern wollte, entschlossen, die Wohnung bereits früher aufzugeben, und sei auch früher ausgezogen. Dies habe der Kläger unter dem 29. April 1939 der Durchführungsstelle angezeigt und um Zuweisung von Mietern gebeten, die sofort eine Wohnung suchten. Die Durchführungsstelle habe ihm geantwortet, sie werde bemüht bleiben, die Wohnung auch früher zu vermieten. Am 10. Juli 1939 habe er die Durchführungsstelle um Freigabe der Wohnung gebeten, da erfahrungsgemäß derartige Wohnungen zum mindesten ein Vierteljahr vor dem Einzugstermin gemietet würden; ein Wohnungsuchender habe sich noch nicht gemeldet. Die Freigabe sei abgelehnt worden. Die Nichtmeldung von Mietern sei darauf zurückzuführen, daß die Durchführungsstelle versehentlich unterlassen habe, die Wohnung in die Wohnungsliste einzutragen. Am 18. September 1939 sei bei ihm ein Vordruck eingegangen, dem ein Fragebogen über die Wohnung beigelegen habe. Der Vordruck habe im übrigen die Angabe enthalten, daß die Durchführungsstelle für die Zuweisung von sog. Abrißmietern (d. h. von Mietern, deren bisherige Wohnungen im Zusammenhange mit der Neugestaltung Berlins abgerissen worden waren) Sorge tragen werde, auch mit einer etwaigen Verlängerung des Mietverhältnisses mit dem jüdischen Mieter einverstanden sei. Den Fragebogen habe er alsbald ausgefüllt zurückgegeben. Erst am 26. September 1939 habe die Durchführungsstelle die Wohnung zur freihändigen Vermietung freigegeben. Damals sei die Vermietung aber nicht mehr zum 1. Oktober 1939, sondern erst zum 1. Dezember 1939 möglich gewesen. Durch die schuldhaft verzögerte Freigabe habe er einen Schaden von 555 RM. erlitten (Mieteausfall für die Monate Oktober und November 1939 in Höhe von 480 RM. und Anzeigengebühren von 75 RM.). Diese Schäden müsse ihm der Beklagte ersetzen.

Rechtlich hat der Kläger den Anspruch aus unerlaubter Handlung (§ 823 BGB.) und im zweiten Rechtszug auch aus § 839 BGB. in Verbindung mit Art. 131 WeimVerf., weiter aus Enteignung (Art. 153 WeimVerf.), aus Aufopferung (§ 75 Einl. zum Preuß. ALR.) und hilfsweise aus Besitzstörung hergeleitet. Der Beklagte hat die schuldhafte Verletzung einer ihm dem Kläger gegenüber obliegenden Amtspflicht bestritten, hilfsweise auch eingewandt, der Schaden sei auf ein eigenes Verschulden des Klägers zurückzuführen. Im zweiten Rechtszuge hat der Kläger hilfsweise auch die Aufhebung des amtsgerichtlichen Urteils und die Verweisung des Rechtsstreits an das Landgericht als das ausschließlich zuständige Gericht des ersten Rechtszuges beantragt. Beide Vordergerichte haben die Klage abgewiesen.

Die Revision des Klägers führte zur Aufhebung und Zurückverweisung.

Gründe:

Zu dem Hilfsantrage des Klägers, den Rechtsstreit an das Landgericht zu verweisen, falls nicht nach seinen Anträgen auf Verurteilung erkannt werden sollte, sagt das Berufungsgericht in dem Schlußsatz seines Urteils lediglich, daß zu einer Zurückverweisung an das Landgericht Berlin kein Anlaß vorgelegen habe. Damit ist der Kläger auf diesen Antrag nicht begründet beschieden worden. Das Berufungsgericht hätte bei sachlicher Entscheidung den Hilfsantrag allerdings zurückweisen müssen. Zwar war für den Klageanspruch die ausschließliche Zuständigkeit des Landgerichts gegeben. Der Kläger führt, wenngleich er im ersten Rechtszuge zur rechtlichen Begründung des Anspruchs aus unerlaubter Handlung § 823 BGB. und nicht § 839 das. herangezogen hatte, den Anspruch auf ein schuldhaftes Verhalten der Beamten — im Sinne des § 839 BGB. — der Durchführungsstelle zurück. Also liegt ein Anspruch vor, der nach § 71 Abs. 2 Nr. 2 GVG. die ausschließliche Zuständigkeit des Landgerichts begründen würde. Im zweiten Rechtszuge hatte aber, nachdem der Beklagte vor dem Amtsgericht die ausschließliche Zuständigkeit des Landgerichts nicht geltend gemacht und diese übrigens auch im Berufungsverfahren nicht eingewandt hatte, die Prüfung der Zuständigkeit von Amts wegen nicht mehr stattzufinden (§ 528 ZPO.). Im Ergebnis hat somit das Berufungsgericht zu Recht unter Übergehung des Verweisungsantrages in der Sache selbst auch zuungunsten des Klägers entscheiden können.

Der Kläger leitet, da die Revisionssumme bei weitem nicht erreicht ist, die Zulässigkeit der Revision aus § 547 Nr. 2 ZPO. in Verbindung mit § 71 Abs. 2 Nr. 2 GVG., somit aus der an sich gegeben gewesenen ausschließlichen Zuständigkeit des Landgerichts her. Dem ist im Ergebnis zuzustimmen. Die Zulässigkeit der Revision ist für die Zeit, in der für die Berufungen gegen die Urteile der Amtsgerichte auf Grund des § 9 der Verordnung über Maßnahmen auf dem Gebiete der Gerichtsverfassung und der Rechtspflege vom 1. September 1939 (RGBl. I S. 1658) die Oberlandesgerichte zuständig waren, zunächst nicht deswegen ausgeschlossen, weil im ersten Rechtszug ein Amtsgericht entschieden hatte (vgl. RGBeschl. V B 10/39 vom 8. Februar 1940 in DR Ausg. A. 1940 S. 548 Nr. 11 und RGUrt. VII 18/40 vom 12. März 1940 in DR Ausg. A. 1940 S. 821 Nr. 40). Dann muß das gleiche beim Fehlen der Revisionssumme auch für einen Fall gelten, in dem das Amtsgericht verfahrensrechtlich zu Unrecht im ersten Rechtszug in einer Sache entschieden hat, für die das Landgericht ausschließlich zuständig war. Für die Zulässigkeit der Revision genügt es dann, daß ein Oberlandesgericht entschieden hat und daß — beim Fehlen der Revisionssumme — die ausschließliche Zuständigkeit des Landgerichts für den Anspruch gegeben war.

Da der Wert des Beschwerdegegenstandes die Revisionssumme nicht erreicht, ist dem Revisionsgericht die Nachprüfung der angefochtenen Entscheidung nur insoweit möglich, als der Anspruch aus der Amtspflichtverletzung hergeleitet wird. Damit entfällt die Möglichkeit der Nachprüfung des Urteils, soweit der Anspruch mit Enteignung, Aufopferung und Besitzstörung begründet wird. Auch zu der Begründung aus unerlaubter Handlung kann insoweit keine Stellung genommen werden, als diese aus anderen Bestimmungen als aus § 839 BGB. hergeleitet wird. Die Revision kommt also zu Recht nur auf den Klagegrund der Amtspflichtverletzung zurück.

Die Ausführungen, mit denen das Berufungsgericht in der Sache selbst die Voraussetzungen des Anspruchs aus Amtspflichtverletzung verneint, enthalten Rechtsirrtümer und sind auch nicht erschöpfend.

Rechtsirrtümlich ist es zunächst, wenn das Berufungsgericht davon ausgeht, der Durchführungsstelle lägen bei der Verwaltung des ihr anvertrauten Wohnraums den Hauseigentümern und Vermietern gegenüber keine Amtspflichten ob. Die Verordnung will den durch die Neugestaltung der Stadt Berlin — und der Stadt München — aus ihren Wohnungen verdrängten Abrißmietern neuen Wohnraum in den bisher von Juden bewohnten Wohnungen in den Häusern deutschblütiger Eigentümer verschaffen. Zur Erreichung dieses Zweckes spricht sie die Meldepflicht für freiwerdende Judenwohnungen aus und untersagt die erste Wiedervermietung dieser Wohnungen ohne die Genehmigung der Durchführungsstelle. Die Meldepflicht soll für die Abrißmieter stets einen gewissen Vorrat an Wohnungen sichern, auf welchen diese bei Umzügen, die beim Fortschreiten der Neugestaltungen vielleicht plötzlich notwendig werden, angesichts des herrschenden allgemeinen Wohnungsmangels hingewiesen werden können. Den Vermietern ist das Recht genommen, den freiwerdenden Wohnraum an ihnen genehme Mieter zu geben. So bringen die Vermieter für die Neugestaltungen Opfer. Sie müssen und dürfen dann auch erwarten, daß die mit der Neugestaltung betrauten Behörden ihre Belange wahren. Ihnen gegenüber besteht die Amtspflicht, die notwendigen Opfer so gering wie möglich zu gestalten, insbesondere keine vermeidbaren Ausfälle an Mieten zu verursachen.

Die eigene Bemühung der Vermieter wird zwar durch die Vorratswirtschaft nicht grundsätzlich ausgeschlossen. Auch ihre Sache ist es, sich nach neuen Mietern für die freiwerdenden Judenwohnungen umzusehen. Hierbei werden sie sich ganz vorzugsweise um die Vermietung an Abrißmieter bemühen müssen, denen der Wohnraum vorbehalten bleiben soll, wenngleich die Genehmigung zur Vermietung an andere Mieter nach der Verordnung nicht grundsätzlich ausgeschlossen ist. Die Vermieter sind aber doch auf die Zusammenarbeit mit der Durchführungsstelle weitestgehend angewiesen. Nur dieser sind die Namen der als Bewerber in Betracht kommenden Abrißmieter bekannt. Sie führt die für die Abrißmieter bestimmten Listen, und die Abrißmieter ihrerseits werden sich an die Durchführungsstelle mit dem Ansuchen um den Nachweis geeigneter Ersatzwohnungen wenden. Ihnen ist bekannt, daß dieser Stelle die ihnen vorbehaltenen Ersatzwohnungen gemeldet und zur Verfügung gestellt werden. Gewiß wird dadurch die Durchführungsstelle nicht zu einer Wohnungsvermittlungsstelle, wie das Berufungsgericht ausführt, jedenfalls nicht im gewerblichen Sinne. Tatsächlich gestalten sich die Dinge aber doch so, daß die Vermietung der Judenwohnungen sich ganz wesentlich durch die Durchführungsstelle vollzieht. In diesem Zusammenhange mag auf das Schreiben der Durchführungsstelle an den Kläger vom 4. Mai 1939 verwiesen werden: „Ich werde bemüht bleiben, die Wohnung auch früher zu vermieten." Dieser Satz kennzeichnet die tatsächliche Ausgestaltung der Wiederverwendung des frei gewordenen Wohnraums. So folgt, daß den Beamten der Durchführungsstelle gerade auch in der Durchführung der Weitervermietung Amtspflichten den Vermietern gegenüber obliegen.

Die zur Erstvermietung nach der Verordnung erforderliche Genehmigung wird in der Verwaltungspraxis den Eigentümern auch in der Form erteilt, daß Wohnraum zur beliebigen Vermietung freigegeben wird, also durch einen Verzicht auf die ausschließliche Ausnutzung zugunsten der Abrißmieter.

Die Klage erblickt die Amtspflichtverletzung einmal in der verspäteten Freigabe der Wohnung zur beliebigen Vermietung. Hier verneint das Berufungsgericht eine Amtspflichtverletzung insoweit, als der Zeitpunkt der Freigabe das Ergebnis planmäßiger Entscheidungen der Durchführungsstelle ist. Der Zeitpunkt der Freigabe liege im Ermessen der Dienststelle. Dies kann an sich nicht beanstandet werden. Es ist allerdings Ermessenssache der Durchführungsstelle, Wohnraum zur Vermietung auch an andere Mieter freizugeben sowie den Zeitpunkt hierfür zu bestimmen. Sie hat darüber zu entscheiden, welchen Vorrat an Wohnungen sie braucht, um den laufenden Bedarf zu befriedigen. Daß hierbei Wohnraum nicht beliebig lange Zeit unvermietet zurückgehalten werden darf, ist eine Selbstverständlichkeit. Je nach der Sachlage könnte sehr wohl ein Ermessensmißbrauch darin liegen, Wohnraum, dessen Vermietung an Abrißmieter lange vergeblich versucht worden ist, nicht zur beliebigen Vermietung freizugeben. Dafür, daß vorliegend das Ermessen mißbraucht worden wäre, besteht kein Anhalt. Die Wohnung in der L.straße 59 hat zwar über sieben Monate der Durchführungsstelle zur Verfügung gestanden. Dies kann aber noch nicht als Mißbrauch des Verfügungsrechts anerkannt werden, zumal wenn beachtet wird, daß die Wohnung noch vor dem Ende des Vertrages mit dem jüdischen Mieter freigegeben worden ist. Einen Anspruch auf Freigabe zu einem bestimmten Termin hatte der Kläger jedenfalls nicht. Hiernach könnte in einem planmäßigen Entschluß der Durchführungsstelle, die Wohnung des Klägers zu einem früheren Termin nicht freizugeben, nicht einmal der äußere Tatbestand einer

Amtspflichtverletzung erblickt werden. Insoweit ist das Ergebnis der angefochtenen Entscheidung somit nicht zu beanstanden. Auf eine angreifbare Ermessensentscheidung ist aber die Klage nicht in erster Reihe gestützt.

Der Kläger hatte zur Klagebegründung weiter vorgetragen, eine Amtspflichtverletzung könne auch in einer schuldhaft unrichtigen (fahrlässigen) geschäftlichen Behandlung der Wohnungsangelegenheit liegen. Diese läge vor. Seine Wohnungsangelegenheit sei bei der Durchführungsstelle flüchtig, verzögerlich und nicht ordnungsgemäß bearbeitet worden. Seine Eingaben seien nicht sorgfältig gelesen, der Hinweis darauf, daß der jüdische Mieter die Wohnung bereits im Frühjahr 1939 räumen wolle, sei übersehen worden. Die Wohnung sei versehentlich überhaupt nicht in die Wohnungsliste für die Abrißmieter eingetragen, auch sonst diesen nicht nachgewiesen worden. Bei ihm habe sich nicht ein Mieter mit einem Mietberechtigungsschein der Durchführungsstelle gemeldet. Die Freigabe der Wohnung zur allgemeinen Vermietung erst im September 1939 sei auch nicht auf die planmäßige Vorratswirtschaft, sondern auf die büromäßig oberflächliche Sachbehandlung zurückzuführen. Dieser Klagebegründung ist die Berufungsentscheidung nicht gerecht geworden. So konnte der Kläger die Klage schlüssig begründen. Die Amtspflicht erstreckt sich, wie oben ausgeführt, auch auf die Durchführung zur Beihilfe bei der Weitervermietung. So kann insbesondere auch in der schuldhaften Nichtaufnahme der Wohnung des Klägers in die für die Abrißmieter bestimmte Liste, die das Berufungsgericht als möglich unterstellt, im Gegensatze zu dem Berufungsurteil eine Grundlage für den Anspruch aus der Amtspflichtverletzung gefunden werden. Der Beklagte haftet für eine sorgfältige, geschäftsordnungsgemäße Erledigung dieser Dienstgeschäfte durch seine Beamten. Entstehen durch unsorgfältige Behandlung Schäden, so ist der Beklagte ersatzpflichtig. Daher hätte das Berufungsgericht den einzelnen Behauptungen des Klägers nachgehen müssen. Der Vermerk im Urteil, die Angelegenheit des Klägers sei nicht schuldhaft verzögert worden, kann, wenn er sich nicht überhaupt nur auf eine Entscheidung der Durchführungsstelle über die planmäßige Freigabe, sondern auch auf die Sorgfalt der Behandlung beziehen soll, nicht als ausreichende Begründung anerkannt werden. Dieser Mangel der angefochtenen Entscheidung bedingt ihre Aufhebung. Der Tatrichter wird nunmehr zu den Behauptungen des

Klägers über die nicht sorgfältige Behandlung seiner Wohnungsangelegenheit Stellung nehmen müssen und dann gegebenenfalls auch Gelegenheit haben, die Frage des mitverursachenden Verschuldens des Klägers zu erörtern. Dieses will der Beklagte insbesondere in der nicht rechtzeitigen Rückgabe des Fragebogens und der Unterlassung einer Vermietung an Mieter mit Mietberechtigungsschein auf Grund eigener Bemühung des Klägers erblicken.

---

52. 1. Über die Feststellung des Vorhandenseins und der Rechtskraft eines in Spanien gegenüber deutschen Staatsangehörigen ergangenen Scheidungsurteils.

2. Ist mit Spanien für die Anerkennung von Scheidungsurteilen die Gegenseitigkeit verbürgt?

3. Welcher Zeitpunkt ist bei Gestaltungsurteilen für die Beurteilung maßgebend, ob die Gegenseitigkeit verbürgt ist?

ZPO. § 328.

IV. Zivilsenat. Urt. v. 26. April 1941 i. S. Ehemann M. (Kl.) w. Ehefrau M. (Bekl.). IV 313/40.

I. Landgericht Hamburg.
II. Oberlandesgericht daselbst.

Die Parteien, die deutsche Staatsangehörige sind, haben am 14. Juni 1924 in M. die Ehe geschlossen, aus der drei Kinder hervorgegangen sind. Alsbald nach der Eheschließung verzogen die Parteien nach Spanien. Zuletzt wohnten sie in San Sebastian, wo der Kläger ein kaufmännisches Geschäft betrieb. Ende 1935 trennten sie sich. Im März 1936 verließ der Kläger ohne die Beklagte und die Kinder Spanien und siedelte nach H. über. Die Beklagte kehrte Mitte 1938 nach Deutschland zurück. Die Kinder, die unter der Obhut einer Bekannten der Beklagten in Spanien zurückgeblieben waren, hat der Kläger inzwischen nach Deutschland gebracht.

Mit der vorliegenden Klage begehrt der Kläger Scheidung der Ehe auf Grund der §§ 47, 49 EheG. Er hat behauptet, die Beklagte habe, indem sie als einzige Deutsche während der Wirren des Bürgerkrieges in Spanien geblieben sei, das Wohl der Kinder gefährdet; ferner habe sie den Kläger in den Kreisen der deutschen Kolonie in San Sebastian verleumdet, einen ausschweifenden Lebenswandel geführt, sich mit zahlreichen Offizieren der Franco-Armee eingelassen und bei Tag und Nacht Herrenbesuche empfangen. Die Beklagte hat Abweisung der Klage beantragt und in erster Reihe den Einwand erhoben, daß die Ehe bereits durch Urteil des Provinzialgerichtshofes in San Sebastian vom 10. Juni 1936 geschieden sei. Die Scheidungsklage sei dem Kläger am 15. Februar 1936 persönlich zugestellt worden. Am 18. Februar 1936 habe er vor dem Notar G. in San Sebastian dem Prokurator C. Sondervollmacht für den Scheidungsrechtsstreit erteilt und sei zusammen mit diesem und dem Rechtsanwalt L. im Termine vom 19. Februar 1936 vor Gericht erschienen. In einem am 28. Februar 1936 vor dem Notar G. geschlossenen Vertrag über Vermögensteilung und Geschäftsauflösung habe er sich unter der Bedingung, daß sich unter den von der Beklagten angeführten Scheidungsgründen der des Art. 3 Nr. 3 des spanischen Ehescheidungsgesetzes vom 2. März 1932 nicht befinde, mit der Scheidung einverstanden erklärt. Das Scheidungsurteil sei dem Prokurator C. zugestellt worden und am 22. Juni 1936 rechtskräftig geworden. Die vom Kläger zur Begründung seiner jetzigen Scheidungsklage aufgestellten Behauptungen bestreite sie. Der Kläger hat bestritten, daß in San Sebastian auf eine Klage der Beklagten ein Scheidungsurteil gegen ihn ergangen sei. Jedenfalls dürfe ein solches Urteil in Deutschland nicht anerkannt werden. Das spanische Gericht sei nicht zuständig gewesen. Ihm — dem Kläger — sei die Klage nicht zugestellt worden. Er habe sich auf sie auch weder persönlich noch durch einen Bevollmächtigten eingelassen. Dem Prokurator C. habe er bei seiner Ausreise aus Spanien nur eine „kommerzielle" Vollmacht erteilt, die ihn nicht zur Vertretung im Scheidungsrechtsstreit ermächtigt habe. Den Vertrag vom 28. Februar 1936 habe er nur unter Druck geschlossen. Vor dem spanischen Gericht sei er nie erschienen. C. und L. hätten ersichtlich mit der Beklagten unerlaubt zu seinem Schaden zusammengewirkt. Die Gegenseitigkeit sei mit Spanien nicht verbürgt. Die Regierung Franco habe außerdem allen Urteilen, die von den Frühjahrswahlen 1936 an bis zur nationalen Erhebung am 18. Juli 1936 erlassen worden seien, die Anerkennung versagt.

Das Landgericht hat die Klage mit der Begründung abgewiesen, daß die Ehe der Parteien durch das Urteil des Provinzialgerichtshofs in San Sebastian vom 10. Juni 1936 bereits rechtsgültig geschieden sei. Das Oberlandesgericht hat die Berufung des Klägers zurückgewiesen. Auch seine Revision blieb erfolglos.

Gründe:

I. Die vom Kläger begehrte Scheidung setzt voraus, daß die Ehe der Parteien noch besteht. Die Beklagte hat zum Nachweis ihrer Behauptung, daß die Ehe durch das Urteil des Provinzialgerichtshofs in San Sebastian vom 10. Juni 1936 bereits rechtsgültig geschieden sei, eine von dem Sekretär des Gerichtshofs unterzeichnete und mit dem Sichtvermerk des Präsidenten des Gerichtshofs versehene, unter dem 27. August 1937 ausgestellte Abschrift des Urteils beigebracht, in der zugleich bescheinigt ist, daß das Urteil für unwiderruflich erklärt worden sei. Ferner hat die Beklagte die — in der Übereinstimmung mit der Urschrift nicht bestrittene — Abschrift einer Verbalnote des Spanischen Ministeriums für Auswärtige Angelegenheiten an die Deutsche Botschaft in Spanien vom 9. August 1938 überreicht, nach der gemäß einer authentischen Erklärung der zuständigen Gerichtsbehörde aus den Erklärungen der Rechtsbevollmächtigten der beiden Streitparteien und dem Ergebnis der außerdem angestellten Ermittlungen geschlossen werden könne, daß keine Berufung gegen das Urteil eingelegt wurde, so daß seine vollständige Rechtsgültigkeit anzunehmen sei, wenn auch infolge des unter der rot-separatistischen Herrschaft vorgekommenen Verschwindens der im Provinzialgerichtshof in San Sebastian vorhanden gewesenen Unterlagen die erlangte Rechtskraft nicht bescheinigt werden könne. Auf Grund dieser Urkunden stellt das Berufungsgericht fest, daß ein Scheidungsurteil des aus der beigebrachten Urteilsabschrift ersichtlichen Inhalts am 10. Juni 1936 vom Provinzialgerichtshof in San Sebastian gefällt worden ist und daß dieses Urteil Rechtskraft erlangt hat.

Die Revision rügt zunächst Übergehung der durch Bezugnahme auf eine Auskunft des Provinzialgerichtshofs in San Sebastian unter Beweis gestellten Behauptung des Klägers, daß ein Urteil in der von der Beklagten behaupteten Form nicht erlassen sein könne. Dieses Vorbringen stand jedoch der Feststellung des Berufungsgerichts nicht entgegen, daß ein Urteil des aus der beigebrachten Urteilsabschrift ersichtlichen Inhalts in der Tat gefällt worden ist. Das nimmt, wie die Verbalnote des Spanischen Ministeriums für Auswärtige Angelegenheiten ergibt, auch der Provinzialgerichtshof in San Sebastian in seiner in der Verbalnote erwähnten, dem Ministerium gegenüber abgegebenen authentischen Erklärung an. Daher ist nicht ersichtlich, welche weitere Klärung von der nochmaligen Einholung einer Auskunft des Provinzialgerichtshofs noch zu erwarten gewesen wäre. Ohne Grund rügt die Revision ferner Übergehung der durch Bezugnahme auf eine Auskunft der Spanischen Gesandtschaft unter Beweis gestellten Behauptung des Klägers, daß alle in der Zeit zwischen den spanischen Frühjahrswahlen 1936 und der nationalen Erhebung vom Juli 1936 erlassenen Urteile von der Nationalen Regierung suspendiert worden seien. Das Berufungsgericht bezeichnet diese Behauptung des Klägers als durch die Verbalnote vom 9. August 1938 widerlegt. Das ist, soweit die Zeit bis zum 9. August 1938 in Betracht kommt, nicht zu beanstanden. Auch dem in der Zeitschrift für ausländisches und internationales Privatrecht 13. Jahrg. S. 254 unter Nr. 9 mitgeteilten spanischen Gesetz vom 8. Mai 1939, auf das sich die Behauptung des Klägers offenbar stützt, kann eine Bestätigung dieser Behauptung nicht entnommen werden.

Ohne Erfolg müssen auch die Angriffe bleiben, die die Revision gegen die Feststellung des Berufungsgerichts richtet, daß das Urteil vom 10. Juni 1936 rechtskräftig geworden sei. Nach Art. 57 des spanischen Ehescheidungsgesetzes vom 2. März 1932 konnte aus den dort angeführten Gründen gegen das Scheidungsurteil innerhalb einer Frist von 10 Tagen nach dem auf die Zustellung des Urteils folgenden Tage Revisionsrekurs an das Oberste Gericht bei dem Gericht eingelegt werden, das das Urteil erlassen hatte, also bei dem Provinzialgerichtshof in San Sebastian. Mit Ablauf dieser Frist wurde das Urteil daher rechtskräftig, falls kein Revisionsrekurs eingelegt wurde. Eine Urkunde über die Zustellung des Urteils hat die Beklagte nicht vorlegen können. Gleichwohl stellt das Berufungsgericht im Gegensatze zu der Behauptung des Klägers, daß ihm das Urteil nicht zugestellt worden sei und daß er aus diesem Grunde kein Rechtsmittel habe einlegen können, fest, daß eine die Rekursfrist für den Kläger in Lauf setzende Zustellung des Urteils stattgefunden hat. Hierbei mißt das Berufungsgericht den von der Beklagten gemäß dem Gerichtsbeschlusse vom 15. September 1939 beigebrachten schriftlichen Erklärungen des Prokurators C., des Rechtsanwalts L. und des Rechtsanwalts C., welche die ordnungsmäßige Zustellung des Urteils an den

Prokurator C. bestätigt haben, für sich allein keinen ausreichenden Beweiswert bei, weil die Erklärungen nicht erkennen lassen, ob sie auf Grund vorhandener schriftlicher Unterlagen oder lediglich aus dem Gedächtnis abgegeben worden sind. Alle in dieser Hinsicht übrigbleibenden Zweifel werden aber nach Ansicht des Berufungsgerichts beseitigt durch die von dem Präsidenten des Gerichtshofs der Urteilsabschrift vom 27. August 1937 beigefügte Bestätigung, daß das Urteil für unwiderruflich erklärt worden sei. Daß auch diese spanische Gerichtsperson eine solche Auskunft aus dem Gedächtnis erteilt haben würde, wenn sie sich nicht ihrer Richtigkeit voll bewußt gewesen wäre, vermag das Berufungsgericht nicht anzunehmen. Auch die spanischen Behörden seien, wie sich aus der Verbalnote vom 9. August 1938 ergebe, nach Ermittlungen, die sich nicht auf die Befragung der beiderseitigen Anwälte beschränkt hätten, zu der Überzeugung gekommen, daß das Urteil Rechtskraft erlangt habe. Dieser Feststellung zu folgen, trägt das Berufungsgericht um so weniger Bedenken, als der Kläger bereits in dem Vertrage vom 28. Februar 1936 auf den Widerspruch gegen die Klage und auf die von ihm vorgebrachten Einwände verzichtet habe. Angesichts dieser Stellungnahme des Berufungsgerichts, die sich nicht auf die schriftlichen Erklärungen der genannten Zeugen, sondern in nicht zu beanstandender Weise entscheidend nur auf die Feststellung des Gerichtspräsidenten vom 27. August 1937 und die Verbalnote vom 9. August 1938 stützt, war der Widerspruch des Klägers gegen die Verwertung der schriftlichen Zeugenerklärungen und sein Antrag, die Zeugen, und zwar gegebenenfalls eidlich, zu vernehmen, gegenstandslos. Ebenso erledigte sich sein Antrag, zur Prüfung der Glaubwürdigkeit des Prokurators C. den Zeugen L. zu vernehmen.

Auf die Behauptung des Klägers, daß der Prokurator C. und der Rechtsanwalt L. von ihm nicht mit seiner Vertretung im Scheidungsrechtsstreite beauftragt gewesen seien, sondern mit der Beklagten unerlaubt zu seinem Nachteile zusammengewirkt hätten, kann es für die Frage, ob das Urteil vom 10. Juni 1936 rechtskräftig geworden ist, nicht ankommen. Das Fehlen der Prozeßvollmacht sowie der Umstand, daß das Urteil von der Beklagten erschlichen worden ist, würden den Eintritt der Rechtskraft nicht gehindert haben. Die Wirkungen eines auf solche Weise zustande gekommenen Urteils konnte der Kläger nur auf dem im spanischen Prozeßrecht hierfür vorgesehenen Wege be-

24*

seitigen. Das verkennt auch der Kläger selbst nicht; denn er hat, wie er in seiner Berufungsbegründung vorgetragen hat, bereits einen spanischen Anwalt mit der Durchführung eines Revisions- oder Nichtigkeitsverfahrens gegen das Scheidungsurteil beauftragt. Daß aber ein solches Verfahren mit einem ihm günstigen Erfolge stattgefunden habe oder auch nur eingeleitet worden sei, hat er bis zum Schlusse der mündlichen Tatsachenverhandlung nicht vorgetragen. Das Berufungsgericht hat daher die vom Kläger beantragte Aussetzung des Verfahrens, die ihre Grundlage lediglich in § 148 ZPO. hätte finden können, mit Recht abgelehnt ...

II. Liegt hiernach ein der Anerkennung im Inland an sich fähiges Urteil des spanischen Gerichts vor, so fragt es sich weiter, ob die Anerkennung nach § 328 ZPO. ausgeschlossen ist. Das Berufungsgericht verneint, daß einer der Gründe vorliege, die nach Abs. 1 dieser Vorschrift der Anerkennung entgegenstehen. Auch insoweit liegt dem angefochtenen Urteil weder ein dem Kläger nachteiliger Rechtsirrtum sachlichrechtlicher Art noch ein Verfahrensverstoß zugrunde.

Nach der von der Revision nicht angegriffenen Feststellung des Berufungsgerichts hatte der Kläger zur Zeit der Erhebung der Scheidungsklage am 10. Februar 1936 seinen Wohnsitz in San Sebastian. Nach der Zuständigkeitsregelung des deutschen Rechts (§ 606 Abs. 1 ZPO.) waren mithin, da Deutschland keine ausschließliche Gerichtsbarkeit für die Scheidung seiner Staatsangehörigen in Anspruch nimmt, die spanischen Gerichte für die Scheidung zuständig (§ 328 Abs. 1 Nr. 1 ZPO.). Das Berufungsgericht stellt ferner fest, daß die Scheidungsklage dem Kläger persönlich in San Sebastian zugestellt worden ist. Dies schließt es daraus, daß der Kläger in dem von ihm unstreitig persönlich am 28. Februar 1936 vor dem Notar G. in San Sebastian mit der Beklagten abgeschlossenen Vertrag Erklärungen auf die von ihr angebrachte Scheidungsklage abgegeben hat. Gegen diese lediglich dem Tatsachengebiet angehörige Annahme des Berufungsgerichts vermag die Revision nicht mit Erfolg anzukämpfen. Daß die Zustellung der Klage den Vorschriften der deutschen Zivilprozeßordnung entsprach, ist nicht erforderlich (Jonas-Pohle ZPO. Bem. V 3a a. E. zu § 328). Ob der Vertrag, wie der Kläger geltend macht, seinem sachlichen Inhalte nach unsittlich war, ist für die hier in Betracht kommende Feststellung unerheblich. War dem Kläger die den Scheidungsrechtsstreit einleitende Ladung in Spanien in Person zugestellt worden, so kommt es nach § 328 Abs. 1 Nr. 2 ZPO. für die Anerkennung des Urteils nicht mehr darauf an, ob er sich auf den Rechtsstreit eingelassen hat oder nicht. Auch in diesem Zusammenhange kann daher die Richtigkeit des — vom Berufungsgericht für widerlegt erachteten — Vorbringens des Klägers dahinstehen, daß der Prokurator C., der ausweislich des Urteils im Scheidungsverfahren namens des Klägers zu dem Scheidungsbegehren der Beklagten schriftsätzlich Stellung genommen hat, von ihm nicht bevollmächtigt gewesen sei.

Das spanische Gericht hat das Scheidungsbegehren der Beklagten sowohl auf Grund des Art. 3 Nr. 7 und 8 des spanischen Ehescheidungsgesetzes vom 2. März 1932 als auch auf Grund der damals noch in Geltung gewesenen §§ 1566 und 1568 des Deutschen Bürgerlichen Gesetzbuches für begründet erachtet. Es hat also, entsprechend dem Grundsatze des Art. 17 Abs. 1 EG. z. BGB., auch das deutsche Recht der Entscheidung zugrunde gelegt, so daß nach der zutreffenden Annahme des Berufungsgerichts kein Grund vorliegt, dem Urteil die Anerkennung nach § 328 Abs. 1 Nr. 3 ZPO. zu versagen.

Zu dem Versagungsgrunde des § 328 Abs. 1 Nr. 4 ZPO. führt das Berufungsgericht aus, keine Rede könne davon sein, daß die Anerkennung des Urteils, das ersichtlich auf Grund eines geordneten Verfahrens ergangen sei und in seiner Begründung den Erfordernissen eines deutschen Scheidungsurteils durchaus entspreche, gegen die guten Sitten oder gegen den Zweck eines deutschen Gesetzes verstoße. Darin ist ihm beizutreten. Die Revision verweist insoweit lediglich darauf, daß der Vertrag vom 28. Februar 1936, durch den der Kläger sein Vermögen der Beklagten überlassen und mit der im Tatbestand erwähnten, im Scheidungsverfahren auch geltend gemachten und im Scheidungsurteil berücksichtigten Einschränkung auf die Erhebung von Einwendungen gegen die Scheidungsklage verzichtet hat, ihrer Ansicht nach sittenwidrig gewesen sei. Selbst wenn das zuträfe, so würde sich daraus noch nicht ergeben, daß auch das Urteil gegen die guten Sitten oder gegen den Zweck eines deutschen Gesetzes verstieße, wenn, wie dies geboten ist (RG. in WarnRspr. 1928 Nr. 109 mit weiteren Nachweisungen), von dem im Urteil festgestellten Sachverhalt — häufige tätliche Angriffe, Bedrohung mit einer Feuerwaffe, Beleidigung,

Übermaß im Trunk, geschlechtliche Verfolgung der Hausangestellten — ausgegangen wird.

Das Berufungsgericht verneint schließlich auch das Vorliegen des Versagungsgrundes des § 328 Abs. 1 Nr. 5 ZPO., indem es die Gegenseitigkeit für die Anerkennung von Scheidungsurteilen im Verhältnis zu Spanien als verbürgt ansieht. Die Revision bittet um Nachprüfung dieser Frage. Zu diesem Zwecke muß auf die Entwicklung des spanischen Ehescheidungsrechts eingegangen werden, wobei das Revisionsgericht nicht an die vom Berufungsgericht über den Inhalt dieses Rechts getroffenen Feststellungen gebunden ist (RGZ. Bd. 115 S. 105).

Nach dem bis zum Inkrafttreten des spanischen Ehescheidungsgesetzes vom 2. März 1932 in Geltung gewesenen, für Spanier auch im Auslande verbindlichen Recht des Codigo civil (Art. 9, 11 Abs. 3, Art. 52, 83 Nr. 5, Art. 104) konnte die Ehe spanischer Ehegatten dem Bande nach nicht geschieden werden. Schon aus diesem Grunde konnten ausländische Scheidungsurteile gegenüber spanischen Staatsangehörigen in Spanien nicht anerkannt werden. Diese Rechtslage war durch das Ehescheidungsgesetz vom 2. März 1932, das in Art. 1 die von bürgerlichen Gerichten durch ein rechtskräftiges Urteil ausgesprochene Ehescheidung als Auflösungsgrund anerkennt, geändert worden. Im Ehescheidungsgesetz, insbesondere in Art. 46, fand sich auch keine Bestimmung, welche die Zuständigkeit ausländischer Gerichte für die Scheidung spanischer Staatsangehöriger ausgeschlossen hätte. Solange das Gesetz vom 2. März 1932 in Geltung war, stand daher nichts entgegen, von dem in Art. 952 der spanischen Zivilprozeßordnung ausgesprochenen allgemeinen Rechtsgrundsatz auszugehen, daß Urteile der Gerichte der Länder, in denen sie verkündet sind, in Spanien dieselbe Rechtswirkung haben, die in den betreffenden Ländern den Urteilen spanischer Gerichte zuerkannt wird, falls mit diesen Ländern — wie dies im Verhältnis zwischen Spanien und Deutschland der Fall ist — keine besonderen Staatsverträge bestehen. Demgemäß wurde im spanischen Schrifttum die Auffassung vertreten, daß die Scheidung spanischer Staatsangehöriger, die durch rechtskräftiges Urteil eines nach den Regeln des zwischenstaatlichen Rechts zuständigen ausländischen Gerichts gemäß dem Gesetz vom 2. März 1932 ausgesprochen worden ist, die Ehe auflöst (Manuel de Lasala Llanas Sistema español de derecho civil internacional e interregional

S. 135). Auch das Spanische Oberste Gericht hat in seinem Urteil vom 29. Januar 1935 (Journal du droit international 1936 S. 446) dem Scheidungsurteil eines ausländischen Gerichts unter den Voraussetzungen des Art. 954 der spanischen Zivilprozeßordnung selbst bei fehlender Verbürgung der Gegenseitigkeit Rechtswirksamkeit in Spanien zuerkannt. Daher besteht kein Bedenken, für die Dauer der Geltung des spanischen Ehescheidungsgesetzes vom 2. März 1932 in Übereinstimmung mit Jonas-Pohle ZPO. Bem. VIII D Nr. 5 zu § 328, Bergmann Internationales Ehe- und Kindschaftsrecht, 2. Aufl., 1. Band S. 713 und dem Landgericht Berlin (JW. 1938 S. 3059 Nr. 43) für die Anerkennung von Scheidungsurteilen im Verhältnis zwischen Deutschland und Spanien die Gegenseitigkeit als verbürgt anzusehen.

Das Ehescheidungsgesetz vom 2. März 1932 ist jetzt nicht mehr in Geltung. Zunächst ist es durch Verfügung der Nationalen Regierung vom 2. März 1938 bis zum Erlaß neuer Vorschriften vorläufig außer Anwendung gesetzt worden. Durch Gesetz vom 23. September 1939 ist es dann auch förmlich aufgehoben und das Ehescheidungsrecht des Codigo civil wieder eingeführt worden, das, wie oben bereits gesagt, eine Scheidung dem Bande nach nicht zuläßt. Dies hat zur Folge, daß nunmehr die Gegenseitigkeit für die Anerkennung von Scheidungsurteilen im Verhältnis zwischen Deutschland und Spanien nicht mehr als verbürgt angesehen werden kann.

Bei dieser Sachlage wird die Frage von Bedeutung, ob für die Verbürgung der Gegenseitigkeit nach § 328 Abs. 1 Nr. 5 ZPO. der Zeitpunkt des Eintritts der Rechtskraft des ausländischen Urteils maßgebend ist, oder ob es darauf ankommt, daß die Gegenseitigkeit im Zeitpunkte des Erlasses der deutschen Entscheidung verbürgt ist. Das Reichsgericht hat bisher, soweit ersichtlich, für Ehesachen keine Gelegenheit gehabt, zu dieser Frage für den hier vorliegenden Fall Stellung zu nehmen, daß die Gegenseitigkeit zwar zur Zeit des Eintritts der Rechtskraft des ausländischen Urteils verbürgt war, aber zur Zeit des Erlasses der deutschen Entscheidung nicht mehr verbürgt ist. Die Entscheidungen WarnRspr. 1927 Nr. 190 und 1928 Nr. 109 betrafen den umgekehrten Fall, nämlich den, daß die Gegenseitigkeit zur Zeit des Eintritts der Rechtskraft des ausländischen Urteils noch nicht verbürgt war, aber zur Zeit des Erlasses der deutschen Entscheidung verbürgt ist. In der Entscheidung RGZ. Bd. 121 S. 24 ist ersichtlich die Gegenseitigkeit für jeden der beiden in Betracht kommenden Zeitpunkte als verbürgt angesehen worden, so daß die hier zu entscheidende Frage keine Rolle spielte. In den Entscheidungen RGZ. Bd. 41 S. 424, Bd. 70 S. 434 und WarnRspr. 1921 Nr. 34 handelte es sich nicht um Ehesachen, sondern um Klagen auf Erlaß des Vollstreckungsurteils. In der zuerst angeführten Entscheidung ist angenommen worden, daß ein deutsches Vollstreckungsurteil nicht erlassen werden darf, wenn die gesetzliche Voraussetzung der verbürgten Gegenseitigkeit zur Zeit des Erlasses des Vollstreckungsurteils nicht mehr vorhanden ist. Ob dem beizutreten wäre, braucht nicht erörtert zu werden. Dahingestellt kann es auch bleiben, ob für Ehesachen an der Ansicht festgehalten werden kann, daß es genüge, wenn die Gegenseitigkeit zur Zeit des Erlasses der deutschen Entscheidung verbürgt ist. Jedenfalls muß es, wie die nachstehenden Erwägungen ergeben, bei einem Gestaltungsurteil wie dem Scheidungsurteil für die Anerkennung genügen, daß die Gegenseitigkeit zur Zeit des Eintritts seiner Rechtskraft verbürgt war.

Die Vorschriften des § 328 ZPO. lassen die grundsätzliche Auffassung des Gesetzgebers erkennen, daß ausländische Urteile, falls keiner der im Gesetz aufgezählten Versagungsgründe vorliegt, auch in Deutschland ihre Wirkung äußern, ohne daß es eines besonderen Ausspruchs der Anerkennung bedarf. Nur die Zwangsvollstreckung aus einem ausländischen Urteil setzt voraus, daß ihre Zulässigkeit durch ein Vollstreckungsurteil ausgesprochen worden ist (§ 722 ZPO.). Dies gilt aber nur für die Zwangsvollstreckung im engeren Sinne (RGZ. Bd. 88 S. 249, Bd. 109 S. 383 [387]). Hingegen tritt die Rechtskraftwirkung eines ausländischen Urteils auch in Deutschland von selbst ein. Ein Gestaltungsurteil führt daher mit Eintritt seiner Rechtskraft und beim Fehlen eines Versagungsgrundes auch mit Wirkung für Deutschland ohne weiteres die von ihm ausgesprochene Rechtsänderung herbei. Ihr Eintritt kann durch eine bloße Änderung der für die Frage der Verbürgung der Gegenseitigkeit maßgebenden inländischen oder ausländischen Gesetzgebung nicht nachträglich wieder entfallen, es sei denn, daß der inländische Gesetzgeber dieser Gesetzesänderung rückwirkende Kraft beilegen sollte. Hier steht nur eine Änderung der ausländischen Gesetzgebung in Frage, die sich, soweit feststellbar, keine rückwirkende Kraft in der Weise beilegt, daß bereits ausgesprochene Ehescheidungen in allen Fällen von selbst unwirksam würden. Deshalb kann dahinstehen, ob eine ausländische Gesetzgebung die für das deutsche Recht bereits eingetretenen Wirkungen eines Gestaltungsurteils überhaupt wieder zu beseitigen in der Lage wäre.

Auf dem hier vertretenen Standpunkte stehen auch Staudinger-Raape EG. z. BGB. Bem. G VI 2a zu Art. 17; Beitzke im RGRKomm. z. BGB., 9. Aufl., Bem. 10 J b zu § 46 EheG.; Bergmann Internationales Ehe- und Kindschaftsrecht, 1. Aufl., 1. Bd. S. 41; Maßfeller Zeitschr. für Standesamtswesen 1936 S. 140 sowie das Kammergericht in JW. 1936 S. 3074 Nr. 49.

Nach alledem ist es ohne Bedeutung, daß die Gegenseitigkeit für die Anerkennung von Scheidungsurteilen zwischen Deutschland und Spanien jetzt nicht mehr verbürgt ist. Entscheidend ist vielmehr, daß sie verbürgt war, als das Urteil des Provinzialgerichtshofs in San Sebastian vom 10. Juni 1936 rechtskräftig wurde. Das Berufungsgericht hat daher jedenfalls im Ergebnis zutreffend angenommen, daß kein Grund vorliege, dem Urteil die Anerkennung nach § 328 Abs. 1 Nr. 5 ZPO. zu versagen.

---

53. Hat das Reichsgericht das zuständige Gericht zu bestimmen, wenn Gerichte des Altreichs und der Ostmark über ihre Zuständigkeit in einer Angelegenheit der freiwilligen Gerichtsbarkeit streiten?

FGG. § 5. Verordnung über die Zuständigkeit der Oberlandesgerichte in Angelegenheiten der freiwilligen Gerichtsbarkeit und der Kostenordnung vom 23. März 1936 (RGBl. I S. 251) in der Fassung der Verordnung vom 11. Juli 1938 (RGBl. I S. 903) — ZustVO. — § 4. Öst. Gesetz über die Ausübung der Gerichtsbarkeit und über die Zuständigkeit der ordentlichen Gerichte in bürgerlichen Rechtssachen (Jurisdiktionsnorm) vom 1. August 1895 (öst. RGBl. Nr. 111 S. 333) — JN. — § 47.

IV. Zivilsenat. Beschl. v. 14. Mai 1941 in einer Sorgerechtssache.
IV GB 39/41.

Die Frage wurde bejaht aus den folgenden, zugleich den Sachverhalt ergebenden

Gründen:

Die Eheleute Z. sind durch Urteil des Landgerichts Kassel vom 24. Oktober 1940 aus Verschulden der Ehefrau geschieden worden. Die der Ehe entstammenden 4 minderjährigen Kinder befinden sich noch bei der Mutter in Kassel, während der Vater nach Mißlitz/Niederdonau verzogen ist. Den Antrag der Ehefrau Z., ihr die Sorge für die Person der Kinder zu übertragen (§ 81 EheG.), hat das zunächst angerufene Amtsgericht Kassel, weil es sich nicht für zuständig hält, an das Amtsgericht des jetzigen Wohnorts des Ehemannes in Mähr.-Krumau abgegeben; dieses hat jedoch die Übernahme abgelehnt. Da es für den vorliegenden Fall, daß ein Gericht des Altreichsgebiets und ein Gericht der Ostmark über die Zuständigkeit in einer Angelegenheit der freiwilligen Gerichtsbarkeit streiten, an einer für die beiden beteiligten Rechtsgebiete geltenden gesetzlichen Regelung fehlt — § 5 FGG. und § 4 ZustVO. sind in der Ostmark nicht eingeführt, während § 47 JN. nicht im Altreiche gilt —, ist das Reichsgericht als das einzige den streitenden Gerichten übergeordnete Gericht zur Entscheidung berufen.

Sowohl nach dem im Altreiche geltenden Recht (§ 43 Abs. 1, § 36 FGG. in Verb. mit § 11 BGB.) als auch nach dem Rechte der Ostmark (§§ 109, 66, 71 JN.) ist für die Regelung des Verhältnisses zwischen den Kindern aus geschiedenen Ehen und ihren Eltern — wofür auch sachlichrechtlich in beiden Rechtsgebieten im wesentlichen entsprechende Grundsätze maßgebend sind (§ 81 EheG., § 142 ABGB.) — dasjenige Amtsgericht als Vormundschaftsgericht zuständig, in dessen Bezirk der Vater und damit zugleich die Kinder ihren Wohnsitz haben. Das ist hier das Amtsgericht Mähr.-Krumau, dessen Bedenken gegen seine Zuständigkeit somit nicht begründet sind.

---

54. Zur Anwendung des § 74 EheG. auf vertraglich geregelte Unterhaltsansprüche geschiedener Ehegatten.

EheG. §§ 74, 96.

IV. Zivilsenat. Urt. v. 14. Mai 1941 i. S. Frau S. (Kl.) w. S. (Bekl.). IV 40/41.

I. Amtsgericht Detmold.
II. Oberlandesgericht Celle.

Die Parteien waren seit 1924 miteinander verheiratet; ihre Ehe, der eine im Jahre 1926 geborene Tochter entstammt, wurde auf die Klage der Klägerin durch rechtskräftig gewordenes Urteil vom 19. Oktober 1934 aus Alleinschuld des Beklagten geschieden. Vorher, am 13. September 1934, hatte sich der Beklagte im Einvernehmen mit der Klägerin in notarischer Urkunde u. a. verpflichtet, an die Klägerin vom Tage der Rechtskraft des Scheidungsurteils ab für sie und das Kind eine monatliche Unterhaltsrente von 300 RM. zu zahlen, und sich deswegen der sofortigen Zwangsvollstreckung unterworfen. Durch einen Vergleich vom Dezember 1935 wurde dieses Abkommen dahin ergänzt, daß von der Unterhaltsrente 220 RM. auf die Klägerin, 80 RM. auf das Kind entfallen sollten. Bereits wegen der Unterhaltsrente für Januar 1939 kam es zwischen den Parteien zu einem Rechtsstreit, in dem der Beklagte den Standpunkt vertrat, daß er die Rente nur noch in Höhe von 150 RM. zu zahlen brauche, weil die Klägerin durch beleidigende Briefe an ihn und liederlichen Lebenswandel den Unterhaltsanspruch verwirkt habe. Durch Urteil vom 17. Oktober 1939 wurde der Beklagte damals zur Zahlung der vollen Rente verurteilt und seine Widerklage auf Feststellung, daß die Klägerin seit dem 1. Februar 1939 keine höhere Rente als 150 RM. monatlich fordern könne, abgewiesen. Anfang 1940 stellte er die Unterhaltszahlung ganz ein. Mit ihrer darauf beim Amtsgericht erhobenen Klage hat die Klägerin Verurteilung des Beklagten verlangt, 1. darin einzuwilligen, daß ihr eine vollstreckbare Ausfertigung der Verpflichtungserklärung erteilt werde, 2. — hilfsweise — an sie für sich und das Kind 300 RM. monatlich Unterhalt zu zahlen. Nachdem sich die Klage durch nachträgliche Erteilung der vollstreckbaren Ausfertigung an die Klägerin in der Hauptsache erledigt hatte, hat der Beklagte widerklagend beantragt, die Zwangsvollstreckung aus der vollstreckbaren Unterhaltsverpflichtung für unzulässig zu erklären, weil der Unterhaltsanspruch infolge unsittlichen Lebenswandels der Klägerin gemäß § 74 EheG. weggefallen sei. Das Amtsgericht hat der Widerklage stattgegeben. Die Berufung der Klägerin hat das Oberlandesgericht zurückgewiesen. Ihre Revision blieb erfolglos.

Gründe:

Das Berufungsgericht geht bedenkenfrei von der Gültigkeit der von den Parteien in den Jahren 1934 und 1935 getroffenen Unterhaltsregelung aus, die es im Einklange mit der Rechtsprechung des erkennenden Senats (RGZ. Bd. 159 S. 157 [160]) nach § 80 EheG. beurteilt. Es ist aber der Ansicht, die Klägerin habe ihren Unterhaltsanspruch nach § 74 EheG. verwirkt, weil sie gegen den Willen des Beklagten einen unsittlichen Lebenswandel geführt habe. Die Anwendbarkeit des § 74 auch auf vertraglich geregelte Unterhaltsverpflichtungen folgert es daraus, daß diese Vorschrift ganz allgemein von der „Verwirkung des Unterhaltsanspruchs" spreche, worunter alle Unterhaltsansprüche — gesetzliche und vertragliche — zu verstehen seien. Es meint, aus § 96 EheG. könne das Gegenteil nicht hergeleitet werden, weil er nur die gesetzliche Unterhaltspflicht der vor Inkrafttreten des Gesetzes geschiedenen Ehegatten regele und sich auf vertragliche Unterhaltsverpflichtungen nicht beziehe. Zum mindesten sei § 74 einer entsprechenden Anwendung auf die Ansprüche aus Unterhaltsverträgen gemäß § 80 EheG. fähig.

Diese Erwägungen unterliegen zwar in Einzelheiten rechtlichen Bedenken, gelangen aber doch zu einem sachlich richtigen Ergebnis. Wenn es sich hier, wie das Berufungsgericht anzunehmen scheint, um einen rein vertraglichen Unterhaltsanspruch handelte, könnte § 74 EheG. auf ihn aus einem doppelten Grunde keine unmittelbare Anwendung finden. Einmal trifft es nicht zu, daß diese Vorschrift wegen ihrer allgemeinen Fassung in gleicher Weise für gesetzliche wie für vertragliche Unterhaltsansprüche gilt. §§ 66flg. EheG. regeln — ebenso wie früher §§ 1578flg. BGB. — nur die gesetzliche Unterhaltspflicht unter geschiedenen Eheleuten, während die Gestaltung vertraglicher Unterhaltsverpflichtungen grundsätzlich der Vereinbarung der Beteiligten überlassen ist. Bei den durch Vertrag begründeten Unterhaltsansprüchen käme deshalb nur eine entsprechende Anwendung des § 74 in Frage (vgl. Volkmar Großdeutsches Eherecht Bem. 4 Abs. 2 zu § 74 EheG.). Ferner ist § 74 erst am 1. August 1938 in Kraft getreten (§ 129 EheG.). Seine Anwendung auf vorher entstandene Rechtsverhältnisse erscheint nicht ohne weiteres statthaft. Die dafür erlassene Übergangsvorschrift des § 96 EheG. ordnet die Geltung des Gesetzes ausdrücklich nur für die gesetzliche Unterhaltspflicht geschiedener Ehegatten an, sofern nicht beide für schuldig erklärt worden sind. Daraus kann unmöglich der Schluß gezogen werden, daß die neuen Bestimmungen des Ehegesetzes auf die vor seinem Inkrafttreten vertraglich begründeten Unterhaltsverpflichtungen unbeschränkt anwendbar seien.

Inwieweit bei rein vertraglichen Unterhaltsansprüchen eine entsprechende Anwendung des § 74 EheG. geboten ist, braucht hier nicht erörtert zu werden; denn in Wahrheit handelt es sich bei der Rentenforderung der Klägerin nach Lage der Verhältnisse um keinen solchen Anspruch. Der Beklagte hat sich zur Entrichtung der streitigen Unterhaltsrente zwar vor der Scheidung verpflichtet, aber nach dem Inhalte der Urkunde doch in der sicheren Erwartung, daß die allein von der Klägerin erhobene, auf § 1568 BGB. gestützte Klage Erfolg haben und die Ehe aus seinem Verschulden geschieden werden würde, und zu dem Zwecke, den im Anschluß an die Scheidung mit Sicherheit zu erwartenden Unterhaltsstreit und die damit verbundenen Kosten sowie die Darlegung seiner geldlichen Verhältnisse vor Gericht zu vermeiden. Die Verpflichtung diente also lediglich der Erfüllung der dem Beklagten obliegenden gesetzlichen Unterhaltspflicht gemäß dem damals geltenden § 1578 BGB. Daß die übernommenen Leistungen, insbesondere die Monatsrente von 300 RM., ihrer Höhe nach über den gesetzlichen Unterhaltsanspruch hinausgingen, ist von keiner Seite geltend gemacht worden; dafür bietet die Sachlage auch keinen Anhalt. Der im Gesetze begründete Unterhaltsanspruch eines geschiedenen Ehegatten verliert nicht schon dadurch das Wesen eines gesetzlichen, daß er an Stelle einer gerichtlichen Festsetzung durch Vereinbarung zwischen den Beteiligten in den Grenzen der gesetzlichen Pflicht näher geregelt wird (vgl. RGZ. Bd. 145 S. 302 [305], Bd. 164 S. 65 [68]; Volkmar a. a. O. Bem. 6 zu § 80 EheG.). Die Parteien können freilich im einzelnen Falle die Absicht verfolgt haben, durch die Vereinbarung den Unterhaltsanspruch völlig auf eine vertragliche Grundlage zu stellen und ihn des Wesens als eines gesetzlichen zu entkleiden. Ein solcher Wille wird aber nur beim Vorliegen besonderer dafür sprechender Anhaltspunkte angenommen werden können. Fehlt es daran, wie ersichtlich im gegebenen Falle, so unterliegt die Unterhaltsverpflichtung den gesetzlichen Bestimmungen, soweit sich nicht aus dem Inhalte der Vereinbarung etwas anderes ergibt. Danach richtet sich insbesondere die Geltung des § 74 EheG. über die Verwirkung des Unterhaltsanspruchs. In einem derartigen Fall, in dem es sich nur um die gesetzliche, wenn auch durch Vertrag näher ausgestaltete Unterhaltspflicht handelt, steht der Anwendung des § 74 gemäß § 96 EheG. auch nicht entgegen, daß Scheidung und Unterhaltsabkommen in die Zeit vor dem Inkrafttreten des Ehegesetzes fallen (vgl. auch RGZ. Bd. 165 S. 26 [29]). Da hier weder aus dem Inhalte des Unterhaltsvertrages noch aus dem sonstigen feststehenden Sachverhalt etwas dafür zu entnehmen ist, daß eine Verwirkung des Unterhaltsanspruchs gemäß § 74 EheG. ausgeschlossen sein sollte, ist die Anwendung dieser Vorschrift durch den Berufungsrichter im Ergebnis nicht zu beanstanden.

Den Beweis, daß die Klägerin gegen den Willen des Beklagten einen unsittlichen Lebenswandel geführt habe, und zwar auch noch nach dem im Vorprozeß erlassenen Urteil vom 17. Oktober 1939, erachtet das Berufungsgericht für erbracht. Es hat dazu für die Zeit, in der die Klägerin mit ihrer Tochter in dem kleinen Orte P. bei den Zeugen S. zur Miete wohnte — April 1938 bis Ende 1939 —, folgendes ausgeführt: Gegenüber dem hartnäckigen Bestreiten der Klägerin, mit den vom Beklagten benannten Zeugen geschlechtlich verkehrt zu haben, hätten die Zeugen F. und H. einen solchen Verkehr glaubwürdig bekundet. Während F. nicht mehr angeben könne, ob sein Verkehr mit der Klägerin — im Anschluß an ein Volksfest — im Jahre 1938 oder 1939 stattgefunden habe, sei der erste Geschlechtsverkehr zwischen der Klägerin und dem Zeugen H. einwandfrei auf die Nacht vom 20. zum 21. Oktober 1939 zu bestimmen; er habe in der Folgezeit noch mehrmals stattgefunden. Der Klägerin könne nicht geglaubt werden, daß sie sich mit H. nur wegen bestehender Heiratsaussichten eingelassen habe. Von solchen habe der Zeuge nichts bekundet; die Erörterung von Heiratsplänen zwischen der 43jährigen Klägerin und dem 29jährigen Zeugen sei auch den ganzen Umständen nach höchst unwahrscheinlich. Daß die Klägerin sich gleich am ersten Abend des Kennenlernens mit dem Zeugen in ihrer Wohnung geschlechtlich eingelassen habe, zeige vielmehr in unverkennbarer Weise ihre sittliche Haltlosigkeit. Im übrigen habe die Klägerin, und zwar auch nach dem Urteil vom 17. Oktober 1939, häufig Männerbesuch in ihrer Wohnung gehabt, der nicht als harmlos angesehen werden könne. Die Mitbewohner des Hauses hätten ihn vielmehr, wie weitere Zeugenaussagen ergeben hätten, als schamlos empfunden und der Klägerin deswegen Vorhaltungen gemacht. Auch durch den Vorprozeß sei diese bereits darauf hingewiesen worden, wohin die Fortsetzung ihres Lebenswandels führen könne. Nach den zutreffenden Feststellungen in dem amtsgerichtlichen Urteil habe sie ferner der Zeugin S. gegenüber zugegeben, daß die von ihr vielfach empfangenen Männer mit ihr geschlechtlich verkehrt hätten, und die Tochter auf den Vorhalt der Zeugin, daß die Männerbesuche doch auch einmal Folgen haben könnten, geäußert, ihre Mutter schmeiße dann das Kind an die Wand, daß der Kopf platze. Nach alledem habe die Klägerin einen unsittlichen Lebenswandel geführt und auch durch Äußerungen gegenüber ihrer erst 14jährigen Tochter und anderen Personen einen sittlichen Tiefstand offenbart, der die Verwirkung ihres Unterhaltsanspruchs begründet erscheinen lasse.

Die Angriffe der Revision gegen diese Beurteilung sind nicht berechtigt. Das Berufungsgericht hat zunächst keineswegs übersehen, daß zum Begriffe des unsittlichen Lebenswandels ein Verhalten von einer gewissen Dauer gehört. Die Ansicht der Revision aber, daß dazu die Zeit vom Erlaß des Urteils im Vorprozesse (17. Oktober 1939) bis zum Auszuge der Klägerin aus der S.schen Wohnung Ende Dezember 1939, also ein Zeitraum von annähernd $2^1/_2$ Monaten, nicht ausreichen könne, ist unhaltbar. Im übrigen erscheint es keineswegs unzulässig, bei der Feststellung, ob für die Zeit nach dem 17. Oktober 1939 ein unsittlicher Lebenswandel der Klägerin als erwiesen anzusehen ist, auch auf frühere Vorgänge zurückzugehen. Im Vorprozeß ist zwar die Widerklage des Beklagten auf Feststellung, daß die Klägerin eine höhere Rente als 150 RM. monatlich verwirkt habe, rechtskräftig abgewiesen und demgemäß das Bestehen eines Unterhaltsanspruchs der Klägerin insoweit rechtskräftig festgestellt worden. Die Rechtskraft dieses Urteils hat aber nur zur Folge, daß die jetzt erneut vom Beklagten geltend gemachte Verwirkung des Unterhaltsanspruchs nicht auf einen Sachverhalt gestützt werden kann, der bereits der Beurteilung im Vorprozeß unterlag; sie schließt es dagegen keineswegs aus, daß bei der Prüfung, ob ein nach dem 17. Oktober 1939 liegendes Verhalten der Klägerin einen unsittlichen Lebenswandel i. S. des § 74 EheG. darstellt, auch die Vorgänge in der zurückliegenden Zeit herangezogen werden, das Verhalten der Klägerin also als Ganzes gewürdigt wird. Unter diesem Gesichtswinkel, also zur richtigen

Bewertung des später liegenden Verhaltens, können, obwohl die Anwendung des § 74 EheG. auf einen in die Zeit vor seinem Inkrafttreten fallenden Tatbestand grundsätzlich ausgeschlossen ist, selbst Tatsachen aus der Zeit vor dem 1. August 1938 berücksichtigt werden.

Für die Zeit nach dem 17. Oktober 1939 hat das Berufungsgericht festgestellt, daß die Klägerin mit dem Zeugen H. gleich am Tage des Kennenlernens geschlechtlichen Verkehr begonnen und später mehrmals wiederholt, sowie daß sie auch sonst in ihrer Wohnung vielfach Herrenbesuche empfangen hat, die von den Hausgenossen als schamlos empfunden wurden. Wenn es, um dieses Verhalten richtig zu kennzeichnen, auch den möglicherweise in die frühere Zeit fallenden Geschlechtsverkehr der Klägerin mit F. und ihre der Zeit nach nicht näher bestimmten leichtfertigen Äußerungen herangezogen hat, so ist das ebensowenig zu beanstanden wie die Ansicht, daß darin ein unsittlicher Lebenswandel i. S. des § 74 zu erblicken sei. Dieses Verhalten der Klägerin, das dem im Vorprozesse klar zum Ausdruck gekommenen Willen des Beklagten zuwiderlief und in ihrer Umgebung Anstoß erregte, berührt den Beklagten so stark und bedeutet für ihn eine solche Belastung, daß ihm die Weitererfüllung der übernommenen Unterhaltsverpflichtung nicht mehr angesonnen werden kann. Der Fall liegt insofern wesentlich anders als der in RGZ. Bd. 165 S. 26 entschiedene, wo die unterhaltene Frau in unauffälliger, nach außen nicht hervortretender Gemeinschaft mit einem Manne zusammenlebte.

Nach allem hat das Berufungsgericht ohne Rechtsirrtum angenommen, daß die Klägerin den Unterhaltsanspruch für die Zeit vom 1. Januar 1940 ab verwirkt hat. Das gilt auch hinsichtlich des für die Tochter bestimmten Teiles der Rente, wobei es dahingestellt bleiben mag, inwieweit die Tochter nunmehr gemäß §§ 1601 flg. BGB. Unterhalt vom Beklagten beanspruchen kann.

55. 1. Zum Begriff des „Betriebsunternehmers" im Sinne des § 45 des tschechoslowakischen Kraftfahrzeuggesetzes vom 26. März 1935.

2. Zur Frage der außervertraglichen Haftung des Geschäftsherrn für Personen, deren er sich zur Besorgung seiner Angelegenheiten bedient.

3. Nach welchen gesetzlichen Bestimmungen sind die Rechtsanwaltsgebühren zu berechnen, wenn in Rechtssachen aus den sudetendeutschen Gebieten oder aus dem Land Österreich in der Verhandlung vor dem Reichsgericht eine Vertretung durch beim Reichsgericht zugelassene Rechtsanwälte stattfindet?

ABGB. §§ 1313a, 1315. Tschechoslowakisches Kraftfahrzeuggesetz vom 26. März 1935 (SdGuV. Nr. 81) § 45. Tschechoslowakischer Advokatentarif vom 3. Mai 1923 (SdGuV. Nr. 95). Zweite Verordnung über die Ausübung der Rechtspflege in den sudetendeutschen Gebieten vom 2. Dezember 1938 (RGBl. I S. 1758) § 8 Abs. 2. Verordnung zur weiteren Überleitung der Rechtspflege im Lande Österreich und in den sudetendeutschen Gebieten vom 28. Februar 1939 (RGBl. I S. 358) § 24.

VIII. Zivilsenat. Urt. v. 30. April 1941 i. S. Frau P. (Kl.) w. H. u. a. (Bekl.). VIII 28/41.

I. Landgericht Mähr.-Schönberg.
II. Oberlandesgericht Leitmeritz.

Die Klägerin fuhr am 29. März 1938 gegen 1/28 Uhr früh auf dem Fahrrad auf ihrer linken Straßenseite durch die Ortschaft L. Ihr entgegen kam der von dem Erstbeklagten gelenkte Lastkraftwagen Skoda-Diesel C 36695. In diesem Augenblicke liefen vor dem Lastwagen Gänse über die Fahrbahn, was den Erstbeklagten veranlaßte, zweimal scharf abzubremsen. Durch das Abbremsen stellte sich das Lastfuhrwerk quer über die Straße, wobei die Klägerin von seinem Vorderteil erfaßt und mit dem Fahrrad an den an die Straße anschließenden Holzzaun gedrückt wurde.

Der Lastkraftwagen war mit Kaufbrief vom 11. März 1938 von der Zweitbeklagten an den Drittbeklagten verkauft worden. Nachdem der Drittbeklagte die vereinbarte Anzahlung geleistet und für den Rest des Kaufpreises Garantiebriefe der L.schen Kohlen- und Tonwerke beigebracht hatte, war ihm der Wagen am Nachmittage des 28. März 1938 von der Zweitbeklagten laut schriftlichem Übernahmeprotokoll übergeben worden. Der Kaufbrief vom 11. März 1938 enthielt die Vereinbarung, daß die Zweitbeklagte dem Drittbeklagten, um dessen Fahrer einzulernen, auf die Dauer von einer Woche unentgeltlich einen deutsch sprechenden Monteur zur Verfügung zu stellen hatte. In dieser Eigenschaft war der bei der Zweitbeklagten bedienstete Erstbeklagte nach der Übergabe bei dem Lastwagen geblieben und lenkte bei der Fahrt am 29. März 1938, bei der sich der Unfall der Klägerin ereignete, den Wagen. Die Klägerin, die bei dem Unfall schwere Verletzungen erlitten hat, verlangt Schadensersatz in Höhe von 44507,50 K. und eine monatliche Rente von 600 K. bis zur Wiedererlangung der Arbeitsfähigkeit. Ihre Schadensersatzansprüche richten sich gegen den Erstbeklagten als den Lenker des Kraftwagens, gegen die Zweitbeklagte und gegen den Drittbeklagten als Eigentümer oder Betriebsunternehmer des Wagens.

Das Erstgericht hat nach Beweisaufnahme das Klagebegehren gegen alle drei Beklagten dem Grunde nach als zu Recht bestehend erklärt. Das Berufungsgericht hat die erstgerichtliche Entscheidung abgeändert, indem es nur gegen den Erstbeklagten und den Drittbeklagten den Klageanspruch als dem Grunde nach für berechtigt erklärt, die Klage gegen die Zweitbeklagte aber abgewiesen hat. Die Revision des Erstbeklagten und des Drittbeklagten blieben ohne Erfolg, ebenso die Revision der Klägerin.

Aus den Gründen:

I. (Die Ansicht des Berufungsgerichts, daß der Erstbeklagte durch zu schnelles Fahren und durch zu scharfes Abbremsen den Unfall verschuldet hat und daß ein eigenes Verschulden der Klägerin nicht vorliegt, wird gebilligt. Der Revision des Erstbeklagten wird deshalb keine Folge gegeben. Dann wird fortgefahren:)

II. Es erscheint sodann zweckmäßig, zunächst die Frage der Haftung des Drittbeklagten zu erörtern.

Das Berufungsgericht sieht in Übereinstimmung mit dem Erstgericht den Drittbeklagten als den Betriebsunternehmer des Lastkraftwagens im Sinne des § 45 des tschechoslow. Kraftfahrzeuggesetzes vom 26. März 1935 an. Betriebsunternehmer sei der Drittbeklagte dadurch geworden, daß ihm das Kraftfahrzeug am 28. März 1938 übergeben worden sei. Dabei habe es sich nicht nur um eine „formelle", sondern um eine tatsächliche Übergabe des Lastwagens gehandelt, bei welcher der Wagen vom Drittbeklagten übernommen und nach S. überführt worden sei. Daß der Wagen noch die Evidenznummer der zweitbeklagten Firma getragen und daß auch der Drittbeklagte noch keine Haftpflichtversicherung für ihn abgeschlossen gehabt habe, sondern daß eine solche erst am 31. März 1938 wirksam geworden sei, sei unerheblich. Denn der Lastwagen sei dem Drittbeklagten bereits am 28. März zum Betriebe für eigene Rechnung und Gefahr überlassen worden, wie das auch in dem Kaufbriefe so vorgesehen gewesen sei. Das Kraftfahrzeug sei nach dem Wohnorte des Drittbeklagten gefahren worden, habe sich dort im alleinigen Gewahrsame des Drittbeklagten befunden und sei dessen Verfügungen überlassen gewesen. Das alleinige Verfügungsrecht habe somit nur dem Drittbeklagten und nicht mehr der zweitbeklagten Firma zugestanden, wenn diese sich auch das Eigentum an dem Wagen bis zur vollständigen Bezahlung des Kaufpreises vorbehalten habe. Das Kraftfahrzeug sei also mit Wissen und Willen der zweitbeklagten Firma in die freie Verfügungsgewalt des Drittbeklagten gelangt, der infolgedessen alles, was er in seinem Interesse mit dem Wagen vorgenommen habe, für eigene Rechnung und Gefahr getan habe. Insbesondere gelte dies von der Fahrt, welche am 29. März 1938 vormittags mit Wissen und Willen des Drittbeklagten unternommen und bei welcher es zu dem Unfall und der Verletzung der Klägerin gekommen sei. Diese „Probefahrt" sei zum Einlernen des Fahrers des Drittbeklagten unternommen worden; sie sei ebenfalls unter den Begriff des Betriebes des Drittbeklagten gefallen und somit auf dessen Rechnung und Gefahr gegangen. Die Annahme, diese Fahrt vom 29. März 1938 sei im Auftrage der zweitbeklagten Firma ausgeführt worden, sei schon dadurch widerlegt, daß der Drittbeklagte den Monteur zum Einlernen seines eigenen Fahrers verlangt und sich dies in den Kaufvertragsbedingungen ausdrücklich so ausbedungen habe. Die Heranziehung des Monteurs der zweitbeklagten Firma beruhe also auf dem ausdrücklichen Wunsche des Drittbeklagten, woraus ersichtlich sei, daß auf dieser Fahrt der (erstbeklagte) Monteur der Aufsicht und den Weisungen des Drittbeklagten unterstanden habe, da diesem als dem Käufer des Wagens die wirtschaftlichen Vorteile des Betriebes zugute gekommen seien und er somit auch die Gefahren dieses Betriebes zu tragen gehabt habe. Daher hafte der Drittbeklagte gemäß § 45 des Kraftfahrzeuggesetzes für den der Klägerin entstandenen Schaden.

Der Drittbeklagte verfolgt mit der Revision seinen Antrag auf Abweisung der gegen ihn gerichteten Klage weiter, indem er unrichtige rechtliche Beurteilung der Sache geltend macht. Er will die Auffassung des Berufungsgerichts, daß seit der Übergabe des Lastwagens am 28. März 1938 alles für seine Rechnung und Gefahr gegangen sei, nur insoweit gelten lassen, als es sich dabei um Maßnahmen des „ordentlichen" Betriebes gehandelt habe. Die Fahrt am 29. März 1938 sei aber nur eine „Probefahrt" zum Anlernen seines Fahrers gewesen. Diese Probefahrt falle noch nicht unter den Begriff seines Betriebes. Er sei bei der Probefahrt am 29. März noch nicht Betriebsunternehmer des Kraftfahrzeuges gewesen; denn er habe weder den Fahrer noch den Betriebsstoff für diese Fahrt gestellt. Die Probefahrt sei vielmehr ausschließlich für Rechnung der zweitbeklagten Firma gegangen. Diese sei durch den Kaufvertrag zur Beistellung eines Monteurs zwecks Anlernung des Fahrers des Drittbeklagten verpflichtet gewesen; die Anlernung habe nur in Form von Probefahrten ausgeführt werden können, die für den Drittbeklagten keinen wirtschaftlichen Zweck gehabt und keinen Nutzen abgeworfen hätten. Mit den Probefahrten habe die Zweitbeklagte ihre vertraglichen Verpflichtungen erfüllt, sie seien deshalb auf deren Rechnung gegangen. Der Drittbeklagte habe zu der Fahrt am Vormittage des 29. März keinerlei Auftrag gegeben; das Fahrzeug habe noch die Nummer der zweitbeklagten Firma getragen. Der Drittbeklagte habe damals auch noch keine Haftpflichtversicherung abgeschlossen gehabt. Der Nutzen dieser Probefahrten für die zweitbeklagte Firma habe in dem Kaufvertrag und in dem dadurch von ihr erzielten Gewinne gelegen; deshalb habe die zweitbeklagte Firma auch für die Gefahren zu haften, die mit den Probefahrten verbunden gewesen seien. Sie sei also als Betriebsunternehmerin dieser Probefahrten anzusehen und habe daher für die der Klägerin am 29. März entstandenen Unfallfolgen gemäß § 45 des Kraftfahrzeuggesetzes zu haften.

Diesem Revisionsangriff des Drittbeklagten muß der Erfolg versagt bleiben. Betriebsunternehmer i. S. des § 45 des tschechoslow. Kraftfahrzeuggesetzes vom 26. März 1935 ist derjenige, der das Kraftfahrzeug für eigene Rechnung in Gebrauch hat und diejenige Verfügungsgewalt darüber besitzt, die ein solcher Gebrauch voraussetzt. Die Verfügungsgewalt über das Lastkraftfahrzeug ist am 28. März 1938 auf den Drittbeklagten dadurch übergegangen, daß es von der Zweitbeklagten, der Verkäuferin, nach S., dem Wohn- und Betriebsorte des Drittbeklagten, gebracht und dort dem Drittbeklagten — nachdem er die vereinbarte Anzahlung von 49462 K. geleistet und für den Restbetrag von 70754,90 K. Garantiebriefe der L.schen Kohlen- und Tonwerke beigebracht hatte — förmlich und ordnungsmäßig übergeben worden ist, worüber ein von beiden Vertragsparteien unterzeichnetes Übernahmeprotokoll aufgenommen wurde. Damit hatte der Drittbeklagte die volle tatsächliche Gewalt über den Wagen erworben. Der Wagen stand, wie das Berufungsgericht zutreffend ausführt, von diesem Augenblick an im alleinigen Gewahrsam des Drittbeklagten. Er allein hatte von nun an über den Wagen zu verfügen. Insbesondere hatte er nunmehr allein darüber zu befinden, wann und wohin mit dem Wagen gefahren werden solle; er hatte zu entscheiden, ob sogleich Beförderungen mit dem Wagen ausgeführt oder ob zunächst mit dem unbeladenen Wagen Fahrten gemacht werden sollten, um seinem Fahrer Gelegenheit zu geben, den Wagen kennenzulernen. Daß dem Drittbeklagten für das Einlernen seines Fahrers ein Monteur zur Verfügung stand, den ihm die zweitbeklagte Firma in der Person des Erstbeklagten vertragsmäßig eine Woche lang überlassen hatte, steht der Eigenschaft des Drittbeklagten als Betriebsunternehmer nicht entgegen. Solche Dienstüberlassungsverträge sind im Rechtsleben nichts Seltenes; sie lassen das Dienstverhältnis zwischen dem Dienstberechtigten und dem Dienstverpflichteten unberührt, haben aber keineswegs die Wirkung, daß der Betrieb desjenigen, dem der Dienstberechtigte seinen Angestellten zur Dienstleistung überläßt, sich dadurch in einen Betrieb des Dienstberechtigten verwandelt. Für die auf der tatsächlichen Verfügungsgewalt über den Wagen beruhende Eigenschaft des Drittbeklagten als Betriebsunternehmer ist also gleichgültig, daß die Fahrt, die am Vormittage des 29. März 1938 mit dem Lastwagen ausgeführt worden ist, eine „Probefahrt" war, bei der der Erstbeklagte den Wagen lenkte, während der Führer des Drittbeklagten daneben saß, um sich anlernen zu lassen. Hier von einer „Probefahrt" zu sprechen, ist überhaupt ungenau, weil dadurch das Mißverständnis hervorgerufen wird, als wenn an der durch die Lieferung und Übernahme des Wagens geschaffenen Rechtslage noch irgend etwas unsicher oder ungewiß gewesen wäre, was aus den angegebenen Gründen keineswegs zutrifft. Der von der Revision schließlich noch geltend gemachte Umstand, daß der im Fahrzeuge befindliche Betriebsstoff bei der Fahrt am 29. März noch von der zweitbeklagten Firma stammte und daß der Wagen an diesem Tage noch die Nummer der zweitbeklagten Firma trug, ist, wie das Berufungsgericht richtig erkannt hat, für die rechtliche Beurteilung ebensowenig entscheidend wie der weitere Umstand, daß der Drittbeklagte an diesem Tage sich noch nicht gegen Haftpflicht versichert hatte. Entscheidend ist vielmehr allein die feststehende Tatsache, daß seit dem Nachmittage des 28. März 1938 das Lastfuhrwerk im alleinigen Gebrauche des Drittbeklagten stand und seiner ausschließlichen Verfügungsgewalt unterlag; deshalb war er als der Betriebsunternehmer im Sinne des § 45 des Kraftfahrzeuggesetzes anzusehen. Der Revision des Drittbeklagten war daher keine Folge zu geben.

III. Den Klageanspruch gegen die zweitbeklagte Firma hat das Berufungsgericht verneint. Es erklärt zunächst, daß auf Grund des Kraftfahrzeuggesetzes keine Haftung der Zweitbeklagten in Betracht komme, weil sie zur Zeit des Unfalls nicht Betriebsunternehmerin im Sinne des § 45 dieses Gesetzes gewesen sei. Daher sei nur zu prüfen, ob ihre Haftung aus §§ 1313a oder 1315 ABGB. hergeleitet werden könne. Beides wird vom Berufungsgericht aus folgenden Gründen verneint: § 1313a setze ein bestehendes Schuldverhältnis voraus, auf Grund dessen die eine Partei der anderen zu einer Leistung verpflichtet sei; dann hafte der Verpflichtete der anderen Partei für ein Verschulden seines Erfüllungsgehilfen. Ein solches Schuldverhältnis habe aber zwischen der geschädigten Klägerin und der Zweitbeklagten nicht bestanden, so daß also die Zweitbeklagte der Klägerin aus § 1313a ABGB. nicht hafte. § 1315 ABGB. betreffe dagegen die Haftung außerhalb eines bestehenden Schuldverhältnisses; hier hafte derjenige, der sich einer untüchtigen Person zur Besorgung seiner Angelegenheiten bediene, für den Schaden, den die Person in dieser Eigenschaft einem Dritten zufüge. Der Rechtsgrund für diese Haftung liege in der vom Gesetzgeber in den Erläuterungen zur dritten Teilnovelle zum Allgemeinen Bürgerlichen Gesetzbuche hervorgehobenen Erwägung, daß es das durch den Willen des Geschäftsherrn geschaffene Unternehmen sei, in welchem der dem Dritten entstandene Schaden Ursache und Ursprung habe, daß den Vorteil aus dem Unternehmen der Geschäftsherr ziehe und daß derjenige, der den Nutzen aus dem Geschäft ziehe, auch dessen Gefahren tragen müsse. Im vorliegenden Falle habe die zweitbeklagte Firma die Arbeitskraft und die Fachkenntnisse des Erstbeklagten in der Führung von Kraftfahrzeugen dem Drittbeklagten überlassen; der Drittbeklagte allein habe für die Zeit der Einschulungsfahrten über die Tätigkeit des Erstbeklagten zu verfügen gehabt. Der Erstbeklagte sei während dieser Zeit nur für den Drittbeklagten tätig gewesen und habe sich nach dessen Weisungen zu richten gehabt; der Aufsicht der zweitbeklagten Firma habe er während dieser Zeit nicht unterstanden. Daher seien auch die Voraussetzungen für eine Haftung der zweitbeklagten Firma aus § 1315 ABGB. nicht gegeben. Das Berufungsgericht lehnt eine Haftung der zweitbeklagten Firma aus § 1315 ABGB. aber auch noch aus dem weiteren Grund ab, weil es sich bei dem fehlerhaften Fahren des Erstbeklagten am 29. März 1938 nur um eine vereinzelte Unaufmerksamkeit gehandelt habe und weil während seiner langen Beschäftigungsdauer bei der zweitbeklagten Firma Fahrverstöße bei ihm sonst nicht vorgekommen seien, so daß also von einer Untüchtigkeit des Erstbeklagten im Sinn einer ihm dauernd anhaftenden Eigenschaft, wie sie § 1315 ABGB. voraussetze, nicht gesprochen werden könne.

Gegen diese Entscheidung des Berufungsgerichts richtet sich die Revision der Klägerin, mit der sie ihren Schadensersatzanspruch auch in Richtung gegen die zweitbeklagte Firma weiterverfolgt, indem sie Aktenwidrigkeit und unrichtige rechtliche Beurteilung der Sache geltend macht. Eine Aktenwidrigkeit sieht sie in der Annahme des Berufungsgerichts, der Erstbeklagte habe die Schulungsfahrten unter der Aufsicht und nach den Weisungen des Drittbeklagten gemacht und der Drittbeklagte habe während dieser Zeit über die Tätigkeit des erstbeklagten Kraftwagenlenkers zu verfügen gehabt. Diese Annahme des Berufungsgerichts finde im Beweisverfahren keine Stütze, stehe mit ihm vielmehr im Widerspruch; denn aus der Aussage des Zeugen K. sowie aus dem Kaufbriefe vom 11. März 1938 ergebe sich, daß der Erstbeklagte im Dienste der zweitbeklagten Firma verblieben und nicht in die Dienste des Drittbeklagten übergetreten sei. Diese Rüge ist unbegründet. Denn auch das Berufungsgericht verkennt nicht, daß das Dienstverhältnis des Erstbeklagten bei der zweitbeklagten Firma bestehen geblieben ist; nur habe eben die zweitbeklagte Firma die Dienstleistungen des Erstbeklagten für eine Woche dem Drittbeklagten überlassen. Auch die Bemerkung des Berufungsgerichts, der Erstbeklagte habe sich während dieser Zeit nach den Weisungen und Anordnungen des Drittbeklagten zu richten gehabt, steht nicht im Widerspruch zu dem Beweisergebnis, sondern ist eine Folgerung, die das Berufungsgericht aus dem Sachverhalt gezogen hat, der durch die Übergabe des Lastwagens in die alleinige Verfügungsmacht des Drittbeklagten geschaffen worden war.

Die von der Klägerin weiter erhobene Revisionsrüge der unrichtigen rechtlichen Beurteilung richtet sich gegen die Begründung, mit der das Berufungsgericht § 1315 ABGB. für unanwendbar erklärt hat. Die Klägerin meint, da der Erstbeklagte Angestellter der zweitbeklagten Firma gewesen sei, so treffe diese auch die volle Haftung aus § 1315 ABGB. Gerade der vom Berufungsgericht aufgestellte Satz, daß, wer die Vorteile aus einem Geschäft ziehe, auch die Nachteile auf sich zu nehmen habe, müsse, so meint die Revision, dazu führen, der zweitbeklagten Firma die Haftung für den eingetretenen Unfall aufzuerlegen; denn den geschäftlichen Vorteil aus der Überlassung ihres Fahrers an den Drittbeklagten habe die Zweitbeklagte insofern gehabt, als sie selbstverständlich die Überlassung des Fahrers in den vom Drittbeklagten für den Wagen zu zahlenden Kaufpreis eingerechnet habe. Diesen Angriffen auf die rechtliche Beurteilung der Sache durch das Berufungsgericht muß der Erfolg ebenfalls versagt bleiben. Der Auffassung des Berufungsgerichts ist beizupflichten, wonach die in § 1315 ABGB. geregelte außervertragliche Schadensersatzpflicht des Geschäftsherrn zur Voraussetzung hat, daß der Schaden in dem Betriebe des Geschäftsherrn, dessen Haftung in Anspruch genommen wird, seine Ursache habe. Dafür spricht sowohl der Wortlaut des § 1315, wonach es sich um „Angelegenheiten" des Haftbarzumachenden handeln muß, als auch die vom Berufungsgericht angeführte amtliche Begründung zur dritten Teilnovelle. Der Schaden, den die Klägerin am 29. März 1938 durch den Lastkraftwagen erlitten hat, ist aber eben nicht im Betriebe der zweitbeklagten Firma, sondern im Betriebe des Drittbeklagten eingetreten. Denn der Lastkraftwagen, der der Klägerin den Schaden zugefügt hat, war am Tage vor dem Unfall dem Drittbeklagten übergeben und in dessen Betrieb überführt worden. Hierzu genügt es, auf die Ausführungen unter II Bezug zu nehmen. Der Erstbeklagte hat also bei der Fahrt am 29. März 1938 als Fahrer im Betriebe des Drittbeklagten gearbeitet. Wie ebenfalls schon oben ausgeführt ist, hat es rechtlich keine Bedeutung, daß sein Angestelltenverhältnis bei der zweitbeklagten Firma weiterbestanden und er von dieser seinen Lohn erhalten hat. Ebenso unerheblich ist es, ob der von ihr gezahlte Lohn von der zweitbeklagten Firma in den Kaufpreis eingerechnet worden ist, den ihr der Drittbeklagte für den Lastwagen zu zahlen hotte; auf jeden Fall gehörte der Wagen seit dem 28. März 1938 zum Betriebe des Drittbeklagten.

Die Revision der Klägerin richtet schließlich noch einen Rechtsangriff gegen die Hilfsbegründung des Berufungsgerichts, nach der eine Inanspruchnahme der Zweitbeklagten aus § 1315 ABGB. schon deswegen nicht in Betracht kommen könne, weil der Erstbeklagte keine „untüchtige" Person sei. Die Revision macht geltend, der Erstbeklagte habe nach dem Gutachten der Sachverständigen den Unfall vom 29. März 1938 durch zu rasches Fahren und durch unzulässig scharfes Abbremsen auf einer schmalen und glitschigen Straße herbeigeführt; jeder Kraftfahrer müsse wissen, daß bei derartigen Straßenverhältnissen die Bremse mit besonderer Sorgfalt zu handhaben sei. Da der Erstbeklagte diese Sorgfalt außer acht gelassen habe, müsse er als untüchtig bezeichnet werden, und zwar ganz gleichgültig, ob nachgewiesen werden könne, daß er auch in früheren Fällen schon unvorsichtig und nachlässig gefahren sei. Diese Ansicht der Revision ist unrichtig. Rechtsprechung und Schrifttum stimmen darin überein, daß das Versagen in einem einzelnen Falle noch nicht ohne weiteres die Untüchtigkeit beweist. Bei dem Erstbeklagten, der schon seit längerer Zeit bei der zweitbeklagten Firma beschäftigt ist, sind, wie das Berufungsgericht sagt, Vorkommnisse dieser Art außer in diesem einzigen Falle gar nicht behauptet worden, und seine Strafkarte weist keinerlei einschlägige Vorbestrafungen auf. Wenn aus einem einmaligen derartigen Vorkommnis der Schluß gezogen werden dürfte, daß die betreffende Person „untüchtig" ist, so würde dies zur Folge haben, daß der Geschäftsherr auch auf außervertraglichem Gebiete für jedes Versehen eines Angestellten zu haften hätte; diese Folgerung widerspricht aber dem § 1315 ABGB.

Die Revisionsangriffe der Klägerin erweisen sich also sämtlich als unbegründet. Auch ihrer Revision konnte daher keine Folge gegeben werden.

IV. Die Entscheidung im Kostenpunkte bedarf schließlich ebenfalls noch einer Erörterung. Über den Klageanspruch gegen den Erstbeklagten und gegen den Drittbeklagten ist nur dem Grunde nach entschieden worden. Insoweit war daher die Kostenentscheidung dem Endurteil vorzubehalten (§ 393 Abs. 4 mit § 52 Abs. 2 ZPO.). Der Klageanspruch gegen die Zweitbeklagte ist durch die Entscheidung dagegen endgültig erledigt worden. Insoweit mußte also schon jetzt über die Kosten entschieden werden. Diese Kostenentscheidung hatte zunächst dahin zu gehen, daß die Klägerin, da sie gegenüber einem der drei Beklagten (gegenüber der Zweitbeklagten) endgültig unterlegen ist, die Gerichtskosten zu einem Drittel tragen muß. Ferner hat die Klägerin der Zweitbeklagten die Kosten der Revisionsbeantwortung und diejenigen der Revisionsverhandlung zu erstatten.

Auf die Kosten der Revisionsbeantwortung sind die Tarifsätze und die Streitwertberechnungsvorschriften des tschechoslowakischen Advokatentarifs anzuwenden. Gemäß § 4 dieser Verordnung ist der Streitgegenstand nach §§ 54 bis 60 JN. zu bewerten. Gemäß § 58 JN. ist als Wert eines Rentenanspruchs bei unbestimmter Dauer der Leistung das Zehnfache der Jahresrente anzunehmen. Im vorliegenden Fall ist also der Wert des eingeklagten Rentenanspruchs von 72 RM. monatlich mit 8640 RM. anzusetzen. Der Wert des gesamten Streitgegenstandes beträgt daher (5340,90 + 8640 =) 13980,90 RM. Für diesen Streitwert berechnen sich nach dem genannten Tarife die Kosten der Revisionsbeantwortung auf 185,60 RM. Diesen Betrag hat die Klägerin der Zweitbeklagten voll zu erstatten.

Auf die Kosten der Revisionsverhandlung ist § 8 Abs. 2 der zweiten Verordnung über die Ausübung der Rechtspflege in den sudetendeutschen Gebieten vom 2. Dezember 1938 anzuwenden. Nach dieser Bestimmung richtet sich für das Verfahren vor dem Reichsgericht die Vergütung der Rechtsanwälte nach den für den Ort ihrer Zulassung geltenden Vorschriften. (Eine gleiche Bestimmung enthält für Rechtssachen aus dem Land Österreich § 24 Nr. 1 der Verordnung zur weiteren Überleitung der Rechtspflege usw. vom 28. Februar 1939.) Diese Bestimmung hat der erkennende Senat in ständiger Rechtsprechung so ausgelegt, daß, wenn eine sudetendeutsche (oder österreichische) Rechtssache vor dem Reichsgericht durch einen der beim Reichsgericht zugelassenen Rechtsanwälte vertreten wird, nicht nur die Gebührensätze sich nach der deutschen Rechtsanwaltsgebührenordnung richten, sondern daß dann auch die im Altreiche geltenden Vorschriften über die Streitwertberechnung anzuwenden sind. Im vorliegenden Fall ist daher für die Wertberechnung § 10 Abs. 3 des Deutschen Gerichtskostengesetzes maßgebend, wonach bei Ansprüchen auf Entrichtung einer Geldrente, die auf Grund der Vorschriften des Bürgerlichen Gesetzbuches über unerlaubte Handlungen oder auf Grund des Deutschen Kraftfahrzeuggesetzes erhoben werden, der Wert des Rechts auf die wiederkehrenden Leistungen, falls nicht der Gesamtbetrag der geforderten Leistungen geringer ist, auf den fünffachen Betrag des einjährigen Bezuges berechnet wird. Danach ist also der Wert des eingeklagten Rentenanspruchs von 72 RM. monatlich auf 4320 RM. und der Wert des gesamten Beschwerdegegenstandes auf (5340,90 + 4320 =) 9660,90 RM. zu berechnen. Daraus ergibt sich nach der Deutschen Rechtsanwaltsgebührenordnung eine dem Anwalt der Zweitbeklagten für die Verhandlung vor dem Reichsgericht zustehende Gebühr von 261,30 RM., welcher Betrag sich durch Auslagen- und Umsatzsteuerbeträge auf 267,52 RM. erhöht. Dieser Betrag steht nach § 51 der Deutschen Rechtsanwaltsgebührenordnung dem Anwalt der Zweitbeklagten ungeachtet der Tatsache, daß er in der Revisionsverhandlung außer der Zweitbeklagten auch noch den Streitgenossen der Zweitbeklagten, nämlich den Erstbeklagten, vertreten hat, nur einmal zu, da die Deutsche Rechtsanwaltsgebührenordnung — anders als der tschechoslowakische Advokatentarif — auf dem System von Pauschgebühren für die gesamte Tätigkeit des Rechtsanwalts in einem Rechtszug aufgebaut ist. Dem Anwalt gegenüber haften für diesen Betrag die Zweitbeklagte und der Erstbeklagte als Gesamtschuldner; im Verhältnis zwischen der Zweitbeklagten und dem Erstbeklagten hat aber jeder der beiden nur die Hälfte dieses Betrages zu tragen. Daher kann die Zweitbeklagte von der ihr gegenüber unterlegenen Klägerin auch nur die Hälfte des Betrages, nämlich 133,76 RM., erstattet verlangen.

---

56. Zur Nichtigkeit letztwilliger Zuwendungen auf Grund von § 48 Abs. 2 TestG., § 138 BGB.

VII. Zivilsenat. Urt. v. 16. Mai 1941 i. S. Z. (Bekl.) w. K. (Kl.). VII 143/40.

I. Landgericht Karlsruhe.
II. Oberlandesgericht daselbst.

Der am 24. Oktober 1878 geborene Fabrikant J. P. Z., der Vater des Beklagten, hinterließ bei seinem am 31. März 1939 in Karlsruhe eingetretenen Tode ein am 21. Dezember 1938 errichtetes Testament. Darin bestimmte er den Beklagten zum alleinigen Vorerben. Seine von ihm seit 1927 getrennt lebende, 1904 ihm angetraute Ehefrau setzte er auf den Pflichtteil. Der am 19. Juni 1900 geborenen Klägerin, die seit etwa Juni 1936 bei ihm als Hausdame tätig gewesen war und mit ihm in geschlechtlichen Beziehungen gestanden hatte, vermachte er nahezu seine gesamte Wohnungseinrichtung und außerdem eine monatliche Rente von 150 RM. auf Lebenszeit. Die im Testament erwähnten Fahrnisgegenstände sind der Klägerin vom Erben übereignet worden. Die Zahlung der Rente lehnt er ab. Die Klägerin fordert 1950 RM. Rentenbeträge samt Zinsen. Der Beklagte erbittet Klageabweisung und widerklagend die Feststellung der Nichtigkeit des Vermächtnisses gemäß § 138 BGB., § 48 Abs. 2 TestG.

Während das Landgericht die Klage abgewiesen und der Widerklage entsprochen hat, hat das Berufungsgericht im gegenteiligen Sinn entschieden. Auf die Revision des Beklagten wurde das Ersturteil wiederhergestellt.

Gründe:

Trotz des allgemein auf die Nichtigkeitserklärung des Vermächtnisses gerichteten Widerklageantrags ist nach der Erklärung des Beklagten davon auszugehen, daß allein die der Klägerin vermachte Rente den Streitgegenstand bildet. Die Nichtigkeit dieser Rentenzuwendung wird vom angefochtenen Urteil im Gegensatze zur Entscheidung des Landgerichts sowohl aus dem Gesichtspunkte des § 138 Abs. 1 BGB. wie des § 48 Abs. 2 TestG. verneint. Es handelt sich, so meint der Vorderrichter, keineswegs um ein typisches, sogenanntes Mätressen-Vermächtnis. Die Ehe des Erblassers sei bei Errichtung des Testaments völlig zerrüttet und eine leere Form gewesen. Habe der Erblasser auch vor der Klägerin verschiedene Hausdamen gehabt, die zu ihm in geschlechtlichen Beziehungen gestanden hätten, und sie nach gewisser Zeit wieder entlassen, so habe er doch die Klägerin ernstlich heiraten wollen. Daß er ihr Vorleben und ihre Vorstrafen gekannt habe, sei zwar wenig glaubhaft, aber nicht entscheidend. Jedenfalls sei das geschlechtliche Verhältnis, wenn auch für die Einstellung der Klägerin wohl bestimmend, doch nicht der ausschlaggebende oder gar ausschließliche Beweggrund für das Vermächtnis gewesen. Der Erblasser habe der Klägerin durchaus die Stellung einer Hausfrau eingeräumt und sie in der Hauptsache deshalb bedacht, weil sie seinen Haushalt mustergültig geführt, sein Heim behaglich gestaltet, ihn geschäftlich beraten und während seiner schweren Krankheit seelisch aufgerichtet habe. Die Zumutung der Rentenauszahlung durch den Erben sei danach nicht sittenwidrig. Auch die Zuwendung des Pflichtteils an die Ehefrau sei ebensowenig zu beanstanden wie die Beeinträchtigung des Beklagten durch die sonstigen letztwilligen Verfügungen.

Mit Recht erblickt die Revision in diesen Erwägungen eine irrige Anwendung des Gesetzes auf den festgestellten Sachverhalt. Zwar geht der Vorderrichter zutreffend davon aus, daß sich die Gültigkeit des Vermächtnisses nach § 48 Abs. 2 TestG. richte, dessen Wirkungsbereich sich mit dem des § 138 Abs. 1 BGB. bei letztwilligen Verfügungen nicht völlig deckt. Er begeht indessen den grundlegenden Fehler, bei Beurteilung der Nichtigkeit der Zuwendung vorwiegend auf die Gesinnung des Erblassers abzustellen, statt, wie es das Gesetz vorschreibt, auf die Fragen, ob das Vermächtnis gröblich dem gesunden Volksempfinden widerspreche und die von einem verantwortungsbewußten Erblasser gegen Familie und Volk zu nehmenden Rücksichten außer acht lasse. Diese gesetzlichen Voraussetzungen der Nichtigkeit sind rein sachlich nach der Gesamtheit der festgestellten Umstände zu beurteilen und haben mit persönlichen Absichten, Meinungen und Beweggründen des Erblassers nichts zu tun. Rechtsgedanken, die an den Begriff der Sittenwidrigkeit im Sinne von § 138 Abs. 1 BGB., d. h. die Prüfung des Geschäfts nach Inhalt, Grund und Zweck, anknüpfen, haben daher für den Geltungsbereich des § 48 Abs. 2 TestG. nur bedingten Wert.

Nach dem Berufungsurteil steht folgendes fest:

Der Erblasser hat im Alter von knapp 58 Jahren die um 22 Jahre jüngere Klägerin $2^1/_2$ Jahre vor der Testamentserrichtung als Hausdame zu sich genommen, wesentlich aus geschlechtlichen Gründen, ohne über ein Gehalt oder über ihre Sozialversicherung eine Abmachung zu treffen. Er lebte bis zu seinem Tod in ungeschiedener, seit 1904 bestehender Ehe, an der die Ehefrau festhielt, die aber seit 1927 ohne eheliche Gemeinschaft war, da damals der Erblasser seine Ehefrau verlassen hatte und seitdem einen getrennten Haushalt führte. Diesen versahen nach kürzerer oder längerer Zeit wechselnde Hausdamen, mit denen er jeweils Geschlechtsverkehr unterhielt. Auch mit der Klägerin bestand Geschlechtsverkehr. Diese war 1918 wegen Gewerbsunzucht und 1923/24 zweimal wegen Diebstahls und fortgesetzten Ladendiebstahls zu Strafe verurteilt worden. Daß sie dem Erblasser besondere, außerhalb ihrer häuslichen Stellung liegende Dienste geleistet habe, hat sie selbst nicht behauptet; sie will ihm bei seiner Erkrankung lediglich im Krankenhause Gesellschaft geleistet und im übrigen des Nachts bei Herzbeklemmungen Arzneien gereicht haben. Den Nachlaßwert hat der Vorderrichter nicht festgestellt. Nach den Angaben des Beklagten errechnet er ihn mit etwas über 36000 RM.; er hält ihn aber wegen des zu niedrig angenommenen Wertes der Wertpapiere und des Villengrundstücks für höher.

Diese Feststellungen genügen, um das der Klägerin ausgesetzte Vermächtnis nach § 48 Abs. 2 TestG. als nichtig erscheinen zu lassen. Es widerspricht in der Tat gröblich dem gesunden Volksempfinden und verstößt gegen die von einem verantwortungsbewußten Erblasser seiner Familie geschuldeten Rücksichten, wenn der Verstorbene seinem zum Alleinerben erklärten Sohne, noch dazu unter Hintansetzung seiner auf den Pflichtteil gesetzten, mit dem Erblasser 23 Jahre in ungestörter Ehe verbunden gewesenen Mutter, zumutet, der zum Erblasser in ehebrecherische Beziehungen getretenen, erst seit wenigen Jahren für ihn tätigen, durch ihr, wenn auch längere Zeit zurückliegendes, bedenkliches Vorleben mit einem gewissen sittlichen Makel behafteten Klägerin nicht nur den offensichtlich größten Teil seiner Wohnungseinrichtung auszufolgen, sondern ihr sogar noch eine lebenslängliche, bei dem Alter der Klägerin voraussichtlich lange Jahre währende Jahresrente von 1800 RM. vermächtnisweise zu zahlen. Dabei ist auch nicht außer acht zu lassen, daß die Klägerin selbst die Zuwendung betrieben und nach Angabe des Zeugen H. das Fahrnisverzeichnis aufgestellt hat. Mag die Rente auch für das dem Sohne hinterlassene Geschäft tragbar sein, so enthält ihre Zuwendung an die Klägerin für den Beklagten doch immerhin für das gesunde Volksempfinden ein entwürdigendes, seine Arbeit in den Dienst der Klägerin stellendes Ansinnen, und zwar um so mehr, als der Beklagte durch das Testament auch sonst, insbesondere durch die Einsetzung eines Testamentsvollstreckers, in seiner geschäftlichen Bewegungsfreiheit schwer beeinträchtigt worden ist. Dem sittlichen Grundsatze, den der Vorspruch zum Testamentsgesetz als Ziel der Testamentserrichtung aufstellt, das Erbe zum Wohle von Familie, Sippe und Volk weiter wirken zu lassen, dient das Vermächtnis an die Klägerin in keiner Weise; es läßt vielmehr erkennen, daß sich der Erblasser dabei ohne Verantwortungsgefühl über die sittlichen Pflichten gegenüber seiner Familie bewußt hinweggesetzt hat.

Die Erwägungen, mit denen der Vorderrichter demgegenüber die sittliche Unbedenklichkeit des Vermächtnisses zu begründen versucht, sind unbeachtlich oder rechtlich verfehlt. Zu Unrecht legt das Berufungsurteil entscheidenden Wert darauf, ob das geschlechtliche Verhältnis des Erblassers den alleinigen oder mindestens ausschlaggebenden Grund für seine Zuwendungen gebildet hat. Es nimmt jedenfalls an, daß jenes Verhältnis dafür mitbestimmend war. Das genügt aber entgegen der Meinung des Vorderrichters zur Erfüllung des Tatbestandes sowohl des § 48 Abs. 2 TestG. wie des § 138 Abs. 1 BGB., wenn andere triftige Gründe für eine so weitgehende Bedenkung wie hier nicht gegeben sind (vgl. JW. 1929 S. 33 Nr. 2; DR. Ausg. A 1940 S. 2167 Nr. 7). Was das angefochtene Urteil in dieser Richtung anführt: die Klägerin habe den Haushalt mustergültig geführt, dem Erblasser sein Heim behaglich gestaltet, ihn während und nach seiner Krankheit seelisch aufgerichtet, fällt aus dem Rahmen ihrer häuslichen Obliegenheiten und Tätigkeiten nicht heraus und findet überdies in dem zwischen dem Erblasser und der Klägerin entstandenen Liebesverhältnis seine Erklärung. Daß sie ihn auch in geschäftlichen Dingen beraten habe, wie die Gründe des Berufungsgerichts sagen, hat die Klägerin bei ihrer gerichtlichen Vernehmung selbst nicht behauptet und kann, weil sonst durch nichts belegt oder näher ausgeführt, nicht erheblich gewesen sein. Ein wirklich nach dem Volksempfinden durchschlagender, vor der Familie des Erblassers zu verantwortender Grund für das erhebliche Vermächtnis ist also nicht ersichtlich.

Verfehlt ist auch der Hinweis des Vorderrichters, daß der Erblasser die Klägerin ernstlich habe heiraten wollen, da seine Ehe zweifellos wegen völliger Zerrüttung geschieden worden wäre. Es mag dahinstehen, ob diese Scheidung nach § 55 EheG., nachdem das Landgericht zunächst die Scheidungsklage des Erblassers abgewiesen hatte, ohne seinen Tod im Berufungsverfahren wirklich mit Sicherheit zu erwarten gewesen wäre. Für diese Frage waren jedenfalls die besonderen Umstände des Falles, der Widerspruch der an der Zerrüttung schuldlosen Ehefrau gegen die Scheidung, die weder vom Gesichtspunkte des Volksganzen noch von dem des sittlichen Gehaltes der Ehe aus erwünschte Tatsache einer neuen Eheschließung des über sechzig Jahre alten Erblassers mit der soviel jüngeren, wie erwähnt, sittlich nicht vorwurfsfreien Klägerin, der zum Wechsel seiner Beziehungen geneigte Sinn des Erblassers und dergleichen nicht außer Betracht zu lassen (vgl. RGZ. Bd. 159 S. 111, 305, Bd. 162 S. 20, Bd. 164 S. 155). Jedenfalls lebte der Erblasser zu der für die Beurteilung seines Testaments maßgebenden Zeit der Errichtung wie ja auch noch bei seinem Tode in ungeschiedener Ehe und ohne sichere Aussicht auf eine spätere Eheschließung mit der Klägerin, und so kann ihn seine etwaige Heiratsabsicht von der ihn nach § 48 Abs. 2 TestG. treffenden Verantwortung nicht entlasten. Dabei ist es auch unerheblich, ob der Erblasser das Vorleben und die Vorstrafen der Klägerin gekannt hat.

Rechtsirrtümlich legt der Berufungsrichter ferner wesentlichen Nachdruck darauf, daß der Erblasser der Klägerin nicht etwa nur die Stellung einer Haushälterin und Geliebten, sondern durchaus die einer Hausfrau eingeräumt und sonach mit seinem Vermächtnis vorwiegend sittliche Zwecke verfolgt habe. Denn ganz abgesehen davon, daß Beziehungen, wie sie zwischen dem Erblasser und der Klägerin bestanden, nach außen hin von den Beteiligten möglichst unauffällig gestaltet zu werden pflegen, ist der erwähnte Umstand für die auf ganz anderem Gebiete liegenden Tatbestandsmerkmale des § 48 Abs. 2 TestG. ohne jede Bedeutung. Von einer sittlichen Verpflichtung zur Dankbarkeit gegenüber der Klägerin kann offenbar in erheblichem Sinne keine Rede sein, und wenn eine solche in gewissem Maße bestanden haben sollte, so würde ihr mindestens allein das Fahrnisvermächtnis schon weitaus Rechnung getragen haben, mit ihr aber keinesfalls auch noch das Rentenvermächtnis als dem § 48 Abs. 2 TestG. nicht widerstreitend zu begründen sein. Ob ein Kapitalvermächtnis, wie das Berufungsurteil erwägt, noch drückender für den Erben gewesen wäre, kann dabei keine Rolle spielen. Eine gröbliche Verletzung des gesunden Volksempfindens und ein Verstoß gegen die seiner Familie geschuldete Rücksicht und Verantwortlichkeit seitens des Erblassers lagen darin in dem einen wie in dem anderen Falle.

In Beachtung der Revision ist daher das angefochtene Urteil aufzuheben und auf Grund von § 565 Abs. 3 ZPO. in der Sache selbst dahin zu entscheiden, daß die Berufung der Klägerin gegen das Urteil des Landgerichts wegen des Rentenvermächtnisses zurückgewiesen wird.

---

57. Wird die Ausschlußfrist zur Bestreitung der Ehelichkeit eines Kindes dadurch gehemmt, daß das Kind unrichtigerweise als unehelich in die Matrik eingetragen ist?

ABGB. § 158.

VIII. Zivilsenat. Beschl. v. 28. Mai 1941 i. S. B. (Kl.) w. Kurator zur Verteidigung der ehelichen Geburt des minderj. B. (Bekl.). VIII 48/41.

I. Landgericht Böhmisch-Leipa.
II. Oberlandesgericht Leitmeritz.

Die Frage ist bejaht worden aus den folgenden, zugleich den Sachverhalt ergebenden

Gründen:

Die am 13. Januar 1923 geschlossene Ehe des Klägers ist durch Urteil des Kreisgerichts in B. vom 20. Dezember 1937 rechtskräftig geschieden worden. Seit Frühjahr 1930 leben die Ehegatten voneinander getrennt, die Ehefrau zusammen mit Gustav B. in G. Am 25. September 1934 hat sie ein Kind Walter und am 13. April 1936 ein Kind Herbert geboren. Der Kläger behauptet, beide Kinder seien unter dem Namen K., dem Mädchennamen seiner Frau, in die Matrik eingetragen worden; er habe daher, als er von ihrer Geburt erfahren habe, angenommen, daß ihn die Kinder nichts angingen. Am 27. August 1940 hat er um die Bewilligung des Armenrechts für die Klage auf Bestreitung der ehelichen Geburt und um Bestellung eines Armenvertreters gebeten. Der bestellte Armenvertreter hat um Enthebung von dieser Vertretung gebeten, da der Kläger die Frist des § 158 ABGB. versäumt habe und die Klage daher aussichtslos sei. Der daraufhin ergangene Enthebungsbeschluß ist im Rekursweg aufgehoben und die Klage am 14. November 1940 bei Gericht eingereicht worden. Ihr gegenüber hat der Beklagte Fristversäumnis eingewendet. Beide Vordergerichte haben die Klage abgewiesen. Die Revision des Klägers führte zur Aufhebung und Zurückverweisung.

Die erste Einwendung der Revision geht allerdings fehl. Sie macht geltend, die nationalsozialistische Rechtsanschauung fordere, daß die Familienrechte jederzeit ohne Rücksicht auf irgendwelche Fristen entsprechend der blutmäßigen Abstammung geordnet werden könnten, und meint, die für die Bestreitung der ehelichen Geburt in § 158 ABGB. gesetzte Frist brauche deshalb nicht mehr gewahrt zu werden. Mit diesem Vorbringen hat sich der erkennende Senat bereits wiederholt beschäftigt und ist in ständiger Rechtsprechung (vgl. RGZ. Bd. 161 S. 325, Bd. 162 S. 113, Bd. 163 S. 399, Bd. 164 S. 193) zu folgendem Ergebnis gekommen: Die blutmäßige Abstammung des Kindes von dem Ehemanne der Mutter können im Geltungsbereiche des Allgemeinen Bürgerlichen Gesetzbuches das Kind und unter Umständen — wenn er nämlich ausnahmsweise an der Feststellung, daß das Kind blutmäßig nicht von ihm stamme, ein eigenes, über dasjenige des Kindes hinausgehendes Interesse hat — der Ehemann der Mutter ohne Beschränkung durch irgendwelche Fristen im Klagewege bestreiten. Dagegen ist die Klage auf Bestreitung der ehelichen Geburt mit ihren familien- und erbrechtlichen Folgen noch an die in § 158 ABGB. bestimmte Frist gebunden. Denn auch § 1594 BGB. in der Fassung des Gesetzes über die Änderung und Ergänzung familienrechtlicher Vorschriften usw. vom 12. April 1938 (RGBl. I S. 380) enthält eine Frist für die Geltendmachung der unehelichen Geburt eines während der Ehe geborenen Kindes durch den Ehemann. Allerdings gibt § 1595a BGB. in der Fassung des genannten Gesetzes nach Ablauf der Frist dem Staatsanwalt die Möglichkeit, die Ehelichkeit des Kindes anzufechten, wenn er es durch öffentliche Belange oder solche des Kindes für geboten erachtet. Aber durch § 34 des genannten Gesetzes ist die Inkraftsetzung dieses Gesetzes für das Land Österreich vorbehalten geblieben, und das Gesetz ist auch im Sudetenlande bisher nicht in Kraft gesetzt worden. Daraus ergibt sich, daß der nationalsozialistische Gesetzgeber die Zeit noch nicht für gekommen erachtet hat, im Geltungsbereiche des Allgemeinen Bürgerlichen Gesetzbuches die im Altreiche geltenden Bestimmungen einzuführen, und daß es deshalb dort einstweilen noch bei dem bisherigen Rechtszustande bleiben soll. Die Möglichkeit, daß die blutmäßige Abstammung des Kindes von dem Ehemanne der Mutter bestritten werde, darf allerdings bei dieser Rechtslage an keine Frist gebunden sein. An diesem Ergebnis vermögen die Ausführungen der Revision nichts zu ändern; insbesondere geht der Hinweis auf § 169 RStGB. fehl. Denn der Personenstand eines Kindes wird zunächst dadurch bestimmt, daß es während der Ehe geboren ist; eine Änderung tritt erst dadurch ein, daß die Anfechtung mit Erfolg durchgeführt wird.

Aber die Feststellungen der Vordergerichte reichen nicht aus, um zu entscheiden, ob die Frist des § 158 ABGB. zur Zeit der Klageerhebung wirklich bereits abgelaufen war. Der Kläger behauptet, die Kinder seien unter dem Mädchennamen seiner Frau in die Matrik eingetragen worden und er habe deshalb angenommen, daß sie ohne weiteres als uneheliche Kinder anzusehen seien. Allerdings beginnt die Frist des § 158 ABGB., sobald der Vater von der Geburt eines Kindes erfährt, das nach den gesetzlichen Bestimmungen als ehelich gilt, auch wenn er von dieser Rechtsfolge nichts weiß. Aber der Fall liegt besonders, wenn der Vater geltend macht, sein Irrtum sei durch unrichtige Eintragung der Geburt in die Matrik hervorgerufen worden. Die Eintragung in die Matrik unter dem Mädchennamen der Mutter muß bei dem Vater, wenn er rechtsunkundig ist, die Überzeugung erwecken, daß das Kind nicht als sein Kind, sondern als uneheliches Kind seiner Ehefrau angesehen werde und daß er deshalb nichts weiter zu unternehmen habe. Bei einer solchen Sachlage beruht die Unterlassung der Bestreitungsklage auf einem unabwendbaren Zufall und läßt sich bei aller dem Vater vernünftigerweise zuzumutenden Sorgfalt nicht vermeiden.

Allerdings ist in § 158 ABGB. keine Hemmung der Ausschlußfrist vorgesehen, aber dieselben Gründe, die bei der Abfassung des Deutschen Bürgerlichen Gesetzbuches dazu geführt haben, die für die Hemmung der Verjährung geltenden Vorschriften der §§ 203 und 206 im § 1594 für anwendbar zu erklären, müssen auch dazu führen, bei der Ausschlußfrist des § 158 ABGB. anzuerkennen, daß die Frist gehemmt ist, solange der Vater durch einen unabwendbaren Zufall an der Erhebung der Bestreitungsklage verhindert ist. Eine entsprechende Anwendung des § 1496 ABGB., der zwar nur Kriegsdienst und Gerichtsstillstand ausdrücklich nennt, aber doch auch für jeden Fall eines unabwendbaren Hindernisses gilt, ist bei der Frist des § 158

ABGB. geboten. Vgl. dazu für das Recht des Altreiches RGZ. Bd. 160 S. 94 und JW. 1927 S. 1195 Nr. 10.

Hiernach beruht es auf Rechtsirrtum, wenn die Vordergerichte die behauptete Eintragung der Kinder in die Matrik als unehelich für bedeutungslos angesehen haben. Zugleich liegt ein Verfahrensmangel darin, daß sie den für diese Eintragung angebotenen Beweis nicht erhoben haben. Beide Urteile sind daher aufzuheben und die Sache an das Erstgericht zurückzuverweisen. Bei der weiteren Erörterung wird noch aufzuklären sein, ob der Kläger die Nachricht von der Eintragung der Kinder als unehelich zugleich mit der Mitteilung von ihrer Geburt oder ob er sie erst später und zu einer Zeit erhalten hat, als die Dreimonatsfrist des § 158 ABGB. bereits abgelaufen war. Im zweiten Falle wäre die Klage nicht mehr zulässig. Weiter wird noch zu erörtern sein, wann der Kläger darüber aufgeklärt worden ist, daß die Kinder nach dem Gesetz als eheliche Kinder gälten und er ihre Ehelichkeit im Wege der Klage bestreiten müsse, insbesondere ob dies nicht schon bei Erhebung der Ehescheidungsklage geschehen ist, in der von den beiden Kindern gesprochen wird. Denn die Frist des § 158 ABGB. würde von dem Zeitpunkt wieder laufen, zu dem der Kläger über die Rechtslage aufgeklärt worden ist. Die Verzögerung der Klageerhebung durch den Antrag des Armenvertreters auf Enthebung wird in die Frist nicht einzurechnen sein, da in dieser Zeit der Kläger wiederum durch ein unabwendbares Ereignis an der Erhebung der Klage gehindert war.

Register.

Die Zahlen bedeuten die Seiten.

A. Sachregister.

A

R

S

B. Gesetzesregister.

1. Reichsrecht.

a. Bürgerliches Gesetzbuch.

b. Einführungsgesetz zum Bürgerlichen Gesetzbuche.

c. Handelsgesetzbuch von 1897.

d. Zivilprozeßordnung.

e. Gerichtsverfassungsgesetz.

f. Zwangsversteigerungsgesetz.

g. Gesetz über die Angelegenheiten der freiwilligen Gerichtsbarkeit.

h. Grundbuchordnung.

i. Strafgesetzbuch.

k. Strafprozeßordnung.

l. Gerichtskostengesetz.

2. Landesrecht.

C. Zusammenstellung der Entscheidungen nach der Zeitfolge.

Zusammenstellung

der

im 166. Bande

mitgeteilten Entscheidungen

nach

Oberlandesgerichtsbezirken

(bei Sprungrevisionen und bei Beschwerden in Angelegenheiten der freiwilligen Gerichtsbarkeit nach Landgerichtsbezirken).

Die Zahlen bezeichnen die Nummern der Entscheidungen.

Berlin	2. 15. 28. 32. 38. 40. 44. 48. 51.
Breslau	13. 16. 30.
Celle	5. 54.
Dresden	3. 12. 18. 26.
Düsseldorf	22. 25. 41.
Graz	8. 20. 46. 49.
Hamburg	24. 31. 42. 52.
Hamm	4. 6. 11. 36.
Jena	27.
Karlsruhe	37. 56.
Kassel	39. 50.
Kiel	7. 14.
Köln	17.
Leitmeritz	29. 55. 57.
Linz	10.
Naumburg a. S.	19.
Nürnberg	47.
Prag (Deutsches Oberlandesgericht)	23.
Stuttgart	1. 21. 35.
Wien	34.

Obergericht Brünn	9. 43.
Landgericht Berlin	45.
Landgericht Glatz	33.
Reichsgericht unmittelbar	53.

Berichtigung.

Einhundertfünfundsechzigster Band:

Auf Seite XVI Zeile 5 von unten: statt „OLG" lies „OGE".

Kolibri 360 GmbH
Ferdinand-Jühlke-Straße 7
99095 Erfurt, Deutschland
produktsicherheit@kolibri360.de